1415—1453

英法百年战争

1415—1453

THE HUNDRED YEARS WAR
BETWEEN
ENGLAND AND FRANCE

[下卷]

王一峰——著

吉林文史出版社
JILINWENSHICHUBANSHE

图书在版编目（CIP）数据

英法百年战争 : 1415—1453 / 王一峰著 . -- 长春 : 吉林文史出版社 , 2019.6

ISBN 978-7-5472-6245-0

Ⅰ . ①英… Ⅱ . ①王… Ⅲ . ①百年战争 (1337-1453) - 研究- 1415-1453 Ⅳ . ① K565.3

中国版本图书馆 CIP 数据核字 (2019) 第 109417 号

YING FA BAINIAN ZHANZHENG：1415—1453

英法百年战争：1415—1453

著 / 王一峰

责任编辑 / 吕莹

特约编辑 / 戎帅

装帧设计 / 王涛

策划制作 / 指文图书 出版发行 / 吉林文史出版社

地址 / 长春市福祉大路 5788 号 邮编 / 130118

电话 / 0431-86037503 传真 / 0431-86037589

印刷 / 重庆长虹印务有限公司

版次 / 2019 年 7 月第 1 版 2019 年 7 月第 1 次印刷

开本 / 787mm×1092mm 1/16

印张 / 64 字数 /1000 千

书号 / ISBN 978-7-5472-6245-0

定价 /199.80 元（全 2 卷）

第八章 法兰西的女儿

1429 年

奥尔良解围战

1429年3月初，也就是鲁夫赖战役结束两周后不久，一名打扮成青年男子的女孩在数名军人和使者的陪伴下出现在法王的宫廷中。女孩年仅17岁，深色的头发已剪成战士的式样，令人颇为惊奇。她的身材也不算高大，颈部粗短，紧连双肩，显出农村出身的健康体格。她不通文墨，说话时轻声细语，但言辞却亲切爽朗，有时还让人觉得过于虔诚。然而，令当时的人们意想不到的是，这位看似平凡的姑娘将在不到一年的时间里震撼整个西欧，并且撼动如日中天的英格兰-法兰西王朝的整个基础。她便是圣女贞德。

贞德于1412年1月6日出生在法国东部，香槟、洛林、巴尔领地交界处，名叫栋雷米（Domremy）的小村庄。双亲虽然也是乡村出身，但依靠自己的勤劳，这个家庭维持着相对安稳的生活。可在这个兵荒马乱的年代中，几乎无人可以避开战火。15世纪20年代后期，勃艮第的袭击已波及栋雷米。按编年史学家的记述，贞德此时听到了一些特殊而且神圣的“声音”，感到自己应该担负起为国效劳的使命，前往希农拜见查理七世。1428年5月，她求见附近沃库勒尔的法军守将罗贝尔·德·博德里古，请他施以援手。

▲ 少女时代的贞德

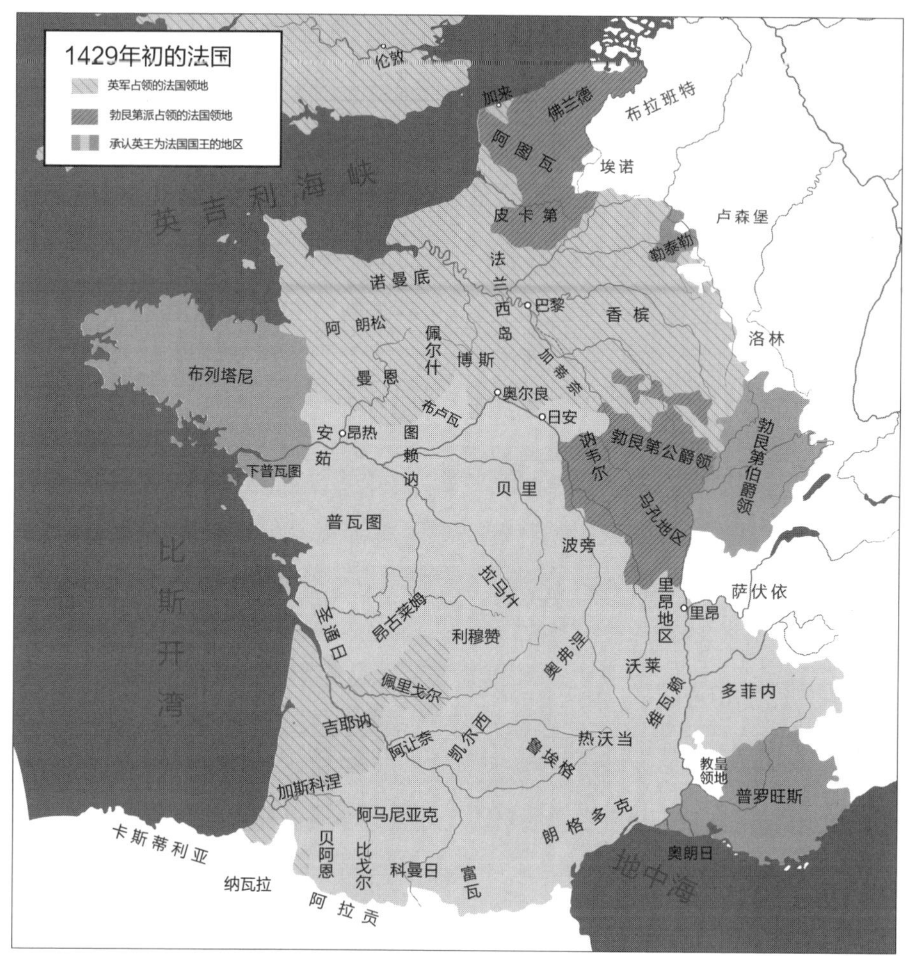

▲ 1429年初的法国

罗贝尔·德·博德里古是吉斯伯爵勒内的侍从及公文连署人。像那个时代的小贵族一样，他经常与周围的领主争斗不休。罗贝尔认识贞德的父亲，知道他受到村里族人的尊重，因此他对这个善良的家庭也比较和气。此刻，面对这个洋溢着爱国热情的牧羊女，罗贝尔的回应是叫来护送她到此的亲族，并亲自嘱咐他:“给她几个耳光，把她带回到她父亲那!”

贞德并未气馁。几个月后，她再次拜访罗贝尔·德·博德里古。也许是对少女的勇气颇为惊讶，虽然拒绝了她的要求，但罗贝尔并未强行赶她回去。贞德在城内亲友家住了下来。她那虔诚、明智而温和的举止感动了城内的很多人，甚至影响到了罗贝尔身边的士兵，令罗贝尔开始怀疑她是否被魔鬼附身。于是，守将突然带着教士对牧羊女展开驱魔行动，但除了换来她的抱怨外一无所获。此后，罗贝尔渐渐改变了态度，而贞德的名声也越来越响亮，连勒内的岳父洛林公爵查理二世也召她前往南锡（Nancy）征询建议。贞德大胆地要求公爵派勒内护送她前往南方的法国宫廷，但勒内正忙着准备对梅斯及其周边地带的大规模攻势。洛林公爵并不在乎查理七世的事业，拒绝了这个要求，不过还是赏赐了一些钱财和安全通行证。

从洛林宫廷返回的贞德有些失落，但很快一个令她振奋不已的消息传到了沃库勒尔——罗贝尔·德·博德里古写给宫廷的信终于有了回应。在周围人的建议下，查理七世派科莱·德·维埃纳（Colet de Vienne）来到沃库勒尔命令罗贝尔将她护送至宫廷。罗贝尔如是照办，并送给贞德马匹和宝剑，沃库勒尔居民也为她准备了男子衣服，以避开女子在路上可能遇到的危险。当贞德在让·德·梅斯（Jean de Metz）、贝特

▲ 贞德来到希农

朗·德·普朗吉（Bertrand de Poulengy）、科莱等人的护送下走出城门时，沃库勒尔守将以一种习惯性的祝福口吻向起程的人们说道“走吧！出发吧！让该发生的发生吧！”

虽然1429年2月末的大部分法兰西领地都充斥着各种暴力流血事件，但令人惊奇的是，贞德的队伍在横穿敌境及前线的漫长旅程中几乎毫发无伤。大约在3月4日，她到达希农。两天后，她被带到希农城堡的大厅中。这里已挤满了查理七世的随从和支持者，他们都非常想看看这位传说中的牧羊女。当然，贞德也未让他们失望，众目睽睽之下，她很快便从人群中认出了隐藏的查理七世，引起了人们的赞叹。法王没有立即授她军职，廷臣们的意见也并不统一：以乔治·德·拉特雷穆瓦耶为首的主和派还在与勃艮第公爵腓力三世联系，试图分化敌人的阵营。拉特雷穆瓦耶打算像以往一样招募外国佣兵应付战事，并未正眼看待这名牧羊女。查理七世的岳母约兰达及其支持者则持相反观点，但他们已被拉特雷穆瓦耶一伙排挤到边缘位置。贞德只好在希农城里度过了一段无聊的日子。她在这段时间内认识了阿朗松公爵让二世。年轻的公爵刚被英国人释放，急于雪耻的他打算从英军手中夺回自己的公爵领地。相近的年龄和观点很快令他们成了亲密的战友。贞德甚至亲切地称阿朗松公爵为“我的好公爵（此处的“好”也有“俊俏”之意，是当时人们表达亲密关系时的用语）”。

▲ 贞德指认查理七世

数天后，查理七世做出了决定——将贞德带到普瓦捷，让她接受各方人士的审查。虽然这让贞德颇为失落，但她很快就再一次通过了考验。学者们研究一番后，递交了结论“在她身上没有找出任何邪恶，只有善良、谦恭、贞洁、虔诚、正直、淳朴”，他们建议应允许贞德前往奥尔良，以便“在那里显示奇迹”。现在，没有人能阻止贞德上前线了。不过，她还得先在图尔待上一段时间。约兰达也在为女婿提供人力和物资上的援助。她深知一旦奥尔良沦陷，法军在卢瓦尔河流域的势力将土崩瓦解。而贝德福德公爵约翰早就有征服安茹，把它作为私人采邑的打算。如果奥尔良沦陷，面对顺流而下、数面夹击的英军，安茹家族也难以独善其身。作为整军计划的一部分，贞德在图尔配备了作战的盔甲、旗帜和宝剑。随后，她又和学者们赶往布卢瓦——法军的最后集结点。人们正在那里囤积物资，修整器械。中立的领主将领开始加入援军队伍。将领们此番不仅要将补给运进城内，还要尽量给围城的英军一点颜色瞧瞧。而集合期间，牧羊女的事迹已开始广为流传。贞德自由出入于士兵之间并再

▲ 贞德驱赶营妓

次表现出了惊人的感染力和号召力。虽然她毫不犹豫地指责士兵们的劣行，要求他们——无论阶层和出身——都必须反思，但他们还是非常尊重，甚至是爱戴这位言辞和举止都十分得体的牧羊女。贞德对混杂军营的营妓深恶痛绝，认为她们是军纪败坏，引人堕落的罪魁祸首。牧羊女勒令这些人离开军营，甚至一度还拿起剑追逐她们。

奥尔良的形势也发生了一些变化。早春时，让·波顿·德·桑特拉伊曾率奥尔良使团到北方向勃艮第公爵腓力提出建议：如果解除围城，就将奥尔良置于公爵的保护下，并允许公爵任命总督；城市的收益也可在英王亨利六世与奥尔良公爵查理间平分。腓力并不介意接收堂兄的城市，在4月同意了奥尔良代表的提议，但摄政贝德福德公爵约翰却断然拒绝。他认为英国已为这场战役投入大量人力物力，付出了高昂代价。摄政不能容忍腓力摘走属于英王的果实，声称"摇晃树枝后，旁人趁机掳走枝头雏鸟（的行为）会令我火冒三丈"。于是，勃艮第和英国人之间再生龃龉。腓力的回应是撤走了围城的勃艮第军队。得知敌方阵营裂痕加剧的消息后——显然，这并不是乔治·德·拉特雷穆瓦耶一伙的外交成果——查理七世终于下定决心发起解围。

1429年4月26日，贞德随同法军带着运往奥尔良的给养车队——它们有数百辆马车，带有大批牲畜和补给——从布卢瓦出发。贞德骑着战马，高举一面白旗，上面绣有两位手执鸢尾花的天使像。她还配有两名年轻的侍从：路易·德·孔特（Louis de Contes）——来自于拉乌尔·德·戈古尔麾下——以及雷蒙（Raymond）。此外，青年侍从让·德·欧隆也奉命担任她的管家。此时，少女还在努力避免英法两国继续流血。3月22日，她曾写信给英国国王亨利六世、贝德福德公爵约翰以及萨福克伯爵威廉·德·拉波尔、斯凯尔斯男爵托马斯、约翰·塔尔博特等副官部属。在第一封信中，署名为战争指挥（Chef de Guerre）的贞德要求英国人向她屈服，其贵族乡绅及弓手们也要回到自己的国家，"如果他们不愿遵从，我将把他们赶尽杀绝"。英国的大小贵族并不在意这位名不见经传的少女，因此这封信理所当然地石沉大海。

贞德急于解除奥尔良的围困。法军将领们发现她希望从北面进军，一到城市附近就对约翰·塔尔博特等英军发起进攻，直接突入城内。这与拉乌尔·德·戈古尔、拉海尔等人和奥尔良私生子让事先拟定的计划大相径庭。由于护送队伍人数有限，他们没有遵循少女的指示，继续采取“更好而且更稳妥”的方案——从卢瓦尔河南岸一直向东，避开英军堡垒，来到与谢西（Chécy）隔河相望的渡口。奥尔良私生子会在那里安排船只将补给运往城内。贞德发现他们仍在南岸行进，她大为恼火。从城里乘船来迎接他们的奥尔良私生子立即领教了少女的怒气：“你们认为欺骗了我，但实际上是欺骗了你们自己。因为我给你们带来了从任何骑士和市镇那里都得不到的帮助。”

根据记载，接下来法军忙着将补给装上船，但渡口的风向并不利于运输。天色近晚，大家十分焦急。贞德并不担心，她只是祈祷了一番风向就改变了。这个举动迅速增加了人们的信心，将领们也乐意带她同行以求好运。补给被成功地通过水陆道路送入城中，而贞德也被说服跟着奥尔良私生子让前往北岸的谢西——布卢瓦的护送队伍则从南岸原路返回。而奥尔良城内的法军及市民则对敌人东面的圣卢（Saint-Loup）据点发起了佯攻，掩护他们的行动。4 月 29 日 20 点，贞德终于在奥尔良私生子与 200 名骑兵的陪伴下进入奥尔良。城中士气大振，军民纷纷举着火把欢迎少女。他们认为这次行动是一个奇迹，而城市很快也将脱离苦海。

与能就近补给的法军不同，长期屯兵于坚城之下的英军已师老兵疲。4 月 15 日，英格兰的御前会议收到摄政贝德福德公爵约翰的消息，要求他们尽快招募 200 名骑兵和 1200 名长弓手取代原索尔兹伯里伯爵托马斯·蒙塔古的部属——去年 12 月他们的合同就已到期，不少人已放弃围城。诺曼底的军力十分紧张。在冬季时，正当奥尔良前线的围城部队不断减员时，科唐坦邑督约翰·哈普利（John Harpeley）却在半岛南端的热内（Genêts）建立了一个由 20 名骑兵和 100 名弓箭手驻守的新城堡——英军同时展开了一场对圣米歇尔山的新围城战。摄政还命令法国国库官员将资金带往英格兰，招募封锁圣米歇尔山所需的人员和船只。因此，摄政一时间很难拨出更多的资源支援奥尔良围城战。尽管摄政自己陆续贡献了 11.7 万图尔锂的巨款用于前线战事，但英军紧绷至极限的包围圈还是极度缺乏人手。这导致他们渐渐失去了先前的勇猛势头，零星的据点分散了围城部队的力量，同时又很难有效阻击出入城市的敌人。

当真正与英国人接触时，贞德还是希望他们知难而退。30 日。她再次写信给英将，要求他们撤退。同时，拉海尔奋力攻打城北的圣普埃（Saint-Pouair）据点。法军

▲ 英军围攻奥尔良

突破了前哨，并搬来柴捆和稻草准备点燃据点，但随后就遭到英国人的反击。在“圣乔治”的呼声中，他们被击败，退回城市。而英军也对贞德的要求回以谩骂，并一度扣押了信使，这令她颇为失望。尽管如此，在接下来几天，双方倒也相安无事。英军几乎是坐在工事中，安静地看着贞德前来探查敌情，看着法国人将一批又一批的补给运进城内。他们仅有的还击动作只是再度拒绝了贞德的撤军请求。

与此同时，法军的其他增援部队也陆续开往此地。5月3日，日安和蒙塔日的守卫来到城中。虽然他们的人数不多，但4日凌晨，由奥尔良私生子让、吉勒·德·雷、布萨克元帅让·德·布罗斯等引导的大批法军终于出现在东面的奥尔良森林中。贞德和拉海尔带着城中的500名士兵前去迎接他们。这些法军就在圣卢英军的眼皮底下大摇大摆地进入城内。当天晚些时候，另一批补给也搬上卢瓦尔河中的船只，运往奥尔良。

贞德由于起得太早，回到住处后便上楼歇息，但亢奋的法军决定不与圣卢的英军和平共处。他们的人数已逾4000人，超过了英军的围城总数。正午时，吉勒·德·雷

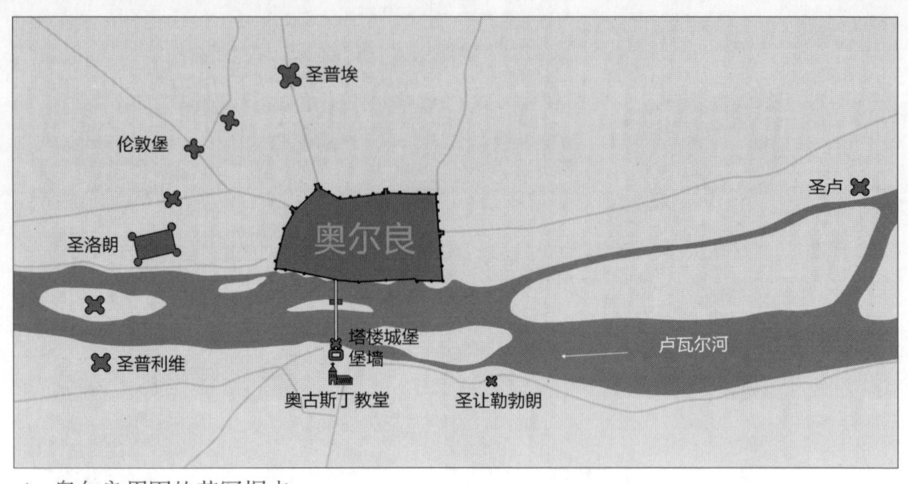

▲ 奥尔良周围的英军据点

等人——他们并未告知在床上休息的贞德——兴冲冲地奔向城东的据点。也许他们是想吸引敌人的注意以便让补给船队安全通过，但这次进攻并不顺利，圣卢前面的田野上到处是零散的法军士兵，而英军却凭借工事顽强抵抗。因此，法军的首轮攻击很快被击退。这时，贞德从床上惊醒，对侍从喊道："嗨！坏男孩！你没有告诉我法兰西的血在流淌！……我们的人难以应付！"少女匆匆披甲上马，接过侍从从窗口递下的旗帜，一路疾驰，冲出勃艮第大门。让·德·欧隆连忙骑上街头一名侍从的马匹，朝少女追去。

此时已是下午，闻讯后的约翰·塔尔博特急忙命部下从圣普埃赶来支援。但他随即就被从巴黎大门出来，由布萨克元帅让·德·布罗斯带领的600名法军拖住后腿。在东南面，贞德一路向前，召集并鼓励那些灰心的士兵。法军再次燃起斗志，这场战斗也由一次吸引注意的袭击演变成一场1500人参与的猛攻。圣卢的抵抗持续了三个小时后终于瓦解。法军攻占据点，消灭了里面的140名英军士兵，另有40多人被俘。当塔尔博特看到东南面升起的浓烟时，意识到事已不可为，只能失落地带领部下返回营地。

攻克圣卢是奥尔良解围战的第一次大胜，法军切断了英军与上游市镇雅尔若间的联系，标志着英军封锁链开始从最薄弱的东面瓦解。贞德在这次战斗中功不可没，她也第一次证明了自己的军事价值——先前奥尔良私生子让等人认为她的使命只限于其他方面。第二天，双方暂时罢兵。贞德第三次写信给英军，法国弓手将这封信绑在箭矢的尾端射入英军营地内，但结果还是与前两封信相同。

当天，法军将领们召开了一次军事会议。他们得到消息——英国人在巴黎集结了一支援军，很快将出现在奥尔良前线。解围行动必须加快。将领们决定让民兵及次要部队佯攻城西的圣洛朗（Saint-Laurent）据点，同时主力从东面渡河拔除英军在南岸的堡垒，夺回桥梁。6日，法军乘船来到河心岛，通过一条由两艘船组成的浮桥来到南岸。他们发现英军已经放弃了东边的圣让勒勃朗（Saint-Jean-le-Blanc）据点，集中到南面的筑垒地区。这里防御坚固，法军将领们十分犹豫，但贞德再一次改变了战局：她先是将守着勃艮第城门，不准人出去的拉乌尔·德·戈古尔——也许他的本意只是不愿让市民和民兵从这里出击，打乱军队的计划——呵斥为“坏人”。这位老将军被迫打开城门，让战斗者冲出。在接战中，当英军从奥古斯丁教堂和北面的塔楼城堡冲出，追击进攻失利的法军时，她又乘马和拉海尔带领一些挺直长矛的骑兵向敌人冲去。英军的反击被迅速击退，法军追至筑垒前。这次他们在贞德的鼓励下坚定地将其围住。奥尔良私生子让、布萨克元帅让·德·布罗斯、吉勒·德·雷以及火炮部队也加入了战斗。傍晚时，炮火破坏了栅栏，贞德大喊：“勇敢地攻进去吧！”法军鱼贯而入夺下奥古斯丁。

现在，英军在南岸的据点只剩下正对着筑垒，位于大桥南端的塔楼城堡——西面的圣普利维（Saint-Privee）已被他们放弃。这里的防御工事十分牢固，有700—800名士兵守卫。望着它在夜幕中高耸的轮廓，有些法军骑兵不禁忧心忡忡：“我们要花上一个月的时间才能拿下它。”

尽管不少法军将领主张围困，等待增援，但贞德决心一鼓作气实施强攻。她在士兵中的声望迫使将领同意了这个方案。7日凌晨，法军发现英军拆毁了他们在城西南岸的圣普利维据点，看来他们已将部队集中到北岸的圣洛朗和伦敦堡之间。贞德希望在敌人调整部署前拿下关键据点。一大早，她就渡过卢瓦尔河来到南岸，法军主力也在此集合。8点左右，进攻的号角吹响。法军扛着攻城器械奔向塔楼城堡。同时，他们在城中的同伴也开始修复大桥，准备从北面配合进攻。如果要从南岸突破，法军必须先拿下它前方的堡墙，但其下方有很深的壕沟，法军必须依靠攻城梯发起进攻，而英军在高处用弓弩甚至是火器还击，法军的攻击多次被击退。午后，焦急的贞德身先士卒，与士兵们扛着梯子再度发起攻击。不久，一支冷箭射中了她，据说箭头射入达半英尺，人们急忙将她抬离前线。这引起了英军的一阵欢呼。贞德悲伤地发现战友的士气也随之重挫。包扎完伤口后，这名坚强的少女不禁颤抖流泪。

法军无力的攻击一直持续到接近黄昏之际。奥尔良私生子让眼见天色已晚，士兵疲惫不堪，打算放弃攻击。贞德极力反对。她喊道：“你们很快就能攻进去了，不用担心，英国人将无力抵御我们……为什么不休息一下，吃喝点东西（再继续进攻）呢？”接着，贞德单独骑马到葡萄园中祈祷了一番。当她回来后，又精神抖擞地向战士们高喊：“英国人筋疲力尽了，拿梯子来！”带着他们再次冲向前线。少女表现出的虔诚和顽强意志令在场的人们为之振奋——除了英国人，他们看见贞德出现后便魂飞魄散。法军的最后一波攻击浪潮粉碎了英军的抵抗意志。贞德的旗帜已经插上了战壕的边缘，她向战士们呼道：“旗帜角碰到墙边时，你们就可以冲进去了！”

将士们回道：“贞德，旗子碰到了！”

少女喊道：“一切都是你们的了，进去吧！”

于是，骑兵、弓箭手乃至市民像潮水一样涌上堡墙，跳入内院。与此同时，北面尼古拉斯·德·吉瑞斯墨斯（Nicholas de Giresmes）的部队也修好了桥梁，正猛攻城堡。两面夹击下，英军崩溃了。他们丢弃了堡墙，蜂拥逃向塔楼城堡。祸不单行的是法国人还放了一艘火烧船至两座工事间的吊桥下。此时，桥已被点燃，数十名掩护士兵撤退的英国军官也随它一起堕入卢瓦尔河中。入夜后，塔楼城堡燃起大火。法军大获全胜，约400—500名英军丢失了性命，包括指挥官威廉·格拉斯戴尔（William Glasdale）。虽然他们曾对贞德恶语相向，但她仍为他们的命运唏嘘不已。当晚，在大火扑灭后，贞德就像她事先预言的那样，从桥上回到奥尔良。人们敲响了大钟，唱起赞美诗纪念这个时刻。

攻克塔楼城堡彻底打破了英国人的封锁。5月8日，圣米歇尔节，英军放弃了剩下的围城据点，集合队伍，分为两部从西面逼近奥尔良城墙。英军此举可能是为了引诱法国人接受野战，试图以这种孤注一掷的行动扭转不利局面。与之相应地，法军也出城迎敌，但贞德和其他将领下达了不许主动攻击的命令。于是，两支军队

▲ 攻打塔楼城堡

就在奥尔良城下怒目相视。僵持了一段时间后，感到已毫无希望的英军将领们终于放弃了对峙，带着队伍退往沿卢瓦尔河的其他据点。约翰·塔尔博特和斯凯尔斯男爵托马斯带领部下撤往默恩，萨福克伯爵威廉·德·拉波尔则带领另一支部队前往雅尔若。一些斗志昂扬的法军分队甚至不顾命令，积极攻击撤退中的英军，迫使英军丢弃了火炮等部分武器装备。至此，法军终于赢得了这场延续了两百多天的漫长战役。

卢瓦尔河谷大扫荡

奥尔良成功解围的消息迅速传遍了王国，甚至连意大利人的商号及佛兰德、阿维尼翁等地的分公司——它们经常涉及武器和装备买卖活动——也在向欧洲其他地区讲述着这个奇迹。这些消息灵通人士指出许多贵族都欣赏这位少女，平民更是如此。

这场战役也极大地鼓舞和启发了数年来一直处于被动状态的法国军民。让·帕斯鸠埃勒（Jean Pasquerel）曾声称他们从未目睹过能与她比肩的功绩“从任何书中也读不到相似的事迹”。曾任巴黎大学学务长的让·热尔松（Jean Gerson，Chancelier de l'Université）在里昂用生命的最后一点时光拟写了一篇简要的咨文。这位自1418年后再未返回巴黎，长期在国外漂泊的神学家肯定了她为王国利益女扮男装的行为及信仰。同时，热尔松还睿智地恳请那些在胜利时颂扬少女的人们不要在危险时刻抛弃她。

贞德决心一鼓作气给敌人更大的打击。9日，她与奥尔良私生子让等法军将领一起前往洛什城堡觐见查理七世。此时法军人数可能已大幅缩减，在猛攻奥古斯丁以及塔楼城堡时，法军承受了一定伤亡。而眼见解围成功，部分援军也罢兵还乡。一些学者推测跟随贞德等人的部队可能只剩2000多人。这显然不足以胜任接下来的战斗。因此，贞德频繁地催促查理七世加快整军步伐。在她的激励下，查理七世似乎也逐渐从先前庸碌的状态中苏醒过来。他命令“他所有领地中的贵族们”为正在集结的军队提供人员和装备。

在近一个月的时间里，法军厉兵秣马，意图发起新的进攻。关于接下来的进军方向，他们内部却存在着较大分歧。6月早期，查理七世和军事将领们就此事召开讨论会。在会上，部分人建议进攻诺曼底，其他人则希望先拔掉英军在卢瓦尔河流域的剩余据点。贞德以上帝的名义鼓励查理七世前往兰斯加冕。查理七世对她先前的努力表示了感谢，但不想做出轻率的决定。兰斯位于英国和勃艮第人联合控制的香槟领地内，距离法军有150英里之遥。通向兰斯的道路上坐落着大量的英格兰—勃艮第驻军的城市，它们很可能会阻滞法军的行动。英军的残余部队还盘踞在奥尔良的西面和东面，控制着数座横跨卢瓦尔河的重要桥梁。若不尽快赶走这些敌人，他们可能借助巴黎方面的增援，恢复力量，重新发起攻势。6月上旬，法军得到了一些加强，据阿朗松公爵让的报告，他们拥有1200名骑兵——当然，还有相应的步兵、弓箭手以及火炮部队。根据决定，这支军队“将用于清扫卢瓦尔河”。据记载，“声音”也在鼓励着贞德，“孩子，去吧！去吧！去吧！我将给予你援助！去吧！”

法军第一步是要拿下雅尔若、默恩和博让西。正如他们所料，英军并不甘心丢弃索尔兹伯里伯爵托马斯·蒙塔古耗费巨资赢得的战果，正试图加强卢瓦尔河流域的防御力量。约翰·塔尔博特和斯凯尔斯男爵托马斯在默恩统领英军主力，马修·高夫（Matthew Gough）负责指挥博让西的英军守卫。塔尔博特一度还返回巴黎，也许

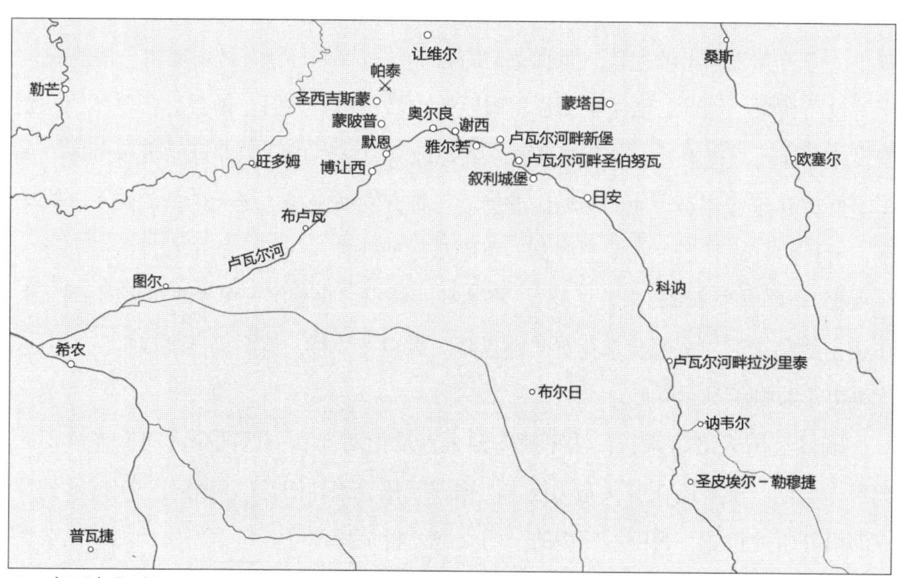

▲ 卢瓦尔河谷

是向摄政贝德福德公爵约翰汇报卢瓦尔河地区英军可能面临的威胁，向他寻求援助。据称，贝德福德公爵接到围攻奥尔良失败的消息后深受打击，但随后便振作起来，努力从控制的地区内收集人马。贝德福德公爵意图集结4000—5000人派往前线，并承诺不久后将亲自带领从英国本土派来的援军跟进。

法军方面，由于查理七世拒绝了将领们请他亲自领导军队的要求，拥有最高指挥权的总代理官（Lieutenant-General）一职便落入了阿朗松公爵让手中。这个决定看起来不同寻常——阿朗松公爵虽然是查理七世的堂弟，但此时只有20岁，缺乏军事经验。与奥尔良私生子让和拉乌尔·德·戈古尔等久经战阵的将领相比，阿朗松公爵更乐意于听从贞德的意见——也许这个任命使贞德的主动性得到了最大程度的发挥。

1429年6月10日，贞德和阿朗松公爵让动身前往位于卢瓦尔河南岸，奥尔良城东面的雅尔若城下。据记载，奥尔良私生子、布萨克元帅让·德·布罗斯、让·波顿·德·桑特拉伊，“以及其他许多来自布尔日、图尔、昂热、布卢瓦以及王国中的其他优良城镇的骑士、侍从和骑兵”陪同贞德一起于11日到达城下。

萨福克伯爵威廉·德·拉波尔带领300—400名英军守卫这座市镇，他们配备大量火器，还有约300名本地民兵配合。雅尔若距离奥尔良有11英里。虽然规模较小，但防御工事比较完备，拥有完整的城墙，被壕沟环绕，还占据着一座直达北岸的设防桥梁。因此，法军也面临着艰巨的攻城任务。他们在是否直接攻城的问题上发生了分歧，贞德又一次力主进攻。受她鼓舞，法军部队立即开始进攻郊区。英军不愿放弃这些建筑，他们从城内冲出，向对方发动突袭。毫无防备的法军阵脚大乱，士兵们且战且退。在危急时刻，贞德举起旗帜冲入战场。法军在她的感召下士气大振，重新集结起来，击败了英军，将其赶回城里。贞德又一次为法军赢回了胜利。在袭击战结束后，贞德要求英军向她投降。像以往一样，英军仍然加以拒绝，但这次再也不敢嘲笑和愚弄她。

既然英国人继续顽抗，法军就安置火器从河对岸和郊区两个方向上连续不断地轰击城墙。英军还在城头奋力还击。据阿朗松公爵让回忆，贞德有一次提醒他要立即离开所处位置，否则城镇中的一门火炮“将杀死你”。将信将疑的阿朗松公爵走开后不久，火炮果然击中了站到他位置上的迪吕德大人，这使他十分后怕，并更

▲ 攻占雅尔若

加佩服贞德。尽管如此，英军的火炮仍然难以与法军攻城部队匹敌。法军接收了奥尔良的大量粮食、弹药和资金援助。甚至连那些英军在奥尔良收集的火炮也被运到此处，这些弹药现在倾泻在旧主人头上。法军还搬来了一座巨型射石炮。它发出的炮火是如此的猛烈，以至于几乎立刻就轰塌了英军的一座主要塔楼。见此情景，绝望的萨福克伯爵威廉·德·拉波尔被迫向前线的拉海尔提出限期投降，将期限约定在十五日后。然而对英军来说不幸的是，法军主帅阿朗松公爵对于萨福克伯爵绕过他直接与下级谈判的行为极为恼怒，否决了这个投降协定，下令继续攻城——这似乎有悖于当时的骑士风度。

阿朗松公爵让拒绝英军的投降可能还有其他考虑——据传闻，一支英军正前来增援。这次情报总算属实了。6 月 8 日，英将约翰·法斯托尔夫率领 4000 名援军终于从巴黎出发——比原计划推迟了约两个月。萨福克伯爵威廉·德·拉波尔迅速求和的行为也暗示他们已经难以支撑。但阿朗松公爵十分犹豫，不知应继续炮击城墙还是直接袭取城镇。贞德倾向于后者，她敦促阿朗松公爵不要怀疑，并提起了那个保证将他毫发无伤地带回到公爵夫人身边的承诺。阿朗松公爵终于下定决心。12日一早，法军士兵就从郊区营地中出发，带着攻城梯和其他器械跃入雅尔若城墙下的壕沟内,开始了激烈的战斗。英军已经知道没有安全脱身的希望,拼命抵抗法军的攻击。据记载，有一位身材魁梧且孔武有力的英国士兵顶盔掼甲，扼守在城墙上。他奋力向城下掷出沉重的铁球，并不断推开搭上城墙的攻城梯。给攻城者造成了很大的麻烦。于是，法军的火炮师傅让（Jean，The Master Couleuvrinier）瞄向城头，一声轰鸣之后，这位勇士的传奇就此终结。法军士兵一拥而上，攀爬城墙。不过攻城战依然处于焦灼状态。三四个小时之后，法军仍然没有打破英军的防线。此时贞德也加入了战斗，她高举旗帜爬上了攻城梯。一块从上方砸下的石块突然击中了她的头盔，受到重击的她立刻摔到地面上。正当法军士兵向贞德投去关切的目光时，她却立即从地上爬起，向士兵们喊道："朋友们，朋友们，向上冲！向上冲！好运气已经摒弃了英国人。此刻他们是我们的！鼓起勇气来！"仿佛是奥尔良场景的再现，法军爆发出极大的勇气和战斗热情，他们像潮水一样地涌向英军。甚至连萨福克伯爵再次提出和谈的呼声也被迅速淹没了。按阿朗松公爵回忆，"不久后，雅尔若就被攻克。"

大局已定，那些英国士兵立即陷入悲惨境地。雅尔若是个孤立的据点，他们无处可逃。一些人试图投降，但已经红眼的法军士兵毫无怜悯之心。雅尔若守将亨利·毕塞爵士（Sir Henry Biset）以及萨福克伯爵威廉·德·拉波尔的弟弟亚历山大都在战斗中身亡。萨福克伯爵的另一个弟弟约翰被俘。大约有300名英军士兵被杀，其中大部分是城陷后作为俘虏被处决的。萨福克伯爵不得不在投降前先将一位名叫纪尧姆·勒尼奥的法国侍从封为骑士，他不能接受自己被一位无名之辈俘虏的事实。这次被俘也基本结束了伯爵的军事生涯，他日后将投身到政治领域中。当晚，奥尔良和雅尔若都举行了庆祝活动纪念这场胜利。不过,法国人很可能已经得到约翰·法斯托尔夫的英国援军正在从北方接近的情报。形势依然严峻。贞德告诉阿朗松公爵让，她希望次日就奔赴西面的默恩。尽管如此，法军仍然花了三天时间重新组织，准备火器和弹药补给。终于，在6月15日，他们开始向默恩进发。

默恩像卢瓦尔河上的其他城镇一样，拥有坚固的城墙以及一座大堡垒。它还有一座通向卢瓦尔河南岸的桥梁。桥梁和城镇间则隔着一大片草地。约翰·塔尔博特和斯凯尔斯男爵托马斯将英军主力驻于堡垒之中，这里易守难攻，但桥梁的防御却比较脆弱。由于时间紧迫，英军只在桥上匆忙地修筑了一些简单的工事。

这次，法军并没有像先前一样全力攻击默恩——这样可能会耗费大量的弹药、人力以及宝贵的时间。他们只进攻桥梁，并在一场简单的袭击中顺利地占领了它——这个行动使英军难以在接下来的战事中取道卢瓦尔河南岸增援其他据点的友军。在留下军队驻守桥梁后，法军主力来到北岸，但并没有围攻约翰·塔尔博特等人驻扎的堡垒，而是继续向西前进。由于占领了桥梁，法军的部分火炮也得以由水路运往此地。当天晚些时候，法军就来到了塔尔博特的副官马修·高夫守卫的博让西城下。这里有500—600名英军，但已经放弃了城镇，集中力量扼守城堡，并将少数部队驻扎在一座通向南岸的设防桥梁上。双方士兵在第一天就开始了激烈的交锋。随后，法军还隔着卢瓦尔河对城堡展开炮轰。而贞德和法军在奥尔良的一连串胜利振奋着法国各地的贵族和民众，不断有部队加入到他们中。就在法军到达后不久——16日或者17日——他们接到一个消息，法国陆军统帅阿蒂尔突然带着一支部队从布列塔尼来到此地。此前，他已在普瓦图地区召集了400名骑兵和800名弓箭手前往卢瓦尔河中部地区，他还对奉法王之命，前来勒令自己返回领地的特使拉热尔大人(Monseigneur de La Jaille)说，他正为王国福祉而战。拉热尔最后同意了他的行动。纪尧姆·德·圣吉勒(Guillaume de Saint-Gilles)、罗斯特兰等部下也加入了陆军统帅的队伍。

陆军统帅阿蒂尔的到来并没有鼓舞法军的指挥官，相反却使他们十分恼怒。这位桀骜不驯的布列塔尼贵族仍处于宫廷的放逐判决中。也许这件事和约兰达也有一定的关联。她大力支持阿蒂尔和贞德，试图联合这两位主战派。不过在眼下，阿蒂尔却使法军指挥官面临着两难抉择：一旦接受他，就忤逆了宫廷和查理七世的意愿，而与他断绝联系的话，这两部分法国部队很可能将要在雅尔若城下兵戎相见——当然马修·高夫和他的部下很乐意看到这点。阿朗松公爵让明确表示不愿接纳他，而拉海尔以及其他下级军官却希望能借助阿蒂尔本人的军事经验以及他手中的军队对抗敌人。局势变得异常复杂。

与此同时，东面的英军也活跃起来。12日，当法军攻取雅尔若之际，从巴黎出发的约翰·法斯托尔夫部还在距前线约2万米的让维尔附近徘徊，直到16日，才出现在卢瓦尔河流域。约翰·塔尔博特和斯凯尔斯男爵托马斯连忙率部从默恩北上与他会合。法斯托尔夫的部队主要是由临时抽调的英军守卫和部分法军仆从部队拼凑而成，战斗素质令人担忧。而他们也许在进军途中就已听说了贞德的事迹，因此产生了厌战心理，所以行动非常缓慢。塔尔博特并不在意这些情况，他一心想为奥尔良战役雪耻，并坚持要集合所有力量立即向西南方向进军，解除法军对博让西的围困。法斯托尔夫并不赞同这个战略，他劝塔尔博特谨慎行事，但塔尔博特对法斯托尔夫收缩战线、等待增援的规劝置之不理，带着自己的部队径直向博让西进发。法斯托尔夫不得不带着他的队伍跟上塔尔博特的步伐。

因此，当拉海尔的斥候向贞德以及其他法军指挥官报告有一支4000人的英军出现在默恩方向时。他们终于做出了决定：让贞德前去与陆军统帅阿蒂尔会面。根据纪尧姆·格吕埃尔（Guillaume Gruel）的记述，贞德从马上下来，向阿蒂尔致意并拥抱了他的腿部。阿蒂尔对她说道："贞德，据说你想同我交战。我不知道你是否是上帝的使者。如果你是上帝的使者，我也不怕你，因为上帝知道我的善意。如果你是恶魔的使者，我更不怕你。"据阿朗松公爵让回忆，贞德对阿蒂尔说道："噢，好陆军统帅，你不是为我而来。但是，因为你已经来了，欢迎你。"两支法军终于合兵一处。

当约翰·法斯托尔夫和约翰·塔尔博特的队伍离博让西不到1里格时，他们发现贞德、阿朗松公爵让、奥尔良私生子让、吉尔贝·莫捷·德·拉费耶特元帅、拉海尔、让·波顿·德·桑特拉伊等法军将领已带着队伍在高地列阵并封锁了他们的道路。英军发出作战命令，所有人按惯例下马排出作战斗队列，长弓手将尖头木桩钉入地面。然后英军派出两名使者前往法军阵营，向法军提出如果法国人有勇气从山上下来开战，他们很乐意奉陪。贞德回答他们道："今天回去宿营吧，因为已经太迟了。但是明日，如果上帝和圣母允许的话，我们会更仔细地审视你。"此时，塔尔博特等英军将领似乎都对野战丧失了信心，商量一番后，他们离开此地并回到默恩过夜。

与此同时，陆军统帅阿蒂尔和布列塔尼士兵一直在对博让西进行炮击。17日发生的一系列事件使马修·高夫灰心丧气，认为自己已被同僚抛弃，于是也放弃了抵抗。最终，博让西的英军将领与法军签订了一个投降协议。他们将带着自己的马匹以及"价值不超过一银马克的动产"撤出此地。此外，英军还答应在接下来的十天内不再与法军作战——这个承诺实际排除了他们与塔尔博特等部会合的可能。18日早晨，这些英军出城向巴黎方向退却。一小时后，法军占领了博让西。

约翰·法斯托尔夫和约翰·塔尔博特回到默恩后，开始攻击桥梁。他们用火炮对法国守军轰击了一整夜，试图打通从卢瓦尔河南岸增援博让西的道路。但阿朗松公爵让派出了部队增援这些守军。18日，法斯托尔夫和塔尔博特集合了队伍准备对桥梁发起总攻。此时，博让西投降的消息传到了他们耳中。显然法军主力即将调转矛头对付他们。这次，一直在患得患失的英军指挥官们终于决定避开法军的锋芒，放弃卢瓦尔河上最后的据点，退向北面的筑垒城镇让维尔。英国势力终于退出了卢瓦尔河流域。

对法军将领来说，收复卢瓦尔河谷已经是一个辉煌的胜利。按照多年以来的习惯，迫使英军退却就已达到了战略目的——况且现在处于撤退中的英军将领显然也没有再次和法军照面的打算。但奥尔良围城战以来，法军内部已经逐渐出现了一些变化。一些将领不愿让英军安然离开，他们不想给予敌人任何喘息和恢复的机会。按以往经验来看，在野战中贸然进攻英军存在着极大的风险。阿朗松公爵让召开了一次军事会议，陆军统帅阿蒂尔、拉海尔、让·波顿·德·桑特拉伊以及安布鲁瓦兹·德·洛雷等人主张立即追击，而阿朗松公爵以及部分将领却犹豫不决。贞德又一次站在力主进攻者一边。她在会上慷慨发言:“让我们前去与他们开战，即使他们悬浮在云中，我们也能击败他们，因为上帝已经把他们交由我们处置！”随后，她还向诸将表达了自己对胜利的坚定信念:“高贵的国王将在今日收获他从未获得过的最伟大的胜利，而我个人的参谋会议已经告诉我，他们已在我们手中。”法军随即集合队伍向北进发。

相对于行动坚决而迅速的法国人，英军指挥官们依旧意见不一，约翰·法斯托尔夫本能地不愿接触兵力优势的敌人，他希望快速退到让维尔，在那里等待巴黎的援军。约翰·塔尔博特依然怨怒难平，他虽然服从了法斯托尔夫的命令，但内心中仍不介意与法军再决雌雄。不过这两人可能都没有料到法军会发起快速的追击。撤退的英军有近5000人。前锋由一名执掌白色旗帜的骑士指挥，紧随其后的是载着轻型火炮、补给以及一些非战斗人员的辎重车队，接着是法斯托尔夫、塔尔博特和斯凯尔斯男爵托马斯率领的主力部队——他们当中包括一些从征服领地上招募的武装人员。处于队伍最后方的则是一小群充当后卫的英国士兵。虽然英军在行进中保持着良好的秩序，但可能贞德已经给他们中的大部分人——无论是未经一战的增援者还是九死一生的老兵——都留下了深刻的印象。因此，眼下士气低落的他们都不愿再和法军打交道。

与之相反的是，经本月以来的一系列战斗后，法军士兵斗志昂扬，不断赶来的增援部队使他们的总数接近6000人。法军虽然希望尽快追上英军，但也不愿意贸然投入战斗。为了使己方能与敌人交锋时从容有序，他们将队伍划分成了两个部分：前锋由拉海尔、让·波顿·德·桑特拉伊、布萨克元帅让·德·布罗斯以及“其他精于骑术者”率领的约1500名精锐骑兵队伍；由骑兵和步兵组成的主力则交给陆军统帅阿蒂尔、阿朗松公爵让、奥尔良私生子让等统率，安德烈·德·洛埃阿克、吉勒·德·雷、纪尧姆·德·圣吉勒等人带领着小部分后卫；此外，还有60名左右的斥候——他们是“最有经验的骑兵，骑着最快的马”——在前锋部队前面探查敌情。如此安排既可以逼迫英军，使他们没有时间寻找以及建立防御阵地，又可以避免法军主力在进攻时可能因事发仓促而产生的阵列混乱现象。贞德提出过亲自领导前锋，但遭到了拉海尔等人的婉拒，这使她颇为失望。不过法军将领或许也有道理：按以往经验，倘若前锋与英军陷入酣战，她的出现对战事走向还是大有裨益的。

对于1429年6月18日发生的事件，由于各种错综复杂的记述，只能大致勾勒。当日的天气非常炎热，英军在烈日下跋涉了将近四个小时。大约在中午时，他们来到了帕泰小镇南面大约1里格远的地方。这是一片夹在博斯地区以及奥尔良森林之间的平原，包含一些低矮的树丛和此起彼伏的小山丘。当时两条穿过此地的主要道路——一条通往东北面的巴黎，一条通往西北面的博讷瓦勒——在利涅奥勒(Lignerolles)村附近交会。约翰·法斯托尔夫也得知了法军正在快速逼近的消息，召开了一次紧急会议。尽管与一些将领有分歧，根据讨论结果，英军准备迎战法军。法斯托尔夫命令辎重车队及非战斗人员前往旁边的森林隐蔽。而约翰·塔尔博特则带着500名精锐骑马长弓手前往更南面的前线设立阵地——“在两排他认为法国人可能经过的树篱之间。”根据塔尔博特的计划，这批长弓手下马埋伏在道路两边，他们的任务是牵制进攻的法军，直到法斯托尔夫的主力部队准备好防御阵地为止。塔尔博特希望一旦完成任务，他和这些部下能在丛林的掩护下撤到英军主阵地的后方，从而避免严重伤亡。法斯托尔夫的英军主力则布置在利涅奥勒西南面的拉加雷讷（La Garenne）小山丘上。他们忙着寻找有利位置。英军前锋部队的骑兵开始下马排列前线阵列，长弓手也正在将用于阻止骑兵的木桩钉入地面。

根据记载，法军的侦查斥候在行进时——可能就在更南面的圣西吉斯蒙（Saint-Sigismond）附近——惊动了一只雄鹿。它从森林中跑出来，直接逃进了英军队列里。这是一只令人垂涎的猎物，士兵们大叫并追逐着这头鹿，全然不知法国斥候近在咫尺。喧闹声使法国人发现了英军的行踪，他们继续前进，将英军动向看得一清二楚，随后立即派出一些同伴返回前锋部队，向拉海尔等将领报告。拉海尔马上派一名信使向后方汇报。同时，他按斥候的建议，督促部下们排好阵列，快速向前推进，并将决定告知给主力部队。由于行军速度不同，这两支法军可能拉开了 0.6 英里左右的距离，尽管如此，拉海尔还是决定要带着骑兵先和敌军接触。

约翰·塔尔博特的长弓手埋伏的地方靠近道路交叉口，可能位于一片洼地的底部，按他们的估算，矮树丛和树篱会遮挡敌人的视线，阻碍他们的行动。但法国人已经将英军的布置一览无遗，而英军的踌躇和更改部署浪费了大量宝贵的时间。就在一线的长弓手忙着构筑防御阵地时，拉海尔已带着法军前锋部队出现在了战场上。事不宜迟，1500 多名重骑兵展开狭长的战线立即向未做好准备的敌人发起进攻。那些树丛并未阻挡住骑兵的冲锋，塔尔博特的长弓手被打了个措手不及。更为严重的是，法军骑兵的战线沿着侧翼迅速向他们席卷过来，在搞明白究竟发生了什么事之前他们已被包围，大多数人几乎未放一矢便陷于崩溃，一些人在原地就被砍倒，另一些人向北面有补给车队的森林逃去，还有部分人则拼命朝英军主力所在的北面山坡上跑去，希望在同伴的掩护下躲过一劫。然而，这些人在敌军马蹄下争相逃命的景象深深地震撼了第二线的英军主力，尽管有骑兵下马排出了战线，但也未准备好作战阵型。约翰·法斯托尔夫看见塔尔博特部队的悲惨遭遇，情急之下，放弃了之前的方案，试图集合部队从阵地出击，援救塔尔博特。这些命令使队伍完全陷入了混乱。拉海尔等部对眼前的大批英军毫不畏惧，他们踢动马刺，驱使坐骑径直冲上山脊，撞进他们的行列中。据参加此战的勃艮第骑士所述，英军前锋部队认为胜利无望，弓箭手纷纷逃走。负责指挥的骑兵自觉事不可为，也带着他的那面白旗和部下逃离，那些还骑在马背上的人也开始离开战场。因此，当法斯托尔夫环顾左右时，发现根本召集不到多少反击的部队。那些骑在马上的将领们也提醒法斯托尔夫大势已去，当务之急

▲ 帕泰战役

是带领尽可能多的部下逃离此地，去坚固的据点等待救援。因此，这位英军主帅也踏上了逃命之旅。至此，整支英军终于土崩瓦解。大家争相逃命。

法军主力部队到达战场已是下午 2 点前后。此时，英军的抵抗已完全结束，法军主力也加入了追击溃敌的行动中。那些抛弃步兵的骑兵逃向巴黎。步兵就没有那么幸运了，一些人试图躲进拉加雷讷森林中避难，另一些人跑到利涅奥勒。战斗已经变成一场屠杀。在交叉路口、拉加雷讷森林、利涅奥勒村庄、通向巴黎和沙特尔甚至是东南面奥尔良森林的道路上，英军尸横遍野。只有付得起赎金的人才被放过性命。据统计，大约 2000 名英军及法国仆从军士兵被杀，另外 200 人被俘虏。据记载，约翰·塔尔博特似乎在奋力抵抗敌人，但不久后，他就在西北面接近帕泰的路上被法军俘虏——骑在一匹马上，连马刺也没有套上。与他同一阵线的斯凯尔斯男爵托马斯等大批英军高级将领也沦为阶下囚。

约翰·法斯托尔夫带着一部分乘马的部下一口气向东北跑了 15 英里远，他们来到让维尔城下，希望能借此地的防御工事抵挡法军，但让维尔得知英军战败的消息后，居民发起暴动，制服了城里的英国守卫，将法斯托尔夫等人拒之城外——尽管有些英军在南进前曾将财物寄存在此地。他们只好绕过这座倒向法国的城镇，继续向西北逃窜。不久后，200 名法军骑兵就追至此地。恐慌在博斯平原上蔓延，蒙陂普（Montpipeau）和圣西吉斯蒙的英军也放火烧毁了据点仓皇逃离。直到第二日1点前后，筋疲力尽的英军残部才在约40英里外的埃唐普找到了避难处。次日，法斯托尔夫前往科尔贝。这里离巴黎只有不到50英里。

因为逃跑，约翰·法斯托尔夫成为这次败仗的替罪羊。英国当局立即因他“在一个下午就输掉了这场战争”而剥夺了他的嘉德骑士团勋位，并组织调查庭对他的行为进行审查——实际上，这次惨败是数月以来进退失据的英军指挥官对形势和自身实力的不断误判所酿出的恶果，让法斯托尔夫一个人承担责任也未免失之偏颇。最终，法斯托尔夫在接受调查后恢复了名誉，但他永远也摆脱不了这次战败的阴影，人们将他斥为“逃命骑士”。约翰·塔尔博特也始终都没有原谅他在战场上遗弃自己的行为。

6月18日下午，贞德和陆军统帅阿蒂尔等法军将领进入帕泰，并庆祝了这场胜利。法军在这里过夜。约翰·塔尔博特被带到阿朗松公爵让面前，公爵揶揄他道：“今天早上你可没想到日落前会有如此境遇吧？”塔尔博特只是简单回应道：“这只不过是战争的时运变化罢了。”

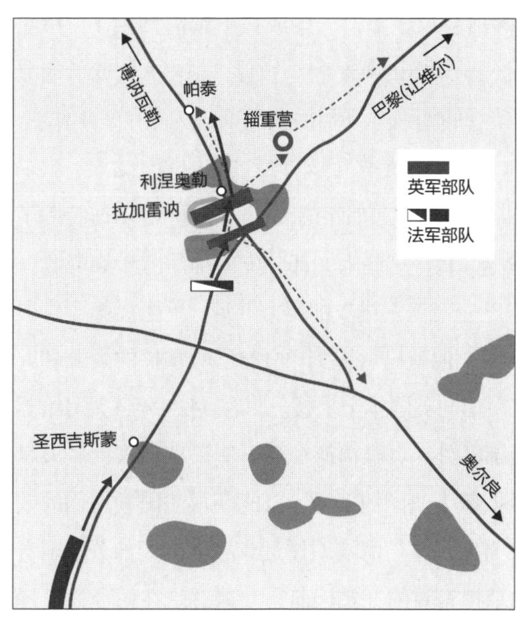

▲ 帕泰战役示意图

虽然约翰·塔尔博特对这次败仗轻描淡写，但帕泰战役的损失比他们此前在征服过程中遭遇的任何一次挫折都要严重。从战略上看，英国人进军卢瓦尔河的攻势受阻使他们不仅耗费了大量的资源，而且还暴露了缺陷：凭借着雇佣合同制，英军得以用较少的资源建立一支较为精锐的军队，但规模和力量均十分有限。多年来较低烈度的战事使大部分军队均部署在一线，后方的防御体系却十分脆弱。由于对手的内讧才掩盖了他们只能勉强应付的本质。现在，英国人在不到两个月的时间内损失了约4000人的兵力。为了重新组建应对危机的机动部队，他们不得不大量抽调地方守卫，进一步削弱了大片地区的防守力量。这令法军在接下来的数月中暂时获得了战略主动权：他们可以决定在何地发起攻势——从西部的安茹、曼恩边境到中部的博斯平原乃至东面的香槟地区。而在法国大陆的英军已经无力对广阔的前线地带及纵深地区进行有效布防，很难在迟滞法军攻势的同时从容地集合足够的力量，及时截住法军主力，予以有力打击——就像15世纪20年代的那些辉煌战役一样。他们只能基于自己的判断，把有限的部队集中起来，先投入到可能承受敌人重点进攻的地区。这让英格兰-法兰西王朝的前途蒙上了一层阴影。

兰斯加冕

帕泰战役惨败的消息传到巴黎御前会议上后，一些成员不禁潸然泪下。摄政贝德福德公爵约翰也深受打击。大批经验丰富的英军将领被俘，很多人因此长期滞留在法国人手中：曾获得嘉德骑士团荣誉的斯凯尔斯男爵托马斯被囚禁了一年左右，交付完赎金后才获得自由；而托马斯·伦普斯通是诺丁汉郡最贫穷的骑士之一，难以支付高达1.8万埃居的赎金，被迫在监狱中度过了七年的光阴；约翰·塔尔博特除了要缴纳巨额赎金外，还一直被法国人故意扣留。这些人大部分先前都活跃于诺曼底—曼恩前线，他们的长期空缺使英军缺乏应对法军进攻的得力干将。贝德福德公爵很早就有所警觉。在奥尔良围攻战失利时，他就已意识到单凭自己所掌控的资源和人力不足以应付时局的变化，因此频繁写信向英国本土求援。早在1429年4月写给英国御前会议的信件中，除了要求增援部队外，贝德福德公爵还建议亨利六世应该尽快在英国加冕，然后前往大陆，去兰斯戴上法国的王冠，以此获得法国领主们的效忠——显然他对贞德的事迹和声明都有所耳闻。海峡对岸远离战火的大部分英国贵族对大陆的战事不以为意，他们害怕承担繁重的开销因而行动迟缓。在帕泰战役爆发的当日，英格兰御前会议授予亨利·博福特招募500名骑兵和2500名长弓手的权力。但这支军队并不是应贝德福德公爵一再催促而开始召集的援军，只是一支正准备参加波希米亚地区的胡斯战争的军队——博福特想以此为神圣罗马帝国皇帝的事业贡献自己的力量。而正当这支肩负着神圣使命的军队向南部港口慢慢集结时，帕泰惨败的消息传到了英国本土。于是，博福特面临着两难选择：要么放弃甚至是违背教廷的任务，要么对他侄子和侄孙在大陆的事业隔岸观火。关键时刻，他身上流淌的兰开斯特血脉压倒了一切，最后选择了维护家族利益。博福特同意将这支军队带到法国对抗法军，御前会议很快也同意为这支军队筹措资金——他所付出的代价是丧失了上司的青睐，并使自己多年来一直筹划为登上欧洲政治舞台而做的努力功亏一篑。尽管如此，这支规模不大的军队还要近一个月的时间才能组建完毕，前往法国。

摄政贝德福德公爵约翰只得先收缩英军兵力，集中力量布防诺曼底。他暂停了圣米歇尔山围攻战，命令士兵返回驻守岗位。同时，他还废弃了位于圣米歇尔山南面的蓬托尔松守卫——被俘的斯凯尔斯男爵托马斯担任此地的守将。防御工事也被夷平，守卫人员被重新分配到北面的阿夫朗什以及峒伯兰等地。整个下诺曼底地区的邑督都接到命令，要为每处守卫招募士兵或召集增援力量。贵族封臣们也收到了要拿起武装的动员令。政府还通过财政拨款支付士兵的薪水、城堡以及阿夫勒尔港口的修缮防务费用。与此同时，巴黎也是摄政关注的重点地区。城市开始严格执行24小时轮班守卫的制度，城墙也被加固，紧靠城门的房屋被勒令拆毁，城外壕沟中堆积的垃圾也被清除。此外，在城内外都竖立了许多木质壁垒，存放于巴士底军械库里的武器也被分发一空。大量的火炮被安置在城墙上，并配备了许多弹药——一位战争承包商人就曾为城门上的火器提供了1176枚石质炮弹。摄政还任命了深受巴黎民众爱戴的勃艮第将领利勒亚当大人让·德·维利耶为都城守将，负责整座城市的防御。

与此同时，贝德福德公爵感到若要巩固这些重要地区，单凭英国人自身的力量是难以为继的，他开始竭力修复同勃艮第公爵腓力的关系。由努瓦永和两位来自巴黎大学的博士以及数位市民显贵组成的庞大使团被派往北方。他们在埃丹找到了腓力，并以贝德福德公爵的名义恳求他前往巴黎共商国是。对法军颇为戒备地腓力答应了这个请求，他集合了一支700—800人的队伍，于7月10日来到巴黎。在这里，腓力受到了热情款待。巴黎人组织起了庞大的游行队伍，并在圣母院举行了一次讲演。随后他被一路护送到王宫，与大批市民领袖和王室官员一起聆听一份宪章宣言。它再次详细阐述了腓力的父亲，“渴望和向往王国和平”的前任公爵约翰屈尊前往蒙特罗，然后“众所周知，当他在道芬面前跪下之时却被背信弃义地杀害”的事迹。这是一次对英格兰—勃艮第联盟起源和基础的巧妙回溯，在巴黎人再次为约翰的血腥遭遇而义愤填膺之际，腓力只能对贝德福德公爵的事业表示认可。在道义上施展压力的同时，贝德福德公爵也对腓力展开了金钱攻势。他从诺曼底的收入中抽出2万图尔锂交给腓力，作为在勃艮第、皮卡第、佛兰德等地区召集军队的资金——当然，这个命令引起了那些早已捉襟见肘的财政署审计员的反感，他们甚至一度想找借口抵制它，但在贝德福德公爵的压力下，这个命令最终得以执行，公爵甚至抵押了自己的珠宝。在数天的商谈后，腓力最终重申了他与贝德福德公爵的联盟，两人声明将一致全力对抗“他们的敌人，瓦卢瓦的查理”之后，他离开巴黎，返回阿图瓦集结军队。

在这个阶段，英格兰—勃艮第联盟的对手也在逐步开展新行动。6月19日，在帕泰战役中大获全胜的法军兴高采烈地返回奥尔良。敌人对城市的威胁已经完全解除，市民盼望查理七世驾临，他们挂起了为法王入城式而准备的挂毯和旗帜。虽然在贞德的请求下，查理七世发出了一道赦免令，但他与乔治·德·拉特雷穆瓦耶仍然忌惮陆军统帅阿蒂尔那专横武断的行事方式。因此，法王宫廷一直待在南面的叙利城堡（Château of Sully）。6月22日，才慢吞吞地前往北面的卢瓦尔河畔新堡（Châteauneuf-sur-Loire）。同日，贞德在卢瓦尔河畔圣伯努瓦（Saint-Benoit-sur-Loire）加入宫廷。查理七世像平常一样和蔼地接待了少女，说道：“我因你受的痛苦而怜悯你，”并敦促热泪盈眶的少女休息。在向优良城市发布的捷报中，查理七世对陆军统帅阿蒂尔只字不提，只提到了贞德以及两位王族贵胄：阿朗松公爵和旺多姆伯爵路易——显然，陆军统帅还要在宫廷外徘徊一阵子。

6月，宫廷继续招募军队。他们在筹划着下一步攻势。法国人的意见并不统一。据奥尔良私生子让回忆，许多王族贵胄和将领认为查理七世应该向诺曼底进军——在这些人看来，诺曼底现在防务空虚，它曾是英国人治下较为富饶的省份，承担着大量税赋。攻入此地有望动摇英国人的统治基础，切断与英国本土的联系。这里也是15世纪20年代双方激烈交锋的战场之一，布列塔尼、曼恩、佩尔什的边界以及马耶讷、奥恩、图克、厄尔以及塞纳河的两岸都活跃着许多抵抗者以及土匪强盗，他们无疑都是可以利用的势力。将领们对如何率领部下突入此地早已是轻车熟路。此外，诺曼底和周边地区还是许多贵族的利益所在，但贞德竭力主张查理七世应该前往兰斯，履行法国国王的加冕仪式。她认为一旦查理七世加冕，他的对手的力量就会被不断削弱，那么敌人最终也就不能伤害他和他的王国了。从目前的形势来看，前往遥远的兰斯需要花费高额的开销。况且在勃艮第地盘内长途跋涉将严重刺激查理宫廷内主和派人员的神经。他们担心军事行动会激起勃艮第公爵腓力的敌意，使自己的努力——他们已将先前腓力对英国人的冷淡和不作为视为自己的成果——付诸东流。

就在22日当天，查理七世还召开了一次有众多高级将领参加的军事会议。在会上，乔治·德·拉特雷穆瓦耶试图反对前往兰斯的计划，但查理七世对加冕表现出了极大的兴趣，很可能勒尼奥·德·沙特尔也赞同这个观点。拉特雷穆瓦耶又提出先集中军队转向东南面，拔除卢瓦尔河上游据点科讷和拉沙里泰的替代方案，但仍被查理七世拒绝。虽然贞德没有参加这次会议，但显然查理七世还是将拉特雷穆瓦耶撂在了一边，采纳了她的方案——这也意味着自1426年以来法军的被动防御布置已被抛弃，他们将集中力量实施扭转局面的一击。此外，在法军主力前往香槟的同时，陆军统帅阿蒂尔将带领一支偏师进攻诺曼底，对英军进行牵制。而前任陆军统帅阿马尼亚克伯爵的幼子，帕迪亚克伯爵贝尔纳奉命前往波尔多地区，吸引阿基坦前线的英军。

6月24日，宫廷来到日安。贞德兴奋地对阿朗松公爵让说："吹响号角并骑上你的骏马。同高贵的国王查理一起前往兰斯加冕之路的时刻到了！"但事实上，她还得焦急地等待几天。大批来自布列塔尼和普瓦图地区的贵族响应号召参军。据估计，大约1万名法军整装待发——显然这是一支数年来都少见的庞大队伍。不过，其中有很多只是小乡绅，他们骑着小马来到这里，但缺乏资金购买合适的装备来武装自己和为数不多的连队。更贫穷的人则以带着剑或矛的轻装军士、弓箭手等身份参战。长期战乱使卢瓦尔河、塞纳河和索姆河之间的土地饱受蹂躏，农田荒芜、市场废弃。大批劳工失去了工作。战争，在毁灭一切行业后变成了唯一的行业——"所有人都将成为军士，简直没有留下任何工匠”。同样的，由于政府财政困窘，军人们领到的预付金也不算很多。同代编年史作家让·沙尔捷（Jean Chartier）宣称甚至连骑兵都只领到了“二个或三个法郎”。宫廷也难以确保军队的粮食供应。但所幸的是法军士气高涨，由一位来自遥远边疆的平民少女同法军一起大破强敌的事迹——当然，因中世纪宗教氛围及相对封闭引起的信息滞后等因素，造就出各种夸张传说——令许多法国人心潮澎湃。他们受到启迪，开始重新认识到王国所蕴含的力量。将士们重新拾起了同侵略者一决高下的希望，他们愿意前往“任何她（贞德）希望去的地方”。

6月29日，大军正式出征。查理七世谨慎地将王后玛丽留在日安，在大批将领的簇拥下于6月30日来到欧塞尔。自1424年起欧塞尔伯爵领已属于勃艮第公爵腓力所有，由一位邑督和一位守将代替公爵管理此地。王室使者诏令市民接待作为他们自然以及律法上的主人——法国国王。这令市民十分尴尬，夹在两大阵营之间的市民早已知道轻易改换门庭将使自己的财产、性命都受到威胁。他们试图采取一种折中的办法。欧塞尔代表们觐见国王，并答应会按照特鲁瓦、沙隆以及兰斯等市镇将采取的方式向他归顺——香槟地区的城市已经结成同盟，以此减轻阵营间战争带来的压力和负担。不过，他们现在开出的只是一份停战协议。法军将领们“非常不高兴”，贞德也在为士兵鼓气。与此同时，市民还给乔治·德·拉特雷穆瓦耶2000埃居的贿赂，以免遭兵祸。查理七世知道市民的伎俩，但他并不在意。眼下，他不想对这些迟早将成为他臣民的民众逼迫太甚，更不用说采取武力征服的手段。即将加冕的国王爽快地签下了协定，而居民也向法军出售粮食，缓解他们因后勤乏力而将面对的饥馑问题。在城外饱食三天后，大军重新开拔，跨过约讷河，沿途市镇纷纷向国王臣服，接待他的军队。7月4日，法军到达圣法勒（Saint-Phal）村庄。一位名叫罗克·里夏尔（Roch Richard）的人前来试探贞德。巴黎当局曾因无法忍受他在讲演时大肆宣扬的末世言论而将他轰走。贞德揶揄他道：“大胆过来吧，我不会飞走。”消除疑虑后，里夏尔说明自己的任务：他是应特鲁瓦要求前来探听贞德是否是神的使者——圣法勒距离特鲁瓦只有四小时路程。

特鲁瓦是一座拥有大规模制衣业的手工业城市，一度拥有显赫的名声和巨大的财富。然而，随着13世纪后香槟市集的衰落，这座城市已经江河日下。即便如此，它仍是这片地区的重要城市之一，并拥有一个由制衣工匠占据重要位置的市镇议会。出于经济联系，特鲁瓦必须与北面实力雄厚的勃艮第以及英国人和平相处——如果英国人关闭用于运输衣料包的塞纳河港口，他们将被饿死。这也是他们当年首先赞同《特鲁瓦条约》的原因之一。但在下层的织工、染色工、制革工们倾向英格兰—勃艮第联盟的同时，城市的贵族和各界人士并没有漠视时局的变换：十年来英国人一直兑现不了他们许诺的和平和繁荣。先前被赶走的阿马尼亚克党人正在反击，英国和勃艮第势力正从大片领土上被驱逐出去，而他们现在要面对的是一位即将加冕的国王，他身后是一支难以抗衡的军队。

7月5日一早，城市议会就急忙给兰斯市民发出信件，告知他们“国王亨利以及勃艮第公爵的敌人”将会来包围自己。由于王公贵族承诺会帮助他们，因此他们将继续对亨利六世和公爵效忠，至死不渝，并请求兰斯人将他们视为兄弟和挚友，代他们向贝德福德公爵约翰及勃艮第公爵腓力呈愿，请他们怜悯这些可怜的臣民并派出援军。

同日，法军在特鲁瓦城外建立营寨。勃艮第邑督让·德·当杜维勒（Jean de Dinteville）与两位将领带着500—600名士兵守卫这里。他们很快便关上大门，拉起吊桥。显然这些人打算闭门不出，直到援军到来为止—他们先前尝试过出城突袭，但因力量悬殊立即被敌人赶回城里。尽管查理七世派人送去了亲笔签署的，要求他们接待圣驾的信件，但特鲁瓦只留下了文件，谢绝使者进入。同时，他们又客气地向使者说明：因为过去向勃艮第公爵腓力发出过誓言，因此没有他的命令，“城中的人们不敢接纳查理国王”。议员们还在交谈中特别强调：“无论我们这些市民有多好的愿望，我们都必须考虑那些住在市内的，比我们强大的多的士兵。”

当天晚些时候，议员们再次派信使将查理七世的要求及他们回复的副本一起送到兰斯，并表示如果有援军他们将抵抗到底。沙隆也接到了类似的信件。查理七世理解特鲁瓦市民的苦衷，没有立即诉诸武力。接下来的四天，代表们频繁穿梭于市镇和法军之间，但谈判迟迟没有结果。庞大的军队又开始面临粮草供应的问题。数千人连面包这类的最基本的食物都十分缺乏，士兵们被迫从田野里采摘生豆子和小麦充饥——豆子倒比较充足，也许是罗克·里夏尔先前建议市民种植大量豆类的缘故。对于要长期围城的军队来说，这种境况是十分尴尬的。7月8日，查理七世召开了一次军事会议，决定到底是继续宿营还是绕开此地。贞德再次被拒之门外。在会上，有人认为已在此花了太多的时间但毫无成果，国王应该尽快赶往兰斯，他在那里必定会得到款待。然而特鲁瓦是这片地区的重要城镇，法军在此受挫会产生极为恶劣的影响。老廷臣罗贝尔·勒·马松站出来反对，并提出要征求贞德的意见。随后贞德奉命参加会议。据奥尔良私生子让回忆，贞德在会上说道：“高贵的道芬，命令你的人上前包围特鲁瓦吧。不要再这样讨论下去了。以上帝的名义，在三天内，我将带您进入这个城市——无论出于敬爱或者勇气——而那些狡诈的勃艮第人将会被震惊。”

查理七世决心用武力给特鲁瓦人增加压力。贞德奉命负责围城事宜，一切都在快速进行。法军的攻击方向选择在西北处，士兵接到了收集柴捆填满壕沟的命令，

▲ 特鲁瓦市民向查理七世及贞德交出城门钥匙

所有的火炮都对准了城墙。特鲁瓦人目睹了这一切——这意味着不久后将有一场激烈的攻城战，而且根据战争法则，一旦城破，自己将任由查理七世发落。他们硬着头皮撑到了第二天早上，当贞德高喊“出击”时，法军士兵便带着柴捆奔向壕沟——这意味着他们一直竭力避免的暴力马上就要发生。平民们慌忙逃向教堂避难，而特鲁瓦主教和代表们连忙出城乞和。查理七世再次向他们强调了此行的目的和对城市拥有的权力，并承诺将会保证这座城市享有的种种特权，废除除盐税以外的一切税收。基于这些慷慨条件，特鲁瓦终于向查理七世投降。当天晚些时候，市民再次将这些事件向兰斯做了汇报。

7月10日，查理七世举行了盛大的入城式，而贞德却在另一座城门处拦住了被迫出城的勃艮第士兵。根据战争法则，他们要带着自己的俘虏离开，但贞德不愿抛弃这些友人。双方的争执传到了查理七世耳中，他决定为每位俘虏支付1马克的银币。收下钱财的勃艮第人也对查理七世的慷慨大方盛赞了一番，并满意地离开。查理七世赦免了特鲁瓦市民，为了消除他们对军队的疑虑，他还在次日严禁进城的军队侵扰居民。气氛缓和后，法军也得到了正常的粮食供应，双方皆大欢喜。

法军兵不血刃收复特鲁瓦是一个巨大的成功。12日，他们离开此地继续北进，沿途的城市纷纷效仿特鲁瓦。曾责备罗克·里夏尔，将他归顺法军视为大逆不道的沙隆在7月14日法军出现时也立即屈服。终于，在1429年7月16日傍晚，查理七世沿着韦勒河畔的大道由南门进入兰斯。在此之前，兰斯守将等人带领数百名勃艮第部队退出城市，并告知市民如果他们坚持“至多六周”，勃艮第人将带着援军重返此地。市民不相信遥不可及的援军，在做出守城的姿态后便将城门钥匙交予驻于10英里之外塞普索尔（Sept-Saulx）城堡中的查理七世，这批勃艮第军队只好投靠英军。兰斯市民向查理七世致敬，高喊“万岁！”而一批城内的勃艮第党人只得狼狈出逃。

按照传统，加冕仪式应该在周日举行——也就是查理七世进城后的第二天。市民们连夜赶工——实际上，他们也不愿意查理七世的大军在这里久驻。仪式准备得十分仓促。17日早晨9点，仪式正式开始。查理七世带着大批随从来到圣母教堂，从堂弟阿朗松公爵让那里获得了作为一位骑士的装备和身份。但是他并没有穿戴历届法王加冕时的服饰。它们包括一柄存放于紫罗兰天鹅绒装饰的剑鞘中的查理曼宝剑以及查理曼王冠——镶嵌着鲜红、蔚蓝、翠绿色的宝石，并饰有四片鸢尾花。这些仪式用品都被英国人带到了圣德尼的圣物贮藏室，由勃艮第保管。英国人还拿走了顶端铸有查理曼金像的王权节杖以及正义之杖、金马刺、圣路易外氅上的金质别针，甚至连用于加冕礼上的，封面镶有银质花饰的仪典书都没有放过。英国人打算将它们用在亨利六世的加冕礼上。万幸的是，他们漏了一样最重要的东西。这个东西装在水晶瓶子里，被一些当时同情查理七世的人秘密移走了。四名骑士——布萨克元帅让·德·布罗斯、海军将军路易·德·屈朗、弩兵大总管让·德·格拉维尔以及吉勒·德·雷——被任命为守卫人，前去将这个瓶子取回。守护人后面是一支长长的队伍。这个在战争中的加冕仪式在规格上甚至有些寒酸：按照传统，此时应该出场的法兰西六位世俗重臣——其中最重要的是勃艮第公爵腓力——均未出席，他们被五位贵族代替：阿朗松公爵让、克莱蒙伯爵查理、旺多姆伯爵路易、居伊·德·拉瓦勒、乔治·德·拉特雷穆瓦耶以及德·马耶（de Maillé）。在规定的宗教重臣中：兰斯大主教、沙隆主教和拉昂主教在场，其余缺席者由奥尔良和塞埃主教代替。由于陆军统帅阿蒂尔·德·里什蒙仍被排斥在外，阿尔布雷的夏尔接替他执掌宝剑的职务。

查理七世穿着礼袍来到圣坛前。贞德举着白旗站在他身后，看着他高声立下誓言：他将保证教会的和平和特权，保证人民远离苛捐杂税，保证以仁慈和公正的方式来管理国家。接着，法国兰斯大主教、中书大臣勒尼奥·德·沙特尔将代表着名望、荣耀和智慧的圣油撒在他的脸上。在众人的注视下，大主教用双手举起一顶从大教堂圣物贮藏室找来的王冠，移至查理七世头顶上方，而环绕国王的重臣们都伸出手臂，扶着这顶王冠，在号角和欢呼声中，它缓缓地落在查理七世的头上。至此——可能接近下午两点时——三十七年后，法兰西终于迎来了一位神志清晰的加冕国王。据说在加冕礼结束之际，激动的贞德向这位国王跪下致意，她抱着国王的双腿，泪流满面，并对他说：“高贵的国王，现在神已经愉悦了。出于他的意旨，我解除了奥尔良的围困，将您带到兰斯来接受您那神圣的加冕礼，以此证明您才是真正的国王，是真正掌管法兰西王国之人。”

法王头顶王冠，身披绣有金鸢尾花的蔚蓝色外氅，骑在马上穿过兰斯的街道。兴奋的群众高呼“万岁！”——就像以前他们欢迎进城的勃艮第公爵时那样。然

▲ 兰斯加冕

后开始享受城中为加冕仪式举行的免费美餐。法王则前往大主教府上参加庆祝盛宴。陪伴他的有勒尼奥·德·沙特尔、阿朗松公爵让、克莱蒙伯爵查理及“其他许多高级贵族”。作为功臣之一的贞德未能出席这次宴会——她还不是贵族——但对少女来说，在兰斯城内也有其他值得高兴的时刻：她的父母受邀前来参加国王的加冕礼，并住在城市的小旅店里，由城市负责开支——对于当时的平民家庭来说，这是一份意想不到的殊荣。

▲ 克里斯蒂娜·德·皮桑

7月20日，查理七世公开以国王身份前往科尔贝尼的圣马库尔（Saint-Marcoul-de-Corbény朝圣。按惯例，他在那里通过触摸病人来治愈瘰疬——传说中，通过加冕，法兰西国王们就获得了这种能力，因此他要在这里展示一下。在科尔贝尼，查理七世得知北面的拉昂已经臣服。仪式结束，新的征程随即展开，7月21日，法军离开兰斯，向巴黎边缘地带进发。

兰斯加冕使查理七世的威望陡增。瓦卢瓦王室在展示了其力量的同时也获得了毋庸置疑的正统地位。狡猾的布列塔尼公爵约翰五世再次释放了缓和关系的试探信号。他提议将自己的长子弗朗索瓦送入法王宫廷，接受教育。越来越多的市镇和民众也将归顺于法王政府的统治下，不断增强它的影响和控制力。7月底，年逾六旬的克里斯蒂娜·德·皮桑（Christine de Pizan）在隐退十一年后专门发表了首则长诗——也是生涯的最后作品。这位出生于威尼斯，在法国度过了大部分时光的女诗人欣喜地庆贺查理七世加冕，并祈求上帝保佑他子孙繁茂，睿智地统治王国。而贞德更是被那位对战乱痛心不已的女诗人誉为顺应预言，解开捆绑法兰西王国绳索的少女，是女性的荣耀。克里斯蒂娜由衷地盼望她能完成期望的所有壮举。

进攻巴黎

由于贵族们的拖延，贝德福德公爵约翰只能眼睁睁地看着查理七世在兰斯加冕。加冕礼沉重地打击了英国人，巴黎东北面的大批城市倒向法王。在法军进军期间，贝德福德公爵只能派嘉德纹章院长赶往伦敦，向御前会议里那些岿然不动的老爷报告：查理正在进军，大片地区不战而降，而他可能就会在那几天内进入兰斯——那天正好是7月16日——然后他就会向巴黎发动攻击。贝德福德公爵再次恳求侄子立即加冕并迅速带着第二批援军前往法国。在急剧恶化的形势逼迫下，这些权贵终于开始动员起来，但除了月初在加来登陆的，准备应付法国人的数百十字军先头部队外，贝德福德公爵不能指望在与查理七世即将到来的对抗行动中能得到多少来自本土的帮助。

在英国占领区东面的勃艮第人倒伸出了援手。勃艮第公爵腓力已经命令圣波勒的私生子约翰，带领一支数百人的队伍从皮卡第出发，前来向贝德福德公爵约翰报到。贝德福德公爵随即任命他为马恩河畔的重镇莫城的总督，并负责临近地区的守卫事宜。从表面上看，法军向兰斯的进军似乎促成了英国和勃艮第的重新联合，但腓力并没有死心塌地捍卫贝德福德公爵的事业。狡猾的腓力从不放弃任何为自己获取利益的机会。此前，法国方面就在对他进行劝诱。大约在6月27日——也就是法军即将向兰斯进军之际——贞德曾在日安向腓力写信，邀请他参加国王的加冕礼，显然这封信石沉大海。在加冕礼的当日，贞德又致信腓力，恳请他与国王讲和，并建议他，“如果喜欢打仗，去和撒拉逊人作战吧。”

很难说一纸文书能使腓力回心转意，但是在六七月间，查理七世已经占领了香槟地区的几个重要城市，甚至可能威胁勃艮第人在巴黎周边地区的势力。因此，在压力之下，腓力抓住机会，重启了和法国宫廷方面的联系，并派出以阿图瓦邑督为首的使团前往兰斯向查理七世祝贺。这正中法国人的下怀，查理七世的中书大臣勒尼奥·德·沙特尔和御前会议热情地欢迎勃艮第代表。他们竭力想将腓力拉拢到己方阵营。一些安茹的领主甚至向他们的两位王后[1]报告有望在离开兰斯前缔结和平协定。

实际上，这只是法国人的一厢情愿而已，勃艮第人无意和解。在四天的谈判后，双方只签订了一次仅维持十五天的停战协定。结合腓力在巴黎的动作来看，这似乎是他的缓兵之计，甚至想让法军远离巴黎以便己方做好准备。尽管如此，法国人还是希望和腓力保持接触。在勃艮第使团离开兰斯之前，他们答应将在8月接待一支前往阿拉斯的法国使团。

7月23日，巴黎东北面的苏瓦松向查理七世投降——正如同时代的诗人所说："战争之门的钥匙认出了铸造它的手。"7月25日，亨利·博福特终于带着从本土招募的2500名英军进入巴黎。贝德福德公爵约翰也从诺曼底前线返回巴黎。接下来的一系列战斗又被一些史学家称为"最不血腥而且颇为荒唐的战役"。的确，双方指挥者的犹豫、踌躇以及一连串的巧合事件都在影响着它的进程：据说法军要攻占巴黎，实际上他们却一直在向巴黎东南方移动。7月27日，他们来到马恩河畔的蒂耶里堡。编年史作家佩瑟瓦尔·德·卡尼（Perceval de Cagny）写道："军队列阵等待了一整天，希望贝德福德公爵前来交战。在晚上，此城投降，国王在这里一直住到周一。"虽然有消息说贝德福德公爵会来，但事实证明他还没有做好交战准备。7月31日，查理七世应贞德要求赐予她的家乡栋雷米永远免税的权力——这项特权直到法国大革命时才被取消。随后，他们继续南下，于8月2日来到普罗万，这座有着坚固防御工事的城镇并未抵抗。这片平原上的大批城镇也倒向法王。让众人高兴的是，国王的小舅子，吉斯伯爵勒内也公开加入了他们的阵营——除了烧毁庄稼、砍倒葡萄树外，勒内指挥的洛林军队并不能撼动梅斯城，他们不得不在7月下旬放弃围困。比起指挥战斗，也许勒内更擅长的是吟诗作画。

① 此处指查理七世的妻子，出身于安茹家族的法国王后玛丽以及她的母亲，拥有西西里王太后头衔的约兰达。

在北面，兰斯已得知查理七世渡过马恩河南下——看起来法军主力已经抛弃了这座城市。兰斯居民十分害怕英国和勃艮第人报复自己。8月3日，他们决定向国王写信，请求他不要抛弃那些已经归顺他的城市。同时，他们还将国王前往奥尔良和布尔日的消息告知了沙隆以及拉昂。8月5日，贞德回信安抚兰斯的居民，声称自己不会放弃他们。她向居民们解释真实情况是国王与勃艮第公爵腓力签订了停战协定，“根据它，公爵将在15日后和平地移交巴黎”。但贞德显然不相信腓力的诚意，“我从未对此满意而且……遵守它只是出于维护国王的荣誉，”她将统领国王的军队，以防协定期满后“他们不再讲和”。

查理七世宫廷中的主战派还在摩拳擦掌，但他们很快发现，军队难以在乡间和城镇找到足够的食物。饥饿总是如影随形，查理七世希望能尽早回到卢瓦尔河流域，但贝德福德公爵约翰已领军沿着塞纳河左岸南下。他们经由科尔贝以及默伦，逼近法军。8月5日，法军来到普罗万西南接近塞纳河处，并派出先头部队前往刚刚投降的布赖——这里有一座连接塞纳河南岸的桥梁，法军打算在6日早上从这里渡河。但贝德福德公爵不愿就这样放法军安然返乡。英军已接近西面的蒙特罗。在5日晚上，一股英军发动突袭，击败了驻扎在布赖桥上的法军先头部队，占领此地。

现在，贝德福德公爵约翰追上法军，并切断了其归路。8月7日，贝德福德公爵签署了向查理七世发出的挑战宣言。这份文件中充斥着意在激怒对手的轻蔑言辞。它指责查理七世“一直称自己为维埃纳的道芬，现在却莫名其妙地加上国王的头衔，”通过种种手段“使头脑简单的人们相信你是来带给他们和平与安宁……而且你还用一些迷信和可恶的人充当助手，比如一个身着男装、目无法纪、声名狼藉、举止荒诞的女人以及一名正如我们所宣称的那样，宣扬异端并极具煽动性的人……来唆使和虐待无知的人们”。贝德福德公爵决心和他摊牌，“我们这些盼望着结束战争的人，呼唤和要求你，如果你怜悯和同情穷人们——由于你的缘故，他们长久以来一直受到残忍虐待，饱受压迫和践踏。挑选一个合适的地点，或者是我们两人此时所在的布里地区，或者是法兰西岛的某处。我们将在那里会面。如果你有任何想告诉我们的和平建议，我们将在那里聆听，作为一个善良的王公我将予以考虑。”

带着军队的贝德福德公爵约翰当然不是去找查理七世促膝长谈的，他意欲尽快逼迫对手在仓促间接受决战。这份宣言还要走很长的路才能到达查理七世手中：英军之前的阻击行动已促使法军迅速转进，难觅回家之路的法军决定再次北上，深入防务空虚的东北部。这个行动十分成功。此时，英国对广袤地区的控制不足，已经暴露无遗。贞德的事迹激起的热情更加重了他们的灾难，这些地区的人们纷纷投向法王旗下。几乎在一周内，法军就将拉尼等大批位于巴黎东面和北面的市镇收入囊中，几乎阻断了马恩河的交通线，极大地阻碍了巴黎与香槟地区的联系。

法军从克雷皮（Crepy-en-Valois）方向再度向巴黎逼近。在距离巴黎东北约 20 英里的达马堂附近，他们遇上了部分“列出良好阵型，而且占据有利地势”的英军，但是英军未能发动遏制对手的攻击行动。

贝德福德公爵约翰决心终止不断恶化的形势，率主力再次赶上了法军，而查理七世似乎也决定要回应他的挑衅了。8 月 15 日，双方终于在靠近桑利斯的蒙泰皮卢瓦（Montépilloy）地区碰面。6000—7000 名法军在距离桑利斯约 2 里格处驻扎。贝德福德公爵的部队离桑利斯只有半里格，可能比法军多 1000—2000 人，利勒亚当大人让·德·维利耶带领的 700 名勃艮第士兵也前来助战——他们大部分是领着英国薪水的皮卡第人。两军间的原野十分平坦，没有可用于遮蔽的森林。贝德福德公爵努力确保这次会战万无一失：他的部队在 14 日晚就已到达此地，堵住了通向巴黎的道路，并迅速投入到修筑营地的行动中。与此同时，斗志旺盛的法军立即派出小股部队攻击了部分偏远的敌营以及一些守卫，按照佩瑟瓦尔·德·卡尼的说法，双方均有一些士兵受伤被俘，英军损失了十余名士兵，收获甚微的法军随即回营。15 日早晨，法军听完弥撒后排成战斗队形向英军阵线推进，他们发现敌人已经修好了防御阵地——一圈木桩和壕沟环绕着英格兰—勃艮第联军的营地。他们还将车辆放置在阵前，并背靠着一条河流。

据记载，法军与英军的距离大致相当于一门小炮的射程。此时天气炎热，英军希望诱使法军进攻自己的野战工事，但他们又不愿冲出阵地——他们修筑的防御工事甚至让自己集结大股出击部队都较为困难。尽管士兵们摩拳擦掌，但法军指挥官也不愿全力进攻，他们希望引蛇出洞。贞德甚至故意举着旗帜与前锋一起向对方营地徐徐前进了一段，但只引出了少数骑马和徒步的士兵，大部分英格兰—勃艮第联军都无动于衷。因此，她只好退回己方大阵。据编年史作家昂盖朗·德·蒙斯特勒莱（Enguerrand de Monstrelet）记载，大约在日落前，法军还派出过小股部队对勃艮第军队所在的右翼进行试探性攻击。这次的交战较为激烈，战场上也是尘土飞扬，几乎遮住了战斗者的视线。勃艮第人坚决抵抗对手的攻击，弓箭手射出了密集的箭雨，法军还是毫无进展。双方一共损失了约 300 人。法国人最终放弃了攻势。于是，两军就这样僵持了一整天。之后，法军在夜幕中返回营地。

双方都明白耗在这里将毫无结果。和法军接触后，贝德福德公爵约翰才发现形势已今非昔比：临阵的英勃联军士气低落，踌躇观望，他很难像先前设想的那样找准时机重创法军主力。而诺曼底的紧张局势也使公爵无心与敌人继续纠缠：陆军统帅阿蒂尔带领另一支部队从曼恩南面出发，突破了诺曼底的边界，长驱直入。现在一股法军已经包围了上诺曼底南部重镇埃夫勒，并迫使它承诺在 8 月 27 日投降。贝德福德公爵只好改变部署。他认为查理七世还没有进攻巴黎的打算，便决定先将力量投入到遏制西面法军的行动中。大约次日早上 6 点，英军拔营前往桑利斯，然后返回巴黎。双方的主力会战无果而终。无论英国人是否愿意，这种交战方式在战争后期将会变得十分常见。

贝德福德公爵约翰的判断是正确的：四个小时后，查理七世也离开蒙泰皮卢瓦，彻底与他脱离接触。但这次法军主力不急着回家，他们再次转向法兰西岛东北面，仍保持着攻势。英军主力从蒙泰皮卢瓦的撤退造成了巨大的影响。法王的到来使这里原本就十分虚弱的英国势力土崩瓦解。曾在兰斯加冕后还婉拒了查理七世投降命令的贡比涅马上就投降了，并提供了颇为可观的供给。查理七世在城中舒适的宫殿里驻扎了近十天，在此期间他的势力拓展到了西面的博韦一带。部分分队还不断向北延伸，进入皮卡第，直至阿布维尔周边及临海地区。巴黎北部的大批城市也都向法王归降。法国人逐渐在巴黎东面和北面建立了一大片由众多堡垒城镇组成的弧形控制区。在这种大好形势的鼓舞下，贞德认为巴黎的防御力量已被严重削弱。她再次对查理七世提出向首都进军的建议，并请求阿朗松公爵让：“我的好公爵，让你和其他将军的部下收拾行装，我要从比以前更近的地方看巴黎。”

据传乔治·德·拉特雷穆瓦耶当场反对这个提议。不过查理七世最终允许了贞德的请求——也许他有意要向勃艮第公爵腓力施加一些压力，给宫廷中的主战派一个机会。8月23日，贞德与阿朗松公爵让、克莱蒙伯爵查理、旺多姆伯爵路易、拉海尔、让·波顿·德·桑特拉伊以及两位元帅等其他将领一道离开贡比涅，踏上前往巴黎的征途。在行进过程中，桑利斯、克雷伊等地守军纷纷投降并加入到法军队伍当中。8月26日，他们来到巴黎近郊，贞德于当晚进驻圣德尼。当地大部分富裕市民都已逃向巴黎——事后，本地居民因抵抗法军不力而被英国人处以罚金。从这里，法国人已可以看见巴黎城墙的巨大轮廓。

与此同时，贝德福德公爵约翰已抽调大批部队及塞纳河战舰上的水兵前去解救埃夫勒，他们于约定期限当日赶到城下，赶走了这股法军。埃夫勒的成功解围使贝德福德公爵能从容地带队进至北面塞纳河畔的韦尔农。在此地，他既可以迅速深入诺曼底，也可以沿河而上增援巴黎。法军包围巴黎的消息此时已传到了他耳中。贝德福德公爵签署了总武装动员命令，准备组织军队解围。

守卫巴黎的只有由英王在法国的中书大臣—卢森堡的路易（Louis of Luxembourg，Bishop of Thérouanne）和守将利勒亚当大人让·德·维利耶指挥的勃艮第部队及一些民兵，大约2000人。虽然在人员上处于劣势，但他们有坚固的防御体系可以凭借。1429年的巴黎城墙高达8米，上面有宽敞的走道和射箭孔，每隔110—120米就设有高耸的矩形塔楼，城墙外的壕沟有3米深，有些地方宽达数十米，在靠近塞纳河的地方也灌注了河水。城门还包括侧面塔楼，射箭孔、枪孔、屠孔、吊闸与吊桥等颇为完善的防御工事。而且为防止被攻击者突破，巴黎人还在城门前方另建了壁垒。在攻打城市时，由于城市庞大，守军力量有限，市民的态度也成为一个值得考虑的因素。7月12日，市民选举出了新的市议会，他们几乎都是狂热的勃艮第派分子，司库纪尧姆·桑甘（Guillaume Sanguin）被任命为商会会长（Prévôt des Marchands）—勃艮第公爵腓力至少欠他7000图尔锂，他还保管着贝德福德公爵约翰的珠宝。显然，此刻的巴黎市民对十余年前的那场武装政变仍然记忆犹新，他们对查理七世及其部下仍抱有怀疑的态度，担心那些阿马尼亚克分子在进城后对自己实施报复。他们更愿意相信的是那些描绘贞德“暴行”的流言，这又加重了他们的恐惧心理，使他们更加紧密地团结在利勒亚当大人身边，为他提供帮助。

贞德并未屈服于这些困难。来到近郊后，她每日都派出哨骑前往城墙和城门地段探查——也有资料显示法军一直在用火炮轰击城墙。根据他们的报告，她决定发动大规模突袭——当然这需要法王的批准。但前线的将领们却迟迟不见法王出现。

实际上，查理七世对收复巴黎不甚热衷。乔治·德·拉特雷穆瓦耶一直都在提醒查理七世要谨慎行事，不能刺激勃艮第公爵腓力。他的同僚们也在积极和勃艮第人联络。就在法军与贝德福德公爵约翰的英军主力对阵的次日，查理七世的两位廷臣勒尼奥·德·沙特尔以及拉乌尔·德·戈古尔就已领导着法国使团来到勃艮第公爵治下的阿拉斯。在随后一段时间内，双方特使频繁往来，法王向腓力开出了与他和解的慷慨条件：包括对公爵精神和财政上的双重赔偿、割让包括贡比涅在内的大片领土以及公爵今后不用再向法王履行私人效忠礼的特权。而腓力开出的价码更高：他要求查理七世正式就其父被刺杀的事件进行道歉并立即向他移交谋杀者。法王使者难以接受这些要求。最终，这次谈判没有达到目的，但是为了维护这种继续保持联系的形式，双方还是于 8 月 28 日签订了一个为期四个月的局部领地临时停战协定，范围包括从诺让到阿夫勒尔，塞纳河以北，巴黎以东的所有领土。至于巴黎城，协议着重强调腓力和“他的部下，可以参与巴黎的防御，并击退那些有意在巴黎开战或破坏它的人”。因此，这个协定对贞德等将领主持的巴黎战役十分不利。结合腓力同时与贝德福德公爵开展的联系来看，法国人现在掌握的筹码——无论是让他欣喜的还是令他心痛的——还不足以使他产生和解的意愿。

签完协定后，查理七世才前进到桑利斯。直到 9 月 7 日，他才在阿朗松公爵让的百般劝说下驾临圣德尼，同意在次日实施那个将领们已筹划了一周的计划。法军兵力有限，他们将进攻方向集中在塞纳河北岸地区。9 月 8 日 8 点左右——这天也是圣母诞辰日，通常是不应该交战的——贞德带着她的士兵从位于拉沙佩勒（La Chapelle）的住宿营地出发。中午 12 点前后，法军来到了城市西北的磨坊高地（Les Moulins）。在其脚下是一个猪市场，这里还竖立着一个绞刑架。查理五世曾修缮过这片地区的城墙，因此较为坚固，而且有两道壕沟，中间隔着一道堤埂，而紧靠城墙的那圈壕沟灌注了河水。法军带来了大量的加农炮、蛇炮（Couleuvrine，源自拉

▲ 巴黎围城战

丁语的“草蛇”，一种轻型长炮）以及臼炮等多种火器。在炮声中，他们开始攻击城市。贞德、吉勒·德·雷、拉乌尔·德·戈古尔等将领准备全力出击。她带着旗帜，几乎同第一批士兵一起跳入圣奥诺雷和圣德尼城门之间的第一条壕沟里，然后爬上堤埂。接着，士兵们冒着城上的箭雨炮火，奋力将成捆的树枝、木材甚至是木桶大车等物件丢入灌了河水的第二条壕沟中。巴黎守军从高处拼命向他们射击。战斗中，一支弩箭射中了贞德掌旗手的脚部，他下意识地掀开面罩查看伤势，并试图将箭杆拔出来，此时另一支弩箭突然射中他的眉心下方，掌旗手当场阵亡。贞德也被弩箭射伤腿部，但她仍不断鼓励士兵作战。

与此同时，一些秘密联络过查理七世的支持者试图为法军制造一些机会。下午，他们中的一些人在城中桥梁两边高喊：“大家自求多福吧！敌人进城了！一切都完了！”这些喧嚣引得部分市民躲入屋里，另一些人则冲出大门逃进教堂避难。但他们的声势不大，很快骚乱就被平息下去。16点左右，巴黎人逐渐恢复了守城的信心。他们组织大批人员增援守军。安置在圣德尼城门上的大炮极大地抑制了法军攻势。不少骑兵和步兵均被击倒，他们的多次进攻都被迫中止。希望的叛乱也未发生。直到22点，乔治·德·拉特雷穆瓦耶要求部队撤退，拉乌尔·德·戈古尔才借着夜幕掩护来到壕沟里。他们强行将仍在坚持战斗的贞德带出战场。法军将伤员放在之前装载攻城梯和树枝捆的大车中返回拉沙佩勒。他们撤退的十分匆忙，许多行李被丢弃在猪市场附近并付之一炬。这天的战斗中他们损失了几百人，此外还约有千余名伤者。

9月9日一早，法军又开始集结。贞德与阿朗松公爵让联系，决心再次吹响号角，发动突袭。而阿朗松公爵已经在塞纳河上搭起了一座桥梁，准备从新的方向进攻。就在他们跃跃欲试之际，吉斯伯爵勒内和克莱蒙伯爵查理奉命赶来制止了他们，并催促贞德前往圣德尼觐见查理七世。贞德十分气恼，但查理七世执意中止攻势。在随后召开的御前会议上，议和派一致发起对军事行动的猛烈抨击。最终，乔治·德·拉特雷穆瓦耶在纷争中大获全胜。查理七世对于十二年前那场由勃艮第人发动的，不甚成功的巴黎攻城战印象深刻——法军在巴黎近郊攻取的市镇既不能完全阻断敌人将补给运往巴黎，也不能维持自身的补给线。倘若要稳定地维持，那他们还要在该地区投入大量的人力和物力，而贝德福德公爵约翰也带着一支英军在身后虎视眈眈，他背靠着诺曼底，等待机会攻击疲惫不堪的敌人。

此外，王室的财政状况仍处于萎靡状态。法王本打算在3月召开全国三级会议，但受到了强烈抵制。随后，战事的迅速变化也使会议不断延期。直到进驻特鲁瓦城中时，查理七世才将朗格多克地区等级会议的日期定在8月底。他打算让富瓦伯爵让尽快筹集税金以支付军饷。尽管在卡尔卡松召开的会议通过了超出法国君臣预期的税款，但总额仍只有5万锂弗。至于当年的朗格杜瓦地区三级会议则一直未能举行。

冬季即将来临，在资源有限的情况下，查理七世不打算继续大战，决意撤军。将领们派出一名使者来到巴黎，请求城市允许他们安全运走大批阵亡者的遗体。

9月12日，法军主力开始撤出巴黎地区，不再向北行进，而是前往卢瓦尔河流域。临行前，法王发布命令，任命克莱蒙伯爵查理为法兰西岛以及博韦地区的总代理官，路易·德·屈朗、布萨克元帅让·德·布罗斯、安布鲁瓦兹·德·洛雷以及让·富

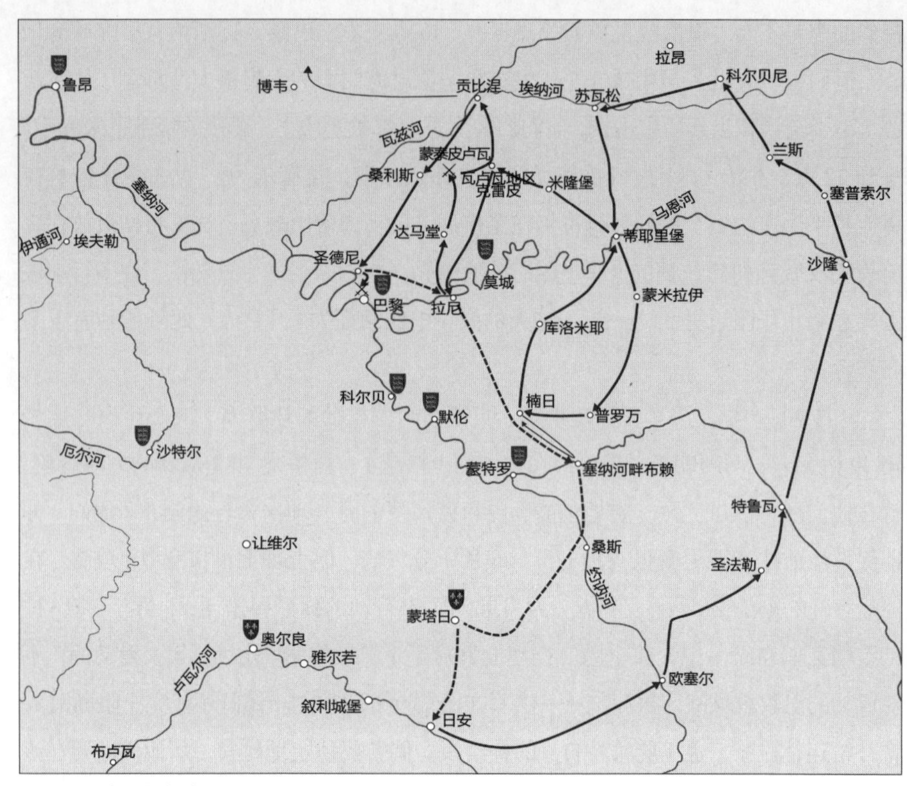

▲ 1429年夏秋季的远征

科(Jean Foucault)担任他的副手。此外，他还派旺多姆伯爵路易、纪尧姆·德·弗拉维、雅克·德·夏巴纳分别带领部分军队驻扎在博韦、贡比涅、克雷伊、拉尼等地区，拱卫新征服的领地。中书大臣也驻在总代理官治所的桑利斯。[①] 因此，查理七世初步在一线设立了一个统辖军政大权的指挥总部，它的领导人实际受乔治·德·拉特雷穆瓦耶掌控，而且掌控的军队数量有限，但急于回家的查理七世已经顾不上这些。9月14日，他在拉尼过夜，接着在布赖渡过塞纳河，于9月21日到达日安。安全回

① 德·洛雷以及让·富科奉命驻在拉尼。一段时间后，克莱蒙伯爵辞去职位，回到了自己的领地。阿朗松公爵让曾请求查理七世给予代理官职务和远征诺曼底的军队，但遭到法王拒绝，这令他十分懊恼。

到卢瓦尔河流域后，他立即解散了军队，并将阿朗松公爵打发去见自己的公爵夫人。这场为时两个月，由主战派和主和派交替主导的远征正式结束。

不久后，对宫廷非常失望的阿朗松公爵让决定独自前往西线，他希望贞德加入到自己收复下诺曼底的战斗中去——也许他打算和陆军统帅阿蒂尔联合展开一些战役。查理七世和乔治·德·拉特雷穆瓦耶、拉乌尔·德·戈古尔等近臣显然不愿见到贞德与阿朗松公爵等人有密切的联系，拒绝了这些请求，阿朗松公爵就此与贞德分别，他们之后再未见面。

乔治·德·拉特雷穆瓦耶现在又成了宫廷中的显要人物。他试图将远征所获得的战果作为自己与勃艮第人谈判时的价码。同时，他仍频繁地告诫查理七世要抑制那些他看来过分活跃的军事行动。拉特雷穆瓦耶希望将这些行动控制在非敏感地区以内。等到贞德的伤势基本恢复时，他就立即打发贞德带领部队前往南方，避开勃艮第人。

法军这次的目标是佩里内·格雷萨。此人出身于皮卡第地区，是一名石匠学徒，很早就投身军旅，成为自由连队的将领。格雷萨在前任勃艮第公爵无畏的约翰旗下参加内战，并成为勃艮第公爵的司膳总管，英国国王也赐给他莱尼领主的称号。格雷萨和大多数雇佣兵首领一样反复无常，唯利是图。他起先为勃艮第阵营作战，后来也不介意领着勃艮第和英国人发放的双份薪水。

在 1423 年圣诞节，佩里内·格雷萨袭取了卢瓦尔河畔的拉沙里泰，并将此地当作自己的封地。虽然格雷萨比较青睐英国人——相对而言，他们的资金来得既及时又充足——但此后他还是将一部分精力投入到经营自己地盘的活动中。他经常无视和约，不分政治缘由就深入贝里等法军领地进行烧掠，并大肆向当地居民收取贡金。1426 年，他甚至用掠得的财富在涅夫勒（Nièvre）建立一座名叫拉莫特 - 若斯朗的城堡（Château de la Motte-Josserand），并给自己加上“拉莫特 - 若斯朗大人”的头衔。此外，他还趁索尔兹伯里伯爵托马斯·蒙塔古征伐之际，夺得科讷、博尼等大批地盘。如果英军和勃艮第的势力退出法兰西岛，他也许会老实一些，改换门庭做一位名义上的法国总督，但现在他的拉沙里泰距离布尔日只有 30 英里，并控制着卢瓦尔河上游的一座主要桥梁——他可以从这个交通要道向商人征收重税。他的部下也打着英格兰—勃艮第联军的旗号，随时都可能对布尔日地区实施封锁。因此，拔除这个据

▲ 拉莫特–若斯朗城堡

点显得十分必要。格雷萨还在1425年底俘获过持有安全通行证的乔治·德·拉特雷穆瓦耶以及他带领的使团，使拉特雷穆瓦耶尝了几个月的牢狱滋味，并蛮横地向他索要1.4万埃居的赎金。这位宫廷宠臣的旧怨显然也是法军对其开战的一个重要因素。

鉴于佩里内·格雷萨也打着英国人的旗号，法国王廷有充分的理由对他开展讨伐。1429年10月，贞德与乔治·德·拉特雷穆瓦耶的同母异父弟弟，贝里地区总代理官阿尔布雷领主夏尔，以及蒙庞西埃伯爵路易一世（Louis of Bourbon，Count of Montpensier）带着一些奥尔良围城战时留下的火器前往格雷萨地盘南端的圣皮埃尔-勒穆捷（St-Pierre-le-Moûtier）。这座市镇由他的亲族弗朗索瓦·德·叙维恩（François de Surienne）掌管。它的规模较小，拜拉莫特-若斯朗大人的"德政"所赐，城内居民也寥寥无几，但它包含完整的城墙壕沟以及三座筑垒的城门以及六座侧塔。中心竖立着一座罗马风格的圣彼得教堂。根据记载，法军的规模并不大，因此进展十分缓慢。11月4日，城市仍未被攻克。让·德·欧隆回忆道：贞德又一次扭转了局势。在守军拼命顽抗后，法军再次被击退，欧隆本人的脚跟也中了一箭。当他拄着拐杖退回时，却发现贞德和几位士兵落在后方。欧隆担心她会遭受攻击，便急忙乘上一匹战马赶至她面前，询问她为何不与大家一起后撤。贞德取下头盔，告诉欧隆自己并不是孤身一人，她有5万士兵相伴，而且在攻下城镇前她不会离开。欧隆向她身后望去，只有四到五个人在跟随。于是，欧隆竭力劝说贞德先回到后方歇息，但贞德立即拒绝了这个建议，她高声向众人喊道：“每个人，拿起柴捆和篱笆，搭出一座桥！”士兵们再次振奋起来。他们迅速找齐了材料，铺出道路，随即发起了猛烈地进攻。格雷萨的士兵被击溃，法军终于占领了圣皮埃尔-勒穆捷。作为对敌人的惩罚，他们想洗劫这座城镇。但贞德阻止了这个行动。她并不愿使灾祸降临到已成为法王臣民之人的头上。

收复圣皮埃尔-勒穆捷使法军士气复振，贞德的威望在历经低谷后也再次提高。他们随即沿着卢瓦尔河北上向佩里内·格雷萨的老巢拉沙里泰进军。布萨克元帅让·德·布罗斯也带着一些部队加入进来，但法军面临着一个严重的问题：先前的围攻战已耗尽了他们的大量军火。贞德在11月9日写给里永市民的信中提到他们现在十分缺乏攻城所需要的大量火药、硝石、硫黄、箭矢等物资，并向这些市民请求援助。令人失望的是，除了奥尔良等数个城市外，周边市镇的回应寥寥无几，查理七世的宫廷也未施以援手。严冬已经来临，这进一步增加了法军的困难，而且拉沙里泰的城防比圣皮埃尔-勒穆捷更为牢固。它拥有建于查理五世时代的坚实城墙以及一栋由数座主堡和塔楼组成的城堡，内庭面积广阔，驻扎着大批守卫，并囤积了大量的物资。法军只能从一座桥上接近此地。他们用火炮隔河从几面轰击城市，但效果不明显，也发起过一次袭击，结果被迅速击退。围城持续了一个月后，在12月底，弹尽粮绝的法军选择了撤军。这注定是一项充满痛苦和艰辛的工作。返回的道路潮湿阴冷，有些地方还结起了厚冰。筋疲力尽的法军被迫放弃了大批不易移动的火炮，格雷萨随即出城将它们据为已有，并在之后将其中一门参加过奥尔良、雅尔若等战役的巨大的射石炮作为礼物送给勃艮第公爵腓力。

圣诞节，贞德来到雅尔若。在这里她得到了一个消息：法王已将贞德破格提升为贵族，而且这个爵位可以通过她的男性或女性后嗣传承下去——对一名普通人来说这是一份特殊而且莫大的荣耀。这是查理七世对她近一年来辛劳付出的一种特别感谢和赏赐，但这个看似慷慨的姿态并不能打动贞德：与沉湎在查理七世那慵懒散漫的宫廷里，被光环和赞誉环绕相比，这位法兰西的女儿更渴望的是能再次领兵出征，早日将英国人赶出她所深爱的国土。

第九章 烽火蔽天

1429—1432 年

拉锯战

▲ 让·德·蒙莫朗西的纹章

1429年夏秋之交，贞德以她特有的活力带给法军极大的主动性和灵活性，使他们在法兰西北部以及皮卡第南部地区取得突破性进展。在贞德和查理七世率领主力转战于贡比涅到巴黎之间，收复失地之际，其他将领继续带领偏师向东北进军。曾担任过侍从长的让·德·蒙莫朗西(Jean II de Montmorency)——他是卡佩王族的后裔——带领部分法军长途袭扰至索姆河下游沿岸一带，令这里的市镇大为震动，有些亚眠、阿布维尔的居民甚至想开门迎接法军。但鉴于法王正在与勃艮第公爵腓力三世进行休战谈判，而皮卡第北部也驻有公爵的重兵，蒙莫朗西最终放弃尝试收复这些重要城市。不过，在索姆河西岸的英国辖区，形势则非常有利。8月，欧马勒城中有人与法王阵营的隆格瓦勒领主夏尔联系，献出由英国人守卫的城堡。法军迅速控制城镇，并杀死了城堡里的四五名英国守卫。城内居民在缴纳一笔赎金后得以免遭蹂躏。随后，他们将城堡重新修缮，运进粮食补给，派驻大批部队，成为法军的一个重要据点。他们经常从此地出发袭扰周边敌军。

在8—9月的几十天内，法军席卷了从上诺曼底东部到法兰西岛北部的大片地区，相继占领瓦兹河流域包括博尚(Beauchamp)、阿龙德河畔的古尔奈、雷米(Remy)在内的大批市镇。他们的兵锋甚至抵达了距离鲁昂只有数英里远的埃特雷帕尼。于是诺曼底的首府暴露在了法军的攻击范围之内，而法军早已跃跃欲试。安布鲁瓦兹·德·洛雷就曾与鲁昂城内的人秘密联系，试图夺取城市，但因宫廷的迟疑，他的计划未能实现。

上诺曼底的其他城市中也存在着这类密谋，卢维耶的一群富人就因为和法军的秘密联系被发现而仓皇出逃。这些人虽然保住了性命，财产却被英国人列入了收缴清单。有趣的是，事发时守将吉约坦·德·朗萨克（Guillotin de Lansac）正带着一些人在鲁昂追讨欠薪。当法国人将通过叛徒之手夺取城镇的消息传来时，朗萨克仍拒绝赶回驻地，执意要先领到薪水。最后，鲁昂司库不得不拼凑出一笔 80 图尔锂的预付款先哄他回去，至于剩下的欠款以及增派守卫的费用，还得从密谋者那没收的财产中抽取。10 月 26 日 ，法军在一些农民的引导下又夺取了位于欧马勒西面接近濒海的迪耶普的托尔西城堡。

与此同时，位于法国西北部，安茹—曼恩边境的法军也趁英军主力集中于上诺曼底—法兰西岛之际展开了反击。他们收复了邦斯穆兰（Bonsmoulins）、圣塞纳里（Saint-Céneri）、拉瓦勒等部分曼恩和下诺曼底边界的城镇。由于英军撤走了围困圣米歇尔山的军队，这里的法军也得以迈出据点，攻击周边的敌占区。下诺曼底地势平坦且林木葱郁。长期的战乱使散兵土匪常常藏匿其中。此前一年，英国当局曾在卡朗唐和圣洛等地区进行清理郊区以及主要道路两旁的森林的行动，希望能以此改善交通，抑制匪患，保护来往的信使、商队及旅人，但这些行动的效果并不明显。15 世纪二三十年代，卡昂周边及科唐坦半岛中南部地带的反英事件此起彼伏。现在，圣米歇尔山的法军士兵借着森林的掩护，频繁发动袭扰。圣洛就遭受了数次攻击，英国人不得不让一位名为拉乌尔·泰松（Raoul Tesson）的诺曼底贵族代替尚在法国人监狱中的萨福克伯爵威廉·德·拉波尔担任此地守将，他还带来 40 名弓箭手加强防御。而法军的队伍还在向北深入。1429 年 8 月，他们还在晚间袭击了卡朗唐，并杀死了部分守军人员，放火焚烧了城门守卫的据点，然后带着大批掠夺来的财物扬长而去。与上诺曼底一样，这里也人心浮动，维尔、阿让唐、瑟堡等城镇都发生了试图将城市献给法军的密谋。

到 1429 年冬季，与年初相比，法方的局势已大为改观。在贞德及其他将士们的共同努力下，法军战线从卢瓦尔河流域大幅向北推进，深入英国和勃艮第势力交界地区。他们在此建立了一块北起索姆河南岸，西至塞纳河下游，东靠瓦兹河及埃纳河上游的根据地。以此作为出发点，法军既可以从西面收复法兰西岛乃至塞纳河段的失地，又可从北面向上诺曼底进军。同时，它还包含大批像托尔西、博韦、贡比涅、拉昂这样的堡垒市镇。这些坚固的支撑点不久后将吸纳敌人的大部分反击力量，为后方法军的行动争取到了相对宽裕的时间，使法军能依托进军兰斯时在布里和香槟中南部收复的市镇来夺回这两片地域内的大片敌占区。而这些第二线地区的巩固和扩展在将来又会给予前线友军有力的支援，使北部据点不再孤立。此外，它们还可以从北面威胁到勃艮第公爵腓力在西南面的两片勃艮第领地，牵制他的力量。显而易见，东部将成为法军收复王国的主战场。

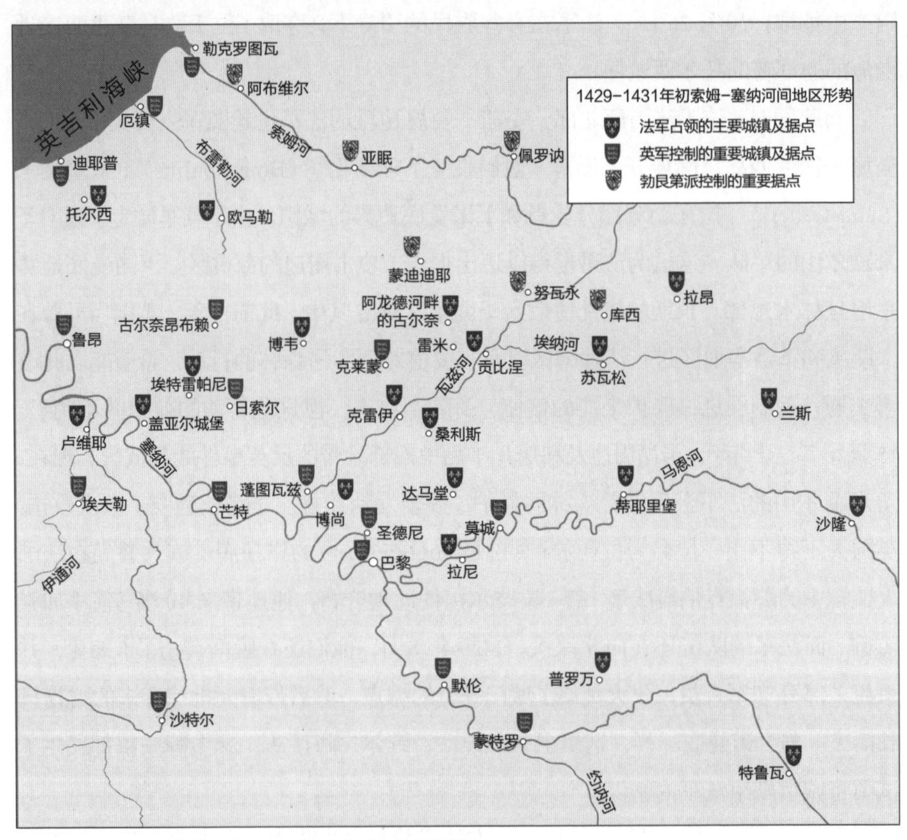

▲ 1429—1431年初索姆—塞纳河间地区形势

然而，达成这个目标需要投入大量的资源，经过前段时间的大规模征战，查理七世困窘的财政已经负担不起庞大的军队开销，他回去后便立即解散了这支主力。

1429年底，乔治·德·拉特雷穆瓦耶借口已与勃艮第公爵腓力签订停战协议，又开始强力压制陆军统帅阿蒂尔、阿朗松公爵让二世、贞德等主战派。不过，仍有部分顽强的法军将领继续留在北部地区同英军作战，他们中最著名的就是拉海尔。他曾同贞德等人一起参加查理七世的加冕礼，并来到巴黎城墙下。但当查理七世从圣德尼起驾回去时，拉海尔脱离了宫廷，独自带领部下继续在法兰西岛以及上诺曼底等地作战。

1429年12月某夜，拉海尔带着500—600名士兵来到卢维耶城下，发起突袭，迅速夺取了这座城市。这次袭击战为拉海尔得到了诺曼底总指挥官的职位。将数十名英国守卫悉数处决后，他将这里作为大本营。卢维耶有大笔财富，而且距离鲁昂只有7里格——也就是说如果骑马疾行，只需一天就可以到达。随后，拉海尔再接再厉：1430年2月24日，他带着一群部下离开卢维耶，在夜幕的掩护中乘船从塞纳河逆流而上直抵东南面的盖亚尔城堡下，架起攻城梯发动奇袭。

▲ 夺取盖亚尔城堡

守卫这座城堡的是一个名叫的威廉·毕晓普顿爵士（Sir William Bishopton）的老兵。他指挥着一支由 5 名骑兵和 15 名步兵组成的队伍，在五个月前还得到了 21 人的增援。毕晓普顿平日就因“细心”以及“从未勒索和强占人们的任何财物”而受到当地子爵的嘉奖，但现在他却发现多年来辛苦挣得的名声即将毁于一旦。拉海尔的进攻迅速而猛烈，为了保住性命，毕晓普顿不得不立即向敌人投降并移交城堡。而更让拉海尔和部下们欣喜的是，他们在城堡中发现了查理七世的老部下，曾于 1420 年在默伦率兵抵抗亨利五世，最后城陷被俘的阿诺·纪尧姆·德·巴尔巴赞将军。此时，这位年近七旬的老人正困在英国人囚禁他的铁笼子里。这对英国人是一个沉重打击——他们刚同意用他来交换约翰·塔尔博特，现在塔尔博特只好继续在牢狱中等待新的机会。

不过，阿诺·纪尧姆·德·巴尔巴赞被关押多年，这个笼子的铁条早已生锈，而且找不到钥匙。法国人打算强行将铁笼拆毁，以便让他重获自由。而令人惊讶的是，这位平日无所畏惧的老骑士此刻却拒绝出笼——巴尔巴赞曾经答应过威廉·毕晓普顿安心做他的囚犯，因此按骑士礼仪，需要毕晓普顿的命令才能正式结束这段生涯。因此，法国人不得不追上正在带领部下离开城堡的毕晓普顿，命令他回到铁笼前正式解除巴尔巴赞的囚犯身份。随后，老将军便急忙与拉海尔等人告别，赶往法王的宫廷，他将为自己的国王再次披甲上阵。而毕晓普顿就这样稀里糊涂地丢掉了扼守进入诺曼底通道的一个重要堡垒，等待他的是在鲁昂为时 32 周的监狱生活。比他更惨的是两名部下，他们因疏于职守之罪丢失了性命。此外，毕晓普顿还需筹集一笔数额巨大的，用来拯救儿子的赎金——他被拉海尔扣为人质。至此，法军威胁到了塞纳河的水路运输，巴黎和上诺曼底间的联系也受到极大阻碍。拉海尔随即深入上诺曼底腹地攻击敌人。法军袭扰的战火一直烧到了鲁昂周边地区。

在这种岌岌可危的形势下，摄政贝德福德公爵约翰使出浑身解数力挽狂澜。他决定首先稳定诺曼底公爵领地内的局势。公爵努力确保这里的每个重要据点和城镇都有足够的防务力量。1429 年 8 月，他签署命令，严禁任何英格兰、威尔士和其他地区的骑兵渡过海峡返回英国——此刻他需要利用一切军事人力资源。为了针对层出不穷的反叛事件，1429 年 10 月，禁止雇佣曾经为法军作战的人员以及最近才向英王臣服的人的新条款被写入与守卫将领的合约中。这也造成了诺曼底守将们维系驻守部队的困难。据埃夫勒城中负责日常点名的主管人员统计，仅在 1430 年 1—2 月，此地就有 18 名士兵不在岗位上，4 名“叛徒”脱离队伍前去加入法军，13 人在一日内被捕。一位名为理查德·恩兹韦斯（Richard Aynsworth）的人也未出现在集合名单上——守将以他和另一名士兵发生冲突为理由将其打入大牢，恩兹韦斯在被关押了两天后还失去了当月的薪水。

贝德福德公爵约翰最盼望的还是来自海峡对岸的援助。1429 年秋季，英国的王公贵族终于对贝德福德公爵频繁的敦促做出了明确回应。他们召开议会，决定应该让幼王亨利六世加冕，并将日期定在了 1429 年 11 月 6 日。

当日天气晴朗，伦敦市政当局为典礼举行了盛大的庆祝活动——当然，这只是相对平时而言，与低地地区的盟友相比，英国人庆典中的寓意和说教气氛更加浓厚。伦敦城里设置了数座喷泉，分别象征着“慷慨、优雅与仁慈”，但其中并没有喷出市民喜爱的酒泉，只有一座应要求贮存了一点酒水。尽管如此，街道上还是人头攒动。有几人不幸在热闹的庆典中因拥挤践踏身亡。扒手也在人群中流窜，其中几个倒霉蛋随后就被人抓住，他们面临的是割耳的惩罚。

与此同时，贵族云集的威斯敏斯特修院则充满着肃穆的气氛。亨利·博福特主持着这次典礼。第十三任沃里克伯爵亨利·德·比彻姆领着身披“一件猩红色的大氅”的亨利六世来到临时搭起的平台上。亨利·博福特宣讲完毕后，经过一系列的仪式后，爱德华的大王冠放在了小国王的头顶。亨利六世在左右的搀扶下略带蹒跚地回到自己的位置上——毕竟这顶王冠对他来说过于沉重。随后，年幼的国王“满怀谦卑和虔诚之心，跪下”。在典礼的最后阶段，国王在人的陪伴下带着队伍前往威斯敏斯特大厅接受贵族的祝贺。等待着这些人的是一顿丰盛的宴会，这也意味着格洛斯特公爵汉弗莱的护国公职务在形式上终结，统治权在名义上已经回归国王手中。当然，实际上格洛斯特公爵仍与约翰·肯普、亨利·奇切利、1426 年被任命为中书大法官和司库的沃尔特·亨格福德以及自亨利五世逝世不久后就一直担任掌玺大臣的威廉·阿尼克（William Alnwick，Bishop of Norwich）继续作为御前会议的核心人物，主宰英格兰的王国政事。

按照贝德福德公爵约翰的想法，亨利六世到法国加冕的同时也应带一支庞大的军队随行。在亨利五世去世后，英格兰本土对大陆的军事支援一直在减少。据统计，1415—1429年期间派往法国大陆的远征军总人数只有4万多人，这让贝德福德公爵在先前的危机中难以支撑。于是，1429年12月，议会通过了一项数额特别巨大的直接税。它包括两笔补助金：其中较匆忙的一项要求在1430年1月14日前征收，另一项则应该在1430年12月30日前完成。按传统，这两次补助均以动产价值的固定税率——乡村1/15、城镇1/10的比例——来征收。只有那些价值低于10先令的动产才在征税范围之外。按计划，这些税款将用于夺回自奥尔良解围战后失去的所有领地，并举行一个合适规模的法国国王加冕礼。

▲ 约翰·肯普

随着税金源源不断地汇集到政府手中，英格兰的战争机器终于快速运转起来。1430年1月，3199名士兵作为先遣部队，在亨利六世的堂兄，克拉伦斯公爵托马斯的私生子约翰的领导下渡过海峡。2月，招募的第二批部队共计4792人准备伴随亨利六世前往法国。相比以往，这些承载着英国人庞大野心的部队显然经过了精心准备：他们中的骑兵和弓手的比例大幅提高——从往日的1比5升至1比3，而且他们都签了一年的服役合同，不是以往的六个月。这是英国政府自1417年征服战开启以来组织的最大规模的援军。此外，亨利六世还将带着一支由内廷、宫廷及行政机关组成的庞大队伍前往法国。他的随从包括18岁的约克公爵理查——他是被先王处决的剑桥伯爵理查之子，其公爵爵位来自于在阿金库尔战场上阵亡的伯父诺里奇的爱德华——诺福克公爵约翰·莫布雷、八位伯爵以及十一位男爵，阵容十分显赫。他们意欲通过这些举措向法国臣民展示亨利六世的财富和力量，令他们屈服于来自英国的国王。按计划，亨利六世一行将

▲ 约克公爵理查

于1430年早春时在法国登陆。

然而英国本土上的准备行动十分漫长，这与贝德福德公爵约翰的战略规划相差甚远。1429年底至1430年初，大批法军连队活跃在英格兰-法兰西王国的领地中。不仅是法兰西岛，连曼恩、上诺曼底，甚至在皮卡第都能见到他们的身影。这些法军从各个据点出发，阻断交通、袭击城镇、洗劫商旅、剽掠乡间，严重干扰了英国占领区的经济和社会稳定。如果不尽快遏制，他们还会继续蔓延到更多的领地当中。贝德福德公爵兵力有限，不可能在这片广袤的疆域中同时展开征剿，因此不得不依靠其他势力的协助。尽管勃艮第公爵腓力与法王查理七世签订了为时数个月的停战协议，贝德福德公爵还是不计前嫌，极力对他进行笼络。当查理七世退往卢瓦尔河流域后，他邀请腓力再次前往巴黎，商议国事。而腓力显然也对查理七世先前进攻巴黎的行动大为恼火。腓力不能再容忍法军继续夺取自己的地盘。他派出大使前往亚眠、阿布维尔、蒙特勒伊、圣里基耶等皮卡第前线城镇，重申了自己的权威。在稳定局势的同时，他还组建起了军队。毋庸置疑，它们将在休战期结束后用于对付法国人。出于压制法军的考虑，腓力接受了英国人的邀请。1429年9月20日，他从埃丹出发，带领军队南下。约3000—4000人的勃艮第队伍径直穿过皮卡第，在蓬圣马克桑斯渡过瓦兹河，出现在法军驻守的桑利斯附近。

勃艮第人声势浩大，卢森堡的约翰领着前锋快速前进，勃艮第公爵腓力亲自统领中军，萨卢兹大人（Lord de Saveuses）则领导一些骑兵组成后卫。桑利斯的法军非常警惕，大批骑兵和步兵从城中涌出，密切观察对方的动向。此时的腓力并不愿挑起事端，他命令队伍继续向南面的卢夫尔（Louvres）方向行进，自己则全身戎装，骑在一匹骏马上被七八名衣着华丽的侍从簇拥着立在队伍一侧。

见到勃艮第人并无敌意后，领导法军的中书大臣勒尼奥·德·沙特尔来到桑利斯平原上，觐见勃艮第公爵腓力——他想探探勃艮第人的意向。接着，闻讯的克莱蒙伯爵查理也带着60名骑兵赶到此地，向自己的妻兄脱帽致敬，并拥抱了腓力的妹妹，贝德福德公爵约翰的妻子，自己的妻妹安妮（Anne of Burgundy）。不过安妮正因法军攻击巴黎的行为而愤怒不已，她此次随同兄长一起南下的目的只是为了激励两位公爵联合，对付眼前的敌人。法国人的殷勤换来的却是一片冰霜。腓力只是简短地向对方回礼，甚至没有按惯例拥抱妹夫。眼看勃艮第人不愿多谈，勒尼奥和克莱蒙伯爵只好与他们道别，怏怏地回到城内，和解的前景似乎并不明朗。

勃艮第公爵腓力则径直前往卢夫尔，并在那里过夜。9月30日，他来到巴黎城下，此前的18日，贝德福德公爵约翰也从诺曼底赶回。他十分满意腓力不与法国人纠缠的态度，并热情地拥抱了他。随后，腓力带着自己的骑兵排成整齐的队列，举行了盛大的入城式。巴黎民众热烈欢迎勃艮第公爵，他走过每条街道时，人们都唱起了颂歌。贝德福德公爵为腓力备下了一份厚礼：10月13日，在与巴黎大学和高等法院成员进行了漫长的商讨后，腓力被任命为英王在法兰西的代理官，授予全权管理巴黎以及东面和南面地区。这意味着腓力已经成为英格兰-法兰西王国仅次于贝德福德公爵的第二号实权人物。事实上，这是英国人对勃艮第公爵作为他们事业上最重要盟友地位的一次重申。授予的官方头衔某种意义上是对他们之前阻止公爵接收奥尔良的行为的一种弥补。同时，这个决定也在一定程度上迎合了巴黎人的要求——他们仍不信任英国人的统治，试图使贝德福德公爵的权威限于诺曼底等其他地区。英国人的任命意味着腓力可以毫无顾忌地在东面地区用兵。只要将这些地区完全占领，腓力就能将自己的南北两块主要领地连成一片。这种诱惑对他来说是难以抗拒的。至此，腓力下定决心抛弃中立姿态，答应贝德福德公爵将在次年的复活节时共同展开军事行动——这意味着1430年春季，勃艮第和英国将再次发动攻势。

尽管如此，英国和勃艮第表面上还在向查理七世摇晃着橄榄枝。9月底，勃艮第公爵腓力还在与查理七世保持着联系，他再次向法王强调，自己应该占有巴黎，同时他又做出善意姿态，允许查理七世派使者前往巴黎商谈。10月初，法国中书大臣勒尼奥·德·沙特尔来到在法军撤退后便被英国人重新攻下的圣德尼，与英王的法国中书大臣、泰鲁阿讷主教卢森堡的路易进一步接触。按照之前的协议，10月17

日，贝德福德公爵约翰离开首都前往鲁昂，英军也随之撤出巴黎。作为英王代理官的腓力还宣布了9月28日缔结的新的局部休战协议，其地区包括巴黎、圣德尼、万塞讷、沙朗通以及圣克卢。连萨伏依公爵阿马德乌斯八世也在奋笔疾书，不断用信件在妻侄腓力[①]和查理七世之间斡旋，并帮忙安排可能在欧塞尔举行的进一步和谈。这些行动在很大程度上迷惑了法国人，在10月30日，他们还专门遣使到兰斯向市民告知了最近同“朕的堂兄勃艮第”签订的停战协议，并煞有介事地要求他们不得违反。在公告中，法国国王进一步强调：“如此才能享有你们的福祉，保全你们的荣誉”。

▲ 阿马德乌斯八世

在巴黎逗留了近三周后，勃艮第公爵腓力返回佛兰德，处理领地内的事务。临行前，他增派少数骑兵进驻圣德尼，并命令人员守卫万塞讷林苑和沙朗通的桥梁。与之相应地，贝德福德公爵约翰也启动了反攻进程。在1429年底，他竭力搜刮诺曼底的资源，为清剿法军做准备。11月，诺曼底等级会议通过一项14万图尔锂的特别税款。它将用于支付守卫的薪水以及收复上诺曼底的法军据点的开销。他们还特别强调“而不是（用于）其他地方”——显然，这是对1428年因临时调整进军方向而惨遭折戟的辛酸回忆。在1430年3月，等级会议又追加了一笔7万图尔锂的专款，以应付规模不断升级的战事。

英军的反击首先在上诺曼底和法兰西岛北部交界处展开。1430年1月，驻守在古尔奈昂布赖（Gournay-en-Bray）的英军将领托马斯·克瑞尔（Thomas Kiriel）带领

① 萨伏依公爵的妻子勃艮第的玛丽是腓力的姑妈。

约400人的部队向西南面发动了一次长途袭扰。英军一路上大肆劫掠，抢了不少家畜和马匹。他们穿过博韦地区，一直突进到克莱蒙城郊才开始返回。驻扎在博韦的克莱蒙伯爵查理决心消灭这股敌军。他迅速聚集起当地守卫，意图在博韦城附近袭击敌人的归路。然而，英军的斥候探知了法军的动向，闻讯的克瑞尔立即排开阵列等待对手。法军有近800名士兵，大批附近的农民也赶来帮助他们。英军士兵则全部下马，背靠一片森林，并在阵列前方安置了木桩。自恃在人数上占尽优势的克莱蒙伯爵悍然发动攻击，但迎面而来的是英军密集的箭雨，其阵前的木桩也严重阻碍了骑兵的突破。法军的攻势很快就被挫败，队伍也陷入混乱之中。见此情景，英军大胆跃出阵地，向对手发动反攻。法军随即崩溃，骑兵们抛下步兵争相逃命。于是，英军的战利品清单上又多出了百余名农民。他们带着大批赃物和俘虏，兴高采烈地返回营地。一个月后，法军又在附近地区与一股英军发生激烈交锋，但再遭败绩。军事上的连续受挫使克莱蒙伯爵心灰意冷，他放弃了此地的军务工作，前往南方领地。旺多姆伯爵路易接过了代理官职责。

在少数部队牵制博韦等重要据点的法军之时，英军已将重点放在上诺曼底北部区域。他们开始逐一拔除法军在此地的堡垒。1月，克拉伦斯私生子约翰的援兵渡过海峡，立即接到了前去攻打法国人占据的托尔西城堡的命令。托尔西是这片地区最为坚固的堡垒，英国人花费了大量的资源和时间组织围城战役。他们发动了大批劳工和矿工前来修筑工事和坑道，并向周边征收地方税，以便及时支付薪水。8月，英军已在托尔西周边竖起数座围绕着它的木堡，并派骑兵分别进驻。尽管如此，法军还在依托防御工事顽强抵抗。克拉伦斯私生子还带来了一些火炮和攻城器械，持续不断的轰击使城墙受到了一些损坏，但英军还是未能突破托尔西的城防，围攻战仍然处于胶着状态。与此同时，英军开始包围布朗日、孔什（Conches）等其他诺曼底堡垒，并在2月28日对盖亚尔城堡发动了一次突袭。虽然法军击退了这次进攻，但是他们在上诺曼底的形势非常危急。

当英法两国的士兵为了各自王国的命运冒着严寒在硝烟和残垣中做殊死搏斗之际，北面的勃艮第公爵腓力正在佛兰德的繁华都市中兴致勃勃地操办着一个空前的盛典——他即将迎娶第三任妻子。和腓力的前两位配偶不同，新任勃艮第公爵夫人伊莎贝尔（Isabella of Portugal）不再出身于瓦卢瓦家族世系，她是葡萄牙国王若昂一世的女儿，“航海者”恩里克亲王的妹妹。同时，她也是英王先祖，兰开斯特公爵冈特的约翰的外孙女。因此，她和英国兰开斯特王朝有着密切的联系——对于查理七世和法国宫廷来说，这不是个令人愉快的消息，它暗示着勃艮第公爵领的离心力正在增强。

▲ 勃艮第公爵夫人葡萄牙的伊莎贝尔

勃艮第公爵腓力和伊莎贝尔的婚约于1429年7月在里斯本正式订下。当年11月，腓力在布鲁日焦急地等待勃艮第使者护送新娘到来，但天公不作美，伊莎贝尔的小舰队在海上被冬季暴风吹散。直至圣诞节前夕，她才来到北面的斯勒伊斯。幸运的是，婚礼筹备工作已先一步进行。一支400人的队伍将第戎和里尔的车队护送到布鲁日。这些车辆上满载着为宴会准备的食材、挂毯、家具、珠宝以及在贝桑松（Besançon）特制的，用于比武锦标赛的武器和盔甲。此外，还有一百辆车载着勃艮第葡萄酒。

1430年1月7日，为时一周的婚庆典礼终于开始。就像以往一样，这次庆典将勃艮第宫廷的奢华展现得淋漓尽致。8日，伊莎贝尔在布鲁日举行了盛大的入城仪式。布鲁日人吹响了银号，大批市民聚集起来，欢迎他们的女主人，主要街道都挂起了深红色的华丽挂毯以及各种织物。市内的公爵宫殿也被细心布置。宫殿的正前方立着一只精心绘制的木雕雄狮，香酒从它的爪子中不断涌出，流进位于它身下的盆子里。庭院中搭起了许多木质建筑。一只木雕雄鹿和一只木雕独角兽也以同样的方式喷洒着香料酒和玫瑰水。宴会大厅有150米长。为了供应宴席上的汤羹、炖肉、肉冻、烤肉、糕点，还专门设立了三个大厨房，三个烤炉，以及六座食品库。大厅的长廊中专门设有六十名传令官、号手和乐师。在大厅里，一棵金光灿灿的大树上悬挂着公爵领地和贵族们的纹章。人们还在餐桌和餐具柜上摆出了各种令人眼花缭乱的布景：女子们搂着独角兽，牵着山羊，握着绘有公爵纹章的燕尾旗。男子们也带着公爵纹章，扮成野蛮人或野兽，骑在烤全猪上。在菜肴旁是一座城堡，一名“野人”立于主塔之上，高举着公爵的旗帜，而四个角塔上各有一名女子，分别挥舞着绘有公爵各块领地的旗帜。宴会的主菜是一个巨型馅饼其中暗藏着一只活羊。它全身被染成蓝色，双角金光闪闪，还有一名男子扮作“野兽”骑在它身上。在随后的几天里，布鲁日的广场上连续举行了一系列各类比武锦标赛。城内到处是狂欢和聚会，令人目不暇接。

通过庆典，勃艮第公爵腓力将他的宫廷文化引入治下的佛兰德城市生活中。在全体市民积极参与的同时还加强了同城市贵族间的联系。然而他还要通过其他方式来彰显自己的荣耀和权威。1430 年 1 月 10 日，在婚礼激起的热烈气氛中，腓力正式宣布成立一个新的骑士团——金羊毛骑士团。作为纹徽的金羊毛颇有意义：这个名字取材于希腊神话中伊阿宋带领英雄们夺取金羊毛的传说，暗合公爵渴望建立英雄伟业的雄心。代表骑士团身份的领章用黄金精制而成，由骑士们像项链一样将它佩戴在胸前。它的领圈有部分是羊角图案并镶嵌宝石，吊坠部分是一只羊羔。骑士团有 24 名成员——在此后人数不断增加——由腓力从阿图瓦、佛兰德的法语区、两块勃艮第领地的贵族阶层中选出。其出身和言行均无可指责。腓力亲自担任他们的宗主，并有专门的书记官和纹章官记录骑士团成员的高尚行为，定期组织集会。同时，他还为骑士团定下了严格的章程：成员们除了要相互友爱，遵守骑士的美德之外，还要履行对宗主的义务。他们要派遣可靠的人员来确保宗主个人以及领地还有其臣民的安全。宗主有权将违反规章的成员逐出骑士

▲ 胸前佩戴着金羊毛徽章第一批金羊毛骑士团成员博杜安·德·拉努瓦（Baudouin de Lannoy）

团。勃艮第公爵的骑士团迎合了那些处于中世纪末期的传统封建贵族的喜好——在遍地饥馑，危机四伏的时代中，这些人希望回避现实，一心沉溺于奢靡的生活中，同时又刻意彰显自己的不凡，并竭力同其他阶层划出界线。

勃艮第公爵腓力用这些庆典来炫耀自己的财富和地位，并通过骑士团将宫廷文化和政治紧密相连。他可以用授予和剥夺成员资格的方式表达自己的外交意愿，将领地内外的骑士和贵族阶级聚拢到他的麾下，还可以给逐步迈上欧洲政治舞台的勃艮第公国带来难以估量的影响和声望。在数十年内，法王宫廷因王权衰弱、阴谋和争吵——勃艮第公爵们对此也有一份“贡献”——而陷入拮据和混乱之际，散发着奢华气息的勃艮第宫廷正给人以如日中天，隐隐有超过其宗主之势的印象。大批低地地区乃至德意志的王公贵族都向他投去青睐的目光。英国人更是不断加强和腓力的联系。2 月 12 日，来到佛兰德的亨利·博福特——他现在是腓力妻子的舅舅——劝说腓力签订一份合约。合约规定腓力在即将到来的战役中要带领 1500 名士兵为英王亨利六世效劳。作为回报，腓力将获得一笔价值 1.25 万马克的巨款。3 月 8 日，亨利六世正式签署信件，将幅员辽阔的香槟以及布里地区以封地形式割让给腓力，并允许他的男性后裔继承。英国人以此鼓励他从法军手上夺回这些失地。9 日，经过慎重考虑的枢密院（Privy Council）要求财政署尽快筹集这笔款项，并送往阿拉斯或其他就近城市，交付给勃艮第公爵。于是，北方的勃艮第连队纷纷摩拳擦掌，准备投入战斗。

既然勃艮第公爵腓力已决心将自己绑在英国人的战车上，那么停战协议就已成为一纸空文。未等协议到期，巴黎附近的勃艮第军队便公然向法军发动进攻。他们联合一些英军，意图夺回克雷伊。按计划，联军在城外设下埋伏，并派出少数部队引诱敌人。法军总督雅克·德·夏巴纳果然中计。他迫不及待地披挂上马，冲出城外，想给这些在平原上大摇大摆的敌人一个教训，但联军的大队人马包围上来，莽撞的夏巴纳和一些先锋人员随即成为英国人的阶下囚。不过英军首领福克斯（Foulkes）在激战中被矛尖刺中颈部，因伤势过重而死，士气大挫的联军退回了据点。夏巴纳得以在破费一大笔钱财之后重获自由。克雷伊也避免了易帜的命运。

战端既开，法军也毫不示弱。3 月下旬，他们从南面逼近巴黎城，并如法炮制，俘虏了勃艮第将领圣波勒的私生子约翰。数天后，部分法军士兵还趁黎明之际对圣德尼发动了一次突袭，勃艮第士兵损失惨重，将领布林布的约翰（John of Brimeu）狼狈地躲入修道院避风头。赢得头筹后的法国人却开始分散抢劫，这给了敌人可乘之机。在损失了十几人后，这股法军被重新聚集起来的勃艮第士兵逐出城外，撤向桑利斯。

长时间的激烈交战使巴黎地区饱受摧残。无论是以征服者自诩的英国人还是为收复失地而战的法国人都未对这里产生怜悯之心。巴黎人在日记中抱怨，这些全副武装的人——无论他们属于哪个派系——不会放过任何东西，除非它太烫手。4月25日，法军攻下了巴黎东南面的圣莫代福塞。英军重新夺回圣莫代福塞后，又将它洗劫了一遍，"他们把此地搜刮得如此干净以至于他们连一把锅里的汤勺都没有留下。"持续恶化的局势令巴黎人苦不堪言。尽管英国人经常吹嘘自己兵精将勇，但他们并不能压制巴黎周边地区的敌人。显然，还需要其他地区的力量增援才能将法军的势力赶出此地。

幸运的是，这些援军并非遥不可及。1430年4月23日，在英国御前会议的精心安排下，亨利六世一行恰巧于圣乔治节当天到达加来。登陆后，他们就在法国的海岸上庆祝。但接下来，英王宫廷中的贵族们就发现此行举步维艰：亨利六世本应前往兰斯加冕，但兰斯现在仍处于法国人的控制之下；此外，国王一行通向鲁昂的道路也处于法军的袭击范围以内，更不用提巴黎了——法军可以直接迫近到城墙之下。御前会议不敢拿幼王的人身安全做赌注，严峻的形势迫使他们决定让宫廷先驻在加来，等待来自英国的援军和贝德福德公爵约翰的部队一起扫清道路后再动身。眼见战事不利，廷臣们开始干预法国事务。借着亨利六世已经驾临法国的理由，御前会议决定暂时取消贝德福德公爵的摄政身份，交出其军事任命、施予恩惠以及从诺曼底财政署抽取资金应付开支的权力。陪伴亨利六世来到大陆的英国御前会议的大臣们和英王在法国的御前会议联合组成了一个大咨议会来接收这些权力。这个机构将一直运转到亨利六世返回英国为止。贝德福德公爵不得不使用"前摄政"的头衔，虽然他还是"首席政务大臣"——类似坐镇于海峡对岸的格洛斯特公爵汉弗莱——但由于忙于军务，很少有时间参加会议，就这样，大咨议会实际上绕开了两位摄政王公，独掌权柄。主持大咨议会的责任落在了议长亨利·博福特的肩上——虽然显得有点迫不及待，他已经有太长时间没有享受核心权力的滋味了。

贝德福德公爵约翰此刻还无意与叔叔争权夺势。他把全部精力都投入到拯救侄子的法兰西王国的军事行动中。3—4月，他指挥英军逐步扩大了进攻规模。在盖亚尔城堡，英军奇袭失败后并未气馁，而是增派更多的部队来到此地，打算通过长期围困迫使它投降。不过这需要投入大量的人力、财力以及宝贵的时间。4月，英军副帅约翰·兰贝里（John Lunberry）发现手下的工匠们意欲罢工——当局拖欠了他们的薪水——他不得不自掏腰包预付一笔补贴以免他们扬长而去。尽管等级议会已经在去年年底同意征税，诺曼底的大部分地区，甚至包括利雪这种地处纵深的城镇都因潜在的法军威胁再次开始征税地方新税，加强防御。

来自本土的增援力量无疑给上诺曼底的英国势力注入了一剂强心针。在北面，托尔西围城战已持续两个月，在英军的围困下，城堡里的补给已经逐渐出现紧缺迹象，这里的法军开始频繁地向其他地区求援。不幸的是，上诺曼底的回应寥寥。英军已分成几支各有数千人的部队，分别指向欧马勒、埃特雷帕尼等法军据点。控制诺曼底通向巴黎道路的卢维耶也被列入争夺目标。在竭力将法军势力排挤出上诺曼底的同时，贝德福德公爵约翰还派遣一支部队迅速前往法兰西岛北部的法军占领区，以缓解首都的危险局势。按照英国人的设想，等到这些地方的法军都被清理干净后，亨利六世的宫廷就可以安全地前往巴黎。

打通英王加冕道路的任务被托付给了勃艮第公爵腓力。腓力的军事顾问——也许于格·德·拉努瓦是其中主要的策划者——已拟定了一个计划。它将巴黎周边作为首要战略目标，而英王和勃艮第公爵将穿过诺曼底和皮卡第地区抵达兰斯。他们强调兰斯是座坚固的重镇，在这里可能遇到长期的顽强抵抗。因此，希望英王能派700—800人迫使欧马勒投降；公爵则带领1000名勃艮第和皮卡第骑兵、1000名皮卡第弓手和200名弩手同1000名英国长弓手向拉昂及苏瓦松等地挺进，以便英王能前往兰斯，然后公爵去征服香槟；如果英军迅速占领了托尔西和盖亚尔，他们就应该围攻卢维耶，其余人员应该进一步占领博韦，前往克雷伊，清理法兰西岛的其他地区；此外，还应该抽出1000名乘马士兵及200名勃艮第骑兵交给佩里内·格雷萨去奥尔良、贝里、波旁、奥弗涅等地区发起袭扰，干扰法军增援北方的行动；吉耶讷也应该发起攻势，迫使富瓦、阿马尼亚克、阿尔布雷防御自己的领地。当然，这需要英方投入庞大的人力。勃艮第顾问们希望英王带来1万人的大军。

1430年早春时，临近前线的法国军民已经感觉到了勃艮第人在蠢蠢欲动。3月15日，兰斯市政会议焦急地写信给旺多姆伯爵路易和中书大臣勒尼奥·德·沙特尔，告诉他们卢森堡的约翰正在逼近。十二天后，兰斯守将怀揣着由勃艮第公爵腓力签发的安全通行证逃之夭夭。愤怒的市民再次致信总代理官，要求他将逃亡者捉拿归案。不过，腓力并不急于夺回兰斯，他希望首先拿下贡比涅。这座城镇坐落在瓦兹河下游河谷的中心区域，控制着连接法兰西岛和皮卡第的重要通道。占领此地将使他从自己领地通向巴黎的道路畅通无阻。借着皮卡第居民抱怨博韦地区的法军频繁骚扰的理由，腓力命令军队在北面的佩罗讷集合。他打算等到4月中旬停战协议到期后，便亲自发动进攻。

去年秋季，法王宫廷在战果最辉煌之时就背离了自己的事业。现在，他们蜷缩在卢瓦尔河流域的城堡里，以消极的态度对待眼前的事务。查理七世甚至没有设立诺曼底地区总代理官。而乔治·德·拉特雷穆瓦耶等廷臣也借口和谈和财政困难，对前线保持观望，无所作为。因此，当敌人反扑开始时，他们几乎手足无措。先前大批大小贵族曾响应贞德等人的号召来到法王的旗帜下，但那位怀有戒心的宠臣主持的政府既不敢直接将他们赶走，也无意统领他们。拉特雷穆瓦耶主张大量雇佣连队——尤其是意大利、西班牙、苏格兰等外国雇佣兵——应付战争。外国连队正无所事事地散布在广阔的卢瓦尔河流域中。在奥尔良，有人抱怨苏格兰士兵的骚扰遍布整个索洛涅地区（Sologne）。图尔居民更是抱怨托马斯·布莱（Thomas Blaye）的部下如此擅长于偷盗家畜以至于无人敢在那片地区放牧。更严重的事件发生在安茹，两名亢奋的连队将领正积极地投身于一场私人战争，他们还通过盗窃驻守在勒吕德附近，由纪尧姆·哈米斯顿（Guillaume Hameston）领导的苏格兰部队的一些马匹成功地将其拉进乱战。针对他们的指控一直闹到高等法院。

显然，法王政府那糟糕的财政状况是导致这类无序状态的主要原因。除去领地及司法等常规收入外，每年由三级会议决定数额，特殊情况下可以再次收取的战争补助金——也就是特别收入——仍然是他的主要财政来源。但收集的资源远不能应付开支：战争使大部分地区都疲乏凋敝，它们在税金额度、征收效率及完成度方面均难以满足要求。从15世纪20年代后期起，尤其是支离破碎的朗格杜瓦地区的收入已呈断崖式下降趋势。为了获得已有无视政令、自保求全倾向的市镇——它们因之前的战争失利、贵族内讧、兵匪横行而对中央政府大失所望——的支持，王室不得不频繁发布减免、中止难以负担地区缴税的敕令。虽然查理七世和王后玛丽的生活比较简朴，但王室还要抽出部分岁入用于维持各地的王室城镇、城堡以及开办学校、公共慈善机构乃至修整堤坝、维护港口等多种用途上。宫廷中对宠臣过于慷慨的赏赐——当现金不够时，它们还以实物、职位、权利等形式赋予——以及官员们的贪污挪用也加剧了财政负担，更不用谈平衡庞大的战争开销了。于是，政府想尽各种办法筹集资金，他们强制借贷，不惜出售一切古老的习惯权力，[①] 出租铸币权，收取铸币税，开征各种临时、地区性间接税，结果进一步导致私铸劣币充斥市场，货币持续贬值以及官员随意横征暴敛。零散的税种、毫无规章的征收过程反而引起地方市镇、贵族乃至等级会议的反抗，加大了收集税款的阻力。更为严重的是，在乔治·德·拉特雷穆瓦耶的诱导下，宫廷还采取了转让王室土地、城堡领主权，抵押地产、家具，甚至是收益，将公共性税收抵押到第三方收税者及债主等私人手中之类的办法应付急需。通过这些权宜之计筹来的每一笔资金都进一步损害了政府未来的收益和控制力。只有以拉特雷穆瓦耶为首的借贷者趁机从中捞取了大量利润和领地。

这种饮鸩止渴式的运作下，查理七世无法摆脱入不敷出的状态。去年计划召开的全国三级会议最终缩减为冬季在图尔召开的一次毫无成果的图赖讷等级会议。1430 年 3 月，朗格多克地区等级会议在叙利召开。尽管代表们向国王表达了对先前加冕的祝贺，但会议只通过了 20 万锂弗的税款，其中有 5 万锂弗还是去年会议未收齐的款项。至于当年的税金，则还要等到 6 月在贝济耶再次开会确认。它还被指定用于支付加冕礼及朗格多克和吉耶讷前线的费用。当年的朗格杜瓦三级会议已解体为各行其是的地方等级会议，法国君臣自然无法从这个曾供给着王国主要收入的机构中获取大宗补助金。

于是，政府仍只能先给部队发放部分薪水。而其余部分只能让地方筹集，或者是听任连队到周围地区——无论是己方还是敌占区——索取。这严重败坏了连队的

① 通过向耶弗尔河畔默安的 160 余名居民收取一笔 700 金里亚尔（royal）——一种短暂出现的货币，最早在 1358 年铸造——的赎金，查理七世在 1430 年 5 月的书信中废除了他们作为国王农奴的身份，还给自由之身。客观上，战争正在使这个国家加速摆脱残余的陈旧制度。

军纪，从而难以对其进行高效指挥。虽然查理七世在3月19日写给兰斯居民的信中承诺不会抛弃他们，会派军队前去安抚，但显然他还要花上很长一段时间才能组织起应付威胁的部队。直到4月底，查理七世实际上仍寄希望于在欧塞尔继续召开会议，并盼望勃艮第公爵腓力——或者他的代表——能接见自己的使团，安排双方和解。

随着北方战局不断恶化，焦急的贞德无法再忍受宫廷中那些拖延的会议，决心亲自北上增援。3月底，她悄悄离开法王所在的叙利城堡——这里也是乔治·德·拉特雷穆瓦耶的封邑——独自带着一支近200人的队伍，其中包括百余名骑兵，68名弓箭手和弩兵，2名号手。这些人由伦巴第雇佣兵队长巴尔托洛梅奥·巴雷塔（Bartolomeo Baretta）指挥。她的兄弟以及管家让·德·欧隆也与她同行。这支小部队径直向巴黎地区前进。

此前不久，巴黎发生了一次密谋：3月初，巴黎的部分法王支持者意欲迎接法军进城。和去年初秋查理七世兵临城下时不同，这次巴黎众多阶层的人员都卷入其中。除了修士外，还有审计法院助理审计员让·德·拉沙佩勒（Jean de la Chapelle）和两位沙特莱的检察官以及其他市民、商人、工匠等。具有讽刺意味的是，一个名叫雅凯·纪尧姆（Jaquet Guillaume）的大熊客栈老板也加入了这个团伙。他的岳父——也就是大熊客栈的前任老板——让·罗什（Jean Roche）正是1416年那场由勃艮第党人煽动的，意图推翻阿玛尼亚克政府的阴谋的参与者。然而，当年罗什支持的勃艮第派进城后，他女婿的生活却并未得到改善。如今纪尧姆将为了与岳父理念相左的政治势力而迈上同样的冒险道路。他们拟定了详细的计划：约100名苏格兰士兵将乔装成英国人的样子，他们穿着绘有圣安德鲁十字的衣服，带着鱼和牲畜像商人一样经过圣德尼大门。与此同时，埋伏在郊区的法军增援部队将趁机对城市发动突袭，将其占领。为了广泛争取支持者，他们还专门向查理七世索取了赦免城市民众的文书，准备在行动时向巴黎市民宣读。3月21日前后，这份计划却传入了英国人耳中，他们逮捕了涉案的150余人。4月8日，纪尧姆就像他岳父当年那样，与其他几位主要同谋者一起被押上囚车，扭送至中央市场处决。

据记载，巴黎密谋失败后不久，也就是在复活节那周，贞德出现在默伦城下。默伦居民发起暴动，赶走了城里的一些勃艮第和英国驻军，在4月22日归顺法王。这使法军获得了一个可以任意跨越塞纳河的渡口。巴黎密谋的失败似乎打消了贞德在巴黎周边逗留的打算。24日，她出现在桑利斯。当时其他法军将领和她会师后已经有“一千匹马”，但桑利斯将他们拒之门外。居民借口城内缺乏粮食补给，只答应接纳贞德等三四十名重要人物。

北上过程中，贞德号召人们跟随她一起与英国人作战，但到拉尼时，他们才与敌人发生了一次较为激烈的交锋：代表法王管理拉尼的安布鲁瓦兹·德·洛雷在去年年底就离开了这里，奔赴下诺曼底战场。现在，副官让·富科代他主持军务。尽管沿途有不少人响应，贞德此时的部队也只有数百人。就在此时，一支从巴黎出发，由300—400名骑兵和弓箭手组成的英格兰—勃艮第联军也在附近烧掠。他们的统帅弗朗凯·德·阿拉斯（Franquet d'Arras）是法军的老对手之一，有着丰富的战斗经验。

贞德决心消灭这股敌人。她集合了400多人——其中大部分是骑兵——出其不意地追上了正准备打道回府的对手。弗朗凯·德·阿拉斯试图抵抗，他命令部下全部下马，背靠一些树篱组织防御。在贞德的鼓励下，法军骑兵对这些人发起了猛烈的冲锋。英格兰—勃艮第联军的士兵们训练有素，相互配合，依托防御击退了法军的两次攻击，并对法军骑兵造成了一定伤亡。但法军不甘心放过对手，他们一面与敌人交战，一面催促拉尼以及临近城堡据点中的友军前来增援。援军带来了大量的十字弩，并搬来了数尊蛇炮。在法军发起的第三次冲击中，英格兰—勃艮第联军终于被猛烈的投射火力压制。他们的阵线被撕开，队伍被击溃。这个结果对联军来说是灾难性的——也许身后的树篱使他们没有空间可以有序抵抗或者安全撤退——大部分士兵都在逃命途中被追击的法军杀死。弗朗凯也被贞德俘虏。贞德起初想用他来交换被巴黎当局逮捕的雅凯·纪尧姆，但随后她得知纪尧姆已被处决。最终，弗朗凯被交到桑利斯市民手中。他们以谋杀、盗窃、叛国的罪名将他处死。这件事情震惊了勃艮第派，也成为日后审判贞德时的一项罪状。

4月15日，勃艮第公爵腓力在努瓦永庆祝完复活节后，便来到蒙迪迪耶召集了大量军队。卢森堡的约翰也正带着偏师在这片地区弹压敌人，他将法军的小股渗透势力赶回博韦，并攻拔了数个抵抗的小据点。腓力本人则于21日前后包围了南面的阿龙德河畔古尔奈。此地原本是他的妹夫克莱蒙伯爵查理的领地，但腓力显然没有顾及亲情。他勒令当地总督特里斯坦·德·迈纽莱（Tristan de Maignelais）献出此城，否则就将动用武力。迈纽莱自知无法抵挡勃艮第公爵，只能与他约定一个限期投降协定——日期定在8月1日，在此期间这里的法军不得与勃艮第党人交战。解除了后顾之忧后，腓力率大军重返努瓦永，卢森堡的约翰也赶来和勃艮第主力会合。5月初，他们开始集中力量部署对贡比涅的包围战。

在去年的停战谈判中，查理七世的廷臣为了讨好勃艮第公爵腓力，曾允诺将贡比涅割让给他。但这个决定立即遭到了被贞德的事迹所激励的贡比涅市民的强烈反对。他们提醒负责这桩买卖的大臣：自己是法王谦卑的臣民，并渴望用生命和财产为他效劳。他们甚至还声称宁可失去自己的妻儿与财产，也不愿被置于公

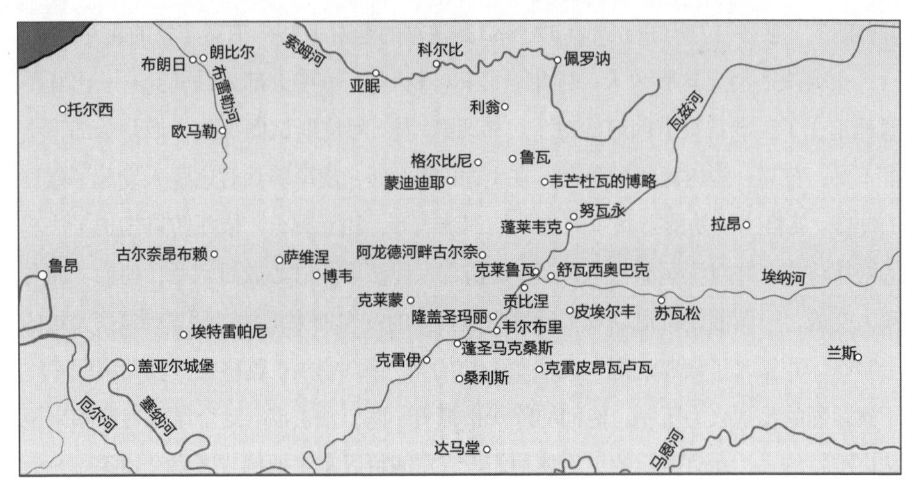

▲ 上诺曼底—皮卡第—香槟北部地区

爵的慈悲下。因此，查理七世的御前会议后来决定将位于西南面的蓬圣马克桑斯划给腓力，以代替贡比涅。但腓力对这个方案置之不理，他勒令贡比涅向自己臣服，这个要求立即遭到拒绝。腓力又对守卫该城的法军将领加以利诱，许诺将给予他一大笔钱财以及一桩能带来大量嫁妆的婚姻，将领回答公爵：这座城市不归他所有，它只属于国王。

这位将领正是纪尧姆·德·弗拉维。他出身于贡比涅当地的贵族家族，也是法王事业的支持者。1417年纪尧姆就在诺曼底参加了抗英部队。1418年他在巴黎与

勃艮第人作战。三年后，他从蒙斯昂维默战场上的死人堆里爬出。随后，又加入奥费蒙领主居伊·德·内勒领导的那次运气不佳的救援莫城行动。在14世纪20年代里，纪尧姆数次死里逃生，并因法军的失势几乎丧失了家族在本地的所有财产。1429年7月，他与其他将领们一起参加了查理七世的加冕礼。8月，在市民的要求下，纪尧姆被法王任命为贡比涅守将的副官——守将职位由乔治·德·拉特雷穆瓦耶兼任——掌管此地。虽然纪尧姆就像当时其他的战争领主一样冷酷无情，并且总是与周围的领主以及贫民争吵不休，但他明显不愿找个新主子。

纪尧姆·德·弗拉维对抗衡勃艮第公爵腓力的大军有充足的信心。虽然麾下只有400—500名士兵，但贡比涅是皮卡第地区防御最坚固的城市之一。它的面积约为53公顷。城墙高大厚实，周长超过2600米，一面靠着瓦兹河，其他三面的城壕里也灌满了河水。城内还有一座仿照罗浮宫样式建造的巨大城堡。像奥尔良一样，贡比涅还拥有一座横跨瓦兹河，包含10—11座拱门的桥梁，西岸有一座小堡。在腓力发出最后通牒时，贡比涅居民已经囤积了大批武器和补给。法军也装备了很多发射铅弹的青铜蛇炮。据称它们可以穿透骑兵的盔甲。

然而，勃艮第人拥有一支更为庞大的炮兵队伍。其中至少有5门大射石炮，2门韦格莱尔炮（Veuglaire，一种中型射石炮）以及数量众多的青铜蛇炮。腓力首先将兵锋投向了贡比涅东北，位于埃纳河和瓦兹河交汇处的舒瓦西奥巴克（Choisy-au-Bac）。它附近有一条横跨埃纳河的桥梁。纪尧姆·德·弗拉维早已派弟弟路易前去负责防卫并囤积了一些火器和军火。如果法军能守住此地，就能阻止勃艮第人渡河从东侧包围主城。但他们显然不是勃艮第炮兵的对手。勃艮第的炮火完全压制了他们的抵抗并迫使其退出。

在此期间，勃艮第的其他连队也在巴黎东南面的布里地区大肆烧掠。4月21日，他们包围了蒙斯。这座村镇有城墙、壕沟和塔楼保护，居民们试图借助工事抵抗。然而勃艮第军队仗着人多势众攻破了此地，蒙斯居民被迫携老扶幼逃难。不肯罢手的勃艮第士兵将大批柴捆堆至蒙斯居民逃难的建筑墙角下。接着，他们不顾建筑里面撕心裂肺的呼号，将火把投进窗户里，并将柴堆点燃。最终，这个村镇的大部分居民——约234人——都在这次惨案中丧生。

腓力重新挑起战事的行动给了主和派一记响亮的耳光，查理七世不得不接受他被愚弄的事实。在1430年5月6日的一份文件中，他承认了与勃艮第公爵交涉时几乎被蒙在鼓里。与他一同签下名字的还有中书大臣勒尼奥·德·沙特尔。恼怒的查理七世还在宣言中声称，“我们的敌人勃艮第”用停战协议在很长一段时间内“转移我们的注意并欺骗我们”，指责腓力用这些花招掩盖自己一贯偏向并讨好英国人的事实，而且他“从未有过，现在也没有和谈的打算”——这份公告意味着宣战。

同时，查理七世也在寻求外援。但他们显然不能指望传统盟友：卡斯蒂利亚在数个月后便和英国人达成和约；苏格兰人正忙着和英国人讨论签订和延长休战协定。希望也许在东面。4月，法国使者已分别奔赴远奥地利公爵腓特烈四世（Frederick IV，Duke of Further Austria）、巴伐利亚公爵路易七世（Louis VII，Duke of Bavaria）以及奥地利大公阿尔布雷希特五世（Albert V，Archduke of Austria）等神圣罗马帝国王公的宫廷以及斯特拉斯堡（Strasbourg）、伯尔尼（Bern）、巴塞尔（Basel）以及苏黎世（Zurich）的市镇，向他们警告勃艮第公爵的野心，试图组建一个反勃艮第联盟。在法国境内，拉昂地区的法军早已和勃艮第人交火。在随后的几个月中，他们的战友还将从南北两面进攻欧塞尔、托内尔、沙罗莱等中南部地区。同时，那些在卢瓦河流域晃悠的连队终于接到了开拔命令，查理七世将三十多名连队将领统统赶往塞纳河以北，要求他们到“法兰西地区”的战场与敌人战斗。布萨克元帅让·德·布罗斯等将领也奉命赶往香槟及前线协助贡比涅战事。

▲ 远奥地利公爵腓特烈四世

然而，这些包含着不少外籍雇佣兵的部队并没有统一有力的领导，因此难以迅速改变局面。同样奉命来解贡比涅之围的奥尔良私生子让前进到瓦卢瓦地区克雷皮后发现与敌人实力悬殊，因此只派了副官雅克带领70余人进入城市增援。

勃艮第公爵腓力毫不在意法军的反

击——它们总是显得广泛而无序。他的部队在3月就逼退过进入勃艮第公爵领的法军。他在香槟地区的部队还威胁到了特鲁瓦等重要市镇。同时，腓力积极怂恿盟友奥朗日亲王路易入侵南端的多菲内地区。一时间，战火在法国东部从北到南的广阔地域上蔓延开来。而神圣罗马帝国的王公和市镇中，只有远奥地利公爵腓特烈响应了法王的要求。他和腓力在勃艮第伯爵领和费雷特（Ferrette）边界问题上的确有些冲突，但他的军队参加战斗还要很长一段时间。因此，腓力可以将主要精力投入到法国战事上。

▲ 贡比涅周边地区

现在，勃艮第的进攻重点集中在贡比涅地区。据记载，勃艮第部队约有4000名士兵。此外，他还得到了由英将第十四任阿伦德尔伯爵约翰·菲查伦（John FitzAlan, 14th Earl of Arundel）、蒙哥马利等人统领的1000余名英军的援助。他们在努瓦永南面的蓬莱韦克（Pont l'Evêque）立下了营寨，与努瓦永近郊的勃艮第部队遥相呼应，其目的是为了阻止法军切断围城大军的补给。而克雷夫科尔领主（Lord de Crevecoeur）和罗贝尔·德·萨卢兹一直驻守在博韦地区的克莱蒙，阻挡法军来自克雷伊和博韦方向上的威胁。

贞德已在5月13日到达贡比涅。她遇见了正在城内的旺多姆伯爵路易和中书大臣勒尼奥·德·沙特尔——现在中书大臣不得不同意贞德对腓力的判断。贞德力主进攻。5月中旬，她和让·波顿·德·桑特拉伊带领千名左右的部下趁拂晓之际突袭了英军位于蓬莱韦克的营地，英军随即陷入混乱之中，一时间法军似乎胜券在握，但附近的勃艮第将领罗贝尔·德·萨卢兹和布林布的约翰闻讯后立即赶来支援。眼见局势出现逆转，法军只好撤出战场。此次战斗双方各损失了30人。之后，英军加强了驻地的防卫，令法军难施故技。迫于勃艮第的压力，舒瓦西法军已于5月16日放弃了这个前哨据点，撤回贡比涅。腓力随即夷平了这座城堡，并派人在瓦兹河上架设桥梁。他将总部设在距离贡比涅 1 里格远的库登城堡里。卢森堡的约翰进驻在城市北面只有一河之隔的舒瓦西。另有一部分勃艮第骑兵驻守在下游的马里尼（Marigny）。这是一个山丘上的小村庄，和瓦兹河之前隔着一小片草地。由于地势低洼，这片草地经常被河水淹没。因此人们修了一条堤道，将村庄与桥梁连接起来。在更偏南的拉维内特（La Venette）也驻守着蒙哥马利的数百名英军。这几部分英格兰—勃艮第部队延绵数英里，形成犄角之势。

两日后，旺多姆伯爵路易和中书大臣勒尼奥·德·沙特尔以及贞德等人决定率军沿埃纳河而上，在苏瓦松渡过河流，然后迂回到后方袭击勃艮第军队。但苏瓦松的法军总督吉夏尔·布内尔（Guichard Bournel）有着自己的算盘，他并不希望法军入城。为了免遭战火，布内尔不惜哄骗市民，声称这些军队是前来驻扎的。这些谣言引起了市民的恐慌。他趁机煽动他们起来反对法军进城。最终，士兵们被迫在城外过夜，只有中书大臣、贞德、旺多姆伯爵等一小部分领导人进入城内交涉。受心怀鬼胎的布内尔所阻，军队无法通过埃纳河的桥梁。他们试图寻找浅滩，但春季的高水位使他们一无所获。于是，在苏瓦松城下，这支法军分散开来。埃纳河和瓦兹河之间的土地不能长时间维持这支数千人的队伍。部分法军将领带部下退往桑利斯以及马恩河沿岸。

贞德打算留在贡比涅继续和勃艮第人交战。数天后，她前往南边的克雷皮——这里有一些法军支援部队。而让·波顿·德·桑特拉伊也并未气馁，他的部众仍然在这一地区运动，并抓住一次机会从克雷皮森林中袭击了布林布的约翰。这支 100 多人的勃艮第分队没来得及排出阵列便被淹没。法军俘虏了约翰，并交给了桑特拉伊，使他发了一笔横财。但这种分散的袭击并未阻止勃艮第公爵腓力的攻势。当贞德带着 400 名左右的士兵从克雷皮返回时，她发现英勃联军已开始包围城门。艰难的形势迫使一贯勇猛大胆的贞德也不得不改变作战风格。她悄悄进入城中，经过一番商议后，城中的法军将领决定先端掉勃艮第人位于马里尼的据点。这里离他们较近，而且敌人数量较少，也没来得及竖起堡垒或搭好栏栅。如果计划周密、掌握节奏，法军还是有机会全身而退的。

5 月 23 日下午 4 点左右，纪尧姆·德·弗拉维打开了城门，他安排了人员守卫小堡，并在桥头设置阻挡敌人的栏栅。贞德同大约 400 名法军在下午 5 点左右通过桥梁并沿着堤道接近勃艮第将领博多·德·诺耶勒（Baudo de Noielle）镇守的马里尼——法军希望在一击得手后可以借着夜幕退回城里。据记载，贞德骑在一匹灰色的战马上，并在甲胄外罩了一件金线编织的紧身上衣。她高高举起旗帜，并让它随风卷动。法军发动的袭击非常成功，马里尼的勃艮第士兵在慌乱中高喊：“武装起来！”来不及披甲的他们在仓促中被迅速冲垮。法军很快便在村子中扩散开来。

而恰巧在此时，卢森堡的约翰和克雷基领主（Lord de Crequi）等十几位勃艮第贵族和少数随从正从驻地前来与博多·德·诺耶勒讨论围城事宜。当他们爬上山坡后，发现被卷入了一场混战。卢森堡的约翰等人毫无准备，因此未着甲的他们几乎是赤手空拳地和敌人搏斗。不久后，克雷基领主就迎头挨了一击，但卢森堡的约翰等人仍在竭力使四散开来的队伍会集到一起，他们拼命抵抗，希望能坚持到友军到来。他们的判断是正确的。两军交战的呼喊声惊动了在拉维内特草地上驻扎的英军，他们立即赶来援救。同时，在克莱鲁瓦的卢森堡的约翰的部下闻讯后也急忙前来增援。甚至连勃艮第公爵腓力也率兵赶往前线。

这次突袭正在演变成一场僵持战，法军始终未能完全占领村子，因此也难以焚毁建筑。随着时间的推移，勃艮第的军势复振。眼见战事不利，迟迟不愿收手的法军才被迫开始后撤，但他们已被敌人咬住后腿。在危机中，贞德和她的部下又一次主动担当后卫掩护部队，但英国人已从南面冲出来，几乎切断了法军前往小堡的归路。见此情景，法国士兵军心大乱。在“赶快逃命吧！”的呼喊中，他们无心抵抗，纷纷抛弃同伴，争先恐后地逃向河边和桥头。英勃联军却从侧翼和后方紧紧咬住他们，以至于桥头小堡里的守卫都无法开火掩护同伴。眼见形势危急，纪尧姆·德·弗拉维连忙下令将吊桥拉起，关闭城门。英勃联军随即反身围住了落在后面的贞德等人。在混乱中，一个弓手悄悄靠近她，然后一把抓住她的上衣边缘，奋力将她拖下战马。贞德身旁的让·德·欧隆等人均已陷入苦战，无法施救——最终他们也落入敌手。于是，一名叫旺登姆的私生子（Bastard of Wandomme）的勃艮第骑兵趁机俘虏了贞德。

抓住这位在他们眼中比任何法军将领都重要的少女后，勃艮第和英国人认为自己获得了一次伟大的胜利，他们赶紧将她带回马里尼。与此同时，大部分法国士兵乘坐预先布置在河里的小船渡河回到城内。在这里，惊魂未定的他们仍然可以听到对岸草地上传来的肆意嚎叫和欢呼之声。而赶到战场的勃艮第公爵腓力也大喜过望，

▲ 贞德被俘

他马上前往探视。接受卢森堡的约翰赞助的编年史作家昂盖朗·德·蒙斯特勒莱——他是骑士风尚的推崇者——在著作中记述道:“之后，公爵来到监禁她的营地，并与她交谈了一会，”狡黠的蒙斯特勒莱继续写道，“但是他们谈了什么现在我已经想不起来了，虽然我当时在场。”当晚，腓力兴奋地写信给他领地里的城镇，告知他们已经抓获了贞德，而且“那些赞同和支持这个女人言行之人的错误和谬见都将被暴露在世间”。

贞德的被俘令那些忠于法王事业的法国人倍感痛心。这位竭力使他们摆脱侵略战争苦难的女孩已被他们视作圣徒。图尔市政议员下令举行公众祈祷。人们赤裸着双脚在街道上前进，希望贞德能被释放。多菲内地区的大批市镇也为贞德举行了弥撒。雅克·热卢(Jacques Gélu，Archbishop of Embrun)迅速致信查理七世，希望国王努力去拯救贞德。“我请求您，”他在信中写道，“为了赎回这位少女并使她获得拯救，请不要吝惜任何方法或者金钱。无论付出多大代价，除非您已经准备承担那些因毫无意义的忘恩负义之举而引起的难以消除的责难。”

在北方，被誉为历代法国国土的千金，知识之母，法兰西灿烂之光的巴黎大学却异常亢奋。这些享受着法王赐予的极大特权，自命不凡的学者现在已经嗅到了一条讨新主子欢心的捷径。在贞德被俘两天后，他们就迫不及待地写信给勃艮第公爵腓力，提出应该将她置于他们以及一位裁判所检察官的联合审查之下。腓力没有回应这个呼吁。贞德被交予卢森堡的约翰，并关押在离贡比涅不远的韦芒杜瓦的博略（Beaulieu en Vermandois），她将在此地度过两个月的时光。

在贡比涅，贞德带来的部分士兵离开了城市。不过她的佣兵队长巴尔托洛梅奥·巴雷塔却留了下来。他麾下仍有 32 名骑兵、2 名号手、2 名侍从、48 名弩手和 20 名弓箭手——或者是塔盾弓弩兵。这些人在 5 月 26 日分得了补给。贡比涅守将纪尧姆·德·弗拉维带领弟弟路易继续指挥战斗。他开始收缩防线。守军将船只沉在河里封锁河道，并于 27 日毁坏了郊区的据点，以免被敌军利用。与此同时，勃艮第公爵腓力加强了攻势，并把总部移到拉维内特。卢森堡的约翰则前移到马里尼。此外，他们在贡比涅外垒附近建起了一座土石堡垒，并修筑了一系列土木棚屋。腓力派一些骑兵进驻这些前沿哨所，日夜守卫 。这些工事之间都挖了相通的战壕。在卢森堡的约翰的命令下，围城者还开始挖掘一些地道。由于地势所限，这些工程耗费巨大但收获甚微。勃艮第人的火炮等攻城器械也开始对准贡比涅的城郭进行轰击。他们射出的巨大石弹对城门、桥梁等建筑均造成了不同程度的损害。而一些磨坊也被炮火破坏，城内的粮食供应出现了不少麻烦。此外，勃艮第火炮还杀伤了不少城墙上的守卫者和城中的市民。22 岁的路易·德·弗拉维也在作战中被炮弹击中,最终不治。纪尧姆强忍住悲痛，他让吟游诗人像往常一样在他面前继续吟唱，并鼓励士兵们在工事中坚守，打击敌人。他们从城墙上用轻便的铜制蛇炮不断向敌人射击，并经常组织小分队，出城袭击分散的围城者。这些战斗给英勃联军带来了一些伤亡，不少士兵甚至贵族都被杀死。战事十分胶着。

然而双方的力量对比毕竟非常悬殊，困守孤城并非长久之计。贡比涅军民开始频繁地向查理七世请求援助。眼看前线的众多将领都无法解除邻近市镇的困境，担心这些灾祸降临到自己头上的兰斯人也加入了求援者的行列。他们希望国王像 1429 年那样亲自领导一支大军前来赶走敌人。6 月 5 日,查理七世回信宽慰了这些求援者,并告诉兰斯人以及他的封臣们，希望他们鼓起勇气，苏格兰连队已经在路上，而且国王不久后也将向东北方面进军解救危局，但随即宫廷又发来一份公函予以补充：国王已经起驾，但还要准备合适的道路。从5月到7月，查理七世一面不断许下承诺，一面从雅尔若前往叙利、又从叙利挪到日安。

查理七世最终还是取消了亲征——除去财政拮据、军事信心不足等因素外，也许乔治·德·拉特雷穆瓦耶与布列塔尼家族成员，尤其是陆军统帅阿蒂尔的紧张关系①也是法王踌躇不决的一个原因。1430年王室及其支持者同布列塔尼家族间的联系仍然十分微妙。尽管查理七世在去年9月就已回信欢迎布列塔尼公爵约翰的长子弗朗索瓦入驻宫廷并保证会热情招待他，但约翰随后却搁置了这个提议——也许是由于英王政府也在拉拢他的缘故。此外，约翰还毁弃了女儿伊莎贝拉之前同安茹公爵路易三世定下的婚约，让她嫁给了拉瓦勒伯爵居伊十四世（Guy XIV, Count of Laval），令约兰达等安茹家族成员十分恼怒。因此，虽然法王同布列塔尼间的谈判一直在继续，但进展非常缓慢。

▲ 拉瓦勒伯爵画像

随着贞德被俘，东北部的法军也失去了以前的好运。从1430年夏季到秋季，上诺曼底地区的法国守军逐渐步入了山穷水尽的境地。3月15日，重获自由的英国萨福克伯爵威廉·德·拉波尔被任命为卡昂代理官，接着又担任了科唐坦代理官一职。萨福克伯爵随即开始了复仇行动。他带

① 据阿蒂尔的传记所述，1429—1430年冬季，阿蒂尔在从弗雷内勒维孔特返回帕尔特奈城堡时发觉了拉特雷穆瓦耶派来的刺客，这增加了阿蒂尔及其部下们的敌意。

领英军包围了欧马勒。法军将领安德烈·德·朗比尔（André de Rambures）——他曾在去年夺取埃特雷帕尼——带着120名部下守卫此地。在抵抗了24天后，难以支撑的法军被迫投降。朗比尔则被押往英国本土囚禁，直至五六年后才重获自由。而埃特雷帕尼——这里是英国第二任坦刻维尔伯爵亨利·格雷（Henry Grey, 2nd Earl of Tankerville）的封邑——也难逃厄运。英军将它团团围住，并用火炮轰击城墙，迫使法军在7月投降。在此期间，盖亚尔城堡内的法军已经耗尽了补给，他们只得与围城的英军签订协议，在6月底献出城堡，带着自己的财物离开。北面的托尔西也遭受了同样的命运，法王的宫廷侍从纪尧姆·德·埃斯坦（Guillaume d'Estaing）奉命前往此地解除英国人的围困，但他需要大笔用于筹措军队的款项，而拨发的补助金又来得太迟，在围城战持续了近七个月后，弹尽粮绝的托尔西守军终于在8月同克拉伦斯私生子约翰签订协议投降。一些居民被允许带着财物离开城堡。有10—12名先前支持过英国人，但又帮助过法军夺得此地的居民被英军处死。托尔西城堡也被英军夷为平地。这种处置方式将会逐渐成为一种惯例——在危机中英国人将会变得越来越严苛。最终，除卢维耶外，上诺曼底的法军据点几乎被一扫而空。而贝德福德公爵约翰正准备对卢维耶发起围困。通向鲁昂的道路畅通后，英王亨利六世于7月从加来动身，在29日进入鲁昂。

与此同时，英军向法兰西岛挺近的部队也在狂飙猛进。6月8日，英国先头部队到达巴黎，并在圣德尼建立起一座新塔楼，加强它的防御力量。接下来，诺福克公爵约翰·莫布雷等将领在这片地区攻城略地。他们在一个月内就收复了达马堂等12座地处巴黎周围的城堡。法军只能躲入桑利斯等几个较为坚固的据点顽强抵抗。在7月的第二周，英军突进到南面的科尔贝。上诺曼底地区大局已定后，增援部队像潮水一般涌进法兰西岛。英军的攻势是如此的锐不可当，以至于在8月18日，当他们追击一伙袭扰巴黎周边地区的法军之时，首领第八任赫尔姆斯利的鲁斯男爵托马斯（Thomas de Ros, 8th Baron de Ros of Helmsley）冲过马恩河畔的圣莫河滩，一头栽进河里——他上任刚两天。不过法军的命运并没有因此而扭转，托马斯的部下继承他的遗志，抓获了法军的首领让·富科并夺回了他们掠走的一批牛群、家畜以及俘虏的人质。英军顺着马恩河前进，尝试对拉尼进行包围，他们还从上游据点莫城出发，在一天凌晨爬上了马恩河南面的库洛米耶（Coulommiers）的城头。法国宫廷侍从德尼·德·沙伊（Denis de Chailly）被迫放弃了大批财物与补给，逃出城镇。英军在大肆洗劫的同时，还向城镇居民勒索了一大笔赎金。而托马斯的继任者，第六任斯塔福德伯爵汉弗莱（Humphrey Stafford, 6th Earl of Stafford）于9月初到达巴黎，成为英王在法国的陆军统帅。他带领部下渡过塞纳河，挥师南进。英军沿途大肆抄掠，直到勃艮第的桑斯才折返。斯塔福德伯爵的战果丰硕，除去掠得的大批赃物外，他还攻克了布里贡特罗贝尔、拉克（La Queue）等大批据点。开始威胁法军在布里地区的势力。

在北面，贡比涅军民的处境也日益艰难。勃艮第公爵腓力正在逐步加快全面包围这座城市的步伐。他派出卢森堡的约翰前往苏瓦松。这里的法国总督吉夏尔·布内尔早已将城镇以4000金萨吕[①]的价格卖给了勃艮第人。由此，他们可以从东面威胁贡比涅的后路。腓力还盯上了位于贡比涅桥头的小堡。这座堡垒已经坚守了两个月，给勃艮第人造成了不少的麻烦。在腓力的督促下，勃艮第士兵通过一次成功的夜袭将其攻克，并夺取了储藏在里面的大量补给。之后，他们填平环绕堡垒的壕沟，派一队骑兵进驻，把堡垒里的火炮转向城市，将这里转变为针对法军的一个前哨据点。同时，在亨廷顿伯爵约翰·霍兰的带领下，一支包括1000名长弓手在内的英军也来到拉维内特，接替返回诺曼底的蒙哥马利。腓力又在拉维内特附近建立起了一座横跨瓦兹河的桥梁，并派人守卫。现在，英国和勃艮第军队可以随意地通过此桥来到瓦兹河东岸，从南面攻击贡比涅。蒙哥马利还经常骚扰贡比涅的后方市镇。一次，他带领全体英军往东南方向深入袭扰，将战火烧到皮埃尔丰、克雷皮昂瓦卢瓦等地。英军一路大肆烧掠，搅得这些地方鸡犬不宁。接着，他们在韦尔布里（Verberie）过夜，并袭击了那里，俘虏了一伙避难的农民。亨廷顿伯爵吊死了他们中的一个叫让·德·乌尔斯（Jean d Ours）的首领——只因他拒绝服从英军的第一道传唤令。余下的人们只得将自己置于英国人的仁慈之下——也就是献出大笔赎金以及所有财物以求活命。大展军威后，英军带着掠夺来的财物凯旋回营。

不过，在此期间，勃艮第公爵腓力的低地后院却突生事变，列日人再度举起了

① 金萨吕（Salut d'or），英格兰与法兰西王朝发行的一种货币。价值大约为25苏。

反对公爵的义旗。促使他们大动兵戈的原因由来已久：勃艮第公爵们一直和列日地区的公侯权贵联系密切。1408 年，前任公爵无畏的约翰就曾在奥泰战役中帮助巴伐利亚的约翰镇压了列日人的反抗。巴伐利亚的约翰于 1418 年辞去职位，但他的继承人很快便去世了。1419 年夏季，当时身为沙罗莱伯爵的腓力希望，卢森堡的路易能够任职，以便继续维持与勃艮第的盟友关系，但未能如愿。一位本地贵族的儿子海因斯贝格的约翰（Jean de Heinsberg）成功当选。虽然 1421 年腓力和他签订了一个联盟协议，但勃艮第公爵同列日的关系实际上仍存在着不少隔阂。而在 1429 年，一个突发事件更使它雪上加霜。

迪南（Dinant）和布维涅（Bouvignes）是两座位于默兹河畔的城市，但因一些商业和政治上的原因总是争吵不休。在 15 世纪，这种争执会发展成你死我活的战争。对腓力来说不幸的是，布维涅是那慕尔伯爵领的一部分——他已于 1421 年将这块领地购入囊中——迪南正好位于列日。因此，两位权贵也卷入了城市间的纠纷中。在 1408 年的起义被镇压后，列日接受的一系列和平条款中就包含一项必须拆除迪南防御工事的要求。这其中包括一座名为蒙托葛伊（Montorgueil）的塔楼。通过它，

▲ 海因斯贝格的约翰时代的列日银币

迪南人隔着河就可以看清布维涅的一举一动。但这项要求没有得到严格执行，在15世纪20年代，迪南人又偷偷将其重新修缮。这让身为那慕尔伯爵继承人的腓力大为恼火。

1429年2月4日深夜，当列日主教海因斯贝格的约翰和那慕尔伯爵约翰三世（John III，Count of Namur）正在布鲁塞尔的勃艮第宫廷中做客时，大约20多个布维涅人偷偷渡过默兹河，对蒙托葛伊发动了突然袭击。闻讯的守卫立即对他们大打出手。难以招架的偷袭者只得丢下梯子逃之夭夭。于是，迪南向列日抱怨，列日又将矛头指向腓力。而3月1日，那慕尔伯爵的去世直接将腓力推向了争执的风口浪尖。到1430年夏季，双方已经临近战争边缘。和腓力保持着良好私人关系的海因斯贝格的约翰试图平息臣民的怒气，但徒劳无功。倍感压力的他急忙在7月10日通知那位"最至高、最尊贵而且最强大的王公"腓力，由于他未曾重视列日先前提出的诸多要求，而他的将领和仆从对列日的臣民也做出了种种不义之举，因此，基于他对辖区和领地立下的忠诚誓言，他将——"虽然对我来说是非常痛心的"——有义务支持和保卫列日人的权力。海因斯贝格的约翰一再叮嘱腓力，如果那些不当举止不断继续下去，那么对抗肯定会随之而来。

就在海因斯贝格的约翰小心翼翼地写下那封信件后不久，列日人展开了暴风骤雨般的行动。7月20日到9月1日，他们烧毁了300座房屋、33座筑垒宅院以及17座风力磨坊。在包围蒙托葛伊的战斗中，列日人在迪南人的帮助下建造了一座有十对轮子的猫堡。这座用木头制成的庞然大物一边发出那种令人厌烦的喵呜声，一边载着200多人慢慢靠近蒙托葛伊的城墙。但不久后，它就被城头守卫投掷出的燃烧物点着。许多没来得及逃出的攻击者与它一起葬身火海。

现在，勃艮第公爵腓力开始感到资源有些捉襟见肘了。他不得不抽出部分精力来应对这些麻烦。克罗伊领主安托万（Anthoine，Lord of Croy）奉命带领大约800名士兵北上，前往那慕尔和列日人作战。军事经验丰富的他连续夺下福斯（Fosse）、弗洛雷讷（Florcnnes）等数座城市，但列日人多势众，这场战乱一直延续到了1431年。

尽管勃艮第的编年史作家一口咬定查理七世的特使和代理者在这场低地战争中推波助澜，但贡比涅的危局并没有得到多少改善。近三个月的围城使城市的给养开始短缺，他们派出使者来到法王驻地乞求人手和援助，但查理七世的宫廷能直接拨给他们的资源十分有限。不久后，城市的税务员让·德·马尔帕（Jean de Malpart）收到了大约100图尔锂。而在8月，为了履行国王保护臣民的责任，查理七世陆续拨出了300多锂弗交给这座城市，聊以慰藉。

在勃艮第方面，阿龙德河畔古尔奈的约定投降日期已经临近。腓力曾担心法军会前来解围，但等他和亨廷顿伯爵约翰·霍兰等将领带着千余名士兵来到此地时，却见不到法军的半点踪迹。于是，他们顺利地接收了这个据点。当腓力重返贡比涅前线后，又收到了一个十分意外的消息：8月4日，他的堂弟布拉班特公爵去世。这位与腓力同名的公爵没有留下后嗣，因此勃艮第公爵有充足的理由继承布拉班特公爵领。但他还要获得领地内的贵族以及等级议会的支持。腓力决定亲自北上。临行前他指派博多·德·诺耶勒为桥头小堡的守将，并增强了其中的守卫力量，同时还命令卢森堡的约翰统领全军。随后，他带领一些随从经由努瓦永到达里尔，开始规划接收布拉班特公爵领的事宜。

接过指挥权的卢森堡的约翰立即开始加强封锁力量：他在努瓦永方向的上游地区筑起两个新堡垒，并让一些热那亚和葡萄牙弩手进驻。随后，他同勃艮第公爵腓力的内府元帅布林布的雅克、克雷基领主等将领率部渡过瓦兹河，在城外西南的卢瓦耶吕尔修道院（Abbaye de Royaulieu）处建立了一个新营地。卢森堡的约翰和部分勃艮第高级将领住在修道院中。余众则没有这么幸运，他们露宿于相对荒凉的小镇葡萄园和菜园子里。而亨廷顿伯爵约翰·霍兰的英军依旧驻扎在拉维内特的原址上，与勃艮第大军隔河相对。

贡比涅军民仍在努力抵抗。他们组成小队，乘马或者步行出城，寻找机会袭击敌人，并使后者承受了一些伤亡。不堪骚扰的围城者下定决心继续加强封锁。他们在东南面，距离通向皮埃尔丰城门前约有一矢之距的地方又建起一座新堡垒，并立即命令布林布的雅克带领300人进驻。自此，城市的补给几乎被完全切断。市场上已经有四个月没看到公开出售的给养了。如果继续抵抗，整个城市就将面临被饥荒吞噬或者被兵火焚毁的命运。贡比涅的守城者急切地数次派出信使到布萨克元帅让·德·布罗斯、旺多姆伯爵路易以及其他法军将领的营中，告知自己的窘境，希望他们赶在最后时刻到来前立即前来支援。

在此期间，布萨克元帅让·德·布罗斯等法军将领正在瓦兹河流域的东北部地区活动——这里敌人的力量较弱。他们攻克了普鲁瓦西（Proisy）等大批据点。接到贡比涅的请求后，他们明白这座城市已经到了山穷水尽的地步，只有立即赶走敌人才能解救它。法军将领开始会合各自的部队，一场与强敌的恶战即将到来。临行前，旺多姆伯爵路易来到桑利斯教堂，庄重地立下誓言：如果此战胜利，他将每年都在此举行纪念仪式。

10月24日，旺多姆伯爵路易和布萨克元帅让·德·布罗斯、让·波顿·德·桑特拉伊以及雅克·德·夏巴纳等将领带领法军正式出征。他们的队伍可能接近4000人——其中约有2000名骑兵。由于之前英勃联军大面积破坏过贡比涅周边的道路，法军只好先进驻瓦兹何下游西南方向的韦尔布里。但解围军队到来的消息已经传遍了乡野。许多盼望着侵略者离开的农民纷纷带着鹤嘴锄、铲子、锯子等工具前来帮忙。他们将道路上的倒树移走，深坑填平。

就在法国军民热火朝天地开展修路工程之际，英勃联军的指挥者也慌忙地聚集在一起研究对策。会议上，一些人主张在敌人进一步行动前主动迎战。另一部分则认为加强工事，在壕沟后等待他们送上门来才是万全之策——这样也可以提防被围者出城摧毁无人看守的营地。争论一番后，大多数人认可了第二个方案。次日早晨，亨廷顿伯爵约翰·霍兰带着600名英军从新桥渡河南行，来到卢瓦耶吕尔与从博雷瓦尔赶回来领导勃艮第主力的卢森堡的约翰一起整军列阵——他们认为法军将从这里经过。英勃联军排出战斗队形，并借卢瓦耶吕尔的村落和旁边的森林来掩护侧翼，只留下少量人员守卫放在修道院里的车马、补给以及连接两营地间的桥梁。不过，其余各处据点中的联军守卫并没有调动，卢森堡的约翰答应他们如果受到攻击将会给予支援。

另一方的法军主力也在拂晓时刻出发。他们并不急于决出胜负，只是沿河缓慢地穿过森林，出现在离英勃联军主力约一矢之地的战场上。法军大部分都是骑兵，只有小部分钩刀手和辅助步兵。英勃联军与之相反，他们的士兵大多下马作战，只有少部分骑兵立于马上待命。看来，联军想用他们惯用的战术：在完善的阵地工事中等待敌军骑兵前来攻击，等到他们受尽挫折后再抓住机会进行有力地反击，从而将其一举击溃，剩下的那些装备低劣的步兵自然会士气大溃，落荒而逃。

然而，胜利并不是静坐等来的。法军并没有按照英勃联军的设想来行动。按照事先制定的计划，他们分为三部：第一部约100人事先已经带着补给脱离主体迂回北上，绕过城市，然后伺机从北面的舒瓦西方向把物资送入城内；第二部由让·波顿·德·桑特拉伊亲自带领300人离开正面战场，穿过森林，沿通向皮埃尔丰的大道从东面接近城市；最后留在南面与敌军对抗的主力则由布萨克元帅让·德·布罗斯和旺多姆伯爵路易亲自领导，以牵制敌人。

▲ 布萨克元帅的纹章

首先进入贡比涅城内的是最北面的百人小队。他们带来的补给和救援消息极大地振奋了守城军民。他们觉得有必要好好教训一番那些压抑了城市达六个月之久的勃艮第军。守城者们立刻拿起盾牌，扛起攻城梯一窝蜂地拥出城来，直奔东面勃艮第元帅守卫的堡垒——这里新筑不久，环绕的壕沟既不够宽也不够深。见此情景，300名勃艮第人自知大事不妙，急忙奋力抵抗。贡比涅军民的第一轮攻击热情有余但力量不足，不久便被击败退回城中。但他们没有气馁，马上又组织了第二次进攻，但居高临下的勃艮第人依旧沉着应对化解了这次攻势，将进攻者从墙头打落，迫使他们退出壕沟。这次突击也遭惨败，许多人受伤，进攻者的士气大挫。在这紧要关头，让·波顿·德·桑特拉伊率领的300名士兵突然出现在战场上！他们已经穿过密林，来到了东面的大道附近。贡比涅军民的士气为之一振，在这支生力军的帮助下，进攻者再次像潮水一般涌向城堡。第三次猛攻开始了。这次勃艮第人受到了两面夹击。纪尧姆·德·弗拉维也身先士卒，鼓励士兵奋勇向前，甚至连城中的妇女都前来施以援手。攻击队伍逐渐在激战中爬上墙头，跳入堡垒，与里面的守军展开了短兵相接。至此，勃艮第人的败局已定。这次战斗非常残酷。一番殊死搏斗后，有160余名贵族和士兵被杀，布林布的雅克、克雷基领主以及剩下的部众统统做了俘虏。这个堡垒也终于被贡比涅军民攻克。勃艮第人封锁链上最重要的一环终于被打断了。

南面的卢森堡的约翰早就得到城堡被攻击的消息，但对面的法军并没有给他增援的机会。骑兵们在旺多姆伯爵路易、布萨克元帅让·德·布罗斯的带领下向英勃联军的阵地发动了一次又一次的进攻。双方厮杀数个回合，各自都承受了一定的伤亡。

勃艮第弓手是法军重点照顾对象。布萨克元帅手下有个自以为伙伴们都紧随其后的骑兵，单骑挺枪地向皮卡第弓手冲去，结果在近身格斗中被拉下马来。这名运气不佳的骑兵立刻被杀红眼的弓手结果了性命。虽然冲击屡被击退，但法军较好地掌握了节奏。在虚张声势的同时，避免了己方严重的伤亡，而其攻势产生的压力又使联军难以抽身。卢森堡的约翰心急如焚，几次都想亲自带部分兵力去东面解围，但都被部下劝住——毕竟并不是所有人都愿意跟着一伙步兵放弃有利的防御阵地，冒着被骑兵攻击的危险长途跋涉，救援同伴。于是，联军就这样被钉在城市南面，并在此地消磨了这一天里余下的时光。他们只能眼睁睁地看着东面的同袍最后归于覆灭。

夜幕降临后，布萨克元帅让·德·布罗斯、旺多姆伯爵路易也进入贡比涅城中，他们受到了热烈欢迎。相对于这座小城来说，法国援军的队伍规模庞大，如果解围战长时间持续下去，仍有耗光补给的危险。因此，将领们迅速筹划并实施了下步行动：法军连夜修好了一座由渡船组成的浮桥。次日，他们的大部队在此穿过瓦兹河，开始攻击北面河岸上勃艮第人新建的两个小堡垒。这次他们的攻势也十分迅猛，在极短的时间内就占领了其中一个由50多名外国雇佣兵防守的小堡。里面的守军不是战死就是被当场处决。这次战斗震撼了另外一个小堡的勃艮第守军。其将领奥贝尔·德·福勒维尔（Aubert de Folleville）害怕遭受同样的命运，马上放火焚毁了堡垒，全军退入位于下游的英军营地。

势如破竹的法军决定再接再厉。他们转攻先前被勃艮第人占领的桥头堡。博多·德·诺耶勒还在此地镇守。这一次他表现不错：由于勃艮第人事先修缮过堡垒，也增添了精兵守卫，加之原先立于墙头的火器已经调转对向法国人，令攻城者的进程十分不顺利。最后，他们放弃了这次行动，退回城中休整。此时已是夕阳落山之际。入夜后，那些惊魂未定的英国、勃艮第将领终于确认了法国人不会再发动突然袭击。于是，他们赶紧坐在一起开会商议对策。会议最终决定，晚上大家和甲而卧，明日一早在城外排开战斗队形，孤注一掷地向对手邀战。会议结束后，亨廷顿伯爵约翰·霍兰带领英军渡过瓦兹河，回到拉维内特的大营内休息，他答应勃艮第人会加强对渡桥的守卫以防止人员逃离。卢森堡的约翰则回到卢瓦耶吕尔设立守卫。

但这两天的一系列失利使勃艮第军中人心浮动，一部分人在半夜偷偷聚集起来，悄无声息地离开了岗位。他们越过几乎无人防守的拉维内特渡桥，四散而去。甚至有部分英军也跟着他们一起离开。勃艮第将领闻讯后，自知事不可为，纷纷改变计划提前向英军营地会合。

周四一早，法军打算出城大战一场。他们先派出斥候打探敌人动向，却发现南面营地已无人防卫。斥候传回的消息振奋了法军，他们立即赶往卢瓦耶吕尔，并在这里获取了敌人储藏的大量食物、酒水等补给。众人欢呼着饱食一顿 。随后一部分装备精良的法军来到拉维内特渡桥的南端，没费多大力气就迅速占领了这里。然后，在对手的注视下法军将渡桥毁坏并丢入河中。同时，他们还向对岸的敌人极尽嘲讽。至此，瓦兹河东面的围城势力被一扫而空。解除了后顾之忧的法军开始搬出贡比涅城里的火炮与城门前的桥头堡对射。一时间桥头堡硝烟四起、满目疮痍。难以支撑的博多·德·诺耶勒派人前往大营请示下一步行动。心灰意冷的卢森堡的约翰自知大势已去，只好下令拔营撤军。桥头堡的勃艮第守军奉命烧毁工事，离开阵地前去与主力会合。亨廷顿伯爵约翰·霍兰则带领部下撤往上诺曼底。

英勃联军撤退得非常狼狈。他们在营地内遗弃了大量的炮弹、加农炮、蛇炮、韦格莱尔炮以及大批给养，这些都成了法军的战利品。卢森堡的约翰按照诸将的建议退向北面的努瓦永。他的部下分散在通向蓬莱韦克的道路上，队形稀疏，军旗凌乱。士兵们都萎靡不振，步履蹒跚。见此情景，卢森堡的约翰不胜唏嘘，但他也无可奈何。勃艮第军并没有停留在努瓦永，他们一直前行到西北面的鲁瓦。在那里，卢森堡的约翰解散了军队。将领们带着部下返回各自的驻地。

贡比涅解围战的胜利使勃艮第在皮卡第西南部持续了半年的攻势土崩瓦解，并极大地打击了他们的势力。修好瓦兹河上的桥梁后，法军发动了反击。他们攻入勃艮第的占领区，烧毁敌人的乡村和据点，捕杀掉队人员。由于现在勃艮第军队力量分散而且薄弱，法军在短时间内就收复了瓦兹河西岸的大片地区。阿龙德河畔古尔奈、蓬圣马克桑斯、隆盖圣玛丽（Longueil-Sainte-Marie）等大批市镇再度倒戈，使他们的声势和西面的博韦遥相呼应。至此，法军已经在皮卡第及法兰西岛北部之间站住了脚跟。他们的对策也已明晰起来：一方面，依托坚固堡垒消耗敌军力量；一方面，灵活集中部分部队，尽量化解他们对重要据点的围攻。这些受蒙塔日、奥尔良等战役启发的法军战区指挥官已习惯于避免大规模会战，以小股分队在广大范围内相对薄弱的地区进行渗透性进攻是其反击的主要手段。

尽管英国人经常指责勃艮第公爵腓力以一种敷衍甚至是投机的态度来配合他们的行动，但实际上，1430 年 5 月后，腓力是以数块孤立的公爵和伯爵领地——当然，有些部分蕴藏的财富在整个西欧地区都属较为可观——维持着一条几乎纵贯法国南北的漫长战线。显然，法国人在战略反击中也重点关照着他的势力。较之直接投入大量人力、物力的贡比涅围攻战，在南部，针对勃艮第势力的打击则来得更早：腓力在弗朗什 - 孔泰领地的封臣及盟友，奥朗日亲王路易在 1430 年春季悍然展开了对多菲内地区的进攻。

奥朗日亲王路易早已对这片地区垂涎三尺，他始终梦想着占领罗讷河流域的诸多据点。拥有这些领地，路易就可以将自己在弗朗什 - 孔泰的领地与奥朗日连成一片。15 世纪 10 年代末期，他趁法国北方两党相争，努力染指朗格多克等地区。但在查理七世及其御前会议联合富瓦伯爵让的反击下，路易被迫吐出所得。韦尔讷伊战役结束后，曾经游移不定的奥朗日亲王认为征服这片富庶领地的机会已经到来。他也得到了萨伏依公爵阿马德乌斯的支持——公爵也希望自己的领土能向西面延伸，而且他认为查理七世在多菲内地区的势力也被一扫而空。而在韦尔讷伊战役中，贝特朗·德·萨吕斯（Bertrand de Saluces）的阵亡，则给他提供了一个大好机会：萨吕斯家族直系的断绝使昂通、科隆比耶（Colombier）、圣罗曼（Saint-Romain）等领地的归属权颇有争议。理论上，作为封主的法国王室有权将其收回，以免它们落入外人之手。但路易未将王室放在眼中，他通过贝特朗的遗孀安妮·德·拉尚布尔（Anne de la Chambre）之手，宣称拥有对昂通——它是罗讷河上的重要渡口——等地的主权。

从 1427 年底开始，奥朗日亲王路易决心用武力实现他的梦想。1428 年 4 月，200 名由奥朗日、英格兰、勃艮第、萨伏依提供薪水的骑兵占领了昂通。达到目的后，路易直接跳至前台。他的军队继续向西南纵深渗透，占领了科隆比耶、圣罗曼等市镇。一群勃艮第弓箭手和弩手进驻这些据点。路易还让守卫进驻奥伯里夫城堡（Auberive），使其成为插入多菲内领地的一根尖刺。

这一时期法王任命的多菲内总督是富瓦伯爵让的弟弟，科曼日伯爵马蒂厄。他像兄长一样，在表面上向查理七世臣服。但实际上，马蒂厄无意保护国王的领地。他几乎默认了奥朗日亲王路易对这些地区的占领。

但随后奥朗日亲王路易的行动就开始受到王室的遏制。1428年秋季，普斯南（Pusignan）、昂通以及科隆比耶都重新允许国王的专员进入。在这个过程中，科曼日伯爵马蒂厄收到了6000锂弗的津贴后就被打发走人。查理七世的忠心支持者，拉乌尔·德·戈古尔成为多菲内的新总督。面对态度强硬的戈古尔，路易被迫有所收敛。不过，他并未气馁，只是蛰伏起来，等待时机。

随着法王在奥尔良的战事逐渐吃紧，大批南部法军前去增援东部和北部。多菲内防务逐渐空虚之际，奥朗日亲王路易又恢复了野心，开始为自己的复仇作准备。1429—1430年冬季，路易增加了昂通的守卫。奥朗日军队占领了普斯南等城堡。一时间朗格多克和多菲内皆大为震动。维埃纳主教让·德·诺里（Jean de Norry）慌忙为自己的城堡囤积储备并组织防御。与此同时，勃艮第和萨伏依公爵均对他施以援手。1430年1月，就在腓力决定要和法国人全面开战，在勃艮第领地中征募骑兵之际，

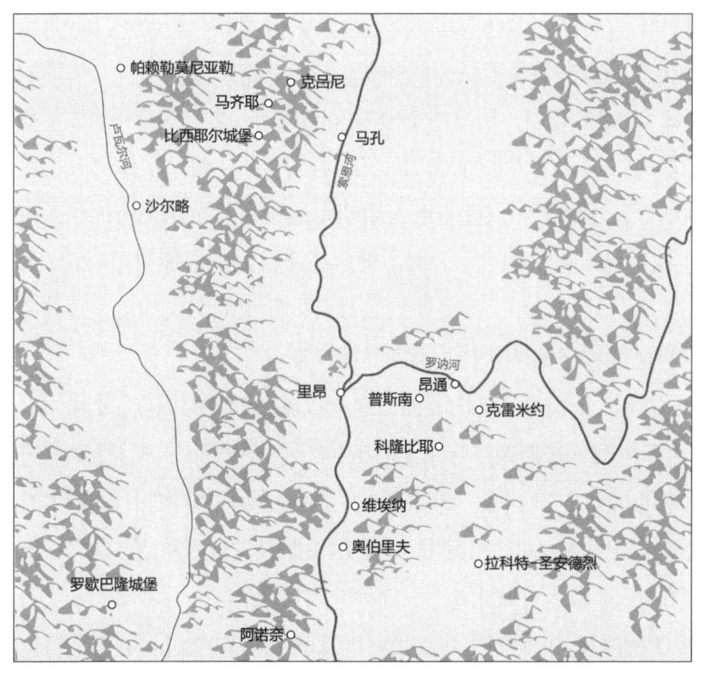

◀ 马孔—里昂地区

路易写信给昂通城堡守备安托万·费瑞雷斯，“亲爱而优雅的马厩总管……来自勃艮第殿下的信件中写道，他（腓力）希望我们以最强的力量在多菲内挑起战争……”

经验丰富的拉乌尔·德·戈古尔很快就明白了奥朗日亲王路易的意图。他派使者去觐见萨伏依公爵阿马德乌斯，规劝他与路易决裂，至少不要对其施以援手。公爵模棱两可的回答坚定了新总督的判断，显然这些幕后者的态度还是得通过法军的利剑来决定。戈古尔开始整军备战。他曾尝试过向国王寻求援助，但法王几乎已被各种重负压垮，只能让他自行筹措地方资源。无奈之下，戈古尔于1430年5月下旬在拉科特-圣安德烈（La Côte-Saint-André）召开了多菲内地区的等级会议，并以人头税作为担保发起了一次大规模的借贷。同时，他会合了马孔邑督、里昂执事等人率领的本地部队以及两支伦巴第雇佣连队。但是他们的规模依然不够。戈古尔想到了查理七世的卡斯蒂利亚雇佣军将领罗德里格·德·韦昂堂铎，此人当时正横行于奥弗涅的乡间——布里尤德（Brioude）的市民不得不签订攻守同盟以防范他的骚扰。戈古尔随即前往阿诺奈（Annonay），秘密会晤这位佣兵头子。

在拉乌尔·德·戈古尔承诺将支付酬金后，罗德里格·德·韦昂堂铎决心为法王而战。他带领两名副官让·瓦莱塔（Jean Vallète）以及皮埃尔·迥恩（Pierre Thuron），于5月26日率领300人——步兵装备着阔刃侧钩矛、标枪、铁锤等武器——从维埃纳的桥梁渡过罗讷河，来到多菲内。法军联合这支雇佣军于27日包围并攻占了奥朗日军队驻守的奥伯里夫城堡。戈古尔特地以国王的名义下令将城堡主体部分彻底拆毁，仅留下一段围墙立在空地上。以此向世人表明本地领主对抗国王所面临的后果。随后，他们前往拉科特-圣安德烈。同时，地区等级议会投票通过了一笔5万弗罗林的补助金，用来支付战役费用。等级会议还以共同防卫的名义动员全体多菲内人。随后，这些声明也被抄送给萨伏依公爵阿马德乌斯。

拉乌尔·德·戈古尔等人带领军队转向北面，继续拔除奥朗日的据点。6月7日，罗德里格·德·韦昂堂铎包围了普斯南。守军无心抵抗，立即投降。9日，法军推进至科隆比耶城下。这里的城堡十分坚固。奥朗日守备官躲进城堡的圆塔中负隅顽抗，弓箭手从这个可以鸟瞰市镇的高地向法军射击。为了尽快制服这伙抵抗者，法军一面派人前往克雷米约（Crémieu）搬运攻城火炮，一面发起对市镇的进攻。战事起初进行得非常顺利，市镇很快便被占领。但随后一场大雨将继续围攻城堡的法国人赶回营地。

奥朗日亲王路易决心反击。6月10日，已经渡过罗讷河，进驻昂通城堡中的路易派出了一小股士兵前往科隆比耶打探消息。他们在半路遇上了法军的一支米兰雇佣兵，后者当场散去。了解到科隆比耶形势危急，已自封为维埃纳道芬，正在向臣属许诺封土的路易决定向这个城堡挺近。不过，实际上科隆比耶的奥朗日守军对此已经无所谓了——大雨在早晨六点左右停止，已没有什么能庇护他们。在一场激烈的战斗后，这些人于中午时分决定投降。

6月11日，奥朗日亲王路易仍率军从昂通出发。他的部队大约有4000人，由勃艮第、瑞士及萨伏依人组成。其中包括1500名精锐骑兵——有些骑士或者侍从还带有扈从——约1000名弓箭手、600名弩手以及一批由长矛手、剑士等组成的步兵。

与之相比，法军则相形见绌了。他们只有1600余人。大约有1/4左右的人是骑兵，其余部队则由数百名弓箭手、弩手以及大批步兵组成。这些法军由各种不同的连队拼凑而成，无论在数量以及素质上都不如对手。这是一场严峻的考验，多菲内周边地区已不可能再组建起一支能对抗奥朗日的部队。如果此战失败，整个多菲内都将沦陷。

凌晨，拉乌尔·德·戈古尔和他的神父亲自在平原上为全军主持弥撒，每位士兵都进行了忏悔。多菲内总督命令那些对战事没有信心的人退出队伍，并激励部下："就在今日，你们都将博取富贵……我们的事业秉持着公理和正义，愿上帝保佑我们！"之后，他用手划出十字架，高声说道："赞美上帝以及神圣的圣母！"

法军随即开始向北进发，奔赴昂通方向上的预选战场。在昂通与科隆比耶之间上有一片广袤的森林，前往科隆比耶的道路穿行其间。它有两个战略要冲：一个是这条路与通向里昂城大道位于北面的交汇点；一个在南面拉巴特里（La Batterie）农屋附近，道路从这里转出森林。法军将在这两个地方做针对性地布置。他们将在密林中阻截奥朗日军队，并从南北两个方向上发起夹击。

早晨，奥朗日亲王路易从北面进入森林。按照惯例，他命令大军停下了一会，以便册封骑士。而法国人正抓紧时间做最后的部署，他们悄然无息地从道路两面的丛林中围了上来，罗德里格·德·韦昂堂铎作为法军先锋被安排在南方。战斗打响前，负责法军后卫部队的安贝尔·德·格罗莱取下自己的尖顶头盔。他光着头颅，双膝跪地，两手举向天空虔诚祈祷："上天啊……请在今日显现正义！"

而奥朗日的最高统帅路易仍然对即将到来的命运毫无觉察，他下令继续前进。奥朗日的骑兵部队——也是全军前锋——首先跨过了从克雷米约到里昂大道的那个交叉路口，其余队伍也陆续跟进。接近中午时，路易的骑兵已来到拉巴特里，眼看他们就要走出森林，法军发动了进攻。罗德里格·德·韦昂堂铎指挥雇佣兵们从森林中冲出，向奥朗日骑兵猛扑过去。奥朗日骑兵猝不及防，阵脚大乱。在狭窄的道路上，行进中的奥朗日军队很难展开阵型，前锋立即陷入恐慌和迷茫中，长矛对准他们迎面刺来，钩矛、铁锤也劈头盖脸地砸到他们和坐骑的身上。紧随罗德里格之后出击的法国人发出了怒潮般的吼叫，他们甚至点燃了来自克雷米约的大炮。这些巨响使骑兵的战马受到极大的惊吓。它们直立起前蹄，竭力嘶鸣，将骑在身上的人们甩在地上。部分还在马上的骑兵已无法应敌，他们抛弃了同伴，掉头冲向北方。骑兵们亡命的举动冲击了后继部队的序列，并将恐慌传递给他们。

奥朗日亲王路易试图组织抵抗。战争一开始，路易·德·拉沙佩勒（Louis de la Chapelle）以及其他训练有素的勃艮第骑兵就跳下了马匹，准备步战。现在，亲王试图以他们为核心组织战线，并召唤瑞士雇佣兵前来救场。但在四面包围中，待在千疮百孔的阵型里的他们就像奥朗日军队里那堆用了数头骡子才拉到此地的长柄铅锤一样毫无用处。在法军凌厉而且持续的攻势下，奥朗日军队终于被击溃。混乱中，拉沙佩勒等人被杀，士兵们纷纷抛下箭矢、大剑、长矛等武器，转身躲避狂暴的法国人。部分人在亲王的带领下退回到克雷米约与里昂大道的南面交叉路口时，又发现安贝尔·德·格罗莱等人率领的法军后卫早已出现在这里，他们封锁了对手逃向里昂以及躲进丛林深处的路，并发起冲锋，将他们赶出森林。

奥朗日的败兵们不得不转身踏上漫长的返回昂通之旅。昂通与科隆比耶之间的森林、道路上，布满了奥朗日军队的阵亡者、伤员、逃兵和马匹。情急之下，一些人干脆钻进密林中。有个士兵就这样成功地躲过了敌人的搜捕，他在一颗空心橡树中待了很长时间，直到1672年才被来到这里开辟葡萄园的人发现——当树木被砍倒后，人们发现他的盔甲被树洞卡住，动弹不得。他的同僚也比他体面不了多少。根据史书记载：路易的士兵像被惊扰的兔子一样在平原上逃窜，在麦田中躲藏，身后还跟着一大群听到法令后加入的，挥舞着大棒和槌子的农民——他们准备给路易的骑士致命重击。战斗已经变成了一边倒的屠杀。下午1—2点间，法军已经成为战场的主宰，近300名奥朗日士兵命丧沙场，140 多个勃艮第人被俘。法国人确实发了一笔横财：3 天后，在克雷米约的广场上，他们售出了 1200 匹俘获的马匹以及大批铠甲。拉乌尔·德·戈古尔和罗德里格·德·韦昂堂铎等人瓜分了数万弗罗林金币的巨额赎金。他们俘获了大批贵族将领，仅弗朗索瓦·德·拉帕吕（François de la Palud）——他的鼻子被一斧砍飞后不得不做了个银鼻子——一个人的赎金就高达 8000 金弗罗林。

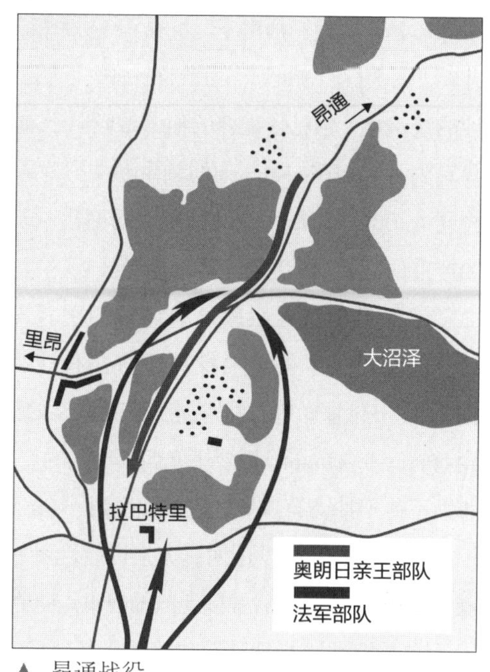

▲ 昂通战役

路易带到战场上的奥朗日亲王旗帜由红黑两部分组成，上方绘有一颗金色太阳。寓意它将照亮下方的所有领土。现在，这面旗帜连同其他方旗一起，被挂在位于格勒诺布尔（Grenoble）的圣安德鲁教堂内，向到访者彰显法国人的功绩。路易本人在战斗中也身受数创，汩汩而出的鲜血将自己与衣甲以及马鞍都染上了像旗帜一样的红色。眼见事不可为，路易只得驱使着身下那匹高大结实的战马撤出战场，冲进昂通城堡。这里虽然储备着火炮及可以支撑两年的粮食补给，但 30 名守卫已经无心再战。路易手中那支庞大的军队已经烟消云散，失去筹码的他被迫在当晚放弃这个据点，强渡罗讷河逃向萨伏依——由于水流湍急，近 200 名勃艮第部下在抢渡罗讷河时被淹死——然后回到自己位于勃艮第公爵地盘中的领地内。据记载，直到感觉安全后，奥朗日亲王才跳下马来。这位热情的南方人抱住那匹将他救出险境的牲畜，向它送去感激的热情之吻。从此以后，它便被免除了一切任务，并作为一个最忠实的伙伴养尊处优。

昂通战役后，奥朗日亲王路易失去了从法国人手里夺来的大片领地。萨伏依公爵阿马德乌斯也放弃了向多菲内渗透，将扩张的步伐转向南方。而拉乌尔·德·戈古尔等人更是乘胜挥师南下，入侵了路易的祖传领地。法军于6月30日包围了奥朗日，并在7月3日占领此城。虽然在法国主力退出后，奥朗日居民帮助路易恢复了对该地的统治权，但已受重挫的他开始倾向于通过调停来继续与法国宫廷交涉。更令路易感到雪上加霜的是，他的领主勃艮第公爵腓力剥夺了他的金羊毛骑士身份。遭受相同处罚的还有路易在此战中的同袍让·德·纳沙泰尔——腓力认为他们逃命的行为严重玷污了金羊毛骑士团的荣誉。

然而奥朗日人在昂通的惨败对勃艮第公爵腓力的影响不仅体现在荣誉方面。现在，法军得以抽身打通马孔和沙罗莱地区的袭扰道路。9月后，罗德里格·德·韦昂堂铎等人同隶属于波旁家族的法军将领们一起频频袭击帕赖勒莫尼亚勒（Paray-le-Monial）以及马孔西面山区的克吕尼（Cluny）、马齐耶（Mazille）等据点。腓力不得不抽调第戎地区以及佩里内·格雷萨的部队去协防。

此外，昂通战役还对腓力是否能运用手头的资源实现自己的庞大野心提出了质疑。而1430年夏季后香槟地区的战事走向更加重了这个疑问。

在香槟地区指挥法军作战的正是阿诺·纪尧姆·德·巴尔巴赞 。2月底，在盖亚尔城堡重获自由后，这位老将军就马不停蹄地赶往查理七世所在的叙利城堡。他发现法国各地已经迸发出强烈的爱国热情——除了查理七世和他的宫廷——就像贡比涅等城镇显示的那样，人们愿意为新加冕的法王而战。

见到久别的老仆人后，查理七世表现出了极大热情。他立即恢复了阿诺·纪尧姆·德·巴尔巴赞的御前会议大臣身份。但也许就像对待贞德一样，他已不再宠信这位曾对其事业做出贡献主战派大臣。不过，查理七世依然对老将军的才能和军事经验颇为赏识。3月，巴尔巴赞接到了担任拉昂、布里及香槟地区总指挥官和总督的任命。他将辅佐，或者说替代先前被任命为代理官的克莱蒙伯爵查理——他在法兰西岛北面的履历对法国事业而言简直是一场灾难。

于是，在年近古稀之际，阿诺·纪尧姆·德·巴尔巴赞再次为王国的事业栉风沐雨。除去军务工作外，他有时仍会回来协助查理七世处理宫廷事务。5月，他出席了在雅尔若举行的大咨议会。7月15日，约兰达以及乔治·德·拉特雷穆瓦耶也在日安参加了法王的御前会议——尽管贞德等一些主战派已经离开，但法王宫廷还是渐渐开始偏向于积极路线。21日，查理七世赏给巴尔巴赞2000锂弗应付开销。22日，宫廷决定拨出 2 万锂弗的专款用于战争。虽然摆出亲征香槟姿态的查理七世在东面待了两个月后又返回希农，但经略香槟领地的行动已同步展开。巴尔巴赞无疑是其路线的主要领导和推动者。

尽管香槟有那种所谓的古老而完善的“大区”半自治机构，但在相当长的时间内，他们只是凭借广阔的地域和稠密的人口抵挡一些散兵游勇而已。当面对王公贵族执意征服的正规部队时，这些联盟市镇和地方民兵的集合体也就显出了不足凭恃的原形：面对无畏的约翰在 1417 年的北上大军，特鲁瓦市民几乎是纳头便拜。在整个国家崩乱之时，这种明哲保身的方法并不能保证他们独善其身。这片地区内驱逐法军抵抗势力的拉锯战持续了十余年。而 1429 年查理七世浩浩荡荡的部队再度出现在特鲁瓦时，他们又一次解甲弛弩，匍匐在地。现在，这些市镇面对盘踞于南北两面，虎视眈眈的英军以及勃艮第军队时，又开始两股战栗。在中南部，大片地区又重新向英国人指定的新领主勃艮第公爵腓力和他的封臣、盟友们表示屈服。法国人几乎只控制了沙隆和特鲁瓦等数座城市。希望只能寄托在新来的总督身上，只有代表王室的他才有可能统筹组织起当地的防御体系，抗击强敌。

阿诺·纪尧姆·德·巴尔巴赞的第一个重要目标是勃艮第势力盘踞的勒鲁瓦新城（Villeneuve-le-Roi，现在的约讷河畔新城）。守位此地的正是那位曾与贞德作对的佣兵头子佩里内·格雷萨。双方交锋未持续多久便分出了胜负：巴尔巴赞部在一位修道士的帮助下穿过一道便门攻克了此城。格雷萨不得不从城墙上跳下，逃往他在西南方的老巢拉沙里泰。法军随后便在这个约讷河畔的重要据点中驻兵把守。尽管聚集在巴尔巴赞旗下的只有 400 名加斯科涅骑兵，但他们仍收复了塞纳河畔蓬。现在，通向沙隆和特鲁瓦的道路已经完全畅通。与此同时——也就是 7 月后——法军的势力也迅速在约讷、塞纳以及马恩河流域间扩散开来。特赖内（Trainel）、梅里（Méry）以及佩尔图瓦地区维特里等大批市镇均被收复。

然而，阿诺·纪尧姆·德·巴尔巴赞要想在香槟中南部站稳脚跟，还必须牢牢掌握沙隆和特鲁瓦。这两座重镇均有着不凡的影响力。特鲁瓦更是一度成为内战时期法国王后所设立的临时政府首都，并于 1419 年见证了英王亨利五世与勃艮第公爵腓力、王后伊萨博在此签订的英格兰 - 法兰西王朝奠基条约。在贞德的影响下，特鲁瓦曾与腓力及其部众断绝关系，但如今它却被那些仍对腓力保持效忠的地区环绕。

在南面，腓力的宫廷侍从雅克·德·奥蒙（Jacques d'Aumont）更是坐镇沙普（Chappes），对它虎视眈眈。

在这个兵荒马乱的年代，出身于市民阶层的让·莱吉兹（Jean Laiguisé）也肩负起了守卫城市和保护市民的职责。威望颇高的他已倒向法王，并参加过查理七世的加冕礼。现在，他与法王任命的政府一起勉为其难地维持着城市。此时，居民们在那些去年还是盟友，如今已变作敌人的邻居中坐立不安。特鲁瓦市民和行会拥有很大权力，他们与勃艮第公爵领地的经济往来十分密切，事到如今却不得不冒着影响城市繁荣的风险与它们保持着战争状态，许多人也开始踌躇。这种错综复杂的局势要求治理者必须同时具备较高的政治和军事管理能力。

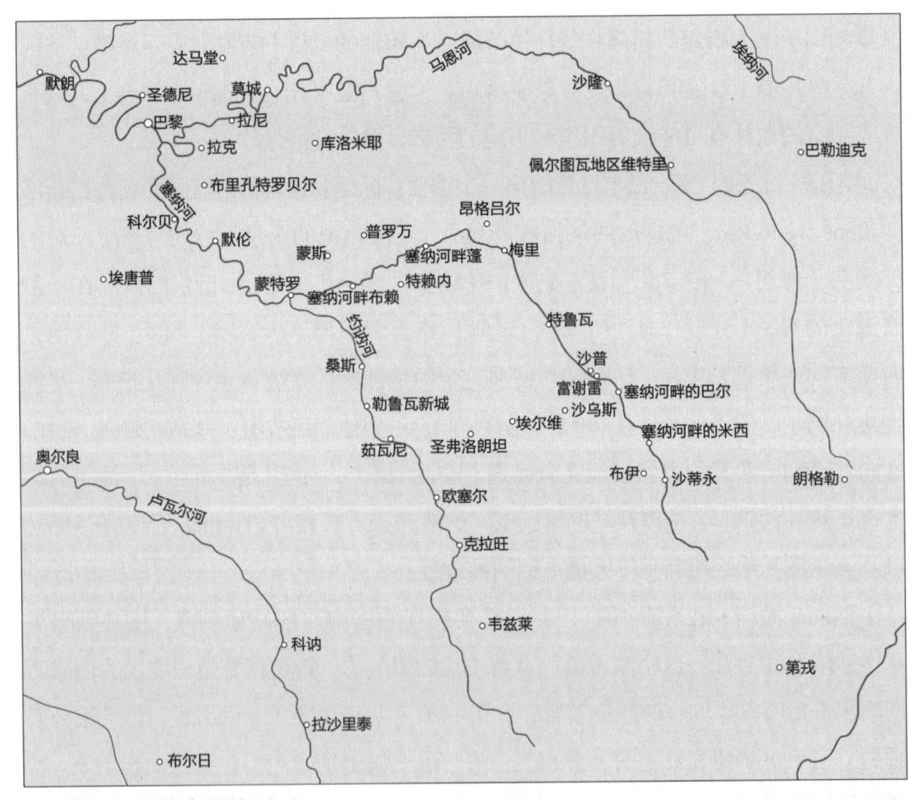

▲ 布里—香槟南部地区

阿诺·纪尧姆·德·巴尔巴赞进行这项工作一直持续到了冬季。他麾下直属部队只有400名骑兵，虽然他们较为精锐，但直接进驻特鲁瓦还是非常冒险。这支袖珍部队解决不了该城面临的危机。因此，香槟总督首先来到沙隆。他从这里鸣响了保家卫国的警钟。使者们从沙隆出发，奔赴各地，向它们通报总督的到来并动员各地公社组织共同防御。这位老战士的名声也吸引了不少贵族士绅以及像拉海尔的弟弟皮埃尔·勒尼奥·德·维尼奥莱（Pierre Renaud de Vignolles，又名私生子布尔·德·维尼奥莱，Bastard Bourg de Vignolles）这样的杰出战士投奔到他的旗下。以这些人和麾下的骑兵作为核心和机动部队，巴尔巴赞开始清除敌人的势力。安茹的勒内也给他一臂之力。勒内从位于洛林、巴尔、神圣罗马帝国边境的领地中集结了大批军队交给他指挥。巴尔巴赞因此能掌握3000人左右的队伍。法军开始跃跃欲试，颇有横扫香槟南部之势。

▲ 向法王效忠的勒内

勃艮第和英国人也不甘心将这块地盘拱手相让。数月后，他们集结起一大批部队，试图向沙隆进军。警报很快传到阿诺·纪尧姆·德·巴尔巴赞的耳中：英勃联军前进至沙隆东面的一个名为拉克鲁瓦塞特（La Croisette）的小村庄附近，驻扎在通向巴勒迪克（Bar-Le-Duc）的道路的平原上。此地距离沙隆大约1里格。据记载，这支英勃联军的数量庞大，约有4000人。

阿诺·纪尧姆·德·巴尔巴赞向敌方派出了侦察骑兵，他们探知联军面朝沙隆方向，并已构筑了较为坚固的野战防御工事。阵地周围挖出了大量阻止骑兵的坑洞。联军还砍倒树木、倾翻运输车辆掩护自己的侧翼。在他们阵地的正前方有一片约400米长的斜坡。军队依托其中的一段设防。除此之外，面对联军的整个战场都十分开阔而且毫无遮蔽。这更像是他们故意摆出来的一个陷阱：利用阵前的平坦地势引诱冲动的法军骑兵发起冲锋，然后再结合近处的防御工事将其重创。

阿诺·纪尧姆·德·巴尔巴赞显然无意听对手的摆布。他已经发现联军在布阵上的漏洞：他们没有控制身后的布榭以及拉克鲁瓦塞特两片森林。根据敌人的这个弱点，香槟总督开始拟定作战计划。他命令布尔·德·维尼奥莱带领600名骑兵，借森林的掩护，悄悄绕到联军的后方。当他们一到达巴勒迪克的道路上就立即全力向敌人发动冲锋。

与此同时，阿诺·纪尧姆·德·巴尔巴赞命令中央阵地中剩余的骑兵悉数下马，以免他们抑制不住激情，奋不顾身地扑向敌人，弩手则前行到军阵的第一线，向敌人阵地发射了一阵弩箭。这种班门弄斧的行径使英国和勃艮第弓箭手立即对法国弩手回敬了一轮又一轮的箭雨。巴尔巴赞并未让下马骑兵冲锋，支援那些弩手。因此这些弩手面临着较大压力，虽然他们还在维持作战，但显然无法突破联军的阵线。就在此刻，联军的后方突然阵脚大乱：布尔·德·维尼奥莱已经带着骑兵从森林中转出，从道路上像旋风一般席卷了联军的后卫部队。猝不及防的联军后卫顷刻间便被冲垮。在“赶紧逃命啊！”的呼喊声中，大部分士兵丢下武器，逃离了岗位。法军骑兵还冲散了联军的战马。前排的联军骑兵只能眼睁睁地看着这些受到极大惊吓的坐骑跑出营地，在乡间四散奔逃。与它们一起消失的还有他们从容而退的机会。

突如其来的变故令这批奉命下马集中起来组成战线的骑兵手足无措。在他们的正前方，法国弩手还在保持交锋，这使他们不敢移动自己的位置对付那些在阵地内左冲右突的法国骑兵。许多联军士兵此时还站在土坑工事的后方，进退失据。阿诺·纪尧姆·德·巴尔巴赞终结了这批士兵的踌躇状态：他命令法军弩手全力进攻，并让麾下的骑兵上马从左右两侧包抄还在阵地上抵抗的敌人。至此，联军终于崩溃，他们有500—600人被杀，近千人被俘，此外还损失了大量的火炮。法国方面声称自己只损失了80—100人，布尔·德·维尼奥莱在近战格斗中失去了近20人。胜利后，巴尔巴赞解散了部下。他没有足够的资源维持大批军队。沙隆已经转危为安，因此他只保留那批加斯科涅骑兵继续跟随征战。

而在特鲁瓦方向上，保卫城市的工作则更加艰辛和漫长。阿诺·纪尧姆·德·巴尔巴赞对这里的形势有着清楚的认识。在沙隆召开香槟地区的等级会议时，他命令会议按自愿原则缴纳他所需要的补助金。这位总督非常节惜当地的人力、物力，尽量维持一支小而精干的队伍，并动员当地组织起自卫的公社武装，必要时再寻求他们的帮助，从而节省了主要靠税收维持的军事开支。特鲁瓦和沙隆被允许将资源用于自身防御，并结成互保同盟。通过这些措施，巴尔巴赞在开展战役的同时尽量维护了居民的利益。此外，他在施政时也十分注意调节各个地区承受的负担，他积极和特鲁瓦政府以及议员们沟通，与他们建立了较为融洽的关系。在主教让·莱吉兹等人的推动下，特鲁瓦陆续获得了在塞纳河开凿运河、管理水道的权力以及像汉萨同盟一样组织商业贸易同盟的特权。而鉴于特鲁瓦的臣服与合作，宫廷决定奖励对此贡献颇多的特鲁瓦主教。他们于来年 3 月在普瓦捷颁发的证书上授予让·莱吉兹贵族爵位，并延伸到他的旁系亲属身上——当中世纪步入尾声之际，这类早期的穿袍贵族正在大量涌现。

凭借娴熟的政治手腕，阿诺·纪尧姆·德·巴尔巴赞得以顺利地推进军事计划。他首先要确保的是特鲁瓦周边的稳定。香槟南部有两个重要据点关系到城市的安危：北面位于奥布河畔的昂格吕尔（Anglure），南面位于塞纳河上游的沙普。掌握这两座控扼着进出特鲁瓦地区关键水路的门户是非常必要的。它们现在都在敌人之手。

阿诺·纪尧姆·德·巴尔巴赞决心先拿下沙普，关闭特鲁瓦以及香槟领地通向勃艮第公爵领的大门。沙普距离特鲁瓦有 3 英里，它筑有一座高墙以及一条灌满河水的壕沟。这场战争持续了两个月左右，雅克·德·奥蒙向勃艮第公爵腓力求援。因此，金羊毛骑士团成员之一，勃艮第元帅安托万·德·图隆竦（Antoine de Toulongeon）——他于 1427 年接替亡兄约翰继任元帅一职——茹瓦尼伯爵居伊·德·拉特雷穆瓦耶在沙蒂永以及蒙巴尔等地召集了大批勃艮第公爵领的骑士和贵族。11 月，他们组建起了一支近 4000 人的队伍北上增援同伴。

阿诺·纪尧姆·德·巴尔巴赞围攻沙普的部队数量远逊于勃艮第援军，但他也不屑于召集公社民兵与敌人对抗——他们总是杂乱无章而且意志薄弱。香槟总督采取的策略的是连夜解除围困，带领队伍沿塞纳河右岸借着森林的掩护穿行到南面的富谢雷（Fouchères）附近，与勃艮第人脱离了接触。

沙普守军打开城门迎接援军。但他们的好运未能持续多久，安托万·德·图隆竦三次向阿诺·纪尧姆·德·巴尔巴赞挑战都被一一回避。在冬季要维持一支较大规模的军队是十分艰难的。不久后，图隆竦被迫将部下分为数部。12 月 13 日，他带领部分队伍行走在平原上的沙普森林边缘时，突然发现巴尔巴赞亲自带领骑兵向他们冲来。猝不及防的勃艮第人不到一小时就惨败了。士兵们丢下百余具尸体与携带的营帐、旗帜和火器，逃进丛林。图隆竦不得不撤退到南面的沙蒂永。沙普的外援就此断绝。守卫们由解围时的狂喜迅速转入绝望。雅克·德·奥蒙等人孤注一掷，带领部下发动了一次突袭，随即被毫无悬念地击败。法军趁胜占领了沙普。勃艮第人失去了60余名领主。巴尔巴赞随即命令让·德·肖蒙（Jean de Chaumont）防守此地。于是，从勃艮第进犯特鲁瓦的主要通道被关闭。

▲ 头戴盔饰的安托万·德·图隆竦

香槟地区的不断失利使勃艮第公爵腓力的征服进程正在脱离他事先预设的轨道。秋冬季时，南面的部分法军已开始向卢瓦尔河上游流域移动，隐隐有与阿诺·纪尧姆·德·巴尔巴赞会师之势。这令香槟前线的勃艮第人十分紧张。

在此期间，勃艮第公爵腓力无暇顾及中部及南部战线。贡比涅围城战的失败令勃艮第在皮卡第地区的局势转向被动——这意味着需要更大规模的军事投入。腓力决心先集中精力应付靠近北方领地的战事。他带领身边的骑兵从布拉班特的驻地前往阿图瓦，并向领地内的贵族发布征召令。接着，腓力派出英军将领托马斯·克瑞尔同埃利的雅克（Jacques of Helly）、维埃纳的安东尼奥（Anthony of Vienne）等勃艮第将领带领500—600人组成前锋，向位于桑泰尔（Santerre）境内，毗邻前线的利翁进发。公爵本人则在后方的佩罗讷聚拢部队，他打算大军集结完毕后便前往瓦兹河中部弹压法国人。

贡比涅解围后，法军对皮卡第西南部的攻势一直没有减弱。不过，在那些英国、勃艮第紧密相连的地区，法军的进展并不顺利。布萨克元帅让·德·布罗斯等人曾率领部分增援贡比涅的法军包围了博韦地区的克莱蒙城堡，试图拔除这个钉在博韦和瓦兹河东岸法军占领区之间的据点。元帅的行动得到了博韦居民的支持。此时，在城堡中驻守的是勃艮第将领克雷夫科尔的约翰（John of Crevecoeur），他手下有50名骑兵，而且已向英国人发出求救讯息。这些勃艮第人奋力抵抗，击退了数次袭击。法军虽然带了一些加农炮，但他们既没有对城堡造成足够的破坏，也未能完全封锁住城堡。

四天后，一小队士兵在勃艮第将领巴朗坦的约翰（John of Barentin）带领下，趁着夜色的掩护，从通向葡萄园的便门秘密进入城堡内。这些增援者告知同伴，不久后就有大批援军到达。事实果真如此：围城战持续了十余天后，亨廷顿伯爵约翰·霍兰与圣波勒私生子约翰在古尔奈组织了1000人向这里进发。布萨克元帅让·德·布罗斯在半夜得知了这个消息。为避免局面被动，法军立即在清晨放弃围困。但他们在仓促撤退中将大批火炮遗弃在阵地上。眼见难以在此地突破，布萨克元帅便将兵锋转向勃艮第势力盘踞的北面。11月，法军攻占了格尔比尼（Guerbigny），几乎进抵勃艮第前锋的眼皮底下。

与此同时，勃艮第前锋部队也离开利翁，向南面前进。在途中，他们还得到了东面鲁瓦总督布林布的热拉尔（Gerard of Brimeu）带领的40余名士兵的增援。勃艮第人几乎把这次行军当成了郊游。他们队形稀疏，也没有安排警戒的斥候，有些人甚至不屑于披甲。一路上，他们兴趣盎然地追逐着惊起的野兔，兴奋的呼喊声传遍了旷野。

这种招摇的行为很快就引起了法军斥候的注意。他们把敌人的情况报告给正带领部队前往利翁的让·波顿·德·桑特拉伊。桑特拉伊立即命令部下做好准备，向敌人进攻。这伙漫不经心的勃艮第人终于尝到恶果：1000多名法军士兵咆哮着向他们发起冲锋。许多人来不及准备就被法军的长矛击落马下。四散的步兵无力抵抗，只好逃离战场。被他们抛弃的勃艮第将领试图同英将托马斯·克瑞尔联合起来抗拒敌人，但很快就被法军击溃。克瑞尔等100余名英格兰、勃艮第人被俘虏。包括维埃纳的安东尼奥在内的60多人被杀。法军声称他们的损失不到10人。

勃艮第前锋在格尔比尼战败的消息令勃艮第公爵腓力又急又气。他立即召集卢森堡的约翰等部下，从佩罗讷出发，并派人告知阿伦德尔伯爵约翰·菲查伦等英军将领，命令他们率部与自己会合，与法军一决雌雄。两天后，腓力推进到鲁瓦，并在这里驻守了八天。在此期间，布萨克元帅让·德·布罗斯、旺多姆伯爵路易、让·波顿·德·桑特拉伊等人也集结了1600人，前进至距鲁瓦约2里格处。法军将领似乎并不敬畏亲临前线的腓力，甚至还派出使者向他挑战。这令腓力勃然大怒。勃艮第将领们认为大军新败，士气低落而且在数量上也不占优势。他们以对手身份卑微，不值一战的理由规劝公爵谨慎行事。法军继续派使者前来挑逗，他们声称只会和腓力亲自带领的部队战斗。最后，怒气难消的腓力还是领军奔出鲁瓦城，却发现法军早已在面前严阵以待。

勃艮第人并没有发动进攻，因为两军之间隔着一片沼泽。他们就这样僵持到夜幕降临，然后目送法军离开战场，耳边还回荡着法军的嘲笑声。此后，600 名英军终于赶到鲁瓦和腓力会合。感到缺乏人手的腓力却已无心再战：不到一年内，他的事业从顶峰迅速跌至低谷。在蒙迪迪耶安置了一些守卫后，腓力便离开前线，返回佛兰德。那支英军也退回了诺曼底。

1430 年的冬季对勃艮第公爵腓力来说是苦涩刺骨的。在北方，他投入甚重却功亏一篑；在中部，法军正沿着约讷以及塞纳河谷袭击勃艮第领地；只有佩里内·格雷萨的增援才暂时抑制了南部战线上的法军攻势。这些使他感到力不从心的消息也暗示着勃艮第家族正在告别 15 世纪 20 年代取得的辉煌和荣耀，一个新的危机时代正在逼近。腓力将其中很大一部分原因归咎于英格兰盟友的束手旁观上。在贡比涅解围战结束两天后，他就致信亨利六世，并花了大量篇幅向他们抗议，他已“按照你的要求和命令（开始了围城）……虽然这与我的观点以及政务会议的建议相悖”。英国人曾答应每月给他拨款 1.95 万图尔锂，用于支付军队的花费，但现在已拖延了两个月，他不得不从自己的腰包中掏出 4 万萨吕垫付大炮的费用，亨廷顿伯爵约翰·霍兰的部队也不再为他服务。腓力抱怨道：“今后没有来自于你方的充足补给以及应支付给我的款项……我将难以为继。”

的确，英国和勃艮第间缺乏战略配合。而且他们承诺的援助远远满足不了盟友的开销，甚至连自己的资金都出现了问题：亨廷顿伯爵约翰·霍兰的士兵就因欠薪而退出战斗。尽管来自英国的远征军已经签订了一年的合同，但离开英国时，他们只领到了六个月的定金。随着本应预付的月薪一直拖欠，不少人选择了提早返回家乡。举个例子：威廉·波特爵士（Sir William Porter）曾经带领一支 80 人的连队登陆法国，但是到了 10 月底，只有 15 人仍在为他服务。英军的攻势也渐渐成了强弩之末。在西面的安茹—曼恩战场上，让·德·比埃伊带领法军于 10 月收复了控扼通向图尔道路的卢瓦尔堡。

此外，西南部的法军将领也在努力压迫加斯科涅前线的敌方势力。像上个世纪中叶一样，15 世纪 20 年代中后期，英军通过入侵及鼓动、裹挟领主支持者等手段陆续降服了佩里戈尔地区的大部分城镇。英军袭扰分队肆意抢掠牲畜，屠杀试图抵抗的当地农民及贵族。他们甚至还渗透进利穆赞、奥弗涅、普瓦图等邻近省区。数年来，乔治·德·拉特雷穆瓦耶的盟友，布卢瓦家族的让·德·布列塔尼（Jean de Bretagne）——他是奥利维耶·德·布卢瓦在利摩日子爵领地的总代理官——一直在上利穆赞地区同英军作战。1428 年，他计划攻打英军在佩里戈尔的主要据点欧贝罗什堡垒 。到年底时，让·德·布列塔尼集结了约 3000 人——其中有 500 名骑兵——包围了此地，开始长期围困。其领主阿尔尚博六世（Archambaud VI）不久便逃出堡垒前往波尔多求援。在拉特雷穆瓦耶的另一名亲信，雇佣的连队首领让·德·拉罗什的协助下，让·德·布列塔尼的法军逼退了波尔多人的主力援军。[①] 此后，他们还同蒂雷讷子爵（Vicomte de Turenne）、马勒伊男爵（Baron de Mareuil）等领主一起陆续降服了周围 30 余座敌军据点，逐步开始扭转佩里戈尔的局势。即便如此，欧贝罗什堡垒围攻战仍持续了两年，法军最终通过地道作业摧毁了部分墙体，迫使英国守军投降。多年来饱受其害的周边居民坚决要求将欧贝罗什堡垒摧毁。1430 年 11 月，佩里格派出了 160 名劳工开始作业。来年 2 月，这座坚固的堡垒终于被夷为平地。

1430 年的战事已经显露出了一个今后英国人将经常面对的问题：在大陆，他们始终没有建立能充分整合利用征服领地的有效制度。他们既不能从这些地方搜集足够的资源组织防御，也不能在当地维持一支足以抗衡对手的军队。而战争也并未使财富流入英格兰岛上的中下层人民中，这导致他们对征服事业十分冷漠。统治者亦难以激起他们移民大陆，开拓、巩固占领地区的热情。由于政府无力在岛上筹集足够的资金支持大陆上的战争——与之相应的是越来越多的英伦贵族不愿投身战事——导致那些在英国本土组建的远征军往往只能维持不到一年甚至只有数个月的

① 14 世纪下半叶，欧贝罗什为佩里戈尔伯爵所有，但佩里戈尔伯爵因 14 世纪末到 15 世纪初的一系列对抗王室的举动而被没收领地并转封给奥尔良家族。英法重启战争后，在英格兰的原佩里戈尔伯爵家族的继承人阿尔尚博六世重返大陆夺回城堡。在围城战初期，有 100 名波尔多援军携带器械渗入了堡垒。他们摧毁了法军的一些围城小堡。

有效攻势。因此，在主要力量投入到广袤的法国战场时，英国的决策者必须仔细权衡战争的具体区域和先后顺序。不只是法兰西岛的战斗影响着英格兰 - 法兰西王朝的命运，他们必须与盟友紧密配合，尽快在东面取得突破，从这里深入打击敌人的纵深地区。这是在时机有限、资源匮乏等条件的限制下，英国能够夺回并保持主动，从而压倒敌人的最后一线机会。

巴黎加冕

当大批法军部队在皮卡第、香槟等地区逐步赶走勃艮第势力之际，亨利·博福特主持的英王大咨议会正掌管着法国事务。这个掌握着资源分配权的机构围绕着英王宫廷运转。廷臣们认为——当然也经过贝德福德公爵约翰默许——应优先保证英格兰 - 法兰西王朝的基础领地诺曼底的安全，然后再将御驾的前进方向当作他们行动路线的轴心。因此，英国人把大部分人力和资源都投入到为幼主廓清道路的南征中。针对资金趋向枯竭，而亨利六世加冕依旧遥遥无期的问题，大咨议会提出了应对之策：一方面，他们任命了至少 23 名宫廷扈从首领接管诺曼底地区的守将职位——因此暂时将部分负担转嫁给了诺曼底财政署，诺曼底等级会议在 8 月最终同意将征收 12 万 图尔锂的税金充当军费；另一方面，在 12 月底，博福特和约翰·蒂普托夫特返回英国寻求更多援助。

1431 年 1 月 12 日，他们出现在威斯敏斯特的议会上，并促使议会通过了一笔 1/15 和 1/10 的补助金。这项税收将在 11 月 11 日征集完毕。而另一笔补助金则被定在 1432 年 4 月 20 日完成。与此同时，他们还展开了征募增援军队的工作。亨 利 ·博福特的两位亲侄，同他一起在 1430 年 12 月返回英格兰的佩尔什伯爵托马斯·博福特（Thomas Beaufort, Count of Perche）以及莫尔坦伯爵埃德蒙·博福特（Edmund Beaufort，Count of Mortain）已经签下合同。他们将带领总计 2649 人的部队进行一次远征。其中超过 2000 多人将在 3 月早期跟随他们前往法国。托马斯曾在博热战役中被俘，被释放后他将绝大部分时间都花在了法国战事上。他的弟弟埃德蒙也曾担任法国数处重要堡垒的守将。贝德福德公爵约翰还让他参加过埃特雷帕尼和盖亚尔城堡的围攻任务。就像他们的头衔所暗示的那样，两人都在法国拥有大量产业。亨 利·博福特的另一个外甥，继承岳父索尔兹伯里伯爵头衔的理查德·内维尔（Richard Neville，5th Earl of Salisbury）——他的母亲琼·博福特（Joan Beaufort，Countess of Westmorel）是冈特的约翰的私生女——将带领第二批 800 人的援军在 1431 年夏季登陆法国。这些军队的薪水和航运开支将高达 2.4 万英镑。而其中几乎有一半都是通过 亨 利·博福特的私人借贷来筹集的。因此，博福特家族已经将自己的利益与英格兰 - 法兰西王朝的事业捆绑在一起。

▲ 索尔兹伯里伯爵理查德·内维尔画像，他也是“造王者”沃里克伯爵的父亲

法兰西岛的居民在 1430—1431 年的冬季中过得异常艰难：寒风异常凛冽，瓢泼的大雨连续下了三周，随之而来的是塞纳河水暴涨。虽然在英军去年的反攻中遭受了重创，但法军的部分将领仍活跃在上诺曼底—法兰西岛的边界地区。他们的同伴也不断前来增援。以卢维耶为基地，晋升为塞纳河北面总代理官的拉海尔频繁向北攻击，甚至抵达塞纳河口地区。12 月，吉勒·德·雷也来到此地。几个月后，奥尔良私生子让亦带军队到此执行王室的“秘密任务”——查理七世于 1431 年 3 月 12 日给他拨款 2000 锂弗用以支付骑兵的费用，另有 1000 锂弗用于默伦以及塞尔吉靠近盖亚尔城堡一侧桥梁的开支。

如果按一些资料的推测，法军连队的目的是为了攻占上诺曼底核心区域据点，甚至是奇袭鲁昂的话，他们显然未能如愿——那里是英军防备森严之地。法军那些属于骚扰性质的小股部队劳而无功。不过，他们在另一方向上倒取得一些效果：拉海尔等人同来自博韦、拉尼以及其他法兰西岛据点的友军一起在诺曼底至巴黎的道路上频繁设伏，阻击运向巴黎的补给车队，给英国人在这一地区的统治带来了极大的困难。

面对危机，贝德福德公爵约翰身先士卒。1 月 30 日，他亲自护送一支包括 56

艘小船，12 艘驳船在内，满载着城市急需的粮食补给的船队，避开对手的各种埋伏进入巴黎，缓解了燃眉之急。3 月，天气逐渐好转。当援军到达后，贝德福德公爵针对性地重启了收复法军在上诺曼底的残余支点以及巴黎周边据点的行动。战争趋向激烈化。4 月 2 日，查理七世再次拨款 1200 锂弗给奥尔良私生子让——其收据的签署日期是 6 月 20 日。英军则于 4 月 13 日试图夺回卢维耶，这次攻击被守军击退。他们随后又展开长期围城行动。延绵的战事使巴黎的补给经常被切断。物价居高不下，穷人被迫流落他乡，据说在 4 月的一天就有 1200 人离开这座城市。尽管巴黎地区已经民生凋敝，满目疮痍，但只要卢维耶还在抵抗，亨利六世都无法驾临此地。

英王前往兰斯加冕的道路也同样遥遥无期。无意身先士卒的勃艮第公爵腓力一直滞留在北方低地领地中过冬。他麾下仍在皮卡第冰天雪地中战斗的士兵并未取得多少战果。新年伊始，勃艮第大将卢森堡的约翰悍然入侵拉昂地区。其部下拉兰的西蒙（Simon of Lalain）以及昂盖朗·德·格里博瓦尔等将领带 400 人突袭拉昂附近的圣樊尚修道院（Abbey of St.Vincent）并攻下了一座营垒。正当勃艮第人试图洗劫修道院中的财富时，拉昂的法国总督带领援军赶到战场，经过激战，勃艮第部队被击溃，败兵们丢下 60 多具尸体落荒而逃。昂盖朗试图交出大笔赎金换取性命，但由于他平日经常侵扰乡间，人们对其恨之入骨，最终还是被法军杀死。此外，西蒙等勃艮第将领也被俘虏。这次失败沉重地打击了卢森堡的约翰的气焰。而对拉昂的补给也于 2 月从南方顺利运进城市。法军的袭扰范围甚至触及那慕尔地区。

在战场西线，夏尔·德·马雷斯（Charles des Marests）带领部下向北进发。他们通过梯子登上朗比尔的城墙，袭取了这个据点。由此，通向索姆河南岸，濒临英吉利海峡的维默地区的道路已向法军敞开。

与此同时，在香槟中南部地区，战斗也在继续。收复沙普后，阿诺·纪尧姆·德·巴尔巴赞带着部队北上包围昂格吕尔。此地的守军放弃了大部分防御薄弱的据点，集中退守至城堡内。城堡女主人的丈夫在先前的战斗中被杀，因此她也积极鼓励守军抗拒法军。巴尔巴赞尝试过直接强攻，但法军只占据了一些外围工事。于是，他们开始用加农炮轰击城墙，突袭变成了一场延续近一个月的围困战。贝德福德公爵约翰闻讯后组织了一支军队前来救援。阿伦德尔伯爵约翰·菲查伦、利勒亚当大人让·德·维利耶等人奉令领导这支 1600 人的队伍。他们花了数天时间赶往战场。

阿诺·纪尧姆·德·巴尔巴赞事先得知了这个消息。此时法军大约有3000人。但谨慎的总督并不认为仰仗人数优势和英军交手是明智的选择。他带领部下退往旁边的贝勒维（Bellevue）高地，并进驻修建好的一个筑垒营地中。与此同时，各地的民兵都赶来增援总督。眼见法军不愿离开，按捺不住部下热情的阿伦德尔伯爵约翰·菲查伦不得不发动了一次进攻。在损失了数十名士兵后，英军被占据地利的对手击退。利勒亚当大人让·德·维利耶也身负重伤。阿伦德尔伯爵意识到他们难以在此地立足，只得撤兵。临行前，他也将昂格吕尔守军和城堡女主人一起带走，并将城堡付之一炬。巴尔巴赞则安排了一些民兵驻扎在原址上。于是在6月初，特鲁瓦地区北面那座朝向英国人的大门也被锁上。

1430年末到1431年初，阿诺·纪尧姆·德·巴尔巴赞在香槟领地的经营使这里的法国势力迅速恢复。法军在重整河山的同时甚至开始攻入勃艮第领地。他们于1431年4月收复了埃尔维（Ervy）和圣弗洛朗坦（Saint-Florentin）。虽然部分勃艮第军队进驻东面的沙乌斯（Chaource）试图扼守边界，但法军还是继续沿着塞纳河上游河谷方向向南进击。5月12日子夜，他们占领了塞纳河畔的米西（Mussy-sur-Seine），从这里他们突进到勃艮第本土。位于南面山谷出口旁，靠近沙蒂永的布伊（Bouix）也遭焚毁。第戎的勃艮第公爵政务会议被迫动员整个公爵领组织北面的防御，并加强了沙蒂永的守卫。而勃艮第公爵腓力的妹夫克莱蒙伯爵查理也和雅克·德·夏巴纳等人在春季对沙罗莱地区发起新攻势。一时间，勃艮第领地似乎岌岌可危，火上浇油的是，在低地领地的南面又突生变故。

1431年1月25日，洛林公爵查理二世去世。在十年前，安茹的勒内迎娶了公爵的小女儿伊莎贝拉。因此，现在勒内凭借妻子的继承权——伊莎贝拉的两位姐姐放弃了权力——成为洛林公爵。他可以将洛林和自己的巴尔公爵领连成一片。作为法王的小舅子，积极帮助过香槟法军的勒内也许会转变洛林的中立态势，从而在勃艮第公爵的南北两块领地间形成一大片敌对区域。显然，腓力要杜绝这种可能性。

勒内的洛林公爵头衔立刻受到了挑战：查理公爵的侄子安托万·德·沃代蒙（Antoine de Vaudémont）声称洛林的统治权"不能落入绣房里"。两人的纷争一直闹到了巴塞尔会议（Council of Basle）上，经过讨论，会议承认了勒内的权力。洛林等级会议也认可了勒内以及神圣罗马帝国皇帝西吉斯蒙德——他是洛林的最高封主——

▲ 洛林的伊莎贝拉

▲ 安托万·德·沃代蒙的雕像

的权威。3月，自封为洛林公爵的沃代蒙来到南锡，要求城市承认他的权力，但被居民们关在城外。

在公文战中大获全胜的勒内立即命令安托万·德·沃代蒙向自己行效忠礼。沃代蒙不甘心向这位诗人屈服，凭借着勃艮第公爵腓力的支持，他决定用武力来维护自己的权力。

实际上，洛林的纷争是查理七世和勃艮第公爵腓力在另一个战场上的较量。法王已经命令香槟总督阿诺·纪尧姆·德·巴尔巴赞支援勒内。他带来了400名骑兵以及数百名弓箭手的部队。除去法军外，勒内还招揽了大批德意志和洛林的高级贵族和雇佣兵，组建了一支6000多人的大军，其中大部分为骑兵。勒内率领这些人马一举包围了安托万·德·沃代蒙的沃代蒙城堡。但这里事先被安托万加强并补充了给养。初次攻击失败后，勒内决心用围困的手段迫使其投降。

安托万·德·沃代蒙早已向勃艮第公爵腓力求援。但此时东北面的法军已隐隐有逼近皮卡第、阿图瓦乃至低地边境之势。腓力的廷臣们担心分散力量会导致前线空虚，让法军深入袭扰北方领地。尽管军事资源十分紧张，腓力还是力排众议，决心增援。他抽调出了1200名皮卡第骑兵和弓箭手以及一些英国士兵，命令元帅安托万·德·图隆竦——恰好在此时来到佛兰德向公爵汇报勃艮第领地的战况——带领他们前去支援沃代蒙。5月，他们从腓力的北方领地出发，经由康布雷、勒泰勒（Rethel）等地区沿着香槟的东部边缘地带南下，来到勃艮第领地，与另一部分勃艮第军队会合——勃艮第的等级会议已通过了一项补助金。然后，这些人又从朗格勒（Langres）方向北上，与沃代蒙会合。此时，沃代蒙也找来了一些试图通过战争掠取财富的小贵族以及兵匪，这支由雇佣兵、亡命之徒和冒险者拼凑出的队伍达到了4000人。他们随即向巴尔地区前进。

而勒内那场漫长的围城战还在继续。在此期间，他的军队已对沃代蒙伯爵领进行了大规模破坏，而沃代蒙城堡的补给也即将耗尽。得知敌人援军正在赶来的消息后，阿诺·纪尧姆·德·巴尔巴赞向勒内建议不必取消围城，只要选取适当的地点构筑好工事等待他们前来即可。但勒内没有采纳这个建议，只留下少数步兵监视城堡，然后便率领主力前去迎敌。

正如阿诺·纪尧姆·德·巴尔巴赞所料，先前几乎绕过了半个法国东部地区的勃艮第-沃代蒙部队现在正携带着沉重的火炮，穿越森林，行走在通向沃代蒙城堡的崎岖坎坷、被河流频繁阻断的道路上。四天的艰苦跋涉和奇缺的补给使这群佣兵疲惫不堪、士气低落，而且他们进入洛林袭扰的前锋部队还被击退。勃艮第元帅安托万·德·图隆竦一度想取消行动，退回勃艮第。但勒内主力现身的消息使他们如同久旱逢甘雨。

勃艮第元帅安托万·德·图隆竦和安托万·德·沃代蒙立即准备迎战。他们选择了比勒涅维尔（Bulgnéville）西北面约1200米，沃东库尔（Vaudoncourt）东南面约1000米处的高地排兵布阵。除了一部分留在中央位置的分队外，弓箭手被布置在两翼。他们在阵前安插了木桩栅栏保护自己。而一些加农炮和蛇炮也被布置在两侧，为部队提供火力支援。勃艮第骑兵原本想骑在马上，但遭到了同阵营的皮卡第和英国人的抗议——他们担心这些人的鲁莽行动会搞砸整场战事。最终，骑兵们被勒令下马，排在阵地中央那一小部分弓箭手之后。他们的运输车辆和马匹都被安置在阵地后方。联军的背面和两侧都被丛林和河流所保护，对手很难进行迂回行动。

7月2日，两支军队在战场上碰面。经过侦查，阿诺·纪尧姆·德·巴尔巴赞规劝勒内不能轻易攻击联军阵地。他建议先对联军发起佯攻，然后假装败退，将他们引出阵地，当这些人来到平原上时，勒内的骑兵再发起冲锋，击溃敌人。香槟总督的建议得到了萨尔姆伯爵让（Jean，comte de Salm）等一批年长贵族的赞同，但同样引起了那些围绕在勒内身边的青年贵族骑士们的不满。他们认为自己的第一次冲击就可将敌人击溃。这些人还在一旁揶揄巴尔巴赞:“那些害怕树叶的人，就不应该进森林。”这位老兵直视着勒内，回答道:“我活到现在都未曾受人非议，而今天，我们将见证我说出的到底是胆怯之言还是智者之语。”巴尔巴赞声明他会第一个带队冲锋，同时他还提醒科梅尔西侍郎(Damoisel de Commercy，科梅尔西领主采用的一个头衔)等嘲笑自己临阵胆怯的贵族，“勇气之心应该显现在战场上，而谨慎之道才应贯穿于会议中。”年轻的勒内曾有过片刻的犹豫，他和安托万·德·沃代蒙交涉了近两个小时。最终，勒内自恃有着兵力优势，在荣誉心的驱使下还是决定进行堂堂之战。除去约200名骑兵外，他命令主力悉数下马排成一条战线，打算从中部一举突破敌人。

中午11点左右，由萨尔姆伯爵让等组成的庞大的中央方阵接到了勒内的进攻命令。身着重甲的下马骑兵排成密集的队列向敌人冲去。勃艮第-沃代蒙部队突然移开了阵前的一部分用以遮蔽的栅栏。勃艮第元帅安托万·德·图隆竦立即命令炮兵点燃火炮。整个战场一时间硝烟四起，天震地骇。勃艮第的蛇炮、风琴炮以及韦格莱尔炮向进攻部队倾泻出了各种炮弹。它们在下马骑兵的阵列中犁出一条条可怕的沟壑，紧接着一阵密集的箭雨也扑面而来。德意志和洛林的贵族骑兵中有不少人是第一次参加如此激烈的野战，他们的勇气在经验丰富的对手面前烟消云散，巨大的轰鸣声令这些人胆战心惊。许多人甚至“已经难以持稳他们的兵器，一些人趴倒在地上，其他的则转身逃跑”。勃艮第人还派小队从侧翼袭击，将敌人迫向火炮及弓箭的攻击区域。

冲锋一开始，巴尔阵营就损失了数百人，勒内努力维持进攻队列，督促部下冲向敌人的阵地。与此同时，位于右翼的阿诺·纪尧姆·德·巴尔巴赞则带领部下绕到敌人左翼发动进攻——这里虽然有敌人用车辆搭建的工事，不过火炮难以从这个方向瞄准他们。这股法军意欲从此地突破阵线，双方士兵陷入了激烈的近战。但香槟总督很难扭转劣势，他的弓箭手只有200人。

在持续而猛烈的打击下，勒内的正面进攻部队伤亡惨重。敌人的密集火力引起了那些青年德国士兵的恐慌。见此情景，皮卡第和勃艮第人跃出阵地，大声呼喊着从高地上冲下来，横扫已陷入混乱之中的对手。勒内最终一败涂地。他那面用来聚拢部众的蓝色旗帜也被砍到，大军亦土崩瓦解，逃命的士兵散布在阵前的平原上。

那些布置在战线后方——他们是勒内最后的希望——包括曾送给贞德战马的罗贝尔·德·博德里古以及科梅尔西侍郎在内的骑兵，眼见大事不妙便纵马飞驰，迅速逃出了血流成河的战场。

战斗进行到这一步，勒内败局已定。他在激战中不幸挂彩，接着又和120多名骑士一起沦为勃艮第人的俘虏。包括萨尔姆伯爵让等洛林、巴尔贵族在内的1000多人阵亡。而勃艮第人压倒性的反攻也淹没了侧翼的法军余部。在混战中，阿诺·纪尧姆·德·巴尔巴赞的旗帜被砍倒。他本人也被一支利箭射中了颈部。一些部下同敌人拼死相搏，奋力将他从充斥着勃艮第人呼喝声的战场中抬出，撤到了附近的沃东库尔。他们试图救治老将军，但他伤势沉重，箭杆已经折断，箭头深陷伤口，回天乏术。于是，这位久经战阵的老兵就这样黯然离世，他那坎坷的经历成为法国弊端丛生的军事体制的一个

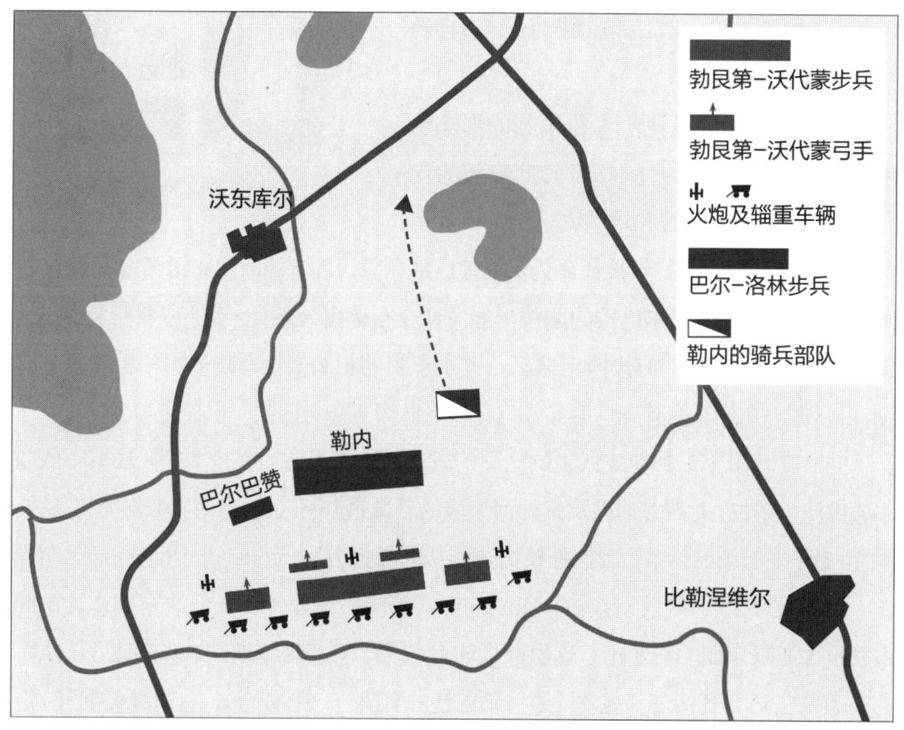

▲ 比勒涅维尔战役

最鲜明的注解。最终，王室还是对鞠躬尽瘁的将军做出了些许抚慰。数年后，查理七世赐给这位老兵至高荣誉——像其祖父对待盖克兰一样——巴尔巴赞被重新安葬在圣德尼。

▲ 巴尔巴赞的雕像

勒内在一小时内就几乎消耗完法军一年以来在东部战线辛苦积累的优势——最为关键的战斗大概只持续了一刻钟。勃艮第元帅安托万·德·图隆竦脸上遭受重创，但这并未影响战局。接下来的两个多小时里，他的部下还在兴奋地追逐着勒内的残兵。奉勒内命令监视沃代蒙的部队闻讯后放弃了营地里的大批补给和火炮，四散奔逃——身后还跟着大批意欲索取他们性命的沃代蒙守军。次日，他们带着俘虏返回勃艮第。

比勒涅维尔战役使法军在东部的形势陡然紧张起来。7月22日，查理七世对他的优良城市发布通函，以缓和这场灾难所造成的消极影响。法王同时派去年被任命为贝里地区战争总代理官的阿尔布雷领主夏尔接替阿诺·纪尧姆·德·巴尔巴赞的职位，同时命令布萨克元帅让·德·布罗斯及中书大臣勒尼奥·德·沙特尔前往博韦地区，并示意阿朗松公爵让、旺多姆伯爵路易、吉勒·德·雷、克莱蒙伯爵查理等指挥官尽快带队奔赴各自前线，积极进取。

1431年春夏季，其他战线上的法军的战果也乏善可陈。在皮卡第，法军不断以小股部队为单位，对西北面以及索姆河流域的勃艮第占领区进行试探性袭扰和渗透。雅克·德·夏巴纳的弟弟，曾担任拉海尔侍从的安托万（Antoine de Chabannes）与夏尔·德·隆格瓦勒、阿兰·吉翁（Alain Guion）等将领就曾带领一部法军北上，试图占领位于亚眠东面的科尔比。这里敌人防御较强，在当地修道院长的鼓动下，法军的突袭被击退。紧接着其他勃艮第将领也赶来增援，一番激战后，吉翁身负重伤，法军只得离开此地。他们逆索姆河而上，一路大肆烧掠，攻克了莫尔库尔（Morcourt）等数个小堡垒——它们原本就是隆格瓦勒的属地。但是他们力单势孤，难以在此地立足，最后还是退向南方。

▲ 安托万·德·夏巴纳

等到法军离开后，勃艮第公爵腓力下令将这几个小堡夷为平地。勃艮第大将卢森堡的约翰则集结了1000多人向东面反击。7月，他们入侵香槟和勒泰勒地区，攻下并夷平了波尔西安（Porcien）等数个城堡据点。英国人也从莫城等地抽调了400人支援卢森堡的约翰。但这只是一次远骑烧掠，英勃联军无法撼动主要市镇。见到这些地区的法军无意交战后，他们又返回各自的地盘。

与此同时，查理七世的奥地利盟友远奥地利公爵腓特烈在法王开出的昂贵价码——允许公爵事成后占领阿图瓦地区，让2岁的法国公主拉德贡德（Radegonde）与他3岁的儿子西吉斯蒙德联姻——的诱惑下，终于发动了一再拖延的战争。7月20日，远奥地利公爵领的封臣和支持者向勃艮第公爵腓力发出了248份挑战，紧随其后的却是几次软弱无力的边界袭扰。腓力的部将甚至在一次夜袭中占领了费雷特地区的贝尔福城堡（Belfort）。虽然在战斗中不落下风，但是腓力也不得不同科隆大主教签订一个反对腓特烈的条约。按照规定，科隆地区将用600人的部队向腓特烈宣战，而腓力每年需向他提供1.9万莱茵弗罗林的军费。

勃艮第公爵腓力实际上并不想陷入多线作战的麻烦中，鉴于自己在南方的危机已大幅缓解，他倒愿意趁势落篷。9月8日，腓力与查理七世签订了一份为时两年，涉及勃艮第及韦芒杜瓦等地区的局部休战协议。当然，刻意讨好公爵的查理七世还是在谈判中放弃了部分前线将士浴血奋战换来的据点。

而法军同英军仍在进行着殊死较量。当增援的英格兰部队在春季进入法兰西岛地区后，贝德福德公爵约翰再次发动攻势。英军在东面集中力量收复了位于马恩河流域的古尔奈等数处重要据点。3 月下旬，他们将大炮拖至拉尼城下，在一天内就向它发射了 412 枚石弹以及炮弹。它们取得的战果，按照巴黎市民的记载，是一只公鸡。显然英军难以达到目标。已获自由的让·富科领导拉尼军民击退了敌人的数次袭击。英军只得解除围困，快快不乐地回到巴黎过复活节。拉尼已逐渐成为法军在马恩河流域的中流砥柱。3 月底，查理七世签发敕令，对拉尼军民进行了嘉奖，并要求“其他（城镇）以它作为榜样，也做出同样的努力”——鉴于他们“杰出而且英勇的抵抗”，法王赦免“朕在位期间拉尼人的所有人头税、商品税、补助金、葡萄酒 1/4 和 1/8 税，除了盐税之外的任何正在或者以后将在王国内征收的捐税和资助金，王室的物品赊购权”，并赐予城内商人以及盐仓分配员在十年中的盐税征收权，头三年将用于城市城堡的维修。法王还允许他们在“克雷西森林最东面最适宜他们的地方砍伐 6 阿庞（Arpent）① 的大树，用于修复这座城市、它的桥梁以及被损毁的房屋”。

但英军的攻势仍使法兰西岛的法军力量承受了惨重损失——7 月，他们通过一次猛烈袭击拿下了瓦卢瓦地区的克雷皮。除去城堡外，圣德尼和圣阿尔努也在战斗中被点燃。

从军事上进逼的同时，贝德福德公爵约翰还在舆论方面向对手施加压力。此前博韦主教皮埃尔·科雄已经替英国人出面，用一笔从 1430 年诺曼底三级会议同意的税款中特意拨出 1 万图尔锂的巨款作为赎金，威逼利诱地从卢森堡的约翰手上买取贞德——显然这也得到了勃艮第公爵腓力的默许。之后，科雄等人便积极与英国主子勾结。在远离前线的鲁昂老巢里，这些受过优良教育，养尊处优的权贵们把因军队败绩以及领土丢失而酝酿出的怒火和怨气全部撒在这位年仅 19 岁的农家少女身上。他们设计各种圈套，运用各种卑劣手段迫害她，并在 1431 年 5 月 30 日将她推

① 阿庞，法国旧长度和面积单位，约为 11.5 杆（Perche，法国旧长度单位，各地不一，相当于 18.20 或 22 英尺；Perche 也是旧土地面积单位，各地不一，约 34 或 52 平方米）。

上火刑架。之后，刽子手还将她的遗骸丢进了塞纳河。

▲ 贞德雕像

在贞德被俘及审判期间，法国宫廷始终没有采取任何有力的营救行动。尽管他们掌握着大批被俘的英军宿将，但并未用来交换贞德。查理七世尚未清楚地认识到贞德所代表的力量以及对法国产生的深远影响——作为第三等级的杰出代表，她诱发了这个阶层的自我觉醒并点燃了他们的热情。而辅佐查理七世的一干廷臣们更是执着于古老观念与宫廷私利。在贞德被俘期间，中书大臣、勒尼奥·德·沙特尔就一直对她恶语相向。他还试图找一个更加顺从的替代者——牧羊人纪尧姆(Guillaume le Berger)，他是洛泽尔(Lozère)山上的一个羊倌，据说也曾听见过天启。这名牧人就像当时其他有名的女先知一样——比如狡黠而且充满着投机气息的凯瑟琳·德·拉罗谢尔(Catherine de la Rochelle)，她声称自己能发现人们埋藏起来的财宝——既没有奥尔良少女的智慧和身先士卒的勇气，也没有她那种炽热的、引起广泛共鸣的爱国热情和令人动容的奉献精神。因此，这些人只是某些当权者在幕后操纵的傀儡，是他们为了达到目的工具。

贞德就义后，查理七世和廷臣们终于尝到了自己酿出的恶果：竭力维护亨利六世在法国统治正义性和合法性的英国人将贞德斥为异端。因此，查理七世在政治和道德上的名誉均受到了损害。更令人扼腕的是，虽然贞德的无私奉献激发了法国人，尤其是第三等级的民族意识，使他们萌发了自觉维护以瓦卢瓦王室为象征的民族共同体的愿望——这也是贞德留给法国诸多贡献中最具价值的一部分——但是由乔治·德·拉特雷穆瓦耶主导的宫廷百弊丛生。依靠那些粗劣制度运转的政府还未做好准备接纳这股热情和力量。它无法有效动员、掌握和运用第三等级所蕴含的资源和潜力。当年3月，法王政府不得不分别召开北方诸省的等级会议——月初，卢瓦尔河流域地区代表在索米尔开会;15日,法王宣布中止卢瓦尔河及邻近河流的通行税,为期60年,但会议并未通过税款;数天后,朗格杜瓦地区的另一些代表在普瓦捷开会,但国王赶到后,他们只通过了20万锂弗的商品税;至于查理七世打算在4月上旬召开的朗格多克地区三级会议则不断被推迟。这意味着法军几乎不可能发动大规模的军事行动。

而查理七世的宠臣乔治·德·拉特雷穆瓦耶还挑起了另一场更激烈的纷争——年初,在不断交涉并答应派遣人质后,拉特雷穆瓦耶同布列塔尼公爵约翰举行谈判并达成了一些协议:公爵答应让拉瓦勒伯爵居伊率领一些骑兵在安茹及曼恩前线服务,支付2.2万锂弗的作战开销并同拉特雷穆瓦耶保持友谊、给予庇护;拉特雷穆瓦耶则发誓对公爵之子蒙福尔伯爵弗朗索瓦保持忠诚。讽刺的是,就在前不久,这位宠臣已发觉公爵的二弟陆军统帅阿蒂尔的追随者安托万·德·维沃纳(Antoine de Vivonne)、安德烈·德·博蒙(André de Beaumont)以及路易·德·昂布瓦斯(Louis d'Amboise)密谋抓捕自己、劫持国王。[①] 于是,拉特雷穆瓦耶设下埋伏,成功逮捕了这3位贵族。5月8日,普瓦捷高等法院按叛国罪判处这3人死刑。维沃纳和博蒙随即被处死,财产都被国王没收。不过昂布瓦斯却未遭受同样的命运。挽救其性命的并不是国王的怜悯,而是其特殊的身份:昂布瓦斯同时也是图阿尔子爵(Vicomte de Thouars),除去昂布瓦斯的领主身份外,他还在普瓦图、图赖讷和圣通日等地区拥有大片领地。更重要的是他的

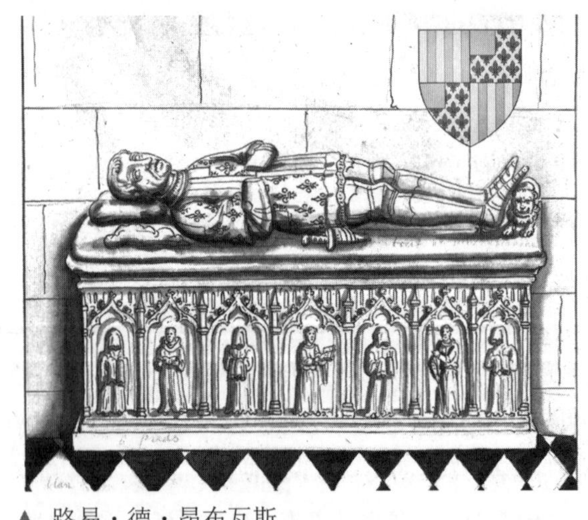
▲ 路易·德·昂布瓦斯

① 这3位贵族并不是临时起意。早在奥尔良解围战之后,国王驻于叙利城堡以及向兰斯进军之际,他们就拟定了数个计划,但未能实施。

姐姐杰奎琳（Jacqueline d'Amboise）曾嫁给乔治·德·拉特雷穆瓦耶的兄长让·德·拉特雷穆瓦耶。查理七世赦免了他的死刑，并将他关押到安德尔河畔沙蒂永（Châtillon-sur-Indre）的王家巨塔里。昂布瓦斯丢失了自己的巨额财富，他的部分领地将由姐姐与姐夫继承——也就是说，拉特雷穆瓦耶打算为家族在普瓦图等地区扩张势力。他甚至盯上了昂布瓦斯的女儿，试图通过安排自己的儿子路易（Louis de la Trémoille）与其联姻来谋取图阿尔子爵的爵位。

▲ 弗朗索瓦丝（右）与丈夫布列塔尼的皮埃尔（左）

图阿尔子爵夫人玛丽此时已不再抱有同乔治·德·拉特雷穆瓦耶沟通的奢望。被赶出图阿尔后，她带着女儿逃往表亲陆军统帅阿蒂尔处寻求保护。对子爵遭遇深表同情的陆军统帅将自己的帕特内城堡作为子爵夫人的避难所。他们一起策划对拉特雷穆瓦耶的反击。7月21日，路易·德·昂布瓦斯的大女儿弗朗索瓦丝（Françoise d'Amboise）与布列塔尼公爵约翰的次子皮埃尔正式订婚。这次婚姻充满着火药味：布列塔尼家族决定染指图阿尔子爵领。陆军统帅声称要维护侄子皮埃尔的继承权。他和一批布列塔尼公爵的封臣们开始袭击邦翁（Benon）、雷岛（Isle de Ré）等已落入拉特雷穆瓦耶之手的领地。

布列塔尼人的进攻成功地使国王的代理官，乔治·德·拉特雷穆瓦的弟弟阿尔布雷领主夏尔抛开了香槟前线的职责，带着一大批加斯科涅人以及其他士兵前来对付陆军统帅阿蒂尔及其支持者，甚至连让·德·拉罗什也赶来助战。

查理七世似乎并不在意乔治·德·拉特雷穆瓦耶那些招人忌恨的行为。他曾颁发过一份对拉特雷穆瓦耶的指控，其中历数了后者吞没公款、囚禁主教、逮捕及敲诈平民等劣行。但这只是拉特雷穆瓦耶未雨绸缪，谋取赦免的把戏而已。查理七世十分享受宠臣对自己的细心服侍及安保工作。他不仅颁发了赦免令，而且还增加了封赏——被王室没收的大片昂布瓦斯领地被转至宠臣名下，陆军统帅阿蒂尔却失去了欧龙河畔丹镇的封地。

于是，从1431年夏季起，就在香槟、皮卡第、法兰西岛、安茹、曼恩等前线法军正在和英国人激烈交战之际，卢瓦尔河流域直至拉罗谢尔南面的纵深地区都陷入了大封建主之间的私战中。这些贵族的内耗牵制了法国政府的很大一部分精力，连同在当地横行的劫掠兵匪一起使普瓦图地区饱受摧残。

因此，只要法王政府内的种种弊政没有得到有效抑制，法兰西的光复事业就仍充满坎坷。贞德的牺牲可能使上诺曼底战场的法军士气大挫——有些资料认为之前众多法军将领活跃在卢维耶周边地区是企图拯救贞德。贝德福德公爵约翰趁机全力投入到克服上诺曼底法军残余据点的行动中。5月下旬，卢维耶围城战再次开始。诺曼底各地的英军守卫都加入了这次行动，其中还包括1/4的翁弗勒尔驻军，他们显然是前来复仇的——数月前，拉海尔曾带兵从卢维耶出发，长途袭扰至翁弗勒尔城下并烧毁了郊区。诺曼底等级会议也给予了英军资金方面的支持。在6月的会议上，他们通过了15万图尔锂税款，其中的1/3都用于卢维耶的围城费用。另外还拨出2万图尔锂用于支付参加围城的400名骑兵以及1200名弓箭手的薪水。不过，诺曼底财政署的官员们显然也留了后手。大批英军部队的集结使卢维耶地区的补给供应十分紧张，战马的粮草立即成为他们急需解决的问题。一些弓箭手和仆从因此奉命将马匹迁到远处放牧。事后，将领们愤怒地指责财政署机械地按“参加围城”的字面意义给军队人员发放薪水，拒绝支付那些放牧人员的工资——即使他们缺席战斗的理由已经说明。

卢维耶的法国守军面临着很大压力。他们的给养严重不足。6月上旬，拉海尔留下他的兄长阿马多尔·德·维尼奥莱、安托万·德·夏巴纳等战友守城，试图独自赶到西南部联系援军，但半路上的勃艮第守军识破了他的伪装。拉海尔因此被关进勃艮第人的城堡内，并背上了3000埃居的赎金债务。而英军在此时遭遇的一次飞来横祸多少对法军的损失做出了一点弥补：6月19日，一支部队在一个临时用来制造火药并囤积军需的仓库前集结，恰好赶上一场爆炸，数十名士兵当场与军火一同报销。

与此同时，法兰西岛的法军试图从北面加强进攻，转移英国人的注意力。6月底，让·波顿·德·桑特拉伊率军袭扰至濒海的厄镇，大肆洗劫了这块地区。驻于桑利斯的中书大臣勒尼奥·德·沙特尔也在与驻守博韦的布萨克元帅让·德·布罗斯密切联系，打算以这两座重镇为基地，筹划针对诺曼底通向巴黎道路的袭击。8月初，布萨克元帅试图奔袭芒特，俘虏贝德福德公爵约翰——他正带着补给队伍前往巴黎。不过行动未能成功。8月4日，贝德福德公爵安全抵达巴黎。这个事件引起了英国人的警觉，他们还得知法军可能会向鲁昂方向袭扰。于是，卢维耶的英军派遣一些分队朝北方前进，并与古尔奈等诺曼底的友军会合，他们向博韦方向运动，甚至做出假象引诱敌人。不久后，桑特拉伊和布萨克元帅果然带着约800人的军队从博韦出发，向古尔奈方向烧掠。牧羊人纪尧姆也和他们一起同行。但这位先知并没有预见他的命运。

得知消息的沃里克伯爵理查德·比彻姆和阿伦德尔伯爵约翰·菲查伦以及托马斯·克瑞尔等英军将领带着千余人的队伍，在萨维涅（Savignies）附近设下埋伏。等到法军出现时，他们突然从路旁的山丘跃出，同时向对手的先锋和后卫发起攻击。虽然一些法军精锐骑兵立即上前迎敌，但步兵却丧失了斗志。他们作鸟兽散，逃进旁边的森林中。布萨克元帅也急忙带着部下逃回博韦，将仍在苦战的桑特拉伊及60多名部下遗弃在战场上。结果这些法军全部落入英国人手中，连牧羊人纪尧姆也位于被俘人员之列。大获全胜的英军一直追至博韦城下才收兵。沃里克伯爵对这场战斗尤其满意：有桑特拉伊在手，他可以与法国人商谈释放仍处于被俘状态下的女婿约翰·塔尔博特的问题。至于牧羊人，英国人不再像上次那样大动干戈，他们对这个拙劣的模仿品嗤之以鼻，只是将他投入监狱了事。

同样是在8月，由英国控制的曼恩、下诺曼底等西部边境地区也烽火不断。20日，接到国王进攻命令的阿朗松公爵让带领安德烈·德·洛埃阿克等将领率法军一举包围了圣叙藏，试图收复这座位于自己公爵领地东北部的堡垒。英军的阿朗松地区总督托马斯·高恩（Thomas Gowen）闻讯后前来救援。他还得到了鲁昂邑督部下的增援。而阿朗松公爵带来的加农炮以及射石炮却缺乏足够的石弹，没有炮兵的支援，公爵不敢发动决定性的袭击。9月4日夜晚，圣叙藏邻近地区燃起了数处火光。英军的解围部队顺利到达城堡，而阿朗松公爵已带着法军撤围而去。

英国人的欣喜并未持续多久。担任阿朗松元帅的安布鲁瓦兹·德·洛雷带领700

卡朗唐
卡昂
利雪
圣洛
维尔河
迪沃河
图克河
维尔
奥恩河
阿让唐
阿夫朗什
邦斯穆兰
圣米歇尔山
塞镇
蓬托尔松
阿朗松
圣塞纳里
贝莱姆
马耶讷
圣叙藏
拉瓦勒
勒芒
萨尔特河
卢瓦河
马耶讷河
卢瓦尔堡
昂热
卢瓦尔河
图尔
卢瓦尔河
阿泽莱里多

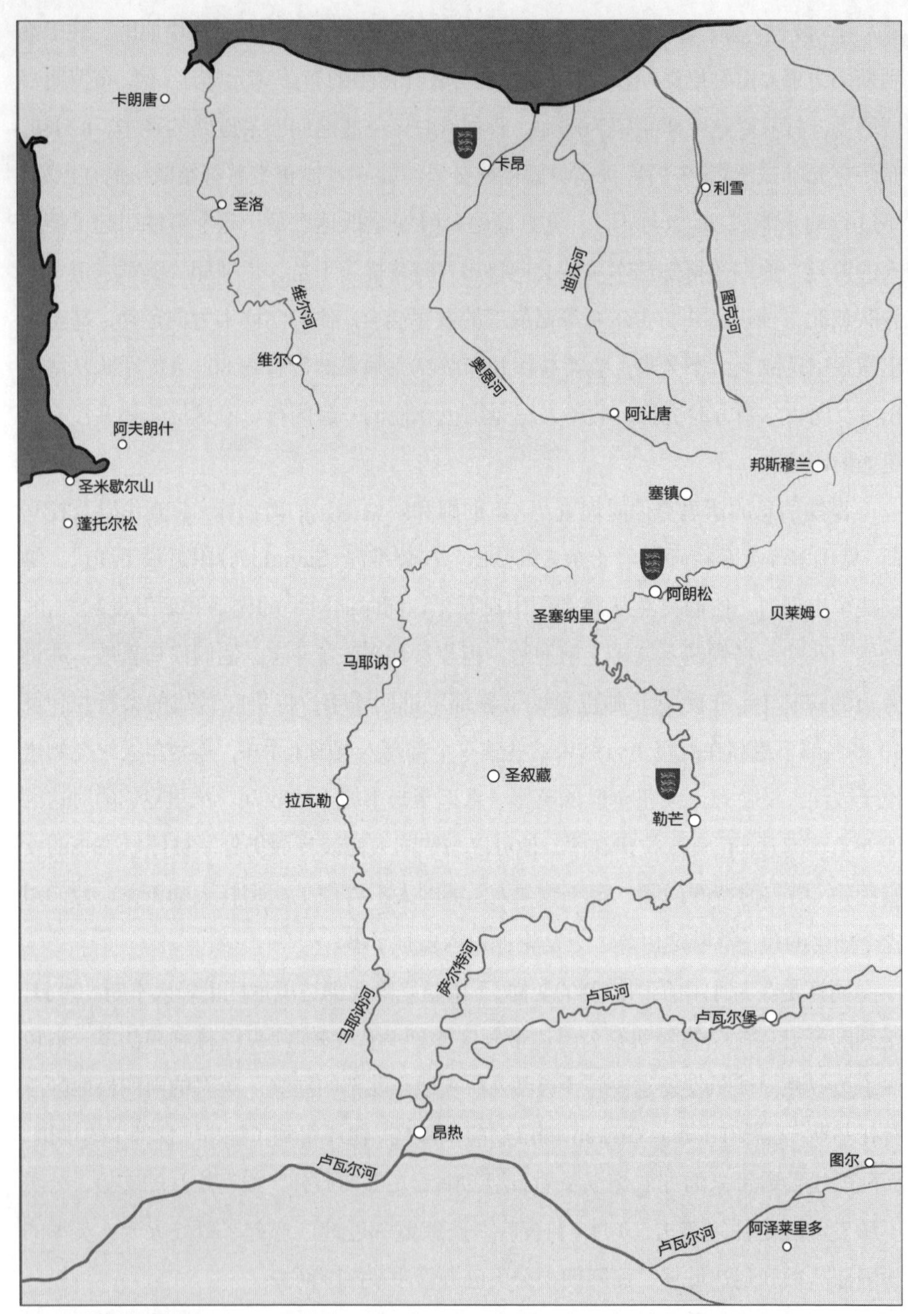

▲ 下诺曼底地区

人从位于圣塞纳里的基地出击。他们突进 40 多英里，成功地渗入下诺曼底的核心地带。接着，在向导的带领下继续从奥恩河谷中秘密穿行了 10 英里，于 9 月 29 日悄悄来到卡昂的城郊。这里正在举行一年一次的米迦勒节集市。人们在卡昂城与圣艾蒂安修道院之间的空地上搭起了大量的货摊，兜售货物。德·洛雷的出现结束了这里的热闹集会。卡昂人纷纷抛弃了货物财产，拼命逃向城内。蜂拥的人群还冲散了试图反击的英军守卫，使他们迅速被德·洛雷击败。虽然守军几乎无法关闭城门，但德·洛雷也没有进攻城市。卡昂对于这支法军小部队来说过于庞大。他们专心于抢掠货物，追捕俘虏，并带着这些战利品撤回了南方的基地邦斯穆兰。这次长途袭扰令他们收获颇丰：俘虏中有大批可以带来赎金的市民和商人。而且，他们还将恐惧深深地印在了英军和下诺曼底人的脑海中：既然首府卡昂都会受到攻击，当地还有哪片地区是安全的呢?

但上诺曼底的英军仍专注于围攻卢维耶。法王还是很难对这座城市提供有力的支援。当年，他的王国正经历着数场战争：同英国人的在北方及西南部的战争、同勃艮第人在东面的战斗、甚至还有中央高原南部福雷及沃莱地区农民针对教职人员和贵族的起义——在沙尔略（Charlieu）前线的罗德里格·德·韦昂堂铎就曾被调来镇压起义，结果兵匪所过，皆化为一片废墟。而政府的财源仍然处于困窘状态：7 月，拖延了两个月的朗格多克地区三级会议在贝济耶召开。它只通过了 15 万金穆顿的税款以及对教士的什一税。另外还有 1 万金穆顿将交给富瓦伯爵让等法王的代理官员。代表们还提出了苛刻的课税条件。政府运转因此难以为继。

于是，随着法兰西岛的友军数战皆北后，已成为法王弃子的卢维耶迎来了再度沦陷的命运。10 月 31 日，弹尽粮绝的法国守军被允许离开这座堡垒。英国人在此地遭受的最后一次损失落在了佩尔什伯爵托马斯·博福特头上——他于 10 月 3 日染病身亡。面对这座给他们带来如此多麻烦的城市，英国人难有慈悲之心。作为对居民背叛自己的惩罚，士兵们洗劫了市镇，而且为了防止它再被法军利用，他们还夷平了城堡。

在夺回卢维耶之前，英王和宫廷一直在鲁昂，而英格兰 - 法兰西政府的主要机构却驻于巴黎。因此，巴黎御前会议的官员们——比如中书大臣卢森堡的路易——不得不在这两座城市间来回奔波。英国政府的不少资源都耗费在诺曼底至法兰西岛之间。现在，鲁昂通往巴黎的道路已经完全打通，宫廷立即动身前往巴黎。11月30日的圣安德鲁日，英王亨利六世与随行贵族一起来到圣德尼教堂。按照习惯，亨利六世将瞻仰拜会那些长眠于此地的先任法王。两天后的周日，亨利六世举行了隆重的入城仪式。他骑着一匹白马，在巴黎总督西蒙·莫维耶以及一批市政官员、行会代表的护送下进入巴黎，他们为他举着一顶蓝色的华盖，上面点缀着金黄色的鸢尾花。高等法院的首席庭长菲利普·德·莫维利耶（Philippe de Morvilliers）带领穿着红色和蓝色礼袍的官员来迎接英王一行。屠宰行会的屠夫们则献给亨利六世一头带着英法王室纹章的牡鹿。西蒙在位于沙特莱的治所前为英王安排了一组特别的布景：一个与亨利六世年纪相仿的男孩，穿着绣有鸢尾花的衣服，带着两顶王冠。他的两边分别站着英国和法国的贵族大臣，每人都拿着一面绘有英国和法国纹章的盾牌，这是对英格兰-法兰西王朝成立基础——《特鲁瓦条约》的生动再现。

对于巴黎民众来说，他们更感兴趣的可能是那些充满故事和神话气息的布景：彭殊-圣德尼大道（Rue du Ponceau-Saint-Denys）上设有一座装饰着三条美人鱼的喷泉。中间立着一朵高柄的鸢尾花，酒和奶不断从花蕾和花朵中流出。在人们上前饮用的同时，还有些人扮作野人，故意在池边打斗助兴。除此之外，还有展现猎鹿场面以及象征着城市的布景——一艘船上载有三个人，分别代表着教会、大学和市民，令人目不暇接。最后，人们还发现在进城队伍中的牧羊人纪尧姆，他“像个贼一样”被绳子捆了个结实，因而没能展示自己的圣痕。这天过去后，他便销声匿迹了——很可能是被缝进麻袋丢入了塞纳河。

法国人仍然控制着兰斯，因此无法按传统在那里举行加冕。而且，法兰西岛北部的数个据点仍在法军手中，这使前往城外的圣德尼也蕴藏着安全隐患。12月16日，亨利六世的加冕仪式在城内的巴黎圣母院举行——这恐怕与先王亨利五世的宏愿相距甚远。如果说英国人举行典礼的意义是为了树立国王的权威，赢得法国臣民的认同，唤起他们的效忠的话，那它并未尽如人意。法国的几位重要王公均没有到场，甚至连国王的外祖母，住在巴黎的法国王太后伊萨博也没有现身。而典礼的进程更是引起了法国人的一连串不满：巴黎主教认为自己应主持仪式，但亨利·博福特却将他晾在一边，然后亲自给他的侄孙，年仅十岁的亨利六世加冕，并领唱弥撒。这些举动被巴黎主教视作对自己的冒犯；教士们也抱怨典礼几乎是按照英国仪式进行，王室官员甚至没有按惯例给他们提供镀金的杯子。一大群平民也挤入大厅，饶有兴致地围观着外国王公贵族的典礼，结果当仪式结束后，年幼的国王兴致勃勃地的观看布景戏剧时，那些自视甚高的市政当局官员、高等法院法官、大学博士们却发现自己无人招待。他们不得不纡尊降贵，同大厅中的皮匠、酒保们扭作一团，争抢宴会席位。此外，对于烹饪有着较高要求的法国人来说，尝到英国人于四天前烹制的食物时简直是“令人震惊”。英王也没有按习惯大赦囚犯或者减免税收，甚至连普通民众也牢骚满腹——无人按传统对他们发放施舍，他们抱怨，即使是一个金匠的婚礼都比这更为体面。次日，举行的比武锦标赛较之以往也相形见绌。亨利六世并未在巴黎做长时间逗留。27日，担心其安全的贝德福德公爵约翰便将国王送往诺曼底，年轻的国王就这样结束对巴黎的访问，并给市民们留下了一份2297图尔锂的账单。

相比市民的心非巷议，更令英国人不安的是勃艮第公爵腓力的缺席——这意味着英格兰—勃艮第联盟出现了动摇。尽管之前巴黎当局一直宣传腓力即将到访，但是他始终没有露面。腓力一直有意避开与孩童国王的私人性会晤，以免履行令他尴尬的封臣义务。而更为重要的原因则是在与法国漫长的战争中腓力一直收获甚微。腓力已经对这种耗费巨大、看不见尽头的投入产生了厌倦之情，他开始尝试其他路径。12月13日，在特使尼科洛·艾力贝尔格（Nicolas Albergati，Cardinal of Santa Croce）的撮合下——他的任务原本是弥合英国、法国和勃艮第公爵三方面的矛盾——腓力与查理七世签订了一份为时六年的休战协定。不过，腓力也不打算激怒英格兰盟友。签订条约的前一天，他致信即将成为自己封君的亨利六世，声称自己是被迫接受这个协定。因此，这也只是他寻求喘息之机的一个花招。条约并没有阻止战争的进程。腓力保留了500名骑兵为贝德福德公爵约翰效劳。而且，在以后的时间里，当勃艮第人想打击法军时，他们就会扮作英国人行动，当法军想给他们一个教训时，也会将他们认作英国人。

加冕结束后，亨利六世的大陆之旅也接近尾声。1432年1月12日他离开鲁昂，于十四天后到达加来，2月9日到达英格兰。此后他再未踏上法国一步。亨利六世的加冕也许会像贝德福德公爵约翰所构思的那样能维系与法国臣民的联系，但一位已涂抹了圣油的国王也使英国人不可能放弃自己声称的，对法国王

▲ 尼科洛·艾力贝尔格

位的所有权——他们本可以像先任君主们那样，以此为价码，在日后与法国人的谈判中为征服领地争取更多的利益。此后，外交上的转圜余地已经消失，英格兰-法兰西王朝的命运只能依靠火与剑来决定。

在驾临法国的这一年中，英国宫廷为政治目的投入了大量的资源和时间，但他们在军事战略上的收获却十分有限。虽然英军通过奋勇作战收复了上诺曼底以及法兰西岛的大部分失地，遏制住了法军扩张的迅猛势头，令其蒙受了一些挫折，但并未消除对自己领地的威胁。英国前一阶段的全面进攻未能调动并重创法军的有生力量，法军在法兰西岛北部、皮卡第西南地带以及布里、香槟还保持着相当的力量。同时，英国人也未能阻止腓力同法王间的媾和。这无疑将有利于法军力量的恢复。随着对东部地区的掌控越来越牢固，他们可以根据形势，从容地在广袤的交战区调整进军方向，使对手顾此失彼。法军能够继续攻击英国的核心领地——巴黎周边，还可以沿海而下，从科区向南席卷上诺曼底心脏地带，重创敌人后方。如果英军不能迅速集中力量压制住法军，掌握战争主动权，那么他们将面临漫长的战线上不断发生的短距突袭和长途扰掠。虽然英军也可以如法炮制，但他们掌握的领土狭小，资源有限，战争引起的负担和破坏对他们更为致命。一旦陷入这种无休止的零敲碎打式战斗中，他们的力量就将被逐步销蚀殆尽。

然而，随着英王的离去，英国政府和御前会议的重心也重新回到英伦岛上。因此来自于本土的援助也将随之锐减，这让英格兰-法兰西王朝的前景岌岌可危。

▲ 亨利六世（中坐者）的加冕

第十章 和解之路

1432—1435年

卢瓦尔河北面的较量

1432年初，当英王亨利六世返回英格兰时，由亨利·博福特主持的大咨议会也结束了使命。在一年多的时间里，大咨议会接过了贝德福德公爵约翰的摄政大权，将公爵的权力限制在军事领域。虽然，大咨议会为英格兰-法兰西王朝的征服事业提供了大量的资金和人力，但也造成了许多弊政：如会议曾命令财政署不再经由将领之手，直接向士兵单独支付薪水。这种违反常例，且不切实际的方式反而造成薪水的大规模拖欠。此外，博福特还将大批领地和守将职位授予英国人——其中许多人都是他的支持者，因加冕礼才渡过海峡来到此地。从长远看，这项政策动摇了军事基层组织——它们将会被那些不在法国定居的人掌握。同时，也引起了那些长期支持英国的法国人的不满和怨恨。

然而，亨利·博福特显然觉得担任会议议长期间的经历颇有滋味。为了回国以后继续在国王身后发号施令，博福特还与贝德福德公爵约翰发生过争吵。他试图宣布贝德福德公爵的摄政职位并不是与生俱来的，而是被国王和大咨议会指定的。愤怒的贝德福德公爵提出过抗议，但被迫于1431年10月12日接受了这个条件，将自己屈居于大咨议会之下——毕竟他还指望继续从叔父的钱袋子中掏出资金用于法国战事。因此，贝德福德公爵的头衔现在变成了“总督和摄政”，它强调了其职位的指派性——这使征服事业在英国事务中的地位进一步下降。

更为讽刺的是，在以大局为重的贝德福德公爵约翰那里赚尽便宜的亨利·博福特不久就发现自己的政治地位在英格兰受到了挑战。坐镇此地的护国公格洛斯特公爵汉弗莱对兄长的遭遇早有警觉，他显然不肯让博福特对自己故技重施。格洛斯特公爵在英格兰岛的经营较为稳固。1431年5月，他迅速镇压了杰克·沙普（Jack Sharp）领导的罗拉德派骚动，并因自己的“辛劳”在11月获得了御前会议的大笔赏金，用来“维持他的产业以及扈从，从而保卫教会、天主教信仰以及国王的真正臣民”。就在此时，威望大增的格洛斯特公爵决定先发制人。他操纵枢密院发布令状，指控博福特有新职务后未辞去温切斯特的职务，犯下了“蔑视王权罪”。因此，这也是博福特急于同国王一起返回英国的原因——如果两月内他不现身为自己辩护，很可能会被没收财产。当他们来到加来后，博福特又想为自己安排另一条后路——他从上司那里获得前往罗马的许可，并将自己在英国国内的金银珠宝偷偷运到海峡对岸。这个行动违反了英国关于限制贵重金属出境的法律，而且被格洛斯特公爵逮了个正着。于是，格洛斯特公爵立即将这批财宝全部充公，并将博福特的罪名升级为叛国。由于财宝是博福特借贷的抵押保证，因此他在政治和财富上都受到了重创。格洛斯特公爵则趁机开始清洗博福特在政府中的势力。1432 年 3 月，内廷管家（Chamberlain of the Household）克伦威尔男爵拉尔夫（Ralph de Cromwell，3rd Baron Cromwell）等一些博福特的支持者陆续被罢免了职务。

格洛斯特公爵汉弗莱势力的过度膨胀引起了其他英格兰贵族的担忧，并开始介入调停。5 月，亨利·博福特出现在议会上，开始为自己辩护。他终于从险境中脱身，仁慈的英王亨利六世最终宣布博福特是自己的忠实臣民，归还了他的财物，并颁布法令免去了他可能面临的惩罚。作为代价，博福特被处以一笔罚金，并被排除在最高权力之外，丢失了对国王和御前会议的影响力。不久后，失意的博福特离开了自 1429 年以来他一直苦心经营的政治中心，带着无尽的遗憾和怨恨前往大陆参加巴塞尔宗教会议。

像英国一样，法国的大贵族们也总是处于纷扰不息的状态中。相比在英国宫廷中相互倾轧的同道，他们在法国拥有更强的独立性，因而，斗争也通过更加复杂和激烈的方式表现出来。如同以往一样，布列塔尼公爵约翰五世虽然和英国人维持着密切联系，但见到法国的反攻事业颇有起色后，他重新玩起了脚踏两条船的老把戏。公爵首先与同法国王室有着密切联系的安茹家族实现了和解。1431 年 5 月，约翰的继承人弗朗索瓦与安茹公爵路易三世的幼弟安茹的查理（Charles of Anjou）一起在靠近

▲ 安茹的查理

昂热的贝于阿尔河心岛（Île de Béhuard）上宣誓，要相互保持“战友兄弟”之情，约翰与阿拉贡的约兰达均出席了这次典礼。接着在8月20日，约翰在南特批准了弗朗索瓦与约兰达之女，也就是勒内的妹妹安茹的约朗德（Yolande of Anjou）的婚约。他们在9月初正式举行了庆祝活动。与之相应地，约兰达也一直在法王宫廷和布列塔尼公爵之间牵线搭桥，一切似乎都在向乐观的方向发展。接着，布列塔尼公爵的中书官、让·德·马莱特鲁瓦也带领使团前往查理七世的宫廷谈判。

一场飞来横祸却突然降临到正在返回公爵领途中的使团头上。当让·德·马莱特鲁瓦他们来到接近自己教区的卡尔克富（Carquefou）时，突然被阿朗松公爵让二世带领的一大批伏兵包围。马莱特鲁瓦出示了随身携带的安全通行证，对方却回以粗暴的呵斥和推搡。在一阵雨点般的拳脚中，马莱特鲁瓦和随行人员被劫持。阿朗松公爵将他们连夜转移，关押到自己的普昂塞（Pouancé）堡垒中，并抢走了他们携带的财物。

让·德·马莱特鲁瓦显然是阿朗松公爵让与布列塔尼公爵约翰长期纠纷的牺牲品。阿朗松公爵的财务一直处于极为拮据的境地。1417年，阿朗松公爵领的沦陷使他的收入锐减。在韦尔讷伊被俘，令他必须支付高达20万萨吕的赎金。阿朗松公爵被迫将靠近边界的重要堡垒富热尔抵押给大舅布列塔尼公爵约翰，换取12万埃居——约翰对这座堡垒垂涎已久，凭此，他可以极大地巩固与法国交界地区的防御。

用富热尔换来的资金仍不足以满足阿朗松公爵让的需求。收复阿朗松公爵领的战争进展缓慢而且耗费巨大，于是阿朗松公爵向布列塔尼公爵约翰提出了新的要求：鉴于阿朗松公爵的母亲，约翰的妹妹布列塔尼的玛丽的3万锂弗嫁妆有近一半一直被拖欠，现在他想让舅舅支付这笔巨款，但约翰拒绝支付。于是，阿朗松公爵终于下决心逮捕让·德·马莱特鲁瓦，并声称收到母亲的全额嫁妆后，才会释放人质。

▲ 阿朗松公爵让二世的纹章，他后来接受了金羊毛骑士团的勋位

布列塔尼公爵约翰显然不会向外甥低

头，他立即向领地内的封臣发布动员令，决定用武力解决纷争。大批布列塔尼士兵云集于雷恩及周边地区。约翰将指挥权交给了女婿拉瓦勒伯爵居伊。

两位公爵间的争吵给了英国人绝佳的机会。英国人一直在拉拢布列塔尼家族，曾向约翰公爵许以普瓦图伯爵领——当然，这份礼物不算贵重，它完全处于法王及其支持者的控制下——不久后约翰的二弟，陆军统帅阿蒂尔也获得了英方赐予图赖讷、圣通日以及乔治·德·拉特雷穆瓦耶在普瓦图地区所有领地的承诺。当约翰同外甥爆发战争后，他们更是直接带领军队介入。在下诺曼底和曼恩地区的约翰·法斯托尔夫、斯凯尔斯男爵托马斯等英军将领纷纷加入了布列塔尼人的队伍。他们带来了约 2000 名士兵，联军总数达到了6000 人左右。

1432 年 1 月 6 日，这些军队带着数门火炮，冒着严寒进抵普昂塞，随即开始围攻城堡。阿朗松公爵让兵微将寡，他抛弃了母亲和临产的妻子瓦卢瓦的让娜（Jeanne of Valois）——奥尔良公爵查理与法王的姐姐，已故公主伊莎贝尔的独生女——通过暗道秘密从普昂塞逃出，寻求援助。他的元帅安布鲁瓦兹·德·洛雷也开始带领东面的阿朗松部队组织反击。德·洛雷袭击并焚毁了英格兰 - 布列塔尼联军侧后方的小堡普莱西斯 - 盖里弗（Plessis-Guérif），击溃了此地的数百名联军士兵，并击伤英将乔治。与此同时，拉盖尔克、克朗（Craon）、贡捷堡等地的阿朗松部队也开始频繁袭击联军。但他们势力薄弱，无法迫使敌人解围。战争逐步升级，波旁家族、奥尔良家族以及其他支持阿朗松公爵的领主组成了一支 2000 名骑兵的部队，加上自己的部分守卫后，阿朗松公爵拼凑出了一支解围部队。可他们刚在普昂塞附近出现，就被英格兰 - 布列塔尼联军赶走。联军随即加紧了攻城步伐，在火炮的掩护下，开始挖掘地道，试图破坏城墙墙基。

这场甥舅间的混战使法国宫廷和布列塔尼的谈判陷于停滞，英国势力也趁机渗透到卢瓦尔河下游地区，隐隐威胁着法军的侧翼。在危急关头，布列塔尼公爵约翰的二弟，一直声称自己心向法王的陆军统帅阿蒂尔决定出面进行调停。他担心一旦普昂塞城破，妹妹玛丽以及奥尔良家族的让娜会遭遇生命危险，而这会使更多的家族卷进混战。他试图在事情变得不可收拾之前稳住局面。

在陆军统帅阿蒂尔等人的斡旋下，阿朗松公爵让终于有所退让。2 月 19 日，双方签订了休战协议。22 日，普昂塞被解除围困。阿朗松公爵答应释放让·德·马莱特鲁瓦，公开道歉并赔偿1万锂弗以及2000金埃居的巨款弥补对方的损失。约翰公爵也承诺将付清妹妹的嫁妆。也许这份协议并没有平息内讧双方的矛盾，但总算化解了英国人趁机插足普昂塞的危机—他们一直被排除在谈判之外，因此颇为懊恼，约翰不得不自掏腰包平息英国人的怨气。

而陆军统帅阿蒂尔本人与乔治·德·拉特雷穆瓦耶间的私战也终于进入了尾声。在超过半年的时间内，双方的地盘互有得失，均未取得决定性战果。终于，在阿朗松的闹剧结束之际，两名代表查理七世的使者拉乌尔·德·戈古尔及勒尼奥·吉拉尔（Regnault Girard）来到布列塔尼宫廷中。同时出现的还有阿拉贡的约兰达。他们均想调停陆军统帅阿蒂尔同王室及廷臣间的纠纷。1432年3月5日，双方在雷恩签订和约，结束了那场毫无意义的战争。不过这个条约同样未完全抑制住各派间纷杂的暗流：两天后，狡猾的布列塔尼公爵约翰又向英方承诺将在收取20万法郎的贿金后将普瓦图伯爵领交给英王。尽管拉特雷穆瓦耶通过交换大致恢复了自己的地盘，但必须与宿敌陆军统帅保持至少是表面和解的章程亦令他心有不甘。此外，拉特雷穆瓦耶的贪得无厌已经激怒了包括昂布瓦斯在内的许多贵族家族，他们也开始相互联合。显然，明争暗斗还会继续下去。

与这些大小贵族间的纠纷一起困扰着法国的还有1431—1432年间的寒冬。1月，巴黎到科尔贝之间的塞纳河上结了一层厚达2英尺的冰层，城市的水磨无法运转。从鲁昂前往巴黎的船只到达芒特后就无法前进，人们只好眼睁睁地看着那些都城急需的食物在仓库中腐烂。春季时，霜冻还在持续，它和严寒一起毁坏了芽孢、果物的花朵，将秋季丰收的希望终结。农作物收成的锐减使下一年的种子存储十分艰难，带来了此起彼伏的漫长饥荒和疫病。

对那些在这个黑暗的时代中挣扎求生的人们来说尤为痛苦是，战争不会被恶劣气候所阻止。1432年初，北方法军的势力已经贴近上诺曼底边界。布萨克元帅让·德·布罗斯正在博韦集结队伍，意欲直接袭取鲁昂城。2月初，600名骑兵在布萨克元帅等人的带领下直接穿过上诺曼底的核心地区，并隐藏在距离鲁昂大约1里格的森林中，布萨克元帅指派来自科区的宫廷侍从纪尧姆·德·雷卡维勒（Guillaume de Ricarville）带领其中的120人作为先头部队。除去四五名骑着小马的人员之外，他们都徒步前进。

2月3日夜晚，这伙法军悄悄接近了鲁昂的城堡。之前一个名叫皮埃尔·奥杜本（Pierre Audebeuf）的守卫已经与他们取得联系，计划献出城堡。此时，他从城头抛下了用绳索捆好的梯子，纪尧姆·德·雷卡维勒和同伴们顺利地爬上了城墙。他们立即向还在睡梦中的敌人发起突袭，猝不及防的英军四撒奔逃。法军杀伤了一些敌人，并迅速占领了包括主塔在内的大部城堡工事。住在城堡里的鲁昂守将阿伦德尔伯爵约翰·菲查伦在床头得知这个消息后，不得不迅速躲入主塔房间里，关上大门固守。但为时已晚，他的大部分部众正忙着翻墙逃命。伯爵很快便被迫坐进一个筐子缒城而下，从城脚的壕沟中狼狈地逃回市镇。

当法军掌控了城堡后，纪尧姆·德·雷卡维勒急忙赶往大部队的驻地，请布萨克元帅让·德·布罗斯派出其余部队增援。得知行动成功的法军将领们喜不自胜，但接下来的战事走向却令人啼笑皆非：那些认为鲁昂已经唾手可得的首领们开始兴致勃勃地谈论城破后如何瓜分战利品，并为此发生了激烈的争执。大吵一通后，这些人纷纷带着部下脱离队伍，将100余名战友撂在敌营旁。大吃一惊的雷卡维勒赶紧恳请他们不要离开，并试图拦住部分人马，但这些人都不予理会。情急之下，悲愤交加的雷卡维勒不禁大声呵斥，还是无法阻止。而元帅也愣在一旁犹豫不决——实际上，单凭这支法军的力量也难以克服这座重镇。在雷卡维勒的叫骂声中，这支纪律涣散的军队未经一战便在森林中瓦解，佣兵头子们带着自己的冒险者陆续退回博韦以及其他据点。

而纪尧姆·德·雷卡维勒的部下还在鲁昂城堡中奋力将残余的英军守卫赶出城堡大门。可是直至太阳升起后，援军还是不见踪迹。此时这部分法军意识到自己可能已经被抛弃。无奈之下，他们只好带着在此地收集到的所有补给退入主塔试图坚守。与此同时，缓过神来的阿伦德尔伯爵约翰·菲查伦等英将决心严惩对手。他们集结了大批军队涌入城堡将主塔团团围住，还从韦尔农调来大批射石炮抵近射击。恼怒的英军士兵还驱赶鲁昂市民上前参加围攻。尽管主塔里的法军用找到的火炮奋勇还击，但毕竟寡不敌众，缺乏给养，这是一场绝望的战斗。十三天后，这百余名法军被迫向英国人投降。他们遭到了残酷的对待。3月17日，其中的105人被拉到贞德就义的市场上处决。接应法军进城的皮埃尔·奥杜本被当作叛徒砍下头颅，并惨遭肢解，挂在城门上以儆效尤。

鲁昂奇袭战虽然未能对战事走向产生决定性影响，但它表明了随着长达两年的英军攻势逐渐退潮后，法军已开始积极反击。英军统帅贝德福德公爵约翰决心集中力量继续清扫巴黎周边以及马恩河流域的法军，并努力在东南方向的布里取得突破。3月，他指示巴黎的御前会议负责组织军队进行新战役。阿伦德尔伯爵约翰·菲查伦、利勒亚当大人让·德·维利耶、圣波勒私生子约翰等英国及勃艮第将领带领约1200人，依令前去平定法兰西岛边界地区的数个堡垒据点。英军的行动在布里地区造成了极大恐慌，人们纷纷带着妻儿逃往他乡。一时间，香槟地区的避难者是如此之多，以至特鲁瓦对这些人关上了大门，只允许“用他们的钱换取酒和面包”。

凭借火炮部队的协助，英军连续攻克了数座城镇。5月1日，利勒亚当大人让·德·维利耶带着600人又一次来到拉尼城下。鉴于拉尼守军一直在袭击运往巴黎的补给，拉尼已成为此役最为重要的一个目标，贝德福德公爵约翰决心集中力量攻克这个据点。利勒亚当大人试图通过线人里应外合，但叛徒很快就被守城者发现处死，他的突袭也被击退。接着，阿伦德尔伯爵约翰·菲查伦等英军将领也率部与勃艮第人会合，指挥火炮集中击毁了吊桥，从而切断了桥头堡和城市间的联系。联军随即发动袭击攻克了这个孤立的小堡，并将其付之一炬。然后他们又对城市炮击了数天。

联军随后决定发起第二场进攻。他们将从数个方向上同时对城市发起突袭，一举将其拿下。阿伦德尔伯爵约翰·菲查伦坐镇营地策应，其他将领分别来到指定的攻击位置。小胜后的联军跃跃欲试。圣波勒私生子约翰在阵前展开他那面绣有灿烂太阳的纹章旗，大声立下誓言：如果太阳照进此城，那么他也将突入此地！

英格兰—勃艮第联军排着整齐的队列雄赳赳地向拉尼冲去。在炮火的掩护下，他们爬上城头，和敌人短兵相接。守卫是一支800人左右的法军部队。他们在让·富科和苏格兰佣兵队长休·康提（Hugh Kanedy）等人领导下顽强防守。法军甚至组织了小分队来突击攻城的人。在对手的奋勇抵抗下，联军伤亡惨重。他们的攻击被遏制，并丢失了一些火炮。圣波勒私生子约翰也不得不将自己的太阳旗帜留给法国人。遭受相同耻辱的还有利勒亚当大人让·德·维利耶。筋疲力尽的攻城者退回营中，他们的士气大受打击，一些士兵开始逃亡。灰心丧气的联军将领们也回到巴黎汇报战况。贝德福德公爵约翰闻讯后大怒，他决定不让战事再拖延下去。于是，公爵一面调集更多的资源和部队前往拉尼；一面命令联军加强围城工事。英军努力对城市进行全面封锁。

在拉尼西面，也就是布里方向，有一座名为圣蒂博（Saint-Thibauld）的小山，不过它只延伸了 1/4 里格。山脚下是一片向东面和城镇南面延伸的草地，在更南方则有一条名为贡杜瓦（Gondoire）的小河以及大片森林。贡杜瓦河流向西方并最终汇入马恩河。英军选择了城东的马恩河上游作为布防重点，构筑了一个比拉尼还要庞大的营垒，并在其周围挖掘了壕沟。英军还在马恩河上搭建临时桥梁，在其两端均建了小堡，并派骑兵进驻。因此，临时桥梁不易被守军攻击。同时，按贝德福德公爵约翰的判断，它可以阻击来自香槟方向的法军主力。在此期间，贝德福德公爵大力增调部队，一些勃艮第将领如菲利伯特·德·伍杜埃（Philibert de Vaudray）和阿蒙领主（Lord de Amont）也带领数百名士兵从北方前来增援。围城部队的规模在逐渐扩大，总数接近 6000 人。7 月过后，贝德福德公爵亲临前线指挥。

随着部队陆续投入东面马恩河流域，英军可用于防守其他地区的力量也越来越薄弱，而法军也在漫长的战线上不断地对敌人进行试探，寻找可以突破的地区。当然，法国政府现在只能长期通过各地方等级会议筹取小额经费——3 月，普瓦图地区等级议会通过了一笔 4.7 万锂弗的商品税——因此行动规模也十分有限。

很快，法军便找到了一个出击机会。让·安塞尔（Jean Ansel）和纪尧姆·布费农（Guillaume Bouffineau）是博斯地区首府沙特尔的居民，他们经常携带通行证来往于沙特尔以及由法国人控制的布卢瓦、奥尔良等城市间兜售各种货物。法军对他们的商人身份和经营方式非常感兴趣。于是，安塞尔和布费农被抓进大牢。在劝诱下，他们答应为法军效劳。

4 月 12 日清晨，让·安塞尔和纪尧姆·布费农领着 3 辆马车来到沙特尔城下，声称自己带来了城内急需的食盐、鲱鱼以及酒水等货物。守卫和这两人已是老相识。他们打开了城门，让车队走上吊桥，并向前面的商人询问最近有什么新闻。商人回答，没打听到什么消息。这时马车已开始通过吊桥。守卫们还是像往常一样继续与进城者闲聊，安塞尔走上前来，他拿出一对鲱鱼交给其中一人，“这是你们的晚餐，把它当作我们的谢意收下吧，我们总是劳驾你们来开闭城门及路障”。

当守卫们正准备收好商人的礼物时，最后一辆马车却倾覆在吊桥上。紧接着，

▲ 法军突入沙特尔

车夫们围了上来，他们从上衣中亮出了武器——这是一群伪装的法军士兵！与此同时，车上的木桶中也跳出了两个武装者，他们从装盐的桶子里拿出了斧子和战戟等武器，迅速杀死部分敌人，控制住城门。一声号响后，约 3000 名法军在奥尔良私生子让、拉乌尔·德·戈古尔和拉海尔[1]等人的带领下从城外约 1/4 里格处的隐蔽处跳出，径直向沙特尔冲来。部分逃得性命的守卫撤向城内。他们一边跑一边喊“武装起来！”唤起民兵和守军。

法军并不担心城内敌人的反击，参与这次密谋的还有一位多明我会修道士让·萨拉赞(Jean Sarrazin)。此前一日，他已经鼓动市民去听他将要举行的一次布道——这对拯救他们大有益处。于是，当大批法军列队进城时，沙特尔的大部分人

① 通过法王承担部分赎金——当然他也不得不发出信件、派出专员，向里昂等优良城镇筹集这笔数目——拉海尔已经获得了自由。

正聚集在城市的另一头聆听布道。警报响起后，大部分人都惊慌失措地奔回家中。一些胆大的人披上盔甲，拿着棍棒等武器跟随勃艮第派的沙特尔主教让·德·弗斯蒂尼（Jean de Festigny）抵御入侵者。迎接这些人的是一阵箭雨。装备精良的法军大部都已入城，而且占领了大片街区，士兵们一面前进一面大喊着“国王万岁！和平！和平！”双方的对射没有持续多久，法军便如汤沃雪地瓦解了勃艮第党人的抵抗。守将威廉·德·维勒讷沃（William de Villeneuve）骑着马逃出了城市，身后还跟着100多名弓箭手和逃难者。法军一直推进到市场，然后分成数支小队，到剩下的街区内清剿残敌。现在，敌人都在拼命逃跑，这次行动已大功告成。法军一共杀死了近百名抵抗者，让·德·弗斯蒂尼也位列其中。另外他们还俘虏了500多人，这些人都缴纳了高额赎金。次日，法国人处决了数名“为英国人统治”之人。

两天后，查理七世向王国内的优良市镇宣布了这个喜讯。而北方的英国和勃艮第人仍不甘心放弃沙特尔。巴黎总督西蒙·莫维耶来到附近，试图联系城中的亲英派夺回沙特尔，但城中的教务会最终向法王屈服。他们认可了国王支持的罗贝尔·德·奥弗涅（Robert d'Auvergne）出任新主教。此外，查理七世在6月顺应市民的愿望签署信件，批准了城市及周边地区的特权，保留了忠于王室的人员收益，平息了城市内的疑虑和纷争。一支部队进驻了这个已坚定倒向法王阵营的城市。奥尔良私生子让作为总代理官统领这些士兵。掌握沙特尔使法军在博斯平原上建立了一个坚固的据点以及一个向法兰西岛出击的新支点。他们迅速在中部战线上打开了一个缺口。而巴黎不仅失去了一个重要的给养来源，而且还将面临西南方向上的威胁。

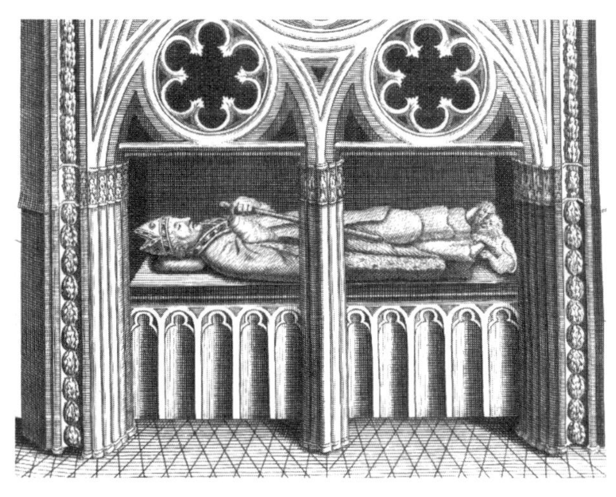

▲ 罗贝尔·德·奥弗涅

这类通过与商人等人联系，夺取城市的密谋在其他地方也层出不穷。查理七世经常雇佣修道士充当间谍以及密使。巴黎和蓬图瓦兹都发生过献城密谋。下诺曼底的英国当局也早已风声鹤唳。另一位多明我会修道士曾试图将阿让唐交给附近邦斯穆兰的法军守卫。于是，英国人逮捕了经常去邦斯穆兰的商人纪尧姆·迪·瓦勒（Guillaume du Val），并对他严刑拷打。实际上，纪尧姆频繁出入于敌营的原因只是为了交付其贸易合伙人的赎金——去年安布鲁瓦兹·德·洛雷对卡昂的突袭使他的同伴成为人质，法军的价码是2000萨吕的现金、两块银布料以及其他一些小物件。而当可怜的纪尧姆沉冤昭雪时，他的一只手和一条腿已经残废。

尽管献城的密谋越来越频繁，但贝德福德公爵约翰却无法遏止——他难以保证英国占领区的经济以及生活必需品的充足供给。由于人员和资源方面的缺乏，他甚至难以保证这些地方的和平和安定。在夺回卢维耶后，贝德福德公爵曾应诺曼底等级会议的要求组建了一支包含300名骑兵和900名弓手的部队，并把它交由英方的旺多姆伯爵罗伯特·威洛比领导——他同时也是下诺曼底边境的代理官。威洛比的任务是收复塞镇周围20英里范围内，包括邦斯穆兰、圣塞纳里在内的数处堡垒，将法国势力赶离下诺曼底地区。

因此，也就在4月前后，旺多姆伯爵罗伯特·威洛比和马修·高夫带领这支部队和一队庞大的炮兵辎重队伍开始围攻圣塞纳里。此地的法国总督是安东尼·德·洛埃（Anthony de Loreuil）。他带领守军顽抗抵抗。英军还将圣塞纳里围困了近一个月，一心要占领此城。

得知圣塞纳里被围的消息后，安布鲁瓦兹·德·洛雷立即向阿朗松公爵让提出应该组织队伍前去解围，同时他还向后方的安茹友军求援。代替兄长守卫公爵领地的安茹的查理派出了让·德·比埃伊和皮埃尔·德·布雷泽（Pierre de Brézé）等将领率部前去救援。法军集结了1100人左右。德·洛雷将营地设在离圣塞纳里有15英里远的2座小村庄博蒙和维万（Vivoin）中。萨尔特河（Sarthe）穿过其间，两部法军之间只有一座小桥相连。不过，在召开的军事会议上，将领们却认为这支部队还不足以赶走敌人。

正当法国人犹豫不决时，英军得知了相关情报。马修·高夫立即决定用突袭击溃对手。他从围城队伍中抽调出一支约600人的分队，亲自带领他们在夜色掩护下南下，悄无声息地接近萨尔特河右岸的维万。高夫派出了斥候，他们发现法军的警

卡朗唐
巴约
卡昂
利雪
圣洛
奥东河畔欧奈
迪沃河
迪沃河畔
圣皮埃尔
维尔河
图克河
格拉维尔
维尔
奥恩河
里勒河
圣让-勒托马
阿让唐
伊通河
热内
阿夫朗什
圣米歇尔山
邦斯穆兰
阿尔德翁
栋夫龙
塞镇
萨维尼莱弗约
阿朗松
圣塞纳里
贝莱姆
富热尔
维万
博蒙（勒维孔特）
锡耶勒纪尧姆
那维纳莱
孔利
圣叙藏
拉瓦勒
勒芒
萨布莱
圣洛朗代莫尔捷
萨尔特河
卢瓦河
马耶讷河
昂热

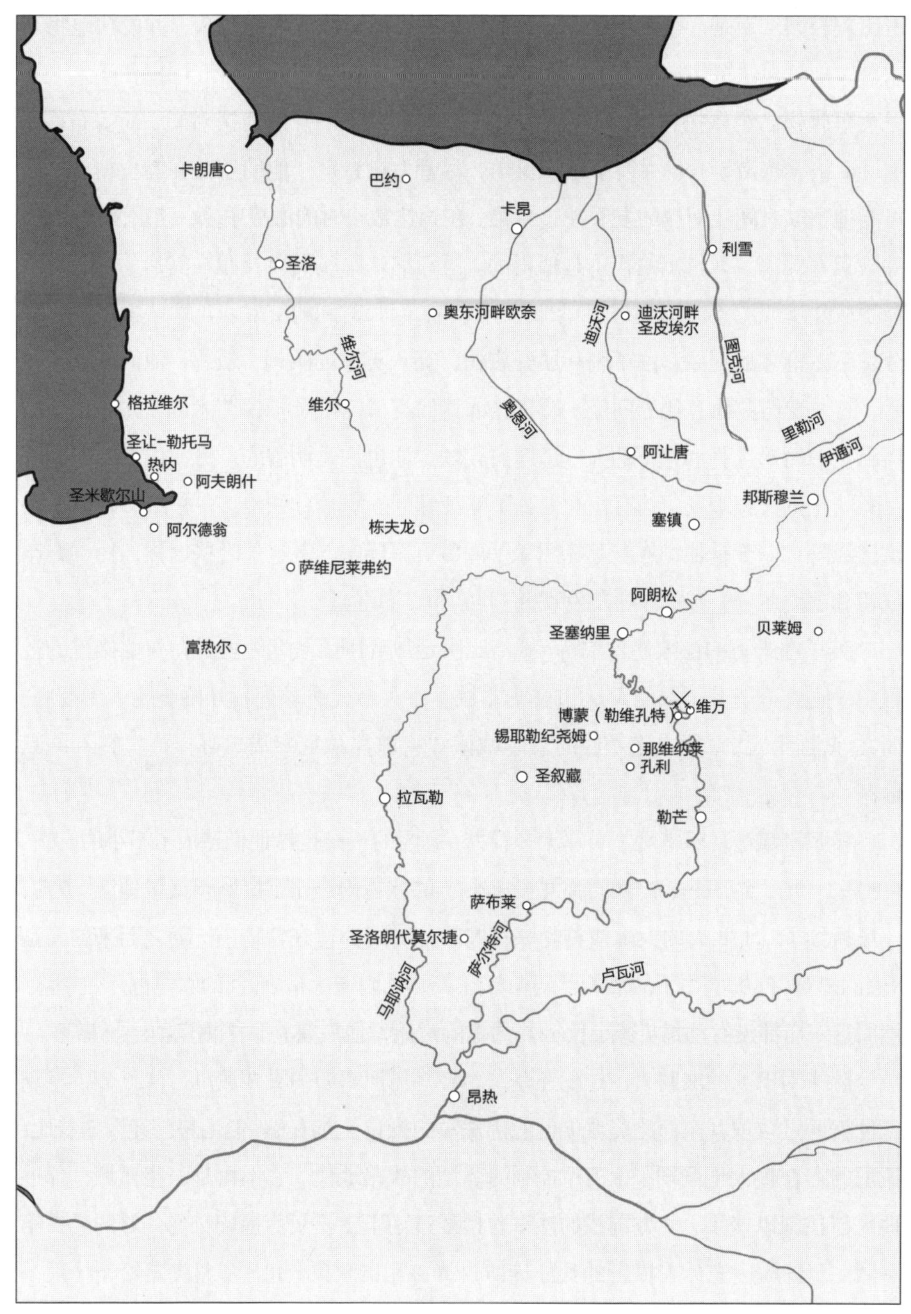

▲ 下诺曼底—安茹地区

卫比较松懈。于是，在拂晓之际，这部分英军突然对敌人发起猛攻，并成功地将其击垮。一时间法军伤亡惨重。交战的喧闹声惊醒了在博蒙的让· 德· 比埃伊等人。看见英军旗帜已经飘扬在维万上空后，他们匆忙披甲上马开始增援对岸。而安布鲁瓦兹· 德· 洛雷也带着一队弓箭手组织反击。尽管力量悬殊，他们还是在奋勇搏斗，尽可能地争取时间让对岸的友军冲过桥梁。在长达数小时的激战中，德· 洛雷面部受伤，并被英军俘虏。他付出的代价是值得的。近百名法军骑兵以及跟在其后的数百名弓箭手从左岸源源不断地通过桥梁加入了战斗。而长时间的交战使英军队形涣散，部分人还在抢夺战利品。法军骑兵展开旗帜，突入英军的队列。最终，他们压倒了对手。高夫受伤被执。他的同僚，没有继承其父英勇气概及指挥艺术的索尔兹伯里伯爵私生子约翰选择和余下的人一起逃离战场。他也许是明智的，另一位名叫阿瑟的英国骑士则命丧疆场。约有 400 名英军非死即俘。更糟糕的是，一些法军以为德· 洛雷已经阵亡，于是他们在狂怒中屠杀了许多英军俘虏。但这天晚些时候，让· 德· 比埃伊和皮埃尔· 德· 布雷泽所部发现并夺回了德· 洛雷。

英军在维万的惨败使罗伯特 · 威洛比决定放弃围困圣塞纳里。在匆忙撤退的过程中，他被迫遗弃了数门大炮和攻城器械。不久后，法军重新开始袭扰下诺曼底。而在东北面，法军趁上诺曼底的蒙修城堡守将前往拉尼参战之际，再次突入维默地区。

拉尼围城战已经消耗了英军太多精力。恶劣的气候也给他们造成了不小的麻烦。6 月底，一场“ 约 16 法寸，如同弹丸般大小” 的冰雹雨袭击了拉尼和莫城地区。7 月，一场持续了二十四天的大雨使英勃联军大部分时间都待在营地内。随之而来的又是 8 月的酷暑，连那些用于酿酒的葡萄树都在炙热的阳光中枯萎，河的水位也开始暴涨。然而这一切都没有动摇贝德福德公爵约翰的意志，他发誓在拿下据点前绝不撤军。

除去对巴黎的威胁外，拉尼还是法军在马恩河下游的重要渡口。1420 年，亨利五世就通过攻取其东面的莫城促使北部法军的抵抗土崩瓦解。但局势已经今非昔比，拉尼的存在极大地削弱了由英军控制的莫城的战略地位。它不再是一座孤城，邻近地区都在施以援手。北方前线的法军曾拦截过南下支援贝德福德公爵约翰的勃艮第军队。尽管周边充斥着横行的兵匪连队，特鲁瓦市政议会也于 5 月决定给予拉尼一定帮助。邑督下令集结所有志愿者，前去支援守军。市政议会征收新税用以支付他们的薪水。7月初，特鲁瓦筹集的火药和其他军需终于抵达拉尼。

然而英军持续的火炮轰击使拉尼的城墙、城门以及其他多处遭受损毁。贝德福德公爵约翰曾数次诱劝城内守军投降，但均被拒绝。守军还用船在河上搭起了一座浮桥继续维持和其他地区的联系。7月，敌人开始全面围困城市。随着封锁链的勒紧，法军的给养开始短缺。二十多年后，一位王室卫队的老兵回忆，当时不得不杀了自己的战马充饥。现在，只有法王会派兵解围的信念才支持着这些人坚守下去。

查理七世的手头并不宽裕。当年6月，他召开了朗格杜瓦地区的三级会议。针对宫廷提出的资金要求，昂布瓦斯代表在7月发明了一项新的间接税——对所有进出口商品和粮食的商品税——以应付促成王国和平，维持王后及道芬路易开销的费用。显然，它的收益并不可观。此时，富瓦伯爵让也主持了朗格多克地区三级会议，他只收到了12万金穆顿用于支付当地及吉耶讷边界军队的开销。显而易见，组织援军还需要一段时间。

查理七世只得不断写信给布里及香槟地区，督促附近市镇向拉尼输送谷物面粉，加大支援力度。7月12日，在国王的压力下，特鲁瓦市政议会决定再次输送士兵、粮食、军需。沙隆及其他地区也接到命令购买谷物，通过马恩河运往拉尼。与此同时，查理七世的御前会议也在筹措资金，像以往一样，乔治·德·拉特雷穆瓦耶又位列政府的贷款人名单之首。最终，他们集合起了一支由奥尔良私生子让、布萨克元帅让·德·布罗斯、吉勒·德·雷、拉乌尔·德·戈古尔、让·波顿·德·桑特拉伊和他的兄长、拉海尔以及已冠上了里瓦德奥伯爵（Count of Ribaldo）头衔的罗德里格·德·韦昂堂铎等一批著名将领领导的援军。这些法军在奥尔良集中。他们并未选择从香槟方向解围，而是由默伦渡过塞纳河，然后穿过布里，由西面接近城市。一路上，他们集聚了各地区的守兵，在8月初到达拉尼近郊时，人数已与英军相当。

贝德福德公爵约翰得知法军逼近后，派出使者表示自己乐意交锋，并向他们询问战斗的时间和地点。法军回应道，他们无意主动挑战，但在“方便以及惬意的情况下”会试试身手。法军推进到了离城市约1/4里格处，贡杜瓦小河旁。贝德福德公爵让主力驻扎在营垒里，派出一些小分队前来攻击。双方发生了试探性地交锋，这些战斗并未取得决定性战果，但法军明白要继续前进就必须同英军主力接触。当天夜晚，法军在离古维尔尼（Gouvernes）不远的森林边扎营。解围前景并不明朗：法军将在明日经历一场面对敌方阵营中最优秀统帅的大战。此人手握重兵、战功赫赫，而己方并不具备明显的兵力优势，士兵素养亦令人担忧。罗德里格·德·韦昂堂铎的部下甚至在增援途中顺手抢掠了蓬勒瓦（Ponllevoy），并向修道院勒索赎金。

法军指挥官连夜拟出一个谨慎的方案：全军分为三部，其中由“骑兵以及所有贵族方旗骑士”组成的两部将佯攻圣蒂博山地以东直至希尼森林之间的敌军，包括其营垒，奥尔良私生子让将亲自指挥他们；让·波顿·德·桑特拉伊的兄长以及罗德里格·德·韦昂堂铎将带着配有车队的第三部渡过贡杜瓦河，从西面经由圣蒂博山地旁的草地平原接近拉尼，负责将补给和增援守卫送入城内。

第二天——8月10日——法军依计行事。观察敌人的攻势后，贝德福德公爵约翰也将主力分为三组，分别前往受敌人攻击的地区和他们对抗。同时，他还将部分骑兵留在麾下，与一支驻扎营垒中的队伍一起作为预备队。这场战斗便围绕着贡杜瓦河及北面的草地全面展开。英军的骑兵在贡杜瓦河两岸及附近地区和法军骑兵展开交锋。两军周旋攻守，迭进迭退，一时间战局变幻不定。

法军重点布置的是城南面及西面的桑特拉伊的兄长以及罗德里格·德·韦昂堂铎部，他们决定着解围行动的成败。此时西班牙雇佣兵已经击溃了奉命拦截的英军右翼利勒亚当大人让·德·维利耶部，他们迅速穿过草地奔向西南的瓦什雷斯城门（La porte Vacheresse）。这里的英军围城部队已经占领了城门前的一个小堡，并在上面竖起了一面贝德福德公爵约翰的旗帜，鼓舞其他地区的友军。不过，他们的高兴劲并未持续多久。法国援军的到来使守城者士气大振，他们重新从正面向围城者发动猛攻。罗德里格也迅速赶到了敌人的后方。两面夹击之下，“任务过多”的英国围城部队一败涂地，被赶出了城堡，向东面营垒方向溃逃。罗德里格随即命令跟在队伍后面的马车队进入拉尼。

眼看部下交战失利，贝德福德公爵约翰急忙召集剩余的守备部队，命令他们立即冲出营垒，攻向瓦什雷斯城门。沿途溃散的英军和勃艮第军也加入了他的队伍，并突破了法军的前沿阻拦队伍，直趋城门下。这时，法军的马车队还排着长队停在吊桥上，一辆接一辆地等待进城。形势十分危急。罗德里格·德·韦昂堂铎连忙组织防御：他命令自己一半的部队进驻先前克复的小堡，另一半转身迎敌。

▲ 拉尼守军的反击

至此，两军陷入惨烈的近身格斗，整个战场尘土飞扬。围城工事间的狭窄战线犬牙交错，士兵们紧握利剑，剑尖指向对手的咽喉。“如此多的法国人和英国人混在一起，一人夹杂于其他人之中，以至（他们）经常分不清谁是友军谁是敌人。”此时，小堡的作用凸显了出来，它为法军提供了引导、支援以及救护等帮助。负伤者可以撤进其中，里面的预备队也可以及时抽调到战场上。指挥者让他们以 10 人或 20 人为一组，轮流派出城堡一段时间，因此部署在第一线的总是精神抖擞的生力军。“由于缺乏类似的对策，英国人直至筋疲力尽时也未夺得一法寸土地。”

这天的天气也非常炎热，习惯于步战的英军倍感煎熬。作战中，他们被迫从战场一端奔赴另一端。持续的压力以及沉重的铠甲使他们几乎窒息。甚至连身材壮硕，容易激动的贝德福德公爵约翰也因热浪的炙烤而身染疾病。在 4 点左右，他无奈地下达了撤军信号。筋疲力尽的英军从战场退回营垒。而罗德里格·德·韦昂堂铎也完成了任务。他送入了二三十头公牛、大批用麻袋装的面粉、一些军火以及 80 多名援军。拉尼的守卫力量得到了一定程度的恢复。

▲ 贝德福德公爵的纹章

但这次行动并不是毫无代价的。法军最严重的损失是让·波顿·德·桑特拉伊的兄长，他阵亡在战场的南端——也是战斗激烈之地。而奥尔良私生子让、桑特拉伊和拉海尔等人也在其他战场上与英将托马斯·克瑞尔以及菲利伯特·德·伍杜埃、阿蒙领主等勃艮第将领的联军鏖战了很长时间，他们击杀了数名敌军裨将——英国人在战场上留下了近 300 名被杀或者因炎热而倒下的士兵。

夜幕降临时，罗德里格·德·韦昂堂铎部与法军主力会合，一同回到古维尔尼的营地过夜。尽管法军既未打破英军的封锁链，也未给予重创，他们也并不想与敌军继续纠缠。三年多持续不断的战争早已使英军在布里和法兰西岛东面的防线千疮百孔。除去贝德福德公爵约翰的围城主力外，他们在拉尼周围地区的力量十分稀薄，这使法军有极大的斡旋空间，可以较为自由地选择接下来的进军路线。

在随后的行动中，法军没有直接攻击英军主力所在的营垒，而是转向东面，在拉弗尔泰附近渡过马恩河，前往蒂耶里堡，做出要退入香槟地区的假象。接着，他们突然转变行军方向，沿马恩河的右岸向米特里（Mitry）大步挺近，颇有从北面长驱直入直取巴黎之势。贝德福德公爵约翰闻讯后大惊失色——巴黎周边并无重兵可

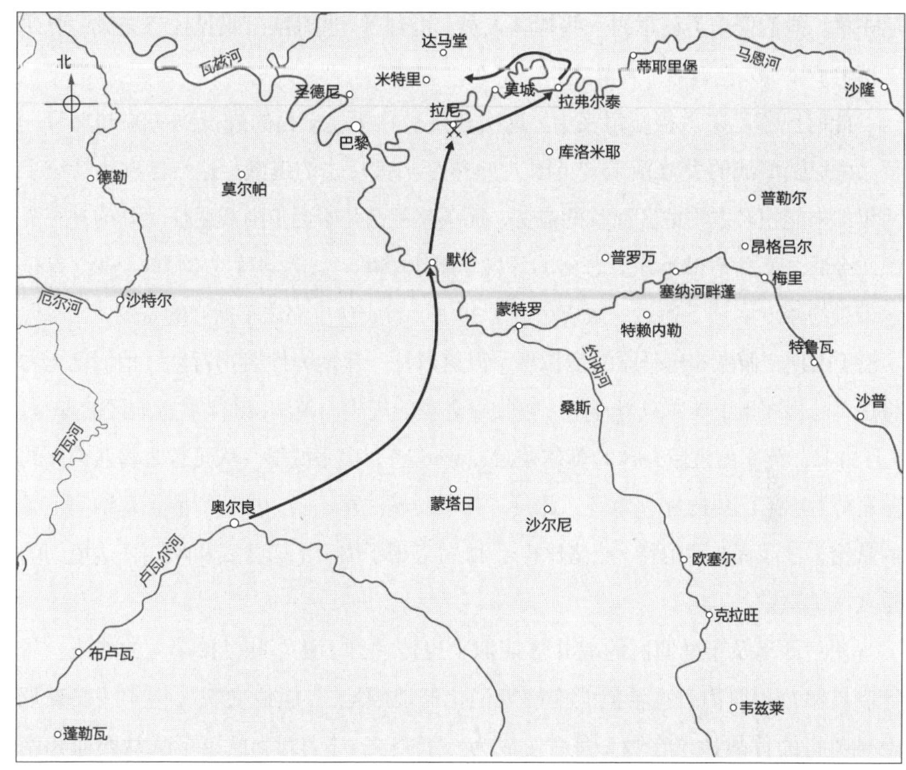

▲ 拉尼解围战

以阻击对手。他集合队伍，并传讯给法国人要求再决雌雄。但法军声称他们已经达到了目的，无意继续在拉尼地区奉陪。这时，英国国内党争的恶果终于体现，格洛斯特公爵汉弗莱和红衣主教亨利·博福特之间的相互倾轧使政府筹措经费组建援军的进程受到阻碍。当年内唯一一支本土援军直到 8 月才渡过海峡。显然，它对马恩河的战事爱莫能助，这支军队只有 1200 人。现在，贝德福德公爵已无兵可调，他不可能在维持攻城的同时保卫巴黎。

于是，英军在大陆上最后一次集结重兵的大规模围城战役就这样结束了。8 月 20 日，贝德福德公爵约翰被迫解除对拉尼的围困返回巴黎。英军撤退时十分狼狈，他们“放弃了他们的火炮和准备食用的肉以及这种情况下在巴黎奇缺的酒和面包等粮食”。混乱的英军或经法兰西岛，或经布里方向退却，身后还跟着意欲报复的拉尼守军。他们俘虏了英军的一些掉队人员，抢到了一些马匹。眼见任务完成，奥尔良私生子让等人也解散了大军。

此时巴黎已陷入极端沮丧中。这次耗费了15万金萨吕的战役到头来却功亏一篑。拉尼围城战的失败预示着英国人1430年后大反击的退潮。这一轮攻势持续了两年却未能扭转占领地区面临的颓势，而英格兰已开始逐步削减运往大陆的补充资源。今后，英军不得不在更恶劣的环境下组织战事。虽然蒙特罗总督托马斯·吉拉尔带领约400名部下通过一次夜袭，于10月2日成功攻克法军据守的普罗万，掌握了位于山顶，俯瞰布里平原的恺撒堡，但这只是一起地方性袭击行动。他们已无力将法军赶出布里。英军只得开始大幅收缩进攻的规模与范围，确保重点地区的安全。9月11日，英军占领伊夫林的莫尔帕（Maurepas），夷平城堡，从而暂时将西南面的法军势力逐出巴黎的邻近地区。此外，英军还趁法军不备，重新夺回了塞纳河上游的默伦。在西面，罗伯特·威洛比也于12月夺得了位于下诺曼底和阿朗松边境间的重要城镇塞镇。

法兰西岛及布里地区的战斗热情似乎也传递到了法军和勃艮第人的战线。尽管勃艮第公爵腓力一直希望能安静地消化低地领地。[①]但他发现去年年底与查理七世签订的休战协议在数个月后便成为一纸空文。3月，勃艮第军队从西面和南面对香槟发起攻击，夺取了塞纳河畔蓬、昂格吕尔、普勒尔（Pleurs）、沙普等据点。随后数个月中法军展开反击，收复了昂格吕尔、普勒尔等地。在北面，驻扎于皮卡第的大批勃艮第将领并不能阻止对手的渗透。法军以布勒特伊为据点，频繁袭扰索姆河东岸的亚眠和桑泰尔地区，他们还修复了奥尔努瓦（Hornoy）等数个小城堡，试图掌控维默地区。而勃艮第的泰尔南领主（Lord de Ternant）等将领则在东面勒泰勒地区穿起带有红十字架的衣物还以颜色，袭击拉昂地区的法军城堡。

值得注意的是，随着勃艮第公爵腓力的战争热情渐渐冷却，昔日那个庞大的勃艮第阵营逐渐失去了咄咄逼人的气势，将领们加剧了争夺地盘的内讧。参加完拉尼

① 10月，腓力来到荷兰，迫使埃诺女伯爵杰奎琳归隐庄园，在事实上吞并了荷兰及泽兰的领地。然而，这遭到了神圣罗马帝国皇帝西吉斯蒙德的极力反对。此外，腓力的低地领地也动荡不安。8月12日，根特人发起暴动，反对腓力的货币政策。他们释放囚犯，处死市政公职人员，试图销毁祖传租契，赶走公爵的官吏。公爵在佛兰德的政务会议费尽力气才让这场暴乱逐渐平息。

围城战的菲利伯特·德·伍杜埃、阿蒙领主从前线返回后，并没有急于投入和法军的战斗。他们对萨卢兹领主手中的蓬雷米更感兴趣，两人赶走了当地守卫，占领此城，从而引爆了同萨卢兹之间的乱战。同样的事件也发生在东面。9月，卢森堡的约翰和科梅尔西侍郎再次发生摩擦，双方在利尼和巴尔地区大打出手。

除此之外，腓力领地南端的局势也不容乐观。意识到无法借助勃艮第力量获取领地的奥朗日亲王路易已在朗格杜瓦会议期间前往洛什觐见查理七世。22日，他与法王签订和解协议并因多菲内的领地向法王履行了效忠礼，退出了勃艮第武装序列。而查理七世的宠臣，一贯主张同勃艮第谈判的乔治·德·拉特雷穆瓦耶此时也突然开始采取一些激进的策略。9月早期，他与中书大臣勒尼奥·德·沙特尔等人召开了秘密会议，确定将对勃艮第公爵领用兵。不过，这些人筹划出的进攻计划却杂乱无力。法军随后的行动正如那位宠臣自身一样充斥着诡诈和阴谋。一位名为吉耶讷的使者被派往克拉旺，他告知当地的法军将领，即将进攻的消息。随后他又赶往瑞利（Jully）等地。他们计划让约800人名法军参加这次攻击，这支部队将秘密潜入敌境，以架起攻城梯攀上城墙的方式一举袭取第戎。但10月初，吉耶讷携带信件潜入第戎城中与内应接触时却被勃艮第当局发觉。他立即被逮捕。一番拷打之后，吉耶讷泄露了计划。从某种意义上来说，这次奇袭计划的破产也使那数百名法军士兵避免了兵败的命运——之后的历史将证明，法军这种企图寄希望于少数部队长途急行军后通过突袭夺取敌人中心城市的计划的成功率是极其渺茫的。

乔治·德·拉特雷穆瓦耶还想出了另一个方案：绑架勃艮第公爵的中书官尼古拉·罗兰（Nicolas Rolin），然而法国人一次次设伏的结果只是使罗兰向腓力提出申请，组织起了一支24名弓箭手的私人卫队。另一方面，从冬季开始，法军还向约讷地区发起反击，在来年1月拿下了帕西、莱济讷（Lézinnes）、阿瓦隆（Avallon）。连腓力的妹夫，克莱蒙伯爵查理也毫不介意对大舅子大动干戈，他率军入侵公爵领地南端，袭击马孔地区，其袭扰范围一直延伸到弗朗什-孔泰的多勒（Dole）。①

① 腓力试图通过一系列两方谈判和谈。1433年3月24—28日，在马孔的会议上决定将苏吕台（Solutré）划给勃艮第，努瓦耶（Noyers）和马里尼给法国。虽然克莱蒙伯爵批赞同这个方案，但方案并未得到执行。

▲ 尼古拉·罗兰

乔治·德·拉特雷穆瓦耶之所以在对勃艮第政策上改弦更张，是因为他感受到了来自他人的压力——安茹家族同布列塔尼家族的联系实际上正在挤压他的势力。他往日各种跋扈的行为使大批贵族心生厌恶，贵族们也在秘密联合，策划反对他的密谋。为了保住摇摇欲坠的地位，他一方面是迎合主战派的舆论——这也是为了报复勃艮第公爵腓力先前勾结英国人引诱陆军统帅阿蒂尔占领自己领地的举动；另一方面又偷偷从宫廷外压制竞争对手。与拉特雷穆瓦耶有远亲关系，受法王青睐的元帅吉勒·德·雷就曾与为安茹家族服务的让·德·比埃伊发生过冲突。比埃伊一度被雷俘虏，关在萨布莱，不过比埃伊随后又逃出牢狱，并率领部下攻占此地。在1432年拉尼解围战结束后不久，拉特雷穆瓦耶又怂恿罗德里格·德·韦昂堂铎向卢瓦尔河下游进军。佣兵头子带着约600人进入安茹，来到昂热南面的莱蓬德塞（Les Ponts-de-Cé），建起了一个营地。他要求公爵领地中的人们缴纳贡金，并对阿拉贡的约兰达及其幼子安茹的查理发出挑衅，要求给他“补偿”。

乔治·德·拉特雷穆瓦耶意图通过此举排挤安茹家族在宫廷中的势力，迫使他们将注意力转移到自己的领地中。不过安茹的查理无意退出宫廷，他决定让本地的部众自行解决。9月，安茹的封臣们奉命动员起来，带领他们赶走佣兵的任务落在了让·德·比埃伊身上。然而罗德里格·德·韦昂堂铎对这位青年将领勒令自己撤离此地的要求嗤之以鼻——让·德·比埃伊只有约100名骑兵和300名弩手。

因此，双方只能兵戎相见。当让·德·比埃伊来到罗德里格·德·韦昂堂铎的设防营地前时，他发现出马车搭成的路障保护着入口，罗德里格的骑兵也聚集拱卫在这条狭长的甬道间。比埃伊命令一部分骑兵在营地外巡游，做出攻击姿态。同时，他带领另一部分骑兵下马，在数百名弩手的支援下对路障后的敌人发起冲击。罗德里格的骑兵队列——也许他们的本意只是虚张声势——很快便因无法施展而陷入混乱，比埃伊的部众迅速突破路障，撕开敌军战线，深入内部。罗德里格的步兵也无力抵挡安茹步兵的突击，他们中的大部分人都被击溃，只有少许精锐还在抵抗。混战中，安茹弩手一直冲到对手的辎重行列间，掠取了一些战利品。

处于人数劣势的让·德·比埃伊并未恋战，眼见己方已占上风，他便发出撤退信号，迅速脱离了战斗。三十多年后，这次小胜被比埃伊摘录进自己的小说《青年》(Le Jouvencel)里。在这篇实际上是为了启迪后辈的半自传体式作品中，比埃伊向他们传授了此战的心得：在不够宽阔的场地中，骑兵的战斗价值十分有限。

习惯于剽掠乡间的罗德里格·德·韦昂堂铎被让·德·比埃伊劫掠了一番后，不禁恼羞成怒。佣兵头子在比埃伊身后咆哮诅咒，声称要挑战安茹的查理。不过随后他却带着部下放弃莱蓬德塞，离开安茹，前往图赖讷——那里有比埃伊的封地。比埃伊紧随他渡过卢瓦尔河，一直追到南岸。尽管比埃伊仍在同佣兵连队缠斗，但他的封主已打算收手。法王宫廷已经迁往昂布瓦斯，罗德里格像一个受害者一样声称自己遭到虐待。随宫廷同行的安茹的查理不希望因纷争失去国王的恩眷，因此他派出了图赖讷邑督对双方调停安抚。于是，缓过神来的罗德里格又杀回卢瓦尔河谷，打算从当地居民身上弥补自己的损失。他恐吓这里的城镇，勒令图尔送给他一匹骏马。市民们被迫将状子呈递到御座下，这才争取到了要求罗德里格撤回的通告。但它的作用只是使罗德里格想出一个新的敲诈手法而已：数周内，他又在卢瓦尔河桥梁的一头建起关卡，向来往行人车船勒索贡金。抱怨信继续发往宫廷，法王被迫答应会将西班牙人赶走。直到11月底，罗德里格才拔营离开。图尔人总算松了一口气，下一年他们的抱怨对象将转为苏格兰佣兵。

风起萧墙

1432年11月，在英国人筋疲力尽后，特使尼科洛·艾力贝尔格终于在欧塞尔成功地举行了一次三方会谈。但当英国、法国及勃艮第代表坐到谈判桌上讨论一番后，决定还是回到战场上继续厮杀：英国人早在去年5月就已决定，为了不违背《特鲁瓦条约》，在亨利六世成年前将不签署任何和约。不过，他们提出可以先签订一个停战协议。法国人则强调自己加入停战谈判的首要条件是亨利六世放弃对法国王位的要求，这立即遭到了对方的拒绝。他们又提出那些在阿金库尔战役中被俘的法国贵族也应加入到谈判进程中，结果英国人发觉自己事先没有得到关于这方面的指示。而似乎想超脱两派之间的勃艮第公爵腓力开出的条件主要是获得香槟领地，但法国人已无意再割让领土。大家都觉得对方开出的条件过于苛刻。最终，这次会谈的唯一成果是三方约定他们将在1433年3月再次会晤。实际上，这场战争的性质决定了在局势明朗前，全面实现休战的目标注定是漫长而且充满争端的。

既然和谈无望，战争就得继续下去。自拉尼围城战失败后，拉尼守军就开始以一周数次的频率袭扰巴黎，直达城门下。法军的攻击极大地阻碍了巴黎获取所必需的木材和食物等重要物资，使城里的人们陷入艰难的境地。这种令人绝望的状况还将持续多年，城市也不可避免地衰弱下去。大片的杂草在街道上蔓延，越来越多的人开始拆除无人居住的房屋当作取暖的木柴，以至于当局不得不下令禁止。由于缺乏资源，卫生状况也变得更加糟糕，疫病开始流行，冬季的到来使它更加肆虐。很快，它便攫获了一个重要的牺牲品——1432年11月13日，贝德福德公爵约翰的妻子安妮染病身亡。

巴黎人对这位“美丽而且善良”的公爵夫人的去世非常痛心。的确，勃艮第的安妮虽然没有给贝德福德公爵约翰带来子嗣，但她生前却致力于维护贝德福德公爵与勃艮第公爵腓力之间的关系，鼓励他们共同对抗查理七世的法军。现在，随着安妮被葬入塞勒斯坦（Couvent des Célestins），捆绑在腓力身上的血亲纽带也同她一起消失了。巴黎人开始暗暗担心英格兰和勃艮第联盟的前景。

除妻子去世外，贝德福德公爵约翰还接连遭受了新的打击。12月，参加完拉尼围城战，返回圣洛的守将拉乌尔·泰松发起了叛乱。事发突然，坐镇鲁昂的阿伦德尔伯爵约翰·菲查伦急忙召集城内的守卫迅速穿过大半个诺曼底赶到圣洛。由于阿伦德尔伯爵的果断行动，泰松意图联合阿朗松公爵让派来的援军拿下城镇的计划宣告失败，他被迫带着家族退往圣米歇尔。今后，他将从这个据点出发，经由海路对科唐坦半岛展开报复。

1432 年到 1433 年的冬天仍然寒冷。霜冻一直持续到复活节。塞纳河也再次结冰，导致船只无法将给养运往巴黎。城市的供应十分艰难，这里的市民再次抱怨道:“在巴黎没有面包可吃——除了那些过去用来喂狗的(食物)。”

持续的危机以及本土援助的乏力迫使贝德福德公爵约翰不得不在大陆上寻找新盟友。在卢森堡的路易的建议下，贝德福德公爵答应迎娶其侄女，圣波勒伯爵皮埃尔(Pierre I，Count of Saint-Pol)的女儿杰奎塔(Jacquetta)。这位新娘只有 17 岁，但公爵更看重的是她身后的家族势力。圣波勒伯爵和其弟卢森堡的约翰是勃艮第阵营中为数不多的仍在同法军全力作战的将领之一。贝德福德公爵有必要笼络他们。此外，杰奎塔的圣波勒伯爵之女身份使贝德福德公爵能继续在阿图瓦拥有立足之地，并借卢森堡家族的影响力，进一步增强英国与北方低地地区的联系。同时，贝德福德公爵也希望年轻的妻子能为自己带来合法子嗣。

在卢森堡家族的三兄弟看来，与贝德福德公爵约翰联姻有着巨大的利益。在近二十年内，他们通过参加由勃艮第公爵们发动的战争在法国东北部夺得了大片土地。一直以来，圣波勒伯爵皮埃尔和卢森堡的约翰都希望能名正言顺地拥有这些战利品。在勃艮第公爵腓力的调解下，受制于人的安茹的勒内不得不放弃被这两人霸占的土地。当年夏季，勒内将在大批本地、邻近地区的官员、贵族公证人以及一些帝国人员的见证下，正式把吉斯伯爵领永久性转让给卢森堡的约翰以及他的继承人。根据蒙斯特勒莱的编年史记载，卢森堡兄弟在割让的博安城堡(Bohain)中摆出“荣耀而且盛大的筵席”款待勒内。在数天后，“对他们非常满意”的勒内离开此地——显然慷慨解囊的主人更在意的是吉斯领地给他们带来的收益。

并不是每块掠来的地盘都能如此顺利地合法化。随着局势的扭转，越来越多的法军出现在皮卡第前线，向勃艮第将领的辖区频繁进攻，试图夺回失地。就在年初，法军架起攻城梯翻过城墙占领了位于索姆河口的圣瓦勒里(St.Valery)，整个蓬蒂约地区皆受震动。法国人威胁着周边的勃艮第和英国军队以及河口的安全。卢森堡家族的战争领主们感觉到了危机，他们确实需要联合与法王不共戴天的英军来保住自己的赃物。

1433年4月20日，贝德福德公爵约翰的婚礼在卢森堡的路易的主教首府泰鲁阿讷举行。这是一座位于阿图瓦领地中的富庶城市。为了讨好公爵，卢森堡的路易特意在宫殿中举行了盛大的婚宴。据时人所述，那位新娘“活泼、美丽而且彬彬有礼”。贝德福德公爵对妻子十分满意。他自掏腰包，从英格兰运来两座大钟送给泰鲁阿讷教堂，纪念这个时刻。

然而，严峻的局势并不允许公爵沉浸在温柔乡中。此前不久，加来守军因英国当局长期拖欠薪资发起过哗变。他们扣留了属于英国大宗商品专卖商协会（Merchants of the Staple）的出口羊毛，逐出了贝德福德公爵约翰在这里的代表威廉·欧德霍尔（Sir William Oldhall）。

在与叛乱者的谈判中，贝德福德公爵约翰答应以本地海关收入作保，先支付士兵们的欠薪，哗变因此得以平息。但当贝德福德公爵进入加来后，第一项行动就是恢复当局的权威。公爵取消了先前的承诺，并下令逮捕反叛者。有120人遭到驱逐。婚礼结束数天后，贝德福德公爵再次赶回加来，亲自参加了审理反叛者的工作。最终，有4人被判死刑，110人被流放。

贝德福德公爵约翰如此迅速地镇压哗变，也有着其他方面的压力。按照去年的约定，英、法、勃三方代表于3月在塞纳波尔（Seine-Port）重新开始停战谈判。这是位于科尔贝和芒特之间的“一座不堪居住的村镇”。英国摆出了善意姿态，提出可以在加来继续谈判——应法国人上次的要求，阿金库尔的战俘们将被带到多佛尔（Dover）。如果在加来会谈，法国人将会得到许多便利。亨利·博福特、格洛斯特公爵汉弗莱等英国御前会议大臣都将抵达加来。这次轮到法国人措手不及，他们也未得到相关指示。英国人似乎弄巧成拙：尼科洛·艾力贝尔格返回法国宫廷前去斡旋，而法国代表一直拒绝前往加来。谈判几乎陷于停顿。

4月下旬，格洛斯特公爵汉弗莱等人到达加来后，便与一些法国同僚一起同贝德福德公爵约翰召开了联席会议，商讨如何应对当前形势。与会者充分体会到了时局的艰难——经过一年多的发展，法国人又可以频繁地深入袭扰诺曼底和法兰西岛。

在2月，法军重新夺回了塞镇——而摄政兄弟二人的关系也暗潮涌动。贝德福德公爵指责弟弟执政失败，令英格兰的财政濒临破产边缘，导致本土无力供应他急需的人员、军资。格洛斯特公爵则反唇相讥，声称兄长的能力不足才导致了战事的恶化。因此，这次会议成果寥寥。贝德福德公爵获得的唯一援助是由亨利·博福特提供的一笔1万马克的贷款。在决定对敌人全面反击的同时，贝德福德公爵已经对格洛斯特公爵领导的英格兰政府极度失望，他萌发了亲自返回本土调查财务状况的想法。此后，格洛斯特公爵、博福特以及英国御前会议大臣代表在此地一直等到5月23日，法王代表却一直拒绝前来。

对英勃联盟来说尤为不幸的是，在此期间，贝德福德公爵约翰和勃艮第公爵腓力的关系还发生了微妙的变化：贝德福德公爵与卢森堡家族联姻原本是为了加强同勃艮第阵营的联系，但实际上腓力对这桩婚事异常恼怒。贝德福德公爵在如此短的时间内另寻新欢已令他不悦，而更令他无法容忍的是作为其封臣的圣波勒伯爵皮埃尔在嫁出女儿前并没有寻求他的准许，而且这场婚礼还是在他治下的阿图瓦领地内举行——虽然那是一片不受他管辖的王室飞地。在卢森堡家族的独立性日益增强的同时，腓力同贝德福德公爵之间的关系正在恶化。

亨利·博福特觉察到了这点，担心英勃联盟出现裂痕的他利用自己同两人间的特殊关系，于5月底在圣奥梅尔组织了一次特别会议，希望两人重归于好。但博福特的努力无济于事，到达此地的两位公爵都没有向对方屈从的意愿。他们借口荣誉和自尊都不愿迈出会见对方的第一步：贝德福德公爵约翰认为凭借更高一级的摄政身份理应在家中接见腓力，而腓力拒绝了这个要求，他认为在自己的领地中应该等待对方上门拜访。他们就这样僵持了一段时间。最后，两位公爵各自愤怨地离开此地。博福特巩固英勃联盟的希望也化作一场空。

6月，费尽力气的教皇使者红衣主教尼科洛·艾力贝尔格终于将英法两方代表重新聚拢到塞纳波尔继续谈判。但法国方面能提供的只是一份为期四个月的停战协议——短到令英国人怀疑他们只是为了让正被围攻的据点得到喘息。对此，法国人的解释是“只有外国人在他（指法王）的战争中效劳，他已经把乡间放弃给了他们，而在这方面（停战）他们也不会服从他”，感到对方毫无诚意的英国人立即拒绝了这个方案。无法完成任务的艾力贝尔格只得放弃，并返回巴塞尔汇报战争仍在继续。

消息传到巴黎后，市民们认为英王的法国中书大臣卢森堡的路易等人无意争取和平，自己将长期忍受战乱之苦。一时间，城市里群情激奋。参与谈判的人不得不配备卫队以保护自己的安全。

在资源有限的条件下，贝德福德公爵约翰被迫将主要机动兵力从前线撤回，让部队先收复那些还在己方核心区域抵抗的法军堡垒。他将兵力再分成几支 1000 人左右的队伍，交给几名将领，让他们分头出击。战事首先在西面战线展开，去年 12 月就任下诺曼边境地区代理官的阿伦德尔伯爵约翰·菲查伦负责这一系列行动。这位 25 岁的青年将领已经成为英军一颗冉冉升起的新星。接到贝德福德公爵的指示后，他立即组织反攻。法军夺回塞镇几周后，再次被英军赶出此地。3 月 10 日，阿伦德尔伯爵签署命令，赦免了塞镇居民。他的任务完成得如此出色，以至于此后塞镇一直服从英国当局，直至 1450 年。

当英国人调整策略，以小规模进攻的方式逐步廓清那些据点之际，查理七世的政府却仍然举措乏力。王国南部已陷入一系列私战的纷扰中：在去年年底大闹卢瓦尔河谷后，获得了宫廷侍从头衔的罗德里格·德·韦昂堂铎开始向东南地区行进。像以往一样，这里是兵匪的天堂。不少大贵族也在拉拢这名连队头目。波旁公爵的继承人克莱蒙伯爵查理就对罗德里格十分青睐。这个表面上显赫的家族因公爵的赎金而开销巨大，但他们能从领地中汲取的资源却十分有限。因此，主持家族事务的克莱蒙伯爵迫切希望拉拢这些佣兵，将他们收作羽翼。克莱蒙伯爵的两位私生子弟弟亚历山大和居伊亦与罗德里格志同道合。西班牙人的事业因此蒸蒸日上。5 月末，罗德里格迎娶了波旁公爵的私生女玛格丽特（Marguerite de Bourbon）——这种手段和意大利米兰城中的维斯孔蒂家族如出一辙——并因此成为波旁地区二十七个村庄的领主，可以获得 300 锂弗的收益。在佣兵头子飞黄腾达的同时，他的部下们一路劫掠，最终闯入了朗格多克。

1433 年春季，整个朗格多克东部都因兵匪扰掠而心惊胆战。总代理官富瓦伯爵让却对此不以为然，他更在意的是在辖区内收取税金，以便协助弟弟皮埃尔·德·富瓦（Pierre de Foix）—皮埃尔已卷入尤金四世（Eugene IV）与巴塞尔会议纷争中，作为前者的特使，他打算占领阿维尼翁相关领地。为此，打着尤金四世旗号的富瓦伯爵在维勒讷沃设立了总部。尽管朗格多克三级会议已在春季召开过一次，但富瓦伯爵以自己未出席为借口迫使代表们再次聚集到维勒讷沃批准了一笔 7 万金穆顿的课税。直到收足税款后，他才开始猛攻由老对头阿马尼亚克伯爵让四世支持的巴塞尔会议代理人。接下来事件发展正如尤金四世所抱怨的那样，双方“在教会领地上激起谋杀、抢劫、焚烧，”犯下斑斑劣行。富瓦伯爵并不介意自己的军队洗劫城镇，将炮弹倾泻在尤金四世领地的房屋上。[①] 凭借迫使等级会议追加的资金，富瓦家族强大的炮火最终压制敌人，赶走了雇佣兵，顺利地占据了阿维尼翁。

▲ 特使皮埃尔·德·富瓦

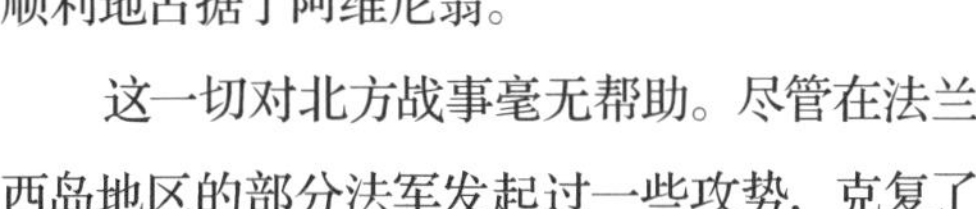

这一切对北方战事毫无帮助。尽管在法兰西岛地区的部分法军发起过一些攻势，克复了瓦卢瓦地区克雷皮，但在西线他们一直处于萎靡不振的状态。也许此处的贵族的大部分精力已被一场政治事件所吸引：查理七世的宠臣乔治·德·拉特雷穆瓦耶是其中的焦点人物。这位宫廷侍从长领着巨额的月俸，但由他掌握的财政却濒临崩溃。同时，他对勃艮第公爵腓力漫长而毫无结果的交涉也饱受诟病。而这位宠臣一面谈判一面策划各种阴谋袭击的手腕也令腓力极端反感。

此外，乔治·德·拉特雷穆瓦耶肆无忌惮地扩张家族势力的行为也为他树敌众多。布列塔尼和昂布瓦斯家族已对他咬牙切齿，安茹家族和他的关系也在急剧恶化。经过一系列事件后，安茹家族认为他们已难以同独霸恩宠的拉特雷穆瓦耶共存。现

① 尤金四世指定了一个威尼斯族亲来管理他在阿维尼翁的领地，引起了当地人的反抗。巴塞尔会议趁机废除了其代理人，指定卡里略（Cardinal Carillo）代为掌管。管理此地的权力最后落到了与阿马尼亚克伯爵关系密切的人手中。同时，卡里略的同乡罗德里格·德·韦昂堂铎也卷入了这场纷争。新婚不久，他便收到了巴塞尔会议的命令。尤金四世也示意身为阿维尼翁特使的皮埃尔反击。皮埃尔请求兄长协助占领阿维尼翁领地。富瓦伯爵再次召开朗格多克三级会议，以抵御罗德里格连队之名，收取战争补助金。富瓦伯爵收集了大批火炮和攻城器械，对准了阿维尼翁。在一阵狂轰滥炸后，曾发誓要坚守到底的城市发生了骚乱。卡里略的军队在围城战中一败涂地，他不得不将城市拱手相让。1433 年 7 月 7 日，富瓦三兄弟进入阿维尼翁。但罗德里格并未将朗格多克的战事放在心上，他现在的兴趣再度转向波旁家族：克莱蒙伯爵查理已经发动了针对勃艮第公爵腓力的战争。于是，游荡的雇佣兵们纷纷穿过多菲内地区，前往北面边界寻找新的机会。

在，这个家族的幼子，安茹的查理已经在宫廷站住了脚跟。这位年轻人因其才华颇受查理七世的赏识。在去年12月22日，他获得了来自国王高达1000金穆顿的赏赐。这是国王第一次赏给有王室血统的权贵廷臣。而接受了国王恩赐的安茹的查理正在暗中参与将拉特雷穆瓦耶赶出宫廷的密谋。

▲ 皮埃尔·德·昂布瓦斯的纹章

布列塔尼家族是这次密谋的主要推动者。1432—1433年，大批被乔治·德·拉特雷穆瓦耶排斥的大小贵族聚集在安茹的查理与陆军统帅阿蒂尔周围——普里让·德·奎蒂维已成为陆军统帅的副官，显然他并未对拉特雷穆瓦耶抱有多少好感；让·德·比埃伊虽然同拉特雷穆瓦耶有一些远亲关系，但他的妹妹安娜已嫁给了路易·德·昂布瓦斯的族弟皮埃尔（Pierre d'Amboise）。这些人认为如果让拉特雷穆瓦耶远离查理七世，将对他们更有好处。而布列塔尼公爵约翰早就和安茹家族组建了政治同盟，他已与约兰达、安茹的查理乃至王后秘密联络，并获得了他们的支持。在此期间，一个事件加快了计划的进程：位于加蒂奈地区的重镇蒙塔日突然沦于敌手。这是佩里内·格雷萨以及他的族亲弗朗索瓦·德·叙维恩的杰作。在一名妇人的引诱下，蒙塔日城堡守将的理发匠收了英军贿赂，助他们攀上城墙，夺取城堡。无险可守的法军最终丢失了市镇。立下大功的理发匠从格雷萨手中拿走了2000埃居的巨款，但格雷萨仍大赚了一笔——贝德福德公爵约翰允诺格雷萨拿下此地的价码是1万萨吕。之后，叙维恩的部将再接再厉，袭取了附近的沙尔尼（Charny）。

蒙塔日陷落的消息传到法国贵族中后，马上引起了陆军统帅阿蒂尔及其追随者的狂怒。这座重镇在最艰难的岁月里甚至都击退过敌人的侵袭。而且，按照以前的和约，蒙塔日原本应还给陆军统帅的妻子，同时也是勃艮第公爵腓力的姐姐——吉耶讷公爵夫人玛格丽特。由于之前守将是乔治·德·拉特雷穆瓦耶任命的，于是，政敌们认为他故意丢失此地，犯下了叛国罪行。这些人与安茹的查理联系，决定要立即抓捕并囚禁拉特雷穆瓦耶。安茹封臣让·德·比埃伊开始做相应准备。

然而，乔治·德·拉特雷穆瓦耶和国王一起住在新近没收自路易·德·昂布瓦斯的昂布瓦斯城堡里。此处戒备森严，他们一时难以下手。6月下旬，宫廷迁往希农。机会来了，一天夜里，守卫希农的奥利维耶·弗勒塔尔（Olivier Frétard）——他是拉乌尔·德·戈古尔的副将——偷偷将一扇城堡后门打开，让·德·比埃伊、皮埃尔·德·昂布瓦斯、普里让·德·奎蒂维以及皮埃尔·德·布雷泽带着一些武装人员悄悄摸进了拉特雷穆瓦耶的房间。不肯就范的拉特雷穆瓦耶在床头奋力反抗。为了让他安静下来，这伙人便朝着他的肚子上刺了一剑，然后遣人将他押往比埃伊控制的蒙特雷索尔（Montrésor）。接着，政变者们前去觐见国王。

▲ 法国王后安茹的玛丽

查理七世已被之前的搏斗声惊动，以为这些人意图发动政变劫持自己。不过比埃伊立即上前向有些慌乱的国王行礼，并向他解释驱逐拉特雷穆瓦耶是“为了他自身和王国的利益”，而且他们只是依照安茹的查理——也就是国王的小舅子——的吩咐行事。面带愠色的国王转而询问这些人陆军统帅阿蒂尔是否参与其中，他得到了否定的回答。一向不太干涉政事的王后也上前规劝国王，在为其幼弟站台的同时试图平息国王的怒气。眼见自己几乎变为孤家寡人，查理七世最终顺势默认了这场政变。拉特雷穆瓦耶已成弃子，法王再未关心这位宠臣的命运。事实上，侍从长臃肿的肚子使自己避开了致命一击，在缴纳了6000金埃居的赎金后，他被政敌们放逐回叙利城堡。但拉特雷穆瓦耶被迫立下了不再返回宫廷，觐见国王的誓言。

乔治·德·拉特雷穆瓦耶的垮台给了查理七世一个深刻的教训。尽管他并未对王公和大贵族们格外垂青，但如果不能在政治上维持各派的平衡，构筑一个强有力的政府机构并保证财政的正常运转，那他就无法压制这些权贵。拉特雷穆瓦耶的长期膨胀与擅权遗毒深重。除却不满的大贵族外，其他等级中也有不少人未向效率低下的宫廷积极靠拢。

查理七世曾打算于7月在布卢瓦召开朗格杜瓦地区三级会议，却无果而终。直到9月后，三级会议的部分代表才来到图尔，而香槟地区仍未派出代表参加会议。查理七世亲自出席了会议。虽然政府通报了乔治·德·拉特雷穆瓦耶倒台的消息，并恳请与会者对如何医治这个伤痕累累的王国提供意见，但只收到对秩序败坏及糟糕管理的抱怨。会议鉴于王国人民已不堪重负，决定以后如果未召集三级会议，政府将不许收取任何商品税或补助金。代表们只通过了一笔4万锂弗的商品税，此外从11月1日起，每个炉灶将在每周缴纳5苏的课税，为期半年。后来，鉴于征缴时的麻烦，查理七世决定将其改为以人头税方式收取约12万锂弗的替代商品税的补助金。

尽管三级会议反应冷淡，但从某种意义上来说，1433年6月的政变是幸运的。凭借着先前确立的政治同盟，陆军统帅阿蒂尔会重返宫廷，但这次他摆出了谦逊的姿态，将只负责军事务——实际上他也更擅长于管理整训及外交斡旋。而乔治·德·拉特雷穆瓦耶的替代者安茹的查理以及一批新提拔的安茹、曼恩、布列塔尼小贵族与国王在收复失地方面也有着共同的利益。他们初步构成了一个相对稳定的平台，君臣开始努力让国家步入正轨。10月24日，王室委托代表专员研究恢复及追还多菲内、瓦朗斯以及迪瓦地区被抵押和让与的王室财产的问题。这些举动暗示着查理七世的政府已经启动了革除旧弊的尝试。

在法国人忙于改组政府期间，更倚重本土援助的贝德福德公爵约翰已经返回英格兰——5月24日，他就下达了将于7月在威斯敏斯特召开议会的命令，并告知臣民届时公爵本人也将参加。6月，他和妻子一起动身前往海峡对岸。贝德福德公爵决心改组政府，更有效地支援大陆战事。此后不久——在阿伦德尔伯爵约翰·菲查伦连连攻克西面法军据点之际——英将罗伯特·威洛比也开始着手组织围攻有300名法军守卫的圣瓦勒里，他们将接受勃艮第人的援助。

难以从混战中脱身的勃艮第公爵腓力也在试探英国宫廷的态度。1433年夏季，他派出于格·德·拉努瓦领导的使团前往英格兰向亨利六世递交信件，建议他签订长期和约或者尽快以战逼和。一些英国本土权贵对勃艮第使者十分冷淡。沃里克伯爵亨利·德·比彻姆明确地表达了因腓力在亨利六世停留法国期间未曾觐见英王而产生的不悦和失望之情。尽管贝德福德公爵约翰对使者展现出愿意与勃艮第公爵和解的热情，政府中还是有部分人主张同法国人议和，[①]但大部分英国廷臣认为拉努瓦使团的真正目的只是希望为勃艮第争取到更多的资金和人力来维护自己的利益。

于是，英国御前会议煞有介事地指出英国现在正在支付9700名士兵四个月的薪水：1600人正在罗伯特·威洛比的带领下包围圣瓦勒里；500人在勃艮第领地内；亨廷顿伯爵约翰·霍兰率领1200人在为保卫下诺曼底边境而战；900人接受阿伦德尔伯爵约翰·菲查伦的指挥转战于阿朗松和曼恩之间；此外，有超过6000人充当法国各个占领区的守卫——根据一份1433—1434年米迦勒节（9月29日）的守卫人数审计账册显示，有488名骑兵、523名下马骑兵以及2925名弓箭手，总计3936人被雇佣为诺曼底、阿朗松和曼恩地区的守卫。而剩下的2000多人被部署法兰西岛地区也是合乎情理的。当然，现实中兵员数目可能还要多些：比如签订的合约责成阿伦德尔伯爵招募200名骑兵和600名弓手，但实际上的军事需求经常迫使他军队的总数超过签约招募的名额。此外，当难以找到足够数量的骑兵时，几名弓箭手会代替一名骑兵的缺额。

因此，勃艮第公爵腓力从英国御前会议那些表面上在彰显战争能力实则是拒绝支援的吹嘘中已看不到任何能帮他实现领土野心的希望。战争的走向已经渐渐偏离了他的初衷，而且他还要面对南部的勃艮第公爵领不断被法军侵蚀的问题。当地等级会议代表纷纷前来向公爵诉苦。更有甚者，他的一名封臣，总是和其他勃艮第领主摩擦不断的纪尧姆·德·沙托维兰（Guillaume de Châteauvillain）和乔治·德·拉特雷穆瓦耶的妹妹伊萨博于3月缔结婚约，带着自己散布在勃艮第公爵领北面和东面的大片领地公开倒向了查理七世的阵营。纪尧姆对勃艮第公爵领发动进攻，并袭击了东北面的蒂尔河畔伊镇（Is-sur-Tille）。

勃艮第公爵腓力不能容忍他的祖传领地受到威胁，决意重新夺回塞纳河上游河谷的控制权，并保持沙蒂永与塞纳河畔巴尔之间的联系。他开始组织一场防御性攻势。4月初，腓力向勃艮第公爵领下达动员令。从5月中旬起，北方的勃艮第封臣们依照公爵

① 肩负着打探消息任务的拉努瓦此时还在写给腓力的信件中提到他听到了关于“某些人”正在推动英王与查理七世的女儿联姻的传闻——看来一些英国御前会议大臣开始筹划以这种方法保证在法领地的安全。

的命令逐渐会聚到他的旗下。6月,在阿拉斯的军事会议上,公爵决定了各个战区的任务:圣波勒伯爵皮埃尔将与英将罗伯特·威洛比，联合攻占圣瓦勒里;卢森堡的约翰将守卫索姆河沿岸，保护皮卡第免受法军袭击;公爵将亲自支援南方。月底，腓力带大批将领从阿拉斯出发，前往康布雷，准备发起远征。他的军队配备了大批的辎重马车、给养储备以及火炮，兵员总数约有6000人，弓箭手和骑兵各占一半。

7月初，勃艮第大军入侵香槟领地，但他们并不敢围攻兰斯、特鲁瓦等主要城市，而是径直南下。在弗拉维尼(Flavigny)会合集结的公爵领部队后，腓力将总部设在了沙蒂永，他本人进驻北面的波蒂埃(Pothières)，开始收复托内尔伯爵领的失地。勃艮第部队于7月6日前后包围了塞纳河下游的塞纳河畔米西，在火炮的轰击下，这里的法军只坚持了八天便投降了。7月18日，腓力正式占领了米西，此地的城墙后来被夷平。接着，他将兵锋转向了东面，勃艮第军一直推进到约讷河流域,包围了阿尔芒松河畔帕西(Pacy-sur-Armançon),并降服了莱济讷等“总共24座城镇”。

在此期间，英国人也派出刚被释放的约翰·塔尔博特与元帅利勒亚当大人让·德·维利耶支援勃艮第公爵腓力。他们带领1600名英军从巴黎南下穿过布里加入了进攻队伍。帕西于9月1日投降。接着，英勃联军的分队继续横扫周边。这片地区的法军难以招架:法军守将福尔·埃斯皮桑(Fort Espice)带领200名骑士守卫约讷河支流河谷间的阿瓦隆，击退了勃艮第军队的一次突袭，但面对潮水般涌来的敌人，抵抗近一个月后，支持不住的埃斯皮桑趁夜率部从偏门撤退。不幸的是，他们很快就被追兵赶上，惨遭败绩。埃斯皮桑的妻子在阿瓦隆陷落时和一批农民一起沦为勃艮第人的俘虏，勃艮第人还顺手抢走了这里的一切财物。10月21日，腓力进驻阿瓦隆，开始将剩余据点收入囊中。西面的克拉旺、马伊等据点也相继投降。11月初，在勃艮第人攻克皮埃尔勒佩尔蒂伊(Pierre-Perthuis)后，这场战役终于告一段落。基本收复约讷河上游流域的腓力解散了大部分军队，他希望尽快摆脱财政负担——公爵每月给部下开出的薪酬是弓箭手3法郎5苏、骑兵7法郎10苏、侍从15法郎、方旗骑士30法郎，结果这场为时近四个月的征战耗费了他约15万法郎的巨款。

除了派出一部分队伍配合勃艮第公爵外，英王在法国的御前会议还将不少资

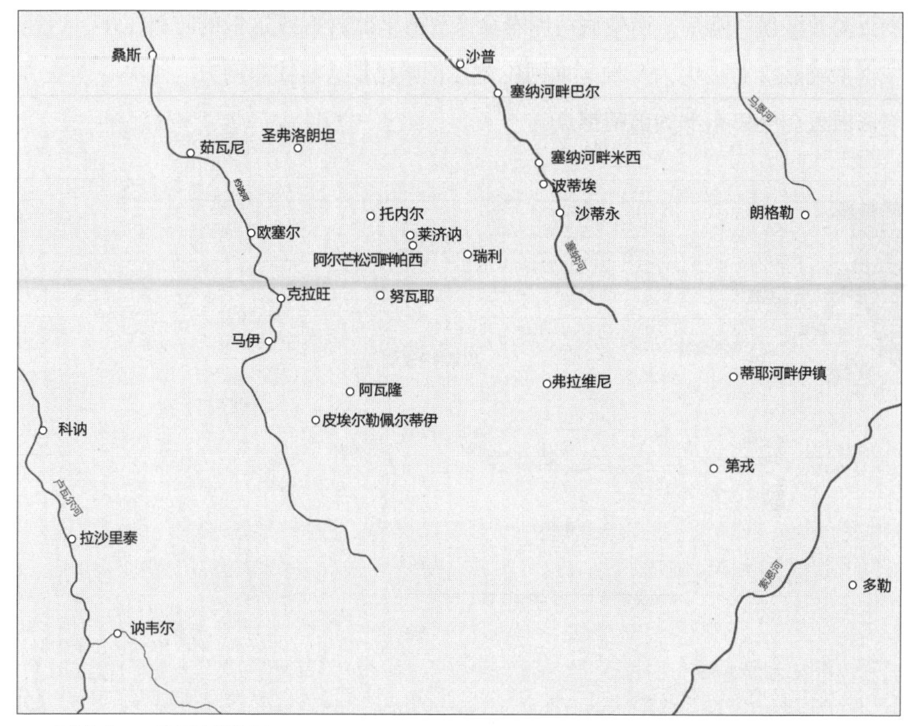

▲ 托内尔—勃艮第地区

源投入到了西面战场。8月，他们决心恢复那些去年未攻克的堡垒。阿伦德尔伯爵约翰·菲查伦接过了任务。9月末，他的部队来到邦斯穆兰城下。三周后，英军占领并夷平了这个城堡。接着，阿伦德尔伯爵趋向圣塞纳里，试图通过突袭占领此地。安布鲁瓦兹·德·洛雷不得不通过一次大胆地袭击迟滞英军的行动，但他势单力薄。接近年底时，阿伦德尔伯爵率部再次包围了圣塞纳里，这里住着德·洛雷的妻儿，守军决心抵抗。战斗持续了近三个月后，英军的蛇炮在城墙上轰出了巨大裂口。德·洛雷的副官让·德·阿尔莫什（Jean de Armenge）以及大部分将领都在激战中阵亡，而西线的法国人也难以集结足够的援军。尽管在布尔日的法王发布命令，为救援行动开征一次特别商品税，但为时已晚。次年1月，圣塞纳里的残存法军守卫者向敌人投降。他们被迫接受苛刻的条件：放弃一切财物，只能步行离开城堡。随后，诺曼底司库奉命亲自前来监督拆毁这里的防御工事，这座城堡最终在 2 月被夷为平地。而阿伦德尔伯爵已带兵前往西南方，他决心彻底清除法国人在曼恩东部的前哨据点。

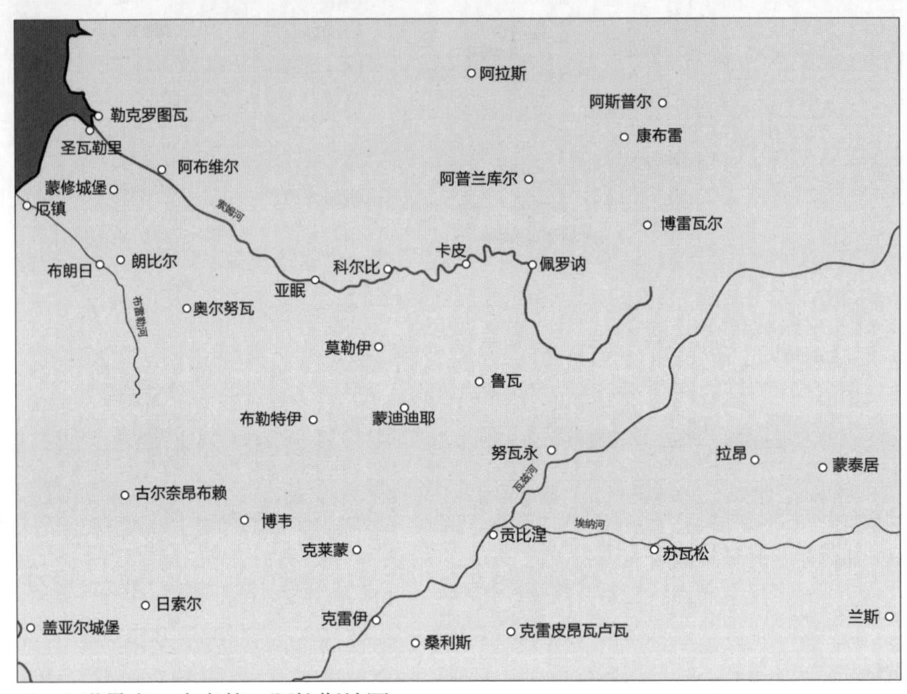

▲ 上诺曼底—皮卡第—阿拉斯地区

阿伦德尔伯爵约翰·菲查伦在下诺曼底、曼恩地区的进攻与腓力在勃艮第及约讷河谷地带的征伐隐隐成夹击之势。法军并未集结大批部队同敌军主力相抗衡，他们继续专注于在其他薄弱地带对英国及勃艮第势力频繁发起小规模攻击。除了对巴黎周边的日常袭扰外，他们在布里也取得了突破——当普罗万的英国守军为增强城防而添加好一圈城墙后，法军将领尼古拉斯·德·吉瑞斯墨斯便发动袭击，于 10 月 2 日成功将其夺回。

东北方向上的战事则更为激烈。英军的防御力量已经因他们和卢森堡家族加紧合作而有所增强。其军队一直活跃在东起吉斯，西至索姆河出海口的漫长战线上。8月20日，经过三个月的围攻，圣波勒伯爵皮埃尔和罗伯特·威洛比终于占领了圣瓦勒里，并将它交给罗贝尔·德·萨卢兹镇守，移师厄镇伯爵领。就在他们打算再接再厉夺回南面布雷勒河附近的蒙修、朗比尔等据点时，圣波勒伯爵突然于8月31日染病去世。他的长子路易（Louis de Luxembourg）继位成为新一任圣波勒伯爵。路易立即接过了父亲的事业。9月，他和叔父卢森堡的约翰带领800人夺回了阿普兰库尔（Haplincourt），将法军势力逐出索姆河中游地区。

▲ 圣波勒伯爵路易

不过，法军也立即做出了还击：当月，已调至东北前线的拉海尔也带领安托万·德·夏巴纳、居伊·德·布隆叙福尔（Guy de Blanchefort）、夏尔·德·弗拉维、隆格瓦勒领主等法军将领与1500多名士兵从博韦的大本营出发，实施了一次超过80英里的远骑烧掠。法军从卡皮（Cappy）渡过索姆河，一直突进到阿图瓦的核心地带。他们掠夺了大量牲畜，抓捕了大批农民以索取赎金。夏巴纳及布隆叙福尔部还穿过康布雷地区，一直袭扰至东北面的阿斯普尔（Haspres），将此地的大片房屋、教堂付之一炬——这意味着腓力的低地地区正被逐步纳入法军的日常袭扰范围。与此同时，拉海尔还对卢森堡的约翰进行了特别关照。他来到卢森堡的约翰的属地博雷瓦尔，焚毁了城镇和周边的教堂以及别墅。法军特意分成小队在乡间细细掳掠了一番，才带着战利品和俘虏返回拉昂。这次远途袭扰告诉了腓力一个棘手的问题：当他将力量集中在恢复勃艮第公爵领的北面和西面前线时，北部领地就会受到战火威胁，而他的低地领地已开始频繁爆发骚乱。

老巢被端的卢森堡家族更是恼羞成怒，作为报复，卢森堡的约翰和新圣波勒伯爵路易在10月下旬从吉斯南下，拦截并击溃了拉昂总督带领的近500名法军，处死了市长鲁斯莱（Rousselet）在内的60多人，并将战火一直烧到拉昂城下。

卢森堡家族扛起东北部战线的重担使贝德福德公爵约翰可以暂时安心地在英格兰实现自己的意愿。这对格洛斯特公爵汉弗莱来说可不是好消息：身为摄政的贝德福德公爵一出现在英伦本土就意味着他要向兄长交出自己作为护国公的实权。7月8日，议会在威斯敏斯特正式召开。贝德福德公爵出席会议，一方面是向国内汇报法国的严峻形势，另一方面则是为了让自己免受流言中伤。13日，贝德福德公爵向国王和贵族们发表了一篇充满激情的演说。他声称自己已经听说了王国中有一些人在散布言论，指责自己由于疏忽和失误而辜负了先王的事业。这些诽谤损害了他的名誉，令他悲伤和痛心。贝德福德公爵接着声明将向发出这种声音之人发起挑战，以司法决斗来证明自己的清白。明显公堂之上没有任何人胆敢挑战贝德福德公爵的权威。通过先发制人，贝德福德公爵迅速压制住了异议者，赢得公众舆论的支持和信任。御前会议以及格洛斯特公爵均否认自己和这些言辞有牵连。11岁的国王还“因他在各方面的优秀，值得称赞以及硕果累累的服务”而将“最特别的感谢”赐予“他的那位真诚而且忠实的臣民，最亲爱的叔叔”。

得到王室认可并在议会竖立绝对权威后，贝德福德公爵约翰开始接管政府。他明白格洛斯特公爵汉弗莱的统治令贵族政府内部矛盾尖锐、派系林立。御前会议大臣也常常将各自独立、狭隘而且往往相互冲突的私人利益与王国捆绑到一起。贝德福德公爵首先为自己谋得了加来代理官以及加来边境地区所有堡垒的守备将军的职位——除了格洛斯特公爵担任守将的吉讷，它将在格洛斯特公爵任期届满后的1436年交予贝德福德公爵。这些职务的任期长达12年，这意味着以往一直由英格兰本土统治的加来将被整合进贝德福德公爵在法国的整体防御体系。它的资源也将交予贝德福德公爵统一规划。作为交换，他在那些曾参与叛乱的守卫处罚方面做出让步：

议会将归还住在城内者的领地、租金以及工资。

接着，大批由格洛斯特公爵汉弗莱提名的官员被罢免：曾在格洛斯特公爵同红衣主教亨利·博福特争执中被免职的克伦威尔男爵拉尔夫再度出山，接替了斯克罗普男爵约翰（John Scrope）的司库职位；萨福克伯爵迈克尔·德·拉波尔则代替罗伯特·巴布索普爵士（Sir Robert Babthorp）出任内廷管家。在休会前，议会还批准司库暂停所有大额支出。在此期间，克伦威尔男爵仔细查阅了政府的收入、支出和国王的负债。结果令人瞠目结舌：除去议会的补助金，次年的预算收入大概有 62564 英镑，必需的开支则高达 53471 英镑——这还是在加来、阿基坦、苏格兰边界维持和平编制的情况下，没有任何储备预留给突发战事。王室的欠债总额已超过政府两年的收入之和。财政署早已亏空，而议会对负担维持经常性支出之外的费用也兴趣不大，新司库不得不两次向议会请求指定日期审核账目。

此外，还有更多的国内问题吸引着议会的注意。复会后，平民议院于 11 月 3 日重新提出了眼下泛滥成灾的暴力犯罪问题，许多犯罪分子在宫廷内外权贵的支持下横行不法。按照惯例，要对这种行为进行处罚。王室的诸位公爵认为以前的处罚方式已经过时，但又拿不出更好的办法，最终同意再次发誓遵守由议会在 1429—1430 年颁布的，遏制这些违法行为的相关章程。

内外交困之下，政府中已经出现了一个以亨利·博福特和萨福克伯爵迈克尔·德·拉波尔为代表的“和平派系”。他们希望通过有限让步换取长期和平。[①] 那些令人嗟叹的财政账目现在已成为与法王查理七世达成和解的有力依据。8 月，勃艮第公爵腓力首先接受了调停的请求。而英国内部压力如此之大，甚至连贝德福德公爵约翰都不得不解除了对巴塞尔的英国代表们讨论和平问题的禁令，他还同意允许奥尔良公爵重新尝试一次调解行动。

① 1430 年，萨福克伯爵以 2 万英镑的赎金从奥尔良私生子让手中获释，他答应要尽力确保释放让的两位兄长，奥尔良公爵查理和昂古莱姆伯爵让（Jean，Count of Angoulême），这次承诺使萨福克伯爵在政治及外交方面有了自己的利益需求。1432 年他要求看守奥尔良公爵。他认为公爵可以充当英法间的调停人。萨福克伯爵无疑也是御前会议中怂恿联姻的人。他允许于格·德·拉努瓦探望奥尔良公爵查理。奥尔良公爵告诉勃艮第使者，自己“身体健康但十分伤心，他正作为囚犯度过生命中最美好的时光”，并声明自己乐于作为调停人。为了早日获得自由，奥尔良公爵甚至一度曾同意承认亨利六世为真正的法国国王，但这种姿态仍不能使他如愿。

在这种背景下，政府内部还出现了将贝德福德公爵约翰挽留在英格兰的提议。11月24日，平民议院在递交的称情书中对贝德福德公爵赞誉有加，他们希望国王将贝德福德公爵留在身边“通过忠告与建议的方式，用他的非凡智慧和审慎协助国王”。贵族议院也同意了这项提议。于是，它立即被置于贝德福德公爵面前。尽管这项提议意味着在实际上放弃了战争，但贝德福德公爵明显被它打动了。他已年过四十，长期的戎马生涯使他的健康状况急剧恶化，渐渐对法国繁重的军政事务感到力不从心。12月18日，贝德福德公爵向议会递交了建议，他承诺将把更多时间花在英格兰，直到侄子成年为止。同时他开出了条件：首先是一张应该在御前会议中任职者的名单，其人员的增减应由贝德福德公爵本人及御前会议一致通过才生效；他还拥有任命及罢免英国御前会议大臣、国家官员和主教的协商权；他有权下令召开议会，而且在任何议会召开前他都应被告知时期和地点。此外，他还提出要将那些数十年以来一直为历代兰开斯特家主服务的“年老体衰”的仆人们编造名册，以此回赠他们年金和适当的职位，贝德福德公爵自愿将自己的年薪降至1000英镑——当然，另外还附加了500英镑作为他横渡海峡时的开支——这令每年领取4000—8000马克的格洛斯特公爵汉弗莱颇为汗颜，三天后他也不得不同意领取和兄长相同的薪水。

贝德福德公爵约翰希望通过这些条件促使英格兰-法兰西王朝的两个王国机构在之后岁月中都将为共同目标而运转——即使他在实际中不可能同时掌控这两片领地。尽管议会同意了他的大部分条件，但在财政问题上却进展缓慢。12月下旬，它只准许了一项乡村1/15，城镇1/10的税，并将进出口货物应付税的期限延至1437年——这是对司库在报告中提及的，关于羊毛关税总额呈逐渐下降趋势的一种弥补。与此同时，议会还提出一项对所有出口衣物收取每磅12便士的新税，它反映了英国经济发展中的一个新变化，同时也意味着政府在今后将拥有一种新的收入贷款抵押品。这些新的财税收益远低于贝德福德公爵的预期，但这已是现行王国体制下所能提供的极限。

在此期间，正如贝德福德公爵所担心的，法国占领区内一直动荡不安。虽然地处前线的圣米歇尔山与法军主力相距甚远，但这里的法军一直在坚持和敌人对抗，他们的努力使下诺曼底英军摆脱不了可能被敌人侵袭的梦魇。1433年11月，阿夫朗什的英军守卫从 6 名被俘的圣米歇尔山法军士兵口中得知，阿朗松公爵已率大军进入公爵领，本地的法军支持者将引导他进入任何意欲归降的城镇，这让下诺曼底人心惶惶。科唐坦邑督急忙警告卡昂、巴约、圣洛等重要市镇，要求它们加强警卫。直到新年年初，类似的谣言还在流传。诺曼底政务会议也致信卡昂邑督，要他宣布禁止辖区内任何携带武器——甚至是包括木杖在内——或是穿着盔甲的人从乡间进入城镇，除非他们将其丢弃。随后政务会议再次写信命令邑督告知法莱斯、巴约以及阿夫朗什等地的守将要提防城市被出卖给敌人。

在中部的法兰西岛及附近地区，除了拉尼守军外，法军还从北面据点中出击，威胁巴黎及周边地带。1434 年 1 月 29 日，拉海尔率部袭击了一支配有护卫的敌方车队。这些人原本计划将约 2000 头猪和大量的牛羊等一起运往巴黎。法军士兵杀死护卫、夺得牲畜并俘虏商人后，还返回伏击现场继续搜查，“他们切开每个人的喉咙——活着或是死了的，穿着饰有英国徽章的衣服或者说是英语的人”。接下来的一周内，他们夜袭了巴黎城外数英里处的维特里，将其洗劫一空后又付之一炬。2 月，拉海尔的长兄阿马多·德·维尼奥勒（Amado de Vignolles）还在已被拆除了城墙的瓦兹河畔博蒙建立了新据点。巴黎人觉得他们几乎已被英国人抛弃。在索姆河口，法军将领夏洛·德·马雷斯（Charlot de Marests）于 1 月时趁罗贝尔·德·萨卢兹外出，勃艮第守军松懈之际，带领部下再次夺回了圣瓦勒里。

贝德福德公爵约翰也注定与安宁无缘。格洛斯特公爵汉弗莱不可能真心支持兄长留在英格兰。他已降格为国王御前会议中的资深成员，而贝德福德公爵在议会提出的要求极大地限制了他的权力。随着权威的不断扩展，贝德福德公爵即将掌握国王幼年时期的最高统治权。有关国事的重大决定都将征得他的意见。格洛斯特公爵不甘心屈从仰承兄长鼻息的命运，寻找机会发动了反击。1434 年 4 月 20 日，格洛斯特公爵向御前会议呈上建议书，严厉批判了征服战争中的种种失误，接着他要求亲自带领一支庞大的军队前往法国赢得一场决定性胜利，如此一来英格兰就不用再征收任何维系战争的税金了。

格洛斯特公爵汉弗莱的建议使形势直转急下，贝德福德公爵约翰尽管十分恼怒，但也不能立即将其否决。御前会议审阅了这份建议，5 月 5 日，他们给出了裁决“格洛斯特大人的提议……应该极有帮助——如果它能够被付诸实施的话”。格洛斯特公爵被告知，如此规模的远征将花费4.8万—5万英镑，而且司库告诉他，最近筹集这个数目的一半都是不可能的，没有人肯再为抵押出的王室珠宝预支款项。而使议会通过巨额补助金的希望也十分渺茫。但这项冠冕堂皇的建议还是赢得了饱受缴税之苦的公众们的支持。多年来格洛斯特公爵极少前往大陆指挥作战，因此他拥有一直未受损害的军事威望。各种流言在公众中流传，指责之声日益增多。不少人相信如果御前会议接受建议，那么"决定性胜利"就会到来，多年来的重税也会消失。贝德福德公爵渐渐陷于被动。5月8日，贝德福德公爵发表了辩解，并要求格洛斯特公爵予以答复。御前会议已经不愿继续争吵，国王宣布两位公爵的荣誉均无可挑剔，结束了这场争论。

9日，贝德福德公爵约翰提出了针对他兄弟的建议的折中办法：由王室的兰开斯特领地收益维持一支200名骑兵和600名长弓手的部队，加来守卫和加来边境也将被置于贝德福德公爵支配的英格兰-法兰西王朝的整体防御体系中。如果这两点都被满足，他将再捐款维持一支同等规模的部队。他的建议均被通过，但实际上由于先王们的封授和转让，兰开斯特领地早已支离破碎。[①] 此外，这些力量远远满足不了大陆战争的需要，而贵族们在遵守去年年底的承诺时也举步维艰，国库依旧空空如也，甚至连拨给贝德福德公爵的100名骑兵护卫的费用也是通过亨利·博福特的贷款筹得。

屡受挫折后，贝德福德公爵约翰对英格兰之行十分失望。在觐见国王亨利六世时，他不禁说道："失去一片由您的父亲、许多高贵的王公、殿下、骑士、侍从们以及芸芸众生用他们的生命赢得并保存下来的壮丽国土，是一件多么令人痛心的事！"同时，悲伤的贝德福德公爵还提醒国王：他的法国臣民——尤其是巴黎人——在孤立无援的境况下已难以坚持。身心俱疲的贝德福德公爵于7月动身返回大陆，重新投身于军旅中。此后，他再未踏上英格兰一步。

① 直到两天后，那些受封者和委托者在获得其他转让的国王收入后才同意献出他们的领地。

此消彼长

进入 1434 年春季后, 英军联合盟友, 将力量集中投入到安茹—曼恩、法兰西岛、布里—香槟三块主要地区的防御性进攻中。贝德福德公爵约翰之前在占领区一系列的协调及整合工作使局势有所改观。公爵在本土进行的种种筹集战争资源的努力逐渐加强了英军的力量。这种战术极大地削弱了法军的小股突袭效果，他们在各条主要战线上都遭到反击: 阿伦德尔伯爵约翰·菲查伦克复圣塞纳里后，率部扑向地处西南部曼恩战区的锡耶勒纪尧姆。这里的守军难以抵挡，但是他们相信南面的友军很快会前来解围，于是便与敌人约定: 如果六周后无人来援，他们便会投降。除了派出人质外，守军还和对手在城外约定了一个交战地点——那里有一颗大榆树。

然而安茹和曼恩地区的贵族们似乎还未从内斗中回过神来。乔治·德·拉特雷穆瓦耶倒台后，陆军统帅阿蒂尔开始活跃。虽然这次他亲自出面主持援救，并下令在索米尔集中部队，[①] 但法军的行动还是非常缓慢。他们直到约定期限结束的前一天才赶到东南面的孔利(Conlie)附近的平原上。这时阿伦德尔伯爵约翰·菲查伦已经得到了同僚斯凯尔斯男爵托马斯的增援，英军的数量接近 2000 人。不过，法军的数量至少是他们的两倍多——除了1000 名骑兵外，他们还有大量的弓箭手和阔刃侧钩矛手。阿朗松公爵让、安茹的查理、让·德·比埃伊等大批贵族都加入到陆军统帅的队伍中。两位法国元帅: 吉勒·德·雷和皮埃尔·德·里厄同其他将领先锋前进到北面的那维纳莱(Neuvillalais)，与阿

▲ 陆军统帅阿蒂尔雕像

① 实际上这一系列行动起初是为了解救圣塞纳里，而陆军统直到 2 月 22 日还停留在帕尔特奈。

伦德尔伯爵部隔河相望。两军相距如此之近以至在夜里双方都能听见对面营地里的交谈和乐器声。次日，法军大队向前推进至大榆树附近恭候敌人。

阿伦德尔伯爵约翰·菲查伦显然不愿主动攻击，他带着部队试探性地向对手阵营前进了一小段距离，便取消了行动，沿着小河后撤并占据了一个小山丘，依托那里的建筑构筑了一些临时工事。缩成一团的英国人让追过来的法军十分为难，阿蒂尔召集将领商议，他们均认为不可轻易攻击敌人的设防阵地。于是，除却各自的小股部队进行了一些无甚意义的交锋外，双方就这样相互瞪眼直至天黑。法军贵族们忙着册封骑士，但他们知道自己缺乏粮草。眼看已经履行了之前的解围协议，他们便派出使者交涉，要求英国人要么前来交战要么释放人质解除围困。这次，阿伦德尔伯爵爽快地选择了解围。当英国人送还人质后，借此安慰自己已完成任务的法军便匆忙撤向萨布莱，为战马筹集草料。阿伦德尔伯爵随即率部于次日——3月9日——返回前线并成功袭取锡耶。陆军统帅出山后的首战以这种不甚体面的方式结束。

已无人阻挡的阿伦德尔伯爵约翰·菲查伦继续攻克北面的博蒙，然后进入勒芒休整。此后，该部一直突入到卢瓦尔河流域，直达圣洛朗代莫尔捷（Saint-Laurent-des-Mortiers）。在西北面，英将罗伯特·威洛比和斯凯尔斯男爵托马斯也于6月带领另一支英军对圣米歇尔山的法军展开了新一轮围困。

与此同时，英国本土也在陆续增派生力军增援中部。2月，返回英格兰的约翰·塔尔博特签下合同，收到了财政署支付的1000英镑——他将带领英军继续到法国作战。3月11日，这支部队乘船前往大陆。登岸后，他们从鲁昂奔赴巴黎。英军在法兰西岛的攻势由此展开。塔尔博特率领800名部下迅速攻克了位于日索尔和博韦之间的茹伊苏泰尔（Jouy-sous-Thelle），并吊死了所有的法国守卫——这位因巨额赎金而被迫抵押了自己大片领地的将军正变得越来越冷酷。到达巴黎后，他奉御前会议的命令加入了阿伦德尔伯爵约翰·菲查伦、利勒亚当大人让·德·维利耶等将领的队伍，总兵力达到了1600人。

这支英勃联军决心扫除长期袭扰巴黎及周边地区的法军据点。他们的第一个目标是瓦兹河畔博蒙。不过当联军来到此地时却发现法军已经人去城空。阿马多·德·维尼奥勒——他代替外出处理赎金问题的拉海尔在前线执掌军务——事先得知了关于敌人的情报，决定放弃不易防守的博蒙，带着辎重撤退到上游14英里处的克雷伊。英勃联军并不愿饶过对手，夷平此地的工事后，他们迅速跟进。双方在克雷伊展开了激烈的较量。法军击退了敌人的数次进攻，但在一次战斗中阿马多不幸中箭身亡，这极大地挫伤了守军的士气。英王的法国中书大臣泰鲁阿讷主教卢森堡的路易也加入到围城者的行列中，令守军更加绝望。在围城持续了大约六周后，守军投降，于 6 月 20 日撤出克雷伊。派出部分士兵进驻此地后，约翰·塔尔博特继续带领部队沿河而上，包围了由让·波顿·德·桑特拉伊的表侄吉永·德·费里埃（Guillon de Ferrières）守卫的蓬圣马克桑斯。吉永抵抗了数日后便像克雷伊守军一样投降，带着行李离开了这里。

约翰·塔尔博特接着肃清周边地区的敌方据点，并在一次突袭中再次夺取了有 30 名法军守卫的瓦卢瓦地区克雷皮。通过数月的凌厉攻势，他已将那些自 1429 年秋季以来一直坚持在法兰西岛北部抵抗的绝大部分法军据点一扫而光。博韦地区的克莱蒙也重新落入英军手中。在战役的最后阶段，塔尔博特带领部队来到博韦城下。不过此地较为坚固，塔尔博特并未攻打城池，只是向躲在城中的敌人炫耀了一番武力，便带着大批俘虏和战利品返回巴黎。巴黎人热烈欢迎这位将法军势力赶出瓦兹河下游河谷的英国将领凯旋。作为奖励，贝德福德公爵约翰在 8 月 24 日将塔尔博特封为克莱蒙伯爵。9 月，他成为日索尔守将。而夏季时，已移师芒特的阿伦德尔伯爵约翰·菲查伦也频繁出击，在巴黎西面和南面的佩尔什、沙特尔等地区攻克了法军的大批据点。9 月 8 日，他被封为图赖讷公爵。显然，当塔尔博特在东部攻城略地之际，贝德福德公爵希望约翰·菲查伦在塞纳河及卢瓦尔河间的西部地区再建功勋。

卢森堡家族则继续在东北面配英军展开行动。通过激战，卢森堡的约翰在 4 月攻克了拉昂西南郊的圣樊尚修道院。随后他命令士兵进驻这个堡垒，展开对城市的围困。此后不久，勃艮第公爵腓力的堂弟埃唐普伯爵约翰（John II，Count of Nevers，Count of Etampes）[①] 连同萨卢兹与佩罗讷、蒙迪迪耶以及鲁瓦等地的勃艮第总督一起带领 1000 人包围了蒙迪迪耶北面，有近百名法军守卫的莫勒伊

① 虽然王室在 1421 年决定将埃唐普伯爵头衔领授予布列塔尼公爵的幼弟，与奥尔良公爵妹妹玛格丽特联姻的理查，但勃艮第公爵腓力占据了此地，并将头衔授给他的堂弟讷韦尔伯爵约翰。直到 1435 年后才同意将其归还。

▲ 埃唐普伯爵约翰

（Moreuil）。在八天的猛攻后，守军向他们投降。勃艮第人接着又向北进发，将圣瓦勒里的法军团团围住，泰鲁阿讷主教卢森堡的路易以及罗伯特·威洛比也带着约500名英军赶来相助。一个月后，守军向他们投降。随后，泰鲁阿讷主教和威洛比带领部队转向西南面的厄镇伯爵领，包围了蒙修，并通过贿赂使法军总督在7月前后撤离此地。他们马上便将这个厄镇境内最为坚固的堡垒夷为平地。因此，在贝德福德公爵约翰从英国本土返回巴黎之际，法军在皮卡第地区的势力已遭重创。随着周围据点的大幅压缩，博韦和贡比涅也面临着腹背受敌的危险。

勃艮第公爵腓力则一直忙于南方战事。去年夏秋之际，他在恢复勃艮第公爵领的系列行动极大地震撼了克莱蒙伯爵查理。在克莱蒙伯爵夫人的担保下，双方签订了一个延至年底的休战协议，但克莱蒙伯爵并不打算向大舅子服输。经过数月喘息后，他紧急召回了在南方地区的罗德里格·德·韦昂堂铎，命令罗德里格参加自己的冬季牵制攻势。随后，波旁家族的部队便大举侵入勃艮第公爵领。1月6日，1000多名大胆的佣兵攀上高峰，夺得了圣樊尚山（Mont-Saint-Vincent）的城堡和市镇，从而占领了一个能够俯瞰周边区域的制高点。从此地出发法军进入了沙罗莱和马孔地区。腓力闻讯大惊，立即从第戎派出500人前去夺回城堡。勃艮第人在攻击前抓住了一名在乡间偷盗的士兵，才发觉敌人的守卫部队与自己实力相当。腓力急忙在勃艮第和弗朗什-孔泰地区发布动员令，让军队集中到比克西（Buxy）监视敌人。

在山上的罗德里格·德·韦昂堂铎看见敌人越聚越多后，便趁夜色笼罩之际烧毁城堡，借着森林的掩护带着赃物安然无恙地退回自己的地盘。这令勃艮第人颇为懊恼：显然，波旁的佣兵们并未得到深刻教训，他们的袭扰队伍仍不断攻击着纵深地区。

与此同时，一年前由纪尧姆·德·沙托维兰在公爵领地北面点燃的战火也未平息。

▲ 头戴盔饰的让·迪·韦尔吉

1434年春季，腓力回到北方后，便继续集合人马，筹集军资，希望组织起一场像上次一样席卷南方领地的战役。他的封臣们逐渐占领了纪尧姆·德·沙托维兰的大部分城堡。5月，勃艮第领地的总指挥官，同时也是纪尧姆的主要对手让·迪·韦尔吉(Jean du Vergy)带领1200人包围了纪尧姆最重要的城堡格朗塞(Grancey)，于8月15日拔除了这个顽抗的据点。与此同时，作为这一系列行动的最重要部分，腓力在夏季时亲自带领约3000名士兵再次出击。他打算率领军队穿过香槟，南下与公爵领地的部下们会合。

英国和勃艮第阵营的联合攻击使法军在东部的核心控制区面临着自1431年以来最为严重的威胁。腓力数次贯穿香槟的远征使大批勃艮第和英军连队进入马恩上游河谷，甚至渗入巴尔境内。他们建立了大批据点，侵蚀着这片地区。恐慌情绪也在北方前线蔓延。在敌兵的逼迫下，拉海尔等法军的掠夺空间已大大压缩。博韦并不喜欢这位长官直率粗暴的作风和随他而来的专营铸币及沉重赋税。这座前线重镇因此动荡不安，市民甚至和拉海尔等人发生了争执。

对法国来说幸运的是，乔治·德·拉特雷穆瓦耶倒台后，宫廷中的各派势力已经加快了协调的步伐，共同努力构建一个较有效率的政府。1434年3月初，查理七世动身前往维埃纳，并在加冕后第一次大规模地召集各派贵族前来参加联合会议。大批使团也从这里出发，奔赴意大利和德意志等地，寻求各方支援——随着胡斯战争接近尾声，神圣罗马帝国皇帝西吉斯蒙德已下决心要集中精力抑制腓力向帝国方向的扩张。5月，西吉斯蒙德和查理七世签订了一个针对“忤逆的叛逆者，自封为勃艮第公爵者”的联盟条约，声称将在两个月后对他宣战。与此同时，参加讨论的法国贵族最终达成一致：短期内达成停战协议的希望渺茫，眼下更为重要的是整军备战。4月，查理七世亲自出席了维埃纳的朗格多克地区三级会议，并通过了16万金穆顿的商品税。它将用于维持王后和王子们、宫廷、使团的花费以及支持正在进行的战争。另外还有6000金穆顿将先付给富瓦伯爵让等王室专员。26日，国王颁发敕令强调朗格多克地区所有臣民均不得享有豁免商品税及人头税的特权。

在维埃纳期间，查理七世还接待了另一位客人——年轻的那不勒斯王后，萨伏依公爵之女玛格丽特（Marguerite de Savoie），她将前往意大利与丈夫那不勒斯国王、安茹公爵路易见面。查理七世盛情款待了这位特意来拜访法国宫廷的贵客。晚餐过后，那不勒斯王后恭敬地走向法王，俯身向他行礼致意。国王随即邀请王后与自己共舞。伴随着悦耳的琴声，两人翩翩而起。他们的舞姿优雅而不失庄重，宫廷中贵族们纷纷为之喝彩。兴致盎然的国王与那不勒斯王后跳了很长一段时间后才回座歇息。接着，波旁公爵查理（Charles I，Duke of Bourbon）[①]向国王献上美酒，陆军统帅阿蒂尔向国王献上珍馐——这意味着从锡耶前线赶来的陆军统帅已重获圣眷，而王国中的数个大贵族家族也都团结在王室周围。

▲ 萨伏依的玛格丽特（最右）

之后，国王于6月前往里昂。法国的中枢终于对战事进程有了较为明确的规划。按照约

① 1434年2月5日，波旁公爵让在囚禁中去世，克莱蒙特伯爵查理作为长子继承了他的公爵头衔以及法兰西内廷大总管（Grand chambrier de France）的职位。

定，将领们被分别指派到相应区域：波旁公爵查理前往南方，阿朗松公爵让则将向下诺曼底地区进击，陆军统帅阿蒂尔将担负起统筹王国战事之责，他会组织军队应对英国人在东部的反击。查理七世不久后便返回卢瓦尔河流域。8月12日，当年的朗格杜瓦地区等级会议在图尔开幕。尽管法王亲自坐镇，代表们也只通过了一笔4万锂弗的商品税。

▲ 波旁公爵查理

不过，从初夏起，法军已开始实施反击，战斗从由南到北的战线上全面铺开。当克雷伊被包围的消息传出后，陆军统帅阿蒂尔便决定支援北部前线。他从帕特内（Partenay）出发，到卢瓦尔河谷会合了奥尔良私生子让在布卢瓦等地区集结的部队——战争财务官安托万·拉吉耶（Antoine Raguier）已奉命为军队支付三个月的薪水。然后继续东行渡过塞纳河，穿过布里，再折向西北面，于7月前后来到贡比涅。陆军统帅将此地设为总部，并按让·波顿·德·桑特拉伊和拉海尔的建议，将部队分为三部：由吉勒·德·圣西蒙（Gilles de Saint Simon）和雅梅·蒂莱（Jamet Tillay）等将领带领的约300名骑兵及配属的侍从和弓箭手，连同桑特拉伊和拉海尔等部分本地守卫一起奔赴正处于危急中的拉昂；另一部分由陆军统帅和奥尔良私生子、中书大臣勒尼奥·德·沙特尔领导，增援西面的博韦；第三部分法军则留在贡比涅，拱卫这座城市。

与之相应，被任命为东部总代理官的波旁公爵查理继续对勃艮第公爵领南面进行牵制性攻势——法国国王现在采取的进攻策略颇合查理扩大家族地盘的想法。波旁公爵曾推进到弗朗什-孔泰地区，但很快便被勃艮第军队逼退。随后，他决定先占领沙罗莱等邻近地区。他和罗德里格·德·韦昂堂铎来到沙尔略，修复城防，并安置火炮，将这里作为向勃艮第进发的前沿。夏季后，拉乌尔·德·戈古尔也来帮助他们。公爵将部队划成众多小组，分散深入到敌军的南部边境。马孔市民急忙紧闭大门自保。但大部分市镇据点的城防的规模和完善程度都难以与它比肩。波旁士兵借着森林的掩护贴近城郊，然后突然发起进攻。在频繁的袭击中，沙尔略北面的肖蒙城堡（Chaumont-la-Guiche）也被占领。波旁军队像潮水一样在沙罗莱和马孔的两片谷地间地蔓延开来。

在法兰西岛北部及皮卡第战场，陆军统帅阿蒂尔带来的生力军极大地恢复了法军的力量。拉昂守军正在奋力攻击由卢森堡士兵控制的圣樊尚修道院。拉海尔的援军赶到后迅速配合他们将敌人从这个据点中赶出，并降服了近郊区域，将勃艮第人直逼城下的封锁链打破。接着，他们加强了拉昂的防御，补充了城市的给养并恢复了补给通道，使正率军南下的勃艮第公爵腓力彻底打消了前来凑热闹的兴致。与此同时，陆军统帅也赶走了在博韦周围游荡的英国士兵，并补充了城市的给养。在安抚完城中军民后，陆军统帅还要求拉海尔继续接受自己的指挥，暂时离开博韦一段时间，以便缓和这里的紧张气氛。

接下来，稳住了阵脚的法军打算对皮卡第的勃艮第人还以颜色。返回贡比涅的陆军统帅阿蒂尔选择了索姆河中游的渡口城镇作为突破点，并命令增援拉昂的部队作为先锋，率先行动。

8月，这支部队悄悄靠近哈姆，并在拂晓时发动袭击夺取了这个城堡。随后陆军统帅和奥尔良私生子让等人率领约3000人的主力驻扎在此地，并没收了城内英国官员的一半财产，还在城里发现了能用一个月的给养。法军士气为之一振，但陆军统帅随即约束将士们不得向北岸地区出击。这些禁令使法军骑兵试图掠取横财的梦想破灭，令他们颇有怨言。

哈姆的丢失使勃艮第人的索姆河防线被打开了一个缺口。韦芒杜瓦、阿图瓦、康布雷地区皆大为震动。卢森堡家族十分惊慌，卢森堡的约翰和圣波勒伯爵路易连忙同埃唐普伯爵约翰拼凑军队以抵抗法军可能发动的袭击。攻克哈姆后不久，奥尔良私生子让也带领拉海尔等部分人马前往东南面的绍尼（Chauny）。在这里，他们发现卢森堡的约翰正带领勃艮第人从另一面赶来。仇敌相见，格外眼红。伴随着唇枪舌剑和各种激昂高吼，两军间的火药味也在迅速积聚。

消息传到陆军统帅阿蒂尔耳中后，他大惊失色，急忙骑上战马带着主力追到绍尼。

当发现对峙双方还勉强维持着秩序时，陆军统帅总算松了一口气。见到大队法军到达后，卢森堡的约翰也立即平静了许多。实际上，他心知肚明：法军之所以还保持着克制只是由于陆军统帅不愿搅黄法王和腓力正在断断续续进行的停战谈判。因此，卢森堡的约翰向提出和谈的让·波顿·德·桑特拉伊开出了价码：法军撤出哈姆和布勒特伊，作为交换，他将付给陆军统帅4万埃居的赎金，而且位于拉昂南北两面的布吕耶尔（Bruyères）、欧努瓦（Aulnois）等据点的勃艮第守军也将停止战斗。

陆军统帅阿蒂尔认为用两座城池换取卢森堡家族弭兵的交易十分合适。于是，他结束会面并带军队返回贡比涅。双方于9月中旬正式签订协议，他们将在法国东北部休战六个月。对于法王及勃艮第领地内的居民来说，这的确是一个能得以喘息的好机会——处于勃艮第方的努瓦永及其近郊就经常受到那些听命于纪尧姆·德·弗拉维的贡比涅士兵的袭扰，他们现在可以放松紧张的神经了。

勃艮第的大贵族们不愿支付这一大笔赎金，而是将它转嫁到阿图瓦、韦芒杜瓦、蓬蒂约、亚眠等地区居民的头上。这些苛税引起了广泛的不满和指责，但于事无补。勃艮第当局无情地逮捕了拒不缴纳的人，占据了他们的财物——直到他们交出应付税款为止。

陆军统帅阿蒂尔无意干涉勃艮第农民的悲惨命运。令卢森堡家族安静后，他带领部下紧跟着勃艮第公爵腓力的脚步进入香槟。法军开始专心清剿这一地区。10月，他们一路经过兰斯、沙隆周边地区，包围并攻击了卢瓦（Louvuis）、昂镇（Hans）、芒尔（Manre）、阿尔齐利（Arzillières）等由兵匪强占，或由英国人据守的城堡及据点，迫使这些习惯于劫掠城乡的人离开此地。他们还俘获并吊死了其中一个名为亨利·布尔热（Henry Bourges）的连队头目，以儆效尤。

此后陆军统帅阿蒂尔并未按原定计划向香槟南部前进——主要是因为安茹的勒内的影响。虽然勃艮第公爵腓力已在2月进一步放宽了对勒内的控制，但勒内的洛林和巴尔公爵领已陷入一片混乱。安托万·德·沃代蒙依然没有放弃对洛林的野心，他的士兵在多地点燃战火。从比勒涅维尔战场上逃跑的科梅尔西侍郎也桀骜不驯，他并不介意攻击任何封主或邻居——勒内自然也得应付他制造的麻烦。

因此，当陆军统帅阿蒂尔包围昂镇时，勒内曾请求他予以协助。于是，让·波

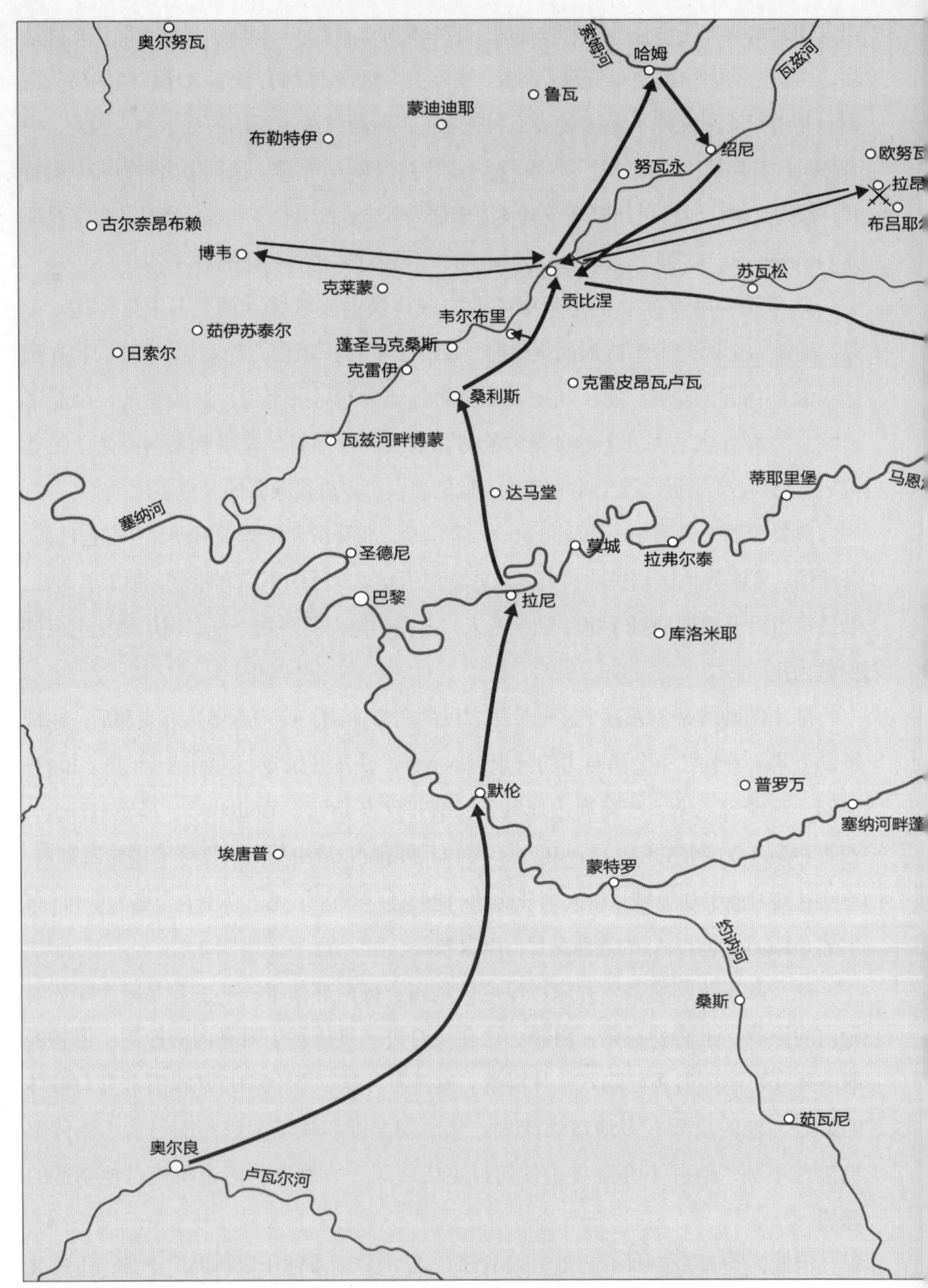
奥尔努瓦
索姆河
哈姆
瓦兹河
鲁瓦
蒙迪迪耶
布勒特伊
绍尼
努瓦永
古尔奈昂布赖
博韦
贡比涅
苏瓦松
克莱蒙
韦尔布里
茹伊苏泰尔
蓬圣马克桑斯
日索尔
克雷伊
克雷皮昂瓦卢瓦
桑利斯
瓦兹河畔博蒙
达马堂
蒂耶里堡
塞纳河
莫城
拉弗尔泰
圣德尼
巴黎
拉尼
库洛米耶
普罗万
默伦
埃唐普
蒙特罗
约讷河
桑斯
茹瓦尼
奥尔良
卢瓦尔河

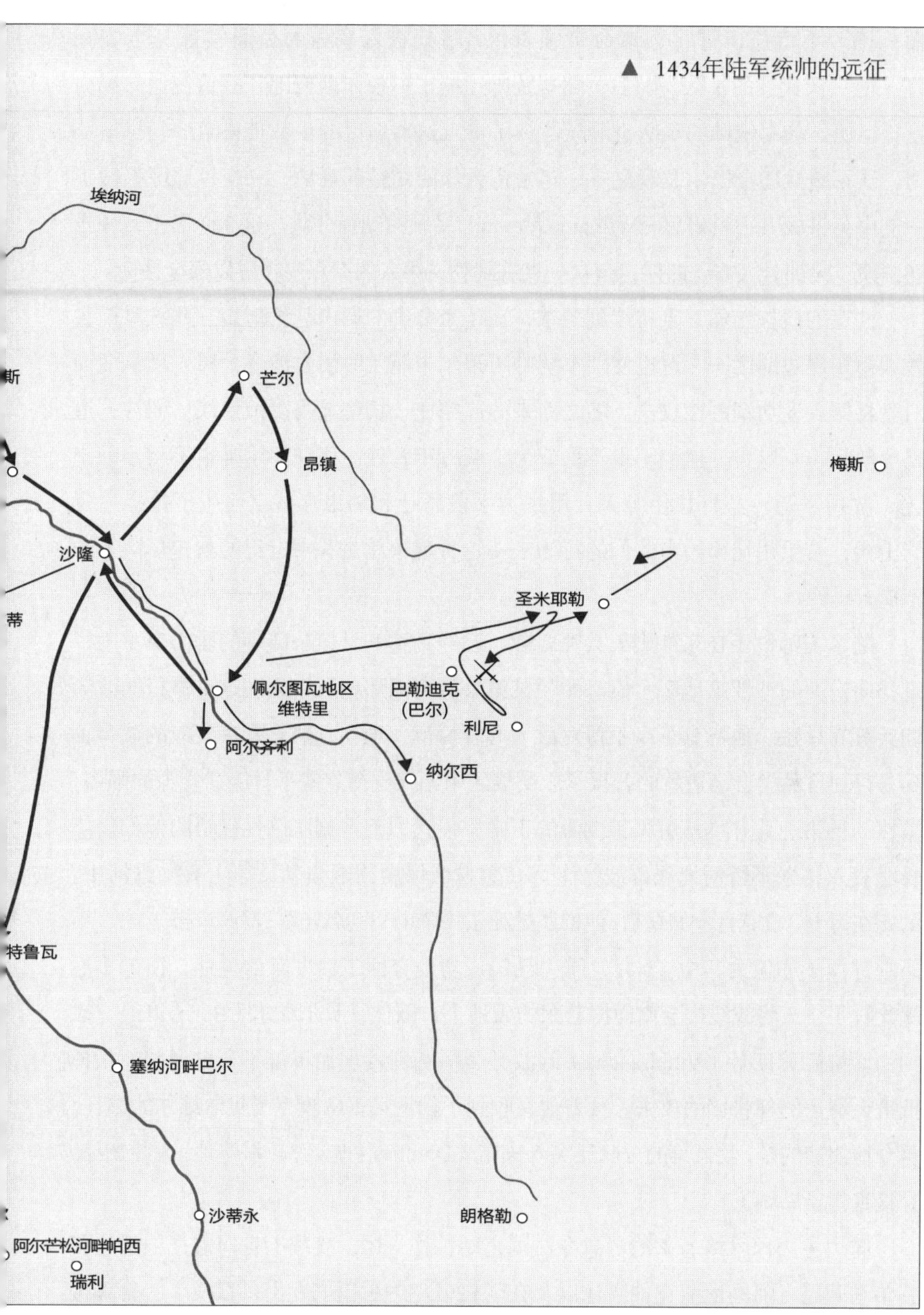
▲ 1434年陆军统帅的远征
埃纳河
斯
芒尔
昂镇
梅斯
沙隆
蒂
圣米耶勒
巴勒迪克
(巴尔)
佩尔图瓦地区
维特里
利尼
阿尔齐利
纳尔西
特鲁瓦
塞纳河畔巴尔
沙蒂永
朗格勒
阿尔芒松河畔帕西
瑞利

顿·德·桑特拉伊等将领奉命带领400名骑兵进入勒内的公爵领地赶走安托万·德·沃代蒙的军队。随后，陆军统帅逮捕了科梅尔西侍郎，并迫使他向勒内发誓臣服。陆军统帅的军队也顺便清扫了渗入这些地区的少数英格兰—勃艮第势力。法军骑兵还在巴尔及利尼——这是卢森堡的约翰的封地——交界地区拦截了一支由英将威廉·科诺恩（William Coraon）率领的劫掠分队。这300名士兵被当场击溃，大部分人非死即俘，余众一直逃到勃艮第人的据点中才得以保全性命。

法军的清扫工作一直持续到冬季，在圣米耶勒的勒内甚至想带一些人马前去教训梅斯周边地区——这也使陆军统帅阿蒂尔未能及时配合波旁公爵查理从北面对勃艮第人发动牵制性攻击。随之而来的严寒使一切都显得凄凉惨淡。泥泞的道路令骑兵苦不堪言，他们不得不忙着为坐骑钉牢蹄铁。而陆军统帅也不得不派出让·波顿·德·桑特拉伊等人，用暴力手段恐吓和约束那些已萌生了抢掠之意的士兵，希望用纪律约束他们的行为——这种现象总是和中世纪的封建军队形影不离。

陆军统帅忙于在东部剿灭兵匪之际，已经到达勃艮第公爵领的腓力率主力径直扑向南面的沙罗莱地区。愤怒的勃艮第公爵要同那些数年来在这里横行的波旁佣兵算算总账。他特意下令不得对敌人心存怜悯。现在，缺乏友军策应的波旁佣兵只得独自品尝自己造就的苦果了。交战区中无人支持这些平日肆意烧掠的强盗。虽然勃艮第士兵并不是解民于倒悬的王师，但兵力上占据压倒性优势的他们仍能长驱直入，毫不留情地碾碎波旁士兵。数百名俘虏相继被勃艮第士兵抛进河中，吊死在树上。攻克肖蒙城堡后，他们还处死了投降的200名守军，罗德里格·德·韦昂堂铎侄子亦位列其中。9月，腓力已经成功地夺回了沙罗莱的失地，但他不愿就此收手，又将战线推至南面博若莱的领地上，围住了贝尔维尔（Belleville）。撤到南面维勒弗朗什（Villefranche）的波旁公爵查理发现他不得不亲自到城前指挥抵抗大舅子的部将们的攻击。接着他又收到了勃艮第军队攻克了贝尔维尔的噩耗。更令他懊恼的是，勃艮第的分队还突入栋布（Dombes）地区，攻城略地，大肆剽掠，兵锋直指里昂城下。

腓力主力深入博若莱的消息令法国宫廷忙作一团。查理七世向富瓦伯爵让和其弟马蒂厄、阿马尼亚克伯爵让以及在朗格多克的封臣们发出了召唤令，打算援

克拉旺
努瓦耶
塞纳河
格朗塞
阿瓦隆
弗拉维尼
蒂耶河畔伊镇
第戎
约讷河
多尔
索恩河
卢瓦尔河
比克西
圣樊尚山城堡
肖蒙城堡
沙罗勒
克吕尼
马孔
蓬德韦勒
沙尔略
贝尔维尔
维勒弗朗什
栋布地区
罗讷河
里昂
昂通
科隆比耶
维埃纳

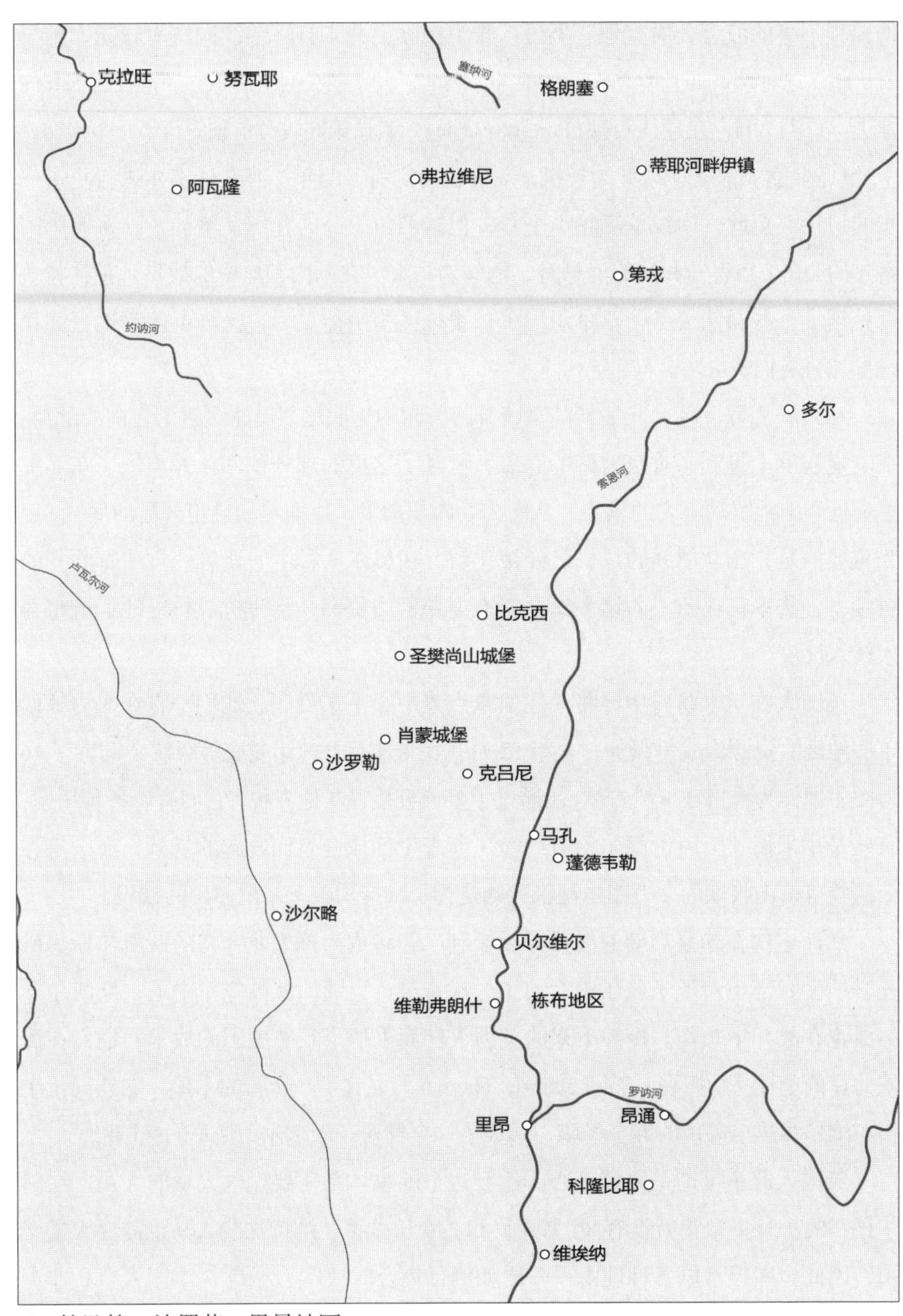

▲ 勃艮第—沙罗莱—里昂地区

助狼狈不堪的波旁公爵查理。不过，腓力实际上并未打算继续同法军较量，他早就厌倦了这种琐碎而且毫无收益的战斗。因此，勃艮第公爵最终放过了向自己求和的妹夫。12 月 2 日，在蓬德韦勒(Pont-de-Veyle)，勃艮第同波旁单独签订了一个为期三个月的全面休战协定。以此为契机，双方还约定将于明年 1 月在讷韦尔进行更进一步的讨论。至此，南线总算趋于平静，但这两位王公的和解又增加了陆军统帅阿蒂尔的公务：当得知和谈的消息时，他匆匆结束了在勒内领地中的战事，前往特鲁瓦处理了一些司法公务，草草组织了一番地区警哨体系后，又马不停蹄地赶往第戎参加公爵们的会晤。

从大局上看，1434 年后期陆军统帅阿蒂尔的这次远征迅速缓解了之前的危局：在一定程度上抑制了香槟地区的匪患，恢复了这里的部分秩序，并震慑了东面那些邻近领地上躁动不安的领主，从而为勒内积攒了一点面对勃艮第公爵的底气；更为重要的是，东北前线的危机已经被化解。在奥尔良私生子让等一批法军将领的统领下，法军正在前线的诸多堡垒据点中积蓄力量。一旦时机成熟，他们就将再次转入反攻。

英国人在这一阶段中已将关注的重点集中于下诺曼底。他们一直在竭力抽取这些地区的资源为战争服务。去年 12 月，在卡昂召开的诺曼底等级议会同意了 16 万图尔锂作为维持守卫的专款，还通过了多项直接税与地方税。它们有着各种用途：有些是用来偿还为阿伦德尔伯爵约翰 · 菲查伦征战曼恩而发起的贷款，而一笔在公爵领范围内收取的 2 万图尔锂税款则是为了维持围攻圣米歇尔山的战役。

然而这次在初夏启动的战役并不顺利。即将成为栋夫龙守将的斯凯尔斯男爵托马斯带领部下对圣米歇尔山发动了一次奇袭，但随即就被守军击退，斯凯尔斯男爵也在战斗中负伤。冷静下来的英国人转而采取了筑垒围困的战术。他们在海峡北岸的圣让 - 勒托马 (Saint-Jean-le-Thomas) 立起了一个新的木堡，它连同位于格拉维尔和热内等地的五个堡垒，形成了一个针对圣米歇尔山法军的包围圈。

英国人此举可谓是煞费苦心，建立这个围攻体系需要投入大量的人员。在阿尔德翁的一处堡垒中就设有 80 名骑兵和 240 长弓手。维持这些人马也需要大量费用，因此司库经常以各种理由——比如例行集合时缺席、不是“ 本国人 ”(非英格兰、威尔士、爱尔兰、加斯科涅籍 ）等——扣除薪水。这些行为和越来越频繁的薪资拖欠引发了驻军的大量逃亡。7 月，有 4 名在阿尔德翁驻守的英军士兵离开了岗位——他们的钱袋已经干瘪。迫于生计，这些人来到圣洛地区，在这里进行一连串的偷盗、勒索。最终，无法忍受的当地人将他们统统抓住，扭送至库唐斯子爵处。不过根据事后向当事人之一的威廉·克瑞斯威尔（William Cresswell）颁发的赦免令所述，这伙人只“拿走了他们自己急需”的那部分钱财，而且威廉甚至还将自己的鞋子给了被同伴抢去鞋子的乡民——当然这双鞋子质量较差。威廉最终避免了牢狱之灾。英国当局也意识到了拖欠薪资可能引发的后果。于是，他们在 9 月下令征收地方税用以支付守卫们的三个月薪水。

并不是每个英国士兵都像卷宗里的威廉·克瑞斯威尔这样心存怜悯。在现实中，乡间的惬意生活将会对那些远道而来的英国逃兵产生巨大的吸引力，而且也比战斗和驻守更加容易积聚财富。尽管从 1422 年 10 月起——离亨利五世去世只有一周——贝德福德公爵约翰就三令五申禁止士兵们抢劫、勒索和囚禁平民，并频繁命令官员逮捕所有为患乡间或犯下掠夺、抢劫、敲诈罪的人，但这只对小伙逃兵有效。当兵匪逐步联合并效仿那些雇佣兵连队行动时，问题便逐步升级了。1428 年 7 月，200 名威尔士和爱尔兰散兵游勇就在图克河流域横行不法，当局不得不派部队前去镇压。1433 年 6 月，他们又将另外 9 名在瓦洛涅祸乱的威尔士人逮捕并投入大牢。

随着时间的推移，战争规模的不断扩大也使诺曼底地区的问题越来越严重。1434 年夏季，理查德·维纳伯尔斯（Richard Venables）拉起了一支可能是英国占领区最大规模的自由连队。此人曾于 1428 年带领一支由 3 名骑士和 12 名弓箭手组成的小型扈从队伍参加索尔兹伯里伯爵托马斯·蒙塔古对奥尔良的远征。他陆续参加了拉尼以及巴黎地区的系列战斗，趁着贝德福德公爵约翰返回英国之际，他拉起了一支自己的独立连队，并将总部设在诺曼底和布列塔尼的边界旁的萨维尼莱弗约（Savigny-le-Vieux）筑垒修道院中。维纳伯尔斯在劫掠生涯中表现出了不凡的组织能力。短期内，他就吸引了约 1200 人。在数月内，除了同法国人作战之外，他还在维屈埃（Vicques）杀害了一批农民。

然而过于活跃的理查德·维纳伯尔斯终于引来了安布鲁瓦兹·德·洛雷、安德烈·德·洛埃阿克以及居伊·德·拉瓦勒等法军将领的军队。他们在一天凌晨袭击了萨维尼莱弗约，但维纳伯尔斯的顽强抵抗迫使法军在数小时后撤往富热尔。不久后，德·洛雷、洛埃阿克趁维纳伯尔斯离开修道院之际再次袭击了他。维纳伯尔斯本人逃过一劫，他的队伍却损失了300人。

最终给理查德·维纳伯尔斯致命一击的却是他从前的长官。9月3日，因他的劫掠行为使下诺曼地区怨声载道，贝德福德公爵约翰派出国王秘书让·德·瑞奈尔（Jean de Rinel）和一些王室官员前去逮捕维纳伯尔斯，驱散他的部下。这名兵匪最终被作为窃贼和叛国者处死。

贝德福德公爵约翰一直想用严刑和纪律约束部下，但他面临着巨大的困难。像理查德·维纳伯尔斯一样，英国守军经常对当地人犯下累累罪行。为了防范恶性事件发生，英国邑督曾试图鼓励本地人根据自身条件武装自己，保卫公社免遭土匪和逃兵骚扰，而他们也可以利用一支本地民兵部队搜查和逮捕违法者——虽然民兵在装备和训练上都不及职业兵，但这也是一种重要的补充和辅助。

拿起武器的农民本能地将矛尖转向英军中的施暴者。在一次行动中，有2000名本地民兵被召集前来抗衡那些在下诺曼底地区违反王室法令入侵城镇的英国士兵。民兵们成功地将这些兵匪赶出城镇，并在英国士兵顽抗时杀死、逮捕了其中一些人员。这种合法的自卫行动却引起了一些英国守军将领的忌恨。在民兵们卸甲还乡时，一些英国、威尔士、诺曼底士兵在托马斯·沃特豪斯（Thomas Waterhouse）等人带领下尾随其后，并于8月2日在迪沃河畔圣皮埃尔发动了伏击。这场一边倒的屠戮使1200多个诺曼底人失去了性命。

沃特豪斯事件暴露了征服者的嘴脸，彻底粉碎了英国人一直努力营造的与本地人和睦相处的假象。消息传开后，诺曼底群情激奋。贝德福德公爵约翰的反应非常迅速，他立即宣布是这是一场“可怕的屠杀”，并派出一个调查委员会负责向鲁昂报告。他们发现法莱斯的一些守卫也涉嫌其中。最后，公爵的内府大管家约翰·法斯托尔夫、鲁昂邑督约翰·萨尔文（John Salvein）等4名骑士奉命前往法莱斯逮捕屠杀者。托马斯·沃特豪斯和几名同谋者被以叛国者的名义处死。通过这些手段，公爵暂时从表面上平息了事态。

作为对这些事件的弥补，贝德福德公爵约翰在10月发起了一系列针对守军的改革。1430年，他曾接受大咨议会的建议，允许驻守的弓箭手从事相关军事贸易，比如成为造箭匠人等——只要他们待在驻守地点不是移居进市镇。[1]贝德福德公爵在改革中规定：从10月20日起，在所有将领签订的持续两年的合同中，只能雇佣英国、威尔士、爱尔兰、加斯科涅弓箭手的限令被取消，但法国人在守卫中的比例不得超过1/8；此外，在这些合同中，应该同时包括常规守卫和新备兵员（Creue）——新备兵员配备乘马，随时准备参加野战，属于额外编制。他们源于应对1429年危机时的一种临时措施，之后逐渐演变成英国军事组织中的一个基本单位。这些人特有的机动性和适应性使他们经常被派作护卫队、野战军队以及围城增援队伍，而且无须削弱常设守卫的力量。不过欠薪现象发生时，这些特殊性也使他们更容易惊扰乡间。现在，贝德福德公爵规定，当他们驻守时就像其他守卫那样按季度付薪，而在野外时将按月付薪。因此，这些人在野外执行任务时可以及时购买补给，而减少劫掠乡间的风险；所有将领的合同中还禁止雇佣任何参加了沃特豪斯“可怕的屠杀”的诺曼底守卫。

贝德福德公爵约翰还大幅调整了己方领地内的兵力配置。现在，公爵更是将近3200人的诺曼底及其他“征服地区”的驻守部队扩大至4500多人。这是自亨利五世时代以来的驻军高峰，其中还包括了1628人的野战新备兵员——这和公爵在英格兰时自行筹措招募的1600人野战队伍的计划十分接近。公爵将部分英军部队集中在东北面，包括日索尔、讷沙泰勒等韦克桑地区——这也许是受1434年约翰·塔尔博特一系列成功行动的启发，希望能进一步压缩博韦等地带的法军的空间。不过，除塞纳河上下游的数处重要据点外，巴黎周边地区的守卫却遭到了削弱——也许贝德福德公爵基于1433—1434年联合作战的成功案例，乐观地期望盟友能更多地承担这里的防御任务。贝德福德公爵的重心则集中在西南前线：依靠曼恩前沿及阿朗松丘陵地带的一系列堡垒可以屏护下诺曼底免受法军重创。而阿伦德尔伯爵约翰·菲查伦在上半年的一系列成功行动更是令他觉得西线是对手的软肋所在。因此，公爵几乎集结了总驻军的1/3——包含野战新备兵员的近一半——部署在西南诺曼底前线，可能打算于来年在安茹和曼恩地区采取主动。

---

① 为了保持兵员编制足额，将领们一直被禁止雇佣在当地市镇中居住或贸易的人，即使是英国人也不例外。许多英国士兵与法国妇女结婚后都开起了酒馆客栈。在翁弗勒尔有个士兵没有住在军营，因此当拉海尔袭击近郊时，他的房子被烧毁，与儿子一起被俘虏，名字从1433年9月26日的集合名单上消失。

虽然，贝德福德公爵约翰的改革经过慎重考虑，但要让其行之有效就必须有坚实的财政支持。公爵亲自参加了9月在韦尔农召开的等级会议，并要求通过总额高达34.4万图尔锂的巨额捐税。这其中除了每年25万图尔锂的诺曼底守卫的薪水外，还包括夏季的庞大战役的开支。实际上，英国人拼命搜刮占领区资源应付危机的方式只是饮鸩止渴：税赋中的大部分都落在饱受战乱之苦的诺曼底人肩上。鲁昂子爵居伊·德·拉维莱特（Guy de la Villette）指出许多教区已无法负担他们的赋税。大批教区居民逃往他乡，剩下的人几乎都一贫如洗。

1434年冬季就像前几年一样严酷。11月30日开始的霜冻几乎持续了一个季度。大雪一连下了四十天。英国泰晤士河口凝结了厚厚的冰层，来自波尔多的酒船只能在桑威奇卸货。在富裕的法国北部城市阿拉斯，悠闲的市民们忙着在广场和街道上堆起大批雪人以自娱。猎犬队长、七眠子以及骷髅之舞等各种被人们所熟知的传说形象均银妆登场，甚至连贞德领导着一批战士的群像也加入了它们的行列。但在西面的下诺曼底——尤其是科唐坦地区——农民们只能在饥荒中挣扎求生。先前屠杀的景象还历历在目，现在官吏们还在敲骨吸髓——10月，卡昂和科唐坦的邑督要求征收1万锂弗税金。重重压迫之下，他们的不满和愤怒到达了顶点。终于，在12月，当贝德福德公爵约翰从鲁昂前往巴黎后，巴约、卡昂以及部分奥格地区的民众再次揭竿而起。以往针对英国人及其支持者的零星袭击终于汇聚成了一股洪流。这场起义席卷了法莱斯、卡朗唐以及巴约等大片地区，近万名平民拿起武器。一些贵族也加入到其中。他们的目标是邑督治所卡昂。新年之际，起义者包围了这座重镇，袭击了圣艾蒂安修道院。

消息传开后，英国人慌忙赶来镇压。栋夫龙的斯凯尔斯男爵托马斯集合了部队北上增援，鲁昂也派出了阿伦德尔伯爵约翰·菲查伦从东面夹击。不过，诺曼底的起义者缺乏军事经验，在英国人的援军到达之前，他们就被卡昂及周边的英军设伏击溃。包括让· 德·尚特皮（Jean de Chantepie）在内的许多领导者阵亡。冬季的下诺曼底平原上积雪厚达2法尺，残存的起义部队孤立无助且缺乏补给。于是，他们分为几部：一些人前往科唐坦及阿夫朗什，大部分人退向西面的奥东河畔欧奈（Aunay-sur-Odon）——正在进攻萨维尼莱弗约筑垒的阿朗松公爵让得知起义消息后命令安布鲁瓦兹·德·洛雷带着100名骑兵和200名弓箭手前来帮忙。1435年1月上旬，德·洛雷与他们会合并前往萨维尼莱弗约。

英国人严密监视着撤退中的起义军。他们不得不拆毁了位于阿尔德翁的围城工事，以免它受到阿朗松部队的袭击。1435 年 1 月 20 日，此地的骑兵和长弓手驻军加入了斯凯尔斯男爵托马斯的野战部队。不甘心放弃的阿朗松公爵让随即北上联合科唐坦起义者包围了阿夫朗什，但此地城防坚固，而斯凯尔斯男爵也立即和阿伦德尔伯爵约翰·菲查伦合兵一处前来解围。这个消息最终迫使阿朗松公爵于 2 月初放弃围攻，带领部众退往曼恩。至此，起义基本结束。幸存的农民等待许久后才被英国人允许返回家中。尽管如此，英国人还是不敢解除整个海湾地区的警报，而他们包围圣米歇尔山的行动已受到了严重干扰。为了防止阿朗松公爵再次利用萨维尼莱弗约，科唐坦邑督还被派去夷平工事。4 月，那些从阿尔德翁撤出的英军部队奉命移防至圣让 - 勒托马的堡垒中，阻止圣米歇尔山法国守军的骚扰。

当英军在下诺曼底的风雪和霜冻中和法军及起义者搏斗时，波旁公爵查理和勃艮第公爵腓力按照约定在法国中部的讷韦尔举行会面。这更像是一场家庭聚会。波旁公爵夫人阿涅丝一出乘舆，便发现兄长——也就是腓力已经在此等候。从孩童时代后就和阿涅丝分离的腓力十分热情，他紧握着妹妹的手，一直行至其下榻处才与她告别。数日后，波旁公爵和陆军统帅阿蒂尔陆续抵达此地。一系列的宴会使整座城市都洋溢着节日般的气氛。而法国中书大臣勒尼奥·德·沙特尔以及吉尔贝·莫捷·德·拉费耶特元帅等一批法国官员、骑士也前来拜访。他们不仅仅是以看客的身份出现。在家族团聚的庆祝告一段落后，勃艮第权贵和法王的廷臣们继续谈判。法方开出的条件十分诱人：勃艮第公爵将获得索姆河两岸的王室领土以及蓬蒂约伯爵领，另外他还将获得法国国王对刺杀老公爵约翰的行为的道歉以及对谋杀者复仇的权力。

勃艮第公爵腓力基本接受了法王使者提出的价码，双方在 2 月 6 日缔结了关于和平的初步性协议。他们一致同意将于同年 7 月 1 日在阿拉斯讨论勃艮第和法国、英国间的全面和平事宜。届时教皇尤金四世和巴塞尔宗教会议都会派出使者参与调解。同时，腓力承诺他会敦促英国人参加这次和谈，如果英国人拒绝法国人“合理的要求”，那么他将会加入“查理国王”——腓力已经正式启用了这个称呼——的阵营。

聚集在讷韦尔的大贵族都对这个结果十分满意——除了那些卑微的士兵们。在几十年中，他们将一切都投入到这场为了维护领主利益的战争中，结果徒增一身伤痕后，却突然发现领主们轻松地废弃了这项事业。直到此时，这些人才如梦初醒。一位未能留下名字的勃艮第骑士抱怨道：“我们曾非常愚蠢地为了王公和贵族老爷们的那些变化无常的意愿而将自己的身体和灵魂置于险境中。当他们乐意时，便重修盟好，而我们却被遗弃在贫困窘迫以及苦恼悲伤之中。”当然，大贵族们对这些不平之声无动于衷，它们很快就被回荡在宴会厅堂中的弦琴号角声淹没了。

第十一章 沉疴泛起

1435—1439年

阿拉斯和约

如果1434年春季的攻势让英国人重新燃起了巩固征服领地的希望，那么当年年底时他们已清楚地意识到这只不过是黄粱一梦：在英军的大批力量被下诺曼底的战事牵制之际，东北战线上的法军重新发起了进攻。趁着法王和勃艮第公爵腓力准备和解之时，拉海尔已经成功夺取了博韦地区的克莱蒙。这位脾气暴躁的将军和他的弟弟带领200人来到克莱蒙城下，勃艮第总督奥费蒙领主居伊·德·内勒出城与他们交谈，却立即被法国人逮捕。奥费蒙领主被系上铁撩，关押一个月后才被释放。除交出城堡外，他还缴纳了1.4万金萨吕以及一匹骏马作为赎金。这段囚牢生涯令奥费蒙领主无法忘怀，不过拉海尔显然未放在心上，他随后又带领500名博韦守军夺回了布勒特伊，法军再次突入索姆河流域。法军的袭扰分队像决堤的洪水一样涌向北岸。1435年4月底至5月初，皮埃尔·德·里厄元帅的副官让·德·布雷塞（Jean de Bressay）、纪尧姆·布拉克蒙（Guillaume Bracquemont）等将领集结了300名法军，趁夜从布朗什塔克渡过索姆河，架起攻城梯攻陷了濒临入海口的吕镇并向北一直突入到萨梅尔（Samer）附近。法军抓获了许多俘虏和大批的马匹、牲畜，在返回时还顺手将埃塔普勒付之一炬。现在，蓬蒂约、布洛涅以及富庶的阿图瓦等地区均成为他们袭扰的目标。

吕镇失陷后，贝德福德公爵约翰担心法军会威胁到英军在索姆河口的重要据点勒克罗图瓦，他立即命令驻扎在芒特附近的阿伦德尔伯爵约翰·菲查伦率部北上，沿诺曼底北部向东挺进，尽快克复吕镇。5月上旬，阿伦德尔伯爵带着900多名英军来到古尔奈，从本地市民及贵族代表口中得知了一条新情报：法军已经占据了东北面约12公里处，位于古尔奈和博韦之间的热尔伯鲁瓦（Gerberoy），并开始修缮工事。热尔伯鲁瓦地处泰兰（Thérain）河畔，俯瞰着周边平原。它既是博韦前沿的屏障，也是突入诺曼底地区的出发点。1432年，法军就一度占领此地，但由于人员和物资匮乏，他们毁坏了外墙后便撤离此地。随着查理七世政府重新采取进攻战略，法军又卷土重来。阿伦德尔伯爵不能容忍这些法军威胁上诺曼底，打算趁敌人还未准备完善之时发动攻击。阿伦德尔伯爵临时改变了路线，决心重占热尔伯鲁瓦，而部队随身携带的大量围城器械及火炮也可以有力地支持这次行动。

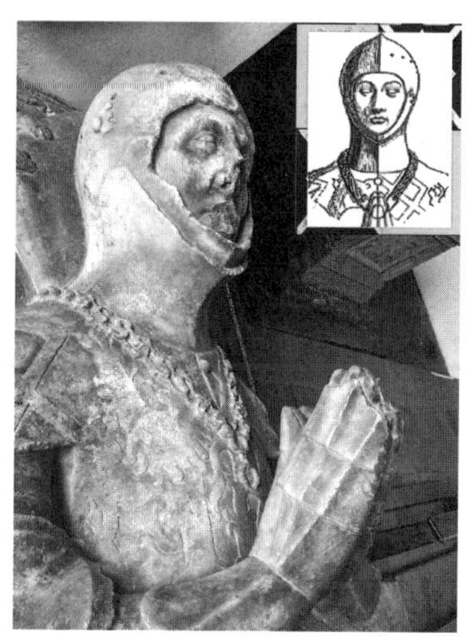

▲ 阿伦德尔伯爵约翰·菲查伦雕像

阿伦德尔伯爵约翰·菲查伦聚拢了周围的守卫部队，一些本地贵族也加入了他的队伍。英军于5月8日半夜出发，第二天8点，阿伦德尔伯爵以及先锋部队已经可以看见城堡，而剩余的英军大部队正和辎重火炮车队在后方跟进。阿伦德尔伯爵随后将部下布置在一片散布着树篱的野地里，开始构筑防御工事。同时，他还派出了一支百余人的小队作为前卫，接近城堡的栅栏，阻止敌人出城突袭。

位于高地上的热尔伯鲁瓦守军早就发现了英军，但城堡的修缮工程还未结束。尽管前夜拉海尔、让·波顿·德·桑特拉伊、勒尼奥·德·方丹（Regnault de Fontaines）等将领均来到城中——这点是阿伦德尔伯爵约翰·菲查伦未曾料到的——但是他们还是面临着很大压力。法军可能只有600人，敌军约是他们的两倍。拉海尔等将领召开了军事会议讨论对策。一些人认为在众寡悬殊的形势下应该避敌锋芒，据城固守，但实际上他们缺乏应对长期围城的军需器械以及粮食给养；其他人主张趁这股主要由步兵组成的敌人立足未稳之际迅速出击。最后，众人都同意将发动一次突袭。他们拟定了作战计划：桑特拉伊、拉海尔、方丹将挑出60名“骑术精湛、经验丰富”的骑兵，带领他们骑马突袭。除少数人员保卫城堡外，其余大部分骑兵、弓箭手以及长矛手等将步行出战。于是，法军开始着甲备鞍，准备这场几乎是孤注一掷的战斗。

当阿伦德尔伯爵约翰·菲查伦的前卫向城堡推进，本部正在构筑阵地之时，法军哨兵注意到一组更庞大的英军纵队也在接近战场，他们身后还跟着一长列马车辎重。法军将领决定赶在两股敌军会合前将其各个击破。事不宜迟，他们立即下达了出击命令。法军步兵在让·波顿·德·桑特拉伊等人的带领下悄悄从城堡中出发，扑向英军前卫。随后，拉海尔也率领精锐骑兵冲到前卫和阿伦德尔部之间。这百余名英军措手不及，几乎在交锋的瞬间就被击溃。接下来，法军的精锐骑兵并未理会阿伦德尔部，他们绕过这片阵地，径直冲向已近在咫尺的敌军主力及后卫纵队。这部分英军认为阿伦德尔伯爵及其部下已经在前线阻击了法军的攻击，因此一直保持着行军队形。因此，当法军的战马撞进纵队中时，这些人几乎毫无还手之力，马上便陷于恐慌和混乱之中。法国骑兵犹如劈波斩浪一般剖开英军队伍，迫使士兵四散开来，躲避他们的长矛和利刃。与此同时，法军的主力步兵也立即咬住阿伦德尔部，迫使他撤入战场一角。

危急中的阿伦德尔伯爵约翰·菲查伦努力聚拢溃兵，命令他们背靠一片密集的树篱，在前方立下尖木桩作为防御。凭借着有利地势，这部分英军已从最初的惊慌中恢复过来，并奋力反抗，遏制了敌人的攻势。

见此情景，法军从城堡中搬出蛇炮，向英军阵地轰击。英军蒙受了沉重的打击：在第二次射击中，炮弹成功地击中了阿伦德尔伯爵约翰·菲查伦的脚踝，几乎令他丧失了作战能力。但法军步兵仍难以彻底撕开英军的战线。在战场的另一端，拉海尔等人正努力压制英军主力。将眼前的士兵冲散后，他们立即整队折返，再度驰向试图排出起防御队形的敌人。在法军轮番冲锋的打击下，英军难以立足，阵形迅速崩裂，抵抗的士兵非死即俘。英军的逃兵布满了战场的各个方向。许多人向西面的古尔奈撤退，希望能躲过一劫。法军骑兵紧随其后。势如破竹的他们一口气追出了整整 2 里格,直到离古尔奈只有两三公里处才拨转马头。至此,英军主力已彻底瓦解。

之后，法军骑兵返回主战场。当他们来到热尔伯鲁瓦城堡前时，发现英军的前卫部队还在顽抗。于是，拉海尔聚拢所有部队，在骑兵的带领下，现在已经占据数量优势的法军对敌人残破的阵线发起了全力进攻。胜局由此锁定。孤立无援的英军最终也遭受了与同伴相似的命运。阿伦德尔伯爵约翰·菲查伦以及贝德福德公爵的扈从理查德·伍德维尔等 120 余名部众被俘，此外还有约 240 人被杀。法军只损失了 20—30 人。

伤势沉重的阿伦德尔伯爵约翰·菲查伦随后被法国人转移到博韦治疗。法国人采用了截肢的方法试图挽救伯爵的性命，但这似乎令伯爵万念俱灰。伯爵拒绝了进一步的治疗并于6月12日去世，法国人因此丧失了一大笔赎金。不过这位“英国阿喀琉斯”的陨落使他们如释重负。“他是一位英勇的骑士，”贝里传令官写道，“如果他活下来将会对法兰西造成极大损害。”

勃艮第公爵腓力显然对盟友在北方的不幸无动于衷。他正努力让自己的领地从战火中抽身。讷韦尔会谈刚结束，大批勃艮第使者就奉命奔赴伦敦、巴黎、佛罗伦萨以及巴塞尔，邀请各处贵族及教会人士前来参加即将举行的和谈会议。接着腓力动身前往北方领地。在1000名皮卡第士兵的陪伴下，他特意在蒙特罗渡过塞纳河，绕道巴黎——贝德福德公爵约翰已于2月10日离开了巴黎，他已得知了讷韦尔会谈的消息。

像往常一样，巴黎人像迎接一位英雄一般热烈欢迎他们最为热爱的勃艮第公爵。学者发表了一篇演说向他致意。市民还组织了一个由贵妇人组成的代表团觐见一同前来的公爵夫人，请求她在和平谈判时施以援手。兴致勃勃的腓力声称将带来一个和平的时代。他还会见了英王在巴黎的御前会议，向廷臣们解释和平的必要性，并透露了法国人可能不会接受亨利六世作为他们的国王。逗留了六天后，4月21日，勃艮第公爵离开了巴黎，匆匆赶往北方。

腓力的首都之行使巴黎人重燃希望，他们觉得和平似乎即将来临，但随后降临到他们头上的却是更加猛烈的战火。阿伦德尔伯爵约翰·菲查伦的败亡预示着贝德福德公爵约翰维持法兰西岛的努力彻底破产——法军并没有乘胜深入诺曼底攻城略地，他们感兴趣的是巴黎周边地区。结束了同勃艮第公爵会晤的陆军统帅阿蒂尔已返回图尔向查理七世汇报详情。随后，在等级会议代表及王公们的联席会议上，法国君臣一致决定：作为收复巴黎的前奏，法军将对法兰西岛地区展开进攻。奥尔良私生子让主持这次行动，他将首要目标定在了巴黎北面的圣德尼。

与此同时，法王政府也在努力筹措资金。1月，在普瓦捷召开的朗格杜瓦地区三级会议上，代表法王发言的维埃纳大主教让·德·诺里向并未到齐的代表们阐述了恢复以往那种指定用于战争的商品税的必要性。尽管大主教保证会减轻赋重，但仍遭到了图尔等市镇代表的强烈反抗。不过，战争形势压倒了这些抗议。最终，会议给予查理七世12万锂弗的税款，并暂时恢复了那种针对食品、商品及盐类的，指定用于战争的大宗商品税，为期四年。此外，5月在贝济耶召开的朗格多克的等级会议通过了18.5万金穆顿的专款。这其中有2.5万金穆顿是为了恳请国王召回派往此地的铸币专员——他们的所作所为已严重搅乱了本地居民的生活。

资金细流的汇聚使法军萌发了新的活力。博韦、贡比涅、拉尼等方向上的部队开始向法兰西岛会聚。6月1日凌晨，让·富科、路易·德·沃库尔（Louis de Vaucourt）等将领率1200名士兵夺回了圣德尼。法军在攻击中屠杀了英军守卫，甚至连居住在这里的英国人也未放过。巴黎的门户由此洞开。不久后，奥尔良私生子让又夺回了北面的蓬圣马克桑斯。此外，法军还占领了埃库昂（Écouen），包围了奥尔维莱尔城堡（Château d'Orville），迫使守军限期投降。

在春夏之交，法军几乎每日都骚扰到巴黎城门下，他们的势力完全遮蔽了诺曼底通向巴黎的道路。河道和陆路都无法将货物运进城市。巴黎市民在日记中描绘了他们的悲惨境地：敌人经常杀死进出这座城市的人，拐走大批妇女和女孩，还毁坏了巴黎周围地区的庄稼，无人敢加以制止，更有甚者，他们渐渐习惯于杀死每个被抓住的人——无论他是何种身份，出身于哪个阶层——经常将他们的身体遗弃在路上，连妇女也难逃厄运。无奈之下，巴黎人只能派代表赶往鲁昂，觐见贝德福德公爵约翰以及其他高级官僚，哀求他们尽快派军队将城市从毁灭的边缘拯救回来。

与此同时，曾被巴黎人寄予厚望的勃艮第公爵腓力正专心筹备阿拉斯和谈的工作。5月3日，他从里尔派出正式使节前往伦敦宫廷，重复他在巴黎发表的宣言。腓力还对英国人强调：一个休战协议是不够的，必须达成和平协定。法国国王、教会和巴塞尔会议都已答应参加这次会谈。

此时的英国人可能并不感激腓力的调停行为。他们正面临严重的危机：下诺曼底的起义、索姆河口附近城镇的失陷以及上诺曼底、法兰西岛的系列败绩令他们焦头烂额。春季时，怀特岛以及英国南部的大部分海岸村庄都接到了关于提防法国入侵的警报——这是多年来的第一次。这意味着征服领地已被洞穿，法国人现在甚至可能威胁到英国本土。英国人不得不努力筹集资金来应付战事。诺曼底的等级会议于5月在巴约召开，并通过了4.3万图尔锂的专款。它将用于支付一支新组建的，约有800名骑兵和2300名乘马长弓手的军队的费用。在英格兰本土，由于议会不愿意再开征新税，因此红衣主教亨利·博福特和他的侄子第三任萨默塞特伯爵约翰·博福特牵头组织筹集了一笔21813英镑的私人贷款。这笔资金用来组建一支由约翰·塔尔博特——他已返回英格兰——和罗伯特·威洛比率领的远征军。

正当英国人孤独地陷入保卫征服领地的殊死战时，盟友腓力却派出使者以近强迫的语气提醒他们接受和谈。尽管如此，他们还是没有追究腓力违反《特鲁瓦条约》，未征得他们的同意便发出和谈邀请的行为。英国君臣向勃艮第使者表示了愿意前往阿拉斯的意向，但他们担心腓力已暗中背叛。为此，他们还特意派人前往佛罗伦萨打听腓力是否解除了誓言。但并没有消息显示解除了誓言。英国使者松了一口气，但接着他们就收到了警告——要求亨利六世在追求和平方面应该拿出比以往更多的诚意来。

英国人开始选择大使。他们曾邀请腓力担任使团的领导之位，以此向世人表明英国和勃艮第仍处于紧密联合中，但腓力以自己独立于英法两大阵营外为借口加以拒绝。6月20日,英国人拟定了全权特使名单：英国御前会议成员约克大主教约翰·肯普——他是亨利·博福特的亲信——将带领威廉·阿尼克、掌玺大臣威廉·林伍德（William Lyndwood，Bishop of St David's）等人与皮埃尔·科雄等数位英王的法国御前会议成员一起参加和谈。资历最深的博福特则选择留在幕后施加影响。

虽然英国人并未十分期待这次会谈，但他们的一些使团成员却是最早到场的。7月1日，威廉·林伍德和加斯科涅执事最先出现在阿拉斯。接着，各位主教和英王御前会议成员陆续进场，他们带着庞大的随从队伍。7月中旬，特使尼科洛·艾力贝尔格一行以及于格·朗瑟洛·德·吕西尼昂（Hugues Lancelot de Lusignan）等巴塞尔会议代表也来到此地。25日,约翰·肯普最终带着“大约300人马”到达。29日前后，主办者勃艮第公爵腓力也带着800人马以及金羊毛骑士团出席会议。勃艮第骑士和贵族的华丽装束引起了人们的交口称赞。而有“900或1000人马”的法国使团最后出现在会议上。与英国使团不同，他们的领导者都是宫廷重臣和显赫贵族：波旁公爵查理一世、陆军统帅阿蒂尔、中书大臣勒尼奥·德·沙特尔。所有与会代表——除了英国人——均出城迎接他们。腓力显然十分成功：很少有政治类的会议有如此大的规模。除去巴黎等国内地区代表外，这次谈判还几乎吸引了整个欧洲的目光。西西里、西班牙、葡萄牙、意大利乃至丹麦、波兰等地区均派代表列席。的确，这两个国家之间的关系也在对欧洲的历史走向产生巨大的影响。

谈判进程直到8月12日才正式开启。实际上，这场表面光鲜的盛会蕴藏着一个无法调和的矛盾：英国人仍沉醉在亨利五世功业所造就的幻象中，决心坚守《特鲁瓦条约》的条款，任何对它的修改均会动摇英国人占有法国领土的法理基础；法国人则根据形势决定要抬高价码，而且法国人依旧将查理七世作为法国国王的合法性当成他们的核心和底线——这也是法国人坚持战斗的目的。因此，双方都对谈判前景心知肚明，这次谈判更像一场敷衍观众的演出。就在当日，英国人建议签订一项期限为二十年的休战协定，同时还附带一场王室联姻——他们希望借休战期稳定形势，使英国摆脱战争的负担，并让腓力不违背他以前立下的誓言。但法国代表开出的价码几乎无异于那份在1415年7月被亨利五世拒绝的提议——这意味着英国人将吐出之后二十年的战果，包括有重要政治地位的巴黎。遭到对方拒绝后，法国代表勉强同意割让诺曼底以及一些邻近地区——这意味着英国只获得了一片封地性质的公爵领；接受一场英王与法国公主的联姻；并坚持英方应该释放奥尔良公爵查理，且愿意为此支付合理的赎金；最后，亨利六世必须声明放弃对法国王位的要求——这直接撞上了英国人的底线。英国代表拖延了几日，已步入僵局的他们只得等待高层做最后决定。8月23日，按捺不住的红衣主教亨利·博福特亲自赶往阿拉斯。腓力特意带领大部分贵族出城迎接。

在这一阶段，法兰西岛的战争也并未停息。约翰·塔尔博特和罗伯特·威洛比领导的近2500名士兵几乎和英国代表在同一时间登船前往法国。较之以往，在这支军队中服役的贵族已大幅减少，只有不到10名领主和骑士参加了这次远征。他们在上岸后直奔巴黎，与已赶到此地的500名勃艮第援军会合。这支生力军改变了法兰西岛的形势。联军迅速解除了奥尔维莱尔城堡的围困，并开始收复巴黎周边的城堡。不久后，联军将圣德尼团团围住。奥尔良私生子让发觉手中的部队无力解围，于是他赶向南方，希望从正在等候阿拉斯会谈结果的法王那里获得增援。

由法军前线将领领导的军事行动杂乱无章。他们未对法兰西岛方向上的友军给予多少援助，却冲进了勃艮第的北方领地。8月25日，正设宴款待波旁公爵查理、陆军统帅阿蒂尔及旺多姆伯爵路易的勃艮第公爵腓力接到了拉海尔和让·波顿·德·桑特拉伊集中600多人渡过索姆河大举入侵的消息。腓力勃然大怒，顾不上招待客人，立刻下令所有部下迎敌。勃艮第贵族和士兵们匆匆上马出发，许多人甚至未来得及披甲，而数百名英国贵族也自愿加入行动。在埃唐普伯爵约翰、圣波勒伯爵路易及卢森堡的约翰等人的带领下，约1600多人的勃艮第队伍气势汹汹地扑向拉海尔等人。腓力的法国宾客们紧紧跟在后面，唯恐事件一发不可收拾。勃艮第人一直追到科尔比附近，截住了在一座小山上严阵以待的法国劫掠者。接下来勃艮第人却在山下徘徊了半小时——甲胄不足的他们不敢贸然进攻。此时，波旁公爵和陆军统帅的使者急忙上前调停。他们勒令拉海尔等人交出掠夺的赃物和俘虏，并退回己方领土。尽管丧失一笔到手的横财令法军懊恼不已，但是他们不敢违背陆军统帅的命令。最终两支军队各自返回驻地，这个插曲也告一段落。

陆军统帅阿蒂尔等人的及时干涉使英国人未能从此次危机中得利。他们的谈判已经触礁。尽管勃艮第公爵腓力表现得极为恭敬，但红衣主教亨利·博福特的最后努力也未扭转危局。腓力曾与他进行过一次餐后谈话，当时的激烈争辩使红衣主教汗如雨下。29日，英方在提出的最后通牒中只对部分前线的争议领土做出了一点修改。30日，法国人开出最后价码：以整个诺曼底换取对方放弃法国国王名号；接受英王与法国公主的联姻但不提供嫁妆；英方应释放奥尔良公爵查理，并为阿朗松等地向法王行效忠礼。次日，约克大主教约翰·肯普坦承亨利六世不可能放弃他在法国的任何君权。这番宣言敲响了谈判的丧钟。9月6日，英国代表独自退出了和谈。7日，法国代表赶出了一个妥协方案：放弃王位问题可以搁置到英王亨利六世成年时再讨论，但英国人要从那些未被承认的领地上撤出，且要归还所有因英军征服而被驱逐出诺曼底者——尤其是教会——的土地和财产所有权。虽然这个方案传到了英国人耳里，但他们依旧未停下前往加来的脚步。直到次年1月，英国人才做出回应——仍是轻蔑地拒绝。

勃艮第公爵腓力现在将独自面对法国人。公爵早已有了打算。英国人因固执、自大与不识时务而造就的结果给了他绝佳的机会来摆脱战争的重负——同时也摒弃了自己作为盟友的责任和义务。英方已经拒绝了法国人关于和平的“合理要求”，现在只有腓力当年因为父报仇而在《特鲁瓦条约》中立下的誓言在制约他自己。这一点很快就被排除。9月10日，也就是纪念无畏约翰遇刺16周年时，蒙特罗举行了一场庄严的仪式。当天下午，腓力集合所有仍在阿拉斯的代表——包括巴黎等其他法国城镇代表在内——开会，寻求他们的意见。会上和平的呼声压倒了一切，腓力随即宣布他将与法方谈判。次日，勃艮第中书官尼古拉·罗兰开出了公爵的价码。然而一切只是形式而已，这些条件立即就被全盘接受。与此同时，在名义上主持和谈的特使尼科洛·艾力贝尔格等人已经委托法学家专门查看腓力对《特鲁瓦条约》立下的誓言是否可以撤销。一番研究后，这些人提出了两个支持毁誓的理由：它迫使勃艮第公爵从事流血的战争，进而危及其精神的不朽；另外，查理六世没有权力废除他亲生儿子的继承权。最后，艾力贝尔格认可了这些意见。

1435年9月21日，勃艮第和法王代表在圣瓦斯特签订了《阿拉斯和约》。法王代表和勃艮第人员分别站在尼科洛·艾力贝尔格左右两侧。于格·朗瑟洛·德·吕西尼昂等人进行了讲演。腓力的中书官尼古拉·罗兰声称，其主人勃艮第公爵的俘虏，安茹公爵勒内[①]并不受条约的保护。法王使者已顾不上这位倒霉的王公。查理七世的代表，年逾六十的行政法院审查官让·忒戴尔（Jean Tudert）跪倒在腓力面前。这位老者代主人宣称老勃艮第公爵约翰被刺是查理七世年幼无知时受人蛊惑而造就的大错，并恳请公爵摒弃前嫌，恢复两人间的友情和和平。这番谦卑的言辞令腓力颇为受用。公爵扶起了忒戴尔，热情地拥抱了他，并声称将不再发动任何对法王的战争。随后，公爵走到中央。腓力重新宣誓，将不再执念于父亲的遇刺，并将与他的君主和盟友——法国国王和解，向他效忠。艾力贝尔格和于格·朗瑟洛·德·吕西尼昂随即以手触碰腓力额头，正式宣布赦免他对英国人立下的旧誓。接着，公爵手下的其他贵族也依照此例发誓与国王查理七世及其盟友建立友谊。在场的所有王公及代表均立誓遵守和平。这次典礼最终在庄严的赐福祈祷和感恩赞乐曲中结束。

对腓力来说，新和平誓言的回报是十分丰厚的：除了放逐那些谋杀老公爵约翰的凶手并没收其财产外，法王还答应赔偿从约翰身上掠走的珠宝，并为他修筑各种纪念建筑，举行各类纪念活动；法王将把马孔地区及欧塞尔、塞纳河畔巴尔、佩罗讷、鲁瓦、蒙迪迪耶割让给腓力及其继承人，并承认公爵对这些地区官员的提名和任命权；此外，包括圣康坦、科尔比、亚眠、阿布维尔以及蓬蒂约伯爵领在内的其他所

① 勒内已在去年底继承了亡兄路易三世的爵位。

有索姆河流域王室领地也将抵押给勃艮第公爵，但王室有权以40万埃居的指定价格将其赎回；腓力和他的下一任继承者，在统治期内，被授予接收被割让土地上的所有王室课税、商品税以及补助金的权力，他自身也被免于向查理七世行效忠礼的义务；勃艮第的封臣及附庸们——那些之前佩戴圣安德鲁十字架的人——将免于承担王室动员令中的军事义务；当勃艮第遭受英国人攻击时，法王将予以援助，而且双方均需在征得对方同意的情况下才能与敌人缔结和约；双方还对过去彼此间的参战者进行大赦。

当大贵族们履行完仪式后，官员们在阿拉斯城内庄重地宣读了这份和解的消息，它立即在贵族、市民以及大群涌入城市的农民间扩散开来。不同党派的人员拥抱在一起，欢呼声响彻云霄，圣诞颂歌也在街头巷尾久久回荡。人们摆出盛大的宴席和各种各样的娱乐庆典来庆祝这个时刻。他们的确应该庆幸:《阿拉斯和约》从政治上结束了法国王室与勃艮第间延绵了二十多年的争斗。遍布法国东面，使国家和人民饱受摧残的内战之火将逐渐熄灭。人们可以在废墟上恢复秩序，重建家园。法国政府也有机会将力量从佛兰德—博韦，皮卡第—里昂的两条漫长战线中抽离，投身到驱逐侵略者的事业中。

▲ 宣布《阿拉斯和约》

不过和约内容传到法王宫廷后，其中关于惩处刺杀前任勃艮第公爵凶手的条款激怒了阿马尼亚克派贵族和部分廷臣。安茹的查理因兄长勒内被排除于《阿拉斯和约》之外而颇有怨言。奥尔良私生子让则认为谈判代表在和谈过程中的妥协退让使条约极大地损害了自己的两位兄长奥尔良公爵查理以及昂古莱姆伯爵让的利益，因此一度不愿接受。波旁公爵查理也表示了抗拒之意，甚至连阿朗松公爵让都被这种情绪感染——他认为一旦认可和约，法王将解雇大批连队，这不利于他匡复领地的计划。

但查理七世明白现阶段的国家利益高于党派之争——王室为长期的内战和庞大的军事开支付出了过多代价，他的心意已决。12月10日，查理七世在图尔的圣马丹教堂中召集贵族和主教集会。在巴塞尔会议代表的见证下，法王亲自以圣经的名义起誓，履行他和腓力之间的约定，法国官方正式认可了这个和约。于是，分裂的国家在政治上终于合而为一。除了被英国人占领的地区外，整个法国均奉查理七世为唯一合法君主。

不过，正如那些奥尔良家族的老仆人所抨击的那样，勃艮第公爵腓力从阿拉斯和谈中收取了丰厚的利益。借由条约对以往战争中所掠领地的合法认可，勃艮第派的疆域比内战前扩大了不少。除去表面上维系的封臣关系外，勃艮第家族已摆脱了法国中央政府在政治、财政、司法、军事上的制约，成为事实上的国中之国。更有甚者，由于查理七世并未要求腓力全力承担对英作战的军事义务，勃艮第将置身于两方阵营之外，这也是他们迈向欧洲政治舞台，追求王国独立的第一步。此外，腓力的亲随们也从中捞到了不少好处。为了使谈判更加顺利，7月初，勃艮第中书官尼古拉·罗兰，腓力的心腹、勃艮第首席侍从安托万·德·克罗伊以及其弟埃诺邑督及总指挥官让·德·克罗伊，曾担任勃艮第公爵领总指挥官的沙尔尼领主皮埃尔·德·博弗勒蒙（Pierre de Bauffremont，Lord of Charny）以及佛兰德海军将军让·德·霍恩（Jean de Hornes）等8名勃艮第政务会议成员就获得了来自查理七世的总价达6万金萨吕的贿金。12月21日，查理七世还授予腓力的妻子葡萄牙的伊莎贝尔一份4000英镑的年金，以表彰她在和谈过程中的贡献。

实际上，法兰西和勃艮第的联盟关系仍十分脆弱。当法国王室完成将英国人赶下西海岸的任务后，他们将很难容忍在东方边界还存在一个经济和政治上都与英国有着密切联系的独立而强大的势力。而且，他们还在和约中失去了可以作为防线依托的索姆河，屏护巴黎的领土及北方的防御纵深均因此受到大幅削减。勃艮第还将成为阻挡他们向东扩张道路上的严重阻碍。随着时间的推移，种种不利因素将在暗中不断加深法国王室的戒心和猜疑，进而激发他们与勃艮第间的对抗行为。尽管和约中有对涉嫌老勃艮第公爵谋杀案的人的追责条款，但查理七世实际上拒绝继续深究那些在15世纪20年代服侍过他的老仆人。塔内吉·迪·沙泰尔、让·卢韦仍在南方担任要职。实际上，从长远来看，王室同勃艮第间的和约只是一次休战而已。

尽管如此，《阿拉斯和约》的签订对海峡对岸的英国来说不啻是当头一棒。他们在去年失去了布列塔尼公爵约翰的支持，但在阿拉斯谈判过程中，他们依旧高估了自己的能力，也低估了法国大部分地区和阶层对战争的厌恶程度，最终陷入孤立无援的境地。雪上加霜的是，他们的一位股肱之臣此时也走到了生命的尽头。1435年9月14日，贝德福德公爵约翰在鲁昂城堡中去世。自从向兄长立下誓言后，这位杰出的统帅就将全部精力投入到征服事业中。他竭尽所能地改革弊政、秉公执法、恢复秩序；他从未专权擅势，并经常自费补贴公用；在战场上，他也不畏艰险、亲冒矢石，一度带领部下取得了辉煌的胜利。然而二十余年过后，公爵在弥留之际却得知了勃艮第即将与英格兰-法兰西王朝事业分道扬镳的消息，而自己却在病榻上回天乏力。“贝德福德公爵一定觉得——当他付出一切并受尽艰辛后——自己一生皆是徒劳。”也许正是他的去世促使腓力下定背弃《特鲁瓦条约》的决心。

英国征服的非正义性造成了贝德福德公爵约翰的悲剧。出于巩固统治的需要，贝德福德公爵频繁地与诺曼底各等级进行磋商调解，派遣小分队驻扎乡间、巡查道路，试图抑制匪患，并把英国移民安置在夺来的土地上。同时他也慷慨资助法国的艺术、文学以及教会，使鲁昂成为可以匹敌巴黎的书籍制作中心。他还在卡昂建立了一所大学，试图加强英法之间的交流。大部分措施赢得了被占领区中一些人的好感。某些巴黎人认为他与那些“总是无缘无故地试图向他们的邻居开战”的英国人有着本质的不同。他的对手们也对其“高贵的出身与品德”肃然起敬。贝德福德公爵是征服者中较为明智的一员，但单凭其个人力量远不足以将两个在生活方式及社会利益方面不同的民族融合到一起。他也无力弥合入侵战争所造就的创伤与愤怨——那些直接承受大部分战争苦难的底层人对此有着最为明显的感受。瓦洛涅的罗班·勒·佩勒捷（Robin le Peletier de Valognes）在与一名英国人辩论时声称公爵“除了横征苛敛以及欺压百姓外一事无成”。随后，两人的争吵演变为斗殴，佩勒捷在慌乱中坠入鱼塘，为言论付出了生命的代价。

不过，在数十年的征战生涯中，贝德福德公爵约翰对法国这片土地倾注了深厚的感情，并将自己的家安置在法国。和大批来这里索取财富的贵族不同，他的遗愿是留在这片土地上。因此，公爵最后被安葬在鲁昂附近，在这里，他将安享生前难觅的祥和与宁静。

《阿拉斯和约》的内容也传到了法国王太后伊萨博的耳中。上个世纪末，她在瓦卢瓦王室如日中天之际成为王后，并享受了一段极尽奢华的时光。然而，在和执政的阿马尼亚克派发生激烈冲突后，为了夺回权力，她不惜抛弃亲生幼子——实际上，他的身份才是伊萨博权力的真实来源，投向勃艮第阵营，接着又帮助英国人在巴黎站稳脚跟。但事与愿违，她只是勃艮第和英国人用来装点门面的一颗棋子而已，不久便淡出权力中心，过着隐居生活。落寞和拮据与她如影随形。英国征服王朝的举步维艰使她忧患成疾。她的幼子，法王查理七世的每个成功对她而言都是一次刺激。据记载，接到查理七世和腓力和解的消息后，伊萨博不禁号啕大哭。无论这次哭泣是源于编年史作家所声称的欣慰之情，还是她对以往种种的内疚之意，都已无甚意义了。24日，王太后在巴黎的圣波勒宫中去世。在这座危机重重的都城中，人们已顾不上缅怀这位《特鲁瓦条约》的缔结者。而《特鲁瓦条约》的受益者，曾身为其女婿的勃艮第公爵腓力也只是在圣瓦斯特举行了一场仪式权作纪念。

勃艮第公爵腓力更关心的是《阿拉斯和约》中割让的领地，他急于将这些划归自己的财产紧紧拽在手里。和谈一结束，腓力就立即指派大批官员奔赴索姆河流域接管城镇，甚至连阿拉斯城内的英国官员也被勒令出境——当然其中有些识时务者转而为公爵服务，得以留任。有了和约的背书，勃艮第公爵向这些市镇索要之前他父亲宣布废除的商品税，这引起了广泛的不满。在减免课税以及补助金的请求被拒绝后，亚眠的屠夫和市民们拿起棍棒，推举奥诺雷·高坚（Honore Cokin）为首领，并明确告知市长，将不再缴纳这些赋税。接着又沿街搜捕一度权势滔天的博韦地区监察官皮埃尔·勒·克莱尔（Pierre le Clerc，Provost of the Beauvoisis）。平日充当勃艮第邑督爪牙的克莱尔被迫躲进一个鸡舍避难，他的房屋和家具在接下来的暴动中均被拆毁，侄子被锁进钟楼，甚至连珍藏在地窖中的18桶葡萄酒也被喝了个底朝天。鸡窝里的监察官最终还是未能逃脱被群众发现并处死的命运。

亚眠人的声势并未持续多久，虽然他们试图向查理七世寻求援助，但法王已抛弃了他们。腓力闻讯后调集大批军队，命令新任邑督和埃唐普伯爵约翰等人带兵前去镇压。他们先对前来谈判的代表好言宽慰，做出种种承诺，但进城后这些人就撕下伪装。勃艮第士兵迅速占领了钟楼和市场，冲入大街小巷逮捕拒绝回家的人。一篇以国王和公爵的联合名义发布的诏令被当众宣读，它勒令市民继续缴纳补助金，并声称将赦免大部分从犯。恩威并施之下，起义队伍迅速瓦解。奥诺雷·高坚与一些支持者在参与会议时被当场拿下。另一名首领佩里内·沙隆（Perrinet Chalons）躲进教堂中寻求庇护，但教会对反抗贵族的人并无怜悯之意。沙隆最终还是被解往钟楼，与其他人一起被押赴刑台。虽然腓力迫使亚眠向他屈服，但这次起义预示着勃艮第治下的北方领地已逐渐步入全面危机时代。

收复巴黎

英、法、勃三方在阿拉斯的和谈并未影响到法兰西岛的战事。英勃联军对圣德尼的围城战已持续了近五周。法军将领没有直接与敌人交锋，而是采取了佯攻诺曼底的间接策略。9 月初，奥尔良私生子让与阿朗松公爵让率军出现在韦尔讷伊城下，他们发起了进攻但未能拿下此地。这个挫折使两人决定分兵行动：阿朗松公爵前往塞镇；奥尔良私生子则向塞纳河下游运动，试图威胁敌人与后方的联系。

罗伯特·威洛比和斯凯尔斯男爵托马斯以及利勒亚当大人让·德·维利耶带领的英勃联军不为所动，他们一心只想把皮埃尔·德·里厄元帅带领的约 600 名法军赶出圣德尼。联军不断用大炮轰击工事。当城墙和城门出现裂痕后，他们发起了总攻。英勃联军的士兵分成数组，扛着攻城梯等器械跳入水深至脖子间的城壕中，向着敌人的堡垒前进。见此情景，里厄将部下分为数队据守各个塔楼，并命令不得后退，而他则带领一队骑兵居中策应。这场异常惨烈的战斗持续了几个小时。短兵相接中，约翰·法斯托尔夫的亲族罗伯特·哈林（Sir Robert Harling）阵亡，战前临时被封为骑士的让·德·于米耶尔（Jean de Humieres）也被俘虏。英勃联军在城壕和城墙间至少损失了 80 多人。眼看难以突破，他们只得吹响撤退的号声。法军将领乔索朗也在激战中身亡。英勃联军在白天唯一的收获是蓬图瓦兹城门旁的一个小堡，等到夜幕降临后，里厄元帅又派出 6 名部下经由小道将其夺回。

尽管如此，圣德尼仍未摆脱孤立无援的形势。阿拉斯和谈结束后，陆军统帅阿蒂尔急忙返回前线，意图召集军队解围。当他赶往桑利斯方向时，却发现仓促间沿途几乎无兵可调。与此同时，意识到难以支撑的里厄元帅最终于 24 日同英军签署投降协议。不过，法军获得了宽厚的条件，他们被允许携带财物撤出此地——如同日常拔营一样安全。

收复圣德尼让伊萨博能够与丈夫合葬。由于法军的袭扰分队仍然在周边地区活跃，人们不得不放弃安葬王室成员的惯常路线和宏大排场，改成趁夜色偷偷将棺木搬上一条小船从塞纳河水路运到此地。同时，占领此地也成了英国和勃艮第人之间的最后一次合作。阿拉斯和解的消息传来后，那些皮卡第士兵离开法兰西岛，返回了家乡，英国人则回到巴黎。双方已渐生间隙。

实际上，收复圣德尼只是英国的征服事业在法兰西岛的回光返照而已。法军队伍已经牢牢楔入巴黎周边地区。奥尔良私生子让与安布鲁瓦兹·德·洛雷、让·德·比埃伊等人也早就选择了塞纳河下游的默朗桥头堡作为目标。24 日夜晚，趁着大部英军被调往圣德尼之际，法军在两个渔民的帮助下，用渔民船中藏着的一具梯子爬上连接塞纳河的下水道进入城镇。猝不及防的英国守军被迅速击败。法军乘胜夺取了桥梁。诺曼底—巴黎方向的补给道路由此被切断，巴黎城内粮价随即飞涨。

为了打破封锁，英军将领马修·高夫和托马斯·克瑞尔从日索尔组织了一支 600—800 人的军队前来克复默朗桥头堡。他们的旅途十分漫长。让·德·比埃伊和安布鲁瓦兹·德·洛雷趁机设下埋伏，在一片混乱中，英军再次惨败，高夫在混乱中被擒。奥尔良私生子让已同陆军统帅阿蒂尔会面，两人一致决定继续将队伍部署在靠近巴黎的前线上。随后，陆军统帅前往宫廷述职，奥尔良私生子则加紧组织法军攻占法兰西岛其他据点。

随着贝德福德公爵约翰的去世及勃艮第将领们退出战争，英军在法兰西岛的局面一发不可收拾。英军原本打算集结部队再次夺回默朗，但法军再度攻击韦尔讷伊的消息令他们放弃了计划。英国当局被迫颁布动员令，让部队于 10 月底在埃夫勒集中。随后，两名妇人——这是英国人雇佣间谍探查情报的习惯手段——又带来了奥尔良私生子让在沙特尔集结军队的消息，据说连鲁昂都将成为其攻击目标。诺曼底地区警报频传。

1435年秋季的一系列事件让在法国的英军急需本土的援助。与战事失利的消息同时到达英国宫廷的还有由勃艮第使者携带的信件。尽管腓力仍在试图好言宽慰英国人，向他们解释结束同盟的必要性，以免双方彻底决裂，但勃艮第使者刚踏上多佛尔便受到了英方无微不至的关照：他们携带的信件被英国人收去代为保管，一路上有专门的英国使者和司库秘书护送他们抵达伦敦，随后他们被安排住在一位鞋匠的家中，并被严格限制外出，防止走漏消息。勃艮第使者多次要求觐见英王和他的御前会议完成其使命，但都被拒绝。与此同时，英格兰司库已将腓力的信件呈递给英王与他的御前会议以及重要廷臣们。当聆听宣读的众人发现腓力已不再将亨利六世称为“法国国王”时，少年英王不禁流下了泪水。腓力还在信中规劝英王仔细斟酌法国人提出的搁置关于放弃王位要求的建议。这令红衣主教亨利·博福特和格洛斯特公爵汉弗莱皆拂袖而去。因此，这次会议在惊讶和混乱中匆匆结束。接踵而来的则是腓力已占据了那些之前在名义上臣服于英王的索姆河流域城镇的消息。

▲ 安葬伊萨博

现在，英国上下正陷于因背叛而激起的怨恨与狂怒中。实际上，英国的自身利益要求它与勃艮第维持和睦关系——贝德福德公爵约翰等有远见的政治家可能会尽量避免事态的进一步恶化，但格洛斯特公爵汉弗莱则抓住这个机会推波助澜。在他的挑唆下，英国人既不愿深究勃艮第公爵腓力退出战争的缘由，也无法容忍他保持中立的行为，他们将敌意倾泻到了腓力及其臣民的头上。伦敦的民众上街暴动并洗劫了低地商人们的房屋。勃艮第使者只接到了口头消息便被打发离开——他们甚至没有获得小费。沿途民众不断咒骂“虚伪和背誓的”勃艮第公爵的声音不绝于耳，使者们一度担心自己会成为愤怒和暴力的牺牲品。

英国人曾答应使者，国王将向议会咨询并拟定答复。10月上旬，议会在国王的主持下召开。他们的怒气并未平息。在会上，中书大法官历数了腓力的种种背盟弃誓之举，并将拒绝和平的责任通通推脱到他与“敌人”身上。既然国王已被明确告知腓力和“敌人”达成了单方和平协定，而且正准备帮助后者对抗国王，那么国王要么选择屈从于“敌人”提出的侮辱性要求，要么通过武力来保卫自己的权利。

英国人依旧对自己的能力充满信心，他们选择了后者。议会不仅同意继续与法国人作战，还要将战争扩大到勃艮第头上。使节们奉命奔赴格德斯、列日、科隆以及神圣罗马皇帝西吉斯蒙德等王公贵族的宫廷，试图联合他们组织一个反对勃艮第的北方联盟。在时隔多年后，他们第一次拟写友好信件发给埃诺女伯爵杰奎琳以及曾属于她名下的16座荷兰城镇。此外，他们重新开始鼓励针对佛兰德商船的攻击行动，海盗威廉·蒙福特（William Morfote）——他带领100人逍遥法外——还趁机获得了官方的特赦。

同时，英国人还将组建一支超大规模的军队——这意味着开支倍增。因此，他们通过了一笔征缴期为两年的补助金。此外还追加了一笔对自由持有地产的累进所得税。它将按划分的等级收取：年入5—100英镑者税率定为每英镑6便士；年入100—400英镑者则为每英镑8便士；年入400英镑以上者——他们中的绝大部分都是公爵和伯爵——每英镑提高至2先令。羊毛关税、船舶吨位税以及商品磅税的征收期将延长至1437年11月。此外，政府重开借贷，金额为10万英镑。他们自知完成这个天文数字绝非易事，为了避免激起民怨，随后又加上了不得强迫借贷的限制条款。

正当英国官员忙于准备之际，大陆的局势正在迅速恶化。借《阿拉斯和约》的助力，法军发起了一轮新的攻势。这一次可是全线出击。从圣德尼撤出的皮埃尔·德·里厄元帅来到北方，准备在此点燃复仇之火。陆军统帅阿蒂尔也给予了财力和人员支持，并派出副官吉勒·德·圣西蒙等人前来协助。10月28日凌晨，元帅以及本地贵族夏尔·德·马雷（Charles Des Marets）带领600名士兵悄悄接近了迪耶普。他们趁低潮时绕至紧靠海湾的一侧，在黎明前，德·马雷带领一些士兵秘密地从此地攀上城墙。随后，他们强行打开了面朝鲁昂方向的城门，让元帅的大队人马进入。法军展开旗帜，一直突进到市场。他们兴奋地高喊：“拿下城市啦！”这些喧哗惊动了大批市民，他们慌忙从房顶向攻击者射击、投掷石块。但为时已晚，在伤亡数十人后，英国总督莫蒂默便同部下一起逃之夭夭。接近中午时，法军完全控制了城镇和港口。

迪耶普的丢失极大地震撼了诺曼底的英军，但这只是法军行动的第一步。此后不久，安托万·德·夏巴纳、两位波旁私生子等将领带领大批自由连队来到此地。让·波顿·德·桑特拉伊等人随后也参加了他们的阵营。与那些温顺的等级会议代表以及英王在法国的御前会议不同，诺曼底农民直接承受着长期战争带来的重负。现在，约2000—3000名法军的到来使他们彻底中断了和征服者之间的合作关系。整个科区都沸腾起来。1435年初冬，这里也爆发了大规模起义。数千人武装起来，农民再度拿起临时拼凑的武器指向英国人。他们推举勒·高伊（Le Charuyer）作为首领，在其领导下，起义者来到迪耶普与法军会合。进攻人数像滚雪球一般膨胀起来，他们计划夺取科区的港口城镇，切断英国向内陆输送人员、武器、军火及粮食物资的供应线，进而令诺曼底和法兰西岛的敌人分崩离析。12月底，这支混合着自由连队、冒险者、农民以及许多被剥夺领地的诺曼底贵族的大军顺科区海岸而下，横扫沿途城镇。在平安夜，他们来到费康，此城立即投降。诺曼底贵族让·德·埃斯图特维尔（Jean d'Estouteville）被任命为总督。两天后，英国人任命的加斯科涅人让·迪·皮伊（Jean du Puys）也向他们打开了蒙蒂维利耶的城门。法军继续向南推进至阿夫勒尔。在这里他们遇到较顽强的抵抗：威廉·迈勒（William Minors）带领400人左右的英军击退了法军的第一次袭击，并杀死了约40名攻击者。正当元帅考虑次日再度进攻时，一伙市民逼迫迈勒向法军投降，于是英军只能收拾行李，快快地离开此地。

占领这座坚固堡垒后，法军势如破竹，在15天内以微小的代价连克包括唐卡维尔和利勒博讷在内的七八座市镇。依照陆军统帅阿蒂尔的指示，科区东北面的法军也开始拔除欧马勒、凯利的圣日耳曼城（St.Germain-sous-Cailly）等英军市镇。到1436年2月前后，法军几乎完全克复了除科德贝克以外的全部科区领土。英国人在上诺曼底的核心区域已无遮蔽。鲁昂也面着临腹背夹击的危险——部分法军已开始从西面迅速沿塞纳河向上游方向推进，其他部队则在东面跃跃欲试。

严峻的形势令占领区的英国当局及其追随者手足无措。贝德福德公爵约翰去

▲ 迪耶普围攻战

世后，诺曼底公爵领地的军事指挥实际处于混乱状态。尽管在1435年公爵曾恢复过诺曼底主要军事指挥长官执事职位，并将它授予刚接替阵亡的阿伦德尔伯爵约翰·菲查伦担任这一地区代理官的斯凯尔斯男爵托马斯，但斯凯尔斯男爵没有公爵的权威和影响力。而且作为栋夫龙守将，他正忙于应付西面的战事。根据情报，法军和布列塔尼人准备发动攻势，他们正在制作堡垒，打算将其运往科唐坦半岛海岸，立在库唐斯以及格拉维尔之间。上诺曼底的暴动也影响到了下诺曼底：1月25日，莫尔坦、阿夫朗什以及维尔的子爵们奉令调查部分平民在这些地区大量聚集的事件。月初时，由平民博西耶发动的一场主要由平民参加的起义正指向科唐坦区域。英国人勒令领地内每个忠实的臣民都必须穿上红色十字英国徽章，并严禁他们武装自己或在没有命令时武装聚在一起。子爵们还要在所有堡垒和有城墙的市镇中囤积补给，储存军事装备，准备应付敌人的围城。在这种严峻形势下，斯凯尔斯男爵首先要确保自己的防区万无一失。此外，由于勃艮第公爵腓力已与法王结盟，卢森堡家族的圣波勒伯爵皮埃尔以及卢森堡的约翰——虽然他们尚未发誓遵守《阿拉斯和约》——因其封主的制约也难以全力与公爵的新盟友法国人作战。

出于这些原因，上诺曼底已很难抽出足够力量应对科区方向的攻势。实际上，他们很早就意识到了若无外援，局势将万劫不复。在绝望中，鲁昂等级议会向英国本土发去了一封请愿书，它于 1435 年 12 月 3 日被面呈给在威斯敏斯特的亨利六世。在书信中，他们对英国代表在阿拉斯拒绝法方条件的行为提出了强烈抗议。他们指出：法国人曾同意用搁置王位争议的条件割让诺曼底，这样本可以使诺曼底免于战火，但英方代表随后否决了这个方案，既然英国当局如此在意维护其君权，那么他们就应该担负起由此而导致的保卫诺曼底的军事义务。

英王好言宽慰了诺曼底使者，并告诉他们议会正在组建至少包含 2100 名骑兵和 9000 名步兵的队伍。鉴于格洛斯特公爵汉弗莱一直不愿离开英国政府的权力中心，王室将另选王公贵族担任最高指挥官。这个担子落在了年轻的约克公爵理查身上，虽然理查并没有多少军事经验，但他出身高贵，并迎娶了国王的表姑塞西莉·内维尔（Cecily Neville）。他的两个舅哥新索尔兹伯里伯爵理查德（Richard Neville）、第六任福肯贝格男爵威廉（William Neville，6th Baron Fauconberg），以及表兄埃德蒙·博福特也将与他同行。这三人都是亨利·博福特的族亲，因此他出面借贷了约 2.8 万英镑支持这次战役。此外，萨福克伯爵威廉·德·拉波尔也将一起出征，他是这些王公贵族中唯一的资深指挥者。

尽管如此，这支英军的准备工作还是进展缓慢。英王起初答应如果天气允许的话军队将在 12 月底出发，但日期却不断向后拖延。随着前线告急的战报如雪片般飞来，1436 年 1 月 16 日，在诺曼底使者的不断督促下，亨利·诺布里爵士（Sir Henry Norbury）和理查德·崴斯特讷（Richard Wasteneys）奉命带着先遣部队出发增援诺曼底。然而，等到第一批约 970 人的部队真正起航时，时间已到了 1 月底。上岸后，理查德·崴斯特讷就带领 300 多人直接来到鲁昂并进驻其周边地区。

此时，驻守的英军将领正在诺曼底奋战。约翰·塔尔博特放弃增援法兰西岛，赶到鲁昂接过了守将的职责。他立即派出副官福尔克·艾顿（Fulk Eyton）带 400 人北上增援。向科德贝克涌来的主要是一些武装农民，他们与唐卡维尔的法军在进攻问题上发生了争执，于是在尚未等到后者支援的情况下便贸然行动。这些队伍像羊群一样挤成一团而且毫无秩序。艾顿趁他们全力攻打扼守科德贝克入口的桥梁时，迅速进攻武装农民的后方,科德贝克城内的弓箭手也配合出击。两面夹击下法军大败,许多农民被杀。

约翰·塔尔博特也率部从鲁昂出击。英军主力一路坚壁清野，将沿途所有能带走的家畜都赶入科德贝克与鲁昂，然后毁灭了剩下的一切。英国人的焦土政策毁灭了这两片区域间可以利用的一切资源，从而使组织混乱的法国人难以维持在这些地区的作战。尽管吉勒·德·圣西蒙下达了撤退的命令，但在混乱中他被同伴们抛弃，最终沦为英国人的俘虏。

科德贝克围城战的失败引发了法国贵族和农民间的矛盾。他们各自据守在分散的据点内，没有统一计划和集中指挥。纪律涣散的贵族和连队头目开始相互争吵，甚至抢劫农民。而农民参加战斗的本意是为了获得和平，摆脱战争所带来的桎梏。可现在他们发现供养这批颐指气使的贵族和战争领主所带来的负担并不以前轻松多少，于是他们逐渐开始离开队伍，重拾犁耙。而安托万·德·夏巴纳、波旁私生子等连队将领则根本未出现在前线。他们在去年冬季时就带着大批士兵转进香槟，干起了拿手把戏——霸占城堡，侵扰乡间。这一场持续了六周，各阶层都参与的暴动就这样草草结束。

▲ 约克公爵夫人塞西莉·内维尔，后世给予她一个响亮的称号——“众王之母”

在东面，诺曼底总指挥官拉海尔连同让·波顿·德·桑特拉伊以及勒尼奥·德·方丹在1月底带领从博韦以及热尔伯鲁瓦集结的600人向西进发。他们意图联系鲁昂城中的支持者一举袭取此地。但不久后，法军将领便踌躇起来——也许他们得知了鲁昂受到增援的消息——他们停止前进，并撤退到附近的小村镇黎（Ry）。这不是个高明的决定：此地距离鲁昂有 10 英里远，位于一片被森林环绕的凹地中。在西面，通向鲁昂的道路从离它半英里远的一道山脊上穿过。因此，林木遮蔽了法军营地面朝敌人方向的视野。英国人已经得知法军的行踪，并获悉了他们的具体位置。事不宜迟，2 月 2 日凌晨，约翰·塔尔博特、斯凯尔斯男爵托马斯、托马斯·克瑞尔带领的英军突然出现在法军西面小山上的前哨前。法军猝不及防。当剩下的残兵踉跄地逃向仍未察觉敌情的大营时，塔尔博特正带着英军从山上急驰而下。于是，偷袭者反被偷袭。拉海尔试图召集士兵在要道以及集市空地间列阵，但为时已晚。迎面扑来的英军迅速粉碎了一切抵抗，法军骑兵甚至来不及上马。慌乱中，方丹等一批试图聚拢部下的将领与数十人一起被俘，余众四散奔走。在逃亡中丢盔弃甲的拉海尔亦身负重伤。虽然此战中大部分法军都得以保全性命，但他们的败绩证明：在诺曼底地区，这类试图用小股部队通过长途奔袭夺下敌方重镇的老计策难以成功——时机转瞬即逝，当他们单薄的部队深入敌人经营多年的核心区域时，只要稍有拖延就会遭受灭顶之灾。

西线法军也行动迟缓，尽管他们一直在边境活动，但一直漫无目的。直到 3 月法王召开军事会议后，此处法军的路线才明晰起来——3 月下旬他们一路推进到莫尔坦。但法军长时间的散漫已经给了斯凯尔斯男爵托马斯集中军力的机会。他签署召集令，命令科唐坦区内所有的贵族立即拿起武装，投入野战。就在博西耶起义军打算同法军会合之际，下诺曼底英军在圣瑟韦（Saint-Sever）附近发动了袭击。博西耶与约 1000 名部众战死沙场。余众要么避入深林，要么返回家中。尽管英军放弃了与深入至维勒迪约（Villedieu）的法军交战，但他们击破博西耶部的行动彻底瓦解了法军同起义者合流席卷科唐坦的大计划。在一系列挫折的打击下，各路法军的反攻行动逐渐转入低潮。

1435 年底至 1436 年初，法军在诺曼底的攻势暴露了其军事体制和组织上的各种缺陷，然而它们很快就被另一场耀眼的胜利掩盖了。尽管诺曼底同袍们的表现并不尽如人意，但还是在数月内牵制了英军的大部分力量，有力地支援了其他地区法军的行动——而他们还将在数年内继续消耗敌人很大一部分精力。法国人的战略重点已逐渐转向了法兰西岛。奥尔良私生子让、旺多姆伯爵路易、波旁公爵查理等

▲ 索姆河口—上诺曼底科区

大批将领带着各自的扈从亲兵以及雇佣连队不断从各个邻近方向上侵蚀着法兰西岛。1435 年底，法军再次夺回默伦。1436 年初，科尔贝等塞纳河上游的众多城镇也被他们收复，法军的势力延伸到了城郊。1 月 11 日，法军克服巴黎东南面的沙朗通。2 月 19 日晚，在圣安托万德尚（Abbess of Saint-Anthoine-des-Champs）的女修道院院长的帮助下，一个乔装打扮成英国人，混入万塞讷守卫中的苏格兰士兵为躲在城堡主塔下的德尼·德·沙伊以及波旁公爵的士兵投下绳索和梯子。法军借此攀上城墙袭取城堡，接着他们又迅速夺下了东面的马恩河畔布提（Beauté-sur- Marne），布里地区的布里贡特罗贝尔等市镇亦落入他们手中。与此同时，法军还收复了西面的圣日耳曼昂莱。蓬图瓦兹居民也趁城中英军主力外出抄掠粮草之际发起暴动，关上城门，冲到驻地控制了剩余的士兵。英国副官约翰·拉普利爵士（Sir John Rappeley）被迫带着两人躲入门房负隅顽抗。尽管这里地势较高，民众还是逼迫上来。情急之下，绝望的拉普利抓起身边的武器胡乱向他们射击。最终，已和本地人联姻的拉普利在妻子族人的劝说下缴械投降。控制城镇后，市民请来了勃艮第将领利勒亚当大人让·德·维利耶担任守将。显然，勃艮第公爵腓力已放弃了中立姿态，不久后他便派出由侍从菲利普·德·泰尔南（Philippe de Ternant）以及拉兰的西蒙等人领导的600名骑兵前来增援利勒亚当，帮助他抵御英国人的袭击。

现在，法军基本掌握了通向巴黎的塞纳河以及瓦兹、马恩河的上下游据点，陆路要道也几乎被他们控制。英国占领区连接巴黎的各条补给线均被切断。从四旬期（Lent）到复活节，小麦价格飞涨至原来的四倍。在复活节前两周，鲱鱼——四旬期的主食——的供应就已终止。英王在法国的中书大臣泰鲁阿讷主教卢森堡的路易等人仍在努力维持这座处于风雨飘摇中的城市。他们像以前那样发布前任法王查理六世宣判刺杀约翰者为叛徒的法令试图赢得支持，但这种过时的把戏效果甚微。勃艮第公爵腓力已经倒向了法王，他的将军们作为敌人正驻扎在城外。越来越多的官员认为城市已经被抛弃，纷纷逃向诺曼底和勃艮第。巴黎人心浮动。2月11日，城内爆发了一次骚乱。政府当局探知民众意欲救出一名被囚禁的法国骑士，当局被迫将其转移到别处以免事态恶化。实际上，英国人难以对城市构成威胁。他们在政府中所占人数不多，而且也只集中于靠近巴士底的圣安东尼区聚居点中，其他大部分城区都被法国人所控制。惶惶不可终日的政府开始实行高压政策。3月15日，中书大臣召集重要官员和市民代表开会，宣布政府允许那些去意已决的人们离开此地，但留下来的人都必须发誓向英王效忠，并穿上绣有红十字的衣服远离城墙和城门。此外，圣母院的教士还被勒令封上背靠塞纳河房屋的大门，专员们也开始在城市中搜索、调查各户中存有的谷物、面粉以及干豆的储量，防止有人藏匿余粮。对于平民来说，这与被抢没有多大的区别。

英国的巴黎政府的种种措施并未缓解危机。供应线的切断甚至影响到了日常开支。4月4日，城市再次爆发了叛乱。这次的主角是400名守卫——他们已经数月未领到薪水。一日后，他们仍从城外的农田和房屋偷盗粮食、财物。当局还是获得了少许安慰：由托马斯·博蒙带领的第二批约800人的英国援军于2月底乘船渡海，正按计划赶向巴黎。他们像鲁昂的同僚一样，开始有条不紊地毁坏庄稼，掠走一切可以找到的粮食并烧毁塞纳河巴黎到蓬图瓦兹河段的村庄。英国士兵——其行径几乎与那些开小差的同伴们无异——正在拼命地搜刮一切可以换为现金的物件。

在此期间，法国君臣正忙着为夺取巴黎做最后的准备。2月中旬，查理七世在普瓦捷召开了朗格杜瓦地区三级会议。尽管去年就有不少行省地区等级会议反对恢复针对食品、商品及盐类的，指定用于战争的商品税，缩减了总额，但如今法王坚持要继续征收。此外，他还迫使会议通过了一笔20万锂弗的税款（塔兰税），用于支持前线战事。

2月28日和3月3日，查理七世在普瓦捷签署了两份针对首都市民的赦免令——同时它也得到了勃艮第公爵腓力的认可。这标志着光复首都的战役进入了最后阶段。3月8日，查理七世任命陆军统帅阿蒂尔为布里、香槟、博韦、诺曼底、皮卡第以及其他约讷和塞纳河流域交战地区的总代理官。进军巴黎的序幕由此拉开。除却最高军事指挥权外，查理七世还颁布诏书，授予他接受并行使投降的英占城镇内的财政、行政等方面的权力，并统领审计法院之职——两个月后，法王暂停了审计法院、高等法院等机构的运转，它们将在陆军统帅克复巴黎后归并。与陆军统帅一同参加御前会议的还有让·德·比埃伊，他的任务是为陆军统帅的行动提供掩护——正如前文所述，他将在西线的下诺曼底发动进攻。

陆军统帅阿蒂尔随即前往法兰西岛。由于传言将有3000名英军增援巴黎，他于4月1日赶到拉尼。从这里发布命令，动员布里和香槟地区的守军奔赴蓬图瓦兹前线。4月3日，陆军统帅、奥尔良私生子让、利勒亚当大人让·德·维利耶和菲利普·德·泰尔南的三支队伍在蓬图瓦兹汇合。参与进攻的军队总数已接近6000人。一直到4月8日的复活节前后，他们都在这里严阵以待。而得到情报的英国援军留下车队和牲畜，轻装前往巴黎。

眼见敌人没有来交战，法国和勃艮第联军便分为数部，向巴黎进发。他们的第一个目标是圣德尼。自去年重占此地后，英国人已经拆毁了除一座孤塔以外的绝大部分防御工事，因此圣德尼的防御力量十分薄弱。法军不久就占领了其南面的欧贝维利耶（Aubervilliers）、蒙马特尔（Montmartre）形成合围之势。英将托马斯·博蒙决定截击敌人的分部。4月10日，他带领部队向圣德尼方向移动。

接到情报后，陆军统帅阿蒂尔立刻跨上战马，在号角声中带领身边的6名骑兵冲出营地，士兵们源源不断地加入他的队伍。半路上，他遇上了利勒亚当大人让·德·维利耶——他是第一个赶来与法军会合的勃艮第将领。陆军统帅问他是否熟悉英国人所在地区的地形，利勒亚当回答自己对此地了如指掌，但是他提醒陆军统帅，“凭借我的信仰起誓，大人，如果您只有2000名战士，您将很难在那里击败他们。”陆军统帅并未直接回答，他只是敦促利勒亚当向前，“如果上帝乐意的话，他将保佑我们。前进！去和他们接战！”于是，利勒亚当与部分法军将领出发。行进中，波旁私生子等部将也带着骑兵集结于陆军统帅的掌旗手周围。

当作为先遣队的利勒亚当大人让·德·维利耶率领部众走到靠近圣德尼的堤道末端时——此地接近塞纳河畔埃皮奈（Épinay-sur-Seine）的石桥——托马斯·博蒙的部队便立即对他们发起进攻。猝不及防的法兰西-勃艮第联军立即陷入混乱。骑兵在敌人的攻击下难以立足，被迫撤退，英军一口气追出很远，慌乱中的利勒亚当差点被俘。此刻陆军统帅阿蒂尔正带着部队从隐蔽的小路摸上来，见此情景，他立即拐进了一片葡萄园。接着，这些悄然靠近敌人的后队法军突然发起袭击。这回轮到英军阵脚大乱了。他们试图退向石桥，然而事与愿违，法军的各个部队迅速发起了全面冲锋。全力驰骋的骑兵将不少敌人击倒在泥地里——“以便酿出更多的葡萄酒，”法国人如此记道。英军的抵抗迅速瓦解，一直被对手追到巴黎城门下。有些人不得不跳进壕沟里以求脱险。托马斯·博蒙和部下为这次大胆得近乎鲁莽的行动复出了惨重代价，约有380人非死即俘，他自己也身陷囹圄。慌乱中，巴黎总督西蒙·莫维耶的甥侄布里松杜领主（Lord of Brichanteau）带领部分残兵逃到圣德尼的塔楼里避难，被法军团团围住。不久后，布里松杜领主等人试图突围，但随即战败被杀。英国人的希望彻底破灭了。

尽管进展顺利，陆军统帅阿蒂尔也并不打算全力攻城。巴黎的城防体系十分坚固。法军队伍中有许多自由连队，他早已熟知这些人的能耐以及平日的斑斑劣迹。4月13日凌晨，陆军统帅便同奥尔良私生子让以及利勒亚当大人让·德·维利耶等将领率部渡过塞纳河，绕到巴黎的南面，准备通过开启的城门直接进城。

这个兵不血刃的机会将由巴黎市民双手奉上：自贝德福德公爵约翰去世后，巴黎人已对英国当局的所作所为极度失望。现在英国政府回天乏术，巴黎市民决意摆脱作为其陪葬品的命运。尽管在3月立下过效忠誓言的审计主管米歇尔·德·拉利耶（Michel de Lallier）以及让·德·拉方丹（Jean de La Fontaine）等市民首领已在暗中寻

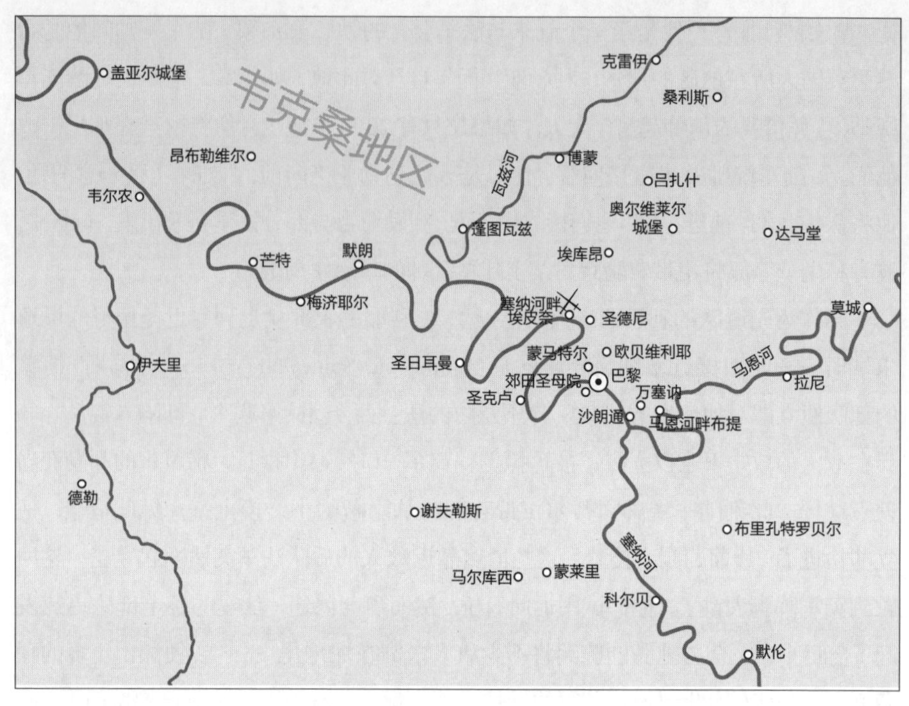

▲ 巴黎周边地区

找自保之路。巴黎人一向青睐勃艮第公爵，而城外的利勒亚当大人让·德·维利耶还曾在 1418 年带领他们推翻阿马尼亚克政府，所以他们比较信任这位将军，并开始秘密和他的亲信联系，密谋为法军打开城门。因此，在法军来到城南时，米歇尔·德·拉利耶和让·德·拉方丹等人派人在北面的圣德尼城门、中央菜市场等数处地点发起了骚乱。全副武装的市民高喊：“法王万岁！英国人去死吧！”这些口号如同燎原之火一样在各城区快速扩散开来，到处都是附和之声。见此情景，英国政府立刻将近 1500 人的守卫队伍划分成三组：泰鲁阿讷主教卢森堡的路易、罗伯特·威洛比各领一支部队分头弹压，而巴黎总督的副官让·勒·阿尔谢（Jean l'Archier）则带领第三支队伍前去保卫城门。此人体态臃肿，活像一只酒桶。他带着士兵们在大街上横冲直撞，一面大喝：“圣乔治！圣乔治！这些法国叛徒！将他们统统杀死！”一面向北门冲去。

陆军统帅阿蒂尔的队伍来到圣米歇尔门前时，却发现它并未打开。一些法军骑

▲ 塞纳河畔埃皮奈之战

兵来到附近的修道院，打算从高地上观察城市。这时，有个人突然出现在修道院门口。他建议法国人:“前往另一座城门吧，此门未开。我们在中央菜市场为您效劳。”于是，法军转向东南面，来到旁边的圣雅克门前。利勒亚当大人让·德·维利耶亲自上前与城上的巴黎市民交谈。他来到城墙下，向壁垒中的人们出示盖有王家大玺的赦免令状。他还郑重发誓：赦免法令在此后也将会得到严格遵守。这些举动打消了守城者最后的疑虑。他们不顾少数英国守卫的阻拦，放下了梯子。利勒亚当爬上城头，与人们一起强行打开门锁，放下吊桥，开启大门——此时大概是早晨七八点之间。控制城头后，这位前英国政府元帅挥舞着绣着三朵鸢尾花的旗帜，一面高呼:“拿下城市啦！”于是，陆军统帅和奥尔良私生子让等将领立即带队鱼贯而入。一路上，穿着绣有白色和红色十字衣饰的市民不断加入队伍。他们高喊:“和平！国王和勃艮第公爵万岁！”几乎毫无阻拦地穿过大学城区。在圣母院的桥头，陆军统帅遇上了米歇尔·德·拉利耶。这位暴动领袖举着一面绣着法国国王纹章的绒绣旗帜。接着，法军通过西堤岛进入北面的主城区。

▲ 英军逃进巴黎

与此同时，卢森堡的路易、罗伯特·威洛比的队伍正在向中央菜市场进发。他们发现市民已在贯穿市中心的圣德尼和圣马丁两条主要干道上构筑街垒阻碍他们前进。街道已经被铁链截断。在圣德尼大道，巴黎总督西蒙·莫维耶认出了一位名叫勒瓦瓦瑟尔（Le Vavasseur）的富裕市民。“我的同伴们，”勒瓦瓦瑟尔对莫维耶说道，“对你心怀怜悯。而我向你承诺过这次我们必须议和，否则我们都将被毁灭！”“什么！你叛变了？！”怒不可遏的莫维耶大吼。他随即扬起手中的武器对准勒瓦瓦瑟尔的头部一记猛击，勒瓦瓦瑟尔应声而倒。接着周围的士兵一拥而上，痛下杀手。头也不回地巴黎总督则继续赶往菜市场。北面的让·勒·阿尔谢队伍也杀死了在半路上遇到的数名手无寸铁的市民，以此泄愤。他们最终赶到了圣德尼城门下，却发现市民武装已经占领了此地，并将炮口对准了自己。无奈的阿尔谢只得退往东南面。而卢森堡的路易、威洛比的队伍也被阻滞在路上。中世纪的街道十分狭窄，进攻部队难以展开。石块、木柴、桌子、搁凳及其他家什也不断从两旁的窗户及屋顶等地方劈头盖脸地向他们砸下来。英军在这种攻击下寸步难行。最终，卢森堡的路易、威洛比等人不得不放弃大部分市区，与皮埃尔·科雄等人将败下阵来的队伍集中到老城墙以外，靠近东面城门的圣安东尼大街上。一千多名士兵、官员以及其他各类英国追随者都逃到附近的巴士底。他们带着搜刮来的大批粮草与储备，准备在这里做最后的抵抗。

另一方面，市民簇拥着陆军统帅阿蒂尔和利勒亚当大人让·德·维利等人的队伍就像和平时代一样在街道上稳步前进。法军的身后跟着百余辆满载着小麦的马车。陆军统帅再次重申了查理七世的总赦免令，并发布公告，禁止他的士兵不经主人允许便进驻任何市民的家中，也不得侮辱、抢劫任何人，但是那些英国士兵和定居者不在此例——他们的财产被没收分发，房屋成为胜利者的战利品。于是，巴黎人完全归顺到法王的旗帜下，当日，陆军统帅接收了除巴士底外的整个城市。西蒙·莫维耶逃向沙朗通，但其部下随即哗变，将他交给德尼·德·沙伊，令后者获得了一笔不菲的横财。

▲ 18世纪末的画作《收复巴黎》

当法军进入首都之际，周围的大片地区也相继臣服。圣德尼的塔楼已经投降，先前围攻这里的法军连队打算进入巴黎庆祝胜利，但随后便吃了个闭门羹——陆军统帅阿蒂尔禁止他们进入都城骚扰市民，并勒令他们原路返回。与此同时，南面的圣克卢、谢夫勒斯、马尔库西、蒙莱里等大批市镇以及沙朗通的筑垒桥梁等关卡据点也被收入法军囊中。来自法王领土上的补给通过各条道路运进首都。14日，陆军统帅下令重开公共市场。城市紧缺的供应开始得到缓解，小麦的价格开始下跌。同时，他还任命米歇尔·德·拉利耶为商会会长，尽快恢复巴黎的日常行政运转工作。一些法军骑兵进驻紧临巴士底的拉托内尔小堡（Château de la Tournelle），并在这里设置木质路障，防止敌人突袭。陆军统帅无意在此地再生战事，他手头十分拮据。从宫廷出发时，国王只赐予他一笔1000法郎的专款。眼下，为了维持士兵的薪水，陆军统帅不得不在城市中发起借贷。因此，他允许罗伯特·威洛比和泰鲁阿讷主教卢森堡的路易与自己谈判。15日，双方达成协议。在缴纳大笔赎金后，残余的英国人于17日退出城堡，怀揣安全通行证离开巴黎。与他们同行的还有大批英国追随者——从英王的御前会议成员到审计法院看门人。他们被禁止再次进入城市，于是只能顺着城墙脚前往塞纳河上的渡口和陆上的大道。看着这群平日里耀武扬威的人如今排着长队默默撤出法兰西岛时，市民们不禁大声嘲讽“狼尾巴！一长串！”[①] 英国人就在这些奚落声中前往鲁昂等地。

当征服者离开城市后，巴黎人欣喜若狂，他们将腓力的旗帜插在各个城门上——这是对他在光复过程中种种援助的特别感谢。同时，市民还敲响了大钟，唱起感恩曲并排起了盛大的游行队伍庆祝这一时刻。他们希望从此远离长年困扰此地的战乱和苦难。

但不甘心放弃这座都城的英国人显然不会如其所愿。驻扎在周边剩余据点中的英军还是岿然不动。这些守卫配合着不时从诺曼底出发的英军袭扰队伍，让战火依然在法兰西岛燃烧。5 月 8 日，陆军统帅阿蒂尔召集了东北部市镇代表到巴黎开会，通告了法王在普瓦捷三级会议上的决定，并宣布将克复克雷伊、莫城及蒙迪迪耶。为此，他要求与会代表给予 3 万埃居的税款支持眼前的战事。

这些工作并不顺利。陆军统帅试图调集部队先拔除克雷伊。法军在克雷伊北面的桥头立起了一个封锁小堡，但之后便无甚进展。最终，他们放弃了持续约一个月的围城行动，并损失了大量军需。更令局势雪上加霜的是，在夏季和秋季时，数量繁多的英军小分队越过法军前线据点，频频试探，有些连队甚至突入到巴黎城郊附近。他们在等待卷土重来的机会。这让巴黎继续笼罩于战争阴霾中。分散在各地的守卫难以抵挡到处烧掠的敌人，向城内运送补给的交通线也经常被切断，城内再次出现供应短缺的现象。货币在逐渐贬值，市民还要承担沉重的借贷。严峻的形势促使当局严苛地对待那些与英国藕断丝连的人。继续为征服者政权效劳的人们被迫与在巴黎的家人分离。而那些在漫长的占领时代中与征服者缔结婚姻的法国人也不得不与配偶分开，否则她们将面临囚禁、没收财产的判决。

法军在其他战线上的活动在一定程度上减轻了中部的压力。就在陆军统帅阿蒂尔向巴黎推进的 4 月，让·德·比埃伊、安德烈·德·洛埃阿克以及让·德·拉罗什等法军将领也分别带领攻入下诺曼底的部队继续深入科唐坦。法军占领了立于圣米歇尔海湾东北面岩石上的格朗维尔（Granville）堡垒——它是英国人用于围困圣

① 这些话语源自当时孩童们玩的一种游戏。参与者排成一长列，后面的孩子将手搭在前面孩子的背上，就像进入农村的群狼一样“在狼尾巴后面还有一只狼”。

米歇尔山修道院的工事的一部分。他们深入腹地，占领了东面圣德尼莱加斯（Saint-Denis-le-Gast）的城堡，还四处劫掠，兵锋直指北面的昂比（Hambye）。

法军的行动引起了恐慌。流言逐渐夸大为库唐斯即将向法国人投降，圣洛也危在旦夕。整个下诺曼底都紧急动员起来。栋夫龙大本营中的斯凯尔斯男爵托马斯正在奋力签署信件，向搬到鲁昂的英王在法国的御前会议寻求支援。同样的请求还被发往瑟堡以及卡昂，就连海峡群岛也被要求提供船只用于封锁海路。由于人力匮乏，斯凯尔斯男爵甚至违反禁令，开始招募那些逗留在乡间、装备低劣的非法兵匪，并不得不自掏腰包供给这些人弓弦羽箭。而卡昂的邑督理查德·哈灵顿爵士（Sir Richard Harington）则迅速赶到圣洛聚集部队，奔向库唐斯。5月12日，赶到库唐斯的哈灵顿写信给约翰·法斯托尔夫——他在哈灵顿外出时期代职——提及让·德·比埃伊以及安德烈·德·洛埃阿克正在格朗维尔加强工事，并等待阿朗松公爵让以及安茹的查理的部队。基于这种判断，5月下旬，英国人一直忙于补充地区的守卫。22日，斯凯尔斯男爵签发了针对整个邑督区的武装召集令，同时还紧急招募了计划参与围城作业的劳工和木工。尽管英国人精神高度紧张，但比埃伊并没有制定一举恢复下诺曼底的宏图，这只是一次牵制性出击而已。不久后，他便离开前线返回卢瓦尔河谷。

在东面，拉海尔也对上诺曼底市镇发动了攻击。5月初，他带领部队从博韦出发，来到北面的日索尔城下。通过内线的帮助，他们成功攻入市镇并将其占领。部分英军守卫退入城堡内继续抵抗。消息传到鲁昂后，约翰·塔尔博特急忙组织救援。英军的行动是如此迅速，以至于三天后——5月7日——他们就出现在日索尔，并夺回了市镇。拉海尔在仓促撤退中不得不抛弃了近30名部下，这些人非死即囚。遭受同样厄运的还有一些城中居民，他们的罪名是向法军提供了帮助。塔尔博特在9日因功被擢升为法兰西的元帅，令他获得了不亚于斯凯尔斯男爵托马斯的地位，甚至在军事指挥方面有优先权。当然，正如镇守在西部战区的斯凯尔斯男爵以及即将负责中南面的福肯贝格男爵威廉·内维尔一样，塔尔博特首先要巩固东面战区。他的反击方向主要是上诺曼底，而非法兰西岛。

英军将领采取防御性战略主要是因为他们受到了资源限制。英格兰本土的增援主力迟迟不至，而且规模比原定计划要少得多。它只有4500人，其中的4/5都是

卡朗唐
巴约
卡昂
圣洛
库唐斯
圣德尼莱加斯
昂比
维尔河
迪沃河
图克河
圣瑟韦
格朗维尔
维勒迪约
维尔
奥恩河
阿让唐
阿夫朗什
圣米歇尔山
蓬托尔松
栋夫龙
塞镇
阿朗松
圣塞纳里
马耶讷
那维纳莱
孔利
圣叙藏
拉瓦勒
勒芒
马耶讷河
拉盖尔克
萨尔特河
卢瓦河
▲ 科唐坦半岛—曼恩地区

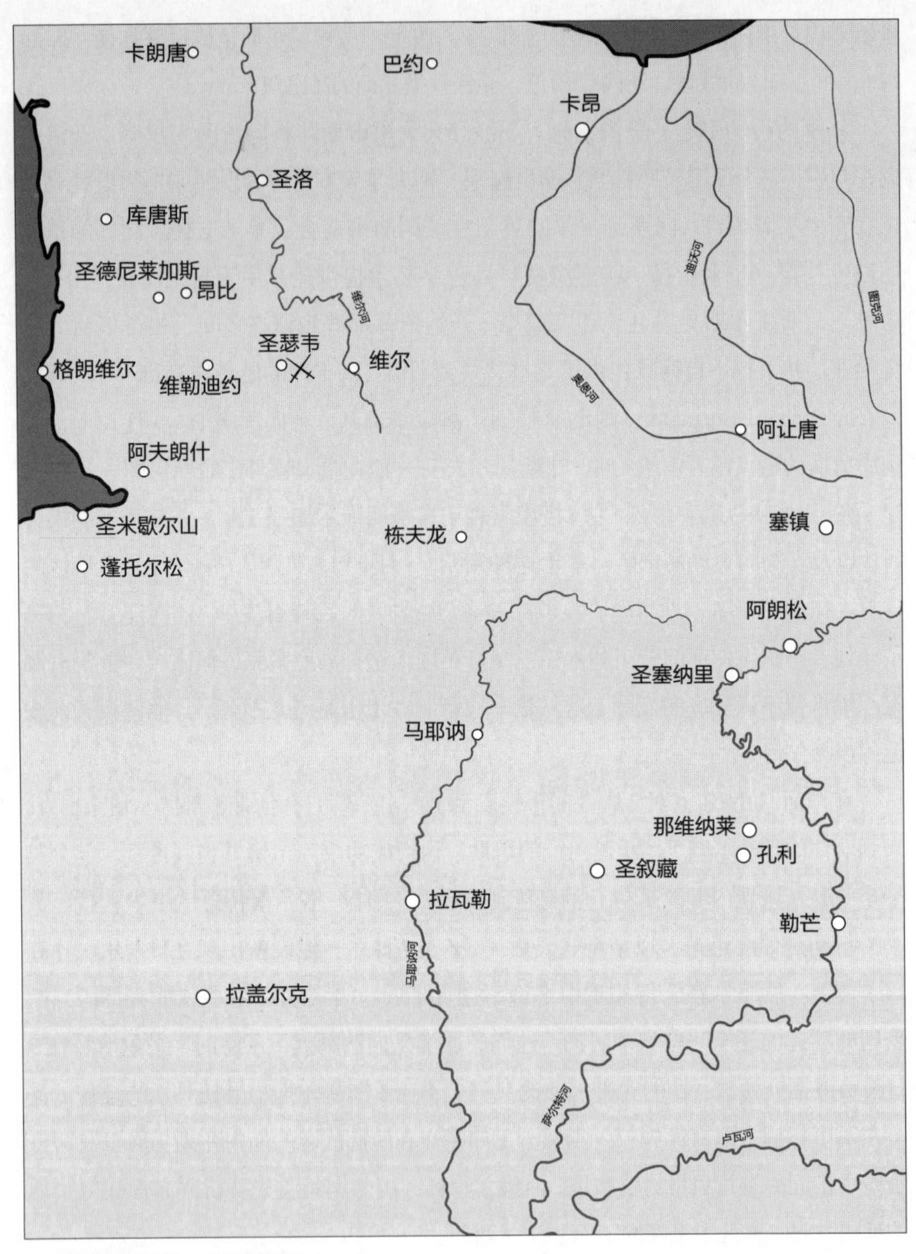

长弓手。士兵只签下了一年的合同——前两批士兵则是两年。此外，在选择最高指挥官的问题上更是经历了一番波折。1435 年底的英国已很难找出有足够能力来接替贝德福德公爵约翰的人选。格洛斯特公爵汉弗莱在资历上仅次于兄长，但他无意亲临一线。而经历了和贝德福德公爵的种种不算十分愉快的合作后，英王的御前会议也决心趁此机会限制下一任最高指挥官——同时也是法国征服地区政治、军事管理者——的权力，以免再像之前那样备受压力。因此，作为指定继承者人选的约克公爵理查发现手中的合同已被改得面目全非：摄政和总督的头衔被一笔勾销，取而代之的是一份总代理官的职位，任期只有一年，而且没有任命主要军事、政治长官的权力，也不能赐予价值超过 1000 萨吕的土地。因此，贝德福德公爵时代那种能独立代表国王行使至高权力的摄政职位实际已被取消，法国大陆的最高管理者已沦为受短期合同制约，仰承英格兰御前会议鼻息的代理人。这意味着征服事业在英国事务中的地位进一步下降。海峡对岸的英格兰御前会议并不会对大陆的战事做出积极和敏捷的反应。因此，出于自身利益的考虑，本土贵族正在逐渐削减输往大陆的资源。更有甚者，原本整齐划一的占领区也将因本土派系纷争而面临四分五裂、互不统属的风险。这些变化决定了征服事业的失败命运。

即使是在眼下，跨海援助的进程也颇费周折。直到 2 月 20 日，颇为不满的约克公爵理查才签下一份带领 500 名骑兵和 2500 名长弓手为国效劳的合同。双方对这份年薪为 3 万图尔锂的工作所附带的头衔和权限方面的讨价还价则耗费了更长时间。约克公爵一直坚持在登船前必须先确定自己的权力。在此期间，因英格兰御前会议解散先王海军的短视之举引发的缺乏船只渡海的问题也给了他拖延的借口。于是，近一个月后，军队还未迈出家门，巴黎却已被敌人占领。这一切让英格兰御前会议几近狂怒。直到5月8日，约克公爵的正式委任才被确定。等到军队扬帆出海时，时间已到了5月底。

6 月 7 日，约克公爵理查以及萨福克伯爵威廉·德·拉波尔和索尔兹伯里伯爵理查德·内维尔率领的第三批本土援军——同时也是主力——在翁弗勒尔登陆后，迅速赶往鲁昂。约克公爵并没有展现出能与前任匹敌的热情和精力。他似乎满足于待在重镇中处理行政事务、处决叛乱者和强盗、颁布命令夷平没有重要军事价值的小城堡——这些脆弱的据点很容易被敌人攻克，而且还容易分散己方守军的力量。与之相应地，约克公爵慷慨地让出了部分指挥权，给手下的将校留出较大的发挥空间，让他们主导战事。按照他的命令，威廉·内维尔前去帮助约翰·塔尔博特收复科区。

这片频海的领地已经变成了一片缺乏给养的飞地。双方在此展开了激烈交锋。英军一度占领了费康，随后法军立即将其夺回，但马上又被英军团团围住。英军在争夺战中无情地实施了焦土战术，兵锋一直延伸到了上诺曼底的东北边境。在攻击凯利的圣日耳曼城时，他们几乎完全摧毁了城堡。这种凌厉的攻势让法军渐感不支。到年底时，除了唐卡维尔、阿夫勒尔、迪耶普等几处孤城还在坚守外，法军在这些地区的大部分据点都被英军以各种方式逐一拔除。塞纳河口前往鲁昂的水路运输线也基本被恢复。但是，科区所受的破坏极大地抵消了英军所获的胜利。在双方反复的拉锯战中，昔日的田园已变为焦土。战火、饥饿和疫病吞噬了成千上万的人口。幸存者不顾一切地攀上船舷，逃往布列塔尼和英国等地。鲁昂和其他市镇的大街小巷中充斥着沿街乞讨的科区饥民，而科区已荒无人烟，有牧师抱怨他的教区甚至只剩下五六名妇人。上诺曼底北面，从塞纳河口到索姆河的土地都沦为荒漠。野草、荆棘和灌木逐渐爬上了废弃的房屋，遮盖了道路、农田，几乎将它们变为丛林。战争造成的灾难是如此惨重，以至于多年后这片地区的景象仍令编年史学家们唏嘘不已。

加来围城战

尽管在 1435 年底至 1436 年的对法战争中付出了高昂的代价，英国人仍不愿与勃艮第重修旧好。他们粗暴地对待腓力的使者，鼓动民众洗劫他的商人，并煽动荷兰地区的市镇。即便如此，腓力仍试图避免与英国人交战。根据他的指示，卢森堡的约翰——他此时仍未向法王宣誓恪守臣节——写信给自己的弟弟，身为英王在法国的中书大臣路易，希望他从中斡旋。就在中书大臣向英伦本土写信寻求进一步指示时，英国人的巡逻船扣押了佛兰德的商船。加来的英军还试图占领阿德尔。腓力终于失去了耐心，他终止了卢森堡家族开展的和谈，并向伦敦官方提交了一份带有警告语气的抗议书。英国人将其视作开战宣言，逮捕了他在英国的使者，没收他的财产，迫使其臣民向英王宣誓效忠。加来的守军也频繁袭扰布洛涅、圣奥梅尔等地区，试图夺取勃艮第人的港口。

1436 年 1—2 月，勃艮第公爵腓力萌生了对英国用兵的想法。他开始征求北方领地中各阶层的意见。勃艮第臣属的意见并不统一。许多勃艮第贵族不愿同英国人开战——卢森堡的约翰及一批皮卡第封臣甚至没有被要求出席公爵的政务会议。在布鲁塞尔，代表们也十分踌躇，但腓力于 3 月亲临根特后，佛兰德人最终同意为进攻加来提供帮助。他们对加来的敌意由来已久。加来一直是英格兰羊毛运往大陆的集中地，并垄断着出口，而这些商品是佛兰德工业所必需的优质原材料。多年以来佛兰德人一直认为英国商行随意提升价格的行为让他们的成本倍增。此外，英格兰不断发展的制衣业也因其低廉的价格而逐渐对他们的产品销售构成威胁。《阿拉斯和约》签订后，勃艮第公爵签发的禁止英国商品流入其领地的报复性法令导致大批羊毛囤积在加来，令佛兰德商人们垂涎欲滴。对于腓力来说，吞并加来有益于他整合低地地区的事业。况且此时法军和英军的激烈交锋也为行动提供了一个绝佳的机会。因此，他开始进行围攻战的准备工作。

然而，英国布置在低地地区的间谍早已探得了这个消息。勃艮第公爵集结大军、配置火炮的缓慢进程给了加来守军充足的时间来完善城市的防御。腓力可能未考虑到英国国内各个派系几乎全部支持保卫加来这个桥头堡。曾在英国和勃艮第交涉期间煽风点火的格洛斯特公爵汉弗莱已成功地激起民众对勃艮第的怨怒。现在伦敦和议会在他身后撑腰——他们的自身利益与对大陆的商业贸易息息相关。格洛斯特公爵同时担任加来的代理官，正寻找着报复腓力的机会。亨利·博福特也未阻挠，因为他在大陆的代理人，也就是其侄埃德蒙·博福特亦参与到战事中。亨利·博福特曾为埃德蒙谋得了一份在安茹和曼恩独立作战，为时两年的委任，以便让他保护贝德福德公爵在这些地区的遗产——它们已逐步被博福特家族继承——以及在莫尔坦的利益。埃德蒙·博福特已在本土招募了一支 2000 人的队伍，其中包括 1600 名长弓手。他们本打算于 4 月起航前往法国西部，但作为此时手头唯一一支可用的后备军，格洛斯特公爵在最后时刻修改了他们的路线。于是，就在约克公爵理查的军队启程增援诺曼底前不久，埃德蒙·博福特带领部下到达加来。有趣的是，约克公爵还随身带着一份可以和法国人和谈的许可令，但埃德蒙·博福特的任务则只是单纯的作战——由此可见英国人对前盟友的怨念之深。

5月14日，埃德蒙·博福特带着部下入侵勃艮第的地盘。英军一路焚烧村庄，围捕牲畜，一直深入到东南面的洛贝赫（Looberghe），并点燃了一座藏有避难居民的教堂。接着他们转向北面，来到敦刻尔克（Dunkerque）与格拉沃利讷间的海岸边，在这里与一伙临时集合起来的敌人酣战了一番，将其击溃后又在沙滩上赶着掠来的牲畜穿过退潮时临近的格拉沃利讷港湾，大摇大摆地返回驻地。英军唯一的损失是1名乡绅，这个激情洋溢的年轻人驰入格拉沃利讷，结果成为当地人的阶下囚。事后，埃德蒙还因这次远征获得了英王寄来的嘉德骑士团勋章。数月前被任命为格洛斯特公爵在加来的副官约翰·拉德克利夫（John Radclyf）也加强了城内的警戒力量。

与此同时，勃艮第公爵腓力正不紧不慢地开展征召工作。他组建了庞大的炮兵队伍，并配备了3门由勃艮第本土运来的巨炮。其中有一门被命名为“牧羊女”——圣女贞德曾经用它来轰击拉沙里泰。在长达49天的旅程中，勃艮第人动用了数组由几十匹马拉动的车队以及船只来运送这些庞然大物，甚至连沿途的许多道路和桥梁都不得不特别加固修整。公爵还有10门射石炮、大约60门韦格莱尔炮、55门小加农炮以及450门小蛇炮和手铳。此外，富庶的低地地区还为他提供了一支规模空前的大军。在数月中，佛兰德地区的各个市镇都忙着收集为出征准备的税金、补给以及运输马车。同业公会以及乡村公社也组织起了大批装备着钉

▲ 加来周边地区

头锤、长矛和弓弩的士兵。6月9日,腓力检阅了自己的根特兵团。按照计划他们有1.7万人。随着根特兵团奔赴前线，跟在后面的还有布鲁日、科特赖克、伊普尔等佛兰德军团、勃艮第军团以及一些皮卡第的部队。这令勃艮第公爵军队的总数接近3万人，还包括数千名骑兵。军容之盛，一时罕见。因此，当陆军统帅阿蒂尔前来拜会，并提出派遣法国皮埃尔·德·里厄元帅及麾下2000名上诺曼底法军前来配合作战的建议时，信心十足的腓力立即拒绝。他希望独享胜利的荣誉和果实。

6月29日，腓力入侵加来地区，围城战正式拉开序幕。勃艮第人迅速占领了加来外围的大批据点。奥耶(Oye)最先落入他们手中。接着,南面的巴兰盖姆(Balinghem)向一伙皮卡第骑兵投降。同时，西海岸的桑加特（Sangatte）也因背叛而屈服。只有南面5英里处的吉讷还在抵抗。势如破竹的腓力继续贴近加来城，7月9日，他将营帐设在90年前英王爱德华三世围攻此地时的故址上。佛兰德人则把总部安在当年雅各布·范·阿特威尔德的驻地。

6月18日，腓力向加来进军的消息已传到伦敦。此时，英国海军将军亨廷顿伯爵约翰·霍兰仍在努力维持着这个大陆桥头堡与本土间的运输线。7月3日，奥耶沦陷的消息使伦敦十分惊恐: 加来已危在旦夕。他们立刻向全国求援。专员们被派往各郡向人们详细阐明丢失加来这颗“珍贵的宝石”后将会承受的“创伤和耻辱”以及本土面临的入侵风险与相继而来的组织防御的开支。政府这次的行动得到了全体英国人的支持。他们计划由国王出资征募逾7600名人员服役一个月，参与加来的解围行动。这支部队将被交给格洛斯特公爵汉弗莱指挥。格洛斯特公爵还被授予佛兰德伯爵领，布洛涅伯爵领则被划给博蒙子爵约翰（John Beaumont，1st Viscount Beaumont）。

当英国人努力筹措援军时，腓力继续在前线指挥着围攻战役。尽管众寡悬殊，加来守军还是与敌人展开了一连串激烈交锋，甚至连前来觐见腓力的拉海尔腿上也中了一箭。勃艮第人将攻城器械对准城市倾泻了大批弹雨，但对面也进行了有力还击.英国人的火炮似乎更有效率，有枚炮弹还落在腓力身旁，1名号手和3匹马不幸遇难。围攻者被迫将营地后移至相对安全的距离内。

显然，坚固的加来城不可能靠奇袭夺取。英国人的船只每日都驶进加来海港，带来大批的补给。除去频繁的出城袭扰外，大胆的英国守军也经常将他们的牲畜赶到城外的沼泽地中放牧。这一切都让勃艮第人十分苦恼，怒气和争执在各个营地间蔓延，自视甚高的佛兰德人认为皮卡第士兵更善于偷盗家畜，而皮卡第人却觉得那些衣甲光鲜的低地人只是群绣花枕头。尽管如此，根特人也曾和皮卡第人开展过一次合作，他们组织了200人，试图悄悄摸进沼泽掠夺那些出城觅食的牲畜，但主人很快便发现了这伙小偷。勃艮第士兵惨遭痛击，数十人非死即俘。溃兵逃回大营，并引起了极大恐慌。此后佛兰德人变得风声鹤唳，前线稍有动静，这些人的岗位便警号频传。围城者的士气已严重受挫。与此同时，腓力也接到了来自格洛斯特公爵汉弗莱的挑战。盛情款待使者后，次日他在军事会议中出示了挑衅信件，希望以此激励部下。于是，勃艮第军队总算恢复了稍许勇气。他们不顾敌人的阻挠，强行在沙丘高地上立起堡垒，并将一些火炮安置于其内，试图切断城内守军的袭扰活动。

然而，腓力最为关心的舰队却迟迟不见踪迹——它们是长期封锁能否成功的关键所在。按计划，这支舰队应该在斯勒伊斯集结，然后沿海岸而下，切断加来的海上运输线，阻断来自英格兰的援兵和给养，但是佛兰德海军将军让·德·霍恩收集不到足够的船只。奥斯坦德（Ostend）以及布鲁日周边等地区的居民都声称他们已经通过参加陆地远征履行了军事义务，而且他们还需要船只来保卫自己的海岸线。在不断督促下，舰队组织者只是以等待合适风向的理由来搪塞。望着日夜穿梭于加来和英格兰之间的英国小船，腓力的佛兰德士兵愈发沮丧。直到7月25日，腓力的舰队才出现在加来海面。腓力闻讯喜出望外，急忙骑上马在随从们的簇拥下赶到海边接见先行靠岸的使者。使者告诉公爵，整支船队都听候差遣——来自各地区的船只共有35艘。盛大的场面引得腓力的部下纷纷来到海滩上围观。

当勃艮第将领忙着将士兵轰回营地之际，佛兰德舰队也开始行动。舰队开始向港口内的敌船开火，船员也忙着把一些满载石头的驳船用铁索捆牢，然后沉在加来海港的入口处。他们打算用这种方法堵塞港口。在两天内，共有6艘船只沉入此地。

不过，沉船工作主要是在涨潮时进行的。实际上，它们离海岸的距离并不远，等到潮水退去后，勃艮第人发现海水仅勉强没过船身，于是，加来人便笑纳了这份大礼。勃艮第人眼睁睁地看着加来的居民们——连妇女也不甘落后——拿着斧子冲到浅滩前，冒着敌人舰队的炮火拆毁了这些沉船，木头被当作柴火，石头成了圣玛丽教堂的建筑材料。在此期间，关于英国组建了一支大舰队的谣言已经传播到勃艮

▲ 进攻加来

第人的营中。腓力的船员并无久驻这一海域的意愿，他们随后便借口风向不利扬长而去，将同僚抛弃在沮丧和绝望的境地中。

与此同时，英军还从布洛涅大门冲出，击溃了一支布鲁日的士兵分队，在山丘上侦察的腓力也险遭不测。根特人大肆嘲笑了邻居们的不幸遭遇，但厄运马上也降临到了他们头上。两天后的 7 月 28 日，英军再施故技，袭击了立于东面沙丘上的一个木堡。英军骑兵布置在敌人的营地和木堡间，阻止援军，而步兵则猛攻堡垒。尽管腓力急忙带着步兵赶来救援，但这座由 300—400 名根特士兵守卫的木堡还是被英军攻下，大部分士兵都惨遭屠戮。在布鲁日人幸灾乐祸的同时，懊恼的根特人受够了军旅之苦。他们声称自己遭到了背叛，并对那些力主发动这次战役的公爵政务会议大臣发出了人身威胁。当晚，一些英国本土的援军登陆加来。他们发出的嘈杂声让根特人认为格洛斯特公爵汉弗莱的大军已经到达。于是，根特人连夜开始收拾行装。佛兰德人似乎已经失去了他们祖先对抗法国骑士时的勇气。腓力显然无法依靠这些动员起来的市镇民兵来对抗敌人的援军，但皮卡第等地区的久经战阵的骑兵和弓箭手则一直未到达前线。在整个7月，腓力一直在敦促荷兰、佛兰德等地筹措资金来支付他所倚重的精锐部队的军饷。以卢森堡家族为代表的某些皮卡第贵族却认为既然公爵事先未要求他们参加议政会，那么他们也无参战的义务。因此，草率的计划和内部的纷争注定了这次战役的命运。虽然腓力百般劝说，但仍阻止不了根特人回乡的步伐。

次日一早，布鲁日人发现邻居已不辞而别后，也仿效了根特人的例子。当佛兰德部队逃之夭夭后，剩下的勃艮第军队也遗弃了大批火炮，甚至来不及烧毁补给便匆匆撤离。颜面尽失的腓力甚至不愿将这次行动视作一场战役。他在数天后寄给妹夫波旁公爵查理的信中坚称自己动员大军来到加来城外后，"只是一次宿营，而不是为了围城，而且我们从未对准这座城市开火，也未按惯例预先召唤那些守卫者（投降）"。在努力矫饰的同时，腓力躲进里尔，在那里拼命向各个领地发布征召令，准备抵御英国人的报复行动。

腓力的担心并非多余。8月2日，当英军总代理官格洛斯特公爵汉弗莱率领从桑威奇等地起航的部队来到加来时，他已看不见对手的踪迹。眼看自己立名扬威的机会被胆怯的对手毁于一旦，不肯善罢甘休的格洛斯特公爵随即挥师入侵腓力的北方领地。这次轮到勃艮第军队缩在城中躲避，让格洛斯特公爵尽情地发泄怨气。在舰队沿海岸恐吓的同时，格洛斯特公爵的军队进入佛兰德西部，路过格拉沃利讷，并将敦刻尔克南面的众多村庄付之一炬。8月15日，格洛斯特公爵深入到波珀灵厄（Poperinge），在这自封为佛兰德伯爵，接着又将其焚毁。此后，英军才带着大批掠来的赃物和牲畜返回加来。他们一路基本维持着严格的纪律，尾随在后的勃艮第骑兵几乎未碰到敌方掉队人员。29日，这支英军在得到薪水后被解散。

伦敦人热烈欢迎返回本土的格洛斯特公爵汉弗莱。人们将他视作英雄，竭力庆贺加来的解围以及他的凯旋。实际上，这只是一场表面绚丽但收益有限的大规模抄掠而已。法国人却未利用英国与勃艮第交战的机会，粗陋的制度和混乱的体系使他们效率低下。收复巴黎后，查理七世由于财政原因甚至解散了部分军队。法军既不能筹集到充足的战争资源，也难以维持大规模的凌厉攻势。此外，尽管已经签订了合约，但驻扎在皮卡第及法兰西岛北部的法国和勃艮第将领仍乐此不疲地相互攻伐。拉海尔就通过一次袭击夺下苏瓦松，尽管他借此为法国方面争取到了埃纳河下游河谷的控制权，但将苏瓦松视作家族私产的卢森堡的约翰大为恼怒。[①]作为报复，卢森堡的约翰的部下蹂躏了苏瓦松、拉昂地区。虽然陆军统帅阿蒂尔随后通过斡旋使双方在表面上达成和解，卢森堡的约翰还是对此耿耿于怀，一大群勃艮第阵营的将领也在咬牙切齿。至于法国和勃艮第配合进攻英军的相关事宜就更无从谈起了，就连勃艮第公爵腓力本人现在也不得不将精力转向应付领地中那些此起彼伏的骚乱。1436 年的一系列战斗似乎耗光了他们的精力。接近年底时，除上诺曼底北部及边界地区外，法国的大部分战线均趋于平缓。

南方的乱局

在勃艮第公爵同加来英军鏖战之际，处于英法战线最前沿的巴黎市民也盼望查理七世早日返回首都。光复后不久，他们便派出代表来到宫廷中觐见法王，希望他能回来安抚人心，并把英国人彻底赶出法国。查理七世宣布很乐意将首都居民置于自己的恩典之下。他强调把敌人赶出王国是他在世间最在意的事务，而且前往首都是自己迫切的愿望，一旦解决了手边的紧迫公务，他便会启程。不过直到当年底，法王依旧在中南部转悠，只是在 9 月 9 日要求巴黎当局收取一笔每桶 4 巴黎苏的酒类商品税以应付战事。

一些编年史学家认为巴黎人在 1418 年举行的暴动以及之后清洗阿马尼亚克党派的行为极大地刺激了年轻时代的查理七世，令他对都城心生厌恶。这些观点可能有些以偏概全。《阿拉斯和约》签订后的一系列新问题占据了查理七世的大部分精力。眼下有一大堆事务等着王室政府来处理。查理七世首先要张罗自己长子道芬路易的婚礼。去年，一个法国使团已前往爱丁堡，为苏格兰和法国王室间的联姻做最后的

① 苏瓦松及其附近地区原本在苏瓦松女伯爵的让娜·德·巴尔（Jeanne de Bar）名下。通过其母莫城女子爵让娜·德·贝蒂讷（Jeanne de Béthune，Viscountess of Meaux）与卢森堡的约翰的联姻，卢森堡家族控制了苏瓦松的领主权，并在不久后占领此地。1435 年，让娜·德·巴尔也与约翰的侄子圣波勒伯爵路易联姻。

准备——路易即将迎娶苏格兰国王詹姆斯一世的长女玛格丽特·斯图尔特（Margaret Stewart）——1434 年以后，法国人就竭力敦促苏格兰人履行他们在 1428 年夏季时就应允的婚约。1436 年 5 月，当苏格兰人与英方的停战协议期满后，便回避了英国人关于续订协议的建议。他们已于 3 月底将公主送往法国。

玛格丽特在旅途中的运气远超父王：在近一个月的海上行程中，她的小船队逃过了因恶劣天气而引发的险境，躲过了在海峡频频巡游，意图拦截他们的英舰，于 5 月 5 日在拉罗谢尔举行了入城式。尽管如此，一路上的种种经历还是使这位未满 12 岁的新娘几乎魂飞魄散。好在旅程中最危险的阶段已经过去。法国人也在积极筹备这场婚礼，虽然路易和玛格丽特都未到达法定结婚年龄，但图尔大主教已经发布了赦免文件解除了限制。普瓦图也征收了特别税以应付接待和婚礼所需。

6 月 24 日下午 4 时前后，玛格丽特进入图尔。在一批贵族和贵妇护送下，苏格兰公主来到城堡前，下马步入挂满布卢瓦壁毯的大厅。阿拉贡的约兰达及 8 岁的法国小公主拉德贡德将她引向查理七世的妻子玛丽面前。这位王后早已按捺不住激动的心情，她上前数步，一把将玛格丽特拥入怀中，热情地亲吻她。而玛格丽特的未婚夫，13 岁的道芬路易也在骑士和侍从的簇拥下来到大厅。年轻的王子当场拥抱了公主，并互吻致意。25 日，两人在大教堂里正式接受婚姻祝福。兰斯大主教勒尼奥·德·沙特尔亲自主持了仪式。法国人应该对这场婚事十分满意：新娘有着“非常可爱的脸庞……优雅而美丽”。他们声称已竭尽所能地举办了婚礼——“这场隆重的宴会应有尽有”，玛格丽特也对所受招待和衣饰十分欣喜。但有些客人却不以为然：苏格兰人发现在当日赶到的查理七世“穿着一条灰色的马裤……甚至懒得取掉他的马刺”。而且婚宴结束后，他们就被敦促离开——也许是入不敷出的财政状况让法国宫廷吝啬得近乎失礼。

无论如何，这场联姻意味着英国的北方边境将再起烽火。8 月初，格洛斯特公爵汉弗莱带兵前往加来之际，苏格兰国王詹姆斯一世率领一支军队包围了罗克斯堡，诺森伯兰伯爵亨利·珀西立即带领约克等地的军队前来救援。詹姆斯一世的苏格兰士兵主要由平民组成，他被迫撤离，并遗弃了大批火炮。

围攻罗克斯堡的失利凸显了苏格兰国王和贵族间的紧张关系。实际上，自从回国后，詹姆斯一世一直努力整顿这个贫瘠、落后的北方国家。在其治下，苏格兰的关税从每年 2200 英镑增加到 5000 英镑。不过在铸币方面，他效仿盟友的行径使币值明显下降。詹姆斯一世还试图建立秩序，并引进英国那套相对成熟的政治体系“加强王权，迫使封建贵族臣服，提拔小地主和市民以及使所有人都遵循法律是他从未忽视的主题”。他建立了最高法院，设立议会发言人，努力在次等贵族中推行代议制度。他签署严格限制私人战争的敕令，并为苏格兰的成文法体系奠定了基础。

詹姆斯一世对于大贵族有着很深的怨念。由于他们的漫不经心，令他在英国的俘虏时光格外漫长。重登宝座后，他便开始压制这些家族。当巴肯伯爵约翰·斯图尔特在韦尔讷伊战役中阵亡后，他很快便逮捕了其兄长，失势的前摄政奥尔巴尼公爵默多克·斯图尔特（Murdoch Stewart，Duke of Albany）及其两个儿子沃尔特和亚历山大，并予处决。他对老国王罗伯特二世传承下来的其他旁系也是虎视眈眈，并一度逮捕了自己的外甥，第五任道格拉斯伯爵阿奇博尔德（Archibald Douglas，5th Earl of Douglas）。詹姆斯一世种种专横的措施不可避免地引起了贵族们的激烈反抗，贵族视他为无情和贪婪的暴君。围攻罗克斯堡失败后，詹姆斯一世仍决心继续同英国作战。10 月，他举行了一次大咨议会收取战争税，大贵族们竭力抵抗。他们的发言人，曾经的奥尔巴尼家族追随者，王叔阿瑟尔伯爵沃尔特·斯图尔特（Walter Stewart，Earl of Atholl）的臣属罗伯特·格雷厄姆爵士（Sir Robert Graham）甚至试图控制国王。虽然这次行动最终失败，但暗中还蛰伏着更多的反对者，詹姆斯一世的宫廷仍然暗流涌动。

▲ 苏格兰公主玛格丽特

显然，法国人不能对苏格兰等盟友有过高期许，他们必须依靠自己的力量击败英国人。10 月 28 日，巴黎又组织了一个使团前往昂布瓦斯觐见法王。像以往一样，代表们受到了亲切接待，但法王仍未明示前往巴黎的行程。

查理七世的御前会议就曾为宫廷下一步的行动方向发生过争论。以安茹的查理为代表的部分人认为应该前往南方；以波旁公爵查理为首，包括中书大臣勒尼奥·德·沙特尔、维埃纳大主教让·德·诺里在内的一些廷臣则认为法王应该巩固同巴黎的关系，起驾还都。

的确，巴黎是法国不容忽视的政治中心。眼下这座人口众多的城市却受形势所累，不仅对前线的战争贡献有限，还需要其他地区填入大量的资源来维持。查理七世同样关注那些不断为法国战事贡献资金与人力、物力的中部及南部诸省。《阿拉斯和约》之后的一些新形势吸引了他的大部分注意力。1436 年 5 月初，朗格多克地区总代理官富瓦伯爵让去世。新伯爵加斯东四世（Gaston IV，Count of Foix）还是个 13 岁的孩童，南方的政治格局出现了一些新变化。查理七世打算让总代理官职务空缺一段时间。他只是指派中书大臣勒尼奥·德·沙特尔前去协助陆军统帅阿蒂尔主持首都地区军政事务，恢复行政机构的运转。法王同时还让宫廷侍从长奥尔良私生子让回到御前会议，而维埃纳大主教让·德·诺里已离开了御前会议——这些操作似乎是为了巩固安茹派系的影响。显然，法王并未遵循巴黎人的要求。

虽然与英军的主力相距甚远，但中南部地区并非安宁之地。15 世纪 20 年代后期以来，在软弱的宫廷长期迁就之下，各方势力甚嚣尘上、肆意横行。在过去的十年，朗格多克的政府机构早已疏于管理，流弊丛生。官吏们忙着巧立名目，中饱私囊。更为严重的问题是那些剽掠乡间的自由连队：内战平息后，王室已不打算维持庞大的佣兵部队。自从勃艮第公爵腓力与波旁公爵查理停战开始，那些收入锐减的雇佣兵首领就逐渐加大了掳掠乡间的力度。波旁私生子亚历山大、居伊·德·布隆叙福尔等一大批曾在索姆及塞纳河间作战的连队首领——他们原先打算增援波旁公爵——南下游荡至热沃当。连队首领们遇见了将芒德（Mende）作为大本营的罗德里格·德·韦昂堂铎[①]。他们召开了一个全法国连队的“等级会议”，并划分了各自的

① 罗德里格曾因其拥有的强悍部队和声望被同僚们推举为首领——尽管这个身份多次被地方公署以法令的形式否决——成为“15 世纪法国的掠匪之王”，一位文人如此描述道。领取了桂冠的罗德里格展现了自己的价值：当高峰时，“剥皮者”积聚到了 1 万多人。

活动范围。那些因袭击路人，并像对待牲畜一样从受害者身上剥下物品与衣服而被称为“剥皮者”的连队继续往北方活动。罗德里格等人则留在卢瓦尔河以南。从索恩河谷到洛泽尔山脉的大片地区都饱受他们的蹂躏。热沃当等级议会不得不献出约2.2万金穆顿恭请他们高抬贵手。

罗德里格·德·韦昂堂铎和波旁私生子居伊带着部队游荡进了利穆赞地区——这里的执事是与乔治·德·拉特雷穆瓦耶有隙的安茹的查理。眼下，利穆赞正飘荡着持续不散的火药味：尽管布卢瓦家族的让·德·布列塔尼等人在四年前便收复了欧贝罗什堡垒，但加斯科涅的英军仍然占据着佩里戈尔地区的马勒伊以及多姆（Domme）、库博厄（Courbefy）、拉尔什（Larche）等重要据点，这使他们可以继续威胁利穆赞等周边地区。

罗德里格·德·韦昂堂铎等人对驱逐英军并无兴趣。就像七十年前一样，他们只想攻打市镇,勒索贡金。兵匪们围攻了于塞勒(Ussel)以及梅马克(Meymac)两个月。其兵锋扩展至西南方的蒂勒。尽管城镇据点得以保全，但那些乡间村落却被严重破坏。1435年8月召开的下利穆赞等级议会被迫拨给于塞勒、梅马克等地的领主，旺塔杜尔伯爵逾5000锂弗的补助金以抵御兵匪。

显然，罗德里格·德·韦昂堂铎等人的行径对驱赶加斯科涅英军的事业造成了很大干扰。利穆赞地区已成为各方横行的混乱之地。一个名为贝尔纳·德·比西埃（Bernard de Bussières）的法军骑士投靠英方，占据了南面的布里夫（Brive）、蒂雷讷方向上的数座城堡。另一些兵匪则在利摩日东南的夏吕赞（Château de Châlucet）城堡等地频繁滋扰。

安茹的查理并未驻在辖区内，他的副官阿莫里·德·埃斯蒂萨克（Amaury d'Estissac）没有权力，只能坐视局面恶化。本地领主们也都只想自扫门前雪，最终他们不得不召集其他地区的部队前来协助——如普瓦图执事让·德·拉罗什。然而，就像这个时期的大多数法军中低级将领一样，拉罗什也只是个唯利是图的佣兵连队首领。将英国人赶跑后，拉罗什便安排副将，曾身为罗德里格·德·韦昂堂铎的战友的让·德·拉波特（Jean de Laporte）进驻塞勒附近的圣埃克叙佩里城堡（Chateau de Saint-Exupéry），将城堡的原主人，也就是拉罗什攻打欧贝罗什时的战友蒂雷讷子爵撂在一边。打算联合行省各派势力赶走英国人的埃斯蒂萨克与上利穆赞等级会议不得不与拉罗什展开谈判。幸运的是拉罗什比西班牙人通情达理。在埃斯蒂萨克和利摩日主教代表议会许诺将持续提供资金后，他总算答应将带领部队继续收复马勒伊、多姆等西面的英军据点。拉罗什的同袍让·德·布列塔尼——他继承亡兄奥利维耶的庞蒂耶夫尔伯爵和利摩日子爵之位——已预付给他700锂弗。1435年冬季，下利穆赞等级会议也拨给蒂雷讷子爵3000锂弗用于赎回圣埃克叙佩里城堡及对英作战。这一系列战斗将持续三年。

罗德里格·德·韦昂堂铎的兴趣不局限于中南部山区。1435年9月，正当法军在巴黎周边努力破坏英军防线之际，他与波旁私生子居伊（Guy, Bâtard de Bourbon）的士兵出现在图赖讷。在布尔日等候阿拉斯谈判消息的查理七世被迫命令他远离图尔。1436年4月，罗德里格又出现在卢瓦尔河畔的叙利城堡附近。他并不是来帮助法军的巴黎战役，也许老主顾乔治·德·拉特雷穆瓦耶的密谋更对其胃口——眼见宫廷局势出现变化后，不甘心离开的他又开始蠢蠢欲动。罗德里格还对利摩日发生了兴趣，不过他的部队受阻于城外设置的路障。正当兵匪们在艰难移动困于葡萄园中的辎重车辆时，逃入城中避难的农民及民兵向他们发起了攻击。兵匪们被迫吐出一部分赃物和俘虏。罗德里格并未在意这些小挫折。8月，他来到波旁地区——这里已成为他在法国安身立命的一个支点。波旁公爵把一项新的工作交给了他——1436年，朗格多克行省又爆发了一场大战，它的起因是一次教职纷争。

15世纪30年代后期，罗马当局和巴塞尔会议间的争执仍看不到缓解的迹象。现在各方势力都趁机加入尤金四世与巴塞尔会议的斗争中，试图从中渔利。1434年9月，阿尔比的职位出现了空缺，罗贝尔·德·奥弗涅——他也被称为罗贝尔·道芬——盯上了这个位置。罗贝尔出身于奥弗涅的道芬家族，同时也是法王的远亲，而且很早便向查理七世效忠。为了立即得到批准，罗贝尔花了1500金埃居获得了王公贵族的认可，并从国王那里弄到了推荐信。事情的发展并不如他所愿。虽然罗贝尔最后获得了尤金四世的批准，但阿尔比会议中的一些人却选出了另一位继任者——贝尔纳·德·卡齐亚克（Bernard de Cazilhac）。他是本地桑特塞西勒（Sainte-Cécile d'Albi）的院长。贝尔纳另辟蹊径，得到了巴塞尔会议的承认。于是，两位当选人开始争夺这个宝座。1435年5月，罗贝尔抢得头筹，他带着尤金四世的诏书走马上任。

好景不长，1436 年 5 月，罗贝尔的侄女蒙庞西埃伯爵夫人让娜[①] 去世。在他前往奥弗涅之际，贝尔纳联合兄弟贝特朗（Bertrand de Cazilhac）带领军队强行占据了阿尔比的座堂。卡齐亚克家族轰鸣的火炮令整座市镇为之颤抖。他们还抢占了罗贝尔约 5000 金埃居的财产和一些庄园及城堡。被扫地出门的罗贝尔想起了罗德里格·德·韦昂堂铎。他向佣兵头子开出了 6000 埃居外加两座城堡的价码。罗德里格欣然地接受了这份工作。为了掩人耳目，罗贝尔还将波旁公爵查理也拉了进来——希望他担任城市的保护人——连阿马尼亚克家族也加入了战团。

1436 年初秋之际，罗德里格·德·韦昂堂铎与波旁私生子居伊等人集结 2000 名骑兵奔赴南方。很快，这支队伍就扩大到了约 7000 人。战火再次在阿尔比地区燃起。卡齐亚克家族与阿尔比、凯尔西的一些贵族建立了同盟。他们清理了靠近城墙的建筑，将大部分郊区付之一炬。罗德里格不打算强行攻城。攻占了扼守塔恩河南岸的据点后，他开始有条不紊地封锁城市。西班牙佣兵头子的骑兵沿塔恩河两岸展开，将这里稠密的村庄都化为废墟。沃野中的庄稼如枯枝败叶一般伏倒在铁蹄之下。阿尔比人只能眼睁睁地看着火海蔓延到果园和葡萄园中，哀叹自己的命运。很快，他们便抛弃了守城者。卡齐亚克家族被迫向攻城者屈服，带着军队撤出阿尔比。罗德里格举行了一场入城式。他的士兵顶着流行于南方的圆顶盔（Salade），披着严实的甲胄，用尖锐的马刺踢动着坐骑排成纵队，趾高气扬地穿过城门。罗德里格本人直接撞开大门，闯入大厅。当着台下瑟瑟发抖的众人之面，径直坐到座位上，厉声宣布自己以“罗贝尔·道芬大人”的名义占领此地。阿尔比的行政官员担忧占领者将劫掠此地，他们偷偷挂起国王的鸢尾花旗帜，以此暗示城市已被置于王室的庇护之下，但罗德里格讨厌这种含混不清的释义，他立即将旗帜夺下，升起了罗贝尔的旗帜。

占领阿尔比的行动并未让罗德里格·德·韦昂堂铎发泄完精力。当贝尔纳·德·卡齐亚克躲入北方的科尔德城堡（Cordes）之际，罗德里格一伙已开始进攻

① 让娜是奥弗涅道芬贝罗三世（Beraud III，Dauphin of Auvergne）的女儿，她与波旁公爵的弟弟蒙庞西埃伯爵路易结婚。路易在让娜去世后继承了奥弗涅道芬的头衔。他的孙子在 1505 年成为波旁公爵，即著名的陆军统帅波旁查理（Charles III，Duke of Bourbon）。

周围卡齐亚克阵营贵族的地盘——这场战争已完全失控，地区的贵族家族均陷入混战，而罗德里格及其部众无疑是其中最兴奋的一伙。他们还挥师南下，连克维勒盖扬克（Villegailhenc）、孔克（Conques）、维莱穆斯托苏（Villemoustaussou）等村镇，一直突入到离卡尔卡松只有1/4里格处。当地的民兵急忙动员起来，追赶这伙掳掠了大批牲畜和居民的士兵。

▲ 罗德里格·德·韦昂堂铎的纹章

11月，在纪尧姆·德·香浦的主持下，朗格多克地区的三级会议在贝济耶召开。佣兵们的行径极大地震惊了博凯尔、卡尔卡松、图卢兹三个执事区。在会上，代表们控诉了罗德里格·德·韦昂堂铎等人的暴行。这让罗贝尔·德·奥弗涅略觉难堪。贝济耶代表考虑再三，决定还是破财消灾。他们通过了9750图尔锂的税款，作为抵御兵匪以及与他们媾和之用。同时，他们将派出代表北上向法王申述。

三级会议进行期间，略感尴尬的波旁公爵查理也遣使前来申明自己与此事无关，但实际上公爵从他妹夫的行动中获得了不少收益。三级会议也派出了使者同一名波旁侍从一起前去谈判，希望以500金埃居——另有200埃居给他的副官——的价码请罗德里格·德·韦昂堂铎就此收手，离开南方。12月，下奥弗涅的等级会议也拨给波旁公爵4000锂弗，请他贿赂罗德里格，让罗德里格高抬贵手不要剽掠奥弗涅。

在重重混乱和重荷的压迫下，南方城镇苦不堪言，乡间也日渐凋敝。若继续任其发展，这个支撑王国战争的重要资金来源也将枯竭。查理七世已下决心南巡。10月上旬，他带着道芬路易到达奥弗涅的克莱蒙-费朗（Clermont-Ferrand），在此地主持行省等级会议，处理政务。当有关阿尔比教职战乱的申诉呈递到案前时，查理七世决定让图卢兹、卡尔卡松、鲁埃格的执事前去平息纷争。

实际上，法王的这道命令难尽人意，执事们与部众的作风和罗德里格·德·韦昂堂铎等人没有本质区别：在一部分罗德里格的同僚的簇拥下，罗贝尔·德·奥弗涅前往阿尔比赴任。余怒未消的罗贝尔要继续让对手尝尝与自己作对的苦果。一

▲ 15世纪中叶意大利弓箭手的圆顶盔

▲ 英国—勃艮第风格的圆顶盔

支由雇佣兵、苏格兰部队以及贵族扈从组成的军队攻下了顽抗的科尔德城堡。听到俘虏卡齐亚克家族成员至少能赚得100金穆顿的赎金后，围攻者兴奋地冲进此地，却发现这些猎物早已逃之夭夭。士兵们只得对城堡中的家具发泄怒气，随后他们想起了山脚下的阿尔比。于是，穿着抢来的衣服，头盔上另扣着一顶僧帽的图卢兹执事又带着这伙人涌向城市。士兵们砸开市民的家门，把男主人扔到窗外，以便让自己在此安然入睡。临走前，他们还勒索了一大笔贡金。毫无还手之力的贝尔纳·德·卡齐亚克只能在日后到高等法院——年底时，普瓦捷的相关机构已归并至巴黎——申述冤屈。

罗德里格·德·韦昂堂铎也并未消停下来。收到等级议会送来的贡金后，他开始按约定收拾行装离开朗格多克，但西班牙佣兵头子与部众的行军路线并未表现出多少诚意。佣兵们穿过中部后，转往东面，朝着卡布里埃（Cabrières）前进——未满足的罗德里格想把这里作为抵押品。这是一座倚靠着群山，俯瞰着南面的埃罗（Hérault）河谷平原的城堡，地势险要，易守难攻，有400名士兵驻守。在两个多月里，罗德里格就像围绕着刺猬转悠的恶狼一样对其无从下手。罗德里格的部下也在周边地区四处劫掠、播撒恐怖，令南面的贝济耶心惊胆战。可这次罗德里格未能如愿，很快他们就被迫撤出此地向北逃窜——除了博凯尔执事正在集结地方部队外，他们还得知了带着宫廷和卫队的法王正前往朗格多克的消息。

▲ 朗格多克地区

1436 年底到 1437 年初，查理七世离开奥弗涅，取道里昂[①]前往多菲内。接着，从西面进入朗格多克，经由蒙特利马尔（Montélimar）、尼姆等市镇一路南下，于 1437 年 3 月到达蒙彼利埃，并在此庆祝复活节。查理七世一路抚慰民众，巡察官吏。来到朗格多克后，国王开启了一项关于佣兵先前的破坏行为的调查，并主持了地区等级会议。他甚至发布了一项动员令，打算亲自率军对付那些散兵游勇。

除了兵匪外，朗格多克人对当地的财务官僚也满腹牢骚。他们要求首先撤去纪尧姆·德·香浦的职务并对行省的财政机构进行改革——直到此时，纪尧姆·德·香浦才发觉去年他主持的三级会议已派使者到法王面前告了自己一状。不过，他为保住自己的饭碗爆发了巨大的战斗力。他竭力反抗，采取各种方式拒绝合作。

交涉受阻后，御前会议认为，在时局动荡，地区总代理官职位继续空缺的状况下，不宜废除纪尧姆·德·香浦的财政职位。纪尧姆·德·香浦保住了自己的金库。王室现在急需筹措资金。2 月时查理七世就不再经朗格杜瓦三级会议同意，直接下令按

① 1436 年 4—6 月，里昂爆发了一场反对盐税及其他课税的起义，但随即被官员镇压。

去年会议通过的款项，在朗格杜瓦地区征收一笔 20 万锂弗的课税。年初在贝济耶召开的会议上，政府宣布将在朗格多克地区恢复指定用于战争的，每锂弗的商品、食品征收 12 德尼厄尔及酒类 1/8 的商品税，为期三年——这意味着这项大宗间接税已重新从朗格杜瓦地区扩展至朗格多克。一系列章程也被公布：价值 5 苏以下商品将被豁免；商人们将每月向商品税包税人出示一次自己的货物；包税人据实拟定清单并确定应收缴的金额；商品税将转包给出价最高或最后的包税人；包税人资格不得授予王室官员、贵族及其官员或王室债务人；包税人任期为一年，应按时上交税款——优良市镇为每月一次，乡村为两个月一次；如果拍卖价额让包税人难以承受，他们可以放弃拍卖并组织专员收取；由选举产生的地方税务长拥有司法审判权，负责监督包税人并收取他们的预付定金；上诉则交由商品税收总委员会委员（Généraux conseillers sur le fait des aides）；只有贵族拥有豁免权，但他们必须证明自己领地内产品未予销售，否则将一视同仁。

此外，鉴于朗格多三级会议长期未通过大笔补助金，3 月，在国王的亲自主持下，于蒙彼利埃召开的朗格多克等级会议通过了一笔 12 万锂弗的课税。作为补偿，查理七世废除了自 1417 年以来强加给行省，引发种种流弊的各类补助金。并答应将恢复朗格多克的高等法院。法王还在蒙彼利埃建立了商品税法院，那些在 1437 年 4 月下旬设立的朗格多克及吉耶讷地区商品税收司法委员（Généraux conseillers sur le fait de la justice des aides）将像巴黎的同行一样审理因税务纠纷而引起的诉讼。在巡游朗格多克期间，查理七世采取了种种措施力图使当地恢复秩序、繁荣经济：他恢复了蒙彼利埃的一些豁免特权；授予来自罗马的铸币工匠特权；降低从艾格莫尔特港口输入商品的进口税；允许使用来自国外的货币以及南方钱币，并批准建立了佩兹纳斯、蒙塔尼亚克（Montagnac）等地的集市。宫廷希望在这些措施的鼓励下，南方经济能步入复苏的轨道。

1437 年 4 月 27 日，巴黎派出了由主教领导的第三支使团前往朗格多克觐见查理七世，再次恳请国王莅临首都。巴黎人如此急切是有苦衷的。不到半年，北方战局就已急转直下。去年冬季的寒流带来了一场席卷北方的严重霜冻，一直持续到了 1437 年 2 月 12 日。与之相伴的还有鹅毛大雪——这种灾难将会持续十年。冰天雪地却让英国人大施拳脚。截止到去年年底，英国人恢复了大部分科区据点，基本稳住了上诺曼底的局势。趁着陆军统帅阿蒂尔前往低地地区的空档，[①]英国人重新启动了对法兰西岛的大规模进攻。1月底，离开鲁昂的约翰·塔尔博特带领约克公爵理查麾下的200名骑兵和600名长弓手通过一场短暂的围攻战，顺利占领南面的伊夫里。这只是一次开胃菜而已，塔尔博特接着继续东进深入，他们的下一个重要目标是蓬图瓦兹。

蓬图瓦兹坐落于巴黎和鲁昂的要道上，易守难攻，拥有一座倚靠山岩的城堡、高大的城墙以及一座横跨瓦兹河接近100码宽河面的桥梁。城内还有丰富的军需储备，是瓦兹河下游河段最重要的渡口，亦是巴黎西面的门户。深冬时节的严寒使大雪覆盖了一切，约翰·塔尔博特制定了一个大胆的进攻计划。2月12日凌晨，他的分遣队借着夜幕的掩护悄悄接近此城。在行动中，英国士兵披着白色的床单。城上的看守根本没有发现敌人已经爬过雪地和结冰的护城河。于是，英军士兵成功地来到城墙脚下并躲在那里等待时机。与此同时，另一支英军部队在塔尔博特私人扈从骑兵约翰·斯泰屈（John Sterky）的领导下也靠近了城市。他们随身携带着装有食物的篮子化装成前往市场的农民大摇大摆地来到桥上。在拂晓前，这股英军顺利地通过了敌人在桥梁上的检查，一旦进入城中，他们立刻高喊“城市是我们的啦！塔尔博特！圣乔治！”城墙下的英军听到这个信号后，迅速架起梯子，爬上墙头跳进城市。

蓬图瓦兹城中驻扎着由利勒亚当大人让·德·维利耶领导的400名守军。他们刚尽情庆祝好忏悔节（Shrove Tuesday），还未从睡梦中清醒过来。尽管有一些士绅聚集在一所门房中顽强抵抗敌人，但大部分人都已失去斗志。他们被迫丢弃财物，打开桥下的偏门逃离此地。在战斗中，法军抵抗者向巴黎、圣德尼发出了求援，但直到天黑援军也未出现，他们只好投降。时隔十八年后，利勒亚当又一次丢失了蓬图瓦兹。

这场胜利极大地刺激了英军的雄心壮志。他们判断法军在法兰西岛立足未稳，决定趁热打铁。接下来的周日，约翰·塔尔博特带领部下又一次跨过结冰的河面，开始攀爬巴黎的城墙。幸运的是，有了先前的教训，守夜人这次比较警惕，他们立

---

① 在陆军统帅的斡旋下，安茹公爵勒内于1月28日与勃艮第公爵腓力签订《里尔条约》，正式恢复了人身自由。他需要分期交付总数为40万金埃居的赎金，其中20万金埃居应立即支付。此外，陆军统帅还调停了拉海尔和卢森堡家族之间的纷争，提出将苏瓦松事务交予第三方仲裁。

▲ 英军袭取蓬图瓦兹

即发出警报。城头的法军急忙用火炮、弓弩和长矛招呼进攻者。意识到这点兵力不足以完成夺取法国首都的伟业后，英军放弃了进攻，朝西面退却。

面对近在咫尺的威胁，法国当局虽然频繁地收取税金但却无甚良策。得知利勒亚当大人让·德·维利耶又在睡梦中丢失重镇后陆军统帅阿蒂尔大为光火，但他并不愿对抗正处于亢奋状态下的诺曼底英军。赶回巴黎后，陆军统帅只是增加了圣德尼的守军屏护都城，并稍微安慰了一下民众，便将兴趣转到清扫位于连接巴黎和法国中南部地区的敌军据点上。3月底，陆军统帅的亲兵以及弓箭手奉命进驻马恩河畔的拉尼。随后，让·富科带领本地守军与德尼·德·沙伊等将领南下包围了布里地区的博瓦尔。经过猛攻，法军收复了这个由英军占据的堡垒，并将俘获的迈尔斯·德·索尔（Miles de Saulx）押往巴黎斩首示众。

这些行动并不能调动在法兰西岛北面的英军。他们决定暂不理会中部的战事，专心在此地扩大战果。蓬图瓦兹的沦陷使他们能随意出入法兰西岛核心区域，各地的法国守卫也因拖欠薪水而士气低迷。占领蓬图瓦兹后的几周内，约翰·塔尔博特部横扫了韦克桑地区，夺得梅济耶尔（Mezieres）、昂布勒维尔（Ambeville）等十余处村镇据点，还夺下了巴黎西南的谢夫勒斯[①]和北面的吕扎什（Luzarches）等据点，大有包抄首都之势。同时驻守在莫城的英军将领威廉·张伯伦爵士（Sir William Chamberlain）也配合行动，在他的唆使下，一群因首领拖欠薪水而改换门庭的佣兵乘虚占领了北面的奥尔维莱尔城堡，阻碍了巴黎与皮卡第、布里地区的联系。几乎毫无阻拦的英军肆意抓捕任何胆敢走出首都城墙的行人，向他们索要赎金。

通过这些行动，约翰·塔尔博特在法兰西岛建立了一个稳固的立足点。他恢复疆土的努力使英国的主战派又看到了一线希望：英军的骚扰分队已经能频繁贴近巴黎的城墙脚下。虽然试探性的攻击被击退，但城中依然人心浮动。英军在周围地区取得的一系列小胜也使领导者们相信夺回首都的机会仍然存在。而一旦回到巴黎，英格兰-法兰西政府沦为地区性政权的现状也将改变，那些追随者的信心也必定会随之提高。[②]不过，单凭眼前这支数百到千余人的机动队伍显然不可能拿下这座坚城，他们需要来自英格兰本土的进一步援助。然而，家乡的同僚的战斗热情已经开始消退。去年他们对军事行动一掷千金却战果寥寥。1月21日，在威斯敏斯特议会上，中书大法官约翰·斯塔福德指出了英国贸易不断萎缩的状况，含蓄地点明政府正在与勃艮第进行一场不必要的战争。但无论如何，战争必须继续维持下去。下议院还是批准了一次议会补助金，并延长了三年的羊毛关税——有一半将指定给加来守军——船舶吨位税、磅税。此外，还有计划接近10万英镑的借贷。低迷的经济和重税让人们牢骚满腹，格洛斯特公爵汉弗莱不得不签署一项法令，赦免人们在1431年前亏欠王室的债务和罚金。

此时唯一能使英国人感到欣慰的也许是来自于苏格兰的消息：苏格兰国王詹姆斯一世严苛的统治使他与贵族间的关系急剧恶化，部分人决定铤而走险。2月，詹

---

① 英军的德勒守将事先安排了部分队伍与谢夫勒斯城里的法国叛徒联系。这些人潜伏在市镇与城堡间的壕沟中。这里荆棘杂草丛生，十分隐蔽。他们偷偷凿开了城堡的围墙。一切准备就绪后，他们派人通知了德勒守将。德勒守将迅速带人赶到市镇前鼓噪。谢夫勒斯的居民见到英军出现在城下后，全部赶到城门壁垒前组织防御。埋伏者趁机进入城堡，占领了主塔，放下了通往德勒的吊桥。于是，谢夫勒斯被他们轻松占领。

② 巴黎沦陷后，英格兰－法兰西政府的所有机构都搬到鲁昂，而新近成为鲁昂大主教的卢森堡的路易也曾渡海前往英格兰请求归化，他因之前的服务还获得了1000马克的年金。

姆斯一世来到珀斯，打算在这里主持一场大咨议会，罗马当局的特使。在先前的议会事件后，王叔阿瑟尔伯爵沃尔特·斯图尔特[①]认为詹姆斯一世的权威已受到打击，而且将对自己不利，于是他决定抢先一步。20日晚，詹姆斯一世来到王后房间。他命令随从沃尔特·斯特拉腾（Walter Stratoun）去拿加热的香料葡萄酒，准备更衣休息。此时阿瑟尔伯爵的孙子，国王的宫廷侍从罗伯特·斯图尔特（Robert Stewart）已悄悄移去了房间的门闩。于是，已逃出监牢的罗伯特·格雷厄姆爵士带着30人突然闯入意欲行刺。情急之下，王后的侍女凯瑟琳·道格拉斯（Catherine Douglas）急忙将手臂抵在房门上的卡槽处，希望将弑君者挡在门外，但后者随即砍断了她的手臂，破门而入。詹姆斯一世试图躲藏起来，但很快便被弑君者发现。一番绝望的搏斗后，国王倒地身亡。弑君者在他身上留下了28处伤口后扬长而去。与国王遭受同样命运的还有那位拿酒的随从，甚至连王后也被砍伤。詹姆斯一世被刺令苏格兰政局陷于混乱。各派势力现在都要花上一段时间角逐政府的控制和主导权。英国北部因此可以获得一段喘息之机。

大陆的英格兰-法兰西政府却难以分享这种轻松时刻：即使苏格兰人安静下来，等待议会批准的战争税款到账并投入到对法战争中也还需一段时日。而法国陆军统帅阿蒂尔的部队已转向加蒂奈地区，开始围攻西南面的马勒塞布（Malesherbes）。

约翰·塔尔博特手中的人员不足以承担通过长距离行军去解救南部城镇的任务。1437年夏季，在法兰西岛建立起一个立足之地后，塔尔博特改变策略，返回上诺曼底，决心先攻克那些还在抵抗的北部法军据点。要完成这项任务也是困难重重。总代理官约克公爵理查曾答应塔尔博特再抽出300名骑兵和900名长弓兵补充队伍，但很快他就发现自己几乎无兵可调。许多将领都不愿交出人马，他们害怕一旦将士兵派出，士兵名额将会从自己的工资单中划除。他们还担心守军人数的下降会削弱据点的防御力量。前线的德勒守将纪尧姆·德·布雅（Guillaume de Broullat）就声称当地城堡的一段城墙已经坍塌，法军正在周围活动，因此必须保留全部力量来防守。

① 沃尔特·斯图尔特是国王詹姆斯一世的叔叔，老国王罗伯特二世的幼子。刺杀詹姆斯一世后，沃尔特未能控制国王的儿子，5岁的罗斯西公爵詹姆斯（James，Duke of Rothesay）。在教皇特使、王后以及其他贵族的联合反击下，沃尔特以及其他密谋者于3月被逮捕并立即遭到处决。罗斯西公爵詹姆斯也被正式加冕为詹姆斯二世。

▲ 抵抗叛乱者的凯瑟琳·道格拉斯

而他被分配到的抽调份额只是10名骑兵和30名弓箭手。约克公爵对这些托词大为恼火，他严厉地惩罚那些抗命的将领——克扣了他们六个月的薪水。

英军将领之所以推诿扯皮是因为诺曼底的英格兰-法兰西政府已处于混乱状态：除了人员问题外，约克公爵理查还缺乏维持进攻和围城的资金。他不得不通过借贷乃至自掏腰包的手段垫付这些费用。英国政府甚至连他本人的薪水都拖欠了一大半。因此，当一年的任期接近尾声时，已经受够了的约克公爵急忙要求卸任回乡。然而，英王的御前会议要求他再在法国待一段时间——他的继任者还没有确定。无奈之下，约克公爵只好继续工作。这个决定将给他带来无数的麻烦。新总代理官的到任仍遥遥无期。6月，将领们和政府签订的合同也已期满。现在，他们面对的是一个随时都有可能被替换的上司。重新委任、签订长期合同的权力均掌握在下一任总代理官手中，但军队薪水的发放却需要依赖那些有效合同的签订和生效。于是，约克不得不逐月同他们签订延长协议，一面盼着新总代理官早日到来。在这种权责不一、机构运转混乱的状态下，约克公爵的权威也受到了极大的削弱。因此，他也难以应对法军正在加蒂奈、布里展开的清扫行动。春季过后，一个更令人头疼的消息也随之而来——法王终于开启了北上之旅。

巴黎周边不断恶化的局势以及佣兵连队的流窜滋扰迫使查理七世结束南巡。不过，在御驾亲征前，法王还要对付一场正在酝酿的阴谋。阴谋的始作俑者是波旁公爵查理。自1434年以来，波旁公爵一直担任内廷大总管的要职——尽管能力平庸而且功绩平平——他总是感觉政务被安茹的查理及其派系人员左右，自己处于宫廷边缘的位置上。这与他一心想从王室身上牟取大量恩惠的愿望相距甚远。为了扩大影响，让自己回到宫廷的中心，波旁公爵计划让大舅子勃艮第公爵腓力重返宫廷。“波旁的首要目标是，”让·卢韦庭长在1436年7月给萨伏依公爵阿马德乌斯八世的信中写道，“是让勃艮第大人回到国王身边，在那之后他们便可以为所欲为并聚拢其余所有人”。显然，这个目标无法实现。波旁公爵观察到，除了安茹的查理之外，奥尔良私生子让也颇得国王的喜爱。于是，他试图拉拢奥尔良私生子反对安茹的查理。然而奥尔良私生子总是与宫廷阴谋保持一定距离，并忙着营救那些被囚禁在英格兰的兄长。[①]而波旁公爵的前盟友陆军统帅阿蒂尔则与15世纪20年代判若两人，他现在只专心于履行自己的本职工作。

事实上，让·卢韦声称“如今国王没有特别（在意）的臣仆”。查理七世更青睐一小群专心为他效命的御前会议及大咨议会的成员——后者越来越向中下层倾斜。除去前面提及的两名大家族旁支外，御前会议中还包括图卢兹大主教德尼·迪·穆兰（Denis du Moulin，Archbishop of Toulouse）、马格洛讷主教罗贝尔·德·鲁夫雷（Robert de Rouvres，Bishop of Maguelonne）、国王的忏悔牧师热拉尔·马谢（Gérard Machet）等教职人员。当年推翻乔治·德·拉特雷穆瓦耶的让·德·比埃伊、皮埃尔·德·布雷泽等四人及前安茹法官让·富尼耶（Jean Fournier，ancien juge d'Anjou）、蓬蒂约伯爵领总督于格·德·诺埃（Hugues de Noé）、前奥尔良家族仆人让·德·罗什舒阿尔（Jean de Rochechouart）及管理财政的雷尼耶·德·布利尼（Régnier de Bouligny）也受到国王信任。这些人并非都有高贵出身，他们中的大多数也对波旁损害王室的密谋不以为然。

因此，波旁公爵查理只能在其他廷臣中网罗羽翼——比如中书大臣勒尼奥·德·沙特兰，结果沙特兰不久又接到国王要他去辅佐安茹的查理的示意。波旁公爵能找到的似乎只有乔治·德·拉特雷穆瓦耶等一干愿意出力但影响甚微的人。

---

① 奥尔良私生子曾向萨伏依公爵等寻求援助。他还并通过布列塔尼公爵约翰五世同萨福克伯爵威廉·德·拉波尔及英王御前会议联络，试图让奥尔良公爵查理假释前往布列塔尼参加英法双方的停战谈判，但这并未引起查理七世的兴趣。

于是，波旁公爵更进一步，他一面煽动起谣传国王无意与敌作战、整治时弊的舆论，一面开始笼络宫廷外的其他王公贵胄。一直对国王颇有怨言的阿朗松公爵让首先加入他的阵营。一贯置身于宫廷之外的布列塔尼公爵约翰也并不介意和他联系。最后，连软弱的安茹公爵勒内也被拉进他的团伙——波旁公爵曾参与促使勃艮第公爵腓力释放勒内的调解，在他的挑唆下，昏庸无能的勒内认为国王在自己落难时未曾给予多少帮助，因此也愿意结成反对国王的阵线。

为了巩固这种联合，4月2日，勒内的儿子卡拉布里亚公爵让·德·安茹（Jean d'Anjou，Duke of Calabria）与波旁公爵查理的女儿玛丽（Marie de Bourbon）还订下了婚约——玛丽同时是勃艮第公爵腓力的外甥女，这次婚约也意味着勒内与腓力的和解。5月，波旁公爵和勒内更是借着订婚的名义陆续聚到昂热召开秘密会议，阿朗松公爵让也应邀参加。他们还前往布列塔尼与约翰公爵接头。之后，勒内打算和波旁公爵一起前往布尔日觐见北返的国王，向他提出申诉，并赶走他身边的一些御前会议成员。

查理七世对此大为恼火，他并不打算接见这伙在背后秘密策划阴谋的王公贵族。因此，波旁公爵查理还指使爪牙罗德里格·德·韦昂堂铎等将领为他们提供军事支持，打算以强力对抗国王。1437年春季，罗德里格带领近2000人的队伍以一种半示威的方式从南方向中部行军，他们一路经过奥弗涅、利穆赞、拉马什等地区，于4月进入贝里。传言罗德里格的目标可能是卢瓦尔河流域的图尔。市民闻讯后又渗出了冷汗——此时国王不在此地，无人能阻止雇佣兵。情急之下，市民哀求王后和道芬的妻子庇护他们，但这两位女士和西班牙人素昧平生。无奈之下，她们只能试着先写信劝谕这位佣兵头子。

出乎意料的是，一贯暴戾恣睢的罗德里格·德·韦昂堂铎这次却展现了罕见的礼貌。他客气地接待了使者，并当场声明出于荣誉以及对两位如此伟大的女士的恭敬之意，他决定改变初衷，不再穿过图赖讷——虽然这个计划对他来说十分重要。而且，作为道芬的仆人及受恩者，他很荣幸以此来表达对主人的敬重。此外，罗德里格还亲自给王后和道芬妻子写了一封谦恭的回信。

但事与愿违。两周后，图尔再次得到警报，部分佣兵已经前进到了安德尔河畔沙蒂永。这次，罗德里格·德·韦昂堂铎不在军中，两位女主人转而致信代为指挥

▲ 卡拉布里亚公爵让与波旁的玛丽的画像（17世纪）

的波旁私生子。在徘徊了三天后，佣兵们遵从了王后和道芬妻子的指示。北进的前锋被召回。当然，罗德里格不会因一封信而萌发骑士风度。他穿过图赖讷的计划并不是一时兴起。另一位剥皮者连队的首领雅克·德·夏巴纳也收到了来自波旁公爵查理的命令，要求他与罗德里格联合，并合并从南方带出的骑兵队伍。显然，他们的目的地是昂热——为了同正在策划阴谋的主子协同行动。

查理七世早就发觉了这个秘密联盟。春夏之交时，他已结束了在南方的巡视，决心对付这伙密谋者。因此，罗德里格·德·韦昂堂铎的绅士举止只不过是顺坡下驴而已。他们取道代奥勒（Déols）南下，打算暂避国王的锋芒，退向波旁地区。撤退途中，佣兵连队仍然恶习不改，他们一度将蒙特龙城堡（Chateau de Montrond）作为据点，四出劫掠，攻打城镇。

在朗格多克时查理七世就已得知佣兵蹂躏地方的消息，并派出贝里邑督吉罗·德·古拉特（Giraud de Goulat）先行奔赴此地，带领贵族和民兵抵御他们的暴行，但佣兵们并不畏惧国王派来的官吏。他们包围了圣塞韦尔（Sainte Sévère）城堡，并在战斗中用弩箭杀死了贝里邑督——凶手是一个在兵匪中声名显赫的骑兵，被同僚称为小罗德里格。

就这样，罗德里格·德·韦昂堂铎及其部下糟蹋了20余座村庄。他们强取豪夺、绑架勒索，令混乱和恐怖在中南部地区迅速蔓延。连查理七世的拥护者，年代史编者让·沙尔捷也不禁哀叹在这种局势下，“那些能让更多擅长剽掠穷人的士兵上战场的人，就更令人畏惧，而且这使他比其他人更容易从国王那里得到一切他想要的东西”。

佣兵的肆意妄为令中南部的农民苦不堪言。他们觉得自己已经被抛弃，各个阶层都对他们漠不关心，而从他们身上收取了沉重赋税的政府也无所作为。城乡间到处都是混杂着辛酸和尖刻语气的怨诉，而暗含着敌意和威胁的歌谣也开始在村间流传开来。它更像一封写给教士、领主、武士、资产者、商人以及律师们的抗议书。在结尾处它警告道："留心这首悲歌吧，如果你们细心观察，在地下，我们提醒你，你将亲眼看见，火焰已经离你的房子不远了。"——这种与扎克雷起义时颇为相似的语调不禁令人重新记起当时那些可怕的情形。

现在，查理七世的队伍就在这片正积聚着愤怒和对抗情绪的土地上急速行进。5月中下旬，离开朗格多克后，他们穿过中央高原，赶到奥弗涅北端的艾格佩斯（Aigueperse），然后又进入波旁地区。沿途各地关于佣兵暴行的报告和控诉像雪片一样飞进他的营帐，国王心情差到了极点。对于那些想聆听谈话，探查其意向的人来说——比如波旁公爵查理及他的打手们——查理七世的措辞冷酷而又严厉。他的怒气不仅仅表现在词语上。国王沿途还在一直召集没有任务或未被雇佣的连队，将这些散兵聚拢到麾下。最后，他们在蒙特龙东南面的蒙马罗（Montmarault）宿营——此时已接近6月中旬。罗德里格·德·韦昂堂铎的部众仍沉浸在劫掠生活中，不断拖延耽搁，现在退往波旁地区腹地的道路已被国王封锁。

此时查理七世还未透露他下一步的打算，到底是要震慑还是驱逐佣兵，人们不得而知。因为罗德里格·德·韦昂堂铎已帮他做了决定。数天后，一伙南下执行侦察任务的罗德里格士兵在埃里松（Hérisson）的大门口遇上了王室司务长（Fourriers）以及其他仆人——他们是提前出发，打算来准备国王宿营地的。王家器物的华丽装饰迷住了兵匪们的眼睛，尽管王室仆从都身穿绣着法兰西王室徽章的号衣，但佣兵们觉得他们只是带着奇货的猎物而已，急忙冲上去，不由分说便将司务长等人痛揍一顿，然后将他们的行李辎重抢了个精光。

这个骇人听闻的事件让国王勃然大怒。他终于发布了命令：立即全力镇压亵渎王室尊严者！这支由大约500名骑兵和3000名弓弩手组成的军队马上行动起来，朝叛逆者扑去。现在，轮到闯下大祸的罗德里格·德·韦昂堂铎来选择对策了——要么和雇主拔剑相向，要么像个亡命之徒一样逃跑。罗德里格明智地选择了后者。1437年夏季，雇佣兵头子放弃了自己的事业，只带着部分亲随拼命向东南方向撤退，将大批手足无措的部下和王室军队甩在身后——他在逃窜时也展现了非凡的能力，他跑到阿列河畔瓦雷讷（Varennes-sur-Allier），接着又逃至罗阿讷（Roanne），然后再翻过高山，从卢瓦尔河直奔索恩河。逃命中的罗德里格头也不回，听任追击的王军从波旁地区穿过，一直窜到特雷武（Trévoux）后他才松了一口气——这里已是法兰西王国的尽头，王军只能在索恩河右岸隔河怒视。接着，罗德里格决定到神圣罗马帝国的封地栋布避避风头——这片领地由波旁公爵持有。

查理七世驱逐罗德里格·德·韦昂堂铎的行动使那批参加了昂热密谋的王公措手不及。面对手握重兵，余怒未消的国王，他们觉得不能过于张扬。阿朗松公爵让从布列塔尼回来后便躲入贡捷堡，安茹公爵勒内则忙着让幼弟及妹妹在国王面前为自己宽言。

波旁公爵查理的第一次反抗事业就这样失败了。他还不得不收拾已躲到境外的妹夫捅下来的大娄子。在接下来的两个月内，波旁公爵以极为谦恭和懊悔的态度，用一切办法请求觐见已于7月初返回布尔日的国王。他极力否认自己与妹夫的累累恶行有所牵连。但查理七世想要的远不止这些，他要求公爵立即终止和罗德里格·德·韦昂堂铎以及其他臣属缔结的一切联盟，并要发誓在今后杜绝类似的同盟协定；罗德里格的副官们——如波旁私生子和雅克·德·夏巴纳等人——应带着他们的骑兵加入受国王监督的，为收复加蒂奈而组建的大军。

波旁公爵查理最终向国王屈服，逐一执行他的命令。同时，查理七世还颁布敕令，宣布罗德里格·德·韦昂堂铎已被驱逐出王国，并禁止任何人，尤其是王公贵胄，援助、庇护或者抚慰此人。此外，国王还允许追捕现身的兵匪、并像对待害兽那样将其处死。这是查理七世的政府首次明确反对佣兵们混乱而无序的野蛮行径。许可敕令引发了多年以来一直在南方居民内心中酝酿的怒火，罗德里格抛弃的军队已分崩离析。接下来数月，那些由于各种原因未及时加入王军主力的士兵，无论他是游荡的兵匪，还是迷路的“孩儿们”，甚至是响应辞令征召的掉队军士，都发现在乡间难觅安全之地。一些重返奥弗涅的团体不久就被迫逃离此地。沃莱（Velay）和热沃当地区也结成了反对他们的联盟。东南部的贵族士绅和农民都联合起来，到处都是针

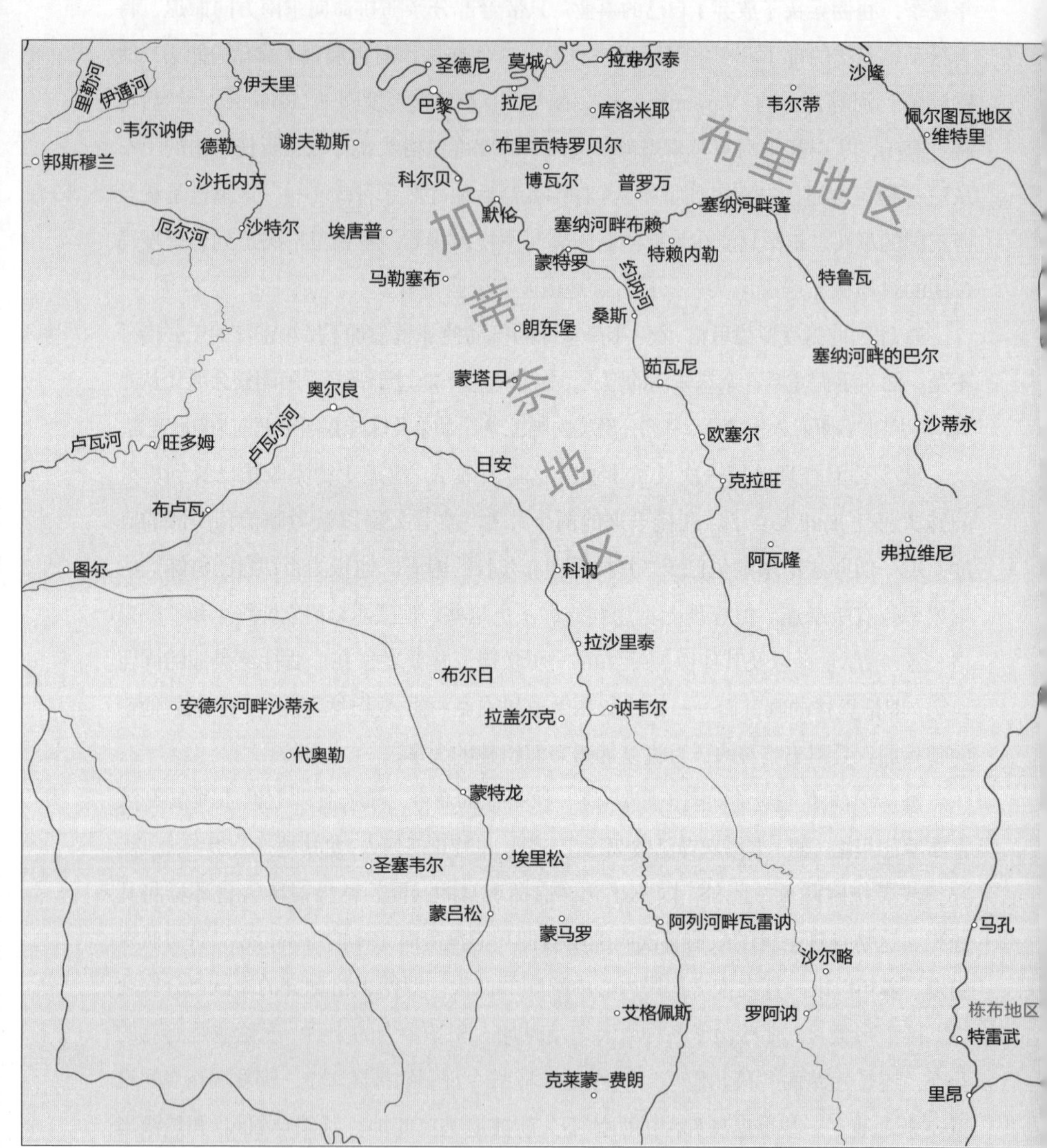

▲ 法国中部地区

里勒河
伊通河
伊夫里
圣德尼
莫城
拉弗尔泰
沙隆
韦尔纳伊
巴黎
拉尼
库洛米耶
韦尔蒂
佩尔图瓦地区
维特里
邦斯穆兰
德勒
谢夫勒斯
布里贡特罗贝尔
布里地区
沙托内方
科尔贝
博瓦尔
普罗万
厄尔河
沙特尔
埃唐普
默伦
塞纳河畔布赖
塞纳河畔蓬
加蒂奈地区
蒙特罗
特赖内勒
马勒塞布
约讷河
特鲁瓦
桑斯
朗东堡
塞纳河畔的巴尔
茹瓦尼
蒙塔日
奥尔良
沙蒂永
卢瓦河
旺多姆
卢瓦尔河
欧塞尔
日安
克拉旺
布卢瓦
阿瓦隆
弗拉维尼
图尔
科讷
拉沙里泰
布尔日
安德尔河畔沙蒂永
纳韦尔
拉盖尔克
代奥勒
蒙特龙
圣塞韦尔
埃里松
蒙吕松
马孔
蒙马罗
阿列河畔瓦雷讷
沙尔略
艾格佩斯
罗阿讷
栋布地区
特雷武
克莱蒙-费朗
里昂

对他们的公然袭击和私人报复。马孔地区的邑督以违反和平的名义吊死了曾隶属罗德里格连队的8名士兵。这些行动一直蔓延到西面。多尔多涅河、洛特河以及它们支流的沿岸都能看到落单兵匪的尸体。尽管那位杀死贝里邑督的小罗德里格逃到了莱克图尔（Lectoure），而且由阿马尼亚克伯爵让派出的传令官专门陪同护卫，但贝里邑督的兄弟还是用利剑刺入其后背，令他一命呜呼。无奈之下，不少被抛弃在南方的连队向西南流窜，投靠到当地领主麾下以自保，并逐渐聚集在阿马尼亚克私生子以及贝阿恩私生子旗下。

查理七世此时还顾不上这些躲在比利牛斯山脉边界一带蠢蠢欲动的新匪帮。先前的斗争已耗费了太多的时间和资源。他把目光转向了加蒂奈及布里的战场。此前陆军统帅阿蒂尔在法兰西岛的部队只能应付同英军的战事。法王派遣生力军后将大力扭转局面。春夏之交，法军在这些地区的收复战逐渐进入高潮。马勒塞布于5月被法军夺下。7月下旬，宫廷起驾前往日安——8月2日，安茹公爵勒内特意在前往普罗旺斯领地的途中赶到此地觐见查理七世，以修复与王室间的关系。按照法王的命令，那些屈服于王室的自由连队也陆续在这里集合。陆军统帅、奥尔良私生子让、帕迪亚克伯爵贝尔纳、雅克·德·安茹（Jacques d'Anjou）等一批将领也来到此地领导他们。

一场旨在疏通巴黎东南面补给线的收复战就此拉开序幕。陆军统帅阿蒂尔和安茹的查理、帕迪亚克伯爵贝尔纳带领部分军队包围了朗东堡（Château-Landon），14岁的道芬路易也穿戴着光鲜的衣甲参与了这次行动。数天后，朗东堡就被法军袭取，时人都在恭维路易骁勇异常，此战乃是他军事生涯中的璀璨起点。法军对敌人则没那么客气了。作为惩罚，他们吊死了帮助过英国人守城的本地人。这令沙尔尼的敌人闻风丧胆，迅速选择了投降。随后，大军继续北上，来到内穆尔城下。十余天中，他们的围城炮火给予守军极大的压力。8月初，此地投降。

在此期间，另一支法军奉命向东前进，经由桑斯前往塞纳河畔的布赖。此后，拉乌尔·德·戈古尔、德尼·德·沙伊、让·波顿·德·桑特拉伊——他接替了贝里邑督的职务——等将领率领1600多人的先锋部队又从此地顺流而上，于8月下旬来到塞纳和约讷河的交汇点蒙特罗城下。这是英军在塞纳河上游的最后一个军事要塞。法军迅速在布里方向的高地上立起了一个大木堡。陆军统帅阿蒂尔、奥尔良私生子让、帕迪亚克伯爵贝尔纳的部队也从西面接近此地。他们在约讷河南岸靠近城镇的平原上扎营。守卫此地的英军将领托马斯·杰勒德(Thomas Gerrard)有400多名部下。尽管英军主力与此地相距甚远，杰勒德也不愿平静地离开。于是，法军将这伙人团团围住，并迅速投入到挖掘壕沟、搭建浮桥、构筑堡垒的攻城作业中，他们还开始布置大炮和攻城器械，打算用它们轰击城防工事。

9月21日，从塞纳河畔布赖起驾的查理七世亲自加入了合围。在国王的号召下，法国各个地区的市镇都积极地为战役做出了贡献：勃艮第公爵腓力借给了他1.2万法郎，巴黎征收了大笔赋税——前后共花费了约3.6万——并派来了弓弩手队伍。特鲁瓦前后收取了三次塔兰税以及两次贷款，共计约5357锂弗，他们还派出了一批炮手、火枪手以及工匠。图尔奈、兰斯、沙隆等各地城镇也源源不断地向这里输送补给和作战人员。包围蒙特罗的法军达到了5000人左右。搭载着青铜炮、铁炮、石弹和铅弹的驳船从香槟出发，沿塞纳河而下，一直运抵蒙特罗城前。法军夜以继日地构筑、加强围城工事。他们在河流上架起数座浮桥，在大城堡间搭起连接通道，并在其上筑起小堡。巨大的弩机也在阵前张开。

蒙特罗城本身对查理七世有着特别的意义：1419年，阿马尼亚克党人借和谈的名义在这里杀死了前任勃艮第公爵约翰。血腥的场面严重刺激了当时年仅16岁的查理，随之而来的是一系列的分裂、败绩、危机和苦难。十八年后，人们发觉再次来到城下的国王已性情大变。在先前追击兵匪的过程中，查理七世展现了与以往迥然不同的果断和决绝。如今，将领们发现国王始终勇敢地站在第一线指挥战事。在放置大炮时，担心其安全的帕迪亚克伯爵贝尔纳和夏尔·德·阿尔布雷曾极力劝阻过国王，但查理七世声称这是自己的战争，他必须在备战过程中扮演好自己的角色。数年前加入法军阵营的让·比罗(Jean Bureau)已经开始展现非凡的才华。他指挥的法军火炮发挥了巨大的破坏力。不久，数段城墙便因此垮塌。密集的炮火和箭矢让城上的敌人不敢抬头。

▲ 道芬路易少年时的画像

按照编年史作家记载，在10月10日发起的总攻中，查理七世“就像他连队中的任何骑士或侍从一样站在最前面，甚至在此地的护城河中，河水浸没了腰带”。法王顶盔掼甲，一手扶着梯子，一手握着利剑，和士兵们一起攀爬城墙，他已经稳操胜券。与国王并肩作战的法军将士士气高涨，他们奋不顾身地攀上城墙，跃进城中，在毙俘约 60 名敌人后，成功夺下市镇。托马斯·杰勒德带着残兵败将退入城堡试图继续顽抗，但这于事无补。虽然蒙特罗的城堡较为坚固，但守卫人手和给养、物资储备都严重缺乏。22 日，他们正式向法军投降，撤离城堡。法王赢得了此次战役中的一场关键性胜利。

而英军最高统帅约克公爵理查对法军主力的清扫行动鞭长莫及。在法王围困蒙特罗期间，英将斯凯尔斯男爵托马斯试图带领军队救援，但最后无果而终。英国人只能将兵力集中于上诺曼底，继续攻克法军那些在两年前大攻势中残存下来的堡垒。约翰·塔尔博特，这位已成为同僚中最声名显赫的将领就通过袭击以及诱使被俘法军守卫变节的手段占领并夷平了许多少据点。夏季过后，他将目标锁定在了唐卡维尔。这是一个夹在科德贝克和阿夫勒尔之间临近塞纳河的巨大堡垒。组织这场围攻战需要大批的人员以及军需补给。在英王的军需官威廉·格洛斯特（William Gloucester）的努力下，行动顺利展开。8 月，英军包围了唐卡维尔。这场战斗和法军的蒙特罗战役几乎同时展开，却比后者更旷日持久——直到 11 月初，唐卡维尔才被英军占领。

尽管在这段漫长的时期内有部分法军驻扎在上诺曼底边界和皮卡第地区，但是他们一直坐视科区的同僚陷入绝境。这伙人总是忙着打理自己的事情：虽然查理七世和勃艮第公爵腓力早已签订和约，但北部法军和勃艮第人——尤其是卢森堡的约翰的部下——仍然在佩罗讷、鲁瓦、蒙迪迪耶、亚眠、皮基尼等地区持续小规模冲突。在相互抢掠钱财的过程中，双方的新仇旧恨也不断累积，最终爆发了一场严重事件：8 月 4 日，奥费蒙领主居伊·德·内勒带领百余人突然闯入博韦，他们要寻找拉海尔——奥费蒙领主对三年前的那次牢狱之灾难以忘怀，特意来还以颜色。拉海尔此时正在一家客栈的庭院中玩网球，闻讯后他急忙躲入马厩中的马槽下方避难。这个计策不甚高明。勃艮第人毫不费力地发现并抓住了他，随即带着他上马逃离城市。一群愤怒的法军和市民挥舞着利剑弓弩在他们身后追赶了很长一段时间，试图夺回自己的长官，但最终无功而返。

奥费蒙领主居伊·德·内勒公然进入法军控制区绑架法王的“塞纳河北岸法兰西岛、皮卡第、博韦、拉昂及苏瓦松地区总指挥官，国王代理官以及韦芒杜瓦邑督”

▲ 攻取蒙特罗

的行为立刻掀起了轩然大波。在群情激愤中，唐卡维尔的救援事宜自然被推到一边。勃艮第方面，卢森堡的约翰等一大批对拉海尔咬牙切齿地勃艮第将领支持奥费蒙领主的举动。于是，拉海尔被奥费蒙领主囚禁在亚眠东北面的昂克尔（Ancre）地区，而法军和勃艮第人在皮卡第的私战再次进入高潮。

在南方，查理七世闻讯后勃然大怒，他立即致信勃艮第公爵腓力，要求释放拉海尔，并不得对他进行人身伤害。面对国王的抗议，腓力决定召开廷议商量对策，但国王的问责信一封接一封地发到他手上，语气也由严厉趋向半威胁。在国王的不断敦促下，腓力不得不出面干涉：拉海尔重获自由，当然他要将克莱蒙归还给奥费蒙领主居伊·德·内勒，此外还要缴纳一笔赎金。于是，在腓力的调停下“两人又成为朋友”。

尽管如此，拉海尔仍然渡过了两个月的囚徒生涯。不过，他还是幸运地赶上了从默伦北上的御驾——鉴于冬季已经到来，军队难以维持作战，法国君臣决定解散一批队伍，并要求将领们带部队到拉马什等靠近前线的指定地点分别驻守。见到爱将重归麾下，查理七世龙颜大悦，国王垫付了拉海尔的大部分赎金并赐予他一项殊荣：作为“一种对持久忠诚的奖励，对一种为正统王室以及国家解放事业服务的艰险生涯的回报”——让他参加自己回到巴黎的入城式。

查理七世15岁时，巴黎人点燃火把，拿起棍棒推翻了阿马尼亚克政府，他被巴黎总督背在背上，拼尽力气才逃出城市。如今，这里的市民穿上蓝色礼袍，出城远行至拉沙佩勒迎接他。1437年11月12日，查理七世从圣德尼出发，他的儿子道芬路易紧跟在后面，其身旁的是陆军统帅阿蒂尔、安茹的查理、帕迪亚克伯爵贝尔纳、旺多姆伯爵路易，奥尔良私生子让等王公廷臣以及拉海尔等身着锦衣绣袄的贵族绅士。来到拉沙佩勒后，巴黎商会会长首先恭敬地向查理七世献上了城市钥匙。国王接过后将它交给陆军统帅保管。接着，市镇官员和市民代表为国王展开了一顶镶嵌着金鸢尾花的蓝色华盖。随后，巴黎总督及其助手——他们戴着绯红与草绿相间的胡德帽——公证员、沙特莱军需官、高等法院法官等代表也依次向国王行礼。队伍的末端还有14名骑马随员，他们打扮成象征着“七重美德和七重罪恶”的角色前来向国王致意。在众人的簇拥下，查理七世来到圣德尼城门前。这里有3名女子扮作天使捧着一面盾迎接国王。盾徽上镌刻着法兰西纹章以及天使们的欢迎词“最卓越和高贵的国王，这座忠诚城市的市民，将他们的感恩奉献给您，并匍匐于您的王冠之下。”十九年后，这位曾被大贵族暗讽为“咬人的猴子”的王子终于以国王之尊返回首都，而王室也和巴黎人握手言和。几乎所有市民都涌到街头和窗前欢迎他，以至旁人难以在队伍行进的街道上立足。街道的每个转角都响起了高声传唱的赞歌。不少市民潸然泪下，他们大声欢呼，高喊着“万岁！”城市中还搭起了令人目不暇接的精彩布景。在小桥（Ponceau）前，人们建起了一座喷泉，一朵鸢尾花在池中。花的茎叶中不断流出香气扑鼻的肉桂酒、葡萄酒和水，两只海豚也在池中游戏。

在进城队伍最前面的是弩兵大总管让·德·格拉维尔带领的800名王家弓箭手和弩手。他们在先前的战斗中立下了战功，被授予陪同国王的荣誉。这些衣着华丽的士兵们来自各个地区：巴黎弓弩手穿着绯红与草绿相间的制服——这是查理七世的纹章色；图尔奈弓弩手与苏格兰人一样位于宫廷卫队之列；沙隆弓箭手不仅享受着前者的荣誉，而且他们的布衬甲衣上还绣着“勿忘草”的纹案——以此纪念他们在蒙特罗围城战中立下的功勋。接着是国王和贵族的随从使者。他们骑在披着马衣的坐骑上，马衣上绣着带有翅膀的金雄鹿。首席车骑侍从让·波顿·德·桑特拉伊

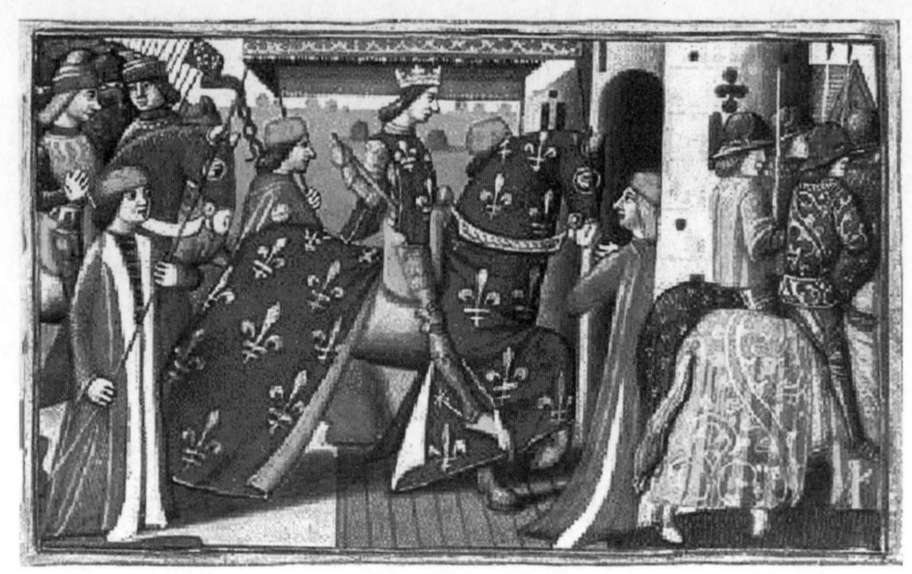

▲ 查理七世进入巴黎

拿着一个顶着王家尖顶盔并饰有 2 朵金鸢尾花的权杖。华盖下的查理七世和长子路易都身着戎装，披着金色的呢绒大衣。国王的御马披着绣有大片金鸢尾花的深蓝色天鹅绒马衣，后摆一直拖到地面上。它还戴着坚滑光莹的钢制面帘以及漂亮的羽毛头饰。车骑侍从让·德·欧隆牵着御马缓步前进——圣女贞德一直盼望着能引导国王重返巴黎，如今，她的内府管家代她完成了夙愿。而贞德曾经的战友，与陆军统帅一样手执指挥木杖的奥尔良私生子让此时正统率着 800 名衣着华丽的长矛骑兵，跟在王公贵族之后——他们便是闻名法兰西的“骑士之花”。

在 11 月剩余的日子里，查理七世开始处理首都的行政事务。他正式任命安布鲁瓦兹·德·洛雷为巴黎总督并批准了巴黎大学的部分特权；圣德尼、吕埃（Rueil）以及巴黎其他一些地区均领受了王室的赏赐；他接受了铸币商的宣誓并申明要重建货币的信用；此外，法王还对巴黎高等法院进行调整，赶走了那些英国支持者，但保留了其中的勃艮第成员，而普瓦捷的成员仍在机构中占据优势。

不久后，随国王进城的帕迪亚克伯爵贝尔纳来到埋葬其父——1418 年遇难的前任阿马尼亚克伯爵贝尔纳七世——之处，将遗骸装入铅棺材里并运到圣马丁教堂。25

日，在国王的准予下，贵族们在这里为蒙难的先任陆军统帅举行了一场安息礼。巴黎大学和神学院的许多成员出席并参与抚慰死者的灵魂。得知这次盛会规模如此之大，巴黎的市民也打算缅怀一下被他们杀掉的前陆军统帅。他们成群结队地参加了安息礼。围观者事后普遍感到失望，因为没有人发给他们施舍。有人声称早知如此，那至少有4000人是不会去参加的。巴黎人觉得国王来到此地只是忙着管理他的官僚机构，圣恩并没有落到自己身上。于是，部分人又开始诅咒国王。

查理七世也不愿在这里作过多停留。在先前的系列行动中，王室政府以及城市都耗费了大量财富，各处又开始捉襟见肘。12月3日，他离开了这座表面冠冕堂皇，实际破落不堪的都城，前往卢瓦尔河流域，为下一步的战事计划做准备。法军将领则继续在加蒂奈地区征服所剩无几的英军据点。不过，约克公爵理查已不必为此费心劳神了：来自英格兰本土的新一任总代理官终于来到诺曼底，接过了他的担子。

勒克罗图瓦围攻战

海峡对岸的英国政府在选定总代理官的过程中颇费了一番周折。随着英王已近成年——法定为16岁——格洛斯特公爵汉弗莱也即将结束他的护国公职务。大部分臣僚都不愿卸任后的格洛斯特公爵染指这个总代理官职务——以免资历深厚的他借这个名义再度控制政府，重蹈其兄长故事。于是，这些人盯上了即将结束英王私人导师职责的沃里克伯爵理查德·比彻姆。他出身普通但却有丰富的军事经验，是各派均能接受的妥协人选。4月初，宫廷便开始规劝他接过这个重任。廷臣们计划由他带领400名骑兵以及相应的长弓手奔赴海峡对岸，度过一年半的时光。但沃里克伯爵极不情愿，抱怨自己将毕生精力献给王室后，还要接受一项负担远远超过其年龄所能承受的艰苦差事。像约克公爵一样，双方又花了几个月时间讨价还价。直到7月16日，沃里克伯爵才接受了正式任命。此时，他发现海上又刮起了大风暴。英军在十一周内7次扬帆出海的尝试都失败了。因此，等到沃里克伯爵在翁弗勒尔登陆时，已经到了11月8日。沃里克伯爵的这份差事并不轻松。上任伊始，他就接到了勃艮第公爵腓力包围勒克罗图瓦的消息。

英国人在与勃艮第宣战时还拥有一座位于索姆河出海口的重镇——勒克罗图瓦。这里的守军经常袭扰周边。因此，勃艮第的蓬蒂约执事弗洛里蒙·德·布林布（Florimont de Brimeu）等将领一直将其视为眼中钉。去年他曾一度攻入勒克罗图瓦市镇，但因后继乏力还是撤了出来。1437年10月中旬，弗洛里蒙从一个农民口中得知勒克罗图瓦城堡中的补给已不足以支撑一个月，于是他和欧克西领主等人再次带领一支军队杀向勒克罗图瓦。在城外立下营寨后，他们才发现之前的情报并不准确。于是，勃艮第将领一面派人到阿布维尔收集补给——当地人也支持执事严惩这些劫掠者——一面也将情况告知了正在处理低地反叛城市的勃艮第公爵腓力，请他予以协助。

希望一雪前耻的腓力同意了部下的行动。这次他总结了加来围城战的教训。法军和勃艮第的迪耶普等邻近海岸港口均收到了公爵要求租用当地船只封锁索姆河口的信件。与此同时，腓力亲自进驻埃丹城堡，并派出埃诺邑督让·德·克罗伊（Jean de Croy）奔赴前线指挥战事。勃艮第人的围城工作可谓煞费苦心。他们立起了一个巨大的木垒，并在周围挖掘出深深的壕沟。同时，一系列围绕着这个堡垒的工事也陆续被建造出来。约1000名士兵进驻其中，大量的补给也被运进这些据点内。这次的围城部队也不再是那些三心二意的低地人，他们由“熟谙兵机而且战功卓著”的专业人员组成。为了确保成功，腓力还专门指派了了4名金羊毛骑士团成员：让·德·克罗伊、弗洛里蒙·德·布林布、雅克·德·布林布、博多·德·诺耶勒来领导。勃艮第大军时刻防备着英国守军的突袭，他们甚至在一次交战中俘虏了勒克罗图瓦的代理总督。

▲ 15世纪30年代后期铸造的埃居货币

像约克公爵理查一样，年迈的沃里克伯爵理查德·比彻姆也满足于待在鲁昂，将军务放心地交由约翰·塔尔博特、斯凯尔斯男爵托马斯、福肯贝格男爵威廉·内维尔等人处置。11月末，塔尔博特带着斯凯尔斯男爵等人率队前来解围。闻讯后的勃艮第公爵腓力紧急从皮卡第等地区再召集了约1000名骑兵赶到阿布维尔增援围城部队。勃艮第将士并不希望与英军展开正面会战，他们只想扼守索姆河下游的渡口浅滩，寻找机会突袭对手或切断他们的补给线。

但这个计划在执行过程中出了不少纰漏。数天后，来到圣瓦莱里的约翰·塔尔博特带领约 2000 名英军在勃艮第人的眼皮底下轻松地从著名的布朗什塔克浅滩渡过了索姆河。

虽然勃艮第军队人数远超英方，但他们并未主动出击。约翰·塔尔博特也没有理会那些躲在木堡中，不敢探头的勃艮第士兵。他趁机跨过前线，径直插入敌人兵力空虚的纵深地带。这个策略十分高明。腓力已将主力集中在前线，后方兵力空虚。虽然他很早前就让卢森堡的约翰到埃丹与即将前往阿布维尔的军队会合，但后者无意同英军交战。卢森堡的约翰一直未向查理七世立誓遵守《阿拉斯和约》，他在中立姿态的掩护下与英军保持着密切联系。约克公爵理查等一批英军首领曾许诺，一旦他遭受法军攻击，英军就会立即前来解围。卢森堡的约翰对此深信不疑。

尽管作为其领主的腓力不断敦促，但卢森堡的约翰最终还是离开埃丹，返回了自己的地盘。英军在两天后占领了欧蒂河（Authie）流域的拉布罗耶（Labroye）。他们四出劫掠，如入无人之境。富庶的阿图瓦地区使这些人大发横财。四五天内，他们夺得了大量的牲畜、马匹，抓住了大批俘虏。在离开时，此地被付之一炬。接着，英军又占领了欧克西堡，像之前一样，在三天内他们分成数支小部队将周围地区细细地扫荡了一遍，然后才带着战利品踏上返乡之旅。英军已经完成了任务，他们的阿图瓦之旅——除了约 40 名掉队的劫掠者被勃艮第人吊死外，英军几乎没有遇到任何抵抗——令腓力投入到勒克罗图瓦城下的心血付诸东流：避实就虚的战术让坐在前线工事里的勃艮第士兵人心浮动。与此同时，躲在阿布维尔的腓力派出部队回防重要地区，结果又导致围城力量捉襟见肘，阿布维尔的军队拒绝出城作战。随着后方陷入一片混乱，分为几部的前线军队也六神无主。经过讨论后，腓力最终决定收拾行装、解除围困，但木堡里的士兵没有给予他体面撤退的机会。早已受够了这趟苦差的他们已顾不上保持纪律和秩序。这些人一窝蜂地从工事里涌出，抛弃了大炮、铠甲和辎重逃向吕镇。一些将领试图将他们赶回阵地，但这些呵斥毫无效果。不久后，他们还发现外围工事已被偷偷点燃，火焰迅速蔓延到木堡上并将其吞噬。接着，勒克罗图瓦城中的英军也向这些人冲来。他们大声咆哮，就像驱逐流浪汉一样跟在勃艮第士兵身后——解围的全过程都发生在12月最初的十天内。

事后，欧克西领主、罗贝尔·德·萨卢兹等皮卡第贵族和骑兵因此次极为糟糕的撤退行动受到了公爵的严厉呵斥。不过他们立即将责任推到了弓箭手身上，声称这些步兵无法约束。无论如何，两手空空的勃艮第公爵只得返回阿拉斯过圣诞节，他在北方的统治正处于风雨飘摇之中：由于长期处于敌对状态，低地地区的贸易大受打击。经济的萎靡加剧了佛兰德城市中的上层贵族——他们和公爵政府结成了紧密联盟——与下层市民间的矛盾。各个城镇间的利益冲突也和它们交织在一起，使局势更为复杂。此外，腓力和低地人之间的领主臣民纽带也岌岌可危。引爆这一轮反抗高潮的正是因他而导致的军事溃败：随着参加围攻加来的民兵返回家园，不满和骚乱也开始在各个城市间蔓延。而这些拥有高度自治权的城市中的行会又能够动员强大的市民武装力量。在不断的反抗中，他们已经把斗争对象逐渐从市政府扩大到了公爵及其代理人身上。这令腓力的官员们坐如针毡，他们随时都有性命之忧。那位曾在加来围城战中担任舰队指挥官的让·德·霍恩在战争结束后不久就被佛兰德人杀死。有时暴乱甚至会威胁到公爵夫妇。最为严重的事件发生在布鲁日。1437年5月22日，腓力带着一支部队出现在城下，结果引发了市民的暴动。他们突然关闭城门，试图将其逮捕。腓力费尽力气才逃离险境。[①] 在这种长期混乱的局面下，他已无力继

---

① 4月，布鲁日市长因“帮助公爵镇压平民”被人谋杀。5月末，腓力打算带领一部分军队经过——或者是穿过——布鲁日，前往荷兰。不过公爵的初衷可能只是一次示威行军。在写给市政官员的信中，腓力告知布鲁日，他的3000名皮卡第士兵将从距城市3英里的马莱（Male）经过，前往斯勒伊斯，他本人则会带领内廷扈从和约500名贵族来到布鲁日暂住三四天，敦促当局为死去的市长伸张正义。当那天到来时，军队却和腓力一同出现在城市西南部的大门前。这引起了布鲁日人的不满。他们拖延了约三个小时，直到下午5点才让公爵和他的千余名随从与贵族们先进城。此时双方都已疑窦纵生。不久，全副武装的布鲁日人将剩下的2500名面带怒色的勃艮第士兵——主要是骑兵——关在城外，令公爵大为不满。与此同时，他在城内派出的先行部队也和布鲁日人发生了冲突，勃艮第弓箭手开始向沿街的市民射击。于是，整座城市都动员起来，人们纷纷回家穿起甲胄，甚至拖来了火炮攻击腓力等人。这场众寡悬殊的战斗使勃艮第人伤亡惨重，腓力的卫队拼死护着他骑马退至大门前。杀退门下的守军后，他们才发现城门已被锁上。而从四面八方涌来的布鲁日人已经杀死了近百名弓箭手。在后方徒步战斗的利勒亚当大人让·德·维利耶亦死于乱军中，他身上的金羊毛勋章也被抢走。危急中，城外的部分勃艮第士兵试图翻越壕沟，攀爬城墙，营救统帅，但是他们突破不了城防工事。到晚上7点左右，守夜人头目贾库帕·范·哈杜瓦耶（Jacop van Hardoye）从家中找出了铁锤、钳子和凿子。腓力才得以用这些工具破开大门，与外面的军队会合，退往鲁斯莱尔（Rousselaire）。随后，腓力决定用封锁和经济制裁的方式迫使布鲁日投降。他用木桩围住了布鲁日的出海通道，并将布鲁日的商业特权转授给斯勒伊斯。这又导致了布鲁日在7月包围斯勒伊斯。根特试图进行调停，但其内部的动荡又引发了一场新的暴乱并开启了根特与布鲁日的混战。直到1438年2月，布鲁日才和腓力达成和解。

续维持与英国人的大规模战斗。

尽管如此，压在约翰·塔尔博特肩头的担子仍不轻松。回到鲁昂后不久，他就接到了一个救援蒙塔日的任务。之前，查理七世向巴黎进军时，法军已试探性的攻掠了蒙塔日周边。年底，法军终于全面展开了包围蒙塔日——已沦为英军在加蒂奈地区的最后一个孤立据点——的行动。此时为英国人守卫蒙塔日的是阿拉贡佣兵将领弗朗索瓦·德·叙维恩。他也是佩里内·格雷萨的亲族。1433 年，正是这两人联合策划并夺得了蒙塔日,但英军在 15 世纪 30 年代后期的形势让他们不得不为自己考虑。迫于压力，格雷萨在 1436 年 10 月 6 日向法王宣誓效忠，并献出卢瓦尔河畔的拉沙里泰。他也凭此得到了一份丰厚的回报：继续担任拉沙里泰守将，并享有一份 400 图尔锂的年金以及一笔 2.2 万萨吕的赏金。而为了保证格雷萨在隆尼的领主权——它位于被英国人占领的佩尔什地区——叙维恩仍然在以格雷萨部分财富的继承人的身份向英国人效忠，与他们保持密切联系，甚至在位于巴黎的政府机构中安插了间谍，破坏了好几个法军试图通过内应夺取英军据点的计划。[①] 尽管如此，面对将自己团团围住的法国人，面临饥饿威胁的叙维恩也不得不改弦更辙。幸运的是，蒙塔日的城防较为坚固，这让叙维恩在接下来与对手的交涉过程中有较大的回旋余地。他首先做出了一些屈服姿态，承诺一旦法军撤除围困，他便会与他们签订协议，这引起了查理七世的兴趣。回到奥尔良后，他派出奥尔良私生子让和让·波顿·德·桑特拉伊携带安全通行证前往蒙塔日继续与叙维恩展开谈判。在 1438 年 1 月达成的停战协定中，叙维恩施展灵活手腕，成功地保留了在蒙塔日的守卫——他们甚至还能从奥尔良及其他城镇中购买补给。法国方面也对结果颇为满意：叙维恩在 1 月亲自来到图尔拜见法王。法国人不但收到了叙维恩派出的人质——他的亲侄，还被允许自由出入蒙塔日，各种物资也可以不受干扰地运往巴黎。叙维恩这种左右逢源的伎俩博得了法王的好感，他甚至希望能让这位战争领主在投降之后能收拢到自己麾下。因此，他不仅提出了一笔丰厚的赎金来购买蒙塔日，而且还为叙维恩安排好了圣皮埃尔 - 勒穆捷的邑督职位——只等赎金凑齐，

① 那些被叙维恩安插在巴黎城内的间谍曾将莫城居民以及韦尔农的守卫打算将各自城市献给法军的情报告知英国人，导致这两个计划最终失败。不过间谍们也因这些事件露出马脚。1437 年 3 月 26 日，根据巴黎总督安布鲁瓦兹·德·洛雷的命令，巴黎人将其中两名高等法院律师以及一名负责传递情报的随从送上断头台。另一名审计法院教士被处以终身监禁。一周后，第四名间谍也在博瓦被逮捕，连同他的仆人一起被处决。

城堡交付后便可走马上任。但叙维恩并无同法国人并肩作战的兴趣，他只希望尽量将最后期限往后延伸，以此避免英国人没收格雷萨在其领地中的全部财产，并尽量地从他们手中再领一份守卫蒙塔日的薪水。

因此，当叙维恩与法国人签订停战协定后，约翰·塔尔博特和福肯贝格男爵威廉·内维尔的救援部队就失去了行动的意义。但这支队伍并没有被遣散，他们被带到韦克桑西面的埃夫勒，用来抑制法军对此地的袭击活动。显然，塔尔博特希望巩固在一年前取得的那些战果。接下来的几个月内，他的队伍还占领并夷平了两座小堡垒，并穿过巴黎周边，向北面的克雷伊和东面的莫城输送补给。

▲ 利勒亚当大人让·德·维利耶

剥皮者的侵扰

1438年春季，法国人已无力在法兰西岛重启对英军势力的大规模攻势。长期的恶劣气候带来的灾害重创了双方的经济：上一年夏秋季的北部欧洲十分潮湿，暴雨连绵不绝，随之而来的歉收影响了为来年耕种的谷种的储备工作。接下来的寒冬仍像以往一样严苛，使这个问题雪上加霜。葡萄园和各类果园的产出也受到了影响。重重打击的结果就是粮价飞涨——小麦和其他谷物甚至翻涨到两倍甚至三倍。在英格兰，南部乡间的影响较为严重，人们将忍受两年的物资匮乏之苦。

法国的苦难则更为深重。小麦等谷物的价格从4苏一路攀升,最高时达到40苏。勃艮第公爵腓力治下的人批市镇囚不堪重负而将贫民赶到城外。其他城市和大领主们也制定了严格的法令，禁止将谷物带到辖区之外。根特宣布禁止酿造啤酒以及其他需要谷物生产的酒类，并扑杀所有穷人养的犬只。巴黎已经因蒙特罗等战役承担了沉重的赋税。而城外，英军和法军的小规模战斗——尽管它们毫无决定性——也从未停止过。在无数的袭击、围城、袭扰过程中，双方的守卫部队、野战部队以及那些号称剥皮者的连队不断地掠夺乡间，实施焦土政策，令底层居民——无论是在城里还是郊区——苦不堪言。

这些贯穿冬季的战火不仅使巴黎，甚至使整个法国东北部的资源都被耗尽。拉海尔的部下在渗入诺曼底边界的同时得知了必须交还克莱蒙的消息。于是，他们修复了图瓦(Thoix)城堡，进驻此地并积极进攻那些参加过逮捕拉海尔行动的勃艮第将领的地盘。混战的范围一直向北扩展到索姆河畔的皮基尼等地区。各方的袭扰队伍不分敌友大肆掠夺。

随着1437年底对加蒂奈攻势逐渐转入尾声，已经囊空如洗的法国政府放弃了对雇佣军的控制。这意味着在等待一个新“时机”到来前——也就是政府在卢瓦尔河流域、朗格多克等其他地区再次榨取足够资金前——他们得自谋生路。这些自由连队像脱缰的野马一样四处游荡。贫瘠的北方前线很快便无力供养这帮敲骨吸髓的人。当资源殆尽后，他们便像蝗虫一样涌向相对富裕的东面。就在查理七世离开巴黎之际，安托万·德·夏巴纳、居伊·德·布隆叙福尔等将领带着近2000人的连队从布朗什塔克渡过索姆河，进入蓬蒂约地区，接着又转向西南面，从卡皮再次渡河来到桑泰尔地区,并试图攻击利翁城堡。躲在其中的沃尔伦·德·莫勒尔(Waleran de Moreul)及部下拼命抵抗才避免了城破被俘的命运。除了大肆霸占粮食、给养外，这些连队还不放过一切勒索的机会，从田间农民到乡间的牲畜都被他们抓住用以换取赎金。就这样，佣兵们一面剽掠，一面前进至康布雷地区，这里有一片卢森堡的约翰的领地，这位桀骜不驯的封臣仍未向查理七世屈服。不过打着法王旗号的连队并未对老对手施以惩戒——卢森堡的约翰的据点里驻守着大批严阵以待的骑兵。而他也无意干扰那些处于迁徙中的剥皮者连队。双方达成了互不干扰的协议。卢森堡的约翰与对手的握手言和让祸水全部流向了那些勃艮第邻居的地盘。剥皮者绕过他的据点，径直踏入了埃诺地界，进驻索莱姆(Solesmes)。

尽管埃诺居民与法国人并无怨仇，但频繁的侵扰使居民们记住了“剥皮者”这个名号——甚至代替了先前那个“阿马尼亚克”的绰号。昂盖朗·德·蒙斯特勒莱写道:“无论谁遇到他们——不管他们是法国人、勃艮第人还是英国人，他就立即被不分青红皂白地剥去了直至内衣的所有衣衫。当他因此衣不蔽体地回到家中时，则被告知他是落入了剥皮者手里，而他的不幸遭遇也引来不少嘲笑。”

埃诺邑督让·德·克罗伊决心恪守保卫乡土的职责。他积极召集埃诺的贵族，并向主要市镇索取援军。当剥皮者从索莱姆继续向东北面进犯时，克罗伊与莱西讷(Lessines)邑督科拉尔·德·塞尼尔(Colart de Sennieres)带着集结的300—400名士兵前往勒凯努瓦(Le Quesnoy)附近阻击。这两支军队在黎明时不期而遇。关键时刻，法军的素质更胜一筹，他们立刻向对手发起冲锋。埃诺人大吃一惊。慌乱之下，他们的抵抗未持续多久便崩溃了。科拉尔战败被杀，和他一起躺在战场上的还有约160名埃诺士兵。此外，法军还抓获了不少可以换得赎金的俘虏。剩下的克罗伊等人全靠着脚底生风才得以脱离险境。勒凯努瓦居民只好躲进附近的莫马勒森林(Mormal forest)暂避风头。万幸的是，这种提心吊胆的生活未持续多久。克罗伊已将情况汇报给勃艮第公爵腓力。公爵不能容忍剥皮者们继续在自己的低地领土中胡作非为，他向剥皮者们发出了措辞强烈的信件，并派给克罗伊一大队骑兵。同时，瓦朗谢讷(Valenciennes)等地的部队也前来会合。当克罗伊再次出现在勒凯努瓦前线时，他的军队规模已比之前大了许多。这次轮到剥皮者心生怯意了。他们被迫按腓力的要求释放部分还未收到赎金的俘虏，接着取道吉斯南下，寻找更容易搜刮的软柿子。

这些连队就像洪水一样在香槟—洛林—巴尔边境地带迅速扩散开来。鉴于安茹公爵勒内的抱怨，查理七世不得不在1437年12月30日签署了一份文件，禁止部下继续侵扰巴尔地区。勒内还算是幸运的，法王的法令抑制了兵匪在其地盘上的活动，接下来他可以待在普罗旺斯安心准备对那不勒斯的远征。巴尔的西面和南面才是侵扰的重灾区。像那些诺曼底前线的同僚一样，从加蒂奈地区撤出的部分法军连队也进入了香槟地区。11月，有数千名骑兵占领了里塞(Riceys)。还有一些连队则在沃布库尔(Vaubecourt)以及肖蒙一带活动。很快，连香槟地区也容纳不了这股洪流，他们迅速漫过了边界。从沙蒂永地区南下来到勃艮第公爵的领地上。

实际上，查理七世的法国政府对自由连队的行动采取了姑息甚至是纵容的态度。他们希望将这些祸害引出自己的领地。让·德·比埃伊的弟弟路易(Louis III de Bueil)成了这些连队的主要指挥官，与他齐名的还有著名的让·波顿·德·桑特拉伊。甚至帕迪亚克伯爵贝尔纳也参与到他们的行动中。不久后，他们的阵营内还出现了一个熟悉的身影：罗德里格·德·韦昂堂铎——由佣兵组成的连队乐于同他共事，法国王公贵族也对他青睐有加，法国的盟友卡斯蒂利亚陆军统帅阿尔瓦罗·德·卢纳(Álvaro de Luna，Constable of Castile)亦与他关系融洽，这些因素促成了他在风头过后的回归。既然这位被驱逐出境者能再次粉墨登场，波旁私生子当然也毫不忌惮地违背了自己的诺言和国王的禁令，重新与西班牙人一起共事。数周内，这个庞大的集团攻击了勃艮第公爵领地核心区各个方向上的众多据点。路易·德·比埃伊、波旁私生子等人的先头连队在第戎北面的科多尔地区飙进，途经蒂耶河畔伊镇、热莫(Gémeaux)直指东南面的塔尔迈(Talmay)。大部分人则直趋马孔地区。帕迪亚克伯爵意欲占领这片以前为阿马尼亚克家族所有的领地——至少也要让它尝尝前所未有的恐惧。于是，带着一大群文书、庭吏和弓箭手队伍，打算前去主持巡回法庭的马孔邑督在穿过圣玛丽森林(Bois Sainte-Marie)时惨遭兵匪的抢掠。

勃艮第地区的人们仓促应战。1437 年 12 月 16 日，第戎关闭了 3 座大门——西南面的博讷(Beaune)以及尼伊圣乔治(Nuits-St-Georges)均可看见兵匪的身影。虽然当局已着手收取用于抵御的商品税、派遣巡逻队戒严城市，勃艮第元帅兼本地总督纳沙泰尔伯爵让·德·弗里布尔还紧急招募了部队抵抗剥皮者连队，但持续的战火已引起了这一地区居民的极大不满。他们甚至把怒气发泄到了公爵领地政府的头上。1438 年 1 月，靠近第戎的堡垒城镇塔朗(Talant)拒绝总督和他的部下进城。此外，当预估一部分剥皮者可能进入勃艮第伯爵领的弗里布尔带着一部分士兵奔赴欧索讷(Auxonne)，要求借用紧急通道时，却发现接待的市长和参议员们十分冷漠。他们声称要先和市民商议，而后者正在做弥撒。他们还拒绝了有关修复被毁桥梁——它因防御剥皮者已被居民主动破坏——的要求，其理由竟然是不知道木材和板条在哪。弥撒过后，市长告知弗里布尔，他的军队可以从城镇中通过，但只能分成 20 人一组的小队依次前进。当士兵们在街道上前进时，他们发现门窗紧闭，街垒森严，甚至连弗里布尔本人停下喝杯葡萄酒以及在客栈中烤火取暖的要求都被拒绝。类似的戒备和抵触情绪也在其他地方蔓延，而将剥皮者赶出领地的行动也收效甚微。剥皮者连队的活动一直持续到了夏季。

南方领地遭受剽掠的消息令坐镇低地的勃艮第公爵腓力懊恼不已。尽管《阿拉斯和约》已签订了两年多，但让法国领地远离战事的目标仍遥不可及。在法国人仍未放弃敌意的同时，他和英国人之间的战争也颇为不顺。1438 年初，腓力采纳部下的建议，对加来再度发起攻击。这次勃艮第计划凿开加来的一处海堤，给它来场水漫金山。于是，1600 名士兵掩护着大批工兵、木匠和劳工来到了施工现场。

英国很早就探知了腓力可能再度围攻加来的情报。红衣主教亨利·博福特宣布了国王的意愿——将派遣专员前往各郡召集士绅准备增援加来。御前会议最终决定让在 1436 年解围战中表现不凡的埃德蒙·博福特再次渡海作战。可这只是虚惊一场，勃艮第人很快便发现他们无力完成这项庞大的工程。在毁坏了一些小堤坝和尼莱堡（Nieulay）的一座桥梁后，他们便草草收工。加来守军几乎未受影响，而勃艮第阵营中唯一蒙受损失者是拉兰的西蒙，他丢失了自己的金羊毛勋章。接连遭受的挫折以及此起彼伏的内讧和叛乱极大地削弱了腓力的力量，使他原本就松散无力的统治更加雪上加霜。

▲ 阿尔瓦罗·德·卢纳

引发腓力统治危机的一个重要原因在于他统治的土地是由多块互不统属的领地拼凑而成的。这些领地的自身利益不尽相同，有时甚至相互冲突：勃艮第公爵领和皮卡第是传统的法国封地，它们与相邻的法国领地联系十分紧密，极易受到它们的影响，也容易受到法国本土事件的波及；阿图瓦则直接和英国在大陆的桥头堡接壤；佛兰德与英国有着密切的商业往来，因此英国的利益与它息息相关；而传统上也属于帝国体系的荷兰等地区虽然不必仰承法国人的鼻息，但它们却总是与邻居们摩擦不断——在经济上，这些地方与佛兰德以及汉萨同盟都存在竞争关系。[①] 在错综复杂的形势下，腓力必须谨慎地整合领地与管理机构、不断调整他的策略。事实已证明《阿拉斯和约》远不能满足他的利益，他迫切需要一场全面和平——只要英国和法国间的战火还未熄灭，勃艮第就难享安宁。

勃艮第公爵腓力决定改弦更张。作为实现全面和平的第一步，他开始尝试先与英国人达成和解。5月，曾积极建议他议和的荷兰总督于格·德·拉努瓦亲自带领一个勃艮第使团前往英格兰去进行平息英国和荷兰之间商业争端的任务。显然，英国人也厌倦了与勃艮第的长期战争。与两年前相比，他们的敌意已大为降低。11日，代表团出现在英王的御前会议上。腓力抛出的橄榄枝恰逢其时，代表团的一些成员被允许长期留在英国交涉。在此后数月，双方谈判的内容逐渐扩大到恢复整个低地地区与英国的商贸等问题上。而通过他们的安排，双方一些更高级别的大人物也将举行会晤。

和勃艮第关系的逐渐缓和并不意味着英国人在大陆的军事行动将偃旗息鼓。事实上，他们并未停下整军的脚步。英王的御前会议打算借这个机会将原本打算用于同勃艮第周旋的力量调往日趋紧张的西面战场：整个1437—1438年冬季，北部的诺曼底边界都警报频传，布列塔尼间谍报告说拉瓦勒和圣米歇尔山有军队集中。陆军统帅阿蒂尔已回到布列塔尼公爵领边境，重建蓬托尔松和圣雅姆德伯夫龙等被拆毁的边界堡垒。在下诺曼底，位于后方的托里尼也一度被法军袭取市场。幸运的是这些事件都未构成严重威胁。

有鉴于此，1438年3月22日，埃德蒙·博福特签下合约，担任曼恩和安茹地区的英军总指挥官以及总督，为时七年。他很快就集结起了一支包含346名骑兵和1350名弓箭手的军队——他们签订了为时六个月的合同。红衣主教亨利·博福特非常支持侄子的远征，特意帮他筹集了一笔7333英镑6先令8便士的资金。不过这些都是主教借出的贷款，最终还是要英国国库来买单。

6月19日前后，埃德蒙·博福特——他已于5月28日被封为多塞特伯爵——和

① 1438年，一些低地市镇还与部分汉萨同盟成员爆了发战争。

部下在瑟堡登陆，这支军队将指向曼恩——埃德蒙声称那里是继承自贝德福德公爵的家族领地。埃德蒙发起了一短暂的攻势。他们沿诺曼底边境南下，攻占了拉盖尔克——但此地很快又因“管理不善”而丢失。接着，他们东折进入阿朗松地区。已厌倦了同法王和宫廷中各色人物逢场作戏的阿朗松公爵让发现单凭自己难以抵挡这些敌人。负责为家族打理曼恩及安茹事务的安茹的查理也更希望能留在宫廷中侍奉御驾。于是，他们在年底与埃德蒙签订了一份为期四年的和约。双方甚至约定将以通过收集贡金的方式协调管理。西线的安逸令埃德蒙得以专心打理自己的事业。1433 年，出于避免被敌人占领利用的目的，他的莫尔坦城堡被拆毁。因此，埃德蒙现在以继承了贝德福德公爵在埃尔伯夫（Elbeuf）的领主权为由在那里建起了一座新城堡。

多塞特伯爵埃德蒙·博福特这种用国家的战争专款为家族利益服务的行为表明红衣主教亨利·博福特已在英国宫廷重建了强势地位。去年 4 月，红衣主教借口国王即将成年，声称要退出御前会议，前往罗马“履行他自己的职责”。但御前会议拒绝了请求，理由非常简洁——“他已经借出了 1 万马克”。此外，他们的确需要博福特用自己的特殊身份与苏格兰以及勃艮第媾和。于是，红衣主教不仅被挽留在御前会议，还获得了一份对以往不法行为的大赦。当然，红衣主教要推迟那些贷款以及另一笔 4000 马克借款的偿还期限，并承诺归还作为抵押品的王室珠宝。

博福特家族权势渐隆令他们的政敌格洛斯特公爵汉弗莱大为不满。他在事后抱怨多塞特伯爵埃德蒙·博福特的这次远征是一次任性的错误开销，它们本可以在别处发挥更大地效益。抛开党派恩怨，格洛斯特公爵的批评也不无道理。埃德蒙掌握着本年度本土援军的绝大部分力量，但由于职位和他声称自己所肩负的独立任务，身为总代理官的沃里克伯爵理查德·比彻姆几乎无权节制。此外，作为埃德蒙的岳父，沃里克伯爵似乎也无意要求女婿配合作战，以免打扰他的领土野心。

因此，诺曼底的英军不得不独自面对艰巨的任务，他们必须尽快夺回辖区内剩余的两个法军主要据点——阿夫勒尔和迪耶普。两地都是有着坚固防御工事的海港，收复它们需要耗费巨大的物资和人力。尽管在去年 12 月，总代理官沃里克伯爵理查德·比彻姆迫使诺曼底等级议会通过了一笔总额高达 30 万图尔锂，用以支付守卫和野战部队五个季度薪水的战争课税，但是区区一省的资源对于同时要在科区地区收复数个坚固据点的英国人来说仍然是杯水车薪。

1438 年的春夏季，以约翰·塔尔博特为首的英军将领正在孜孜不懈地奋斗，试图完成这些事业。趁着北部法军军备疲弱之际，他带领部下从法兰西岛北上，努力驱逐渗透进诺曼底东北面的敌人。3 月，英军攻克并夷平了隆尚（Longchamps）、新马尔谢（Neuf-Marché）等数个位于古尔奈和日索尔之间的据点。接着他们将兵锋转向西北。5 月，塔尔博特、托马斯·克瑞尔带领 800 人来到隆格维尔。隆格维尔是查理七世赐给拉海尔的封地——法王希望能仿效祖父册封贝特朗·迪·盖克兰的事迹激励自己的爱将。然而，当英国人出现后，拉海尔的部下并未坚持多久，很快便交出城市，带着财物前往博韦。与之遭受相同命运的还有北面的夏尔 - 梅尼尔（Charles-Mesnil）等数处小堡——这里的法军守卫缺乏给养、火炮和军需，他们并无多少斗志。因此，塔尔博特等人得以廓清迪耶普的外围据点，继而开始组织对它的包围行动。

在此期间，英国人还获得了一个夺取阿夫勒尔的机会：1438 年 5 月 3 日，英法双方达成协议交换两位被长期关押的战俘，分别是在阿金库尔战役中被俘的法国厄镇伯爵查理·德·阿图瓦（Charles d'Artois，Count of Eu）——他是阿图瓦的罗贝尔的曾孙——以及在博热战役中被俘的萨默塞特伯爵约翰·博福特（John Beaufort，3rd Earl of Somerset）——他是多塞特伯爵埃德蒙·博福特的二哥。法王对这位重获自由的堂叔信任有加，返回宫廷后不久，厄镇伯爵被任命为诺曼底以及从塞纳至阿布维尔的索姆河谷地区的总督。他立即带着一小队骑兵奔赴北方。尽管英军也在此地作战，厄镇伯爵还是在 7 月几乎毫不费力地突破前线，穿过科区的纵深地带，来到阿夫勒尔。不过，他却在城中遇到了不小的麻烦。虽然皮埃尔·德·里厄元帅将伯爵迎进市镇，但是元帅手下的部分人员却不愿服从伯爵的统率。在争吵中，这些人躲入塔楼，并占据了一座设防的城门。他们甚至还派人前往鲁昂联系英军，希望英军能予以援助。

危急之下，厄镇伯爵查理和里厄元帅连忙全力攻击城门，迫使其中的抵抗者投降。当英军来到城下与塔楼中的人联系时，发现等待自己的是一个圈套——塔楼中的抵抗者已与厄镇伯爵达成了和解。他们相互配合，俘虏了数十名英军士兵。其余人只好悻悻地返回鲁昂。

夺取阿夫勒尔行动的失败令约翰·塔尔博特等人颇为懊恼。不久后，他们又接到了一个更令人气恼的消息：8月底，42艘法军船只升起圣乔治红十字旗，成功地穿过了英国人刚刚设立的封锁线，抵达阿夫勒尔，从而使英国人在之前的付出功亏一篑。显然，英军对于在上诺曼底同时展开两场大规模围城战还是有些力不从心。重重挫折之下，塔尔博特也许对拥有王家血统，同时也是自己连襟的多塞特伯爵埃德蒙·博福特心生羡慕——埃德蒙被划到无甚压力的曼恩—安茹战区的同时却被配置了数量可观的士兵。这些人本来可以用来支援塔尔博特等人在科区地区的围城战役，缓解人力严重缺乏的问题。

到1438年下旬，上诺曼底法军的实际已被约翰·塔尔博特等英军全面压制。饱受蹂躏的科区已难以长期维持较大规模的驻军。在稍微增强了阿夫勒尔及相邻地区的守卫力量之后，厄镇伯爵查理也离开了前线，但他发现后方也处于一片混乱之中。努瓦永居民向他提出抱怨，声称周围的城堡内进驻了不少连队，这些人打着各个阵营的旗号，频繁突进至努瓦永城门下，犯下斑斑劣迹。其中，以让·德·利勒（Jean de I'lsle）兄弟为首的一伙兵匪最为嚣张，他们占领了东面的布雷蒂尼城堡，大肆劫掠，范围遍及整个周边地区。更有甚者，其中一部分人还穿上绣有红十字的衣甲，扮成英国人出击。厄镇伯爵决心严惩目无法纪者，他召集部下包围了城堡，逼迫这伙缺乏补给的兵匪投降。让·德·利勒兄弟被押往努瓦永交由市民审判，连同20余名部下一起被处决。厄镇伯爵整顿秩序的行为引起了卢森堡的约翰的狂怒——让·德·利勒是他的部下。这位跋扈恣睢的领主甚至在厄镇伯爵返回的道路上设下埋伏，伯爵临时闻讯后仓促绕道才躲过一劫。于是，新任总督也陷入了与卢森堡家族的争执中。各派阵营的领主及将领则继续在这片地区乐此不疲地从事着相互攻伐的私战。

法国人在法兰西岛也尽显疲态。维持供给及防卫巴黎这座人口众多的城市就已耗费了的极大力量。直到夏季，当地法军才取得了有限的进展：六七月间，一支陆军统帅阿蒂尔的部队试图收复蓬图瓦兹，但最终无功而返。奥尔良私生子让的表现略好些，他成功地占领了西南面的数个重要据点，但除了凭恃武力外，他更多的是依靠钱币——身为巴东维莱领主（Lord of Badonville）的德勒守将纪尧姆·德·布雅在为英国人战斗了十七年后已经厌倦了这份工作，他和奥尔良私生子让达成协议，将献出德勒，改换门庭——以此换取一笔价值近8万埃居的贿金。于是，诸圣瞻礼节之际（Nuit de la Toussaint）法军正式成为这里的主人，与德勒一起回归的还有去年被布雅占领的谢夫勒斯。就在此时，奥尔良私生子也交完了蒙塔日的最后一笔赎金。11月18日，弗朗索瓦·德·叙维恩带着150名骑兵和150名弓箭手离开城堡前往诺曼底，加蒂奈终于全境光复。此外，奥尔维莱尔的兵匪也在收到赎金后撤出了据点，法国人连忙将此地拆毁，以免兵匪卷土重来。

▲ 厄镇伯爵查理的纹章

除去军队战斗力的差距外，促使法军将领希望用非战争方式达到目的的另一个重要原因是资源的严重匮乏。这一点坐镇巴黎的陆军统帅阿蒂尔也感同身受。虽然他被赋予了在北部地区收取战争税的权力，但是从这些地方收到的抱怨和控诉可能远超能征集的款项。由于收不到薪水，那些在前两年中跟随他在法兰西岛及中部地区征战的雇佣连队已蜂拥前往东部。尽管当局引导他们前往勃艮第公爵的地盘，但仍然有相当一部分自由连队在中间的香槟等地区流连忘返。这些士兵的横行不法招促使查理七世签署了一封封措辞严厉的王室信件。3月1日，拉海尔等将领收到了要求将剥皮者撤出香槟的命令。3月15日，查理七世禁止让·波顿·德·桑特拉伊、波旁私生子等人在勃艮第领土上滥施暴力。4月，他又命令阿库尔私生子撤出图赖讷地区。6月，王室呵斥的对象转成了罗贝尔·德·弗洛葛尔（Robert de Flocques）。

但这些命令中的大部分都被置若罔闻：罗贝尔·德·弗洛葛尔倒是执行了撤离的命令，可目的地却是香槟。7月，沙隆不得不花费200埃居请拉海尔将这名部下带离此地。与此同时，陆军统帅阿蒂尔也收到了特鲁瓦市民的信件，他们抱怨有一个名为布松·德·法耶（Bouson de Failles）的连队首领成天为非作歹。法耶实际是一名久经战阵的加斯科涅侍从。他在1427年参与过保卫蒙塔日的战斗。1428—1429年，他还参加了奥尔良战役。进入香槟后，他声称自己是蒙塔日邑督以及梅里守将。不过一旦落草，战功和头衔都不能挽救他的命运。陆军统帅决心整顿涣散的军纪。他立即前往香槟，带人追到诺让，将法耶抓住，交由特鲁瓦审判。法耶随即被判处死刑并丢进塞纳河。另一个名为布埃·居拉维（Bouays Glavy）的剥皮者头目也遭受了相同的命运。陆军统帅将这名苏格兰将领逮捕，对他起诉并判以绞刑。

然而，横行乡间的连队多如繁星，被逮捕并施以惩罚者只是其中的一小部分。驻于塞纳和奥布河之间的韦尔蒂私生子菲利普·安东尼（Philip Anthony，Batard de Vertus）——他是奥尔良家族韦尔蒂伯爵腓力遗留下来的唯一子嗣，并于1436年加入到为堂叔查理七世服务的队伍中——年纪轻轻却也仿效起了同僚们的恶劣行为。他的士兵占领了特鲁瓦北面河道旁的一些据点，经常在周边游荡。虽然市民在7月的一次防御中赶走了他的部下，但一些人却不幸落入韦尔蒂私生子手中。因此城市被迫要为被俘人员缴纳400金萨吕的赎金。显然，韦尔蒂私生子急于得到这笔财富，在赎金陆续送往塞纳河畔的梅里之际，他甚至要求携带6名弓箭手到城内追索欠款。特鲁瓦人费尽口舌才将他阻止在城外的圣利耶（Saint-Lyé）。

在兵匪四处流窜滋扰的同时，不少守将也相当令人头疼。数年内，法国政府使出浑身解数力图摆脱政治和经济上的压力。他们先是和勃艮第达成和解，稳定国内政治秩序，接着又缩小战争规模，频繁地将大批连队解聘。令人失望的是，直到此时，这些举措仍未明显改善长期困扰政府的财政问题。甚至连那些前线驻守部队的薪水也依旧难以负担。作为权宜之计，在以往很长一段时间内，前线守将、总督都被授予极大的征税权力与行动自由。结果《阿拉斯和约》后，这些持有特权的人并未收敛过火行为，与已调整政策的法国政府保持一致。反而是继续毫无顾忌地大肆掠夺，频开边衅。在引来更多矛盾和争执的同时，他们还成为当地及周边居民的梦魇。同时，长年掌握军政也使他们在本地辖区培植了盘根错节的势力。

陆军统帅试图努力革除时弊。他决心将维持法纪作为对军队整顿举措中的首个切入点。4月5日，他以国王的名义指定巴黎总督安布鲁瓦兹·德·洛雷来审判与整饬王国内的犯罪团伙——无论他们藏匿在哪个司法辖区。但这项法令离全面贯彻还有很长一段距离。三令五申之下，有不少将领仍然跋扈难制。纪尧姆·德·弗拉维就是个典型的例子。坐镇贡比涅多年后，纪尧姆迎娶了一位富有的子爵继承人，并得到了内勒等大批城堡。在对长年鞍马劳顿的生活心生厌恶的同时，他的身体状况也每况愈下。纪尧姆变得肥胖多病、单腿残疾。不过这一切均未影响其手下士兵的活跃状态。虽然他们一直积极配合法军主力在法兰西岛的行动，但其余时间频繁骚扰皮卡第地区的城镇，甚至在《阿拉斯和约》签署后，当地居民对纪尧姆及其部下的抱怨和申诉也从未停止。

陆军统帅阿蒂尔在维持军纪方面从未手软。1436 年 12 月 8 日，他与中书大臣勒尼奥·德·沙特尔以及皮埃尔·德·里厄元帅——元帅是陆军统帅的族亲——进驻贡比涅开始调查。自知大难临头的纪尧姆·德·弗拉维希望获得曾经的同袍里厄元帅——元帅在担任博韦总督期间曾与在贡比涅的纪尧姆保持着较为密切的袍泽关系，并接受过纪尧姆的补给——出面调解，但陆军统帅显然不肯姑息。他逮捕了纪尧姆，并打算将其处以绞刑。不过，纪尧姆在城中还有部分同情者，连中书大臣也参与了求情。“中书大臣知道他（指纪尧姆）久经考验，要求将他当作自己的文书一样接受处置。而他（指中书大臣）收到的答复是如果他（指纪尧姆）是一名文书，那处决文书的方式则是沉河。”

最终，陆军统帅阿蒂尔还是手下留情。即便如此，纪尧姆·德·弗拉维也需缴纳一笔 2 万金埃居的赎金以换取性命。他还被迫与让·德·格瓦西（Jean de Groissy）和皮埃尔·德·里厄元帅签下条约，交出贡比涅守将职务，并发誓永远不返回此地。12 月 13 日，陆军统帅正式接过了贡比涅守将职位，但他急于奔赴佛兰德与勃艮第公爵腓力会面，因此很快便委派了副官前来代理。无论贡比涅居民是否完全支持陆军统帅的行动——他们曾摧毁过一座属于纪尧姆的小堡——弗拉维家族仍在这一地区拥有很强的影响力，而陆军统帅留下的布列塔尼官兵也未能平息这片地区的劫掠和私战。于是，被驱逐的纪尧姆又获得了东山再起的机会。在兄弟以及部分贡比涅守军的帮助下，他于 1437 年 2 月又回到城里，夺回了守将之位。那些布列塔尼人被关入大牢，随后又被丢出城外。这次大胆行动对陆军统帅是一记闪亮的耳光。他能做的只是在同年 11 月赦免该城居民在此事件中的牵连责任。

于是，得寸进尺的纪尧姆·德·弗拉维拟定了一个更疯狂的复仇计划。1438 年下旬，当皮埃尔·德·里厄元帅从上诺曼底前线返回巴黎，打算取道贡比涅石桥渡过瓦兹河时，纪尧姆以老战友的身份邀请他到城内歇息。盛情难却之下，元帅一行前往其住处。纪尧姆的花言巧语只是一个陷阱。他和一伙帮凶当场囚禁了元帅及其随从，并霸占了他们的马匹、财物。他残忍地将里厄关进地窖，并阻止其亲友前来探视。冰冷的牢狱逐渐腐蚀着元帅的躯体。得知消息后，元帅的亲人奔走呼吁，希望能将他救出，但即使是在国王使者的调停下，纪尧姆也不为所动。除去要挟陆军统帅收回陈命外，他还坚持要里厄归还一笔所谓的 4000 埃居的欠款——这也许是里厄在博韦任职时的旧账。当元帅的亲友在忙着筹集赎金时，纪尧姆将这位囚犯转移到内勒城堡里，周围遍布着沼泽，在度过了近十个月的囚禁生涯后，曾立下过赫赫战功的里厄元帅最终却以这种令人扼腕的方式离开了人世。作为回击，巴黎总督安布鲁瓦兹·德·洛雷下令将罗比内·莱尔米特（Robinet L'Hermite）——他是的纪尧姆仆人以及绑架行动的参与者之一——押往中央市场砍头。此举是针对纪尧姆一伙的唯一惩罚，他本人仍然逍遥法外。悲愤的元帅亲属继续控诉纪尧姆，他们的官司一直延续到了下一代。

这个骇人听闻的事件对一贯严苛执法的陆军统帅阿蒂尔是一个沉重打击。他在严申法纪之时能凭借的只是有限的个人精力和资源以及一个空洞的高级职位。此外，他还要受到党派争斗的掣肘——宫廷中有不少利益牵涉者在国王耳旁攻击他。现实已经表明陆军统帅很难悉数弹压那些桀骜不驯的将领——尤其是那些能迅速召集数百乃至上千部众的人。更令他难以应付的是经济形势的继续恶化：从4月开始，巴黎便饱尝面包供应匮乏之苦，5月，蔬菜也开始出现短缺。长期的饥馑终于导致瘟疫在8月后爆发。它不分贵贱地吞噬着人口，成千上万的人因此丧命。甚至连查理七世仅存于世的胞姐——普瓦西女修道院院长瓦卢瓦的玛丽（Marie of Valois, Prioress of Poissy）都未能逃出它的魔掌。恐慌中的人们纷纷逃往城外避难。替波旁公爵查理看守万塞讷林苑城堡的副官罗吉耶·德·皮埃尔菲特（Rogier de Pierrefrite）却坚决拒绝他们进入，而其部属还在大肆劫掠周边。当陆军统帅的军队逼近时，他才被迫打开大门。余怒未消的陆军统帅将这伙波旁封臣五花大绑后丢进马车里押往巴黎接受审判。通过统帅妻子吉耶讷公爵夫人的说情，这些倒霉蛋才被饶得性命。

在这种几乎贯穿了整个1438年的混乱形势下，单凭前线法军之力赶走法兰西岛剩余的敌人显然是痴人说梦。恢复京畿失地的重任只能依赖法王和他的廷臣。实际上，1438年初，查理七世就决意重启对英国人的大规模用兵。他们还加强了与传统盟友卡斯蒂利亚的联系：在卡斯蒂利亚陆军统帅阿尔瓦罗·德·卢纳的推动下，卡斯蒂利亚正积极和法国磋商共同防卫南部边界。一支卡斯蒂利亚舰队也从桑坦德（Santander）出发前往比亚里茨（Biarritz）、圣让-德吕兹（Saint-Jean de Luz）以及卡布勒通（Capbreton）。2月24日，除多姆城堡外——它将在当年底向法军投降——已基本将英国势力驱逐出利穆赞的让·德·拉罗什收到了1000锂弗的拨款以及清剿圣通日地区兵匪的命令。

▲ 皮埃尔·德·里厄元帅的纹章

不过，就像以往一样，筹集能支撑大规模攻势的资金仍是一个更艰巨的问题。早春时，查理七世不得不和他的宫廷前往普瓦图—圣通日地区，弹压兵匪，并在拉罗谢尔、普瓦捷等城市间穿梭游说以充实国库。3月，他再次不经三级会议准许下令在朗格杜瓦地区收取了一笔20万锂弗的新税。

然而，一系列正在急剧变化的国际事件迫使查理七世君臣不得不抽出精力来应对一项新问题——日趋激烈的教会纷争：尤金四世和巴塞尔会议现在已经公开决裂。

早在去年9月，尤金四世就借着东西方教会“合一大会”的机会通过《万民之博士》诏书，宣布要在意大利的费拉拉召开大公会议——希腊代表已被预定在这里开会——他试图以此取代巴塞尔会议。这遭到了部分不甘受其摆布的激进派教士的抵制，不过尤金四世不为所动。双方的唯一调停人，神圣罗马帝国皇帝西吉斯蒙德也在12月9日去世，使事件更无转圜余地。1438年1月8日，尤金四世强行在费拉拉正式召开大公会议。它也被当作巴塞尔会议的“续会”——即便希腊代表离开后也是如此。巴塞尔会议内部发生了动摇，包括议长在内的大部分红衣主教等高级圣职人员支持尤金四世，并前往意大利，但许多激进派不甘心屈服，他们仍有约300人之众——主要是一些博士和下层圣职人员。这些人仍坚持留在巴塞尔。他们甚至在1月宣布尤金四世被撤职，于是又惹来了后者的绝罚。双方在继续争斗的同时，都呼吁欧洲各国支持自己。

在尤金四世和巴塞尔会议分道扬镳之后，英国枢密院还是对双方都维持着谦恭的态度。实际上，受亨利·博福特的影响，年轻的英王一度表现出明显的倾向，他曾向巴塞尔会议发去一份愤怒的抗议。法国人则与英国人截然不同。1月23日，在图尔的法国国王查理七世就签署命令，禁止法国相关人员遵循尤金四世的命令，这不仅是由于他们念及巴塞尔会议在阿拉斯和谈中伸出援手的旧情，更是因为他们试图从中渔利。

5月，他们在布尔日召开了一场大会议，引起了罗马当局和巴塞尔会议的强烈兴趣，纷纷派遣代表前来关注，揣测自己在这片西欧重要领地上的运势。6月5日，查理七世亲自加入审议。7月7日，作为这次会议的总结，查理七世以革除时弊的借口签署了《布尔日国事诏书》。它是高卢主义（Gallicanismus）奠定基础的重要一步。诏书虽未完全割断法国各界与罗马当局的联系，却在一定程度上限制了后者的人事、财政和司法权。此后，尤金四世在法国的收入也大幅下跌。大为恼火的他立即否决了这份诏书。勃艮第公爵和英王也对他表示支持。只是借由法国相应阶层的支持，这份诏书才在一年后交予巴黎高等法院登记。

对加斯科涅的远征

在布尔日大会议召开前，查理七世收到了一份申诉书。它回溯了国王去年在蒙特罗等地取得的辉煌战功，并请求国王亲自率军将敌人赶出国土。严峻的国内形势迫使法国君臣必须尽快在战场上获得优势。正如前文所述，到1438年春夏季，四处游荡的兵匪已扩散至法国东部的大部分地区。这表明先前以邻为壑的策略已经失败。如果要阻止王国的领土继续遭受蹂躏，政府必须开出薪水重新将兵匪们聚拢，使他们回到与英国人战斗的正道上来。

法国君臣加快发起了针对敌人的大战役的进程。不过他们并未将收复法兰西岛剩余据点作为优先考虑的目标——法国北部一直是一片民生凋敝的景象。国王同时也收到了来自图卢兹的信件，他们抱怨英国散兵游勇和剥皮者在这片领土上的掠夺和敲诈。在4月10日的回信中，查理七世下令免除当地击杀英军者的赋税。宫廷下决心要教训西南部那些过于招摇的英格兰-加斯科涅人——这次进攻方向被确定在加斯科涅核心地区。在贝济耶召开的朗格多克三级会议已收到要为征伐行动筹集税金的要求，于4月下旬通过了10.8万锂弗的税款。法王还授予军队向沿途地方收取捐税的权力。相比以往，这次官员们并未遇到多少阻力便启动了征缴工作——这些地区也希望赶快破财请那些连队离开。让·波顿·德·桑特拉伊也收到了国王让他集合朗格多克地区的自由连队向南面的蒙德马桑（Mont-de-Marsan）方向前进的命令。

1438年5月，法军开始朝加斯科涅进发。查理七世因病未能亲自领导——他的药剂师让·德·巴尔（Jean de Bar）甚至被迫前往巴黎接受了一番调查。尽管法王仍未取消处罚，罗德里格·德·韦昂堂铎还是厚着脸皮参加了这次行动。

当卡斯蒂利亚的海上力量威胁着加斯科涅西海岸之际，法国佣兵也分路从南北两面展开了对这片地区的夹击。北路的罗德里格·德·韦昂堂铎留下部分连队扼守利穆赞边界，自己则与部下桑乔·德·托瓦尔（Sancho de Tovar）和阿隆索·德·萨莫拉（Alonzo de Zamora）带领主力沿洛特河方向，穿过凯尔西北部。从阿让奈地区经由洛特河右岸的拉韦尔康蒂埃（Lavercantière）向西挺进。趁着警卫的疏忽，他们成功攻克了洛特河下游河畔的菲梅勒（Fumel）。从而打开了前往佩里戈尔的道路。安排部下驻守后，罗德里格将兵锋转向北面，相继拿下洛赞（Lauzun）、拉萨尔沃塔（La Salvetat）、伊西雅克（Issigeac）以及埃梅等地，获得了佩里戈尔南部边界的立足点。法军接着迅速挥师南下，攻占托南（Tonneins）——它是连接加龙河左岸的重要渡口。罗德里格带着近4000人在阿让奈地区势如破竹的行动使法王赦免了先前对他的惩罚，并在日后对他大加封赏。接着,法军成功地在托南渡过加龙河,出现在波尔多的东南面。

自15世纪初克拉伦斯公爵托马斯增援波尔多后，相比其他地方的法国人，加斯科涅人度过了一段颇为惬意的时光。大部分战斗都是他们的武装团伙向敌人的地盘出击、发动袭扰、占领据点。遭受法军如此规模的全面进攻还是数十年来的头一次。几乎没有任何准备的加斯科涅人毫无还手之力。前线地区在数个月内的迅速沦陷使佩里格、阿让、巴扎斯等地大为震动。接着，梅多克地区的抵抗也很快瓦解，守卫放弃了野外，他们甚至未来得及破坏影响城防的郊区便匆忙躲进堡垒。于是，吉伦特河下游的左岸地区都成了罗德里格·德·韦昂堂铎军队的猎苑，他们横扫了整片乡间，北上占领了布朗克福（Blanquefort）以及卡斯泰尔诺（Castelnau），一直突入到吉伦特河出海口附近的苏拉克（Soulac）。从贝阿恩地区北上的让·波顿·德·桑特拉伊、夏尔·德·阿尔布雷等部队也穿过朗德（Landes）地区，与罗德里格会合。

现在，法军将领要执行这次任务的最终也是最重要的目标——占领波尔多。他们轻松占领了近郊的圣瑟兰（Saint-Seurin）——它距离城市只有500米左右。不过波尔多守卫也因此得到警报，使法军失去了奇袭和攀爬城墙的机会。波尔多在圣瑟兰方向有8座城门，每座城门都设有一个靠吊桥连接外界的外堡。显然，守军想待在坚固的工事里高挂免战牌。不愿强行攻城的罗德里格·德·韦昂堂铎和部将们心生一计：波尔多的四周遍布着葡萄园，平日里它们是这座城市的财富源泉，眼下却成了法军的得力工具。在一个夜晚，大批法军悄悄进驻这片林木高大，易于隐蔽的阵地。次日一早，其他人故意在波尔多人的眼皮底下走出圣瑟兰，做出撤离的假象——实际上他们正退向埋伏方向。波尔多守卫不知是计，急忙从数座门中冲出，扑向法军。当1000多名波尔多-英格兰士兵闹哄哄地接近法军后卫时，信号响起，伏击的法军步兵和弩手突然从侧翼向他们包抄过来。与此同时，撤退的法军也转身迎战。数面夹击之下，波尔多-英格兰士兵难以抵挡数量占优的对手，损失了一半多人马后，狼狈地逃回城里。追上来的法军随后便将城市团团围住。

然而，随着时间的流逝，这支主要由自由连队拼凑而成的大军渐渐难以承担和执行较大规模的围城任务：他们既没有携带适合攻城的器械——原本由后方答应运来的火炮以及军火仍不见踪迹，也不可能围困住城市——宽阔的加龙河给敌人带来了源源不断的补给，这些在陆地上游荡的法军却束手无策。最终，他们还是干起了自己的拿手绝活——劫掠。按编年史的记述，雇佣兵在加斯科涅土地上频繁烧掠——这种与他们在王国领土上无甚区别的恶行在攻击法王敌人时却被换上了“英勇和勤勉”的美饰。小分队被有条不紊地派往周边各个地区，细心搜刮一切物品。按照命令，法国工匠加固了圣瑟兰教堂，但它不是用来作为围城部队的堡垒以及军需库，而是变成了储藏劫掠品的窝点。

与此同时，英国人正在使出浑身解数挽救加斯科涅的危局。他们迅速免除了加斯科涅不少地区的赋税，以便将资源投入到抵抗中。7月11日，英王在信件中对巴约讷为了反抗“名为罗德里格的敌人”而肩负起重任的行为表示了感谢——他们正在攻打南面的加马尔特（Gamarthe）等城堡，并维持了一支600名士兵的船队随时准备对付西班牙舰队。英王还赦免了当地的一项食品税。16日，波尔多奉命接管了一项除谷物和肉类外的商品入市税。随后，这些特权还迅速扩展到其他交战地区。

和英国相反，法国人此时却渐感不支。政府已难以筹集维持战役的资金：卢瓦尔河以北几乎一直入不敷出，而南方诸省等级会议允许的补助金也在征收进程上陷于停滞。截止到10月中旬，数笔4月就在贝济耶通过的税款仍处于讨价还价中。因此，法军的军饷又被大幅拖欠。虽然此时仍是收获的季节，但波尔多周边在佣兵毫无顾忌地剽掠蹂躏之下，已成一片废墟。荒芜的土地难以供应大批军队的给养。就像1436

年的上诺曼底攻势一样，这次虎头蛇尾的远征也在1438年10月下旬步入尾声。让·波顿·德·桑特拉伊、罗德里格·德·韦昂堂铎等将领带着主力退出了加斯科涅地区，只留下少数部队分别进驻各个据点固守。没有机动部队的支持，这些如同退潮后暴露在烈日下的水洼一般的孤立据点也面临着和北方科区同袍们一样的命运。

罗德里格·德·韦昂堂铎并不在意这些士兵，他已在南方找到了更好的工作——阿马尼亚克伯爵让四世希望他前去解救被马蒂厄·德·富瓦囚禁的科曼日女伯爵玛格丽特（Marguerite，Countess of Comminges）。[①]11月初，罗德里格收拾行装，杀向南面的科曼日和富瓦地区。这场对英国人的远征也因此草草结束。

加斯科涅之战再次表明法国政府发动的大规模战役往往难尽人意。由于筹划及组织等方面的欠缺与失策，这些表面声势浩大，行动却不甚决绝的军队总是在初期就快速耗尽本已十分有限的能量，接着便在高城坚垒下进退维谷。更匪夷所思的是，当前线的部队还在与敌人搏斗之时，国境内的其他领地中却仍有许多空闲的连队在游荡。9月15日，鉴于勃艮第公爵腓力的抱怨，法王在贝里的圣艾尼昂（Saint-Aignan）发布命令，禁止安托万·德·夏巴纳、居伊·德·布隆叙福尔、波旁私生子等将领进入、逗留勃艮第公爵的领地。不过这些命令也成为空文。直到10月，勃艮第当地不得不花费2500金萨吕以及2匹价值200萨吕的骏马的贿赂请求这些人离开。

这种令人倍感无奈的局面暴露了法国政府在体制上的严重缺陷：延绵不绝的战争重创了法国社会经济，极大地影响了政府的正常运转。除去传统政治格局导致的困境外，其税收系统也步履维艰。虽然政府的税种名目繁多，但在实际操作中收税官员很难同平民和当地贵族沟通，达成缴税协议，获取充足的税源。由于管理混乱、漏洞百出，大批官员也借机挪用资源、巧立名目、中饱私囊。相应地，这又增加了纳税者的不信任感，促使他们拒绝合作。财政上的困窘也极大地制约了军事。由于缺乏资金，查理七世的部队此时无法实行常备军制，现在的军队主要由少数贵族的

① 玛格丽特·德·科曼日先后与阿马尼亚克家族的阿马尼亚克伯爵让三世（Jean III，Count of Armagnac）及帕迪亚克伯爵让二世（Jean II d'Armagnac，Count of Pardiac）联姻——他们分别是现任阿马尼亚克伯爵让的伯父和堂叔，但均未留下继承人。于是，她在1419年第三次结婚。新郎是前富瓦伯爵让的弟弟马蒂厄，他比玛格丽特小20岁。婚后数月马蒂厄便将妻子囚禁，独揽科曼日的统治权。罗德里格入侵时，担任富瓦伯爵领地摄政的马蒂厄对他行贿，使佣兵连队离开自己的地盘。

精锐扈从、大批自由连队甚至是动员民兵构成。这些军队结构松散，兵源良莠不齐，将领之间缺乏统属。在大规模行动中，个人威望和同袍情谊在很大程度上左右着各个分部间的协同配合，从而在一定程度上也影响到战役进程。再者，站在基层连队的角度看，他们既没有固定的收入来源，又缺乏稳定的宿营地，只能自谋生路，因此不可避免地引发了恃强凌弱、祸害四方的恶果。在这种情况下，军队根本无法维持纪律，更不用谈贯彻军令了。因此，节省成本的代价就是军制粗糙而且效率低下。15 世纪 30 年代早期，这些法军也许能在长距袭扰中采用设伏、突袭等战术击败小股英军，但随着英军战线不断收缩，防御反击能力得到相应增强后，他们经常会因英军的及时反应而在对抗中劳而无功。尤其是遇到由一些经验丰富的将领率领的精锐英军时，他们即使在占据人数优势时往往也会望而却步甚至惨遭败绩。因此，军制和素质上的落后已阻碍了法国人的收复进程，从而导致战争久拖不决。15 世纪 30 年代中期以后，这些问题愈演愈烈，相互交织在一起，形成了一组越来越刺耳的警报。数年来的事实证明，停止内战以及细枝末节上的调整已无法缓和国内日益尖锐的社会矛盾，政府也经常陷入各种利益的争执中，还因虚弱无力饱受各阶层指责。

严峻的形势迫使法国君臣开始尝试一些制度改革。他们首先希望能妥善管理那些王室领地。1436 年 1 月，总检察官（Procureur Général）在普瓦捷宫（Palais de Poitiers）重申不得转让王室财产的原则。作为深化措施，1438 年 12 月 15 日，政府又发布新法令，宣布将废除自 1418 年以来二十年间所有违反王国基本法规的，经由国王同意转让、赠予的王室财产以及特别津贴——当然，王室会给予一定赔偿金——并委派专员奔赴行省及领地核查。这项法令关闭了抵押贱卖王室财产的通道，也标志查理七世统治中后期的一系列财政改革正式启动。尽管战乱不息，政府仍希望能通过一些行政刺激手段让经济得到一定恢复。1438 年 6 月，查理七世宣布废除卢瓦尔河上的通行税，此后其他地区的通行税也有所下降。与此同时，法国君臣也在继续尝试整肃军队。1438 年 12 月 22 日，国王及陆军统帅阿蒂尔再次授权巴黎总督根据“每个将领……必须为其连队所属兵员（中所编有和掌握的人员）负责，并严加管教，当他们犯下罪行时，将施以惩罚并伸张正义”的原则逮捕不法士兵。

就在法国宫廷忙着修墙补漏之际，勃艮第人向他们转交了来自海峡对岸的橄榄枝：以荷兰总督于格·德·拉努瓦为首的代表团进展十分顺利。8月，不只是荷兰，连佛兰德的经贸问题也列入了议程。此后，谈判范围甚至扩展到英格兰与法兰西全面和平的议题上来。勃艮第使团最终与英国人约定将于1439年1月安排红衣主教亨利·博福特和勃艮第公爵夫人伊莎贝尔在格拉沃利讷会晤——两位在幕后推动和议的大人物终浮出水面，查理七世发给公爵夫人的年金也算物有所值。《阿拉斯和约》后，她一直在积极奔走。英国人更容易接受有兰开斯特血统的伊莎贝尔代表勃艮第主持和平谈判事业——她的丈夫腓力此时仍被他们视为叛徒。至于红衣主教博福特的切身利益也促使他关注此事：红衣主教提供给王室的大部分借贷都被以羊毛关税收入作为担保。王室的拖欠使他成功登上"本土羊毛商领袖"之位。所以，和佛兰德保持友好关系也就十分必要了。

亨利·博福特出面主持和谈的另一个重要原因是他获得了已经亲政的英王亨利六世的全力支持。1437年12月，年满16岁的亨利六世接过了英国政府的统治权。沃里克伯爵理查德·比彻姆的严格教育无疑颇有成效。[①] 青年国王学识

① 在成长过程中，亨利六世接受了良好的教育以及精心的照顾。1428年6月1日，从法国回到英格兰的沃里克伯爵被任命为他的守护人和导师。有趣的是，一丝不苟的沃里克伯爵很快就发现他的学生较为任性——从某种意义上来看，这点和亨利六世的父亲以及叔父的早年生涯较为相似。于是，在接下来的九年多执教生涯中——这也是亨利六世塑造人生习性的关键阶段——严厉的教师开始全力鞭策这位敏感的学生。少年国王在10岁左右开始反抗这种压力。他们间的冲突如此激烈以至于沃里克伯爵在1432年11月29日将此事提交至御前会议裁决。鉴于国王也不像以往一样驯服和勤勉，伯爵希望能尽量守住自己制定的那些已经摇摇欲坠的规则。他要求被授予任命或解雇国王私人官员，赶走服侍不力或是对国王有消极影响的人，将国王转至有利于他身心健康之地的权力。除去他指派的人员以外，任何要觐见国王的人员必须先获得他的许可。此外，还要求诸位大人加大支持那些因亨利六世犯错时施予的惩戒行为——小国王已开始对这些行为和施予者心生不满——的力度，甚至有必要在惩罚后出面向国王晓之以理。御前会议最终几乎全部答应了伯爵的要求，这场教导危机终于化险为夷，此后可怜的亨利六世再未留下"反叛"的记录。沃里克伯爵在其他方面也给过国王一些补偿：因职务之便，他的儿子亨利·比彻姆（Henry Beauchamp）——比国王年轻三岁——与国王一起长大。两位年轻人结下了深厚的情谊。这种关系并未因沃里克伯爵去世而受到影响。事实上，亨利·比彻姆可能是国王唯一的朋友，他们的友情一直持续到1446年——刚被封为沃里克公爵不久的亨利·比彻姆在这年去世。令人悲哀的是，亨利六世甚至难以获得他那些同母异父兄弟的认同：自1428年后，国王就很少见到其母王太后瓦卢瓦的凯瑟琳。凯瑟琳离开了宫廷，并嫁给了自己的锦衣库管理（Clerk of the Wardrobe）——一位名叫欧文·都铎（Owen Tudor）的威尔士贵族。据说王太后驻于温莎城堡（Windsor）时，在她面前跳舞的欧文失足跌入其怀中。这次也许是蓄意的摔倒创造了一个王朝。凯瑟琳和欧文的长子埃德蒙（Edmund Tudor）就是未来的英国国王亨利七世的父亲。当时，他们仍试图保持隐秘的生活。然而，在1436年底，凯瑟琳生下女儿玛格丽特后，消息还是传到了大贵族们的耳中。可怜的凯瑟琳不得不躲到修道院里避开他们的怒气。她与欧文的孩子埃德蒙、贾斯珀被强行夺走，交给萨福克伯爵威廉·德·拉波尔的妹妹凯瑟琳抚养。1437年1月3日，身患重病的王太后辞世。而欧文不久也被宫廷逮捕。直到1439年他才因亨利六世签署的赦免令而被释放。尽管如此，心怀怨恣的都铎家族将在兰开斯特的庇护下成长。1437年，亨利六世还失去了他的继祖母，和布列塔尼家族联系紧密的太王太后纳瓦拉的胡安娜。

▲ 沃里克伯爵理查德·比彻姆摹像

渊博、高雅脱俗，其孩童时代表现出的执拗顽劣已消失不见，取而代之的是仁慈谦恭、虔诚自制、慷慨大度的美德——这非常符合那些记录编年史的修士们的评价标准。但盼望他成为父亲甚至是叔叔那类强者的英格兰人注定将大失所望。在漫长的成长岁月中，亨利六世经常屈服于外部的决定。他缺乏独立观察、思考和判断的能力，行事也不够决绝。这在政治上将引发灾难性后果：他依赖于别人的建议，而且经常采纳那些有损于他自身和国家的意见；他乐善好施，但很少考虑自己的承受能力以及接受者的范围和价值，结果导致王室债台高筑；他的恩惠往往只落在周围的近臣身上，其他重要势力则被冷落一旁；他的正直和同情心以及对罪犯、叛乱者的慈悲和宽容无助于平息国内的纷争与动荡，更无力压制对自己的挑战。对文学的热爱使他忙于建立大学，沉溺于书香之间，并试图将和平带给那些饱受战争蹂躏的法国领地。虽然亨利六世并未在战场上表现出胆怯退缩之意，但军旅之事对他来说索然无味。据说他是第一位没有亲自带领军队与外国军队作战的英国国王。英国人不需要只活在书本中的明君人物，亨利六世可能更适合做一位德高望重、受人敬仰的学究，而不是肩负着一国重托，在中世纪末期弱肉强食的社会中搏斗求生的国王。

到1438年下旬，无论以格洛斯特公爵汉弗莱为首的主战派承认与否，亨利六世和其他廷臣都察觉到战事已十分棘手：诺曼底的恢复工作进展缓慢，法兰西岛的据点偏居一隅。现在他们又不得不筹集大量的资源用于收复加斯科涅的敌占区。而且，虽然屡屡受挫，法国人已基本掌握了战争的主动权。庞大的战争给王室带来了沉重的负担。亨利六世急切地希望能让政府获得喘息之机，至少首先与勃艮第人讲和——这是他们能够继续在大陆立足的重要因素之一。因此，任何有关和谈的建议对他来说都是悦耳之音。

1438年11月23日，亨利六世正式指派亨利·博福特、约翰·肯普等人负责与佛兰德、荷兰、泽兰及弗里斯兰（Friesland）地区进行商业贸易方面的彼此沟通。在伊莎贝尔的邀请下，查理七世也派出秘书罗贝尔·马里厄（Robert Mallière）等人参与磋商。1439年1月，人们在加来通向格拉沃利讷的道路旁，位于马克（Marck）与瓦普拉日（Oye-Plage）间的空地上搭起用于和谈的帐篷。会议上，低地代表和他们曾经的商贸伙伴在互诉战争之苦，很快双方就达成了协定，恢复在加来的羊毛贸易。这次的两位主要人物，博福特和勃艮第公爵夫人伊莎贝尔都对进程较为满意。在他们的推动下，31日，各方代表签署一份协议，约定将于下半年举行正式的和平谈判，由国王们决定时间，并在加来和瑟堡中选一处作为谈判地点。届时，查理七世的代表也将被邀请正式参加会议，英国人还答应将会带奥尔良公爵查理出席，让他加入斡旋者之列。①

就像阿拉斯和谈时一样，等到法国人离开后，2月8日，勃艮第公爵夫人伊莎贝尔又和红衣主教亨利·博福特单独签订了一份为期两个月的停战协定。虽然看上去它的缔结是为了之后的谈判得以顺利展开，但实际上这是勃艮第退出英法两国战争的第一步，这标志着勃艮第公爵腓力已决意在接下来的战争中扮演独立的第三方角色。

连队大迁徙

勃艮第公爵腓力一心退出与法王的军事同盟缘于他对自身利益的考虑：除去与英国人的那场无望又昂贵的战争外，这几年法国境内一系列对勃艮第造成了严重损害的事件亦使他觉得为法王作战毫无意义。1438年底，这些损害又达到了新的高

---

① 虽然奥尔良公爵近24年的囚禁生涯几乎令他丧失了在法国宫廷的影响力，但亨利六世及其廷臣们还是将他当作潜在的调解人——奥尔良家族仍是法王宫廷中不容忽视的一股势力。奥尔良公爵为了得到自由也渴望促成英法间的和平。1438年，他曾打算参加布列塔尼公爵约翰于5月在瓦讷主持的和谈，但由于各方因素未能成行。1439年3月4日，亨利六世告知勃艮第公爵夫人，他比较倾向于将加来边境作为会谈地点。4月7日，查理七世也签署了法国代表团前往加来的委任状。

度——在数月内，法国佣兵连队集结成比以往规模更大的军团，横扫了腓力从北到南的领地，所过之处满目疮痍。

当然，并不是只有勃艮第公爵腓力尝到了自由连队新一轮迁徙活动所带来的苦楚。实际上，1438—1439 年冬季流窜的兵匪主要会聚成了两个集团：北面是安托万·德·夏巴纳、罗贝尔·德·弗洛葛尔、居伊·德·布隆叙福尔等一大批曾在诺曼底与皮卡第战斗过的将领，这些人并无恪尽职守的责任心，他们脱离了艰苦的前线往东方另择良木——而约翰·塔尔博特则趁机于 1438 年 11 月通过一个叛变的苏格兰守卫爬上热尔伯鲁瓦城墙，夺回了这个重要据点；第二个集团的主要成员是罗德里格·德·韦昂堂铎和让·波顿·德·桑特拉伊、波旁私生子居伊等将领，他们在法国南方游荡，[①] 比较东北面的同袍，他们的影响略逊一筹。

多方面的因素促成了兵匪的大范围扰掠。直接起因则是由严酷气候导致的民生凋敝：直到 1438 年下旬，西欧许多地区仍未从之前的灾害中恢复。夏季收成持续走低促使梅斯在禁止输出面包之后又于 9 月限定了城内面包重量。列日同时也爆发了瘟疫，粮价飞涨。像以往一样，1438 年的冬天仍被称为“死亡季节”。巴黎的瘟疫还在肆虐，11 月 2 日，巴黎主教雅克·迪·沙特利耶（Jacques du Châtelier）成为最新的牺牲品。给这个黑暗时代再添上浓重一笔的则是肆虐的狼灾。这些平日里躲在森林中的畜生也和人类一样受着缺乏食物的煎熬，但现在那些因为战争和谋杀被抛弃在野外的遗骸以及大批草草埋葬在城镇边缘的病亡者成了它们果腹的来源。沿着这些踪迹，野狼开始接近人类聚居区。由于逃难，一些地方已变得人烟稀少，它们也因此更加猖狂。12 月，“群狼经由河道潜入巴黎，拖走犬只，还趁着晚上吃了一名孩童——在猫区（la Place-aux-Chats），无辜者公墓（les Innocents）的后面。”

---

① 除此之外，1438 年底，仍然有零星的连队活跃在勃艮第西面及沙罗莱、马孔地区。1438 年 11 月 28 日，安托万·德·夏巴纳的部将皮埃尔·弗洛里蒙（Pierre Florimond）以及波旁私生子亚历山大的部下圣普里大人（Sire de Saint-Prix）带着 300 人来到马孔西北面的热讷拉尔（Génelard）待了两周。1438 年 11 月初，马特兰·德·埃斯库贝（Mathelin d'Escouvet）和勒尼奥·沙佩勒（Regnault Chapelle）带 700 人出现在桑维涅（Sanvignes）时，那些侥幸逃进城堡的避难者必须出 300 金萨吕作为牲畜的赎金，未付的人的牲畜将被杀死。连队所过之处皆是拷打、谋杀、强奸甚至有时杀死孩童。数日后，他们在北面的圣贝兰（Saint-Bérain）村庄杀死 2 人。另有 2 名年轻女子被关押了一整夜，直到次日交付赎金后才被释放——不难想象她们遭受的命运。同月，当弗洛里蒙和圣普里带 300 人进驻热讷拉尔时，他们抓获了 1 名侍仆。一番殴打后，他们将支付不了赎金的侍仆与麦秸捆在一起点燃。

北方居民人心惶惶之际，身处一片萧条中的连队将领也无法安心过冬，而查理七世政府几近抛弃的态度最终令他们下定决心出走——除了加斯科涅战争外，1438年的法国政府几乎未组织过任何大战役。这个漫长的军事低潮期意味着许多连队已有一年多未领到足够的薪水，更不用说正规军队应有的住宿和供应待遇了。在这种形势下，王室仍只试图通过行政命令手段约束连队。1438 年 9 月 29 日，查理七世命令韦芒杜瓦邑督拉海尔清理辖区的剥皮者。同时，他也担心罗德里格·德·韦昂堂铎的连队会再次进入朗格多克过冬。11 月 15 日，尽管国王已在写给图卢兹的信中提到了“食品价格非常高”，他还是要求当地居民缴纳一份用于安排兵匪在吉耶讷冬季宿营的捐税。

政府的这些命令除了暴露它对连队的控制力低下之外，几乎未产生任何效果。罗德里格·德·韦昂堂铎、让·波顿·德·桑特拉伊、波旁私生子早就带领队伍进入科曼日并攻占了蒙特雷若（Montréjeau）。接着他们又分为两路：桑特拉伊前往萨马唐（Samatan）；罗德里格则从东面穿过富瓦，指向圣瑞利阿（Saint-Julia）。在蓬德拉恩（Pomarède），他们的前锋副官被当地领主击败。这给了罗德里格一个索要捐税的借口，他立即带着“千余名骑兵”占领了离卡尔卡松只有 3 里格的阿尔佐讷（Alzonne）。卡尔卡松紧急动员大批公社民兵将其包围。罗德里格起初并不在意这伙拿着武器的农民，但考虑到混战中可能会丢失先前抢到的赃物，他还是选择趁夜向南方撤退。卡尔卡松人未因此放松紧绷的神经，罗德里格的副官让·德·萨拉查（Jean de Salazar）贝阿恩和阿马尼亚克私生子选择在洛拉盖（Lauraguais）山区猫冬，佣兵仍不时拜访卡尔卡松和

▲ 亨利六世画像

利穆(Limoux)。

北方的拉海尔表现稍好一些。10月，兰斯“因(拉海尔)和他的士兵们阻止了其他想进入此地的大股兵匪和连队”授予他520图尔锂。但实际上，拉海尔完成任务的办法是加入到剥皮者队伍中。他们已在境外找到了新工作——安托万·德·沃代蒙正和为安茹公爵勒内摄政的洛林政务会议在洛林地区重燃战火。

安托万·德·沃代蒙显然通权达变，他雇用了罗贝尔·德·弗洛葛尔、居伊·德·布隆叙福尔、安托万·德·夏巴纳等大批为勒内的盟友法王查理七世效命的法军将领。这些人令沃代蒙在开战时占尽上风。雇佣军帮他击败了偷袭沃代蒙的洛林执事，并在10月28日为他夺下米雷库尔(Mirecourt)城。不过查理七世不愿看到小舅子被欺负，于是，拉海尔也奉命从香槟来到洛林施以援手。战争形势又如同潮汐般翻转过来。韦尔蒂私生子等法国将领带着招募的数千名士兵加入到洛林政务会议一边作战。沃代蒙麾下的罗贝尔·德·弗洛葛尔等将领也纷纷倒戈。

洛林以及其他地区的系列战事表明，为了最大限度地赚取钱财，佣兵们甚至已玩起了相互配合扮双簧的把戏：一部分人先以敌方或剥皮者的姿态出现，大肆扰掠；另一部分则被当地雇佣对抗他们，之后，受雇连队便露出剥皮者的本性，迫使当局另觅良才。在这种轮流坐庄下，地方的钱财便流入他们的腰包。12月，拉海尔用5000金萨吕赎回了米雷库尔。在安托万·德·夏巴纳收到3500旧弗罗林后，他守卫的韦兹利斯(Vézelise)也落到洛林政务会议手中。居伊·德·布隆叙福尔也在1439年2月收到了900旧弗罗林。不过按这种方式，勒内显然供养不起这批队伍。于是拉海尔、安托万、罗贝尔·德·弗洛葛尔等人和勒内的妻子洛林女公爵伊莎贝拉签订协议收取一笔贡金后离开洛林。但法国人也对剥皮者深恶痛绝，国王的禁令终结了兵匪们衣锦还乡的梦想。2月下旬，法军将领的连队陆续向东出发，继续深入神圣罗马帝国领地。按记载，拉海尔按梅斯人的习惯立下誓言——他将饮马莱茵河。

这并不是自由连队的吹嘘言辞。2月底，他们已抵达斯特拉斯堡周边，接着沿河谷向阿尔萨斯地区扩散。剥皮者沿途洗劫修道院、霸占据点以换取赎金。其行径令这片地区陷入恐慌，法兰克福(Frankfurt)、斯特拉斯堡、伯恩、巴塞尔等市镇皆大为惊骇。一些人估计这些队伍总共包含“1.5万名男女”。阿格诺(Haguenau)在3月2

日的信件中对他们进行了更详细的描述，“这批阿马尼亚克人未超过 5000 人马，其中有 3000 名骑兵装备精良，剩下的只是一大群乌合之众，在其中还有 300 名乘马的女子……晚上，他们各自在相隔一小段距离的地上休息入眠，吃着粗劣的食物，经常满足于啃野果和面包，不过却精心喂养自己的马匹。”显然，沿途有很多受饥饿威胁的人们也加入了队伍。流浪者、文书、手艺人、商人追随着剥皮者的足迹，希望从猎物变成掠食者，从赃物中分得一杯羹。但大部分人的希望注定将落空：人数的急剧膨胀使连队难以搜寻到足够多的给养。他们最终也成为严酷季节的牺牲品。莱茵地区的农民慌忙躲入城堡和市镇。各个城市则频繁联系互保。神圣罗马帝国的行宫伯爵们也集结起了军队对抗剥皮者。他们袭击剥皮者的小股部队和粮秣征收人员，并避免正面交锋。这让收益急剧下降的剥皮者倍感头痛，他们对巴塞尔的袭击也被击退。

不过，将剥皮者驱离本土的最有效手段还是缴纳贡金。为求得安宁，巴塞尔会议答应会向他们支付一笔 1.6 万弗罗林的巨款。钱袋颇为膨胀的连队将领终于结束了莱茵自由行，开始物色下一个目标。

他们的目光落在了西南面的勃艮第地区。其实，这里的人们早就有了不祥的预感。去年 11 月，有谣言声称在波尔多地区征伐的罗德里格·德·韦昂堂铎将带领 1.4 万人入侵勃艮第公爵领。当局急忙开始筹集资金准备防御。不过，他们还是猜错了时间、人物和方位。1438 年底这里还基本上是风平浪静，只有零星的连队匆匆穿过领地的边缘地带。直到 1439 年初，真正的危机才渐渐逼近。2 月 20 日，勃艮第总督收到了有 1 万名由罗贝尔·德·弗洛葛尔等人领导的剥皮者——这个数字极为夸张——在日安活动的相关警告。不久，分散的连队迅速穿过沙罗莱的帕赖勒莫尼亚勒地区，北上与莱茵地区的同袍会合。1439 年 3 月中旬，勃艮第人的噩梦终于成真，入侵高潮降临到了他们头上。在巴塞尔附近的剥皮者取道蒙贝利亚尔（Montbéliard）鱼贯而入。第一场暴行发生在东面山谷入口处的格朗维拉尔（Grandvillars）——据称 50 名孩童惨遭屠戮。接着他们分为数部，由东北向西南径直贯穿了腓力的地盘，在勃艮第公爵领和伯爵领上留下触目惊心的伤痕。昂盖朗·德·蒙斯特勒声称这 6000 人马逐渐膨胀到近 1 万人，他们从勃艮第一路烧杀，直至讷韦尔地区，然后才进入奥弗涅。但部分人还在勃艮第公爵领地的西南部逗留了数月。4 月中旬，仍有大批人马活跃在第戎东面的圣桑（Saint-Seine）和维托（Vitteaux）等地区。而安托万·德·夏巴纳则更肆无忌惮。5月10日，他带人袭击并夺下了南面的萨杜恩城堡（Chateau de Sauturne），在此地犯下了谋杀、豪夺、勒索等种种罪行。连当地的领主也未逃脱他们的魔掌，这位年高体弱的贵族在拷打中被折磨至死。

相比东面，罗德里格·德·韦昂堂铎等人的危害要稍小一些。他很可能打算协助卡斯蒂利亚陆军统帅阿尔瓦罗·德·卢纳对抗阿拉贡。1438年11月底，他们来到佩皮尼昂（Perpignan），对萨勒斯（Salces）发动袭击。尽管佣兵们未成功拿下此地，但这个举动已足够引起阿拉贡人的警觉了。比利牛斯山以南的西班牙小贵族都开始披甲备战。不过冬季阻止了罗德里格跨越比利牛斯山。1439年初，他又向北折返，寻找新的油水。这次罗德里格看上了图卢兹，不过他并未直接进攻城市，只是占领了塔恩河畔的维勒米尔（Villemur-sur-Tarn）。三四月时，他完全封锁了通向图卢兹的塔恩和加龙河道。这已足够阻断城市的商品和粮食补给。图卢兹人被迫低头，在法王御前会议成员的调解下，他们向罗德里格贿赂了2000金埃居——这还未包括送给其部下的礼金。之后，罗德里格南下帮助卡斯蒂利亚国王胡安二世应付叛乱的贵族，南方总算稍稍松了口气。

1438—1439年大约有2万名剥皮者在法国及邻近地区游荡，他们在数千平方公里的土地上播撒着恐惧和毁灭——这还未计入那些渗透过前线的英国袭击者。直到春季末，这场大规模的匪患烈度才逐渐降低。一些将领开始脱离这支队伍。拉海尔并未像同袍一样深入勃艮第公爵领，他于4月中旬匆匆穿过伯爵领北部，前往香槟，听候王室的指示。6月，罗德里格·德·韦昂堂铎带着部分队伍翻过比利牛斯山脉帮助卡斯蒂利亚国王对抗当地贵族。而让·波顿·德·桑特拉伊也回到法王身边，并被任命为朗格多克地区的总指挥官，压制这一地区的剥皮者。

尽管如此，这场炽烤着东部和南部的兵匪烈焰还是突显了整个法兰西王国所面临的危机。对于还在相互猜疑、甚至在暗中对抗的各阶层来说，这是一个强力警告。事实已经证明，只要筹集不到维持连队在前线的经费，人们就避免不了战火摧残，也难以阻止恶化的趋势。当然，政府又一次因在事件中亦步亦趋地行为而站到了风口浪尖。各阶层的人都发出了抱怨和抨击，那些新近向法王表示臣服的勃艮第人甚至开始质疑遵守《阿拉斯和约》的意义。

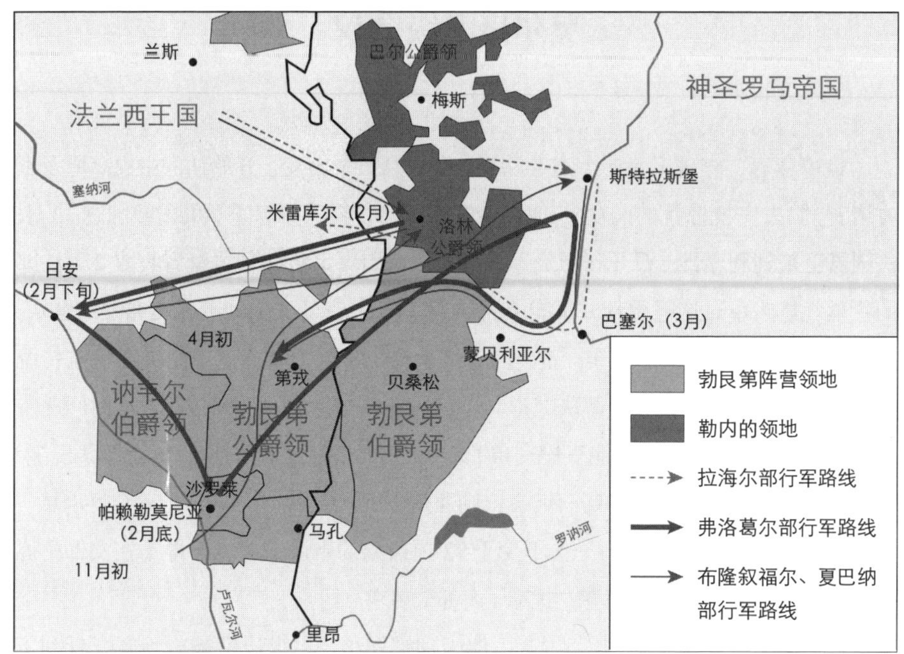

▲ 北方剥皮者连队的游荡路线

法国政府不得不做出一些宽抚姿态以维持同勃艮第公爵腓力的联盟。去年秋季，他们与腓力达成了联姻协议。1439 年晚春，中书大臣勒尼奥·德·沙特尔、陆军统帅阿蒂尔、奥尔良私生子让等贵族现身兰斯。他们于 5 月 19 日护送法国公主凯瑟琳（Catherine de France）前往低地与勃艮第公爵之子沙罗莱伯爵查理（Charles，Count of Charolais）完婚。[①] 他们也将同勃艮第沟通边界及连队的相关事务。另一方面，在决定部署驻兵防卫圣通日、启动军制改良后，法国宫廷已开启新一轮巡视，试图抑制匪患的影响。

① 沙罗莱伯爵查理同凯瑟琳公主的婚礼于 1439 年 6 月 11 日在圣奥梅尔举行。不过关于公主的嫁妆双方却颇有争议。

奥尔良三级会议

1439年春，查理七世带上道芬路易与廷臣从贝里出发，开始访问中央高原及南方诸省。除去安抚惊扰的民众外，他们希望通过此行缓和不堪重负的财政问题。3月，法国君臣来到利摩日，召开利穆赞等级会议。他们决定将在利穆赞省收取2万法郎的税款。显然单靠这笔税款并不能填满钱袋。接着，宫廷又匆匆赶往奥弗涅的里永。3月底，国王在此地郑重宣布，鉴于国事带来的税收压力和非议，他决定将按传统召开全国的总三级会议寻求解决之道。不过，查理七世强调，现在还没有时间逐步履行程序，像前几年一样，他直接发布了命令，向朗格杜瓦地区征收30万锂弗税金。而4月在勒皮召开的朗格多克三级会议则通过了10万锂弗。当然，与这个好消息一同交至查理七世手中的还有一份不少于72项条款的申诉书，他不得不在文件中逐条回复宽慰代表们提出的抱怨，批准了大部分要求。

法王的下一站是多菲内。5月初，他来到维埃纳，但很快就被一场瘟疫赶到了里昂。不久，多菲内的2位等级会议代表也前来觐见驻于里昂方济会修道院的国王。他们指出：按照拥有的特权，多菲内等级会议不应在本省之外的地区召开——显然并非所有的南方人都对全国三级会议兴趣浓厚。国王最终同意本月晚些时候先在圣桑福里安（Saint-Symphorien）召开多菲内地区等级会议。于是，听取王室专员关于征收补助金的要求和理由后，多菲内的等级会议最终答应给予国王一项2.8万弗罗林的补助金，外加因王后要求而给追加的近2000弗罗林。这项准许也附带了一些条件：如果这个省份面临国王的敌人或者其他士兵的入侵，这2.8万弗罗林的补助金将被本省接管用于组织防御。

宫廷在中南部巡视的另一个目的是驱赶、归并还徘徊于此的自由连队。途经博若莱地区时，查理七世发现剥皮者仍停留在这。不过他们其中有不少人“未乘战马，身患重病，卸下了武装，一副可怜巴巴的样子以至于见到他们便顿生嫌弃之心”。显然，之前的严冬也给连队留下了创伤。将领只关心那些装备最好、最健康、最适合作战之人，放弃了那些也许是在游荡途中加入的成员。这批人中的大部分并无技术和力气跟上同伴的劫掠步伐——这些行动才能让他们获得支撑到夏季的资源。剥

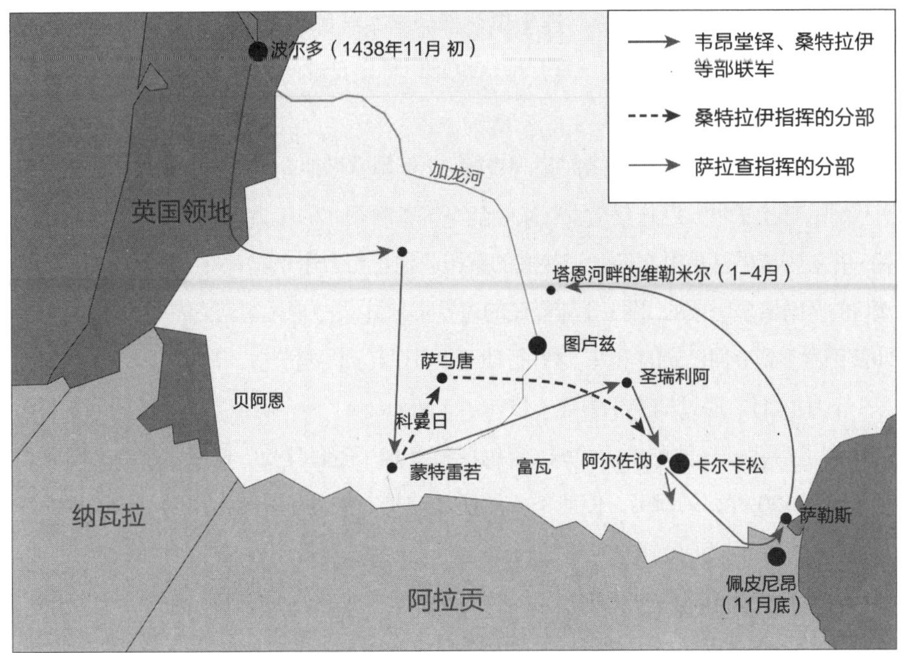

▲ 南方兵匪连队的游荡路线

皮者内部也是等级森严的社会，缴获充裕者并不会和同伴一起分享赃物。于是，当将领接到国王的作战命令时，他们只带领身边部分下属，剩下的被遗弃者将饱受饥馑和瘟疫折磨，其中的大部分人都难逃被它们吞噬的命运。

心生怜悯的法王向溃兵施予了一些救济，之后勒令他们前去向陆军统帅阿蒂尔报到，与法兰西岛友军配合作战。在过去一年里，这一地区的颓势并未扭转。战争和饥馑令巴黎遭受重创。瘟疫已造成数万人死亡，底层的人们——无论是身处城内还是城外——在生死线上苦苦挣扎。每次由军队护送的补给车队前往巴黎时，都会有大群来自乡间的贫民同它一起进城，试图碰碰运气。而当车队出城时，又会有数百名饥饿的市民同它一起离开——因为他们在城内找不到食物。尽管人们向官员们发出了申诉，但巴黎当局——无论是巴黎高等法院首席庭长亚当·德·康布雷（Adam de Cambray，Premier Président au Parlement de Paris），还是审计法院庭长西蒙·夏尔（Simon Charles，président de la chambre des comptes），抑或是巴黎总督安布鲁瓦兹·德·洛雷——均无计可施。连坐镇北部的陆军统帅也束手无策。凋敝的经济使开征商品税的工作举步维艰，这片地区也难以抽出足够的人手，陆军统帅甚至无力组织好法兰西岛的防御工作。

1439年4月30日，沃里克伯爵理查德·比彻姆就像他先前所预言的那样在诺曼底总代理官任上去世，但这丝毫没有减轻陆军统帅阿蒂尔的压力。沃里克伯爵的女婿约翰·塔尔博特早已承担起经营诺曼底的重担。他正努力建立起一条由依傍险要、扼守渡口的坚固堡垒组成的，拱卫上诺曼底的边界防御链，并力图在法兰西岛建立更多据点。即使仍看不到夺回巴黎的希望，这些行动至少可以起到尽量分散、牵制法军精力的作用。

1月14日，通过楠泰尔领导人（Prior of Nanterre）——他是当地守将的朋友，因此偷到了钥匙——的帮助，约翰·塔尔博特袭取了圣日耳曼。楠泰尔领导人因此得到了一笔300锂弗的酬劳，但他不久后便被逮捕，受到了只能食用面包和清水的终身监禁惩罚。但为时已晚，英军的行动抵消了去年法军好不容易才获得的些许进展。现在，圣日耳曼和北面的克雷伊以及东面的莫城等地成为英军插在法兰西岛的芒刺。英军频繁出没于巴黎城下和道路及周边地带。这座都城的郊区早已荒无人烟。此外，圣日耳曼的陷落迫使陆军统帅阿蒂尔放弃了一直在策划的收复蓬图瓦兹的行动。一些巴黎市民已对陆军统帅愤怒到了极点。他们声称，“他（陆军统帅）和他的强盗们……只在远处的地方端详它（蓬图瓦兹）……并一事无成地返回，”还指责他是“一个劣迹斑斑的人，而且胆小怯懦……对国王、王公，或者人民都不感兴趣，也不关心英国人可能夺取哪些城镇和城堡。只要他搜取了钱财，他对一切事物和地方都毫不在意”。

查理七世的集结命令恰逢其时。它给陆军统帅阿蒂尔带来发动反击所急需的“士兵和银币”。陆军统帅急忙奔赴科尔贝，不敢违抗国王命令的守将——他们是波旁公爵查理的私人部属——终于打开城门，听从他的集合命令。尽管与1437年进攻加蒂奈地区时期相比，其规模和资源均较为有限，但陆军统帅仍在筹划大行动，以扭转法军的被动局面。

法国人即将在北部地区发动的攻势并未吸引海峡对岸英国君臣的目光。1439年上旬，他们的工作重点是恢复加斯科涅。6月，亨廷顿伯爵约翰·霍兰奉命率领300名骑兵和2000名长弓手起航前往加斯科涅，收复去年被法军占领的据点。这支部队占据了本土当年派出援军的一大半数额——另一支7月前往诺曼底的援军只有1000人左右。

实际上，英国宫廷把希望几乎都寄托在和谈中。他们正全身心地投入在加来边境谈判会议的准备工作中。这次他们面临的形势比四年前更糟，巴黎已经丢失，与勃艮第的同盟关系也未修复。为避免重蹈上次和谈的覆辙，英国人制订了详细的计划。宫廷的系列指示大致划分出了三个应对方案。首先，大使们将像以往一样继续迫使法国人承认亨利六世所宣称的法国国王权力和所有统治权。如果这些权力不被对方承认，那么“渴望和平”的亨利六世将会赐给对手及其后代在卢瓦尔河以南某些领地、领主身份以及占有权。当然，亨利六世也“因他的法国君主身份所带来的权利”而享有这些地区的最高主权。其次，如果这些都被拒绝，红衣主教亨利·博福特等人则有必要详细描述一下这场战争所带来的悲苦和毁灭以及休战的必要性。亨利六世“最公平的和平条件”则是要求占有诺曼底、安茹、曼恩、加来以及加斯科涅领地——包含1360年的《布雷蒂尼和约》中允诺的扩展领土——享有充分的主权。如果连这也打动不了对方，那就只能督促法国人接受法国领土实际上的分裂现状——就是像查理曼帝国一样——每个国王都在各自领地中拥有不受挑战的权力也不必向对方效忠。

6月26日，亨利·博福特以及由其心腹约翰·肯普领导的英国使团怀揣着这些多少有点一厢情愿的指示从多佛尔登上了开往加来的航船。这次使团包括了皮埃尔·科雄在内的数名来自法国本地的正式成员，但与1435年的和谈相比，他们在使团中所占的比例已大为降低——这暗示着在大陆的英国势力正在逐步走向衰弱。①28日，由勒尼奥·德·沙特尔、旺多姆伯爵路易、奥尔良私生子让、亚当·德·康布雷等人率领的法国使团出现在加来城外的纽纳姆桥。他们被约约翰·肯普、斯塔福德伯爵汉弗莱等英方代表亲切地迎进城中。次日，他们还见到了以调停者身份来到此地的奥尔良公爵查理。接着，人们开始搭起用于谈判的营帐和木亭。谈判的指定地点位于加来和格拉沃利讷间的干道上，距离奥耶城堡和大海约1英里。这次并没有特使参加——尤金四世显然还对《布尔日国事诏书》耿耿于怀，而英国人也让巴塞

① 1435年的和谈会议中，在英国使团约12名的正式成员中，有5名高级成员是法国本地人，1439年英国使团的正式成员大约为15人，法国本地人3人。

尔会议的代表吃了闭门羹。按照安排，英国使者将住在加来，法国使者在格拉沃利讷歇息，陪伴他们的还有勃艮第公爵夫人伊莎贝尔以及大部分勃艮第使者——在使团中挂名的勃艮第公爵腓力由于仍不受英国人待见，只好待在南面的圣奥梅尔围观会议。

7月6日，双方的谈判正式开始。法国使者一开场就发现奥尔良公爵查理被英国人继续关在加来城中，接着又被英方对法国国王的直白称呼——“瓦卢瓦的查理”——激怒。因此他们立即要求亨利六世放弃对所有法兰西王国土地和主权的拥有权。法国人的抗议是如此坚决，以至于亨利·博福特被迫同意将做出修正。法国人不依不饶，还提出亨利六世要为他占有的土地向查理七世行效忠礼；归还以前被没收领地者的财产；奥尔良公爵将在交付赎金前先行释放等系列要求。英国人开始历数自己在战争中取得的战绩，法国人则搬出他们的胜利予以反击。连伊莎贝尔和奥尔良公爵的奋力调解都平息不了代表们的唇枪舌剑。直到花费了数周的时间，尤其是在领受了一场几乎持续整个白天的大雨后，双方才艰难地达成了妥协。英国人希望的“长久和平”被缩水成一份休战协议，但法国人终于能平静地接受亨利六世占有的大部分领地——包括除了圣米歇尔山的绝大部分诺曼底。关于君主、最高主权的问题将被搁置。同时，英国人将释放奥尔良公爵，归还被剥夺的财产。8月5日，约翰·肯普等人带着这份初步协定动身前往英格兰向英王汇报。

▲ 在任上病逝的沃里克伯爵

法国人在战场上也同样采取了主动。春夏之际，法王和陆军统帅阿蒂尔已将攻击目标确定为巴黎东面的莫城。它距离英国占领区最远，同时也是英军在马恩河上最后的重要据点。为此，陆军统帅着手召集大部分香槟、布里地区的连队。不过，资金匮乏的问题仍未得到解决。陆军统帅被迫垫付了900图尔锂。法军的行动效率也不理想。6月，一些先到达的部队又开始了四处劫掠的老勾当，“香槟、布里以及博斯的所有地方都在被洗劫，以至于无人能幸免”。

愤怒的巴黎人再次在日记中痛斥陆军统帅“在两个月内无所事事……他本该完成（准备工作）的日子都花在了酩酊人醉上”。

直到7月，法军才开赴前线。陆军统帅阿蒂尔带着扈从和安布鲁瓦兹·德·洛雷的巴黎守军从西北面的休库纳（Chauconin）逼近市镇。陆军统帅已集结了约4000人——法国历史学家声称有2/3参与冬季迁徙的剥皮者也参加了此役。不久后，拉海尔和罗贝尔·德·弗洛葛尔、勒尼奥·沙佩勒、德尼·德·沙伊等人也与他会合。20日，法军开始包围莫城。这些部队被分为三部，分别派驻在市镇外，控扼要道：陆军统帅将自己的营地设于城外西面的一片葡萄园中，并在西北面的圣雷米（Saint Remy）城门外迅速立起了一座木堡；拉海尔和弗洛葛尔则驻在东北面的方济会修道院，在他们之间的还有驻扎在圣法隆修道院的罗斯特兰和沙佩勒等部；沙伊等人率兵在南面城门对面安下营寨，封锁通向布里的道路。接下来的时间里，法军不断地挖掘战壕，构筑包围工事，缩小包围圈。他们在朝向商埠的两个小岛上建立了数个木堡，并派骑兵驻守。在此期间，数门火炮也开始轰击市镇的城门和围墙——十七年前，这里曾令亨利五世的大军屡屡受挫。

法军必须尽快行动，陆军统帅阿蒂尔安插在诺曼底的间谍已探知消息：一支英国援军已经集结起来，正取道蓬图瓦兹横穿法兰西岛赶赴此地。幸运的是，他的炮兵指挥官正是让·比罗。在比罗的高效指挥下，法军火炮很快便在莫城市镇的防御工事上轰出了一个缺口。陆军统帅立即与将领们召开军事会议，决意攻城。同时，他们还商定：如果攻击失利，法军将终止围城，转移到西面的南杜耶（Nantouillet），对抗敌军，保卫退路。当晚，弓箭手也接到攻击指示，要求他们在充实箭袋的同时也做好贴身肉搏的准备。8月12日一早，总攻终于打响。拉海尔与安托万·德·夏巴纳等将领率领部下迅速与英军展开短兵相接。他们的攻击出乎意料地顺利，战斗过程只持续了半个小时，英军便被击溃。于是，法军只用了三周便夺回了曾阻挡亨利五世达五个月之久的市镇。英军损失惨重，他们战死了约60人，另有包括莫城邑督蒂昂私生子在内的40多人被俘。像那场守城战一样，残余的守军退至马恩河对岸的商埠继续苦撑。他们已无力恢复失地，只能盼着同伴前来解救自己。现在，陆军统帅下令除了驻守木堡的部队之外的所有士兵都将进驻到市镇中。蒂昂私生子，这位曾于1417年在桑利斯抵抗先任陆军统帅贝尔纳，在1421年带领沙特尔守卫顽抗当时还是道芬的查理七世，1422年后又到巴黎为贝德福德公爵约翰服务的前勃艮第党人、亲英分子则被法国人处决。

8月19日，卢森堡的约翰的内府随从将莫城市镇失陷的消息通报给了留在大陆维持谈判进程的亨利·博福特。亨利·博福特急忙派人告知海峡对岸的英格兰宫廷。军事失利并未左右英国君臣对加来谈判拟定条款的态度。通过八年前的巴黎加冕仪式，亨利六世已将自己视为真正的法国国王，不能容忍任何对这种身份的质疑——连暂时搁置头衔也不能被允许。当然，他也面临着继续战争的极大压力。一些被草拟给御前会议的建议书已经揭示了当前的严峻形势。漫长的战争让一度富庶的诺曼底地区饱受摧残。饥馑和瘟疫迫使人们纷纷逃往他乡。现在单靠这片人口已经减半的省份根本无法抗衡整个法国的力量。而防守的任务是如此沉重，连英格兰也无力承受——实际上，大部分英国人也不愿意接过这个吃力又不讨好的担子。

另一方面，全盘接受法国人的条件将撼动亨利六世在法国王位的根基，助长那些对他的法王头衔的争议。为了保住完整的诺曼底和加来地区，他很可能还要以其他伯爵领和法兰西岛等地的零星据点来与法国人交换——一旦失去这些外围据点，法国人将可以随心所欲地深入诺曼底。再者，如果让那些曾抛弃了英国事业的世俗和宗教小贵族重新获得被没收的领地——虽然它将集中发生在诺曼底的征服地区中——这无异于自掘坟墓。因此，主战派大贵族皆不以为然。格洛斯特公爵汉弗莱被征询意见时便宣称，“他宁可死去也不愿接受提出的这些条件”。王叔充分意识到了这些条款对英格兰-法兰西王朝事业的危害性。但他拒绝接受的事实是：想要尽可能多地保住在大陆的立足之地，英国就必须尽早地委曲求全——如果兰开斯特家族决意与亨利五世的事业捆绑到一起，那么就必将与它共沉浮。

9月9日，约克大主教约翰·肯普等人回到加来的谈判桌上，公布了英王上月底签署的指示——亨利六世几乎全盘拒绝了法国人的要求。这宣判了这次谈判的结束。法国人无意奉陪，格拉沃利讷的驻地早已空无一人。查理七世已命令代表们返回南方参加即将召开的三级会议，他只给勃艮第公爵夫人伊莎贝尔和奥尔良公爵查理留下一封要求延期的信件。法王在信中声称他必须获得王公贵胄和御前会议的同意后才能批准这些条款。他已通知这些人来巴黎参加会议，但时间肯定在9月25日之后，因为从朗格多克赶来的道芬路易还有很长一段路要走。

实际上这位16岁的新朗格多克总代理官正忙得不可开交。7月，亨廷顿伯爵约翰·霍兰来到波尔多，很快便夺回了加斯科涅的大部分法军据点，并有攻入朗格多克之势。帕迪亚克伯爵贝尔纳——去年他因妻子的身份获得了新一代拉马什伯爵的头衔——急忙前来援助道芬路易。士兵被要求于9月20日到阿尔比集合。富瓦、阿尔布雷家族均奉命指挥队伍前往前线。已从奥尔良家族手中购买了佩里戈尔伯爵领地的利摩日子爵让·德·布列塔尼则进军佩里戈尔，围攻特农（Thenon），牵制敌人。10月，再度召开的朗格多克地区三级会议通过了一笔4.6万锂弗的新税，以应付对抗西南英军的开支。

战事如此激烈，停战谈判的结果也就可想而知了。尽管勃艮第公爵夫人伊莎贝尔在9月15日又赶回加来，但她也无法挽回局面。亨利·博福特被迫再一次面对谈判破裂的事实。唯一能给他些许宽慰的是英国和勃艮第之间成功签订了三年的贸易协定——这是英国和勃艮第关系正常化的决定性步骤。就像四年前一样，和谈会议的最大果实又被勃艮第公爵腓力摘走。

与谈判同时展开的莫城围城战也进入了最后阶段。正如陆军统帅阿蒂尔所料，攻占市镇三天后，由约翰·塔尔博特、萨默塞特伯爵约翰·博福特、斯凯尔斯男爵托马斯与福肯贝格男爵威廉·内维尔率领的2000多名援军出现在战场上。他们发现法军已经将人员乃至军储统统搬进了城中。塔尔博特想一雪在帕泰战役中蒙受的耻辱，派人捎信给陆军统帅，试图约他带军队出城一决雌雄。但这封信石沉大海。英军来到马恩河东岸旁，将带来的皮革小船放入河中，载着补给和兵员驶向对岸的商埠。同伴的到来使这里的英军士气为之一振，他们主动出城配合作战，并成功地将小船上的物资和人员接入城内。当晚，陆军统帅召集法军将领商议对策。最后，在将领们的坚持下——这与陆军统帅意见相左——法军还是连夜向马恩河中小岛上的木堡增派了一些弓箭手并加强防御工事。

次日一早，拉海尔祈祷后立即带着一批精兵出城与英国援军周旋。这些行动并未产生多少效果。法军主力决定继续龟缩在城中。见此情景，约翰·塔尔博特并未理睬那些小冲突，他集中了大部分长弓手来到河边，向那些孤立的法国木堡发起攻击。就在这些法军拼命抵抗力量悬殊的攻击者时，他们又受到了商埠英国守军从后背发动的攻击。危急之下，马恩河上的2艘法军武装河船连忙赶来增援同伴，但他

◀ 攻取莫城市镇

们随即也被箭雨覆盖。船上指挥官和船员顷刻间便死伤大半。于是，英军又夺下了这 2 艘战利品。他们接着又掉转船头，向小岛上的木堡挺进。数面夹击下，岛上的木堡终于被英军攻下，有近 120 名法军战死。

在此期间，法军主力就待在莫城市镇内眼睁睁地看着距他们只有一矢之地的同伴全军覆没。现在，围城者也尝到了被围困的滋味。当然，并不是所有人都愿意接受这种耻辱。大批愤怒的士兵都在摩拳擦掌，试图出城攻击敌人。但陆军统帅阿蒂尔出现并喝止了他们。他对法军的战斗力并未抱有多大希望——“英国人和他们的将领，尤其是塔尔博特，技高一筹，享有极高的声誉，陆军统帅比任何人都了解他们。”他关闭 2 座城门，派出扈从将领沙斯蒂永和罗斯特兰带人严守。而绰号“市民”的图杜阿勒德·德·卡勃赞（Tudual de Carmoisen）与纪尧姆·格鲁等将领破坏了连接商埠的桥梁和磨坊后也来到罗斯特兰驻守的通向巴黎的城门附近。这里发生了激烈冲突，奥利维耶·德·奎蒂维（Olivier de Coetivy）亦被击伤，但陆军统帅的亲兵最终守住了城门。

陆军统帅的策略十分有效。虽然约翰·塔尔博特成功地为商埠输送了给养，并安置了由威廉·张伯伦爵士领导的近 500 名生力军，但塔尔博特部队的实力不足以向市镇发动攻击，他们也未携带足够供应长期作战的物资。塔尔博特一度打算向北面进发，做出包抄法军后路之势。但陆军统帅识破此计，并派出奥利维耶·德·布龙

(Olivier de Bron)等人奔赴克雷皮。塔尔博特的计划遂告破产。三天后，英军的给养也将耗尽。鉴于法军主力仍闭门不出，塔尔博特只得放弃这次救援行动。他向商埠的部下立下将再次返回的承诺后，便匆匆返回诺曼底。塔尔博特一离开，法国人便重启了围攻行动。他们将这些天受的窝囊气全部撒到商埠守军头上。在接下来的数周，法国人的各种火炮对准这里狂轰滥炸。9月13日，难以招架的张伯伦终于和法军达成投降协议——他们将带着自己的财物离开莫城返回诺曼底。不幸的是，张伯伦在途中碰见了正在救援路上疾行的塔尔博特。尽管比承诺的时间晚了很多，处于狂怒中的上司还是将张伯伦投入了大牢。

莫城的光复令再次来到巴黎的查理七世较为满意——巴黎东面已无敌军重兵驻扎。凭借这场胜利，他可以摆脱人们对政府的部分责难。在数十年的战争中，查理七世的政府一度丧失了法国北部的许多地区。这使它习惯于召集地区性质的等级会议。10月，奥尔良终于举行了之前频繁提及的三级会议。在阿拉贡的约兰达以及厄镇伯爵查理，帕迪亚克伯爵贝尔纳、陆军统帅阿蒂尔、波旁公爵查理等人的陪同下，国王也到场列席。与以往不同，这次会议规模空前，几乎是全国性质的集会。除了众多行省地区代表外，各个王公家族也派出了自己的代言人参加会议——奥尔良私生子让代表奥尔良公爵查理、图尔奈主教让·谢弗罗(Jean Chevrot, Bishop of Tournai)代表勃艮第公爵腓力，布列塔尼公爵约翰则派出了儿子皮埃尔。中书大臣兰斯大主教勒尼奥·德·沙特尔提出了第一个重要议题：是否要继续与英国人和谈。与会者出现了较大分歧。法王及御前会议决定指定2位发言人进行辩论。经长时间讨论后，希望和平的代表们占据了多数——这场战争已使法国各阶层疲惫不堪。他们最终决定将于1440年5月1日邀请英国人前来重启谈判。

代表还倾泻了另一场苦水——那些雇佣兵整日横行霸道的劣迹，改革军队的议题也被摆上桌面。但国王认为只有收集到足够的资源他才有能力贯彻法纪，约束兵匪。双方的沟通持续了很久。纹章院长、编年史作家，被称为“贝里传令官”的吉勒·勒·布维耶(Gilles Le Bouvier)热情地颂扬了国王平易近人，屈尊听取地区代表和高级男爵们的使者的场面。博韦主教让·朱韦纳尔·德·于尔桑却不以为然。他在一份1440年的信件中提及了这次会议：“去年……您（指国王）命令在巴黎召开三级会议。在那里，您下令前往奥尔良……但是他们很少能见到您出席，除了在入场时——为了提出议案——以及拟定答复的结束时刻，很难目睹您的盛容，而他们进入您的房间向您提出任何请求时，您就会退入一个小房间，关上大门，因此无人能与您会谈。他们得以上陈时，已经在奥尔良待了近一个月。”尽管愤世嫉俗的博韦主教经常夸大其词，但显然王室在商讨过程中给予了会议代表一定的压力。为了使自己的请求得到准许，代表们不得不为宫廷准备一份厚礼——通过一笔10万锂弗的新税。

11月2日，作为这次三级会议的最大成果，著名的《奥尔良法令》以国事诏书的形式颁布。此后不经会议批准，法王每年都将向臣民收取固定税。据一些资料显示，此后它（塔兰税）的各类收益的总价值逐渐会达到每年100万图尔锂。作为对纳税者的回报，诏书列举了一长串兵匪的斑斑劣迹，并展示了要改革法国军事体制的坚定决心：塔兰税——以往会以商品税的名义出现——将作为战争专项资金，由专门的出纳负责用于组建并维持一支向国王效忠的王师；这支由精心挑选过的士兵组成的军队将由陆军统帅领导；所有将领都将由国王任免，他们将负责训练士兵、督促士兵遵守军纪，并被赋予对触犯条例者施以惩罚的权力，他们也要为情节严重者承担相应的连带责任；每支连队的士兵将在国王指定的地点驻守，在未经主管将领同意的情况下也不得擅自调换到其他连队。同时法令还规定：眼下，所有仍接受大贵族以及其他未经国王同意者指挥的自由连队将被解散；那些犯下罪行的人将被绳之以法，而窝藏包庇以及追责不利者——无论是贵族还是官吏——都将受到惩罚；在未来，未经王室批准，任何人不得征召军队或者警备力量（Force Publique）；平民的财产、牲畜以及农业生产都将会受到保护，严禁任何针对他们的暴行。触犯这些法令的人将被判危害王权罪（Lèse-majesté）。此外，诏书进一步规定：贵族和领主不得再以作战、维护城堡、负债等借口来征收那些古老的封建杂税及增设法定额度之外的通行税，同时也禁止他们在自己的土地上模仿或增加王室收取的新税——今后这些用于战争的塔兰税和商品税将成为君主专有的公共税。

《奥尔良法令》的颁布让查理七世政府获得了一次巨大成功。借着等级会议的支持，国王通过合法程序建立了常备军，将军权全部收入手中，并极大地拓展了维持机构正常运转的永久税，同时他在事实上还中止了三级会议对征税的许可权。法国君主体制架构中最重要的部分由此奠定。平民们也大致接受了这些法令。通过整合那些名目繁多的杂税，现在他们绕开大贵族阶层，直接将主要税赋交到王室政府手中，以换取王室政府维护自己利益的承诺：匪患将得到遏制，那些四处流窜、令人深恶痛绝的自由连队也成为非法组织，他们甚至还获得了可以用武力反抗及摆脱部分封建剥削的权力。

实际上，15 世纪中叶的第三等级仍处于封建社会等级结构的下层——当然，人数更多的农民的身份比他们更低。王权和市民的联盟注定是同床异梦。等中央集权成效初显后，统治者仍会将他们视为压榨对象。因此，在 14—15 世纪角逐国家税收体系控制权的最后阶段中，自身还未掌握足够力量的第三等级不得不满足于以缴纳税赋、出让征税权为代价，换取王室政府负担起部分公共职责。英法两国的议会发展道路也最终分道扬镳。不过，对于 15 世纪的法国市民阶层来说，只要能实现国家及地区间的安全与稳定，他们就有不断发展壮大以及进入王室政府的机会，也必然在历史进程中扮演越来越重要的角色。

但《奥尔良法令》现在还只是一个初步章程，想要在国内得到全面和深入的贯彻，还有一段漫长而坎坷的道路要走。王国内的王公贵族则对它咬牙切齿。法令宣告了他们已在争夺军队控制权的角逐中落败，甚至剥夺了他们拥有私人军队的权力，而且还限制了他们在领地上的收益。这将使他们在今后对抗王权时落于下风。对他们而言，这次改革就是一场专制压迫。贵族们当然不会坐以待毙，他们决心反抗国王，必要时甚至不惜以武力来维护自己的利益。于是，这些人开始相互秘密联系。1439 年下旬，卢瓦尔河中下游地区已是阴霾密布。不久，一场猛烈的暴风雨将横扫查理七世的政府，而那些已远离前线的国土也将再起狼烟。

第十二章　无奈的和平

1439—1444年

布拉格党叛乱

1439年11月12日，英国议会在威斯敏斯特召开。这是个漫长而充斥着苦难的冬季。持续了两年的饥荒还未结束，去年小麦价格就从每夸脱4—6先令逐渐攀升至13—16先令，已可以和1315年的灾难比肩，人们不得不以劣质面包、豆类和野菜维生。疫病在城市中肆虐。一个多月后议会便宣布休会，当它重启时已经是来年1月中旬，地址也移到了相对偏僻的雷丁(Reading)。

在这种背景下，中书大法官约翰·斯塔福德再次小心翼翼地赞扬了那些和平意愿。听众们却发现接下来还是要为战争多掏腰包。平民议院不得不通过了一项在1440年和1441年内收取的议会补助金——比上次多了一半。此外还包括三年的羊毛关税以及船舶吨位税、磅税，甚至还有针对外国人的人头税。不满在各处蔓延。一些法官威胁要集体辞职，他们中有些人已连续两年未领到薪水。关于要求王室承办商(Royal Purveyor)归还应付款以及欠款的呼声也震耳欲聋。最终，兰开斯特和康沃尔的公爵领地收益被指定用于偿还国王的负债，以平息抱怨。

这些指责很大程度上源于王室的财政危机，自亨利五世以来，税收收入一直在减少。一方面是由于议会补助金的核定金额不断下降——人们希望以此挽救那些贫瘠不堪的市镇；另一方面羊毛的海关收入也在缩水。越来越多的羊毛被用于国内——英国的制衣业已开始起步——挤占了不少出口资源。而税收官员的徇私贪污也让政府损失了不少份额。

此外，国王也难辞其咎。这倒并不是因为在铺张豪华的宫廷长大的他奢侈无度——亨利六世本人生活十分简朴——而是由于他那无节制、近乎鲁莽的赏赐。1438年，枢密院曾在报告中忧心忡忡地提及一次恩赐就令国王失去了2000马克。然而亨利六世的巨额馈赠——虽然它已几乎使王室破产——并不能熄灭国内贵族的斗争热情，填平其欲望的沟壑。编年史作家写道："在贝德福德公爵约翰去世后，这片土地步入了一个充斥着背叛的时代。"北方的内维尔家族的支系因两次婚姻而长期争吵不休。① 在案子提交到御前会议之前，双方已在领地间开始了喧嚣的私战。

亨利六世似乎缺乏平息贵族纷争的能力和手段。1440 年 1 月，他的叔父格洛斯特公爵汉弗莱又在议会中奋力攻讦他的叔祖亨利·博福特。国王去年在格洛斯特公爵引导下拒绝了加来和约，公爵将此视为自己的一场胜利，因此决定继续追击。他指责红衣主教及其心腹，刚得到红衣主教帽子的约克大主教约翰·肯普在加来和谈中欺公罔法，并揭发他们在海峡对岸卖官鬻爵，谋取家族私利。最后，他要求侄子将这两人从御前会议中解职。

格洛斯特公爵汉弗莱善于鼓动民众，引导舆论。英国此时已涌现出一股对与法国议和的“汹涌、顽固、无理的厌恶”。但实际上，英王很可能对叔父的主张并不以为然。1 月 31 日，他已签发了旺多姆伯爵路易、兰斯大主教勒尼奥·德·沙特尔等法国使者的安全通行证。比起枯燥的战事，亨利六世可能对筹划即将在伊顿（Eton）和剑桥奠基的大学工程更感兴趣一些。实际上，在海峡对岸，格洛斯特公爵所鼓吹的战争也从未中止过。1439 年底，约翰·塔尔博特那支救援莫城失败的军队很快就找到了新工作——法军已开始向诺曼底发起攻势。

在寒冬用兵是查理七世亲自裁定的。法王有着自己的苦衷，去年加斯科涅的英军发动反击，除塔尔塔斯（Tartas）以外，法军取得的战果几乎损失殆尽。在北方，巴黎仍然被饥馑困扰。就在法王到访的 9 月，狼灾再次肆虐。② 与这些畜生一样恶名昭彰的还有那些来到法兰西岛的剥皮者军队。为避免这些人惊扰居民，查理七世命令他们立即前往下诺曼底与英国人作战。

卢瓦尔河以北的西部地区都开始动员起来。阿朗松公爵让二世同新近成为元帅

① 前任威斯特摩兰伯爵拉尔夫·内维尔因两次婚姻产生了庞大的支系。当他去世后，家族成员开始争夺他的领地。年轻的第二任威斯特摩兰伯爵拉尔夫（Ralph Neville，2st Earl of Westmorland）对抗老伯爵的遗孀，冈特的约翰之女琼·博福特及她的两个儿子：第五任索尔兹伯里伯爵理查德·内维尔（Richard Neville，5th Earl of Salisbury）和第一任拉蒂默男爵乔治·内维尔（George Neville，1st Baron Latimer）。“大批兵匪和连队都在乡野间交战，并做出了更多贪婪和可怕的，诸如残杀和毁灭我们的人民之类的种种恶行。”

② “在 9 月的最后一周内，它们咬死并吞食了 14 人，在蒙马特高地与圣安东尼城门之间——在葡萄园和沼泽地中；而且一旦它们发现了大牧群，便会弃牲畜而不顾，直接袭击放牧者。”11 月，人们打死了一只残尾的大狼，它的绰号库尔托（Courtaut），就像那些战争首领一样令人谈之色变。但 12 月 16 日，狼群再度袭击了 4 名妇人，不久又在巴黎攻击了 17 人，其中 11 人身亡。

的安德烈·德·洛埃阿克来到贡捷堡集合军队，准备向北方进发。不过公爵的副官让·德·比埃伊跑在了最前头，他与弟弟路易从德勒出发，袭击了当维尔，然后一直向东北突进至塞纳河流域。比埃伊的扰掠引来了约翰·塔尔博特的英军，他不得不暂避锋芒。塔尔博特并未继续理会这股小部队，他带着部下急速穿过下诺曼底，奔向西面——法军主力正集结于科唐坦半岛南端。

陆军统帅阿蒂尔已奉奥尔良的法王御前会议之命，带领法兰西岛所有的剥皮者连队直趋下诺曼底。11月底，他会合了阿朗松公爵让的部队，背靠兄长布列塔尼公爵约翰五世的领地，开始组织围攻阿夫朗什。此城距离海岸约4英里，坐落于一片岩石峭壁上。北面半英里处，塞河（Sée）缓缓流过。陆军统帅的军队约有6000人。但实际上，这场围城战发起得十分仓促。按陆军统帅传记记载，法军“缺乏火炮和资金”。虽然潮汐使某些时候会出现一些可以趟水而过的浅滩，但河岸旁却有一些深浅未测的湿地。有数名士兵曾在渡河时陷入流沙中。受种种条件限制，法军的攻势软弱无力，进展也非常缓慢。

12月下旬，由约翰·塔尔博特、斯凯尔斯男爵托马斯、福肯贝格男爵威廉·内维尔等英将领导的援军出现在阿夫朗什附近时，陆军统帅的围城战已持续了将近一个月。英军占据了面对城市的塞河北岸，法军连忙在对面沿河布防。接下来，约三天时间内，双方沿河展开了一系列交锋。法军将主力集中于城市和河流间的空地上，试图阻断敌人接近被围者。交战的大部分时间里，双方弓箭手都在隔河对射。英军难以依靠这种方式突破法军防线。但法军的疏忽大意给了他们新的机会：每当夜幕降临，一些骑兵总要带着他们的战马到附近村庄里宿营——“法国人很在意他们的马匹。”

约翰·塔尔博特很快就摸清了敌人的底细。12月22日夜晚，他带着部下向法军侧翼迂回，从一处靠近河口湾，因退潮而形成的，新发现的浅滩上绕过峭壁背面，悄悄从相反方向进入城中——整个过程中法方看守都没有察觉。接着，会师的英军全力出击。尽管法军有着数倍的兵力优势，但还是在毫无防备的状态下被冲垮。英军没费多少力气便占领了法军的据点和攻城火炮。整支队伍都陷入了混乱和恐慌中。士兵们还未等到命令就已作鸟兽散。陆军统帅阿蒂尔力图聚拢军队还击，但发现身边只剩不到百名骑兵。此时，安托万·德·夏巴纳、居伊·德·布隆叙福尔等将领均赶来相劝。他们提醒上司如果他执意留下很可能命丧疆场。眼见已回天乏术，陆军统帅只得答应撤退——显然临机应变并不是他的强项。

大部分法军都逃往布列塔尼境内。他们一直向西跑了20英里，直到多尔才松了一口气。阿夫朗什的解围无疑是英国人收到的最好的圣诞贺礼。他们随即展开了对城中法国内应的调查审讯，并处决了一位名叫佩兰·菲利布歇（Perrin Fillepouche）的“叛徒，勒比亚（Les Biards）教堂的纵火犯”。而整个阿夫朗什子爵领的居民也被迫赎买一份大赦。不过，南面传来的一则消息却使亢奋的英国人略微有点失落：趁着英军在北面和陆军统帅阿蒂尔周旋之际，另一部分法军又在曼恩地区扰掠。

他们的首领便是让·德·比埃伊。作为阿朗松公爵让的副官，比埃伊也参加了阿夫朗什战役。他奉命加强南面圣雅姆德伯夫龙的防务，但此地没有激烈战事。于是，从塞纳河方向返回的比埃伊很快打起了其他地方的主意。他看上了圣叙藏。这是一座曼恩境内的城堡，身为城堡指挥官的马修·高夫恰巧不在此地，而曼恩总指挥官以及总督多塞特伯爵埃德蒙·博福特也加入到了约翰·塔尔博特救援阿夫朗什的军中。比埃伊径直南下，扑向据点，但他并未打算发起强攻。法军与城堡守卫约翰·费尔门（John Ferremen）取得了联系。这位英国绅士已同1名法国女子结婚，因此答应献出此地。费尔门与法军约定，当轮到他戍守城墙时，将为他们高歌一曲表明位置。于是，在指定的夜晚，比埃伊和部众悄悄来到城墙下。随着歌声响起，法国人架起了攻城梯，迅速爬上墙头，跃入城内高喊：“圣德尼！拿下城市啦！”在梦中的英军猝不及防，不少人被俘虏时还穿着睡衣。其余士兵不得不从另一面翻过城墙逃命。至此，法军夺下了这个马耶讷东侧最为坚固的据点，还缴获了大量储备。因此，当阿夫朗什战役结束，比埃伊撤出圣雅姆德伯夫龙后，便大摇大摆地进驻圣叙藏城堡。这里随即成为插在英国人在曼恩地区的一根尖刺，同他们一样恼火的还有此地的原领主阿朗松公爵——比埃伊已在圣叙藏安家，并拒绝将其归还给公爵，他们间的争执将持续数年。

圣叙藏的光复表明英军已渐显疲态。陆军统帅阿蒂尔却未受到多少鼓舞，法军主力在阿夫朗什城下的败绩使他颜面尽失。查理七世也对这次重挫异常恼怒，他立即发布了召见所有参战将领的命令。陆军统帅不得不硬着头皮前往昂热汇报详情。他向责问军队为何如此无能的国王辩解自己带领的是一群纪律涣散，由兵匪和未领到薪水的骑兵组成的乌合之众。的确，这些士兵身后都有条长长的尾巴。国王经过调查后发现，每个骑兵往往都跟着大约 10 名骑马的“战争伙伴”，其中包括诸如侍从、侍仆甚至是妇女在内的随行者。显然，这样的组织对于提高军队的效率于事无补，却在压榨平民方面得心应手。因此，查理七世及御前会议开始考虑对部队的基本单位进行改革，削减其冗余编制。之后，他将以法令形式公布。①

▲ 沃里克伯爵理查德·比彻姆墓碑摹像

而英国指挥官们正忙于处理内部事务。自英王总代理官沃里克伯爵理查德·比彻姆去世后，英国宫廷一直未确定他的接替者。因此，现在诺曼底事务正由一个由 9 名贵族组成的管理委员会暂时主持。他们是卢森堡的路易、皮埃尔·科雄、费康的吉勒·德·觉蒙（Gilles de Duremont）、圣米歇尔山的罗贝尔·若利韦（Robert Jolivet）、萨默塞特伯爵约翰·博福特和他的弟弟多塞特伯爵埃德蒙·博福特以及 3 名野战指挥官：约翰·塔尔博特、斯凯尔斯男爵托马斯以及福肯贝格男爵威廉·内维尔。其中，萨默塞特伯爵因其出身而在委员会中地位最高，他的野心也最大。但他的财务状况却是一团糟，在先前同厄镇伯爵查理互相交换以此获得自由的交易中，他花费了 2.4 万英镑，不得不向英王请求帮助解决赎金问题。这也是他急于获得有较高收入的高级指挥官职位的原因之一。

1439 年 9 月，萨默塞特伯爵约翰·博福特前往英格兰，试图谋得沃里克伯爵的位置——他已按惯例到诺曼底积攒了一年的经验——在叔父红衣主教亨利·博福特的支持下，他的目标触手可及。12 月 13 日，萨默塞特伯爵拿到了一份前往法国服役

① 1440 年 9 月查理七世的信件中即提出了初步指示，他规定重骑兵只能带 3 匹马——它们将提供给骑兵或侍从。至于弓箭手方面，则另有 3 匹马装备给 2 名弓箭手。弓箭手也配有 1 名随行作战人员。

六个月的合同，并领到了第一笔预支薪水。按照协议，他将率领由 4 名骑士，100 名骑兵以及 2000 名长弓手组成的军队，发起一场近三年来规模最大的战役。亨利·博福特也会为侄子提供必要的贷款。此外，他还被赐予了伦敦关税收入的补贴。但萨默塞特伯爵最终还是与梦想失之交臂——他的堂兄格洛斯特公爵汉弗莱将手伸了过来。

格洛斯特公爵汉弗莱显然不能容忍博福特家族继续在政府中扩展权势，谋取私利。他决心重拾先前多次声称将带领大军前往法国征战的计划。也许诺曼底的委员会更希望这位权重望崇的王叔前来领导，但对财政有着决定性影响的亨利·博福特无意为对手效劳。双方暗自较量了一番后，格洛斯特公爵不得不同意他还没做好带领与自己地位相符的“浩大阵容”出发的准备。萨默塞特伯爵约翰·博福特终于在 1440 年 1 月出发，但他也没有获得总代理官的完整权力——因此他的月薪也只有 600 图尔锂。他的首要任务是等待格洛斯特公爵的到来。

渡海之后，被限制了军政大权的萨默塞特伯爵约翰·博福特并无意等待堂兄前来颐指气使。与约翰·塔尔博特汇合后，他们于 1440 年 2 月带着约 2000 人转向皮卡第。这里的法国人毫无防备，英军一路占领了福勒维尔、利翁和阿尔博尼耶尔（Harbonnieres），迅速深入到索姆及瓦兹河间地区。英军袭扰的回报是丰厚的，他们缴获了大量未来得及赶往安全之地的牲畜。在利翁，有部分本地居民躲进一处房屋。萨默塞特伯爵在攻击无果后，借口他们未遵从投降命令，索性将房屋点燃。包括妇女和孩童在内的 300 人被活活烧死。其他人目睹暴行后被迫投降求活。英军还索取了 2500 萨吕的赎金，这笔数目对小镇居民来说过于沉重，于是他们的人质被打入鲁昂的大牢中，1 人甚至被囚禁至死。阿尔博尼耶尔领主也不得不为自己、封臣以及城堡付出 1000 萨吕的赎金。

勃艮第人对萨默塞特伯爵约翰·博福特的远征几乎毫无防备。勃艮第公爵腓力的堂弟埃唐普伯爵约翰急忙来到佩罗讷召集皮卡第封臣的军队，意图夜袭敌营，但勃艮第军队在半夜时却迷失了道路，只得退回佩罗讷。直到次日，埃唐普伯爵才发现英军已经带着赃物和人质拔营前往诺曼底。更令人吃惊的消息是英军入侵期间与卢森堡的约翰一直保持着密切联系，并受到了卢森堡的约翰的帮助。

多年来，这位桀骜不驯的勃艮第将领一直在维护自己征服的领地。为此他养着

▲ 科区—皮卡第西南地区

大批士兵，并不惜向周边势力诉诸强力手段。他的部下和埃唐普伯爵约翰等贵族、勃艮第征税人员、贡比涅等地的法军频繁摩擦。唯一和卢森堡的约翰保持和睦关系的只有英国人。这些入侵者在返回诺曼底时，还派出了一支军队进驻福勒维尔城。他们的所作所为对勃艮第公爵腓力而言是一个严重的刺激。

南方的查理七世也没时间理会英国人在堂兄腓力的勃艮第领地上的活动。他正忙着整顿那些散乱不堪的军队，阻止士兵渡过卢瓦尔河。尽管1439年11月颁布的《奥尔良法令》开出了医治国内创伤的药方，但只有在尽快推行后才能收到效果。为此，12月12日，查理七世在昂热任命道芬路易为他在普瓦图、圣通日以及奥尼地区的代理官。道芬将“调查并辨别地区兵士的所有行为，”并惩罚那些违抗王室命令之人，阻止擅自征集塔兰税以及用赎金方式敲诈勒索之人。查理七世显然对儿子的第二次任务寄予厚望。他为道芬配备了1位御前

▲ 卢森堡的约翰

会议大臣、法院审查官以及 2 名熟悉这片地区的高等法院顾问。12 月下旬，道芬一行穿过安茹和布列塔尼边界，进入普瓦图。

与此同时，法国君臣正在对连队将领严加管教。被任命为图卢兹执事的雅克·德·夏巴纳发现自己必须到高等法院立誓遵守《奥尔良法令》约束部下，而且还要交出波旁执事的职位。法国君臣还忙着命令连队将领率部分别进驻从上诺曼底到曼恩地区的前线指定据点中。当然，遵守命令的待遇是丰厚的。除了部队的薪水外，将领们还得到了不菲的额外年金——每人至少 1000 锂弗。于是，光用于维持这些军队的开支就激增到了一个月 2.8 万—3 万锂弗。查理七世不得不用包括大规模借贷在内的各种方法筹措经费。

1440 年 1 月，道芬路易一行来到丰特奈 - 勒孔特，这是陆军统帅阿蒂尔在当地的主要领地之一。在这里，道芬给父王发去了两封信件。按计划，他的下一站是普瓦图省内的第二大城市尼奥尔。

在 15 世纪最初的 30 年中，王权的衰弱令贵族获益甚多。为了筹措费用，法王不得不同意转让他的领土。15 世纪到 30 年代末，数名贵族瓜分了普瓦图的大片领地。但这并未给当地人带来丝毫益处，反而使他们进一步卷入贵族们因个人野心膨胀而引发的内斗漩涡。除去在南面跃跃欲试的英国人之外，私人战争的火焰——它们因王权的瓦解而更加炽烈——也在这里和邻近地区燃烧了数十年。在公共秩序已荡然无存的社会中，战争首领——包括有私人武装的小贵族和控制着雇佣军的大贵族——才是主人，战争和掠夺才是唯一收入。他们抢劫旅行者和商人，毁坏农民的庄稼，抢走他们的马匹和马车，大肆勒索。商人和劳工们遗弃了货物、产品和居所，也放弃了曾是财富源泉的葡萄园。旅行者描绘了当时几乎与英法相互拉锯的北方前线相差无几的惨象：“圣通日地区在这段时光中，除那些城镇和城堡外，其他均被遗弃，无人居住于此。在那些封地中，到处都是荒芜的田地和残垣断壁。教堂内和周围长出了密集的灌木。其他房屋亦是如此。”

现在这些贵族的惬意生活终于要告一段落了。一年前收回王室封地的法令已经令他们察觉到威胁。《奥尔良法令》对他们及雇佣的兵匪爪牙来说更是釜底抽薪。随着贵族间不满情绪的上升，蛰伏的乔治·德·拉特雷穆瓦耶终于看到了东山再起的机会。多年来，他拉拢了一批在宫廷失意的公爵和大贵族。无疑，波旁公爵查理是其中最为活跃的。借着战争的名义，他谋取了不少私利。他屡次忽视命令，拒绝将其私生子兄弟领导的连队撤出洛林、阿尔萨斯以及香槟等地区——尽管他们仍然领着王室年金，却仍在这些领地上为非作歹——也迟迟不肯派那些连队将领们参加莫城战役。他们在两个月内一直逗留在奥弗涅、鲁埃格和贝里地区剽掠，使当地人难以缴纳指定的赋税。

政府的责难打动不了波旁公爵查理。王室逐步回收首都地区被波旁部队占领的城堡、据点的行为更是令他异常恼怒。波旁公爵从未停止过反抗和密谋——即使 1437 年受挫后也是如此。他笼络了大批王公贵族：被战争耗尽了信念、生性冲动、积怨已久的阿朗松公爵让与他一拍即合；步入暮年，已显得有些老气横秋的旺多姆伯爵路易也同意他的作为；一贯喜欢在阵营间投机的布列塔尼公爵约翰当然不会错过好戏；波旁还将奥尔良私生子让拉到了自己阵营中——作为奥尔良家族的主事者，他不能容忍宫廷抛弃仍是英国俘虏的奥尔良公爵查理，据说波旁公爵似乎成功地使他相信国王在 1439 年谈判中表露过不乐意见到奥尔良公爵被释放的态度；甚至连御前会议中的吉尔贝·莫捷·德·拉费耶特元帅——他是博凯尔地区的执事——也表示支持。

现在，除去波旁公爵查理控制的波旁领地和奥弗涅外，这个秘密贵族集团在普瓦图也有几分优势：他们在下普瓦图有大片领地，尤其是冈赛（Gençay）等控扼行省出入要道的据点。本省的最高长官执事让·德·拉罗什也站在他们一边——1431 年乔治·德·拉特雷穆瓦耶曾为他弄到赦免信，七个月后又将他推上这个职位。他们还可以得到拉特雷穆瓦耶的外甥，雅克·德·蓬斯（Jacques de Pons）在南面圣通日地区的声援。而控制着塔耶堡（Chateau de Taillebourg）的普吕斯科雷克兄弟（Brothers Plusqualec）亦加入了这个阵营。

1440 年初，波旁公爵查理来到昂热觐见国王。他很快便以看望妻子的借口离开宫廷。在最后告别时，他希望法王适可而止，并以一种带有双重意味的话语暗示道：“陛下，我将不会做任何违反先前对您承诺过的事情，但是我将去见见很多对宫廷不满的大人们。承蒙俯允，您必须让我离开，加入到他们团体中，（使他们）说出最糟糕的事情，如果我们可以的话。”国王冷冷答道：“亲爱的堂兄，您可以尽情地说我的坏话，但是就我自己而言，我不会如此评论您。”

这次会谈其实是公爵们的最后通牒。约两周后的2月中旬，查理七世离开昂热前往布尔日召开等级会议——他们将讨论英法和谈以及释放奥尔良公爵查理、改革军队等事务。但在半道上的图尔，法王突然得知波旁公爵查理、阿朗松公爵让、旺多姆伯爵路易等权贵和部分将领已离开昂热宫廷，赶在他之前来到在奥尔良私生子让管辖下的布卢瓦开会。乔治·德·拉特雷穆瓦耶也派使者到场，表示愿意竭尽所能。

这些贵族决定让《奥尔良法令》变成废纸。他们不肯清理自己的连队，也拒绝将士兵交给陆军统帅阿蒂尔的两名副手拉乌尔·德·戈古尔和让·波顿·德·桑特拉伊统领。之后，阿朗松公爵让还迅速赶往普瓦图的领地尼奥尔。于是，普瓦图燃起了叛乱的第一束火光。查理七世惊讶地发现，反叛者已将他的儿子，快17岁的道芬路易拥作首领。他们公开声称要赶走国王的御前会议大臣——尤其是安茹的查理——并将国王置于监管之下，把摄政大权交给道芬。

多年以来，查理七世一直希望将道芬路易培养成合格的储君，陪伴在道芬身旁的都是一群忠心博学之士。道芬10岁时被置于纪尧姆·德·阿布谷的管教下——他是宫廷中的一位顾问，在查理七世还未登基时就已追随左右。道芬的私人教师是兰斯的教士让·马约里斯（Jean Majoris）。1436年，阿马尼亚克家族的帕迪亚克伯爵贝尔纳接替阿布谷"以教导他保持良好的品行"。一丝不苟的帕迪亚克伯爵严格管理着道芬内廷，几乎将其变成了"苦修会的餐厅"——勃艮第编年史作家夏特兰如此写道。有趣的是，帕迪亚克伯爵的副手是阿莫里·德·埃斯蒂萨克，他和15世纪上半叶的两任富瓦伯爵都保持着盟友关系——看来道芬年少时就可能目睹了南方两大家族的纷争。

优质教育并未让道芬路易远离政治漩涡。在这场被称为布拉格党（Praguerie，套用了从布拉格爆发的胡斯战争的名号——当时有人认为那也是一场叛乱）的叛乱中，王公们并未劫持道芬。与此相反，道芬主动与这些密谋者同流合污。在尼奥尔，身为道芬教父的阿朗松公爵让只用一些冠冕堂皇的言辞就轻易说服了这位桀骜不驯、精于算计、对权力垂涎三尺的年轻王子。道芬很早就表现出了针对父王的优越感——这可能是波旁的支持者，同时也是让·德·比埃伊妹夫的御前会议大臣及宫廷侍从皮埃尔·德·昂布瓦斯一系列离间法王父子的小动作的成果，不过比埃伊本

▲ 布拉格党叛乱

人未参加这场闹剧。此时，道芬主动清洗了自己的内廷，帕迪亚克伯爵贝尔纳被他指责为父亲安插在自己身边的间谍，并连同那些被认为是其爪牙的官员一起遭到驱逐。道芬告知被解雇的总管，“他愿意通过他的法令来统治，但希望是凭借他自己的意愿，而不是再像过去那样处于臣服地位。在他看来，自己将会极大促进王国的福祉”。阿朗松公爵则趁机接替了帕迪亚克伯爵的位置，并将党羽填补上那些空位。接着，王公们将签有道芬之名的信件发往多菲内、香槟以及朗格多克等地。号召再召开三级会议，并答应将削减商品税。

布拉格党叛乱发生后，查理七世急忙停在昂布瓦斯，发布通告，禁止人们帮助反叛者。法王还派陆军统帅阿蒂尔及其副手前往布卢瓦诘问波旁公爵查理。但他们只得到波旁公爵的一通不逊言辞。而南面由肖蒙领主皮埃尔·德·昂布瓦斯控制的洛什也拒绝国王进驻。

查理七世无意让堂兄遂愿，他“不希望那位波旁大人以及他的支持者对他做出像英国人对待理查国王（二世）一样的事情”。国王的反击异常坚决。他立即下令逮捕居伊·德·布隆叙福尔、雅克·德·夏巴纳的弟弟安托万在内的6名与阴谋者有牵涉的剥皮者连队首领。[①] 接着，他将一群在布尔日恭候圣驾的等级会议代表抛在身后，再次赶到洛什城，这次有一支军队与他同行，陆军统帅阿蒂尔等将领也赶来与他会合。王师将城堡团团围住，逼迫在这里的波旁公爵投降。公爵显然觉得在这种境地下和国王交谈十分尴尬。于是，他在次日拂晓时溜之大吉。

这时，普瓦图形势恶化的消息也传到查理七世耳中——阿朗松公爵让等贵族已经占据位于前往圣让-当热利（Saint-Jean-d'Angely）和桑特（Saintes）的主要交通道路上的梅勒。因此，法王留下部分军队继续围攻城堡，自己则赶往西南前去教训儿子及其同谋者。国王写信给兰斯、纳博讷、图卢兹等优良市镇，要求他们不许接待道芬路易、波旁公爵查理、阿朗松公爵及其盟友。按王室的说法，道芬只是那些要求“改是成非”的阴谋家的傀儡罢了。而查理七世的军队在3月初便从让·德·拉罗什的剥皮者手中夺下了梅勒和圣纽梅耶（Sainte-Néomaye）。

阿朗松公爵让等人曾向法王的老对手勃艮第公爵腓力求援。腓力也许对这场父子大战喜闻乐见，但他并没有参与其中，而是以帮助道芬路易对抗国王“将会荣誉扫地并危害王国”的借口隔岸观火。形势已十分严峻，阿朗松公爵和让·德·拉罗什必须尽快找到突破口。他们将目光瞄向了圣迈克桑（Saint-Maixent）——查理七世已返回普瓦捷过复活节（3月27日），正在等待南方援军。叛军计划在节后的第一个周日袭取圣迈克桑，打通普瓦捷的道路，进而俘虏国王。这也是会合波旁军队的最快途径——波旁公爵查理在图赖讷的事业已土崩瓦解的消息尚未传到他们耳中。

圣迈克桑是一座被围墙环绕的小城，拥有一座用壁垒加固过的城堡。其领主权由住在本笃会修道院中的拉罗什吉永夫人佩雷特·德·拉里维埃（Perrette de La Rivière）享有。守将居约·勒·蒂朗（Guyot Le Tirant）任职期间，削减了大半守卫——20人——从中赚取每年800锂弗的私利。他也懒得保管城市钥匙，随手将它交给族人。在这种漫不经心的状态下，敌人悄悄接近了城镇。4月3日早晨，圣迈克桑城拉克鲁

① 在昂热期间，波旁公爵查理曾联系从阿夫朗什前线回来的将领，试图发动政变，占领城堡，杀死国王身边的近臣。不过这个计划最终未能实现。

瓦（la Croix）大门的守卫接到让·德·拉罗什的人正在城堡旁埋伏的情报后，立即向长官报告，但蒂朗置若罔闻。当拉罗什和阿朗松公爵让的500名骑兵通过一个叛变的仆人进入城堡时，来不及着甲的蒂朗只得逃向拉克鲁瓦城门。虽然人们在这里敦促他穿上了盔甲，但惊魂未定的守将仍拒绝带领人们抵抗，逗留了一小时后，便逃离城市。蒂朗之前派出的信使也效仿长官的例子，他骑着从市民那借来的小马前进到吕西尼昂后便万念俱灰。在遗弃任务前，此人甚至卖掉了坐骑。因为守将的无能，叛军得以在一大早就顺利进入市镇。

然而，圣迈克桑的战斗并未结束。市民们对叛乱贵族的所谓“公共事业”不以为然，他们早就派出2名代表奔赴50公里外向国王告急。2名市民一路策马飞奔——其中的皮埃尔·杜勒斯（Pierre Doulx）还折损了马匹——他们仅用三个小时便赶到了约50公里外的普瓦捷。查理七世正在用餐。得知阿朗松公爵让攻占城堡的消息后，立即派新任海军将军普里让·德·奎蒂维和安茹执事皮埃尔·德·布雷泽带领400名骑兵赶去救援。随后国王也上马率军开拔。圣迈克桑市民已开始接替逃亡的守将组织抵抗。他们在3座筑垒的城门处设置了防御。叛军恼羞成怒，索性点燃了2座城门。随烈焰腾起的浓烟令上面的守卫无法看清彼此，被迫向佣兵投降。但拉克鲁瓦的24名守卫却异常顽强，他们始终未向入侵者屈服——即使后者抓来佩雷特夫人的儿子，拉罗什吉永领主，威胁要将他处决时也未妥协。就在双方殊死搏斗之际，另一部分叛军也在街道上扩散开来，有条不紊地洗劫居民，并将赃物运回尼奥尔。这些举动彻底扯下了叛乱贵族打出的“公义”幌子。事后，居民估计他们损失了4万法郎。

无疑，让·德·拉罗什和阿朗松公爵让的手下本可以轻易夺取拉克鲁瓦——如果他们不醉心于洗劫城市的话。黄昏时分，这伙人的运气彻底终结。普里让·德·奎蒂维、皮埃尔·德·布雷泽的先头部队已赶到战场，他们通过拉克鲁瓦进城。在他们的反击下，阿朗松公爵、拉罗什以及那批如同散沙般的部下根本站不住脚，只得败退到城堡中。祸不单行，奥尔良私生子让也突然抛弃了他们，回到国王身边——他本身并不是波旁事业的狂热拥护者。

眼看大势已去，阿朗松公爵让等人只得率残部趁夜逃回道芬路易所在的尼奥尔，只留下100人在城堡内吸引王军。之后，到达圣迈克桑的国王亦命令王军围攻城堡。

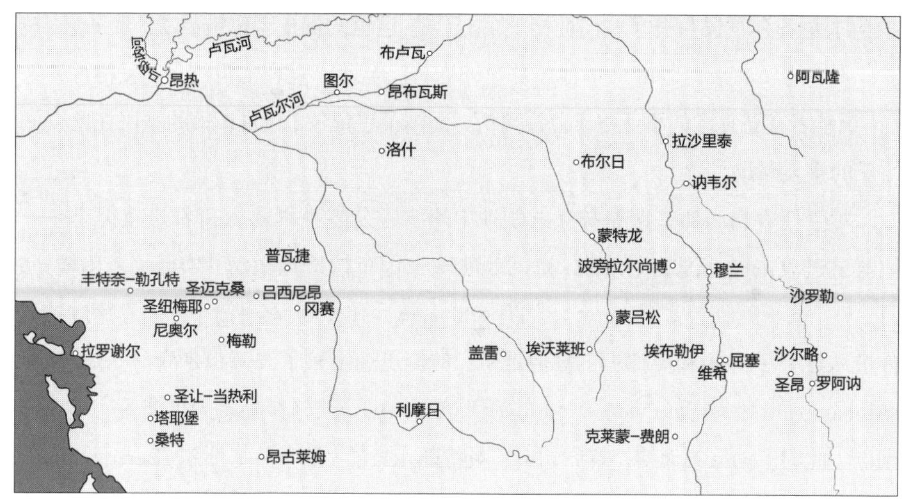

▲ 布拉格叛乱涉及地区

经受了一周的炮火以及攻城器械的打击后，城堡里的叛军终于投降。他们面临着国王的严厉处罚：让·德·拉罗什的 25 名雇佣军部下被处决。不过，阿朗松公爵的 60 名部下因之前和英国人作战而被留下性命。

自 15 世纪 10 年代以来，许多人已经认清了贵族王公的宣传伎俩——在“公共福祉”的幌子下，是极度膨胀、意图突破一切限制的私欲。阿朗松公爵让得知波旁公爵查理受挫的消息后，竟孤注一掷地向南面的英国亨廷顿伯爵约翰·霍兰求援。但他们手中并没有英国人想要的领地，甚至没有完全掌握通向普瓦图的通道。因此，这次联络除了暴露其本质外，一无所获。在这个混乱的时局中，一种对王室的“正统”（Légitimité）观念和“爱国”意识已在漫长的抗英斗争中逐渐增强。更容易感受到时代苦难的平民显然比贵族领主更多地流露出这种“爱国”意识。二十二年前，当还是道芬的查理七世在普瓦图号召人们反抗被英国人与勃艮第人联合控制的父王查理六世时，立即得到了大力支持。如今，他的儿子也在这里举起了反抗父亲的大旗，但由于叛乱者反对的是正统的国王——英国入侵者的真正对手和秩序的维护者，因此应者寥寥。查理七世的军队继续向西南面的尼奥尔进军。阿朗松公爵被迫和道芬路易一起跟随波旁公爵查理派来的 120 名骑兵逃往波旁地区。当围墙内再无强大的守卫时,尼奥尔居民打开了城门迎接王军。于是,这里的剥皮者也被处决。让·德·拉罗什则逃往昂古莱姆避难——他是那里的守将。至此，查理七世已拿下关键性的一局: 叛乱者在普瓦图的事业终于分崩离析。而国王也记住了优良市镇的平民在此期间给予的重要帮助。

尽管待在自己那些堡垒林立的领地中的波旁公爵查理还保持着进攻姿态——他尝试过攻击奥弗涅的克莱蒙 - 费朗等地——但布拉格党暴动其实已陷入困境。5月2日，法王驾临盖雷(Guéret)。约有800名骑兵和2000名弓箭手的王军穿过拉马什进入波旁公爵领和奥弗涅的高原地带。他们迅速占领了波旁拉尔尚博(Bourbon-l'Archambault)、埃沃(Evaux)、埃布勒伊(Ébreuil)、艾格佩斯等大批波旁—奥弗涅据点。此时，勃艮第大使、首席司肉官贝特朗东·德·拉布吕基耶尔(Bertrandon de la Brouquière，Premier Escuyer Tranchant)终于带着信件来到国王营中——勃艮第公爵腓力表示他愿意出面调停。查理七世感谢了腓力的好意，不过他强调: 在大贵族们释放拉乌尔·德·戈古尔前——戈古尔于4月中旬被这伙人逮捕——他将不予谈判。

在贝特朗东·德·拉布吕基耶尔和厄镇伯爵查理等人的调解下，支撑不住的波旁公爵查理等人不得不向国王妥协，交出了拉乌尔·德·戈古尔。5月中旬，波旁公爵和阿朗松公爵让来到克莱蒙 - 费朗与国王谈判。查理七世重申了他的最高君主权力，要求大贵族们立即放下武器，维护去年法令公布的原则，交还道芬。法王还索要乔治·德·拉特雷穆瓦耶、肖蒙领主皮埃尔·德·昂布瓦斯等挑唆者以及那些违背了在昂热向国王立下效忠誓言的连队将领——至少要将他们赶出连队。

口头上承认了国王君权的贵族们并不打算俯首听命。即便这时，他们仍辩称国王才有在军队间建立更好秩序的责任,他应该将“穷人”从军队的掠夺中解救出来。此外，他们还狡猾地声称道芬路易并非他们的工具，而是“他们以及他们所有连队的首领”——暗示道芬也该为暴动承担责任。道芬则向父王索取法兰西岛的管理权。

这一切只是大贵族的虚张声势罢了。实际上，他们已山穷水尽，大部分市镇都未回应他们的煽动。在查理七世迅速而坚决的打击下，连那些观望者也迅速表明了态度。奥弗涅的城镇以及乡间的小贵族曾向道芬路易做出过答复，声称他们愿意为他效犬马之劳——除了对抗国王。同时在克莱蒙 - 费朗召开的行省等级会议更是向查理七世保证自己“与他的身体和福祉实为一体”。会议还通过了一笔2万法郎的补助金，用以尽快结束叛乱。吉耶讷和朗格多克的总指挥官利摩日子爵让·德·布列塔尼正忙着将南方连队招募到王军序列中——它们曾是叛乱大贵族的主要期许。朗格多克地区的小贵族也开始动员，准备为法王而战。

查理七世很快便终止了会谈，他宣布如果道芬路易谦卑地返回自己身边，他仍会像以前一样保证儿子及儿媳的优厚待遇，那时他也将公正地处理其他要求。于是，波旁公爵查理和阿朗松公爵让离开了克莱蒙-费朗，再未露面。6月7日前后，法王重启战争。王军陆续包围了维希（Vichy）、屈塞（Cusset）等地，并进入福雷伯爵领。多亏了法王的干涉，圣昂（Saint-Haon）才免遭兵焚，罗阿讷等城市也迅速向他投降。这时，厄镇伯爵查理终于出现，他恳请法王驾临屈塞，届时待在穆兰的波旁公爵及道芬等人将会向他投降。

7月6日前后，道芬路易在反叛贵族的陪伴下前往国王的驻地屈塞。乔治·德·拉特雷穆瓦耶认为自己就要见到日思夜念的主人时，法王的传令使者却将他挡在了城外。同时使者还警告王公们不得携带随从。暴躁的道芬当场又嚷嚷起要放弃觐见父王，不过波旁公爵查理等人制止了他——大批的王军令他们非常冷静。最终，获准入城的只有波旁公爵和道芬。两位觐见者发现自己不得不对面带愠色的法王恭行三次屈膝礼。

虽然道芬路易回到了身边，但查理七世不愿原谅那些唆使儿子作乱的大贵族。次日，当道芬在御前会议众臣的面请求赦免乔治·德·拉特雷穆瓦耶、肖蒙领主皮埃尔·德·昂布瓦斯、安托万·德·普里（Antoine de Prie）——他是肖蒙领主的妹夫——3人时，他断然拒绝。懊恼的道芬当场抗议道：“陛下，我必须回到他们身边去，因为我曾经向他们承诺过。”这番抱怨使国王十分不悦，他立即警告儿子：“路易，大门已经对你敞开，如果它们不够宽，我将再推倒16或20图瓦兹（Toise）[①]的城墙以便你前往你乐意去的地方。你是我的儿子，你不能在没有我的赞同及许可下向任何人立誓许诺。但是，如果你希望离开，那就走吧！我们将找到一些更能帮助我们维护自己的荣誉和权力的血亲——比迄今为止的还要牢固！”说完这些话后，查理

① 法国古长度单位，1图瓦兹约等于1.95米。

七世便将目光转向波旁公爵，后者连忙发誓，今后将永远向国王效忠。

道芬路易终究没有离开，他再一次在父亲面前败下阵来。13日，他签署了一份协议，声明自己是国王的儿子，会“终身爱戴并拥护国王”。除了厨子，道芬所有的内廷官员都被解雇。不过，这时候查理七世还是表现出了一些父爱之情。7月28日，根据道芬之前在谈判中的抱怨，他赐予了道芬在多菲内的管理权，还赐予道芬一笔每月800锂弗的津贴。

至此，这场历时六个月的内战大致落下帷幕。[①]国王的最终惩罚并不算严厉：乔治·德·拉特雷穆瓦耶、肖蒙领主皮埃尔·德·昂布瓦斯和安托万·德·普里——后两人是道芬内廷成员——被赶出宫廷；阿朗松公爵让和波旁公爵查理被勒令交出非法占据的据点并退回到自己的领地中。除此之外，参加暴乱的贵族均获得大赦。安茹党人和陆军统帅阿蒂尔在内战中表现的忠心也得到了肯定：安茹的查理被任命为朗格多克和吉耶讷的总代理官，塔内吉·迪·沙泰尔成为他的副官。皮埃尔·德·布雷泽也因功劳被赐予普瓦图执事职位，开始在宫廷中崭露头角。查理七世还对那些支持他的普瓦图地区市民致以酬谢。与对贵族的冷淡态度相比，国王对圣迈克桑市民的关怀显得格外亲切：市民，包括那位信使皮埃尔·杜勒斯，均得到了相应补偿。国王恢复了曾被守将篡夺的捕鱼权，其仆佣和佃户被豁免塔兰税。圣迈克桑也拿回了城门

▲ 皮埃尔·德·布雷泽（右）与罗贝尔·德·弗洛葛尔的玻璃彩画

① 在昂古莱姆和圣通日地区的让·德·拉罗什和雅克·德·蓬斯等仍不愿退场。零星的战斗一直持续到9月20日，所有敌对行动才停止。10月2日，已身染疾病的拉罗什向王室代表投降，不久后病死。蓬斯也投降了，他最终被驱逐出王国。此外，1442年和1444年的信件中，查理七世批准了陆军统帅阿蒂尔占有本应放弃的丰特奈－勒孔特——这是他亡妻的嫁妆。

钥匙的保管权。在分配奖励时，市镇亦处于优先位置。此外，查理七世还恢复了普瓦图执事区设置在城中的重罪法庭，并授予了一张包括所有市镇特权的特许状——这也是他四十多年统治期间颁发的唯一一张城市特许状。这些丰厚的恩惠再次体现了中世纪国王和优良市镇之间密切的同盟关系——虽然随着时间的推移，这种纽带将会逐渐消失。

▲ 让·朱韦纳尔·德·于尔桑（左上）

布拉格党叛乱的平息彻底挫败了贵族们的武力反抗。遭受沉重打击后，贵族们不得不接受查理七世的集权法令。它成为近代法国那缓慢且有时紊乱的诞生过程中一个不可忽略的阶段。尽管如此，布拉格党叛乱对当时的局势还是产生了严重的消极影响。在半年内，法王宫廷陷于分裂。随后数年中，查理七世不再召开朗格杜瓦地区的三级会议，他将以命令的方式，不经会议直接在朗格杜瓦地区收取每年 20 万—40 万锂弗不等的塔兰税金——当然，朗格多克地区三级会议仍继续召开，由会议批准每年 10 万—20 万锂弗不等的塔兰税金。混乱还阻碍了法国君臣改组军队的步骤，改革进程被拖延了数年之久。不久后，愤怒的让·朱韦纳尔·德·于尔桑又在信中猛烈抨击国王未能勤勉执法，还给掳掠者发放许可证、姑息连队劣迹等行为。

此外，在法王把大部分军事资源用于与叛乱者斗争之际，北面的英国人获得了绝佳的进攻机会——这也是查理七世迅速同贵族妥协，实施大赦的部分原因。1440 年 4 月底，萨默塞特伯爵约翰·博福特重启了阿夫勒尔围城战役。法军驻扎在此地已逾五年，他们不断劫掠英国船只、干扰鲁昂供应线，英国当局不得不组织战舰在河道上巡逻。萨默塞特伯爵决心与这里的敌人做个了断。他委托弟弟多塞特伯爵埃德蒙·博福特到前线负责陆地战线，自己则在后方收集补给、招募人员并掌管部分海军。于是，在约翰·塔尔博特和福肯贝格男爵威廉·内维尔等人的协助下，多塞特伯爵开始建立海上和陆地的双重封锁。趁着法军主力集中于卢瓦尔河流域的空档，英军有条不紊地挖出壕沟，立起牢固的栅栏，还将火炮运进阵地，轰击城门。守卫是400名由让·德·埃斯图特维尔领导的法军。他们联合一些市民、水手与数倍于己的敌人展开战斗。守城者顽强地修补损毁的堡垒，并频繁地出城突袭。随着壕沟和壁垒的不断加强，这些行动受到了极大的限制。到6月，英军基本完成了两圈封锁工事。7月，从英格兰赶来的舰队进驻塞纳河河口，阿夫勒尔的陆地和海洋补给线均被切断。

现在，让·德·埃斯图特维尔和部下陷入了物资匮乏的境地。城内也发生了饥荒。守军陆续派出数批使者奔赴宫廷，向法王请求援助。法王答应了他们，但由于布拉格党叛乱的掣肘，迟迟不能派出援兵。直到萨默塞特伯爵夫人和其他英方女士都已来到前线，打算围观阿夫勒尔围城的最后结局时，一支法军才穿过巴黎向北进发。这时离战役开启已过去四个月。

这支法军的指挥官是厄镇伯爵查理。与他同行的还有已成为迪努瓦伯爵的奥尔良私生子让、波旁私生子亚历山大、拉海尔等将领，陆军统帅阿蒂尔也派出吉勒·德·圣西蒙参加行动。他们途径亚眠、科尔比来到阿布维尔整顿队伍，拟定作战计划。在此期间，皮卡第的其他贵族也陆续加入其中。等到法军抵达前沿的厄镇时，已经约有4000人。他们还带着一支满载火炮、军需补给，由30辆马车组成的车队。得到消息的多塞特伯爵埃德蒙·博福特急忙向兄长求援。于是，萨默塞特伯爵约翰·博福特也从鲁昂带来了他能征集的所有部队，一场恶战已不可避免。

法军从厄镇出发，沿北部海岸地区向阿夫勒尔挺近。指挥官让拉乌尔·德·戈古尔也参与了这次远征。也许他们的安排并不谨慎。尽管战功赫赫的戈古尔经验丰富，但此时他已年近七旬。10月10日前后，当厄镇伯爵查理带领部队在科区的圣欧班（St. Aubin）宿营时，作为后卫的戈古尔却在傍晚时被唐卡维尔的英军袭扰分队俘虏。虽然戈古尔不久后就缴纳赎金重获自由，但这次冲突打乱了法军的预定部署，他们急匆匆地赶到蒙蒂维利耶，并在军事会议中一致同意立即发动攻击。

按照计划，厄镇伯爵将指挥一支小舰队从海上包抄。迪努瓦伯爵让等人带领步兵进攻英军的封锁线。拉海尔——他的腿伤日益严重——则率领骑兵待命，时刻准备增援。

次日一早，战斗打响。英军人数不及法军，但他们可以坐在营垒中等待法军撞上门来。厄镇伯爵查理发现他的舰队即使躲过了交叉射击也无法靠近岸边——对手在每处可能登陆的地点都设置了防御工事。手忙脚乱间数艘舰只还搁浅在沙滩上。无奈之下，法军舰队只得撤回蒙蒂维利耶。在陆地战场上，战火先从约翰·塔尔博特的辖区燃起。法军的皮卡第士兵冒着炮火将携带的浮舟投入敌人的壕沟后才发觉它们不够让自己越过障碍。而坚固的工事却让英军长弓手可以从容地集中力量抵近平射。在这种距离上箭头已可以直接击破板甲的防护。因此，奋勇向前的法军步兵损失惨重，吕镇总督也在战斗中身亡。激战中，有约 500 名英军甚至还对法军步兵发动了反冲锋，不过他们很快就被法军骑兵赶回。阿夫勒尔守军也出城袭击，试图配合友军解围。然而，当日法军始终无法突破英军精心构筑的防线。阿夫勒尔守军则撞在了英军的内圈封锁线上，被后者毫不费力地赶了回去。

激战数小时后，一无所获的法军只得全部退回蒙蒂维利耶，这次失利严重挫伤了他们的锐气。此后，不甘放弃的法军又和英军缠斗了数日，但他们再未组织起如此规模的攻击。心急如焚的厄镇伯爵查理甚至要求与萨默塞特伯爵约翰·博福特为阿夫勒尔城的归属各带 100 名同伴与对方一决高下。显然，英军耗费了这么多的兵马钱粮可不是来参加一场决斗的，他们早就明白阿夫勒尔已到了最后时刻。因此，伯爵的要求被轻蔑地拒绝。最终，法国援军的给养也消耗殆尽，不得不放弃了这次仓促的救援行动，向阿布维尔撤退。10 月底，阿夫勒尔守军向英国投降，一同献城的还有附近的蒙蒂维利耶——它们都沦为布拉格党叛乱的间接牺牲品。

这段时期中，萨默塞特伯爵约翰·博福特在诺曼底也汲取了不菲的收益。他尽己所能地发挥自己的军事权力，接管了大批重要的守将职位。连萨福克伯爵威廉·德·拉波尔的阿夫朗什和峒伯兰守将之职也被他收入手中。约翰·塔尔博特甚至只剩下利雪守将之职——英王不得不给他发放一笔补偿年金使他能维持服役的用度。此外，萨默塞特伯爵还因占领阿夫勒尔的壮举为自己挣得了嘉德徽章。当战役圆满结束后，博福特兄弟便兴高采烈返回英格兰——这时，萨默塞特伯爵的合同已到期了近六个月。也许只有一点使萨默塞特伯爵感到失落：他一直未能成为英王的诺曼底总代理官，而英格兰的御前会议经过漫长的讨论后，于7月2日将这个职务再次交给了约克公爵理查。

显然这个决定是宫廷中各派相互妥协的结果：年近五十的格洛斯特公爵汉弗莱似乎有些驽马恋栈，他可能并不放心自己离开后的英国宫廷。而亨利·博福特也不得不放弃举荐亲侄，以减少格洛斯特公爵的持续攻击。于是，约克公爵理查坐收渔利。他不仅收获了五年的任期，还趁机提高了价码：拥有用己方人马取代那些非常驻将领，并摆脱在赐给下属领地方面的权力限制——这样约克公爵可以有充分的权力和资源在博福特家族势力盘根错节的诺曼底建立一个听命于自己的派系。而最令萨默塞特伯爵约翰·博福特眼红的可能是约克公爵比自己高出不少的薪酬——他每年可以从英国财政署领取2万英镑维持其部队开销。

像上次一样，接到任命的约克公爵理查还是慢条斯理地准备着行装。守土之责又落在了约翰·塔尔博特、斯凯尔斯男爵托马斯和福肯贝格男爵威廉·内维尔等一干中低级将领的肩上。占领阿夫勒尔让东面的迪耶普沦为法军在科区仅存的重要据点，等待它的也是被围困的命运。

不过，诺曼底的英军并不能确保所有战线都安全无虞。当约翰·塔尔博特等人将精力集中于北面时，他们在法兰西岛的势力也在被急剧压缩——正如对手在科区的境况一样，从布列塔尼回来的陆军统帅阿蒂尔[①]已下令当地法军发起进攻。10月19日——就在阿夫勒尔围城战的最后阶段——面对让·比罗的炮兵队伍，无心防守圣日耳曼的弗朗索瓦·德·叙维恩与法军签订了投降协议。

实际上，法国人已将新一轮反攻提上议事日程。查理七世带着一支军队从奥尔良来到沙特尔，并一直在此地坐镇到年底，准备随时给予前线支援。法王打算在不久后亲征诺曼底。作为与增援阿夫勒尔同时展开的行动，他的一些部下也在西面另辟战场，攻击佩尔什和韦克桑地区。他们还突破敌人边境防线，进入诺曼底

---

① 1440年7月，布列塔尼公爵约翰从英王亨利六世那里获得一项通商条约。英王承诺抑制私掠商船，并在与查理七世的任何和平协议中都将对布列塔尼利益给予特别考虑。作为交换，公爵答应拒绝查理七世用布列塔尼作为军事基地讨伐诺曼底或者其他英国占领区的权力。8月，陆军统帅来到布列塔尼招募贵族参战，不久，他便向兄长承诺阻止为国王服务的士兵前往布列塔尼。

南面。而法军的主要目标也由15世纪30年代以来的破坏性袭扰转变为占领据点。9月，皮埃尔·德·布雷泽带着弟弟让及连襟罗贝尔·德·弗洛葛尔袭取了埃夫桑（Évrecin）——埃夫勒附近地区——的乌什地区孔谢。不久后，让·波顿·德·桑特拉伊、安托万·德·夏巴纳和投向法军的西班牙佣兵将领罗德里格·德·韦昂堂铎曾经的副官让·德·萨拉查也在内应的帮助下再次夺取了北面的卢维耶。这回英军是自食其果——1431年他们将其夺回后，便拆毁工事，撤离大部分守卫，防御十分脆弱。法军匆匆修复了卢维耶的城墙和塔楼，决心将它作为钉入诺曼底的一颗钉子。当法军在此地筑起一座濒临塞纳河的堡垒后，英军由鲁昂运往蓬图瓦兹的水路便受到了很大阻碍。尽管此后的冬季中约翰·塔尔博特和斯凯尔斯男爵托马斯忙着加强孔谢及卢维耶周边的防御，但资源有限的他们不敢贸然发起包围行动。英军必须等待时机，而这些据点的法军则可以大胆骚扰邻近的敌占区。

英法双方——尤其是发生在紧靠边界的地区——的厮杀也令勃艮第公爵腓力大伤脑筋。阿夫勒尔解围失败后，灰心丧气的法军最先碰到的却是勃艮第使者——腓力勒令这些法军远离自己的领地，否则将以武力赶走他们。但严令之下，仍有不少士兵熟视无睹，他们大胆跨进了蓬蒂约地区，就像来时一样，这些人在归途中一路劫掠。埃唐普伯爵约翰和圣波勒伯爵路易被迫带着大批骑兵驱赶他们。在乱战中，散兵游勇们一路向东流窜，横穿皮卡第，所过之处一片狼藉。当他们进入香槟后，勃艮第人总算松了一口气。不过，他们还得应付不时出现的，驻于博韦、拉昂、兰斯周边地区的法军前线部队——拉海尔的私生子弟弟皮埃尔·勒尼奥·德·维尼奥勒也位列其中。这些不怀好意的连队一度侵入到阿布维尔、康布雷甚至是埃诺地区，其所作所为与英军无甚差别。当然，他们的借口是卢森堡的约翰一直未对法王立下效忠誓言。的确，卢森堡家族及一些勃艮第官员甚至逮捕过为王室采办军需的商人。因此，这些地区难逃战火。正当腓力忙着拟定递交给查理七世的抱怨信时，他还收到了一个消息：英国人将释放勃艮第家族的老对头——奥尔良公爵查理。

海峡对岸的亨利六世仍醉心于争取与法国和解的努力中。他原本打算于7月1日安排一场在加来边境地区举行的和谈会，但是布拉格党叛乱击碎了这个梦想。不过，4月12日，也就是暴动的最激烈阶段，查理七世还是派出了勒尼奥·德·沙特尔和部分御前会议成员来到这里商谈和平及释放奥尔良公爵查理的问题。

▲ 奥尔良公爵查理

多年以来，奥尔良公爵查理一直请求英国人释放自己。亨利六世亲政后，这种希望成为可能。年轻而善良的英王的确展现过释放奥尔良公爵，让他为自己的和平愿望奔走的兴趣，这种想法也受到了亨利·博福特的支持，但王叔又一次站在了对立面：格洛斯特公爵汉弗莱强调先王亨利五世的遗愿就是在征服整个法国前不能释放奥尔良公爵。6月2日，他又发出了一份更为详细的抗议书。格洛斯特公爵在书中认为查理七世和其子治国无能，奥尔良公爵回国后会被三级会议和贵族推举为摄政，这对英国利益将是一种损害。作为查理七世的臣下，奥尔良公爵没有义务服从任何对亨利六世立下的誓言。他的释放还将促成法国贵族间的合作——其中一些人一直对英格兰较为友善，进而威胁到英王在诺曼底和吉耶讷的臣民。亨利六世对这些过于夸张的意见不以为然。奥尔良公爵一直强调他在法国贵族间有巨大的影响力，能够促成英国和法国之间的和平。现在那些纷纷向他伸出援手的法国大贵族似乎也证明了这一点。此外，英王已意识到政府越来越难于筹集到能继续维持这场战争的资金，释放的决议就此定下。

尽管如此，格洛斯特公爵汉弗莱的抗议还是起了一点作用。奥尔良公爵查理重获自由的价码十分高昂：他必须立即支付一笔4万诺布尔的赎金，以及另一笔需在六个月内缴纳的8万诺布尔的赎金。如果奥尔良公爵在一年的“假释时间”内能成功安排一个和平协定，他所有的赎金都将被取消。如未能成功且不能及时缴纳赎金，那么他将重返囚徒生涯。

奥尔良公爵查理连忙答应了这些条件。10月28日，他在威斯敏斯特发誓不再与英国为敌，并将诚实履行条约中的义务。当和声响起时，格洛斯特公爵汉弗莱愤然离席，径直走上自己在泰晤士河上的游艇。11月3日，英王宣布释放奥尔良公爵。两天后，在罗切斯特的威廉·韦尔斯及其他和谈使者的陪伴下，他离开了伦敦——他的弟弟昂古莱姆伯爵让则继续被英国人囚禁。从加来登陆后，奥尔良公爵便直接前往东北面。他急于感谢拯救自己脱离苦海的勃艮第公爵腓力。

时过境迁，法国的政治生态已经和15世纪初大相径庭。在奥尔良公爵查理被囚禁了二十五年后，奥尔良家族已失去了和勃艮第分庭抗礼的能力。虽然勃艮第的权势已无可比拟，但它也和其他贵族一样，感觉到了逼近的危机——已经复苏的王权正在重新掌控国家。腓力已改变策略，他希望弥合与其他王公贵胄的矛盾，组成一个封建同盟以对抗王室——当然勃艮第将担任领导之位。腓力曾积极在奥尔良与英国人间斡旋。在他与夫人的干涉下，包括布列塔尼公爵约翰、阿朗松公爵让、旺多姆伯爵路易在内的法国贵族纷纷为奥尔良公爵的赎金解囊——甚至连道芬路易也认领了3万埃居的担保。因此，在踏上大陆前，奥尔良公爵就已数次向腓力承诺会尽释前嫌。

数天后，勃艮第公爵腓力来到格拉沃利讷与奥尔良公爵查理会面。两位公爵都急着向法王的中书大臣勒尼奥·德·沙特尔等人展示他们间的友爱。他们拥抱了好几次，但除了客套话之外，并未深入交谈。接着，两人在簇拥下来到圣奥梅尔。在各方权贵、领主、骑士、官员和市民的注视下，开启了遵循《阿拉斯和约》条款的宣誓仪式。勃艮第人在高坛前要求奥尔良公爵及族人立誓，遵从和约的每一项条款。与勃艮第鏖战多年的迪努瓦伯爵让曾有片刻的踌躇，但他立即受到了兄长的敦促。奥尔良公爵决心服从腓力的意愿，发誓遵守所有条款——除了关于前任勃艮第公爵身亡的那部分，奥尔良公爵声称自己当时毫不知情，而且闻讯后非常不悦。同时，他还答应了与勃艮第公爵的外甥女克利夫斯的玛丽（Marie of Cleves）联姻的要求。仪式结束后，颇为满意的腓力隆重款待客人，并授予他金羊毛骑士团成员的身份。其他王公贵胄很快也开始庆祝这个盛典——数天后，布列塔尼公爵约翰和阿朗松公爵让一并入选骑士团。

▲ 奥尔良公爵夫妇

1440 年底，奥尔良公爵查理享受了一段惬意时光，勃艮第公爵腓力支付了他在自己领地上的开销。在佛兰德作为贵客游览了一番后，他和新婚妻子终于开始踏上返乡之旅。奥尔良公爵似乎颇受爱戴，一路上，不断有贵族前来恭贺他重获自由。许多骑士和侍从也自愿投效到他的扈从中——他们都认为身为第三顺位继承人的公爵即将在国王宫廷中获得显赫的地位。甚至连那位跋扈的卢森堡的约翰也表达过想为他效劳的意愿——他希望能解决因占有公爵的库西城堡而产生的领主权问题。但奥尔良公爵在一些人的劝说下，决定绕开圣康坦等容易受到这位领主部众劫掠的地区。卢森堡的约翰终究未能等到为奥尔良公爵服务的机会，于 1441 年 1 月 5 日死在吉斯的病榻上。替他守卫库西之人随即抛弃了卢森堡家族，将城堡物归原主。效仿他们的还有博略等市镇，它们也驱逐了总督，改投阵营。当奥尔良公爵走出皮卡第时，身后的随从队伍已经如同一支军队一般。法兰西岛的贡比涅、桑利斯和巴黎等城市也都热烈欢迎他。人们给予公爵的荣誉几乎能同国王及道芬比肩。

在带着英王使者前往宫廷的道路上，奥尔良公爵查理只收到过一份冷淡的致辞。它来自于国王——虽然之前查理七世下令召见堂兄，但现在却派人告知公爵，他乐于接见公爵，但应该在一种更简单和私密的氛围下。奥尔良公爵获释后的系列举动及其内廷中充斥着勃艮第人员的现状使查理七世感觉到王公们正暗中联合的迹象——布拉格党叛乱刚落下帷幕，不甘心的贵族们又打算再起波澜。他们同那些不断流窜骚扰地方的连队一起令王国的东面动荡不安。查理七世决心严厉惩罚那些屡次触犯法纪者。因此，法王改变了北上的注意，于1440年的最后一天离开沙特尔，前往东部。奥尔良公爵只得前往西面拜会布列塔尼公爵约翰。

法王的亲征

1441年初，查理七世同陆军统帅阿蒂尔、道芬路易、安茹的查理等人一起带着大军来到桑斯，于1月中旬渡过约讷河进入香槟。自加冕后，查理七世还是首次踏进这片饱受饥荒、瘟疫、战争和剽掠折磨的领地。驻扎在奥布河畔巴尔(Bar-sur-Aube)的波旁私生子亚历山大仍在香槟为非作歹。佣兵们霸占磨坊烤炉，用饥饿逼迫城市缴纳贡金。沃代蒙伯爵安托万在勃艮第人的支援下依然在巴尔及洛林地区挑起冲突，一直骚扰到特鲁瓦城下。

法王决心平息这些地区的祸乱。他沿途宽抚民众，视察了5座济贫院，免除了他们的塔兰税、商品税以及磨坊租税等费用。当王室于16日到达特鲁瓦后，这里立即爆发了一场诉苦大集会。连富有的蒙捷拉塞勒（Montier-la-Celle）领导人也列出了一份长长的清单：在战争中，他们的房屋被焚毁；从贝德福德公爵约翰那里买来的韦尔代(Verdey)小堡被夷为平地；索普瓦(Sompoix)以及巴尔伯雷(Barberey-aux-Moines)的领地和谷仓也被荒废。他要求获得六年的森林采伐权以重建家园。他身旁还有勃艮第人，他们专程从南方赶来向法王声讨那些兵匪，抱怨《阿拉斯和约》未得到执行。1月26日，国王发布命令，声称将终结那些违反和约的行为，勒令连队首领不得骚扰这些地方，并继续敦促他们与自己会合。实际上，他还打算和其中的某些人算算旧账。

2月1日，宫廷来到奥布河畔巴尔。波旁私生子亚历山大带着一群剥皮者前来拜见国王，同时传到查理七世耳中的还有一伙农民的控诉。受尽剥皮者蹂躏的他们要求国王主持公道。这一次，迟到的正义终于降临。宪兵司令（Prévôt de la

索姆河
厄镇
布雷勒河
欧马勒
亚眠
阿尔博尼耶尔
利翁
佩罗讷
博瓦尔
圣康坦
吉斯
里布蒙
马尔勒
福勒维尔
鲁瓦
博略
布勒特伊
蒙迪迪耶
瓦兹河
努瓦永
拉昂
库西
蒙泰居
古尔奈
昂布赖
博韦
苏瓦松
埃纳河
贡比涅
克莱蒙
日索尔
克雷伊
桑利斯
克雷皮昂瓦卢瓦
兰斯
塞纳河
维尼
博蒙
利勒亚当
马恩河
默朗
蓬图瓦兹
达马堂
芒特
蒂耶里堡
圣德尼
莫城
圣日尔曼
巴黎
拉尼
韦尔蒂
德勒
厄尔河
默伦
普罗万
沙特尔
埃唐普
蒙特罗
约讷河
特鲁
桑斯
茹瓦尼
奥尔良
欧塞尔

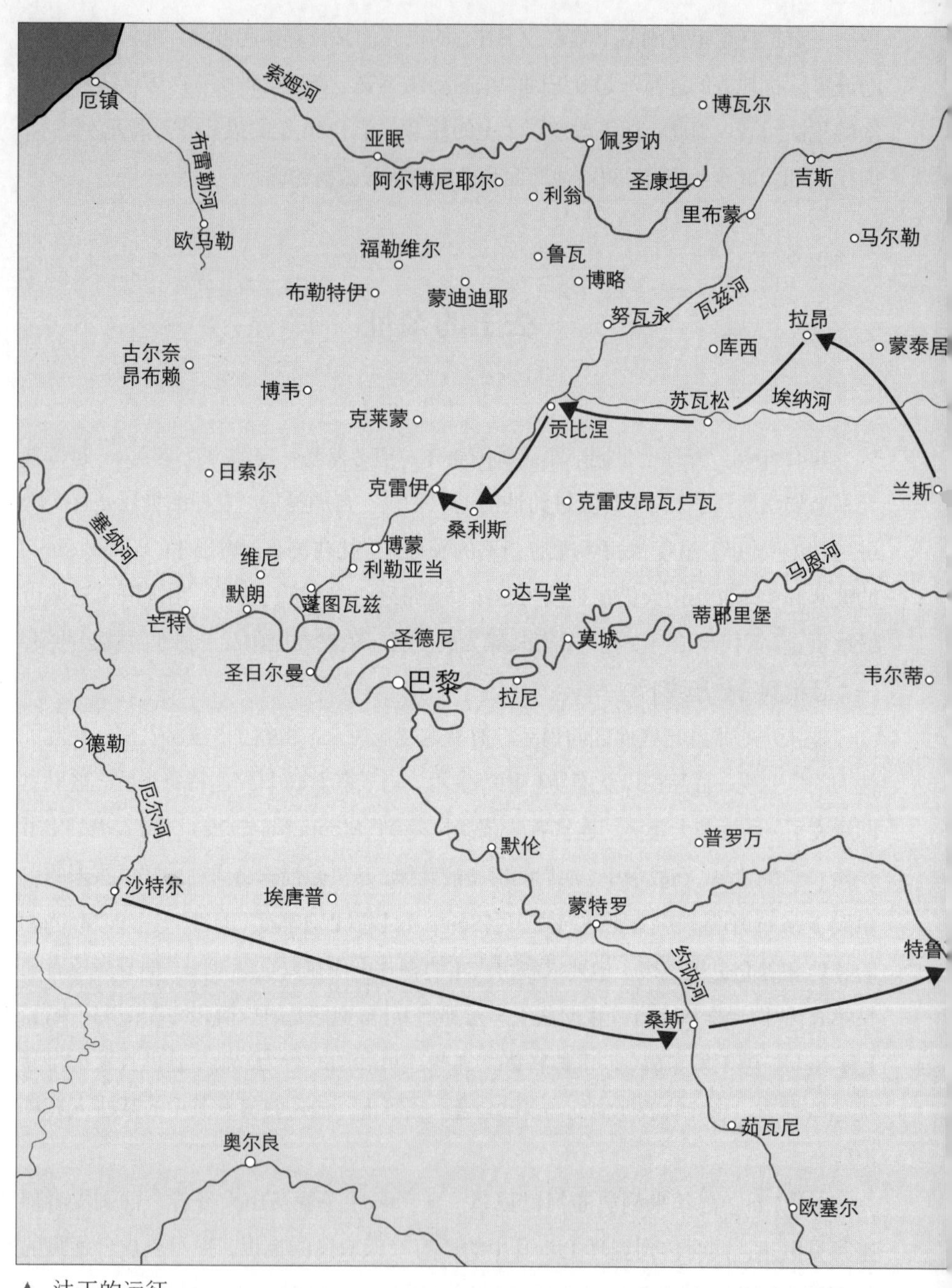

▲ 法王的远征

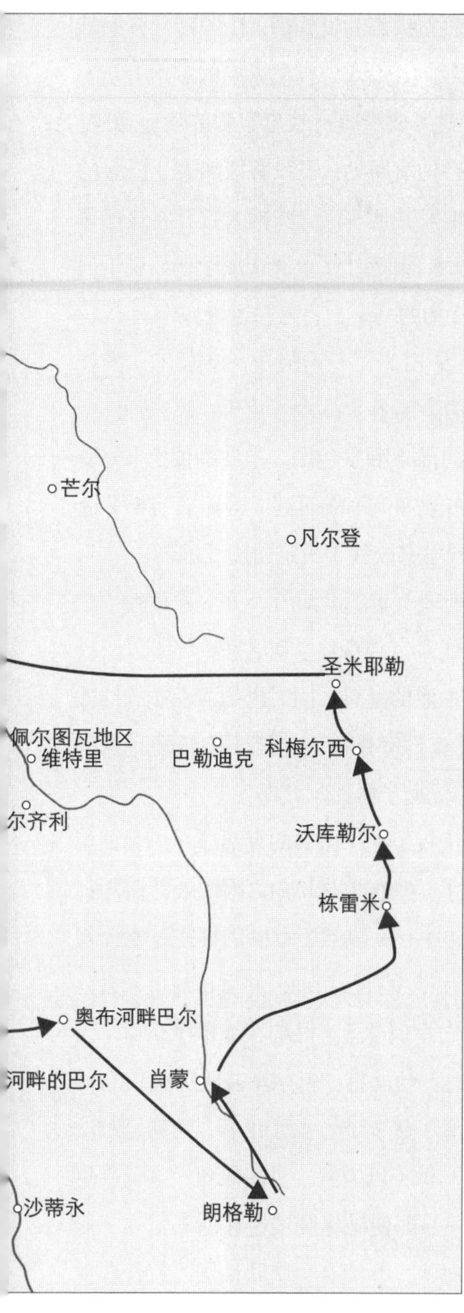

maréchaussée）奉命逮捕了波旁私生子，并立即交付审判。按1439年11月2日颁布的《奥尔良法令》，他被判危害王权罪——这项罪名同时也是对波旁家族去年煽动道芬路易反对国王行为的清算。于是，波旁私生子被装入麻袋，从桥上投入奥布河里。他的十余名部属也被吊死或砍头。

处决这样一位带有王室血统的佣兵头子给其他剥皮者多少也增加了压力，同时也震慑了那些贵族。此后查理七世指派了新的桑斯邑督区及香槟地区代理官维持秩序。在接下来的两个月内，法王的行程十分顺利。他沿着勃艮第边界向东南前进，穿过巴尔以及洛林边境地带。波旁私生子的盟友，和安茹公爵勒内争执不休的科梅尔西侍郎被迫暂时安静下来，他向来到沃库勒尔的法王表示顺从，并于3月1日在科梅尔西城堡正式向自己的所有封主效忠。

同样，曾支持法王敌人的凡尔登（Verdun）市民也受到了围城的威胁，他们被迫缴纳了1万弗罗林的赎金以息事宁人。不过查理七世的主要目标是沃代蒙伯爵安托万。他从勃艮第边界到兰斯的一路上都在不断写信、派出使者，请沃代蒙伯爵接受调停。沃代蒙伯爵经受不住法王的谆谆劝诱，终于向手握重兵的查理七世屈服。3月27日，沃代蒙伯爵正式放弃对洛林公爵的宣称，并向勒内宣誓效忠，以此换取法王的赏赐及部分领地收益。降服了大批处于半独立状态的贵族后，法国宫廷开始转向皮卡第前线，于4月1日到达拉昂，法军则继续向卢森堡-利尼家族的领地开进。

去年年底，查理七世就给卢森堡的约翰下达了要求履行效忠宣誓的最后通牒。卢森堡的约翰去世后，继承其领地的侄子圣波勒伯爵路易，也没有任何表示臣服的意愿。国王在香槟时曾派人前往图尔奈购买火炮及其他军需。法国人打算将这些军火运回巴黎，但他们在途经里布蒙（Ribemont）时，却遇上了一群隶属于圣波勒伯爵的本地守卫。这群士兵不由分说便抢走了满载货物的马车，将它们运进城内。

里布蒙守卫的劫掠行为给圣波勒伯爵路易招来了一场战争：拉海尔、安托万·德·夏巴纳等将领奉命北上，攻打圣波勒伯爵的各个据点。位于拉昂东面，拒不服从国王的蒙泰居城堡也被陆军统帅阿蒂尔的部下顺手包围。圣波勒伯爵只好躲入吉斯城中固守，他的防线几乎立即崩溃，里布蒙守卫不战而逃。当距离吉斯只有几里格远的马尔勒也被火炮轰击时，卢森堡-利尼家族终于决定向法王求饶。

复活节期间，圣波勒伯爵路易来到拉昂向查理七世行效忠礼，并寻求赦免——在这里，他与未来的法国国王路易建立了密切联系。卢森堡-利尼家族终于以臣服国王的条件换取继续保有他们的领地。圣波勒伯爵的岳母，同时也是卢森堡的约翰的遗孀，莫城女子爵让娜还被建议与厄镇伯爵查理联姻。但让娜不愿意接受这种安排，为女婿签订了一份和解协议后，便找借口溜回了博瓦尔城堡。

除女子爵外，还有一位贵妇也和宫廷一起庆祝了4月16日的复活节——勃艮第公爵夫人伊莎贝尔。她给法王的御前会议带来了一些在埃诺境内，因四处游荡劫掠而被勃艮第人逮捕的王军士兵以及一大堆申诉文件——显然王军中仍存在着扰掠现象。勃艮第公爵夫人还希望国王能在与英国人和谈中有所松动，并重拾对奥尔良公爵查理的恩宠。《奥尔良法令》公布后，大贵族们发现自己已很难在战争中获益，因此他们纷纷拾起议和方案。3月6日，布列塔尼、勃艮第、奥尔良公爵一起宣布他们将为“英格兰和法兰西两个王国间的全面和平”而奔走。4月12日，阿朗松和波旁公爵也加入这个协议，充当调停者。但查理七世不以为然，现在他和一些廷臣更倾向于再和霸占着法兰西岛的英国人较量一番——即使破坏和谈也在所不惜——而不是顺应王公们的要求，维持前线门户大开的现状，继续在会威胁法国王权合法性的和平协议上让步。28日，法王以厌倦了不断在英国人地盘上举行谈判会议的借口取消了他先前签署的一系列关于和谈事项的委命。同时，针对一部分勃艮第人不愿撤出蒙泰居的行为，查理七世以强攻此城作为威胁，迫使他们离开。

▲ 中年的勃艮第公爵腓力与妻子伊莎贝尔

当伊莎贝尔带着满腔失落与委屈回到丈夫身边时，王军正在为这次远征的最终目标作准备——他们要将英国人彻底赶出法兰西岛。5月上旬，法王经苏瓦松来到贡比涅，奉命从各地赶来的法军也在这里集结。先头部队则已南下，经过桑利斯，于5月8日开始包围地处瓦兹河下游，巴黎北面的克雷伊。不久后，法王来到市镇南面。陆军统帅阿蒂尔和其他将领在北面桥旁扎营。克雷伊的160名英国守军在威廉·佩托爵士（Sir William Peyto）的带领下顽强抵抗。但火炮总管让·比罗在19日布置好火炮后，守军的命运就被注定了。法军的火炮很快就将城墙轰出了一个巨大的裂口。绝望的佩托带部下发动了一次出城袭击，但被法军轻松击退。5月25日，他们签订投降协议，带着随身财物徒步穿过大桥离开此地。

获胜的法军返回巴黎，但他们很快又继续向西面挺近。法王决心乘胜一鼓作气拿下已成为法兰西岛孤城的蓬图瓦兹。他颁布了总动员令，于6月下令在朗格杜瓦地区征收10万锂弗的塔兰税以及大额借贷，并写信给自己的优良市镇，要求他们提供部队、装备以及一个月的军饷。人们还在贡比涅森林中制作了一座大木堡，按计划它将搭载在船上，沿瓦兹河而下至蓬图瓦兹近郊。督造它的命令交给了纪尧姆·德·弗拉维。这位曾被赦免的贡比涅守将现在积极配合着国王。他借给国王2万埃居，并派遣弟弟夏尔·德·弗拉维带着火炮加入法王的队伍。

蓬图瓦兹易守难攻，依山而建，拥有8座塔楼。在南面，维奥纳（Viosne）河汇入瓦兹河并形成了大片紧靠城墙的水塘和洼地。北面则有壕沟屏护。横跨瓦兹河，与通往巴黎的大道相连的大桥也修筑了工事。它的东端设有1座桥头堡，西端——也就是河右岸，连接城镇处——则有2座塔楼保护。这注定是一场艰苦的战斗。

6月6日，围城战拉开序幕。查理七世决意亲自挂帅，他带着陆军统帅阿蒂尔、安茹的查理、厄镇伯爵查理等贵族将领来到蓬图瓦兹附近，并选定瓦兹河左岸的莫比松（Maubuisson）修道院作为总部——这里距瓦兹河约2英里，有一组高大的建筑适合大批人员进驻。但大军需要继续筹集资源，将领们也担心国王过于靠近前线，他很快便返回了圣德尼。几个小时后，蓬图瓦兹的英军冲出城外，袭击那些还在堤道上行走的法军火炮运输队。英军的行动很快便以惨败收场，法军士兵一直追到吊桥的铁链下。当晚，陆军统帅和海军将军普里让·德·奎蒂维等人带领一些骑兵和弓箭手来到前沿侦察敌情。他们估计守卫蓬图瓦兹的精锐英军在2000人左右——实际上守军大约有1000—1200人。法国人开始挖掘壕沟、设立堡垒以占领那座将城市与瓦兹河左岸连接起来的桥梁。

6日的交锋让英军老实了许多，他们现在专心于守住瓦兹河左岸的桥头堡。法军则开始用火炮轰击这个堡垒。11日，士气高涨的他们组织了一场突袭，但遭到英军的顽强抵抗。蓬图瓦兹守军还在桥的两侧搭起了简易浮桥，一面输送生力军，一面撤回伤员。法军进展缓慢，被迫将损失惨重的攻击部队撤回，并重新拾起等待火炮击破墙体的老战术。这次让·比罗的部下没有让同袍们失望。数天内，桥头堡便已千疮百孔，连带桥梁的三个桥墩也被炮火损毁。13日，法军再次发动袭击，成功地将英军从此地赶出。之后，他们修复了桥头堡，并派德尼·德·沙伊等人进驻桥头堡。

当战线推至城门口时，查理七世带着内廷正式入住莫比松修道院。他麾下约有5000名士兵可供调遣。拉海尔、让·波顿·德·桑特拉伊、安托万·德·夏巴纳、吉勒·德·圣西蒙、居伊·德·布隆叙福尔、罗贝尔·德·弗洛葛尔等一批名将也参加了此役。此外，那些在先前一系列敲山震虎的行动中受到震慑的贵族、战争领主们亦响应法王命令陆续来到战场。新近效忠法王的圣波勒伯爵路易放弃了和英国人的联盟，带领600人在7月加入战斗，沃代蒙伯爵安托万也带着120人前来凑热闹。

法国人的下一个目标是建立渡桥。他们看中了位于瓦兹河下游右岸，城市南面的圣马丁修道院。这项工程十分顺利，数天内法国人就搭起了由船只组成的浮桥，它的两端都设有小堡。法军还将一个巨大的木堡立在右岸修道院处，从而使浮桥工事与修道院相连，形成一个坚固的据点。于是，这里变成了瓦兹河方向的法军指挥部。现在，法军可以自由来往于瓦兹河两岸，其火炮也可以直接对准城墙和城门。持续的轰击给蓬图瓦兹的防御工事造成了极大破坏，但次日他们惊讶地发现轰开的裂口闭合了——城内的守军连夜用木料和装土的木桶支撑并修复了裂隙，他们决心顽强坚守，等待援军。查理七世急于完成对城市的封锁，但他有限的兵力只能布置于东面和南面两个方向上。显然，这次战役不可能一蹴而就。

1441 年 6 月，鲁昂委员会向亨利六世递交了一份措辞直率的信件。除了抱怨英王对往日发出的求援信置之不理外，他们还声称眼下已处于“紧急关头，而且我们告诉您，时弊已发展到分崩离析的生死线上，至于您的主权，也近于彻底毁灭了”。在长达两年的时间里，诺曼底的英国支持者一直对他们的总代理官望眼欲穿，但这位长官和他的援军都不见踪迹——约克公爵理查的行装还未整理完毕，他只在去年 7 月派出过一支 800 人的小分队，其中的士兵只签了六个月的合同。

在这种孤立无援的境况下，只有约翰·塔尔博特还在为亨利六世的事业奋力战斗。他从诺曼底收集人员和物资，沿塞纳河南下，于 24 日——也就是法国人占领圣马丁两天后——出现在瓦兹河右岸的战场上。英军向修道院中的敌人发出挑战。闻讯后的陆军统帅阿蒂尔立即动员在左岸的部队，准备跨过桥梁迎战。但查理七世和御前会议商议后决定不予理睬，以避免可能的风险——就像在莫城战役时那样。于是，除了一些零星的冲突外，塔尔博特带着部下大摇大摆地进入蓬图瓦兹城中。他给守军补充了给养，用生力军替换伤者，并留下斯凯尔斯男爵托马斯和福肯贝格男爵威廉·内维尔指挥战事。完成任务后，他便退往西面，经由芒特回到诺曼底。

接下来的事实证明，查理七世的军事才能的确难以承担在复杂形势下指挥大军赢得胜利的重任——有时对于将军们来说他似乎更像在掣肘。法军高挂免战牌的战术一方面使蓬图瓦兹的英军防守力量得以恢复，同时亦令约翰·塔尔博特更加大胆。当查理七世继续坚持他的“互不侵犯”政策时，他又趁机完成了第二次补给。法军的围城进程因此连续受挫。而天气似乎也在作对，持续的高温耗尽了他们的精力，士兵的热情渐渐消退。

正当法王陷入焦虑时，约克公爵理查也从北方现身：在英格兰和诺曼底的一再催促下，约克公爵终于决定率军出征。6月底，他从朴次茅斯起航。与以往数年相比，约克公爵军容颇盛。他的部下包括2名伯爵、4名男爵、6名方旗骑士、30名骑士、

▼ 蓬图瓦兹周边地区

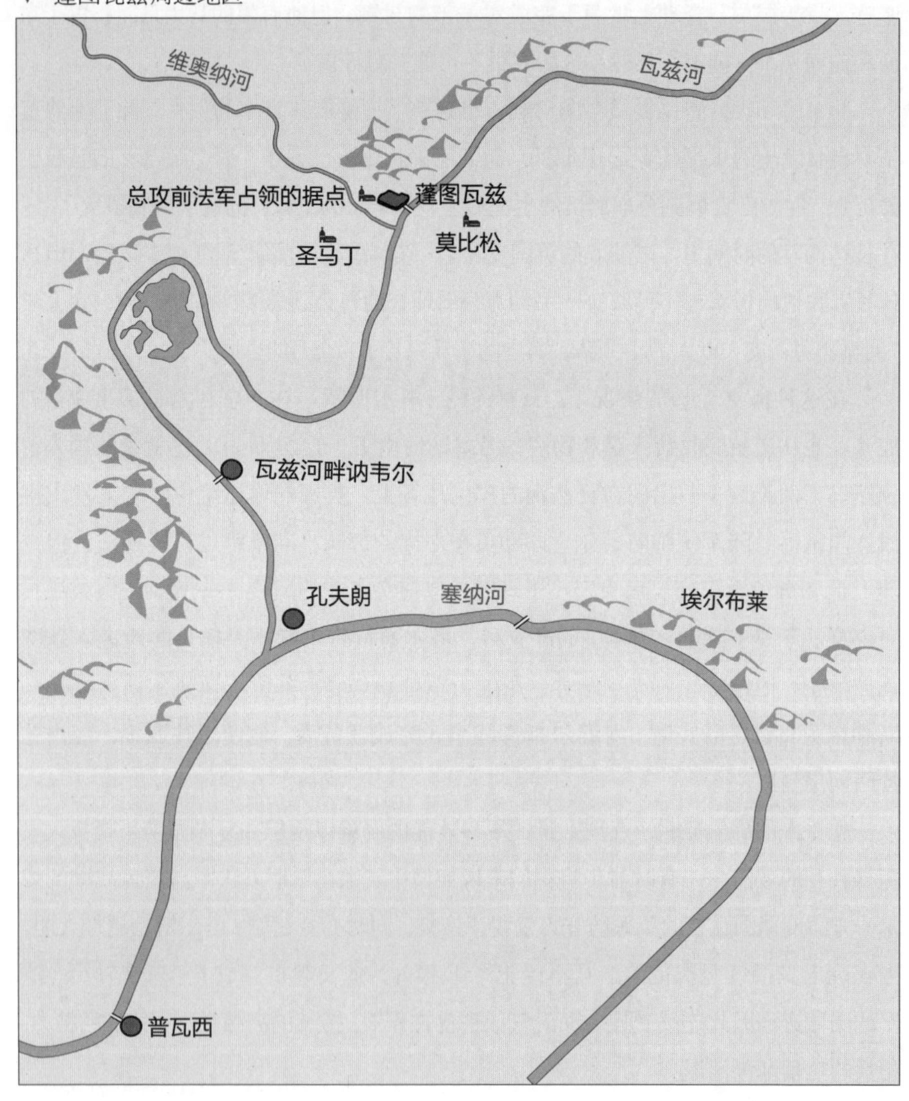

900 名骑兵和 2700 名长弓手——这已是英国近期能凑出的最大规模。当然，队伍中还伴着一群自愿跟随丈夫们前来的贵妇。不过约克公爵此时没有心情招待她们游览异乡。军情紧急，在阿夫勒尔登陆后，他便赶往鲁昂接过总代理官事务，收集资源。近三周后，他带着新组建的军队奔赴前线。

约克公爵理查的这支援军规模在 3000 人左右，他们带着载有火炮、给养以及皮革和木制小船、绳索等其他物资的长车队，赶着一大群牲畜，汹涌而来。这给查理七世的围城事业带来了极大干扰。得知敌兵接近的法军急忙渡过瓦兹河退到左岸，只派了少数部队留守圣马丁。约克公爵在 17 日顺利来到蓬图瓦兹。他立即将补给运进城市，并派遣约翰·克林顿（John Clinton）、尼古拉斯·比尔代（Nicholas Burdet）、亨利·斯坦迪什（Henry Standish）等英将加强防御。法国人的避战并未使英军像前几次那样安然离开，反而助长了约克公爵与法军主力决战，彻底终结围城的信心。约克公爵就像祖先爱德华三世一样写信给法王，声称无论他高兴与否，自己都要带着军队一起渡河。

法国人收到这封充满着傲慢语气的信件后，慌忙开始沿瓦兹河左岸布防。他们将部队划为数部，分段保卫逾 30 英里河段上的各个渡口：帕迪亚克伯爵贝尔纳负责从南面的孔夫朗（Conflans）——瓦兹河在这里汇入塞纳河——至蓬图瓦兹河段；圣波勒伯爵路易负责蓬图瓦兹到利勒亚当河段；厄镇伯爵查理则负责从利勒亚当直到北面克雷伊的一长段距离，他被配以拉海尔、让·波顿·德·桑特拉伊、安托万·德·夏巴纳、居伊·德·布隆叙福尔、罗贝尔·德·弗洛葛尔等骑兵将领。法国君臣希望以这种方式迫使英军粮尽退兵。

约翰·塔尔博特和约克公爵理查不甘心无功而返，他们带着军队向东北方向行进，与法军脱离了接触，于 20 日前后出现在上游 15 英里外的尚布利。英军发现与它相对的，位于瓦兹河左岸的博蒙已有法军把守。塔尔博特和约克公爵仍未放弃计划，他们在晚上派出一支小分队攻击博蒙，并发出极大声响。这次佯攻让周围的厄镇伯爵查理的部属都向博蒙集中。与此同时，英军主力继续沿河而上，他们看中了约 2 英里外的茹瓦约蒙（Abbey of Royaumont）。这里的河面虽然仍有近 30 码宽，但对面的看守已经离开。英军将 1 艘小船投入瓦兹河中，三四名士兵艰难地驾着它渡过湍急的河水，抵达对岸。他们连忙钉下木桩，系起连接两岸的牢固绳索。通过这种手段，有40多名英军陆续来到对岸，这些人马上将削尖的木桩敲入地面构筑防御工事——显然，只要十余名法军在此地看守，他们就无法成事。英军搭好了浮桥，队伍开始陆续开往左岸。直到这时，法军才发现了英军的真实意图。罗贝尔·德·弗洛葛尔部的一些骑兵连忙赶往此地攻击敌人，但为时已晚。英军击退了他们的袭击，塔内吉·迪·沙泰尔的侄子纪尧姆（Guillaume du Chastel）也在战斗中身亡。当夜，英国人还将他们的行李马车和给养都运过了河，并在此地安下营寨。

当约克公爵理查突破瓦兹河防线的消息传到法军大本营时，陆军统帅阿蒂尔急忙跳上战马，带着能收集到的所有人马奔向事发地点。到达利勒亚当时，他发觉事已不可为。形势十分严峻，法国人很难判断英军的下一步动作。陆军统帅立即返回莫比松，敦促国王、道芬路易连夜渡河前往右岸的圣马丁，同时还抽调一部分军队火速回防可能被威胁的圣德尼。由于事发仓促，陆军统帅只能派出100名骑兵轮番将部分储备搬运至圣马丁的工事中。因此，当英军在一天后抵达莫比松时，他们还缴获了遗留的大批给养装备以及来不及撤走的商人。而查理七世在陆军统帅劝说下带领队伍继续向南转移。他们渡过塞纳河退到普瓦西，只留下了海军将军普里让·德·奎蒂维带领1000多人守卫圣马丁堡垒——国王答应会尽快救援他们。至此，法军的围城战陷于停滞。

约克公爵理查在莫比松停留了三天，他修复了被遗弃的桥头堡，并试图劝诱圣马丁法军投降离开。但普里让·德·奎蒂维严词拒绝，随后双方只是进行了些弓箭手间的零星交火。实际上，约克公爵仓促间很难攻克这个坚固的据点，也难以切断对手的补给。查理七世不断组织法军将给养从南方护送至他们手中。约翰·塔尔博特带着先锋南进到位于蓬图瓦兹和孔夫朗之间的瓦兹河畔讷韦尔搭建浮桥。25日，他们开始从此地渡河，打算继续追击查理七世。

据史料记载，就在同一天，巴黎总督安布鲁瓦兹·德·洛雷亲自带领组织的船队沿塞纳河而下，冲破英军的阻挠，将粮食运到塞纳河右岸。离开普瓦西的让·波顿·德·桑特拉伊则将这批补给装上马车，前往圣马丁。陆军统帅阿蒂尔、圣波勒伯爵路易在他后面跟进支援。不久后，英军渡过瓦兹河的消息传到法军营中，陆军统帅急忙通知已换成后卫的桑特拉伊快速返回，防止敌人从侧翼截击——实际上英军正同转入瓦兹河的德·洛雷舰队交火。已完成任务的桑特拉伊建议他们在下游的默朗渡过塞纳河，从西面返回普瓦西。陆军统帅采纳了此策。

然而，看到前卫部队渐行渐远后，让·波顿·德·桑特拉伊却人胆地穿过南面渡桥来到国王面前。他抢先向查理七世报告陆军统帅阿蒂尔绕路避开敌人的胆怯行径。真相很快就被查明，桑特拉伊作弄长官的花招只为自己惹来了陆军统帅的一顿训斥。

英军决心继续深入。26日，约克公爵理查的部队在普瓦西的桥头发出挑战，但随后与守卫渡桥的法军的激战中并未捞到什么便宜。仍不甘心的约翰·塔尔博特又生一计：他亲自带着1000名乘马士兵西行至更下游的芒特，然后突然在夜晚急行军17英里冲向普瓦西——意图直捣法王行在。凌晨时，塔尔博特的队伍突入普瓦西。据英国人声称，他们缴获了法王的一件“仍有余温的”睡衣，但约克公爵显然没有能力配合塔尔博特包抄敌人。当查理七世离开普瓦西渡过塞纳河来到孔夫朗之际，从瓦兹河畔讷韦尔自西向东跨越瓦兹河赶向孔夫朗渡口的约克公爵部——尽管他的路程短得多——行动却格外迟缓，错过了伏击法王的机会。他们只能目送2英里之外的法军翻过埃尔布莱（Herblay）山脊向东南撤退。7月末，查理七世安全回到圣德尼。

约克公爵理查已心灰意冷，他的军队在两周内跟着法军频繁渡河，耗尽精力后却仍一无所获。事实上，他的军队已开始忍饥挨饿。约克公爵执意返回诺曼底。8月1日，他进入鲁昂，士兵们的憔悴面容给当地人留下了深刻印象。约翰·塔尔博特也带着普瓦西修女们的财物返回芒特。

回到巴黎的查理七世充满忧虑。在一次次目睹两军猫捉老鼠的游戏后，巴黎的喃喃低语演变成了变成高声嘲讽。为战争承受重税的巴黎人将国王和廷臣们讽刺成懦夫。安茹的查理和陆军统帅阿蒂尔发现他们正面临着巨大的政治危机。贵族们又在秘密联络——其内容可想而知。颜面尽失的廷臣们必须拿下这场耗费甚巨的战役，否则便是垮台的命运。在陆军统帅的支持下，查理七世摒弃了那些主张放弃的胆怯建议，执意将这场围城战继续下去。他再度写信给各地城镇索要援助。战事中止十余天后，法军又回到莫比松，修复桥梁重启围攻。15日，查理七世也回到孔夫朗，并在塞纳河上搭起筑垒桥梁。从各地赶来的法军到此集合。很快他们又与英国守卫在老地方展开了激烈的战斗，连安茹的查理也被羽箭射伤。

这次约克公爵理查不再打算亲自奉陪法军——也许他更喜欢待在后方同正在私

下与英王沟通的法国公爵们打交道——只有不知疲倦的约翰·塔尔博特还在倾力挽救危城。他又在埃尔伯夫搜集了一队补给，于8月下旬送往蓬图瓦兹。闻讯的陆军统帅阿蒂尔决意放弃避战策略，集合尽可能多的队伍前去迎敌。法军于黄昏之际在西面9英里处的维尼(Vigny)拦截住了英军。他们沿道路的野地布设阵地。塔尔博特带领的只是一支远逊于对手的护送队伍，他选择在半里格外的森林旁扎营。双方就这样一直对峙到了天黑。然而，塔尔博特并没有在这里住宿的打算，他点燃营火，然后却趁着夜色的掩护后撤，再转向东面，渡过据此地大约有2英里的维奥纳河，然后前往蓬图瓦兹。他们渗入因陆军统帅抽调而空虚的封锁线，再次完成了补给任务。追赶不及的陆军统帅只能隔河围观。

在连续的挫折下，法国阵营中弥漫着悲观情绪，圣波勒伯爵路易和沃代蒙伯爵安托万都已放弃战斗返回各自的领地。布列塔尼公爵约翰和阿朗松公爵让等贵族代表更是在9月前往加来，与约克公爵理查及亨利六世的法国秘书会面，他们许诺

▼ 围攻蓬图瓦兹

会尽快督促国王重回谈判。查理七世再次拒绝了公爵们派出的使者的劝告。9月6日，约翰·塔尔博特完成了他对蓬图瓦兹的第五次补给。不过，这是英军在围城战役中的最后一次战术胜利。查理七世等人的坚持终于使法军在这场意志和资源的较量中逐渐压倒了对手。让·比罗最大限度地发挥了火炮的力量。法军的包围线也贴近至城墙边缘。9月16日，查理七世在军事会议上决定让安德烈·德·洛埃阿克元帅和让·德·比埃伊指挥法军对蓬图瓦兹西郊的据点发起进攻——它的墙壁受到了炮火的严重破坏。不久后，他们便歼灭了其中的24名守军，占领此地。

现在，法军可以通过高耸的塔顶俯瞰全城，还将火炮运进了这个观察哨并把弩手布置在其中。拉海尔等将领奉命前往利勒亚当及日索尔方向，牵制诺曼底的英国援军。经过三天的炮击，19日，海军将军普里让·德·奎蒂维发出了总攻的命令。在国王、道芬路易和将领们“圣德尼！拿下城市!”的鼓励声中，装备精良的法军士兵从三面进攻蓬图瓦兹。两个小时后，他们突入城市，守城的英国人随即被洪流淹没，遭受了毁灭性打击。包括尼古拉斯·比尔代在内的400—500名英军阵亡，约翰·克林顿同300人沦为俘虏。残余的士兵逃到教堂和其他隐蔽地点避难，但仍逃不脱搜出后被处决或逮捕的命运。法国人声称自己的损失只有40人，不过激战后的士兵并未保存多少怜悯之心：查理七世带着旗帜进城后，一个穿着盔甲的英国人突然钻到了他所乘战马的肚子底下。也许这名士兵想获得法王的庇护，但查理七世还未来得及喝止战斗时，追捕者便围了上来。于是，连带着国王那匹倒霉的战马也受了几处剑伤。

尽管这场胜利代价高昂，但它挽救了查理七世的威信。经过漫长的五年，法国人终于关上了英军通往法兰西岛的大门。而贵族们也暂时收敛了小动作。尽管英国人可以继续为军队在战斗中表现出的较高素质自我陶醉，但漫长的战争中他们既无法干扰法王整合王国的进程，也难以扭转已呈一边倒的战略态势。约克公爵理查赴任后的首次重挫已经证明：英军的战术优势无法弥补与对手的总体差距，他们那有限的资源和动员力已难以阻挡法国人。

蓬图瓦兹的丢失标志着英军先前苦心经营的堡垒链被彻底打散，诺曼底已成为法军的案上鱼肉。英军稀薄的兵力甚至难以承担本地区的防卫工作。在法兰西岛收复战期间，法军的偏师就已在诺曼底攻城略地。春夏季起，已成为乌什地区孔谢守将的罗贝尔·德·弗洛葛尔在里勒河及厄尔河河谷之间四面出击。5月，他轰击博梅尼勒城堡迫使其投降，又通过一场奇袭夺取了博蒙勒罗歇（Beaumont-le-Roger）。弗洛葛尔更耀眼的功勋建立在收复蓬图瓦兹前不久的9月15日。他带着约300人悄悄接近埃夫勒。法军受到当地2名渔夫的协助：一人正值守夜，另一人则假装在河里捕鱼，并趁机将士兵和攻城梯运到城下。就这样，法军成功爬上埃夫勒的沙特讷城门附近的围墙，突入城中。尽管英军搭起街垒试图顽抗，但很快他们就被击败。于是，这座埃夫勒邑督区的首府终于被收复。现在，法军已在埃夫桑地区牢牢站住了脚跟。弗洛葛尔也因此收获了6000埃居的奖励。

在这段时期，因1438年的休战协议而归于平静的曼恩和安茹前线却泛起了波澜。勒芒、弗雷奈等地的英军守卫似乎厌倦了数年来的平淡生活，在约翰·法斯托尔夫的示意下，他们集结了约600人展开了一场远骑烧掠。6月，这支英军向南推进，穿过曼恩入侵到安茹境内。他们很快盯上了圣德尼当茹（Saint Denis d'Anjou）。这是

▲ 袭取埃夫勒

一座位于安茹边境，颇为富裕的小镇。300 余名英军径直扑向此地，居民只得带着财物逃向筑垒的教堂避难。英军显然不会放弃这些猎物。发现镇中空无一人后，他们立即来到教堂前试图强行打开大门。士兵还将箭矢等射入窗户，杀伤了一些居民。人们拼命抵抗，阻止他们闯入。

英军的攻击行动一直到夜幕降临才趋缓。当警报传开后，萨尔特河畔的萨布莱、圣叙藏、拉瓦勒等地区的法国人迅速集结了一批援军。他们有近 80 名由安茹和曼恩领主领导的骑兵以及一小队步兵。十个小时后——这时已是次日——这百余人的队伍终于接近小镇。法军从战马上跳下，来到小镇东北角靠近萨布莱的一端。他们

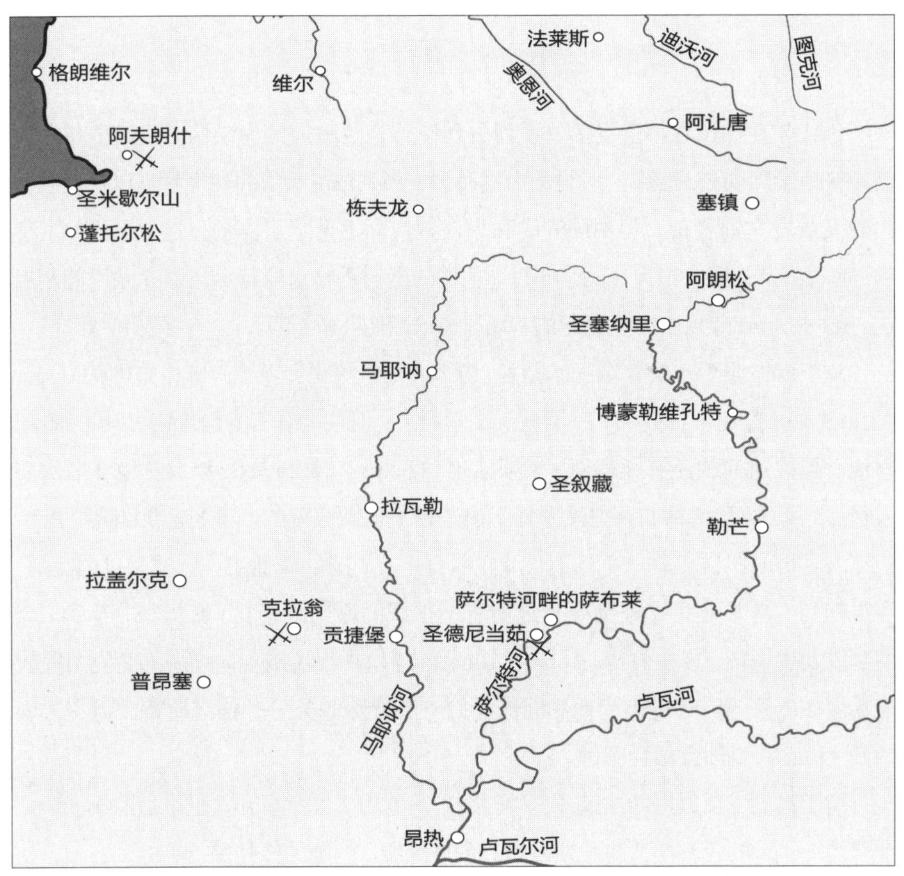

▲ 下诺曼底边境—安茹地区

迅速而无声地接近教堂，发现英国人已穿戴整齐，正在上马——狭窄的街区并不适合骑兵展开，也许他们是打算前往其他地方烧掠。事不宜迟，法军立即向敌人发动攻击。来不及列阵的英国人陷入混乱，部分士兵慌忙退入一个封闭的葡萄园。法军步兵跟着贵族们突入此地，身后还跟着一批集结起来的农民。法国人很快就击溃了对手。最终，英军有120人非死即俘，而法军的损失微乎其微。显然，小股英军深入敌后、来去自如的美好时代也一去不返了。

讷韦尔集会

1441年在法国北部遭受的一系列失利使英格兰政府颇为烦恼。虽然亨利六世仍频繁地给阿朗松公爵让、勃艮第公爵腓力、布列塔尼公爵约翰等权贵以及他们的代表发放安全通行证，但两国间的和平谈判实际上也陷于停顿。这无形中给了亨利·博福特及其同党很大压力。不过，他们的老对手格洛斯特公爵汉弗莱没能利用这一点——1441年夏季突然掀起的一场风暴已令他自顾不暇。

这个事件源于一次异端巫术指控。当事人是牛津司铎罗杰·博林布鲁克(Roger Bolingbroke)。他被描述为"一位大天文学家"，但他的真实身份应定义为占星家。与他一起被逮捕的还有托马斯·索斯韦尔(Thomas Southwell)以及其他2名次要人员。7月23日，博林布鲁克被安置于建筑物圣保罗庭院的台子上。众目睽睽之下，他穿着古怪的服装坐在一把绘有图案的椅子上。周围堆着他工作时使用过的工具。在讲演后，博林布鲁克被勒令弃绝所有不正规的原则。亨利·博福特、亨利·奇切利以及罗伯特·吉尔伯特(Robert Gilbert)等均在现场围观。博林布鲁克引发教会动用如此大的阵势是因为他和同僚的另一份特殊职务——格洛斯特公爵夫人埃莉诺·科巴姆的预言师和医师。

急于戴上王后之冠的埃莉诺·科巴姆——她的丈夫是亨利六世之后的第一顺位继承人——闻讯后连夜逃往威斯敏斯特的庇护所，但她的挣扎是徒劳的。25日，她被带到圣史蒂芬大厅(St.Stephen's hall)审问。一些新的同谋者——比如曾卖给她魔水，以便让她在格洛斯特公爵汉弗莱面前显得更有魅力的马格丽·乔登梅（Margery Jourdemayne）——也被挖出来。埃莉诺很快被控以异端、叛国的罪名，尤其耸人听闻的是犯下了叛国行为——她和罗杰·博林布鲁克、马格丽·乔登梅做了一个亨利六世的蜡人偶，并放在慢火上熔融，以此给真人下咒。埃莉诺承认和乔登梅的来往，但否认了叛国情节。这种反抗只能使审讯者变本加厉。10月23日，埃莉诺被正式判有罪。她的同谋者被悉数处决——除了索斯韦尔，他已先死在狱中。11月3日埃莉诺终于屈服，发誓弃绝异端。审讯者并未高抬贵手。虽然亨利六世赦免了其性命，埃莉诺还是被判为终身监禁。6日，亨利·博福特等人强迫她与丈夫离婚。此外，埃莉诺还被迫取下头饰，光着脚，手执一磅重的蜡烛在伦敦街上行走三天以赎罪。亨利六世的父亲和叔父贝德福德公爵约翰都使用过这种伎俩——分别针对纳瓦拉的胡安娜和圣女贞德——兰开斯特家族惯用的把戏已开始吞噬他的叔叔：在博福特、萨福克伯爵威廉·德·拉波尔及亨廷顿伯爵约翰·霍兰一伙审判妻子期间，格洛斯特公爵像个懦夫一样在一旁束手无策。埃莉诺的有罪判决对格洛斯特公爵的声望和权势是一个沉重打击。在颜面扫地的同时，他还得谨言慎行。现在，博福特几乎主导了英王的判断和决策。

不过亨利·博福特等人所热心倡导的和平谈判却迟迟未能恢复。查理七世声称今后将只在自己的领土上举行谈判会议，“国王应该离会议召开的地点足够近，这样他的人可以较容易并快速地在他（的驻地）和会议间来往”。显然，法王对贵族和英国人间的交涉极为戒备。借着这个理由，法国使者直到年底都未能出现。不久后，谈判日期又被拖延至来年5月，而法王也早已从巴

▲ 埃莉诺·科巴姆在伦敦街上行走

黎回到了自己钟爱的卢瓦尔河畔城堡中，忙着处理那些在安茹、圣通日和普瓦图间活跃的布列塔尼士兵。这些人将城堡变为了储藏赃物的窝点，其所做所为与匪类无异。法王不得不同布列塔尼公爵约翰的使者交涉，勒令这伙人撤出城堡并交给陆军统帅阿蒂尔严加管教。

与此同时，驻于索米尔的法王正着手于改革政府机构。他颁布法令，设立了2名铸币改革总长（Généraux réformateurs des monnaies）推进自《阿拉斯和约》以来就开启的币制整顿工作，对各地铸币厂及货币兑换商调查。已担任铸币总管的（Maître de la Monnaie）雅克·科尔（Jacques Cœur）也开始整治乱象，逐步削减铸币利润，以弥补币值低劣造成的王国经济损失。

此外，王室政府还得继续与等级会议协商税收。虽然法王获得朗格杜瓦地区的自主征税权，并可以确定总金额，但具体分配时，他的官员还需同各个行省会议讨价还价。朗格多克地区的自由度则更高，10月在蒙彼利埃召开的三级会议便向王室建议用每年8万锂弗的固定税换取免除用于战争的商品税——两年后，政府大体采纳了这个方案。当王室官员声称，因战争需缴纳16万锂弗税款时，三级会议鉴于已在2月收取约7万锂弗税款，以人民贫困为由，只通过了12.6万锂弗的金额。另有5000锂弗将用于派遣一个使团觐见法王，并呈递一大堆申诉文件。

查理七世决定采取一些措施宽抚朗格多克人。他盯上了一位声名狼藉的官员——朗格多克的财政区长、拉昂主教纪尧姆·德·香浦。1441年，针对纪尧姆劣行的控诉到达顶点。他一直在未得到国王准许的情况下任意收税并将其据为己有，并以同样的方式贬值货币，甚至在没有国王允许的情况下私自发布法令、发放许可执照。据后来的统计，纪尧姆通过这些恶行，共牟取了时价约30万锂弗的收益。查理七世派出了一位血亲贵族——旺多姆伯爵路易带人前去中止他的职务。纪尧姆为了保卫自己的工作恐吓这些特使，在他们面前吹嘘自己的能力，拒绝服从要求，以各种小动作来反抗，甚至当面顶撞伯爵。但这次查理七世下定了扭转积弊的决心。眼见进展不利，国王于12月31日再次签发信件，声称纪尧姆给王国造成了60万—70万埃居的损失，因此将撤销他的审计法院首席庭长职务——阿维尼翁教区的负责人阿兰·德·奎蒂维（Alain de Coëtivy，Évêque d'Avignon）同世俗官员西蒙·查尔斯接过审计法院庭长的工作。国王还专门指派已成为曼恩伯爵的朗格多克总代理官安茹的查理前去负责此事。2 位能干而可靠的行政法院审查官立即奔赴蒙彼利埃。纪尧姆的朗格多克的财政区长职务也遭罢免。他被短暂扣押，财产也被封存。王室最终压制了他的反抗。此后，纪尧姆只得离开他把持的肥缺，在生命的最后数年中享受自己剩余的那份圣职俸禄。

与纪尧姆·德·香浦一样失意的还有那些王公贵族。虽然他们在 1441 年一直和英国人保持着密切来往，但查理七世却频频拒绝他们提出的议和要求。因此，他们决心要做出些大动作——奥尔良公爵查理显然不愿辜负英王的重托，当王军在法兰西岛苦战时，他积极穿行于佩尔什和布列塔尼间，在大贵族中鼓动牵线。阿朗松公爵让也频繁与英国人交涉——他甚至还透露了法军的军事动向。这些动作均受到了勃艮第公爵腓力的支持。这位法兰西王国中最有权势的封臣终于走到了台前。12 月 24 日，他在第戎授意发布了召开一次王公贵族新集会的指示，随后又动员勃艮第封臣用武力驱逐渗入勃艮第边界的连队兵匪。自此，法国的主要政治较量也将逐渐从数十年前的贵族派系自相倾轧转向大贵族联盟同王室之间的争斗。就像一些史学家所称：法兰西王国将出现“两个宫廷”——一个统治法国的法王宫廷和一个被大贵族追随的勃艮第宫廷。

法国人的内讧正合英国人的心意。随着法王前往卢瓦尔河流域，诺曼底英军总算因军事压力趋缓而松了一口气，他们的心思又开始活络起来。冬季，弗朗索瓦·德·叙维恩为约克公爵理查扳回一分：一名从法国人那里获得假释，于 12 月前来筹集在蓬图瓦兹被俘后约定赎金的英国人告诉叙维恩他还有不少同伴被关在厄尔河畔的库维尔。虽然它远离诺曼底前线，但经由此地可以深入法国人的博斯地区，从西面威胁沙特尔，而且城中守卫也十分松懈。

弗朗索瓦·德·叙维恩决定试试运气。他派出三四人乔装成带着几麻袋苹果，准备运到市场上出售的农民，进入城内。他们发现大部分守卫在睡大觉，另有部分当值者也不见踪迹。于是，这些人冲进守将的房间，将其俘虏。有此人在手，蓬图瓦兹的英国俘虏很快便被释放。他们打开城门，叙维恩及其部下立即冲入，控制了城市。

除了掠得的大批赃物和俘虏外，弗朗索瓦·德·叙维恩还获得了诺曼底当局关于此城的守将任命。约克公爵理查并不介意在战线的西南侧给法国人多添些麻烦，他希望叙维恩能再接再厉，占领沙特尔东面的加拉尔东。于是，在韦尔讷伊守将托马斯·胡

(Thomas Hoo) 的帮助下，叙维恩集合了一支有 120 名骑兵和 380 名长弓手的部队。他们全体乘马，迅速深入敌境完成了任务。1442 年 2 月中旬，叙维恩在加拉尔东设立了由 60 名骑兵和 190 名弓箭手组成的部队，并专门运来了给养和军火巩固他的战利品。

一时间英军隐隐有夹击沙特尔之势，但这只是一个假象而已。约克公爵理查缺乏支持大规模行动的军力。去年他带到法国的那支部队已经因合同到期，大部分士兵都已返回英格兰——也就是说，他们在服役期间几乎寸功未建。约克公爵此时急需一支军队来收复失地，而残破的诺曼底已难以承受这个任务。2 月 15 日，鲁昂政务会议派出了一个代表团前往英格兰寻求援助。其中的一位成员尤其引人注目——约翰·塔尔博特，他已近七年没有回归故土。约克公爵显然对塔尔博特的军事才能十分欣赏，已提拔他为作战总代理官 (Lieutenant-general for waging war)，并恢复

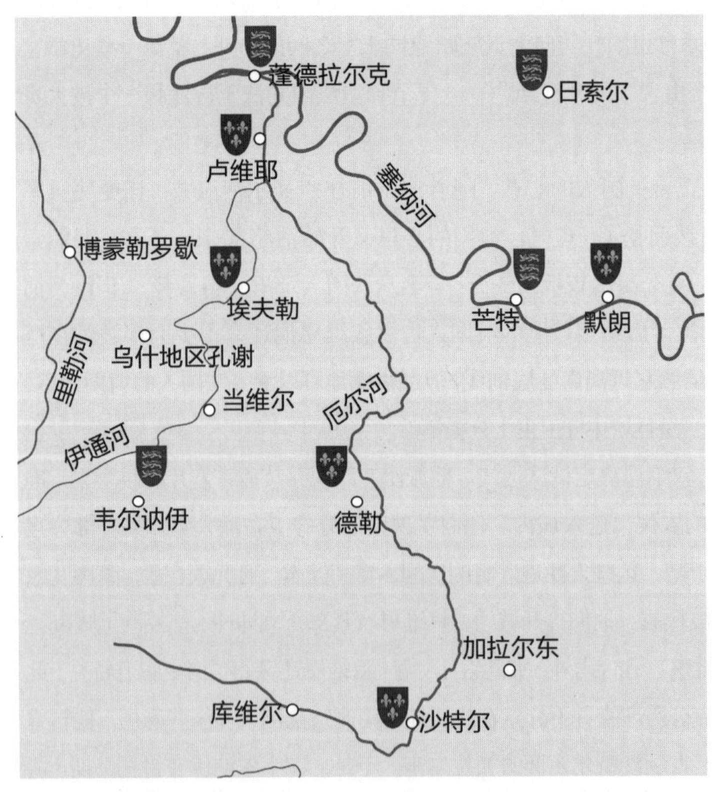

◀ 诺曼底中南部—沙特兰地区

了被萨默塞特伯爵约翰·博福特剥夺的鲁昂守将一职。此次请这位并不以外交才能闻名的沙场老将参加使团，目的就是向庙堂上的决策者详细展示诺曼底面临的危机，从而促使他们拨出足够支撑战争的资源。

当约翰·塔尔博特出现在议会后，却发现自己的愿望难以实现。亨利六世在忙着建立他的伊顿与剑桥大学国王学院。格洛斯特公爵汉弗莱的前车之鉴让宫廷中的主战者缄口结舌。红衣主教亨利·博福特一心追求长久和平，他的侄子们也妒忌约克公爵理查。因此，作为代表的塔尔博特很难寻得帮助。议会继续以消极敷衍的态度对待战事，会议通过的税率并未提高——其中还有部分要用于为“保卫海洋”而重建的巡逻舰队支付开销，这些以私人舰只为主的海军服役期也只有半年。到议会即将闭幕的3月24日，塔尔博特只找到了2500多人签订前往法国服役六个月的合同。即使是组建这种规模的队伍，也令王室不堪重负。除了1.3万英镑的薪水外，亨利六世还典当了王室珠宝，支付1500英镑的运输费。

这支军队的构成与以往有着显著差异：包括2000名徒步弓箭手，300名乘马弓箭手，作为支撑力量的骑兵只有200人。按照传统，那些处于较高地位的骑兵本应占总数量的1/3。而实际上组成骑兵的缙绅阶层已经厌倦了战争。在法国服役意味着汗水和鲜血的付出以及被俘乃至生命风险，而他们攻占的土地却因长期战争逐渐萧条破败。此外，在英格兰法纪败坏的背景下，家园周边的邻居也对缺乏主人管辖的领地虎视眈眈。显然，渡过海峡为王室效命的收益是极低的，他们更愿意在英格兰的郡法庭和行政机构中享受着相对稳定的收益。虽然约翰·塔尔博特于5月20日被国王提升为什鲁斯伯里伯爵——因此获得御前会议以及贵族议院的席位——但他并不能像那些法国对手一样，用环绕自己的荣誉和功勋感召人们跨过海峡为国王的事业出生入死——此后他甚至不得不给儿子一些领地，以便让他对抗一些关系不融洽的领主。6月，塔尔博特带着这支小队前往大陆，并于15日在阿夫勒尔登陆，很快他们就会投入到夺回诺曼底失地的战事中。

对英军来说幸运的是，法国人的兴趣此时不在北面。1442年2—3月，勃艮第公爵腓力筹划的集会终于在讷韦尔召开，大小贵族陆续抵达此地。吸引他们过来的是波旁、阿朗松、布列塔尼及奥尔良等一干王公贵胄或者其家族代表。查理七世并不打算理睬这次未经自己命令召集便擅自讨论国家大事的贵族集会——会议甚至并未在王室领地上举行。法王径自前往图赖讷等地区，只是派了中书大臣勒尼奥·德·沙特尔等数人以代表的名义前去盯梢。

正如法王所料，讷韦尔的与会者聚在一起讨论一番后还是要起了老把戏。在陈情状中，他们首先摆出关切王国福祉的姿态，恳请国王展开与英国的实质性和平谈判，紧接着便是一系列饱含怨恨的控诉：要求高等法院及其他王国司法机构要秉持公正；抑制抢劫的士兵——无论他是打着国王的名号还是贵族的臣属；减少令他们及其封臣苦不堪言的税收；保留他们以前所秉持的特权；国王应该为他的御前会议挑选更多的饱学之士和虔诚之人，以免王国的重托被维系在两三个人身上。此外，权贵们分别附上了自己的价码：勃艮第公爵腓力敦促国王全面如实履行《阿拉斯和约》的各项条款，阿朗松公爵让请求归还被占据的尼奥尔、圣叙藏，并同波旁公爵查理、旺多姆伯爵路易等权贵一起要求恢复他们的年金——由此可见，贵族们急切地希望国王重视他们的利益与影响。更有甚者，他们还积极拉拢、煽动教会和平民等级，呼吁再次召开全国三级会议，试图将政府置于自己的控制之下，借此重新定义和限制国王的权力。

查理七世当然不能容忍此类行径。他让前来觐见的代表们向与会者传话：对领主们的征税在先前已经征得了他们的同意——当大部分地区都被敌人占领时，他曾召集过他们，并阐明过国家的危急形势。现在并无召集全国三级会议的必要，它只会增加穷人的负担——他们还得承担会议代表来去旅途的费用。正式的征税许可令将以国王的名义签发——他的利益与中下层息息相关，正尽己所能地采取措施减轻他们身上的重压。去年香槟地区的纷乱现象已得到处理，以后还会尽快在其他地区推行这些做法。至于那些抱怨税赋的贵族封臣，他已经给予他们比自己臣属还多的宽容，而且在一年的缴税进程中，这些封臣的领主只交了其中的一项，或者是自己截留了大部分应缴纳给国王的税金。此外，国王尤其强调他不敢相信自己的贵族们会做出如此损害王权的举动，如果他们继续一意孤行，他将把手头上的一切事物推到一边，立即带着军队攻击他们。

查理七世的警告并不是空洞的恐吓。1442 年 1 月初，他已带着军队开进普瓦图地区，并向南方签发了动员令。那些同乔治·德·拉特雷穆瓦耶结盟的人发现自己成为国王的敌人。接下来数月，王军途经尼奥尔、桑特、吕西尼昂等地，一路忙着攻拔被兵匪占据的城堡、镇压不法者、恢复秩序。拉特雷穆瓦耶的外甥不得不赶到宫廷向国王表示臣服。拒不服从法令的联盟成员莫里斯·德·普吕斯科雷克（Maurice de Pluscallec）则被王军俘虏并押往拉罗谢尔。5 月 1 日，查理七世来到利摩日。

遭遇国王的回击后，王公贵胄们开始有些气馁。5月中旬，奥尔良公爵查理和一部分代表来到利摩日递交申诉。实际上,奥尔良公爵在此地向国王打起了白旗——他已年近 48 岁，债务缠身，而一年多来的奔走并未改变国王的意志，他明白自己难以长期同查理七世对抗。种种压力之下，公爵还需要王室的援助——比如让王室出面赶走占据昂古莱姆城的连队。最终，公爵放弃了自己的努力，向国王表示出和解之意。他换来的是丰厚的资金回报。查理七世为这位堂兄向全国发起了一次人头税，支付了他的 16.89 万金埃居赎金。此后，公爵还从国王那里得到逾 1 万锂弗的年金收入，王室也重新开始重用奥尔良家族成员。之前专心为兄长个人事业奔走的迪努瓦伯爵让已奉命前往博斯地区，对抗英军的威胁。

奥尔良公爵查理归顺王室对讷韦尔集会是一次沉重打击。很快他们又得知了布列塔尼公爵约翰于 8 月底去世的消息。而勃艮第公爵腓力也未掩饰自己对神圣罗马帝国的卢森堡公爵领的兴趣，他急着同出身于哈布斯堡家族的新罗马人国王，即德意志国王腓特烈三世（Frederick III，Holy Roman Emperor）会晤。在失去多个主心骨后，讷韦尔集会的贵族们已放弃了“逼宫”的本意，转而开始打理各自的私人利益。10 月，勃艮第公爵夫人伊莎贝尔和约克公爵理查达成停战协议，并相互尊重各方的领地财产。新任布列塔尼公爵弗朗索瓦一世（Francis I，Duke of Brittany）也在 12 月底重申了其父和勃艮第公爵的联盟。就像父亲一样，年轻的弗朗索瓦让幼弟吉勒（Gilles de Bretagne）出使英格兰宫廷，继续维持同英国的密切联系。

▲ 中年的迪努瓦伯爵让

再征加斯科涅

当然，讷韦尔集会还是取得了一项重要成果，可能就是法王在与英国谈判问题上做出的让步——他答应贵族不久后将派出代表同英方重启会谈，并允许他们同英国人接洽商议此事。于是，从夏季到秋季，奥尔良、勃艮第和布列塔尼的使者一直频繁来往于英国宫廷以及约克公爵理查的官署间。但查理七世强调，除非英王履行效忠，否则他不可能割让任何领地，而且诺曼底的领主和其他各方代表也应出席谈判——"因为他们同这件事的联系比其他人的都更为密切"。此外，最重要的一点是和谈必须在他处理完手头事件之后才可进行。

这个重要事件就是和英国人作战。去年夏季，英军包围了加斯科涅的塔尔塔斯——此城曾被法国王室赏给阿尔布雷家族，弥补他们在对英作战中的损失。在六个月的围困战之后，英国执事托马斯·伦普斯通成功迫使夏尔·德·阿尔布雷签订限期投降协议。按最终约定，若无外援，英国人将于6月24日接收塔尔塔斯。现在，此城由夏尔那实际作为人质的小儿子（与父亲同名）参与的双方临时联合政府管理。如果投降协议得到履行，那就意味着阿尔布雷家族的支系将带着所属领地倒向英国人，阿尔布雷家族的忠诚也随之崩塌——他们是法王事业在西南方的一个重要支持点。这将对王室西南地区的势力版图产生灾难性影响。

此外，部分蠢蠢欲动的南方封臣也在刺激着查理七世的神经：布列塔尼、奥尔良、阿朗松公爵等结盟对抗法王的大贵族曾试图拉拢阿马尼亚克伯爵让四世——至少从1437年起，阿马尼亚克伯爵就已签署协议，停止和吉耶讷之间的敌意——建议他与英王亨利六世联姻。[①] 于是，阿马尼亚克伯爵将中书官让·德·巴吕特（Jean de Batute）派往伦敦，以议和的名义进行试探。这正好与英国人在西南地区扩展势力的想法不谋而合。英国宫廷积极响应阿马尼亚克伯爵的提议，甚至连格洛斯特公爵汉弗莱也对这次婚姻表示赞同。亨利六世唯一的要求是他应有权在伯爵的3名女

① 亨利六世的婚姻对象一直悬而未决。早在1438年就有人提出亨利六世应该选择新当选的德意志国王阿尔布雷希特二世（Albrecht II of Germany）的女儿为妻。1438—1439年有人建议他选择法王查理七世的女儿。

儿中自由挑选合适的人。5月28日，英王司肉官罗伯特·鲁斯（Robert Roos）、私人秘书托马斯·贝金顿（Thomas Beckington）被任命为英王使者，前去签订联姻协议。按照亨利六世的特别指示，一个名叫汉斯的绘画大师也将前往伯爵的宫廷，尽可能细致地摹下3名年轻女士的肖像，展现“她们的脸庞、身材、美妙之处、肤色、姿态以及她们所有的身体特征”，供他亲自挑选。

现在任何人都无法阻止法王南下了。5月末，查理七世离开利摩日，彻底将那些贵族集会的呼吁抛在身后。三个月前他就在筹划加斯科涅战役。此时，大军的集结地点已定在图卢兹。6月8日，查理七世骑着白马进入此城。在巴黎的陆军统帅阿蒂尔接到诏令后，召集前线和沿途的士兵，取道奥弗涅与他会合。于是，西南地区的气氛顿时凝重了起来。年轻的富瓦伯爵加斯东四世和叔父科曼日代理伯爵马蒂厄[①]等本地大贵族连忙前来向国王宣誓效忠。不过，阿马尼亚克伯爵让并未露面，只派了长子洛马涅子爵让（Jean V, Viscount of Lomagne）代自己前来觐见。到初夏时，西南地区已经俯首帖耳。阿尔布雷等当地领主也纷纷带着部下加入到法军阵营中。现在查理手中掌握着一支倾尽全力汇聚起来，包括去年晋升元帅的菲利普·德·屈朗（Philippe de Culant）、拉海尔、让·波顿·德·桑特拉伊、安托万·德·夏巴纳、奥利维耶·德·奎蒂维、罗贝尔·德·弗洛葛尔等一批著名将领在内，十余年来少见的庞大军队——其骑兵、步兵、弓箭手、弩手总数可能已逾1万人。他很快便将军队划为数部，分头前往塔尔塔斯。

6月24日清晨，法军抵达约定地点，但直到上午11时前后，他们连英国士兵的影子都没见着。城内的英格兰-加斯科涅人也未作任何抵抗。于是，塔尔塔斯的城门钥匙又回到了查理七世和道芬路易手中。

对英方执事托马斯·伦普斯通来说不幸的是，他的低调忍让并未平息法国人的欲望。查理七世这次打算彻底摧毁英国人在西南地区的势力。法军随后便向阿杜尔河上的英军据点发起进攻。一天后，法军在东南面的圣瑟韦现身。在第一次攻击中，

① 在科曼日人的抗议下，查理七世已勒令马蒂厄释放科曼日女伯爵。马蒂厄起初拒绝执行，并将女伯爵置于富瓦城堡中，他还与勃艮第公爵联合。法王宣布将科曼日置于阿马尼亚克伯爵的守护下。于是，阿马尼亚克同富瓦间再度爆发战争。直到1442年远征时才停歇。

法军夺下了2座英军堡塔，伦普斯通也在战斗中沦为俘虏——就像帕泰战役一样，这次赎金再次令他债台高筑，使他告别了战场。占领圣瑟韦后，法军顺流而下，包围了壁垒森严的南部重镇达克斯（Dax），猛烈的炮火不久便破坏了工事。8月2日，法军攻占了城市，总督蒙特弗尔朗领主（Lord of Montferrand）手执木棍，离开此地——他承诺将献出波尔多附近的两座城堡。英国人开始感到形势严峻，与巴约讷的陆上联络已受到严重威胁，法军从南方前往波尔多的门户已经洞开。

8月21日，波尔多的佩伊·贝兰（Pey Berland）带着急盼援助的要求出现在英格兰御前会议上，但英国君臣对此也束手无策。保卫诺曼底和海峡已经消耗了一切可以利用的资源。甚至连亨利·博福特的手头也无现钱可用——“他可以借出价值4000镑的金银盘碟……但如果这些碗碟要被熔化，他希望要偿还塑形费，就像其他金属制品一样”。御前会议开始命令将小麦运往吉耶讷，拟定关于筹集组建援军相关资金的计划。在一片手忙脚乱中，到达波尔多一个多月的英国使者罗伯特·鲁斯被当地等级会议指定为吉耶讷摄政。他开始和当地贵族支持者比克大领主加斯东·德·富瓦-格拉伊（Gaston I de Foix-Grailly）——他是富瓦伯爵加斯东的二叔——商议这座吉耶讷首府的防御工作。他们很快又遭受了一个新打击：9月26日，波尔多治安官罗伯特·克利夫顿（Robert Clifton）死于城中。

基本控制朗德地区后，查理七世并未强攻巴约讷——也许即将到来的冬季使他不愿展开大规模围城行动。法军兵锋转向了东北面的加龙河谷。他们很快便进入阿让地区，接着沿河而下，托南和马尔芒德都顺风而降。于是，加斯科涅的领主成群结队地来到法王大营效忠。势如破竹的法军随即于10月3日包围了拉雷奥勒。四天后，他们占领了市镇，但城堡拒不投降。法军一面将其团团围住，一面继续在加龙河谷扩展，逼近波尔多。

10月22日，带着英王信件、汉斯大师以及一小队士兵的爱德华·赫尔（Edward Hull）来到波尔多，这多少鼓舞了市民的士气。随后，他和罗伯特·鲁斯、比克大领主加斯东渡过加龙河，于26日带领400人在离波尔多约7英里处的圣卢贝（Saint-Loubès）击败了法军的先头部队。

查理七世一直驻扎在拉雷奥勒城堡前，法军围攻持续了五十余天。法王甚至还从一场失火中狼狈逃生。拉雷奥勒的顽强抵抗基本耗尽了法军的攻势，挽救了波尔多的命运。大规模远征持续数个月后，法军的给养渐渐开始匮乏，许多战马因此倒毙。冬季冰冻的加龙河使给养很难从图卢兹运抵前线。他们不得不派出大批人员收集粮秣，探察范围甚至扩展到纳瓦拉边境。吉耶讷人并未做好服从王化的准备，他们似乎觉得在英国人治下能享受更多的自由。蒙特弗尔朗领主并未兑现承诺。当从英格兰返回的波尔多大主教佩伊·贝兰宣布英王组建的庞大援军即将到来后，吉耶讷人更是士气高涨。本地农民频繁袭击法军斥候等零散部队。在南方，随着法军主力远离，当地人还积极协助英军夺回被攻克的城镇。朗贡、达克斯、圣瑟韦[①]等据点又相继沦陷，法军的士气因此遭受重挫。

不过，这场战争还是给脚踏两条船的阿马尼亚克伯爵让添了不少麻烦。首批英国特使在7月就已抵达波尔多，但伯爵只能躲在莱克图尔城中与他们书信往来。由于庞大的法军在身边虎视眈眈，他必须小心翼翼地为客人向法王申请安全通行证。英王使者似乎并未体恤这一点，不耐烦的罗伯特·鲁斯很快便写信质问让·德·巴吕特，为何他的主子让长子追随法王出征，并扬言援军来到后将首先攻击阿马尼亚克领地。由于中间夹着法军，这封信在9月15日才来到巴吕特手中，而巴吕特努力平息客人怒火的辩护抵达波尔多已是10月11日。尽管之后英方态度趋缓，远道而来的画师也在11月初开工，但裂隙已经种下。阿马尼亚克伯爵意识到要想使联姻不会触怒查理七世的唯一办法是英法间签订停战协议。这在当时环境下几乎无法实现。英国使者期盼伯爵能派代表来他们的领地商议婚约的具体事项，但严冬冻结了进程。伯爵很快便转告使者目前不宜会面，但如果他们同意，他很乐意在英法间斡旋达成休战协议。伯爵还报告，画师在完结一幅作品后发觉自己在寒冷的气候下很难调好颜料。受够了拖延的英王使者陆续于来年初返回英格兰，虽然他们在回信中感谢伯爵的热心，但之后一切均归于沉寂。阿马尼亚克伯爵与英国王室联姻的梦想也随之结束。

正当法军主力集中于加斯科涅之际，约翰·塔尔博特已将埃夫桑的法军占领区选作首要目标。1442年7月14—16日，他带领部下经由蓬德拉尔克包围乌什地区孔

① 圣瑟韦在11月又被富瓦伯爵加斯东再次夺回。

谢。奉命留守法兰西岛的迪努瓦伯爵让和皮埃尔·德·布雷泽力量有限。他们想出了一个佯动策略——带着法军包围东南面的加拉尔东。塔尔博特没有上钩，他的围城行动一直坚持到下旬并成功迫使孔谢守卫投降。9月7日，270名英军进驻此地，塔尔博特则前去救援加拉尔东。迪努瓦伯爵被迫解除围困，带着火炮返回沙特尔。13日，折返的塔尔博特又出现在卢维耶附近的加永，但他的好运似乎已经用尽。卢维耶守卫的强大力量阻止了英军攻城，迪努瓦伯爵部也在他身后保持着一定压力，他不得不终止了原定计划。合同即将到期也使他从英格兰带来的士兵人心浮动。

▲ 包围乌什地区孔谢

与此同时，趁着英军在埃夫桑地区攻势停滞的机会，迪努瓦伯爵让成功地迫使弗朗索瓦·德·叙维恩与马修·高夫、托马斯·杰勒德、托马斯·斯通斯（Thomas Stones）3名英军将领一致同意放弃加拉尔东和库维尔两个远离己方的孤立据点。当然，迪努瓦伯爵花费了大笔贿赂。10月30日，英国人签署了总额为1.1万金萨吕的赎金的首批付款收据。按照约定，英国人撤出这2座城镇，它们的工事也被拆毁，以免今后被任何一方所用——这意味着英军近一年来的大部分努力已成一场空。

不过，约翰·塔尔博特并不像同僚那样善于出卖英王的利益。尽管屡受掣肘，他也从未停止过匡扶危局的努力。邻近皮卡第边界，已是法军在英吉利海峡主要港口的迪耶普很快又成为他的新目标。10月底，驻于瑞米耶日（Jumièges）的塔尔博特开始收集给养。他劝留了一些士兵，并以抽调出的600名诺曼底守军作为核心，凑出了1000多人奔赴东北边界。作为法军南面前哨的夏尔露梅米勒（Charlemesnil）迅速投降，塔尔博特得以于11月1日突入迪耶普近郊。英军在东面勒珀莱（Le Pollet）的高地上建起一座大木堡。经验丰富的老兵威廉·佩托爵士奉命同塔尔博特的私生子亨利带着500名士兵进驻——其中不少人是塔尔博特的私人扈从。英军从这里可以俯视海港。他们搬进200门各式火炮，并将炮火倾泻在迪耶普的城墙、塔楼和房屋上。但实际上，塔尔博特仍收集不到足够的船只和人员对这座坚固的海港进行全面封锁。围城开始的第一个月，迪努瓦伯爵让就派近千人的部队增援了在城中坚持抵抗的法国总督夏尔·德·马雷。除了驻守在木堡中的士兵外，大部分围城英军也撤回了鲁昂。

诺曼底能分配给约翰·塔尔博特的资源也十分有限，而一次新的危机降临在西面。11月8日，圣米歇尔山法军在路易·德·埃斯图特维尔的带领下从海路抵达一度被英军夺回的格朗维尔，他们架起攻城梯，通过一场袭击成功地将其占领，并迅速运入大批给养和火炮。这座位于狭窄的岩石半岛上，包括一条将半岛和陆地分开的深沟的堡垒是英将斯凯尔斯男爵托马斯数年来苦心经营的杰作，现在它已成为法军的一座要塞。斯凯尔斯男爵的私生子对此功不可没——作为守将，他忽视了事先较为准确的情报。虽然斯凯尔斯男爵并未严厉惩处儿子，但下诺曼底的英军将领却因这次陷落伤透脑筋。法军控制格朗维尔使围堵圣米歇尔山成为空谈，他们还在科唐坦半岛获得了一个牢固的立足点，这将对下诺曼底人的心态产生极大影响。英军急忙加强了所有临近格朗维尔的守卫力量。12月，西蒙·莫维耶和皮埃尔·科雄奉命专程从鲁昂赶来同斯凯尔斯男爵和马修·高夫商议夺回堡垒的办法。诺曼底公爵领全境也发起税收用于支付收复战的费用。卡昂子爵被派往海峡群岛聘用船只、水手封锁堡垒。高夫也专门给现有的60名骑兵和180名弓手发放了1000图尔锂，将他们的服役期延长到来年复活节，以便继续参加围城战。就像迪耶普一样，英军发现难以“通过强攻、奇袭或者其他手段”夺回格朗维尔。显然，在法军的压力下，就连诺曼底也开始首尾难顾。

12月7日，加斯科涅法军终于完成了拉雷奥勒的围城任务。投降的英军守卫被允许安全离开。留下奥利维耶·德·奎蒂维驻守后，查理七世率领宫廷退往东南面的蒙托邦（Montauban）。在此期间他收到了一则噩耗：他的岳母——62岁的约兰达于11月14日在索米尔去世。法王随即下令将岳母享有的一项津贴转予王后。

冬季让战壕中的法军将士苦不堪言。严寒、饥馑与疫病令他们蒙受了不少损失。其中最著名的是拉海尔——1443年1月11日他在蒙托邦城堡中去世，时年52岁。

这令查理七世异常痛心，但他仍决心等到气候转暖后重启战役。法王已同卡斯蒂利亚人联络，打算联合他们的力量，一举拿下波尔多和巴约讷。

事实上，新一轮远征还面临着诸多问题：卡斯蒂利亚国王胡安二世总是被内部纷争所牵制；而法军则一如既往的纪律涣散，不少连队又开始了自由旅程。1444 年 1—3 月，菲利普·德·屈朗元帅的副官带着部分人在里昂和博若莱边境现身，随后又同萨伏依公爵路易的士兵在东部边境地区交战，令勃艮第人异常警觉——萨伏依公爵在去年 7 月与勃艮第公爵腓力签订了攻守同盟。腓力立即将自己的将领调给萨伏依公爵调遣。安托万·德·夏巴纳也带着数千人马从勒皮一路向东，径直从西面攻入了勃艮第公爵领——这看起来更像是对去年腓力种种动作的回应。在一片混乱中，新战役计划已经流产。查理七世现在打算先解除英军对迪耶普的围困。早春时，他派 2 名使者拜会腓力，希望腓力能帮助法军作战，并在皮卡第地区市镇中收取一笔商品税。正忙着组织动员勃艮第公爵领地臣民赶走剥皮者连队的腓力欣然应允了法王的要求，他同意发起 2 万锂弗的税收。不过勃艮第公爵有一个条件——那些征召的法军一定要远离他的领地。

此外，南方那些对科曼日伯爵领垂涎欲滴的伯爵们也牵动着法王的神经。在科曼日臣民长期不断的呼吁下，查理七世下定决心要解救科曼日女伯爵玛格丽特。1443 年 1 月 17 日，法王再次派出专员，勒令科曼日伯爵马蒂厄释放玛格丽特，否则将诉诸武力。2 月下旬，他亲临在图卢兹召开的科曼日等级会议。重重压力之下，马蒂厄终于屈服，同意释放妻子并与她分享伯爵领。3 月 9 日，玛格丽特正式获得自由。法王立即将玛格丽特置于自己的保护下，但长达二十二年的囚禁生涯已令年逾八旬的她虚弱不堪。数个月后，跟随宫廷北返的玛格丽特便在普瓦捷病逝。按照约定，马蒂厄仍保有伯爵头衔，在他去世后，王室将把全部的科曼日伯爵领收回，但阿马尼亚克伯爵让显然不这么认为。得知玛格丽特去世的消息后，早就将科曼日视为私产的阿马尼亚克伯爵急忙声称玛格丽特曾秘密将领地转让给自己，接着便派部队前去占领科曼日。这令查理七世大为恼火。于是，夏季过后，法国南部的局势再度紧张起来。

约翰·博福特的远征

到1443年初，法军在南方的行动已经停滞，但传到英格兰的情报却显示法王打算在1443年春季发动新一轮进攻，波尔多和巴约讷乃至鲁昂都是他的目标。一个新的难题摆在了英国君臣面前：加斯科涅丧师失地，诺曼底也千疮百孔，到底是将救援力量同时用在这两片公爵领地上，还是先集中于一块领地？这两个方案都有很大的风险。英国国内如今也是一片狼藉。亨利六世的政府似乎无力维持秩序：威廉·邦维尔爵士（Sir William Bonville）和德文伯爵托马斯·德·考特尼（Thomas de Courtenay，5th/13th Earl of Devon）仍在继续那场持续了数年的争夺康沃尔公爵领看护权的私战——令人惊奇的是双方都拿到了国王的特许状。许多地区的民众和修道院长、地方领主争吵不休。威尔士在去年秋季就已爆发骚乱，伦敦也爆发了对货物特别税的反抗。1443年春季，诺森伯兰伯爵亨利·珀西令北方的混乱达到了一个新高度。他煽动人们反对约翰·肯普。里彭（Ripon）和毕谢普索尔（Bishopthorpe）的庄园都受到了冲击，风磨和水磨被破坏。显然，这些混乱会逐渐助长政治上的不满情绪，它们也严重干扰了政府的动员能力。

然而廷臣们仍决心要集合兵马大干一场。2月6日，御前会议就援军问题进行了讨论。博福特派现在占据了压倒性的优势。亨利·博福特更是宣布两块公爵领都将得到救援。但博福特的支持者司库克伦威尔男爵拉尔夫提醒与会者，去年投到诺曼底的资金都打了水漂。当御前会议于3月2日再次讨论时，拉尔夫声明无法支持两支部队的开销，英国君臣必须选择一个方向作为目标。最终只会有一支部队前往大陆，而这次博福特家族将取得领导之位。

早在去年秋季，萨默塞特伯爵约翰·博福特就曾有过率军救援加斯科涅的机会，但到1443年初从普利茅斯起航时，坐在指挥官位置上的却是威廉·邦维尔。邦维尔领导的是一支约800人的小队伍，他在严冬风暴航行中损失了1/3的人和1艘船。显然这对南方战事于事无补。政府的财政早已捉襟见肘，财政署甚至拖欠了约克公爵理查半年的薪水。为了应付所需，他们开始采取各种权宜之计。专员们拿着盖有御玺的人头税单——在数量部分是空白的——奔赴各郡。他们的足迹甚至延伸到了爱尔兰。政府还打算令所有英国自由土地持有人在复活节后到伦敦参加大咨议会。当然，最大的帮助还是来自亨利·博福特，他先后提供了两笔共计 21167 英镑的贷款——其他渠道筹集的贷款只有 5250 英镑。3 月 30 日，萨默塞特伯爵被确定为“法兰西和吉耶讷”的总指挥官——当然受约克公爵控制的诺曼底等地区被排除在其权限外。同一天，他被提拔为公爵。

将这次任命告知约克公爵理查的公文由中书大法官约翰·斯塔福德和萨福克伯爵威廉·德·拉波尔起草——后者已逐渐获得了亨利六世和亨利·博福特的信任。他们告诉约克公爵，国王得知他的对手即将侵入诺曼底后，已聘请萨默塞特公爵约翰·博福特“发起最残酷和致命的战争”。文件进一步指出，萨默塞特公爵将成为“在他（约克）和对手间的……盾牌”，希望约克公爵考虑到萨默塞特公爵所部将承受到的巨大任务“暂时耐心一些”。由此可见，御前会议早已对拿着 2 万英镑年薪，却在诺曼底平庸度日的约克公爵心生不满。博福特家族更不希望筹集的战争资源为其所用。他们决定给约克公爵演示一场令其汗颜的模范战役。按照拟定的计划，萨默塞特公爵将带领自亨利六世加冕后最大规模的军队，采取最近的航线登陆，径直穿过下诺曼底，跨过卢瓦尔河进入法国人的核心领地，发起凌厉的攻势，从而将查理七世赶出加斯科涅，逼迫他接受会战，以此造就第二个阿金库尔或韦尔讷伊，把他赶回到谈判桌上。这个方案颇合英国人的胃口，无论是宫廷主战派还是前线将领，不论他们是否是博福特家族的支持者，都希望通过重拳出击快速解决敌人，以摆脱那些无序而分散的小袭击和无穷无尽的包围及解围战。

萨默塞特公爵约翰·博福特为这次远征开出了高额价码。不甘心屈居约克公爵理查之下的他要享有独立的指挥权。他还将在占领的任何法兰西领地内行使全部的王家权力——包括为自己和继承人获得这些土地、凭自己的意愿处置以及指定行政军事职位、分享战利品等。他还要求将其弟多塞特伯爵埃德蒙·博福特提升为侯爵，并给予为时七年的安茹和曼恩地区的总指挥官和总管职位，而且总指挥官将归王室直属——这意味着多塞特侯爵将不受约克公爵理查的节制。如果以后约克公爵在鲁昂的政务会议成功地推翻了这个准予，那萨默塞特公爵将取代其弟的位置。由此看来，比起主要目标加斯科涅，博福特兄弟的兴趣更集中在恢复和扩大那些继承自贝德福德公爵约翰的法国领地。

当约克公爵理查收到这个未征求他及鲁昂政务会议的意见便仓促决定的消息后，几乎目瞪口呆——诺曼底的部下正在四处救火之际，他的对头却飞黄腾达，同时还夺去了他所急需的本土援助。3月，法国海军普里让·德·奎蒂维的兄弟纪尧姆和图格杜阿勒·德·伽莫伊扎尔（Tugdual de Kermoysan）等将领率领法军又对迪耶普成功地实施了一次增援。约克公爵当然无法耐心地接受英王的安排。6月，他派出了一个由约翰·塔尔博特、安德鲁·奥伽（Andrew Ogard）领导的高级代表团前往英格兰对萨默塞特公爵约翰·博福特相关职权提出抗议，顺便催讨欠薪。代表团声称如此安排，诺曼底将没有资金和人力恢复迪耶普、格朗维尔、卢维耶或埃夫勒等重镇——这才是他们生死存亡的关键所在。代表们恳求国王重新考虑，或者至少限制萨默塞特公爵的权力，但这些要求都被置若罔闻——毕竟博福特兄弟现在也算是国王的至亲。除去对自己赎金的一些补贴外，塔尔博特只为迪耶普的围城事业争到了3000马克——其中承诺的2000马克还要从镇压诺里奇暴乱的资金中抽取——以及1艘轻型战舰。

▲ 萨默塞特公爵的纹章

眼见法国人未在春季发起大规模攻势，萨默塞特公爵约翰·博福特便心安理得地在英格兰慢慢准备远征军。4月6日，他正式签下合同，获得了第一笔13515英镑的预付薪水组建军队。野心勃勃的公爵计划召集1000名骑兵，但御前会议将这个数目砍到800人，外加3400名长弓手。骑兵中只包括1名方旗骑士托马斯·克瑞尔和6名骑士。按计划，大军将于6月17日出发，但却未如期开拔。此时的萨默塞特公爵身体欠佳，可能影响到他的工作。各种混乱和拖延使政府每日被迫付出500英镑的开销。与此同时，集结起来的士兵却拿着国王发的薪水开小差。而更机灵的人则通过在不同地方集合2次的方式拿到了双薪。受够了这些乱象后的御前会议终于在7月9日勒令萨默塞特“终止一切借口”，带着他那支仍未确定人数的大军立即离开。

于是，一支有300多艘船只的舰队载着萨默塞特公爵约翰·博福特和他的部下驶向大陆。根据资料记载，这支部队有1名方旗骑士、6名骑士、592名骑兵以及3949名长弓手——那些空缺的骑士名额已由额外的长弓手补充。8月初，他们在瑟堡登陆——萨默塞特公爵是这里的守将。同时到达的还有大批辎重、马匹、补给以及一支庞大的炮兵部队，其中包括20辆车载风琴炮。他们甚至还配备了可以迅速搭好的木质浮桥。但问题很快也随之而来——他们缺乏足够的马车运送所有的装备。萨默塞特公爵——他已从英王那得到可以对所有王室官员发号施令的特许令——决定在他将经过的六个子爵区内征收一项专门应付此种情况的马车运输费（Charroy）。为此，英军征用了可找到的大部分运输工具——甚至连教堂的财产也未放过。他们还征收钱财支付给随军人员。这些举动引起地方官员的广泛抗议，虽然这些人勤勉地履行了国王的命令，但他们显然认为子爵区是约克公爵管辖的，而约克公爵并未进行相关授权。

在萨默塞特公爵约翰·博福特深入西线之际，法军开始对迪耶普的解围行动。被任命为塞纳及索姆河间总代理官的道芬路易率军奔赴北方。7月初，他们穿过巴黎，于27日来到贡比涅。当地人向道芬奉上白葡萄酒饯行。随后，道芬将总部设在阿布维尔，号召皮卡第地区的贵族士绅加入王师。8月12日，道芬在迪努瓦伯爵让和圣波勒伯爵路易以及拉乌尔·德·戈古尔的协助下，率1600人赶着牲畜带着补给进入迪耶普。图格杜阿勒·德·伽莫伊扎尔向将领们详细汇报了敌情，他们决定拿下英军立起的勒珀莱木堡。

14日早上8点，战斗打响。法军在号声中冲向木堡。他们带了五六辆带轮子的木制塔车以及数架将它们撬动到堡垒下方壕沟上的起重机。通过这些器械，士兵轻易地跨过障碍，冲到堡垒的墙下。迎面扑来的是一阵密集的箭雨和炮火。短时间内法军就有百余人阵亡，数百人受伤。道芬不甘心失败，再次督促士兵向前。同时迪耶普市民运来了60—80门大型机械弩，将领们也调集了200门各类火器——从巨大的射石炮到小巧强悍的火枪及钢弩。法军再度发起进攻，在这些武器的火力支援下，他们逐渐攀上堡垒。一阵激烈的肉搏后，英军被击垮，有超过300人被杀。威廉·佩托爵士与塔尔博特私生子亨利等指挥官也被俘虏。大获全胜后，道芬下令将说法语的俘虏作为叛徒处决，这座堡垒也被勒令拆毁，所有缴获的英军火炮被存入迪耶普

▲ 迪耶普解围战

的军火库。

勒珀莱木堡的攻克终结了英军长达十个月的围城战役。迪耶普转危为安，同时它继续成为插在英国人在海洋和陆地领域上的一根尖刺。事后，迪努瓦伯爵让因功被加封为隆格维尔伯爵。对诺曼底的英国人来说这无疑是一场灾难。窘迫的他们已无力再发起一场成规模的恢复战役，其财政也濒临破产。从约克公爵理查到参与遏制格朗维尔法军的士兵都被拖欠了大笔薪水。整个公爵领几乎陷入难以招架的境地。

然而萨默塞特公爵约翰·博福特根本不关心诺曼底的命运。他不屑于同约克公爵理查联系，径自带着队伍南行。8 月 17 日，他来到阿夫朗什，并在这里下达了为下段行程征收 120 辆马车的命令。不久后，埃德蒙·博福特以及马修·高夫也与他合兵一处——这 2 人在曼恩也有大量领地及利益。

但接下来萨默塞特公爵约翰·博福特的指挥却令人琢磨不透。他甚至拒绝向部将透露自己的真实意图，还声称如果自己的衬衣知道这个秘密，他就会将其烧毁。事实上，英军的远征路线就像其战役目的一样模糊不清，因此他们对敌人的影响也非常有限。法军像以往一样对这支英军采取了避战策略。

驻于索米尔的查理七世更专注于同御前会议成员商议提高政府效率的改革。9 月 25 日，法王颁布了一项关于管理公款的新法令。它以一段介绍王国财政崩乱形势的简洁述评为开头，明确划分了常规收入（领地收益）和特别收入（王国税收），并制定了计量章程，以便今后实施更好的管理。在领地收益方面，法令指出转让领地的现象有所减少，但长期以来替王室收集过桥税等各种税收的官员却疏忽了对城堡等建筑的维护，让它们坍塌成废墟，以后将从征集的收益中拨出部分支付本地开销；而王室领地收益进款也将由相应的财务官及文书等集中缴入巴黎的财政法庭（Chambre du trésor），负责塔兰税和商品税的总出纳禁止插手征收，在这类机构中，财务官权限也高于出纳和地方税务长等官员；国王下令追还拖欠的领地收益，恢复那些被遗漏或压低价值的领地，并没收未能缴纳租金年贡者的财产；以前那种用国王名义以单独的指示发布的赐予承诺将被废止——它们往往是大臣不断纠缠和宠臣们施以诡计的结果，很多时候源于君主的经验不足和信任被利用——从现在起，所有拥有法律效力的赠予，将集体罗列在按名称和等级排列的公示表格中，表格下方必须由国王签名；在税收方面，法令颁布了审慎而细致的新会计章程，恢复了被内战打断的定期核算制度，要求出纳和财务官每年提供三次关于他们工作状况的报告——年初关于年度财政的预报、年中的财务汇报以及年末的总结，它们将交接给相关人员及上司；其他的会计及某些高级财务人员，如财政总监（Argentier）[①]、战争财务官、火炮总管等则需在更短的间隔内递交一份类似的报表——有些甚至是每月一次——交由相关机构或国王及国王指派的书记员审核；此外，法令还正式废除了开出空白收据的行为。作为在 1438—1451 年间颁布的

① 财政总监起源于 14 世纪初。起初他负责保管王室的珠宝、冠冕及国王内廷的家具衣饰等财物。

系列法令中的一环,《索米尔法令》在查理七世的财政史中占据着显耀位置。它以改革的方式为财政部门清晰划分了两个独立体系，立下了重要准则，规范并提高了管理与操作水平，对法国今后的历史进程也产生了较为积极的影响。

而萨默塞特公爵约翰·博福特正领着大军迅速南下。他们突入安茹，一路烧掠，直至昂热城墙下。据法国人记载，当萨默塞特公爵在圣尼古拉斯修道院享用晚餐时，一颗从昂热城堡上射出的子弹穿过窗户，击中了公爵身旁的部下。英国人现在发觉很难拿下昂热，陆军统帅阿蒂尔也正率部赶往此地。于是，萨默塞特公爵放弃了围城以及渡过离昂热仅有 2 英里的卢瓦尔河的尝试——这是前去解救加斯科涅的必经之路——转向西北方行进了 32 英里。英军随后包围了另一个属于阿朗松公爵让的堡垒普昂塞。陆军统帅已在 25 英里外的法军据点贡捷堡坐镇，并与阿朗松公爵会合。陆续到达的还有安德烈·德·洛埃阿克元帅以及比埃伊兄弟。法军将领们斗志昂扬，他们建议陆军统帅立即夜袭敌营，但谨慎的陆军统帅还是打算先会合自己的数百名骑兵。洛埃阿克元帅以及比埃伊兄弟求战心切，眼见长官无意出击，竟带着分部离开了贡捷堡向西前进。就在他们穿越克拉翁边界地区时，英军间谍已将消息传到了普昂塞总部，法军一直蒙在鼓里。下午 5 点前后，法军停止前进，来到附近的村庄中用餐宿营。英将马修·高夫带着约 1500 人前来拜访老对手。这次，让·德·比埃伊和洛埃阿克元帅为自己的自满付出了惨重的代价：半夜，本应作为猎物的英军出其不意地对法军营地发动了攻击。混乱中，法军立即被击溃。数十人被杀，让和洛埃阿克元帅同众人狼狈地逃离战场。高夫终于一雪前耻，俘虏了让的弟弟路易和 20 余名骑兵。

但英军的这次胜利明显不能与阿金库尔相提并论，他们甚至没有俘虏任何高级贵族，它唯一的影响是打消了法军与他们接触的念头。在约三周的时间里，普昂塞都没有屈服，陆军统帅阿蒂尔仍在他们的后方施加压力。

无奈之下，萨默塞特公爵约翰·博福特决定终止无希望的围城，打算在其他地方碰碰运气。他向北进入布列塔尼边界，来到拉盖尔克城下——阿朗松公爵让曾通过母亲获得这片领地。萨默塞特公爵此举可能是为了报私仇：拉盖尔克法军守卫曾袭击过曼恩的英国占领区，其中包括博福特家族的领地。埃德蒙·博福特与阿朗松公爵于 1438 年签订的四年停战协定已经到期，博福特兄弟不能容忍法军驻于此地。

萨默塞特公爵似乎也不太在意英国同布列塔尼签订的停战协议——签订者老公爵约翰已于一年前去世。他的军队包围了拉盖尔克，并像剥皮者一样肆意侵扰周边地区，最终拉盖尔克被迫投降。英军将领还得意扬扬地向阿朗松的表弟，布列塔尼公爵弗朗索瓦索要2万萨吕的赎金，用以赎回城市，延长和约。

事实证明这个举动十分愚蠢。布列塔尼公爵弗朗索瓦曾在夏季派出以其弟吉勒为首的使团向英国宫廷提议充当英王和法王之间的调停人。8月26日，亨利六世也接受了这个建议，但萨默塞特公爵约翰·博福特的恶行几乎使这些努力毁于一旦。狂怒的布列塔尼公爵通过使团向英方提出强烈抗议。亨利六世倍感尴尬，立即否认同萨默塞特公爵的行动有所牵连。英王还极力拉拢吉勒，赐给他一大堆礼物，并答应将予以赔偿。尽管英国御前会议发出了斥责萨默塞特公爵的信件——红衣主教亨利·博福特也在上面签名——萨默塞特公爵还是收到了布列塔尼公爵分批缴纳的赎金。与之相伴的是在海上和陆地上开始出现布列塔尼人袭击英国人的零星事件。显然，布列塔尼公爵领同英国的关系已开始降温——除了吉勒，未从长兄手上获得多少封地的他却从英王那领到了1000马克的年金，丰厚的待遇使他开始向英国方面靠拢。

萨默塞特公爵约翰·博福特还在继续那场毫无头绪的远征。他转向东面，进入曼恩，包围了博蒙勒维孔特。这个据点控制着阿朗松和勒芒间的主要道路——萨默塞特公爵的弟弟埃德蒙担任这2座重镇的守将。但直至攻克时，也没任何法国援军现身。此时已接近年底，虽然萨默塞特公爵的军队签了一年和约，但他们签约六个月后就再未领到薪水，按照合同他们有权回国，于是萨默塞特公爵的远征到此画上了句号。12月末，他进入诺曼底，解散了军队。在鲁昂享受了约克公爵理查的款待后，萨默塞特公爵于1444年1月打道回府。除了布置下的一些守卫外，他的部分手下加入了法莱斯的守备队伍，另一些人来到乡间靠劫掠为生，花费了巨大代价维持的炮队则被留在了阿夫朗什。

返回英格兰后，萨默塞特公爵约翰·博福特发现自己已成为众矢之的。他那场耗费大量珍贵资源的远征就像那些不停发生在边界地区的袭扰冲突一样毫无成果——既没有扭转战争局势，也没有夺回重要据点，甚至还将诸如阿朗松和布列塔尼公爵这样的潜在盟友赶向法王阵营。实际上，除去萨默塞特公爵的指挥欠佳等因素外，这次战役的失败还是源于英国人对自己军队素质的过度自信——他们总是对一战定乾坤的史诗传说念念不忘，全然不觉自己早已力所不逮。

萨默塞特公爵约翰·博福特坚持亲自主导战役的要求以及在战争中刻意维护博福特家族在曼恩私产的举动理所当然地令他成了替罪羊。人们认为他应对这次失败负有全责。萨默塞特公爵已经失去了宫廷的宠信，他退居到多塞特的温伯恩（Wimborne）私人庄园，但仍被责备和非难环绕。这些压力连同病魔一起迅速摧毁了他的身体。

图尔休战协定

萨默塞特公爵约翰·博福特的劳而无功使英国人认清了一点现实。英王御前会议中最激进的主战派——除了格洛斯特公爵汉弗莱——也不得不同意议和才是避免滑向深渊的唯一办法。1444 年 1 月 22 日，亨利六世赐予迪努瓦伯爵让、旺多姆伯爵路易、普瓦图执事皮埃尔·德·布雷泽等 15 名法方谈判代表安全通行证。

实际上，查理七世一直在做两手准备——他仍没有放弃对英国人用兵的打算。早在 1443 年秋季，法王便宣布在图尔召集部队以对付“王国敌人”的命令。那些在东部游荡的连队相继穿过波旁、讷韦尔地区来到卢瓦尔河流域。不过，接近年底时，王国内的纷扰还是令查理七世改变了计划——这次跳出来为英国人挡枪的是阿马尼亚克伯爵让。他的部队已入侵科曼日，正在四处剽掠。

法王无法容忍阿马尼亚克伯爵让一再挑战王室的行为——他在图卢兹时就命令马格洛讷主教罗贝尔·德·鲁夫雷及桑斯邑督向让传达过命令，要求他停止对王室在其领地上征收塔兰税的反抗以及摒弃家族格言，[①] 但阿马尼亚克伯爵并未理会。现在

① 此时阿马尼亚克家族格言是蒙主恩宠“Dei Gratia”，据说这是由先任伯爵贝尔纳六世在 1301 年受修道院长启发而立下的。之后，它常被引申为伯爵的领地只属于上帝——高于一切世俗权力，并被其他南方贵族广泛引用。而类似的抗税举动曾发生在上世纪的英国黑太子统治时期，当时的伯爵也上诉至高等法院，但不同的是，让的这次斗争遭到王室无情还击。

他的佣兵甚至还攻击了科曼日的王军守卫。于是，阿马尼亚克伯爵抢占领地的行为终于招来了由道芬路易和菲利普·德·屈朗元帅、居伊·德·布隆叙福尔等率领的惩罚大军——1443 年 12 月，道芬离开卢瓦尔河流域前往鲁埃格，迫使投靠阿马尼亚克伯爵的让·德·萨拉查交出部队指挥权和罗德兹城（Rodez）。1444 年 2 月初，道芬来到图卢兹，很快便收复了科曼日领地，对王室效忠的帕迪亚克伯爵贝尔纳也加入了队伍。数千名王师包围了利勒茹尔丹（L'Isle-Jourdain），躲在城内的阿马尼亚克伯爵很快沦为俘虏，被押往拉沃尔（Lavaur）城堡，他的妻子及女儿也落入道芬手中，长子洛马涅子爵让被迫逃往纳瓦拉。在返回卢瓦尔河流域前，道芬安排里昂执事管理阿马尼亚克伯爵领。阿马尼亚克伯爵不仅与科曼日失之交臂，而且在漫长的审判中他还被迫承认了王室的宗主权，放弃了不少以往抢掠来的领地。通过 1442 年的远征及逮捕阿马尼亚克伯爵的行动，王室重创了南方数十年来大封建主自行其是的政治格局，重新在南疆竖立了权威，而英国人也失去了西南方的一个潜在盟友。

震慑了南方贵族后，驻于昂热的查理七世在 1442 年 2 月的信件中宣布：与御前会议讨论后，他决定将在下个季节亲自带领大军收复失地。不过法王的愿望并未实现，长期的战争已令法兰西王国疲惫不堪，大量资源和财富被战火消耗，人口也在持续下降，与之相伴的是民怨沸腾。政府被迫频繁减免税收，结果财政一直萎靡不振。王室需要一个相对稳定缓和的时机进行军事和机构改革。查理七世很快也大病一场。法王生病引发的严重影响终于令让·德·巴尔丢失了国王药剂师的工作。

对英王亨利六世来说幸运的是，法国的一系列纷扰让他能推进自己的和谈路线。而布列塔尼、奥尔良、勃艮第公爵等法国权贵也支持他的主张。查理七世谈判的底线是和约不能削弱或者质疑自己在法国的君主地位。不过，亨利六世已经同意可以在法国王位问题上做出适当妥协。1444 年 2 月 1 日，英王御前会议决定派出了一个使团前往法国，并任命了萨福克伯爵威廉·德·拉波尔为首席大使。

萨福克伯爵威廉·德·拉波尔近期一直官运亨通。他与杰弗里·乔叟（Geoffrey Chaucer）的孙女艾丽斯在 1430 年开始的婚姻加深了他与博福特家族的联系——杰弗里·乔叟的妻子菲丽帕·茱特（Philippa Roet）是亨利·博福特之母凯瑟琳·斯温福德（Katherine Swynford）的姐姐。萨福克伯爵很早就参加了英法的和谈进程，并一直与曾俘虏他的迪努瓦伯爵让以及曾被他看管的奥尔良公爵查理保持着良好关系。

长期担任英王内廷管家的职务也令他得以接近亨利六世并获得其好感。到15世纪30年代末，资历深厚的萨福克伯爵已是宫廷重要人物。当格洛斯特公爵汉弗莱失势，博福特年事渐高时，他逐渐担负起了议和派的领导之责。像大多数人一样，萨福克伯爵认为保持强劲的攻势才能促成令人满意的和平。因此，他曾写信给约克公爵理查敦促他勤勉作战，并大力支持萨默塞特公爵约翰·博福特组织那场大规模远征，但天不遂人愿，这些统帅都没有完成任务。

有趣的是，法国人似乎对他颇有好感。萨福克伯爵威廉·德·拉波尔发现自己的名字赫然位列法国使者推荐给亨利六世的英方和谈人员名单之首。这给他招来不少麻烦——伦敦街头已流传起对他的非议。萨默塞特公爵约翰·博福特倒台的过程还历历在目，有些惶恐的萨福克伯爵不愿在英国并不具备强势地位的状态下接受这个充满风险的职位。他恳请御前会议收回陈命，但中书大法官约翰·斯塔福德向他解释这是英王和在场所有御前会议大臣的一致愿望。无奈之下，萨福克伯爵只得从命。他要求颁发王室的特许状，以此提供安全保障——证明他所做的一切都是为了实现国王的命令，亨利六世准许了这个请求。2月20日，国王正式颁布保证，免予追究萨福克伯爵将来因交涉工作而可能涉及的责任。此外，亨利六世已于11日指定掌玺大臣亚当·莫林斯（Adam Moleyns）、罗伯特·鲁斯、英王的法国中书大臣托马斯·胡、秘书理查德·安德鲁（Richard Andrew）等人作为他的同僚。

萨福克伯爵威廉·德·拉波尔已无理由拖延。2月中旬，英格兰使团离开伦敦。萨福克伯爵还写信给他的朋友奥尔良公爵查理及皮埃尔·德·布雷泽，告知英国使团将在加来登陆。除了和平谈判外，他们还有另一项谈判任务——安排英王与一位法国公主联姻。王后的人选将对英国今后的政治格局产生深远影响。亨利六世及其廷臣很早就打算迎娶查理七世的女儿以促进两国间的关系。他们曾看中查理七世的次女凯瑟琳，但她嫁给了勃艮第公爵腓力的儿子沙罗莱伯爵查理。三女约朗德又和萨伏依公爵的继承人阿马德乌斯（Amadeus IX, Duke of Savoy）定了婚约。至于让娜、马德莱娜（Madeleine）等公主皆因过于年幼而不做考虑。实际上，查理七世对姐姐和亨利五世的婚姻印象深刻，他无意再向敌人嫁出自己的女儿，从而杜绝割裂法国的部分领土及危及自己继承人的可能。

眼看不能与王室公主联姻，博福特家族再次横插一脚。他们打算替国王选一位既出身高贵，又依赖他们的意见，并与他们的利益捆绑在一起的配偶。奥尔良公爵查理推荐的人选倒颇合他们的心意——勒内的女儿，安茹的玛格丽特。勒内拥有那不勒斯国王、西西里国王，巴尔、洛林及安茹公爵，普罗旺斯伯爵等一连串响亮的名号，同时还是法国王后的兄长。法王最亲密的顾问，曼恩伯爵安茹的查理也是他的幼弟，陆军统帅阿蒂尔亦与他私交甚笃。勒内无疑是法国宫廷中的“内圈人士”。此外，博福特家族试图以此同安茹家族缔结一个私人休战协议和联盟，以确保他们在曼恩的产业。因此，安茹的玛格丽特成为英国王后的最佳人选。

▲ 沙罗莱伯爵查理的第一任妻子法国公主凯瑟琳

与此同时，法国人也准备在谈判中争取更多的利益。2月，查理七世命令拉昂主教等谈判代表仔细研究各种文件，并写信给勃艮第公爵腓力，通知他参加即将到来的和谈。有趣的是，这场会议一开始便插曲不断。萨福克伯爵威廉·德·拉波尔的使团临时变更了计划。3月15日，他们抵达阿夫勒尔，取道鲁昂前往曼恩，令法国人猝不及防。就在英国使者登陆前后，查理七世赶到图尔，召集勒内、奥尔良公爵查理等贵族，让他们安排和谈会议，他还派出使者告知腓力计划有变，并让仍在巴黎等候英国人的中书大臣勒尼奥·德·沙特尔、拉乌尔·德·戈古尔赶来图尔。月底，手忙脚乱的法王宫廷收到了英国使团的消息：他们已到达勒芒并在此地恭候法王的召唤。

3月31日，拉乌尔·德·戈古尔和法王秘书雅克·奥德（Jacques Aude）以及奥尔良的代表等人前来与英国人商议和谈事宜。他们告知萨福克伯爵威廉·德·拉波尔，由于国王大病初愈，中书大臣勒尼奥·德·沙特尔和勃艮第公爵腓力仍在赶往图尔途中，因此会议将有所推迟。法国人并不急于开展唇枪舌剑。起初，他们打算将会议定在4月12日的复活节后，在萨福克伯爵的坚持下，双方约定4月8日在旺多姆开启和谈——相应地双方在邻近地区的作战行为都将终止——但不久后英国人又被带往布卢瓦。他们从卢瓦尔河上扬帆东行，在16日抵达图尔。勒内父子、布列塔尼公爵弗朗索瓦、阿朗松公爵让、曼恩伯爵安茹的查理、旺多姆伯爵路易、陆军统帅阿蒂尔等贵族都在城口欢迎英国使者。次日，查理七世在图尔的蒙蒂勒城堡（Montils-lés-Tours）中接待他们并确认了先前达成的初步协议。萨福克伯爵则向法王递交了英王的亲笔信。在信中，亨利六世将查理七世称为“高贵和卓越的王公，我亲爱的法兰西舅舅”——这是英王第一次使用这个称呼，他希望用这个让步表明自己寻求圆满解决方案的愿望。

法国的主要贵族们也陆续到场，但忙于东部事务的勃艮第公爵腓力并未出现，让·德·克罗瓦等勃艮第代表替他出席。5月4日，会议的中心人物之一，安茹的玛格丽特在母亲的陪伴下也来到这里。玛格丽特时年14岁,她明艳动人而且才思敏捷。不过萨福克伯爵威廉·德·拉波尔还要花费一番工夫才能为主君定下这桩婚事。虽然他的老朋友奥尔良公爵查理在法王代表中最为尊贵，但皮埃尔·德·布雷泽似乎才是主要谈判者。法国人的态度十分强硬，他们不打算在亨利六世拒绝履行效忠礼的情况下割让任何土地，萨福克伯爵的最后底线是英王放弃法国国王的头衔，但拥有对诺曼底、吉耶讷以及加来周边等地的完全主权。查理七世拒绝了这个建议。到5月20日，他只赋予自己的代表签订休战协议的权力，放弃达成任何关于领土最高主权协定希望的两方谈判代表只得试图用联姻来改善双方关系。22日，双方签订协议，玛格丽特放弃了继承其父母的大部分领地头衔的权利——除了马略卡（Majorca）和梅诺卡岛（Minorca），她的嫁妆为2万法郎。24日，玛格丽特在圣马丁与亨利六世正式订婚。萨福克伯爵代表英王和使节履行了仪式。典礼的场面十分壮观，两位国王——查理七世和勒内——道芬路易和他们的妻子以及一大群法国贵族均到场见证。28日，双方正式签订了《图尔休战协议》。

作为这次谈判的唯一成果，它并不是英国人期盼的长久和平，其期限只有从1444年6月1日到1446年4月1日不到两年的时间。它只是暂时终止了陆地和海洋上的敌对行动。协议规定：双方均按约持有目前掌握的领地，不得建造新堡垒，也

▲ 安茹的玛格丽特

不能对旧有据点进行修复。双方所有士兵都应固定守卫，不得祸害敌方领地，勒索贡金。

对饱受战乱摧残的人民来说，休战已是难能可贵了。法国的广大地区都沉浸在喜悦中。巴黎人组织了和平游行庆祝和平的到来。自 1429 年围城时封锁的圣马丁城门也第一次被开启。在鲁昂，人们高喊："万岁！万岁！"向返回英格兰的萨福克伯爵威廉·德·拉波尔致意。遗憾的是，有一位和平事业的推动者却难以分享这个令人激动的时刻。他便是法国中书大臣、勒尼奥·德·沙特尔。在数十年的战争中，勒尼奥失去了父亲以及三位兄弟，就在会议召开前夕，这位匆匆赶到图尔的外交家突然病倒，并在 4 月初去世，同自己花费毕生精力追求的硕果失之交臂。

6 月 27 日，萨福克伯爵威廉·德·拉波尔带着使团回到伦敦。亨利六世马上批准了协议并公布于众。凭借着这份功劳，萨福克伯爵被提升为侯爵。时年 40 岁的萨默塞特公爵约翰·博福特已于 1444 年 5 月 27 日死于潦倒心碎，亨利六世便将他的女儿，也是萨默塞特公爵唯一继承人的玛格丽特·博福特①的监护权交给了萨福克伯爵。这使萨福克伯爵有机会安排儿子约翰与玛格丽特成婚。

亨利六世对未来充满信心。他认为签署《图尔休战协议》迈开了通向长久和平之路的第一步。他与安茹家族的联姻有助于推动谈判，使休战不断延长，变为和平协定，最终令两国铸甲销戈。实际上，亨利六世的岳父除了那些耀眼的头衔外几乎一贫如洗，他甚至需要法国王室的帮助来维护自己的领地。而近三十年的风云变幻已经让查理七世成为一位精明、狡黠、无情的统治者。事关国家利益，他并不会在今后的交涉中迁就自己这位善良得近乎天真的外甥。英法两国和解的道路依然充满荆棘。

① 拥有兰开斯特家族血统的玛格丽特·博福特后来嫁给了亨利六世的弟弟埃德蒙·都铎，其子即英国都铎王朝始祖亨利七世。

第十三章　重器初铸

1444—1449年

东征

▲ 塔尔博特与英王亨利六世夫妇

1444年11月5日，一个英国使团从伦敦起航前往法国。团员包括前贝德福德公爵遗孀卢森堡的杰奎塔——她已与理查德·伍德维尔爵士结婚并生下了未来的英国王后伊丽莎白（Elizabeth Woodville）——萨福克侯爵夫人艾丽斯·乔叟、什鲁斯伯里伯爵约翰·塔尔博特和夫人玛格丽特·比彻姆等人在内的高级贵族以及17名骑士、53名侍从和174名仆人。萨福克侯爵威廉·德·拉波尔担任了这个庞大使团的领导——对《图尔休战协议》的庆祝结束后，亨利六世交给他一个新任务：将英格兰的新王后护送回国。

为了举办这场隆重而豪华的婚礼，亨利六世不惜令自己债台高筑。王室向全国借贷，甚至威逼贝里圣埃德蒙兹（The Abbot of Bury Saint Edmunds）借出用于典礼上妇人骑乘的马匹。虽然预计它将花费3000英镑，但实际支出达到了5573英镑17先令5便士，就连运输使团的船队也超支了17英镑——船主直到十年后才收到这笔巨款。

鲁昂已着手安排三周后的迎接事宜，所有王室官员和重要贵族都准备与约克公爵理查一起迎接未来的英格兰王后，但萨福克侯爵威廉·德·拉波尔等人的行程不怎么顺利。他们原本打算直奔安茹公爵勒内在卢瓦尔河流域的老家迎接玛格丽特公主，但很快迎亲队伍就发现目的地变为东北面的洛林公爵领的首府南锡——法国宫廷在秋季就已进驻此地，法国君臣正为东部边境的一连串战争忙得不可开交。

这场烽火又是因安茹公爵勒内而起。1431 年比勒涅维尔战役的惨败使他欠下了大笔赎金，1438 年对意大利的远征更是让他的财务崩溃。困窘的勒内被迫向包括洛林臣民、周边城市在内的各方借款。债台高筑进一步削弱了他对领地的控制。在勃艮第人暗中怂恿下，洛林地区的混乱难以平息，各方势力都群起反抗，否认勒内的权威。作为债主之一的梅斯人也频频攻击勒内的势力。1444 年 5 月，他们甚至袭击了勒内的妻子洛林女公爵伊莎贝拉前往蓬塔穆松（Pont-à-Mousson）时的车队。梅斯人霸占了伊莎贝拉的行李，并宣称这些财物将充作勒内及其先任欠款的抵押物。这些恶劣行径令勒内无比愤怒，但他没有足够的力量来教训反叛者。无奈之下，勒内只好去请求姐夫给予援助。法王这次倒十分慷慨，不仅承诺将亲自为大舅子的事业出征，还答应将为此投入空前规模的军队。

在东面兴师动众的决定并不是查理七世的心血来潮之举。法国一直不忘在东部边境上拓展势力范围。即使在最艰难的年月，肖蒙和维特里的法国邑督也未停止他们的影响。1441 年，查理七世更是亲自前往香槟及洛林边境地区弹压当地的兵匪和反抗势力。与此同时，查理七世的潜在对手，试图与法国王室政策分道扬镳的勃艮第公爵腓力除了干涉洛林事务外，也在加紧渗入瑞士、阿尔萨斯等地区，甚至谋划继承古老的洛泰尔王国（Lotharingie）的衣钵。1443 年秋季，腓力终于下决心用武力驱逐与他争夺卢森堡公爵领的势力。8 月末，他带着队伍离开第戎进入香槟，与北面的皮卡第军团会合，攻入卢森堡公爵领。他的竞争者猝不及防，卢森堡公爵领的大部分地区很快便被腓力的堂弟埃唐普伯爵约翰和腓力的私生子勃艮第的科尔内耶（Corneille of Burgundy）率军占领。余下的萨克森士兵躲在卢森堡城内，希望坚持到寒冬，迫使勃艮第人退兵。但 11 月 22 日凌晨，数百名从下水道突入的勃艮第士兵结束了他们的梦想。腓力闻讯后大喜，认为关键局已拿下："我的堂弟和我的私生子……在我到达前会掌控好一切。"果然，腓力和卢森堡摄政女公爵格尔利茨的伊丽莎白在此共度圣诞节，他们很快便签订协议，腓力将成为伊丽莎白的继承人。至此，勃艮第掌握了一大片可以从东北侧包抄香槟的领地。

法国君臣对蒸蒸日上的勃艮第事业显然十分介意，而勒内也对勃艮第势力直接贴近至洛林北部边境极为不满。因此，法王在东部显示下武力是非常必要的。此外，还有一个借口促使法军前往神圣罗马帝国——瑞士人和哈布斯堡家族的战争。1443 年，哈布斯堡家族还是像往常一样软弱无力。夏季，节节胜利的瑞士人进逼至同德意志国王腓特烈三世结盟的苏黎世城下。[①]7 月 22 日，他们在圣雅各布安得泽尔战役（Battle of St.Jakob an der Sihl）中击败苏黎世与帝国联军。为部队断后的苏黎世市长鲁道夫 · 斯塔瑟阵亡，苏黎世被迫求和。他们曾向腓特烈三世索要援助，但他也无兵可调。虽然苏黎世与邦联在腓特烈三世的委托人哈克伯格 - 萨斯伯格边境伯爵威廉（William，Margrave of Hachberg-Sausenberg）的调停下，于 8 月 23 日签订了一份休战协议，但腓特烈三世不敢想象休战期满后的形势，只得求助于他人。

▲ 鲁道夫 · 斯塔瑟的塑像

1443 年 8 月 22 日，德意志国王将关于请求援助的信件发给了法王，但当时英法战争还未停

① 苏黎世人更在意的是作为帝国自由城市所享有的特权地位。在其意识中，这种特权的重要性甚至超过了与其他瑞士邦联的伙伴关系。1436 年，吐根堡伯爵腓特烈七世（Frederick VII，Count of Toggenburg）无嗣而终。先前接纳其为市民的苏黎世在市长鲁道夫 · 斯塔瑟（Rudolf Stüssi）的领导下意欲吞并吐根堡伯爵领。这与施维茨（Schwyz）和格拉鲁斯（Glarus）等想染指此地的其他瑞士邦联成员发生了冲突。1438 年，苏黎世占领了部分争议领土，并关闭市场、切断了对施维茨和格拉鲁斯的谷物供应。他们之后的军事行动却屡遭败绩。1440 年，邦联其他州将苏黎世从邦联中开除，并对其宣战。1442 年，苏黎世同腓特烈三世结盟。腓特烈三世将收回一年前丢失的基堡伯国（County of kyburg），苏黎世则合法接收吐根堡领地。作为回应，瑞士邦联在 1443 年提出了要他与奥地利决裂的最后通牒，并在其拒绝后派 6000 人攻入苏黎世。

▲ 圣雅各布安得泽尔战役

歇，查理七世只得拖延。现在《图尔休战协议》已经签订，国内大批由剥皮者组成的军队面临着失业危机，这些人是王国安宁的潜在威胁。和平不久后，巴黎市民就抱怨过罗贝尔·德·弗洛葛尔以及拉海尔的私生子弟弟麾下的军队，将这些住进周围村庄的士兵称为“小偷、杀人犯、纵火者、掠夺者，敢于向任何妇女下手的强奸犯”。1444 年 7 月 21 日，政府命令巴黎总督、桑利斯及莫城邑督逮捕所有在乡间游荡的士兵。因此，查理七世趁苏黎世的休战协议到期，瑞士邦联再次大举进攻之际，将这些无所事事的恶棍赶往东部外境，以此让本国人民得到休养生息的机会——就像他祖父当年所做的那样。

1444 年 7 月，几乎整个法兰西王国境内的军队都在向香槟地区集中。接近 7 月中旬，查理七世决定兵分两路：皮埃尔·德·布雷泽将带着先头部队北上前往洛林边境；道芬路易则同宫廷分开，率先行动。7月20日，道芬在朗格勒接待了3名帝国代表：吕泽斯坦因伯爵（Count of Lützelstein）、费宁根（Venningen）和黑尔姆施塔特（Helmstatt）领主。按照约定，道芬将带领另一支主力深入西南面，解救被瑞士邦联包围的苏黎世及其他贵族领地。

帝国贵族显然十分焦急。8月6日至7日，另一个由彼得·冯·莫斯贝吉（Peter von Mörsberg）领导的使团前来拜见道芬路易，承诺会在帝国领地内提供秋冬季的补给和住宿，再次催促道芬进军。不过，法军在开拔不久后便令这些使者颇为尴尬，他们的进军路线越来越偏向勃艮第领地边缘。当然，对道芬来说，这些举动都在情理之中：作为法国王室的核心成员，他也继承了其父对勃艮第阵营的敌视态度；此外，以往由他亲自指挥的数次战役中，他麾下的剥皮者都与勃艮第人发生了激烈冲突。最严重的一次事件发生在当年春季：从阿马尼亚克等南方地区撤出的剥皮者连队流窜进勃艮第领地；在埃普瓦斯（Époisses），勃艮第元帅蒂埃博·德·纳沙泰尔（Thiébaud de Neuchâtel）和本地贵族的队伍击败了这些惊扰地方的士兵。闻讯后勃然大怒的道芬声称要亲自前往勃艮第报仇雪恨。面对道芬的威胁，勃艮第公爵腓力强硬地回应他将亲自保卫勃艮第的领土。查理七世费尽力气才让事态平息下来。道芬现在带着一支约2万人的部队——包括大批骑兵和乘马弓箭手——在勃艮第边界上示威性地前进。8月中旬，他们来到蒙贝利亚尔城堡下，这是进入弗朗什-孔泰领地——大致相当于勃艮第伯爵领——的战略门户。鉴于这里的勃艮第、德意志和萨伏依守卫曾深入到朗格勒及邻近地区劫掠，道芬悍然占领了此地。在事情变得不可收拾之前，莫斯贝吉出面进行调停。他劝蒙贝利亚尔领主将此城借给法国人十八个月，以免耽误战事。在使者的斡旋下，道芬总算步入正轨。他将大部分军队交给让·德·比埃伊，令其在德意志向导的带领下尽快向西南进发。他于23日离开蒙贝利亚尔前往被奥地利家族封地围绕的阿尔特基克（Altkirch）。

尽管道芬路易在檄文中声称此行的目的是帮即将成为他妹夫的新任远奥地利公爵，16岁的西吉斯蒙德（Sigismund, Duke of Further Austria）夺回被围领地——法国人的算盘是扶持友善的哈布斯堡家族及附属贵族，以便让西吉斯蒙德作为强力的莱茵河地区领主，有能力像他的父亲腓特烈四世一样反对勃艮第，但实际上完成这个目标困难重重。15 世纪上半叶的上莱茵地区政治格局犹如一张马赛克拼图。这块四分五裂的领地内包含着各种独立或半独立的自治势力——市镇、公社和世俗、宗教贵族。它们之间用伪善和浮夸的言辞结成了大大小小的联盟，并由此构成了一张相互冲突的网络。具有讽刺意味的是，网络中的成员经常发现自己不得不在冲突中面临着对部分盟友拔刀相向的选择。这些冲突的性质很难按阶级结构或地区实体进行简单划分，它的走向也是扑朔迷离。因此，局面更加错综复杂。诚然，瑞士邦联与一些小贵族要反抗哈布斯堡家族的统治，但夹在其中的帝国市镇又不甘心让后者拒绝承认它的城市特权——这往往是它们养活自身人口的基本保证。当瑞士邦联兴盛后，一些贵族领主又开始留恋帝国赐予他们的各种管辖特权。事实上，15 世纪 40 年代哈布斯堡家族在上莱茵地区的事业还未崩溃，大部分领地中的贵族土地所有者大体上仍倾向于哈布斯堡。虽然德意志国王腓特烈三世在 1442 年巡视自己的领地后赐予家族成员和支持者们一些特权以鼓励组建反瑞士联盟，但这丝毫不妨碍他以堂兄身份继续把持西吉斯蒙德的领地摄政权——法国人不得不在 1444 年向他提出解除西吉斯蒙德的监护状态。另外，巴塞尔会议也值得注意：凭借着自身的专长、资源和殷勤，它早已卷入上莱茵地区的政治事务，在本地和法国都保持着不凡的影响力。此时巴塞尔会议和驻地巴塞尔市镇相处融洽，仍维持着实质上的共生关系。而巴塞尔市镇——尽管它不是瑞士邦联的官方成员——早就通过与瑞士邦联中的伯尔尼以及索洛图恩（Solothurn）在 1441 年 3 月 2 日签订的二十年的“忠诚的伙伴关系和联盟”，卷入了瑞士邦联与苏黎世的争执中。

▲ 远奥地利公爵西吉斯蒙德，他已与查理七世的长女拉德贡德公主订婚

种种因素让 21 岁的道芬路易在这场远征中将面临重大的考验。进入莱茵河谷后，法军会合了一些本地贵族领导的小部队。在士兵人数进一步扩张的同时，这些充当向导的贵族也主导了举着路易旗帜的大军的行动。1444 年 8 月，他们的目的是尽快让法军到阿尔高（Aargau）解救被瑞士人围困的法恩斯伯格城堡（Farnsburg Castle）。

就在道芬路易离开蒙贝利亚尔之际，他的大军已到达巴塞尔附近。让·德·比埃伊将部队划为两支：一支分队来到市郊，另一支则在南面比尔瑟（Birs）河谷。比埃伊占领了从南面布劳恩（Blauen）山口直至莱茵河的广大地区。由安托万·德·夏巴纳——他已经因迎娶玛格丽特·德·南特伊（Marguerite de Nanteuil）成为达马堂伯爵——以及让·德·萨拉查等人领导的前锋则继续跨过比尔斯河，通过穆滕茨（Muttenz），推进到西南面的普拉特恩（Prattelen），这里离法恩斯伯格城堡只有不到半天的路程。

巴塞尔并不打算向在城门外四处劫掠的法军屈服。25 日，他们送给到前线观察敌情的道芬路易一阵箭雨。此外，他们还在前一天将消息告知了围攻法恩斯伯格城堡的盟友。瑞士邦联决定反击，他们从围城部队中抽出了 1200 人，打算把法军赶过比尔瑟河。25 日深夜，这支部队在利斯塔尔（Liestal）会合了 300 名来自巴塞尔的援军及当地守卫部队后，决定立即进攻。26 日凌晨，瑞士人突袭了位于普拉特恩的法军先遣部队。法军指挥官达马堂伯爵安托万刚从道芬那里返回，还未来得及穿上戎装骑上战马。无奈之下，伯爵只得带领身边的 800—900 人马后撤，但瑞士人紧追不舍。伯爵在穆滕茨会合了他先前派驻到附近据点中的另一支小分队，但他们仍无法立足。最后，踉跄的法军被迫渡过比尔瑟河，仓皇逃向西岸。瑞士部队顺利地完成了任务。

此时才刚刚破晓，顺利的战事让瑞士战士士气高涨，他们决定乘胜追击。指挥官们相对谨慎一些，命令不要渡河，以免背水作战，但士兵们置之不理，他们从比尔瑟河畔的圣雅克麻风病院（la maladrerie de Saint-Jacques-sur-la-Birse）附近的桥上以及南面的明兴施泰因（Münchenstein）渡过比尔瑟河。这时他们才发现收到前锋失利消息的法军主力已经从营中出来列阵。

让·德·比埃伊亲自指挥这场战斗。他并未将部队摆到贴近河岸的地带，而是靠近衮德尔盯根（Gundeldingen）处。法军在巴塞尔南面约 1000 米的小高地布阵，其前方有一片平原。毫不畏惧的瑞士人开始逼近左面的敌人。不过当他们刚进入平原时，比埃伊麾下的让·德·弗洛葛尔——他是达马堂伯爵安托万与让·德·萨拉查的副官——等人带领部下，踢动马刺向他们疾驰而来。瑞士人立即分成三个并行的小阵迎接敌人，但法军骑兵频频包抄他们的翼侧，同时步兵队伍中的弓箭手和弩手也向他们发起攻击。这些行动迫使瑞士士兵停顿下来。

在城头观战的巴塞尔人发现盟友逐渐被敌人压制，焦急的他们不顾官员的反对，集合队伍从城中冲出救援。当其前锋接近道路上的石质十字架时——这个路标可能离法军还有数百米——他们发觉大事不妙。和瑞士人交战的只有法军右翼和前锋部队，其左翼正面对着道路摆出了一个凹面阵型。如果巴塞尔人继续前进，法军左翼的骑兵将从侧面切进他们通向城市的后路。此外，还有一支作为预备部队的法军——这很可能是道芬路易领导的援军——正在靠近。因此，近 3000 名巴塞尔民兵只得原路退回，将盟友留在战场上听天由命。

让·德·比埃伊得以全力向瑞士人攻击，虽然瑞士人击退了数次骑兵冲锋，但已难以抗衡数量和火力都占据绝对优势的敌人。经过数个小时的激战后，瑞士人决定撤回河左岸，但比埃伊的骑兵——可能是达马堂伯爵安托万部——切断了这条道路。此时已到中午，瑞士人的队形开始散乱，除少数人渡河撤退外，约 600 人退到了附近的圣雅克麻风病院中。其余大部分在平原上的部队不久后便被蜂拥而至的法军淹没。

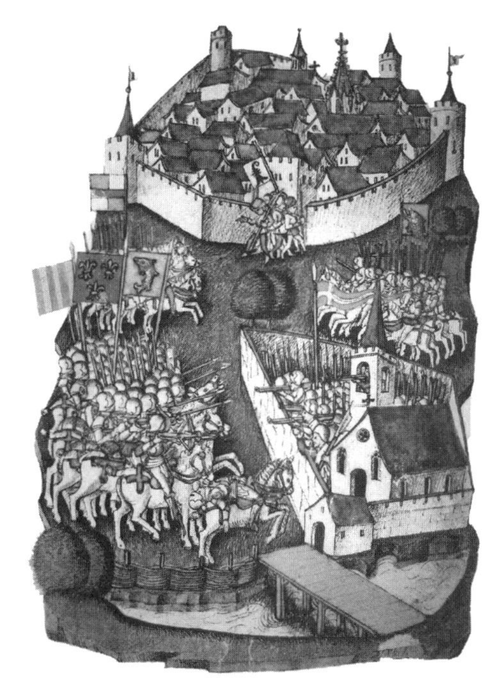

▲ 圣雅克战役

接下来的战斗仍然漫长而血腥。凭借着建筑的高墙，瑞士人英勇地击退了法军的数次攻击，甚至还发动了两次反击，令法军伤亡惨重。法军不得不运来火炮才把围墙轰塌。接下来又是一场短兵相接的战斗。直到夜幕降临，圣雅克麻风病院被点燃后，法军才将剩余的瑞士人全部消灭。瑞士人的战斗精神给道芬路易留下了深刻印象。据目击者回忆，他们将箭矢从伤口上拔下，回击对手，那些被砍伤或砍断手臂的人仍竭力将自己的战戟和石块投向敌人。这些人的顽强抵抗使法军损失了约 2000 人。

圣雅克战斗的失利使瑞士邦联被迫改变原计划。伯尔尼和其他邦联市镇成员在次日放弃了对法恩斯伯格城堡的围困。法军已开始向山谷地区扩散。27 日，法军的部分队伍就已抵达巴尔斯塔尔（Balsthal），指向索洛图恩；另一些部队则在随后数天内沿莱茵河而下，直抵东面的瓦尔茨胡特（Waldshut）。29 日，苏黎世的包围也被解除，瑞士人开始收缩防线保卫家园。那些被抢占了领地的贵族则盼来了翻身的机会。负责代表腓特烈三世与法王、道芬路易沟通的哈克伯格 - 萨斯伯格边境伯爵威廉写信给巴登（Baden），要求它立即屈服于自己的权威。和以往的恐吓不同，这次他身后有一股庞大的武装——9 月 2 日这位驻于瓦尔茨胡特的边境伯爵在信中承认法军剥皮者连队令自己的领地不堪重负，他计划派他们劫掠巴登周边地区以减轻己方城镇居民的负担。

▲ 哈克伯格–萨斯伯格边境伯爵威廉

然而，一股之前装作中立姿态的势力却突然开始向法国人发难。8 月 27 日，巴塞尔会议的两名修士光着脚，代表市镇前来向道芬路易求和。道芬显然不能忽略这个要求，紧接着 31 日，一个由红衣主教路易 · 阿莱曼（Louis Aleman）、胡安 · 德 · 塞哥维亚（Juan de Segovia）及数名教师还有 2 名骑士和市民首领领导的巴塞尔会议及市镇联合使团又出现在他眼前。

路易·阿莱曼向道芬路易指出了法军的劫掠和对巴塞尔市镇的威胁，他警告道芬对教会任何一个大会议的危害都不仅意味着毁灭，而且会让法兰西王族臭名昭著。面对来自道德制高点上的猛烈攻势，道芬只能辩解自己一直致力于保卫教会的事业，从来没有打扰过它，而且他的意图只是“摧毁”瑞士人——他的盟友及妹夫的敌人。城市代表则煞费苦心地向道芬解释，如果他希望保护教会不受侵犯就不能触碰它的信仰坚定的守卫者——巴塞尔。无论如何，它要尊重对盟友的义务，尤其是伯尔尼和索洛图恩。如果没有他们，它永远都不会安全。

此时，道芬路易才发现联合上莱茵地区贵族和市镇同瑞士邦联作战的方式，对一个公开声称自己是相关方坚定保护者的法国王公来说是不现实的。虽然法国王室从未完全承认过巴塞尔会议以及它扶起的阿马德乌斯八世的正统地位，但他们不会忽略会议抗衡尤金四世的作用以及在阿拉斯和谈中所做的贡献。他们也不会忽视那些改革议程和会议至上理论在法国的影响。道芬不可能推翻其父在巴塞尔及罗马当局对抗时的中立政策。巴塞尔人的攻击正好打在法国人的软肋上，最后，道芬同意休战八天让各方估量形势。

▲ 德意志国王腓特烈三世

不过接下来的八天法国人发现事情变得更加棘手。9月6日，让·德·比埃伊和加布里埃尔·德·贝尔内斯（Gabriel de Bernes）来到巴塞尔同会议的市政府、伯尔尼、索洛图恩代表们展开进一步讨论。贝尔内斯试图分化瓦解巴塞尔同瑞士邦联的关系。他声称巴塞尔在古代曾是法兰克王国的一部分，它应该顺从于法王，作为交换，法王将赐予它大量的特权。然而，贝尔内斯的建议引爆了地雷，巴塞尔市政议会趁机将这个建议当作法国人预谋征服的证据大加呵斥。他们声称这些把戏破坏了法国对基督教会议的中立信誉。结果为了保持这种信誉，贝尔内斯在9月13日被迫同意延长二十天休战，道芬还邀请巴塞尔市镇与会议派代表到昂西塞姆（Ensisheim）与自己共度一周。此城曾深受勃艮第势力影响，扼守着通向莱茵东南和北面河谷地区的要道。道芬现在收回了前线的军队，将他们带往没有被休战协定覆盖的阿尔萨斯地区。时值秋末，剥皮者的补给开始短缺，他们开始强行入驻并劫掠那些不愿提供给养的贵族领地。

另一方面，法国人同哈布斯堡的关系也在急剧恶化。8月，腓特烈三世得到道芬路易接近的消息后便疑窦重生，派奥格斯堡地区（Bishop of Augsburg）的使团前来打探消息——为何他在1443年的要求只是小股法国雇佣军团在帝国旗帜下战斗，但现在法国王子却亲自带着一支大军前来征伐。听到地方贵族自作主张，联合法军行动后，腓特烈三世做出了激进的决定，试图将他的意愿强加在这些名义上的封臣头上。8月29日，他在纽伦堡（Nürnberg）议会上指派其弟内奥地利公爵阿尔布雷希特六世（Albert VI, Duke of Inner Austria）代理"整个奥地利家族"在蒂罗尔（Tyrol）和施瓦本（Swabia）地区的所有哈布斯堡家族领地——包括西吉斯蒙德的远奥地利领土。法国人同瑞士邦联议和、剥皮者——有时甚至被道芬亲自领导——危害阿尔萨斯的消息更令腓特烈三世怒不可遏。道芬派到纽伦堡会议上的代表依旧重复着帮妹夫出头的无力辩护，这一切使腓特烈三世终于翻脸。哈克伯格-萨斯伯格边境伯爵威廉的代理人职务被撤销。腓特烈三世宣布了将对那些法国连队作战，并指派莱茵行宫伯爵路易四世（Louis IV, Count Palatine of the Rhine）指挥这场战争。至此，道芬和哈布斯堡的关系已无法避免的损坏了。

10月28日，道芬路易在昂西塞姆签署的《昂西塞姆条约》为这场远征画上了句号。道芬保证他和他的部下不会损害巴塞尔会议的人员财产，但条约未平息阿尔高和苏黎世的冲突。法国人对这里各种杂乱派系引发的世仇和争端影响有限。作为安慰，和约含糊地表达了瑞士邦联同苏黎世和哈布斯堡封臣们在道芬调解下寻求和平的责任，还有一项条款允许道芬保留沿着莱茵河占据的城堡——但它们必须是不属于邦联的。道芬的远征彻底失败，剥皮者也在河谷地区遭到当地人伏击，损失惨重。接近年底时，道芬接到一系列来自法王的命令，要他加入到北面洛林的远征中。

1444年7月，法军在香槟的朗格勒集结后，皮埃尔·德·布雷泽便带着先头部队进入洛林，包围了韦尔吉私生子持有的达尔内（Darney），迫使这个曾骚扰香槟地区的兵匪头目交出了数座城堡。当然，法王聚集起超过1万人的部队并不是为了在洛林边境打治安战，他的目标是北面的梅斯、图勒（Toul）和凡尔登。这些紧靠卢森堡的领地曾是法兰克王国的一部分，如今已成为神圣罗马帝国的自由市镇辖区。

像儿子一样，查理七世也抬出了法兰克王国继承人的身份为自己征服这片地区正名。东南面的埃皮纳勒（Épinal）最先面临这种抉择：8月27—30日皮埃尔·德·布雷泽连续写信给这边的居民，要求城市臣服于法王的君权之下，法王"将保护他们，就像他自己的臣民一样"。埃皮纳勒只是一座小城，没有同法军对抗的资本。9月4日，市民与"他们敬畏的梅斯的总督大人"商议后，不顾其反对，响应了布雷泽的号召。10日，查理七世来到埃皮纳勒。市民们拜服在他的脚下——也许他们厌倦了梅斯人的压迫。11日，查理七世颁布了特许状，接受了居民的臣服，"补救了他王国和王室在莱茵河城镇和数处地区以及属于其历任的被篡夺的主权和权力"。法国国王获得了第一个胜利。于是，他如法炮制，凡尔登和图勒也收到了类似要求。9月20日查理七世到达南锡，这里距他此行的重要目标梅斯只有50公里。

梅斯并不看好法国事业，他们拒绝效忠新君主，法军决定用武力迫使他们屈服。除皮埃尔·德·布雷泽外，陆军统帅阿蒂尔、安德烈·德·洛埃阿克元帅、战争财务官让·比罗等一干法军将领也纷纷写信给梅斯人，以夸张的语调告知他们，自己"坚决服侍国王，反对你们和你们的盟友，梅斯城必须向国王屈服！"法军士兵也分为数部，在9月中旬陆续占领了梅斯周边的大批村庄，突破抵抗十分微弱的零散据点。

梅斯人也不甘示弱，他们的城防工事十分牢固，足以防范任何军队的攻击。法军虽然庞大，却未能轰塌城墙，也不能完全掐断城市的供给。9月底，梅斯人开始反击。他们频频出击，援助被围的守卫，夺回和焚烧法国人占领的据点。激战引起的伤亡令双方都十分恼怒，战俘常被溺死，战争法则几乎荡然无存。不过，随着围城时间的延长，梅斯人还是感到了物质匮乏带来的痛苦。他们无法在周边收集粮食，也无法进葡萄园收获——除非与敌人交火。而法国人似乎也一直没找到迫使对方屈服的良策。因此，战役进行了一段时间后，双方开始谈判，寻求弭兵之道。但除却巨额赔款外，查理七世仍坚持要将他声称的被篡夺的古老君权强加到梅斯人头上，这与梅斯的底线几乎背道而驰。消息传出后，愤怒的市民甚至宣称："与其放飞帝国之鹰，不如以死明志！"僵持的双方只得硬着头皮继续战争。

正是在这种背景下，萨福克侯爵威廉·德·拉波尔带着迎接英王新娘的队伍出现在查理七世的宫廷中。《图尔休战协议》签订后，英国各方都摆出友善的姿态试图促进与法国的关系。诺曼底的约克公爵理查就曾派出马修·高夫等将领带着少数英军参加法国人的东征。然而这些努力效果寥寥。萨福克侯爵发现玛格丽特并未陪伴父亲，还在350英里之外的昂热。在与梅斯城交战中漫不经心的法国人对英国人倒工于心计：背负着亨利六世厚望的萨福克侯爵不可能放弃任务空手返回英格兰。法国君臣故意利用对手的急切心态迫使他们在谈判中做出让步。[①] 显然，在查理七世、勒内和梅斯人的较量水落石出前，玛格丽特不会出现。

围城一直持续到年底。梅斯人仍在支撑战事，但它的遭遇却令其他目击者心有余悸。12月底，凡尔登决定暂时屈服于法王的君权。趁着这个小胜利，法国人在1445年1月与梅斯展开了关于结束这场战争的决定性谈判。这场战争耗费了法国巨大的资源，此后不久，查理七世便下令在朗格杜瓦地区收取30万锂弗，作为维持军队的战争税款——这还不包括道芬路易在远征莱茵时征收的部分。2月13日，他们达成了法军撤离阿尔萨斯的协议。28日，法国终于与梅斯缔结了和平协定，梅斯保住了自由，但要向法国人支付20万埃居的战争赔款。此后，双方还通过协议，免除了勒内对梅斯的大部分欠债。因此，和约令梅斯人在经济上遭受重创。这些昔日的债主不得不大量借债应付所需。而另一方面，和约对周边地区也产生了深远影响。四个月后，图勒终于打开大门迎接法王入城，图勒主教也成为他的御前会议成员。

严格说来，法国人的这场远征并不能算作是后世所谓的“天然疆界政策”的首秀。查理七世从未声明要将疆界推进至莱茵河一线，他只是简单地希望要确保他在“数处区域、领地、城市和村镇，即莱茵河这边”所含特权的稳固——刚开

① 约克公爵派出的部队大约有100名骑兵和300名长弓手。他们加入了道芬路易在莱茵地区的远征军，部分人员还参加了洛林的战斗。像法国人一样，此举也有摆脱空闲的散兵和财政重负之意。此外，约克公爵也急于讨好法王。他想为儿子爱德华迎娶查理七世的女儿。八面玲珑的萨福克侯爵并未对这项联姻持有异议——鉴于亨利六世此时并无子嗣，在法理上约克公爵是英国王位的顺位继承人之一。在其君主与法国王室联姻计划碰壁的情况下，约克公爵还抱有如此大的奢望，十分令人费解。联姻谈判持续近两年，查理七世利用这个机会摆出愿意讨论的姿态，但在具体人选上却故意设置种种障碍。约克公爵却在此期间积极阿谀、迎合法王的意愿，默许他收回曼恩的提议——有流言表明早在图尔和谈时，查理七世就试图迫使萨福克侯爵允诺英王日后会将曼恩归还给英国王后的父亲勒内和叔叔安茹的查理。还有人声称萨福克侯爵在南锡的漫长等待中答应了这个条件。当然，那时并没有正式书面文件可以证明这一点。

始休养生息的法国还不具备大肆吞并帝国领土的相应国力，他们甚至未能进入主要目标之一的梅斯城。但就此认定这次远征是毫无意义的失败之举也失过于武断。通过恫吓及武力，查理七世恢复了法国一度被英法战争打断的，在洛林边境地区的影响，并将势力渗透至梅斯的郊区。1444—1445 年远征意味着法王开始恢复对帝国领地边界的进取政策。查理七世以法兰克 - 加洛林王朝继承者身份出现，摆出维护和平正义的保护者形象，极力扩大自己的威望，并同德意志国王竞争在这片地区的裁决权。同时，这种抑制勃艮第扩张的有限进取政策赢得了帝国边境地方贵族势力的支持。虽然莱茵行宫伯爵路易担负着与剥皮者作战的指令，但这并未阻挠他连同特里尔大主教雅各布·冯·西尔克（Jakob von Sierck，Archbishop of Trier）、科隆大主教迪特里希·冯·默尔斯（Dietrich II von Moers，Archbishop of Cologne）、萨克森公爵伯恩哈德二世（Bernard II，Duke of Saxony）等人与查理七世组建一个反勃艮第同盟。他们的和约于 1445 年 2 月确定下来，这也给道芬路易在 3 月于博帕德（Boppard）举行的选帝侯会议上有一个申辩的机会。法方以缺乏军需才四处劫掠的理由挽回了一些颜面。

而萨福克侯爵威廉·德·拉波尔在法王宫廷中焦急等待的日子也总算可以结束了。2 月，安茹的玛格丽特终于出现在南锡。南锡城里洋溢着欢乐的气氛，贵妇们穿起了华美的衣饰。盛大的庆典活动甚至罕见地引起了查理七世的兴致——他亲自披甲骑马，同勒内等权贵一起参加了几番枪术比赛。安茹宫廷刻意彰显的奢华给访客——尤其是英国使者——留下了深刻的印象。

对于女主角玛格丽特来说，这并不是一个值得欣喜的时刻——她即将告别熟悉的故土和至爱的亲朋，前往一片陌生的国度。当英国人的迎亲队伍起程时，查理七世等人一直陪她行至南锡城外 6 英里处。此刻，抑制不住的公主终于声泪涕下，一时间众人也热泪盈眶。玛格丽特的父亲陪伴她至巴勒迪克，她的长兄卡拉布里亚公爵让一直护送她到巴黎。3 月 16 日，根据查理七世的命令，圣母院的教士按王后的规格接待了她——这是在法国领地上停留的最后一站。次日，玛格丽特来到蓬图瓦兹。在此地，她第一次见到了来到边境处迎接的约克公爵理查。之后，众人经由塞纳河到达英占区的首府鲁昂。

在英方领地上，安茹的玛格丽特可谓命途多舛：到达鲁昂后，她便因生病而不能参加入城式。索尔兹伯里伯爵夫人不得不穿着她的礼袍代她出席，而在渡过英吉利海峡时她又晕船。当4月9日在朴次茅斯登陆时，众人发现她可能患上了天花。在这种情况下，急切的英王做出一些大胆的举动也是情有可原的。据米兰大使报告，在举行婚礼前，年轻的亨利六世扮作一名侍从，将信件交给玛格丽特。在未婚妻读信时他便趁机一睹芳容——当时一些英国人将她的到来描绘为“来到一个新特洛伊的另一位海伦”。

十几天后，玛格丽特的健康状况总算有所好转。直到4月23日在汉普郡（Hampshire）蒂奇菲尔德（Titchfield Abbey）举行的婚礼上，她才发现丈夫曾在自己面前屈膝行礼。与此同时，玛格丽特还收到了一份奇特的礼物——一只狮子，后来人们只好将它锁在塔里。5月28日，伦敦举行了盛大的欢迎仪式。格洛斯特公爵汉弗莱领导的达官显贵在布莱克希思（Blackheath）迎接玛格丽特，500人的随从队伍簇拥着她来到城里，伦敦人将雏菊插进帽子中向她致敬。5月30日，玛格丽特在威斯敏斯特加冕。英格兰终于有了一位新王后。

此时，玛格丽特的15岁生日才刚过一个月。这位看似娇弱的少女很快就掌握了

▲ 英王亨利六世的婚礼

温顺的亨利六世，并在英国政局中发挥自己的影响。但不幸的是，缺乏政治经验和势力支持的她无力超脱于党派倾轧之上。博福特家族将会利用这一点，通过扶持她让英国王室为自己派系的利益服务。

也许那些倾心于红玫瑰的人们在祷求上帝祝福这对新人，让“和平和丰硕的果实随他们而来”，不过其他人似乎对国王的婚事甚至是和平都没有展现出多少热情。虽然中书大法官坎特伯雷大主教约翰·斯塔福德在1445年2月25日开始的议会上发表了一篇《公道与和平互吻》的演说，期望玛格丽特的到来，并希望她能将《图尔休战协议》变为长久和平，但议员们还是一如既往的吝啬。豪华的典礼也没有打动他们。平民议院只批准了一半的议会补助金。6月2日，萨福克侯爵威廉·德·拉波尔在议会中提出警告，提醒人们和约将在1446年4月1日到期。查理七世已答应将派一个使团到英国来。能让法国使者有所收获地回国当然对王国和国王的海外利益有所裨益，但按照他本人的意见，“争取和平的更好办法”是准备战争：要为海峡对岸的城堡领地囤积补给、修缮武备，做好防御的各项工作。他曾提醒约克公爵理查要避免领地内出现物质匮乏和无纪涣散的现象。萨福克侯爵强调，他在法国从未讨论过有关长期和平协定中涉及领土主权等根本性质的内容，一切问题的决定权仍在亨利六世手中。此外，他还要求议会记录他按时完成的任务——显然，萨福克侯爵最后的这些声明是为了尽可能地保护自己，远离那些由政敌散播，有关他通敌的嫌疑。

尽管议会不久后便通过了对萨福克侯爵威廉·德·拉波尔的致谢及和谈提议，但对侯爵未雨绸缪的警告却置若罔闻。既然此刻处于和平之中，冷淡的议员们便下定决心不再为军备和王室多征税金，改组战时弊端的计划更无从谈起。英格兰的贵族士绅仍希望诺曼底等级会议独自应付驻军的费用。[①] 与此同时，由于议会拒绝了开源的请求，省去战争开支的英格兰财政署仍被国王的婚礼花费和谈判使团来往的开销耗尽了资金。

① 和平时期，诺曼底财政仍然不堪重负，他们仍要征取税收，支付守卫的士兵。依照《图尔休战协定》，英法两方前线守军将领均被禁止征收任何形式的保护费，包括贡金以及收取安全通行费用。而是以各方当局直接收取的地方税代替，总收入将加在一起，然后平均分配，一方应该交出自己多征的那部分，由双方指定的和约管理人共同实施。

7月14日下午，由旺多姆伯爵路易、雅克·朱韦纳尔·德·于尔桑（Jacques Jouvenel des Ursins）——让·朱韦纳尔·德·于尔桑的幼弟——以及普勒西尼领主贝特朗·德·博沃（Bertrand de Beauvau, Seigneur de Précigny）等人领导的法国使团出现在伦敦。他们受到了大批贵族的热情接待。

▲ 贝特朗·德·博沃，他积极参与了法国的一系列外交及作战事务

之后，英王在威斯敏斯特大厅等地多次召见使者。根据法国人事后的记载，亨利六世举止文雅，十分友善。他脱下胡德帽，向旺多姆伯爵等人微笑致意。法国人还注意到由他们转交的，来自法王的信件以及自己君主身体安康的消息令英王非常高兴。他一度环顾自己左面的格洛斯特公爵汉弗莱和右面的中书大法官约翰·斯塔福德等一干英国廷臣，对他们微笑。当萨福克侯爵威廉·德·拉波尔谈及英王对其舅舅的敬爱之情时，他热切地大声回应："圣约翰！是的！"在使者转述法王对外甥的钟爱时，他欢呼道："圣约翰！万分感谢！"

年轻的英王由衷地希望这些来自海峡对岸的人们能带来两个民族间的长久和平。然而，在英国谈判的法国使团发现形势同图尔时期如出一辙。尽管萨福克侯爵威廉·德·拉波尔向法国人强调格洛斯特公爵汉弗莱不会像某些传言那样阻止和平进程——他已经失去了权力——但英国的主和派仍然没有做好接受英王放弃对法国王位的要求以及为持有加斯科涅等领土而向查理七世行效忠礼的心理准备。而且法国人只能容忍对方占有吉耶讷和蓬蒂约 2 块领地，他们几乎当场拒绝了雅克·朱韦纳尔·德·于尔桑提出的，关于加入诺曼底和普瓦图的要求。经过萨福克侯爵等人的轮番催促，他们才极不情愿地陆续加上了利穆赞、圣通日。7月30日，旺多姆伯爵路易、雅克·朱韦纳尔·德·于尔桑和普勒西尼领主贝特朗·德·博沃来到富勒姆（Fulham）觐见英王。雅克·朱韦纳尔·德·于尔桑声称他们的条件是查理七世与血亲王公们长时间协商后的结果。为了避免谈判完全破裂，他接着提出双方国王结束通过代理人谈判的方式亲自举行一次会晤。[①] 亨利六世和约翰·肯普、萨福克侯爵等人商议后，同意了这个建议。但他强调需要一些时间来安排。法国人提出将休战期延伸至1446年11月1日的建议则成了双方和谈的唯一成果。

▲ 雅克·朱韦纳尔·德·于尔桑

这次谈判的结果表明亨利六世那亲爱的舅舅对他的心愿无动于衷。时间教会查理七世冷峻地处理亲戚间的情谊。奥尔良家族就能体会到这一点：由于法王吝于相助，这个家族中数名成员长期负债，难获自由。直到1445年4月，他们在国外的最后一名人质昂古莱姆伯爵让才离开英格兰。从瑟堡登陆后，这位被关押了近二十三年的法王堂兄不得不追赶即将从南锡起程的圣驾以讨取补贴生活的赏赐。

▲ 昂古莱姆伯爵让

法王的另一位堂兄勃艮第公爵腓力比奥尔良家族更能感受到迎面而来的敌意：虽然勃艮第骑士在南锡和沙隆参加了为庆祝婚礼而举

① 6月9日，在沙隆的查理七世曾授予即将出发的使团签署最终和平协议的权力。11日，他又指示使团可以签订一个英法两国国王举行私人会晤的协议。

行的马上比武锦标赛，[①] 但这并不能掩盖数个月来因勃艮第同法国官员间的唇枪舌剑而散发的火药味。勃艮第人的抱怨包括法国军队频繁侵境，其官员经常干涉马孔和欧塞尔等领地中的公爵权益，未履行《阿拉斯和约》关于刺杀前任公爵的弥补条款，法王欠下了3.5万埃居的债务等一长串内容。6月，腓力的妻子伊莎贝尔更是亲自到沙隆觐见查理七世。按照传统史学观点，这次觐见避免了法王和勃艮第公爵滑向战争的深渊。的确，在一个多月内，伊莎贝尔再次用娴熟的手腕成功签下两份协议，但她的丈夫为此付出的代价颇为可观：7月6日的协议清空了安茹公爵勒内亏欠腓力的巨额赎金债务——最后阶段它们几乎是以每天20埃居利息的速度增长。同时，还让勒内收回了大部分抵押给腓力的领地。而查理七世迫使腓力放弃继续从其猎物身上牟利的主要交换条件只是从去年占领自腓力盟友的蒙贝利亚尔城堡中撤走军队。实际上，在随后数年中，腓力仍难以摆脱法国王室及其精力旺盛的支持者们的干扰，他们在各个领域的动作仍让勃艮第不得安宁。

在继续抑制封建王公的同时，查理七世也开始革新旧弊。他已与陆军统帅阿蒂尔、吉尔贝·莫捷·德·拉费耶特元帅等廷臣商议了很长时间。随着东征进入尾声，法王决心让那些放纵不堪的军人收心。4月初，在阿尔萨斯的剥皮者陆续穿过勃艮第地区，打算返回国内领地，陆军统帅奉王室之命开始对这些连队进行检视。一项裁汰劣兵，组建新军的工作由此全面展开。筛选的商议、实施过程十分迅速，并一直处于未公开状态。当局选拔了15位优秀将领。向国王发誓效忠后，他们担负起领导指挥连队、筛选士兵、维持军纪的职责。经过检查，让·波顿·德·桑特拉伊、让·德·比埃伊、皮埃尔·德·布雷泽和罗贝尔·德·弗洛葛尔等将领均被认定为合格指挥官，而声名狼藉，一贯喜欢胡作为非的达马堂伯爵安托万则未通过考验，惨遭淘汰。于是，被解除指挥权的达马堂伯爵穿上了黑袍和兜帽——以此向国王表示解散他的士兵如同拿走他的性命。查理七世最后让他随侍左右，以示抚慰。

那些作战英勇、遵守纪律的士兵也被保留下来，与将领们一起构成国王的敕令

① 在南锡，宫廷还庆祝了沃代蒙伯爵安托万之子弗雷德里克·德·沃代蒙（Frederick de Vaudémont）同勒内的女儿约朗德间的联姻，以此作为化解两个家族间纷争的手段。在沙隆，宫廷的两名重要廷臣与卢森堡家族联姻——圣波勒伯爵路易的两个妹妹伊莎贝拉和凯瑟琳分别许配给了曼恩伯爵安茹的查理和陆军统帅阿蒂尔。

连队——当然，在享受优先供给的同时，这些人必须忠于国王。被淘汰下来的连队则被解散，人员被勒令直接退伍，并要在十五天内回到家乡。不过，为了避免节外生枝，国王按他们的意愿对其先前犯下的罪行实施了大赦，以此避免严重和频繁的报复行为。大体上，那些被解雇的兵匪都接受了命运——政府特别安排的负责押送的骑兵分遣队往往就在他们身旁。对于那些占据城镇不走的庞大团伙，如波旁公爵查理在科尔贝的士兵，查理七世则派将领强行驱逐——德尼·德·沙伊奉命包围了他们十五天。

留下来的部队也进行了重新构建。法王设立了十五个连，每个连包含一百个朗斯（即lance，语意有骑矛之意，亦指骑兵作战基本单位）。按照规定，每个朗斯包括6人：1名骑士或重装骑兵、他的随战人员（轻装军士）或者从骑士以及他的侍从，后者还承担看护武器照料之职。这些人配备3匹马。另外，骑兵们还配有提供远程投射支援的2名弓箭手或弩手，他们也被分配了1名参战随从——侍仆（Variet de Guerre）这3人也配有3匹马。这支新式军队抛弃了以往集中，并任由他们游荡在战争前线地带的模式。根据规定，连队被分为10—30朗斯一组，广泛分布在整个王国中。他们被指派到固定的驻守地区中——不再是乡间，而是有封闭城墙的优良市镇，士兵的住宿地被临时安置在居民房屋中，并接受政府管辖，以此尽量使平民免受骚扰。另一方面，这些人的待遇也十分丰厚。政府另辟了一项新的特别塔兰税用来承担他们的花费，“每人每年需一车半容量的小麦、2大桶酒；此外，6名骑兵和弓箭手需每月2只羊，半只牛或者其他等量的鲜肉，每年4只猪（培熏过的公猪肉）；还有食盐、油、蜡烛以及为不能吃肉类的日子准备的干酪鸡蛋，以及其他的小件必需品；骑兵和弓箭手每月20图尔苏；每匹马每年需12马车满载的燕麦以及4车牧草和稻草，按2份牧草和1份稻草的比例”。[①]

与此同时，政府还不断派出专员检查连队，了解他们的供给，确保他们随时待命以及没有将马具等装备变现为零花钱，并负责审理任何犯下的不法行为——军队

---

① 在最初的法令规定这些给养费用大部分均以实物形式缴纳。随着社会经济的逐渐恢复，这项制度变得更加灵活。12月，法王颁布了新章程，在1446年1月1日将采取“三种纳税者可以自由选择的缴纳方式：全部提供实物、混合钱币和实物、纯粹缴纳钱币（每个朗斯31锂弗）。不过纳税者选择好其中一种后，就必须严格遵守”。同时，敕令连队薪水的支付方式也逐步由实物为主转变为提供实物和货币。不过，进驻围墙城镇内的连队还难免同地方居民发生摩擦。因此，许多优良城市都用缴纳税收的方式获得豁免。这些税金都独立于1439年设立用于支付王室常备军的税收之外。

中仍包含苏格兰、西班牙、意大利等地的外籍官兵，违纪行为亦时有发生，如1446年9月鲁埃格，国王不得不下令惩罚犯罪的骑兵并让将领赔偿居民的损失。

总体上看，这个体系非常成功。局势趋缓的同时，查理七世在朗格杜瓦地区设置了归元帅召集和检查的1500个朗斯。第二年，他还在朗格多克地区建立了听从王室总管指挥的另外500个朗斯。这些朗斯便是今后享誉欧洲的“敕令骑士”。1445—1446年，法国首次建立了逾1万人规模的国家常备军——尽管他们现在主要都是骑兵队伍。

在法王不断加强军备时，负责协调处理停战后边境关系的联合委员会中的法国专员也咄咄逼人。他们认定英国人每年都会为了给边界守军支付薪水，在双方联合收取的直接税中多收1.8万图尔锂——按协议这笔款项应该平分。因此，在南锡时萨福克侯爵威廉·德·拉波尔便同意将这笔款项送入查理七世的国库。另一笔2156图尔锂的款项也将直接支付给贝莱姆的法军守卫。这引发了约克公爵理查的抱怨。他在4月时声称这种做法不公平。的确，约克公爵面临着很大压力，需要资源来解决英国占领区的兵匪问题。那些从阿尔萨斯前线归来的英军士兵流窜于奥格和科唐坦地区，他不得不在春季亲自带着诺曼底政务会议成员、法官及士兵前往阿让唐聚拢那些散兵游勇，并将其指派给各地守卫。剩下“看来不适合当兵”的英格兰、威尔士和爱尔兰人被发给路费立即遣送回国。这些行动使财政入不敷出，他被迫抵押自己的珠宝和盘碟来应付这些支出。7月，约克公爵在阿让唐主持了诺曼底地区三级会议，从公爵领地征收了3万图尔锂的税款，但这并不够填补开支。除去驻军薪水问题外，约克公爵还同法国在博蒙勒罗歇、蓬托尔松、圣雅姆德伯夫龙、圣叙藏、格朗维尔的管辖权方面存在争议，他甚至还发现卢维耶的法军守卫在鼓动蓬德拉尔克居民抵抗英方三级会议通过的合法收税，迫使税吏放弃任务。显然，法国人并不介意制造麻烦，即使在和平交涉中他们也希望尽可能多为自己谋取一点利益。

8月11日，英国掌玺大臣亚当·莫林斯等人接到了前往法国安排国王间的会晤并尽量争取延长休战的任务。但他们此行一无所获，甚至都未能见到查理七世。英国人被告知法王不久后便会派代表前来接洽——察觉对手急于停战的法国人坚持自己来主导谈判进程。11月初，查理七世的宫廷侍从和御前会议大臣，之前大使团成员之一的纪尧姆·库西诺同让·阿瓦尔（Jean Havart）来到英格兰。除去会晤的准备工作外，他们还有一个特殊使命——要求英王割让曼恩。这个流传已久的谣言终于尘埃落定。双方很可能在上次伦敦谈判中的领地争论阶段时就私下提及过割让事宜。此时，它已进入实质阶段。亨利六世还收到了岳父写给他的一封信。勒内在其中提出希望亨利六世将曼恩交还给他，为此，他将与“亲爱的婿儿”建立终身的联盟，并获得二十年的和平。勒内特别强调查理七世已经同意了这些条款。

安茹公爵勒内的这些条件颇合英王的胃口，法国使者很快便完成了任务。12月19日，他们签订了两份协议：停战期进一步延长至1447年4月1日；英王和法王的会晤也将在1446年11月前举行。在使者带回给查理七世的文件中，还包含着一封英王写给舅舅的信件。亨利六世在其中声称通过使者，他了解到查理七世将对转交曼恩给勒内及其弟弟的行为十分满意，而且这种行为将证明自己对和平的诚意和对舅舅的敬爱，他的妻子也多次要求他这么做。因此，他答应在1446年4月30日移交曼恩——包括首府勒芒和其他城堡、市镇领地。亨利六世唯一的条件是要求查理七世批准勒内和安茹的查理与他签订停战协定，建立联盟。

虽然这只是一封私人信件，并不是一份被御前会议见证、盖玺、批准的公文，但查理七世及其廷臣已经掌握收回曼恩的关键凭证。尽管亨利六世可能只是为了尽快促成长期和平条约，但他没有意识到这次割让领地换来的只是含糊的时间以及空洞的联盟承诺，也未曾在意这个消息公布于众后将引起怎样的轩然大波——大批相关地区的既得利益者亦将深受其害。在之后的数年，法国人将利用亨利六世轻率的承诺步步紧逼。而这种迫使英国王室吐出所得的行为将沉重地打击兰开斯特王朝的威望和统治。

和平时代的宫廷

到1445年夏季，法国境内绝大部分地区已经享受了一年没有战争警报的自由生活——在新一代年轻人看来这还是生涯中的头一回。他们从围墙、城堡的工事中走出来，在田野里撒下种子，在果园中栽上葡萄。圣物也被从隐匿的地方移出，郑重地放回教堂。越来越多的商旅出现在大道上，甚至是来往于过去互相征伐的市镇间，连巴黎市场上南方水果的价格也在逐渐降低。人们开始相信和平会生根发芽。他们的眼神中充满着憧憬与希望。正如一首诗所描绘的：

> 时光脱去了它的斗篷：
> 疾风、寒冷和阴雨，
> 并披上了织锦：
> 由阳光画出，明亮而宁静。
> 没有任何美丽的鸟儿，
> 不曾用它的歌喉鸣唱道：
> 时光抛弃了它的斗篷
> ……

优雅的诗句经常回荡在法王宫廷中，贵妇们往往是其赞助者。她们中最为著名的可能是道芬路易的妻子苏格兰长公主玛格丽特。正值桃李年华的道芬妻子聪慧、待人亲切，不过她的生活却比较抑郁。虽然玛格丽特早已将法国王室视为己家，而且查理七世和王后也非常喜爱这位儿媳，但她和丈夫之间的关系并不融洽。年轻的道芬并不讨人喜欢。他的举止与父亲大为迥异：与查理七世的细心敏锐、言辞谨慎不同，道芬肆无忌惮，言语过多，并为此惹来不少麻烦。此外，查理七世喜欢单独用餐，而道芬从不介意同各阶层的人一起大快朵颐，结果在沾染了一些父亲从未说出的粗鄙之词的同时，还伴随着口音浑浊乃至轻度的口吃。这对在文学和诗词颇有造诣的玛格丽特看来简直不可理喻。道芬与父亲的相似之处可能只在于笨拙的步姿以及不修边幅的习惯。这使他常被人们认作国王侍从的仆人或者信差，当然，这种形象也与玛格丽特略偏奢华的生活方式格格不入。道芬也很少陪伴玛格丽特，他对妻子十分冷漠，几乎从一开始就将她视作父亲造就的漂亮“玩具”。更有甚者，玛格丽特在宫廷中也摆脱不了监视、诽谤甚至是恐吓。在南锡的一个冬日夜晚，当玛格丽特靠在长椅上就着炉火同让·德·埃斯图特维尔等两位贵族诗人闲谈辞赋时，道芬的侍从、韦芒杜瓦邑督雅梅·蒂莱突然同道芬内廷管家勒尼奥·迪·德雷斯奈（Regnault Du Dresnay）闯入这间未点灯的客厅。蒂莱端着一支蜡烛一直伸到玛格丽

▲ 苏格兰公主玛格丽特

特面前，并伴随着高声抱怨。之后，有关道芬妻子的流言蜚语使迅速传播开来，这对玛格丽特的精神造成了极大刺激。不久，一场新的打击又降临到她身上。8月7日，在陪伴查理七世到莱皮讷圣母院（Notre-Dame de L'Épine）朝圣后，回到潮湿居所的玛格丽特因冷热刺激而患上了肺炎。虽然查理七世派出自己的御医罗贝尔·普瓦特万（Robert Poitevin）前去治疗，但病魔还是彻底击垮了玛格丽特的身体。病痛煎熬中，她留下的最后一句话是："呸！这世上的生活！不要再谈起它！"

16日晚，玛格丽特就这样孤身一人在远离亲人的他乡去世。第二天，难以接受事实的查理七世带着"悲伤、愤怒以及困惑"突然离开沙隆，前往图赖讷——也许只有道芬路易才能对这次事件泰然处之。之后，针对雅梅·蒂莱——玛格丽特至死都不愿原谅他的冒犯之举——的调查在10月启动，但最终不了了之。

显然，玛格丽特是被宫廷倾轧波及的牺牲品——查理七世正当壮年，而道芬路易正散发着青年所特有的蓬勃气息——但苏格兰与法国的同盟关系令她的妹妹们仍继续前来投奔法国宫廷。8月下旬，苏格兰公主埃莉诺（Eleanor of Scotland）和琼来到大陆。她们的兄弟——苏格兰国王詹姆斯二世曾希望查理七世帮忙安排姐妹们的婚事。[①] 像大姐一样，苏格兰公主们被安排进法王宫廷。按计划她们中的一位原本可能嫁给道芬路易，但最终未能实

① 1441年，詹姆斯二世的二姐伊莎贝拉已与布列塔尼公爵弗朗索瓦联姻。

现——也许这是道芬路易拼命反抗包办婚姻的结果。由于查理七世的长女拉德贡德已于3月19日去世，埃莉诺最终被安排与远奥地利公爵西吉斯蒙德联姻，虽然与德意志国王腓特烈三世的关系已无法挽回，但法国王室希望以此继续维持与远奥地利公爵的联盟关系。

▲ 成为远奥地利公爵夫人的埃莉诺

除了苏格兰公主外，法王宫廷也吸引着其他大小贵族纷至沓来。法国的王公贵胄们发现越来越多的青年人出现在宫廷中。尤其在15世纪40年代中后期，看起来这是一个“宠儿”崛起的时代。出身于法学世家的拉昂主教让·朱韦纳尔·德·于尔桑在1445年对国王向一群比他年轻的人征求建议的现象发出了抱怨，“（这些人）全无智慧、谨慎、公正、理智，也没有经验，而且他们表达出的看法经常带有仓促、冲动、恼怒而且残暴的风格——当他们应该提议慈悲为怀时”。也许于尔桑身上特有的法学家气质让他觉得自己与那些愣头青格格不入，但查理七世似乎能容忍这些缺乏经验的人参与分享政治权力。他们中最惹人注目的是皮埃尔·德·布雷泽。克复诺曼底首座重要城镇埃夫勒后，布雷泽就受到了国王的封地赏赐。同时，他也开始接近宫廷的核心圈。1443年10月前后，布雷泽的权势达到了巅峰，查理七世将各种事务交给他处理。布雷泽本人精明强干、善于察言观色。按照同时代人的描述，他也是法国最善辞令的人——也许只有迪努瓦伯爵让才能与他媲美。充沛的精力使他能够同时应付军事、外交、理财乃至政务会议的重担。虽然其他“宠儿”——他们往往来自于各大贵族甚至是王后内廷成员的家族——不如布雷泽显著，但他们往往也跻身于宫廷侍从之位，享受着国王的大笔恩赐。也许比起御前会议及咨议会中那些被大封建主指责为“过激或过分维护（王室）”的老面孔，查理七世也不介意让新的活力注入宫廷中来。

在不变初衷的情况下，稍稍改变一点外观。

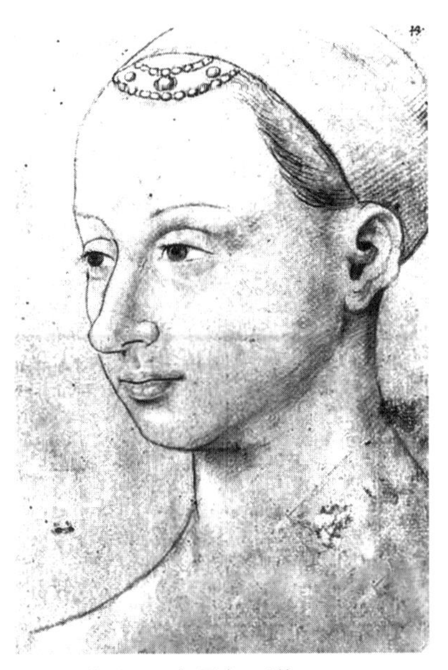

▲ 阿涅丝·索雷尔画像

而比“宠儿”们更招惹非议的，则是宫廷中那些花枝招展的女子——瓦卢瓦王族的血液里似乎流淌着拈花惹草的基因，有父亲、堂兄的风流韵事在先，步入顺境的查理七世也不能免俗。国王的情妇阿涅丝·索雷尔（Agnès Sorel）曾是勒内的妻子洛林女公爵伊莎贝拉的侍女。大约在1443年春季，21岁的阿涅丝跟随女主人来到索米尔，后来查理七世也驾临此地。据传，阿涅丝的美貌令查理七世难以忘怀。到1444年底时，她已成为王后的内廷女官——对王后来说不幸的是，自1436年起的十年间，她与查理七世的十四个孩子，半数都被死神掳走，她已渐渐习惯于穿着黑衣，日日祈祷的生活。

阿涅丝·索雷尔和宫廷中的许多人都保持着密切联系：皮埃尔·德·布雷泽送给她贵重的礼物，希望能利用这位贵妇“确保他们的官运亨通”；财政总监雅克·科尔也承蒙她照顾，许多人都接受她的庇护。国王的情妇和廷臣们保持着融洽的共生关系：她“为法兰西王国做了许多有益的事情，因为她介绍年轻的骑兵和高贵的同伴给国王，通过他们，他（国王）得到了优秀的服务”。阿涅丝的四个兄弟也得到了提拔——夏尔和让成为法王的内廷成员，路易和安德烈担任了国王的卫士。当然，这些人也得到了王室拨出的大笔赏赐，甚至连道芬路易也将从阿马尼亚克伯爵处掠来的挂毯赠予她装点居室。因此，阿涅丝一直在宫中处于耀眼的位置，她戴着璀璨的首饰，穿着华丽的锦缎，身后的拖裾比任何贵妇的都要长。此外，她还肆无忌惮地向人们展示自己的脖子和双肩。这种开放的风气引发了意识保守的让·朱韦纳尔·德·于尔桑的强烈憎恶。1445年，义愤填膺的他在寄给弟弟的信中写道：“在他（国王）的内廷中，国王应该禁止开襟。在前方你可以通过它看到这个女人的胸脯以及大毛皮裙裾、腰带和其他东西——它们是如此具有冒犯性，而且不是没有理由的。”在另一次谈话中,他还将她们比作“配着好鞍,为了卖个好价钱的老骡或老母驴,她们展示自己的胸脯,总有一样必定激起廷臣们的某种欲望”。

不过,总是抱怨世风日下的让·朱韦纳尔·德·于尔桑并未提起查理七世母亲伊萨博的裙裾——它更长也更华丽。他也未指望弟弟纪尧姆(Guillaume Jouvenel des Ursins)出面整顿世风,即使纪尧姆已于1445年6月被提升为新任中书大臣。相反,他还耐心地告诫纪尧姆要谨慎行事,“我知道你在御前会议中会抑制自己的怒气……但在会议之外,当其他人来与你交谈时,有些时候你有一点儿暴躁——即使局面对你有利时。而且在你年轻时,从你的面容和举止中我可以看得出你正在生气。至于我,我比这严重百倍,因此你要留心并克制自己。你可以从会议室内的一面镜子中观察自己的脸部。当你生气时,这样将让你自制。”

因此,现在法国政府可能是由一位多少有点火爆脾气的中书大臣领导——他可以得到来自2位拥有丰富行政经验的主教胞兄弟的帮助,在“宠儿”的鼻息下小心翼翼地运作。虽然抨击宫廷的怠政、腐败和奢侈是卫道士的传统特权,但实际上这段时间国王发布法令的频率并没有明显减少。抛开那些表面光鲜的新贵之外,实际上仍有一大群不怎么引人注目的人在支撑着法王的事业。

这些人便是御前会议及大咨议会的成员。对法王而言,这2个会议及规模更小的枢密会议(Conseil Privé)相比,在性质上无甚区别。除去陆军统帅阿蒂尔、安茹的查理、迪努瓦伯爵让等少数相对明智的大贵族外,御前会议及大咨议会还包括大批寒微贵族乃至第三等级,总数超过200人。这些人大多从基层提拔,在各类事务中积累了大量管理及经营运作经验。其中既有艾蒂安·舍瓦利耶(Étienne Chevalier)、纪尧姆·库西诺这样谙熟律法的律师、法学家、法官及公务人员,也有朱韦纳尔·德·于尔桑兄弟等教会人士,甚至连雅克·科尔、让·比罗兄弟等善于理财的杰出平民也积极参与其中。这些出身平凡但能力出众的人对王国有着清醒深刻的认识。尽管他们经常受到那些试图在国王身边安插代理人的大贵族的诟病与攻击,而且其中的杰出者常有沦为法王怀疑及自私行为牺牲品的风险,但他们都希望为扭转王国的积弊献出自己的才智和辛劳。

作为五十年前追随前任法王查理六世的“小人物”们在精神上的继承者,他们较之前辈的幸运之处在于查理七世能够长期执掌权柄。法王保持着会议成员的流动性，将众人分为不同的分议区，分别针对各类事务进行专业性的讨论，而展现了较强记忆力的法王则频繁列席，听取广泛建议，然后在一些长期陪伴自己的资深人员参与的讨论会中做出决议，以确保王国颁布的规章制度都进行了审慎严密的斟酌。尽管大贵族常常抱怨难见圣庞，而且国王已被身旁的宵小之辈控制，但实际上正是这样一群出身低微的人令王室的脉搏越来越稳健有力。

▲ 纪尧姆·朱韦纳尔·德·于尔桑头像

在这些大臣及顾问的协助下，查理七世不断签署法令，努力改善王国的治理状况。他批准了香槟、布里的集市。针对政府部门，尤其是财政方面的改制也在继续。6月19日，查理七世颁布法令，对塔兰税的税基，也就是缴纳者的资格及范围做了详细规定，它涵盖了包括律师、公证人及普通官吏在内的绝大多数平民，一些行会及个体手工业者得到部分减免，只有贫民及那些以“贵族方式生活”的传统贵族被豁免。当然，实际中这些法令并未得到全面及严格地执行。1460年王室又在塔兰税征缴方面做出了更为细致的指示，要求主要负责特别收入的财政区长（Général des finances）[①]要仔细审查所属地方税务长等官员提交的清单及收税员（Collecteurs）呈递的税基名册，

① 同时，还有一类负责商品税司法的区长，负责专门处理塔兰税、商品税及盐税的税收相关诉讼，也是地方税务官的司法系统上级，但应与负责征收工作的财政区长区分开来。一些财政区的首要长官—总出纳官（Receveurs-généraux）也担任与后者相同的职务。他们还要接收地方税务长和收税员的账目，巡视财政区、核查财产，确保税赋平均。其中驻在巴黎的最高官员则负责统领全国的收款及支出事务。出纳至少每两年向总出纳递交一次账目，总出纳官则每年需向审计法院递交一次。他还得向国王提供一份收入及支出的清册，这也是国家预算的雏形。

并应经常亲自或派专员前往各税区（élection）调查居民的资源，他还要亲自审查申请豁免者的资格，并衡量税金总额。法令还规定了地方税务长——尽管还保留着原名，他们早已由地方选举代表转变为由王室政府任命并付薪，负责确认税区税款总额的公职人员——的司法权。税务长独立于其他教会及世俗法官之外，有权审理在收取捐税时可能引发的诉讼。1445 年 8 月 12 日，查理七世又发布新法令，规范了财政部门的高层架构：法兰西总财务官（Trésoriers généraux de France）被正式确定为 3 人，分别为让·比罗、让·阿杜安（Jean Hardouin）和让·勒·皮卡尔（Jean le Picard），他们将核查过去所有被转让的王室财产，收回被非法侵占的那部分。法兰西王国也被划分成了四大财政区：朗格多克、朗格杜瓦、约讷 - 塞纳河地区以及志在必得的诺曼底。财务官的职责和权力亦被详细规定：他们要检查出纳的收款报表，督促出纳仔细审查，减少开销，对于未尽职责者不许通过担保或者将其停职；同时他们要审核领地租金，收回非法转让的领土、制定新审计账簿、巡察公共城堡和领地，制作国王的财产清册；他们还应审慎运作，不应支付高额款项和转出大片领地——部分领地收益将首先用于维修及官员薪水等支出；其他官员也不得干涉领地收益相关财政机构的事务，只有财政法庭才拥有对它们的审判权；审计法院这个王室财务法庭拥有制定、批准审计章程，集中核查、审理王国内所有财政事务的最终权力，但就像高等法院一样，除下属法院

▲ 艾蒂安·舍瓦利耶画像

全部占用或特殊情况外，它在程序上一般不干涉下级的地方诉讼事务。两年后，法王又颁布新法令，进一步规范了官员的职能和审计程序。

▲ 让·比罗画像

这些章程和1443年的《索米尔法令》一脉相承。通过始于15世纪30年代后期，在40年代中期趋向高潮，并延续至60年代初的一系列改革，形成一个结构相对清晰、听命于君主法庭的集中型财务系统，摆脱了带有分散性质的封建传统及大量地方教会和领主财经司法体系的束缚。此后，特别收入在王室收益中的比例在不断增加，到查理七世统治末期，塔兰税、盐税及其他商品税在总额约180万图尔锂的王室收入中所占比例已达到九成以上——当然，王室收入仍未超过其父查理六世时代的峰值。查理七世时代的财政部门大改组为今后数十年的王室财政制度确定了基本框架。它一直延续到弗朗索瓦一世统治中期。

不过在另一方面，万众瞩目的法王宫廷却不断经历着频繁的人事变动。尽管王室一直慷慨地给王公们发放上万锂弗的年金，却并不信任这些大贵族。在洛林和香槟时，布列塔尼及安茹家族旁系与卢森堡-利尼家族的联姻似乎激起了查理七世的警惕。他的宠臣皮埃尔·德·布雷泽更是认为这几个权贵家族正在形成潜在的新联盟。1445年夏季，开启了新一轮将大贵族势力赶出宫廷的行动。此前陆军统帅阿蒂尔以及他的布列塔尼部下，如海军将军普里让·德·奎蒂维等早已被解除兵权。和平年代不需要这些老兵，布雷泽接管了他们的事务。一向颇受倚重的安茹家族在宫廷中的优势亦被终结——9月后，勒内的名字就没出现在御前会议成员名单上；12月，安茹的查理的名字也从这里消失。国王“口头告知他们，在被召唤前，他们不必回来”。当然，布雷泽敢于对昔日领主出手的另一个重要原因是他同时得到了道芬路易的支持——道芬同样希望排挤大家族势力，以便安插自己的内廷人员进入御前会议。1446年1月，当宫廷在希农庆祝新年时，道芬送给身为道芬内廷膳食大总管的布雷泽 25 桶莱茵葡萄酒。不过，两人心知肚明：双方的合作关系已经告一段落，今后他们将角逐对国王御前会议乃至政府的控制权。

正值壮年的皮埃尔·德·布雷泽心思敏捷，善于揣测查理七世的心意。此外，他还有阿涅丝·索雷尔的暗中保护。相比之下，道芬路易的计划则更有魄力：他也找来了一位后援——老部下达马堂伯爵安托万。1446 年 4 月，随侍国王左右的达马堂伯爵也住在希农。17 日，他受到了道芬的秘密约见。这位王子将前剥皮者头目带到窗前，两人俯视着城堡外的原野，道芬突然指着一名正在跨过城堡壕沟的苏格兰卫兵，声称这些人让法兰西备受束缚。不过他随即又提出这些人如果愿意服从他的话可以受到良好待遇，否则就要用自己和达马堂伯爵的弓箭手击败他们——这是一场试图控制国王的宫廷政变。

达马堂伯爵安托万并未明确同意加入道芬路易的阴谋，但道芬答应如果事成将给予他 1 万埃居年金。达马堂伯爵发现道芬似乎对劫持父亲的计划颇具信心——国王正住在希农西北面的拉兹伊城堡（Château de Razilly），那里守卫稀少。道芬兴奋地对达马堂伯爵列出可为己所用的一长串名字：他的舅舅安茹的查理推荐的苏格兰卫队长尼古拉斯·钱伯斯（Nicholas Chambers）、奥弗涅伯爵贝特朗·德·拉图尔（Bertrand V de La Tour，Count of Auvergne）、安德烈·德·洛埃阿克元帅以及沙蒂永领主路易·德·拉瓦勒（Louis de Laval，Seigneur de Chatillon）。道芬打算亲自领导政变，以免部下在面对国王时犹豫不决，他还要确保事后查理七世被可靠的人监禁——只有英国人才杀害他们的君主。

但达马堂伯爵安托万与道芬路易的合作多少有些心猿意马。他的弓箭手不多，据说其兄长雅克——雅克作为波旁公爵查理麾下的将领辖有一百个朗斯——则竭力催促他放弃道芬的贿金和这个疯狂的念头。道芬随后也搁置了这个计划，他也许察觉到达马堂伯爵并不可靠。道芬的宫廷代理人让·德·达永（Jean de Daillon）和仍在为道芬服务的路易·德·比埃伊以及他们的仆从将矛头转向了皮埃尔·德·布雷泽。针对国王宠臣的攻讦和谣言在不断传播：布雷泽在与英国人的和谈中做出极多让步并收受大笔贿赂——有趣的是海峡对岸的萨福克侯爵威廉·德·拉波尔也受到类似指控——他在与萨伏依公爵路易交涉过程中暗中勾结；他先促使道芬进军阿尔萨斯，随后又中断补给，夺走人马；甚至连国王也讨厌布雷泽，多次在公开场合呵斥他。这些声音是如此的嘈杂，以至于他们认为已胜券在握。“我对国王的认识比世间其他人都要深，”比埃伊的一名仆人说道，“当他要摆脱控制他的人时，他会与一个又一个旁人逐步联合，在他有所动作前会持续一年或者六个月。”

这次，道芬路易及其同伙显然过于乐观。虽然道芬曾声称乐意见到皮埃尔·德·布雷泽继续像先前那样管理政府——当然，是在他的统治下——但布雷泽很难相信这位心机深重、反复无常的王子。宠臣的抱怨传到了查理七世的耳中。虽然，国王可能对布雷泽的夸夸其谈不以为然，不过他还是下令调查这些诽谤。中书大法官纪尧姆·朱韦纳尔·德·于尔桑在国王秘书的协助下，于9月27日获得了达马堂伯爵安托万——他现在已被疑心甚重的道芬视作布雷泽的探子——的证词。10月，国王的内廷审查官正式受理“某些人针对他大咨议会议中某些大人物的……某些诋毁”。随着越来越多的涉案人员被审查，道芬的系列阴谋水落石出。虽然他并未像编年史作家们所描绘的那样被查理七世立即驱逐，但父子间的裂痕已无法复原。道芬控制御前会议的计划遭到失败，不久后，他便离开宫廷，作为国王的代理官前往多菲内执行新任务。

法国宫廷中的相互倾轧并没有给英国人带来新机会，他们甚至不能制止传统盟友向敌人靠拢：1446年3月初，年轻的布列塔尼公爵弗朗索瓦来到希农，拜访已会集了大批重要权贵的法王宫廷，他抛弃了父亲一直坚持的中立政策。14日，布列塔尼公爵来到查理七世的拉兹伊城堡厅堂，当着旺多姆伯爵路易、拉瓦勒伯爵路易、富瓦伯爵加斯东四世、唐卡维尔伯爵纪尧姆（Guillaume d'Harcourt，Count of Tancarville）——他是雅克·德·阿库尔之子——和道芬路易、陆军统帅阿蒂尔、中书大臣纪尧姆·朱韦纳尔·德·于尔桑、菲利普·德·屈朗元帅以及乔治·德·拉特雷穆瓦耶[①]等人的面，向法王行效忠礼。这是一场盛大的仪式，也是对英国政府的沉重打击——它意味着布列塔尼已正式倒向法国。

几个月后，布列塔尼公爵弗朗索瓦发布命令逮捕与英国人联系甚密的弟弟吉

---

① 这是拉特雷穆瓦耶自1433年被放逐后唯一，也是最后一次出现在宫廷，不到两个月后他便离开人世。

勒。[①] 安茹家族的承诺也因他们的失势而沦为空头支票。与此同时，法国人仍在积极追索让英王割让曼恩的承诺——英法双方在 1446 年的联系非常频繁，尽管从 4 月开始一系列的会谈均围绕着维护及延长休战协议，分配相关地区收益等内容进行，但夏季后法国人将交付曼恩同和平进程挂钩的迹象已经越来越明显——此项承诺得不到履行，他们将中止谈判。

▲ 布列塔尼公爵弗朗索瓦一世

亨利六世并不能如期兑现这个约定。先前英王只是隐晦地透露出急切求和的愿望以及他打算在不久后前往诺曼底与查理七世举行私人磋商的意向 . 就已受到了贵族领主们冷漠对待——这都是要求资金补助的前兆。人们已经对英王的所作所为产生了一些想法。1446 年 4 月 9 日，这届议会的最后一次会议在威斯敏斯特召开。中书大法官约翰 · 斯塔福德特意发表了一份声明，含蓄地暗示与“ 国王舅舅 ”的谈判是国王自己的意愿，议会中的任何人均不必为之后事件的发展负责。这从侧面反映出国内已经出现了对国王主导的和平前景的潜在不安。很少有人知道具体细节，但是很多人猜测它将会建立在让步的基础上。不久后，亨利六世又废除了《 特鲁瓦和约 》中关于任何和平协议必须由两个王国议会——也就是英国

① 1442 年，弗朗索瓦一世迎娶了法王的传统盟友苏格兰公主伊莎贝拉。与此同时，领着英王年金的吉勒一直未掩饰他对英国的同情，曾公开声称自己是英王的仆人。查理七世曾在 1443 年借口吉勒与英国人的同盟关系剥夺了他在尚托塞（Chantocé）和安格朗德（Ingrandes）的领主权。1446 年 3 月，布列塔尼公爵得知吉勒与马修 · 高夫等英国将领和英王使者密谋的消息，并展开调查。在陆军统帅阿蒂尔的调解下，吉勒一度向兄长屈服，但他随即躲入靠海的吉尔多（Guildo）城堡中继续同英国人联系。他因此还得到了阿夫朗什守将职位以及 25 名英国卫士。高夫甚至建议他前往英国。布列塔尼公爵与查理七世讨论后，于 6 月 19 日下令立即逮捕吉勒。普里让 · 德 · 奎蒂维奉命前往吉尔多城堡。21 日，布列塔尼公爵的 2 名亲信带着他和陆军统帅的信件传召吉勒。吉勒勃然大怒，声称兄长已成为自己不共戴天的仇敌，而他将做出更激进的行动。“ 我发誓，” 吉勒声称，“ 十二天内我就将带着妻子前往诺曼底，获得那些英国臣民要求的权利，在一年半内，我的兄长将在他最好的城市中见到我，如果他敢来的话，我将乐意同他面对面（ 地较量 ）。” 29 日，回程中的布列塔尼公爵得到法王的回信，声称对吉勒十分失望，并决心将他交给公爵处置——26 日，奎蒂维派出勒尼奥 · 迪 · 德雷斯奈带领 400 名骑兵来到吉尔多城堡。他们发现吉勒正在玩网球，他未作抵抗便被逮捕，被带到迪南交给公爵的官员。

议会和英王的法国三级会议——批准的条款。这个举动进一步加重了人们的担忧：国王正在努力摆脱议会对他在议和方面的约束。于是，贵族们承认亨利六世有独自决定外交政策的权力，但他们也要求国王承担乾纲独断的后果。割让曼恩不仅将进一步损害亨利六世那顶法国王冠的正统性、威胁到诺曼底的防御，还会在主战派和利益牵涉者间掀起一场轩然大波。英国君臣必须先小心翼翼地排除可能引发阻碍和危机的各种因素。

实际上，亨利六世认为议会对他的事业有所掣肘的观点也情有可原——领主们在为国王海外领地而战时显得不甚热心，在和平谈判中也总是持观望或批判的态度。他们不仅很少提供有效的建议，甚至还不愿帮助政府筹措维护和平时期大陆领地的资金。这届英国议会最终只通过了两项每笔约3万英镑，征收期限达两年多的补助金——也就是说直到1448年才能征收完毕——以及延长四年的吨税、磅税、羊毛出口关税。诺曼底人不得不独自承担供养大陆军队的重担。当地等级议会批准了13万图尔锂的征税，在7月还追加了一项6万图尔锂以及一种每锂弗收取12德尼耶的税款。这些资金显然是指定用于支付守卫的薪水以及处理那些横行乡间的兵匪——在约克公爵理查亲自介入阿让唐事件的一年后，问题仍未解决。士兵的无纪律现象不仅使当地人民饱受蹂躏，还会威胁到《图尔休战协定》。但现在诺曼底政府已因群龙无首陷入孤立无助的境地：诺曼底的行政工作被交给政务会议的一个委员会临时负责。约克公爵早在去年9月就已返回英格兰。他此行一方面是向议会汇报诺曼底的混乱状态；另一方面也打算在宫廷中活动，希望能连任已到期的诺曼底总代理官职位——不过英王已经拖欠了他近3万锂弗的薪水，在十六年后才完全结清。约翰·塔尔博特在护送安茹的玛格丽特前往英国后就没有回来。在1445年3月他被任命为爱尔兰的国王代理官。

国库空虚使英王的法国之旅困难重重。亨利六世原本打算在勒芒附近举行与查理七世的会晤，并决定让王后与自己同行。不过他和政府都负担不起这场将至少包括500名随行人员的盛典。王室要求借贷的提议也在国内回应寥寥。与此同时，联系工作仍在进行。7月，马修·高夫、掌玺大臣亚当·莫林斯等使者陆续被派往法国安排会晤进程，他们希望将会晤期限延至10月。法国人已觉察到了对方的窘迫状态，并开始加以利用。查理七世表达了期盼会见外甥的意愿，但他反对继续将会晤延期。同时，使者们还受到了尽快交接曼恩的压力——此时距离将其交给勒内和安茹的查理的承诺期限已过了好几个月。难以招架的英国人开始溃退。1446 年 12 月 18 日，来到伦敦的法国使者纪尧姆·库西诺、让·阿瓦尔与萨福克侯爵威廉·德·拉波尔、莫林斯达成协议，约定任何一方的教区的教会收入都将归还给住于教区之外的教士。在纸面上看，这是个公平协定，但是实际中它几乎完全偏向法国人。这对英国人在诺曼底持有的教会收益是一个沉重打击——在 1439 年一项类似的提议曾被否决。但法国使者还在步步紧逼，他们暗示法王在交付曼恩前不会举行会晤或延长休战协定。这完全出乎英国君臣的意料之外。由于无力巩固加强在法国大陆上的防御，他们只能寄希望于通过不断谈判，延长和平。亨利六世期待能在会晤时与法国达成长久和平，或者至少签订一个长期停战协定，然后再为割让曼恩正名。但现在看来舅舅并不打算给外甥体面下台的机会。英国君臣眼下只剩一个马上就将期满的休战协定，而诺曼底等地的军事力量根本无力应付谈判破裂后的战争。面对这个危机，英国君臣被迫公开割地承诺，并赶紧安抚被这项政策影响的贵族。埃德蒙·博福特便是其中的主要头目之一。英法休战时，已继承兄长萨默塞特伯爵爵位的埃德蒙担任曼恩的总督职务，并在这里拥有大片领地。他在曼恩享有独立于诺曼底机构之外，代表王室的最高权力。他管控着所有军事和行政职位，在勒芒拥有自己的府库以及管理机构，并拥有给予其他将领及其支持者赏赐的权力。埃德蒙显然不甘心放弃自己的权益，萨福克侯爵不得不借口国王拥有收回赐予的权力而迫使他松口。但萨福克侯爵也不敢得罪如日中天的博福特家族，只得寻找其他职位来同埃德蒙交换，弥补后者的损失。

1446 年夏季，约克公爵理查几乎就要实现连任诺曼底总代理官的愿望——鲁昂曾宣布过这个消息；7 月，他还收到了为 800 名将随他前往法国的扈从支付薪水的命令。但很快形势就发生了变化：宫廷展开了对约克公爵任职期间的财政运营状况的调查。有人揭露约克公爵抽取用于诺曼底防御的资金自肥。这项指控源自约克公爵以前的部下托马斯·克瑞尔。约翰·塔尔博特发现克瑞尔在任职诺曼底元帅期间曾克扣日索尔守卫的薪水。前掌玺大臣托马斯·贝金顿以及克伦威尔男爵拉尔夫奉命调查这个案件。而约克公爵也因有腐败、侵吞公款以及管理不善之嫌与期待的工作失之交臂。年底时，新任萨默塞特伯爵埃德蒙·博福特终于获得了博福特家族梦寐以求的诺曼底总代理官职务，为期三年。他将在明年3月1日正式上任，带领300名骑兵和900名弓箭手前往诺曼底。作为交换，他将默许并帮助英格兰政府割让曼恩。约克公爵则在数个月前就被授以为期十年的爱尔兰代理官之职。这种形同流放的委任在他心中埋下了仇视兰开斯特王室的种子。

萨福克侯爵威廉·德·拉波尔等廷臣还要对付其他地位更高的反对者。12月14日，政府颁布了新一届议会于1447年2月19日在剑桥召开的公告。他们这次将假想敌设定为格洛斯特公爵汉弗莱。虽然格洛斯特公爵在1441年就已失去了实权，但对国内舆论仍有着不容忽视的影响。他还是英王的第一顺位继承人——亨利六世到现在还没有子嗣。格洛斯特公爵理所当然地成为那些即将在曼恩失去领地财产的人的名义领袖。萨福克侯爵等主政大臣担心格洛斯特公爵将利用开会的机会开展对政府及现行政策的攻击，决心抢先一步，将公爵逮捕并以叛国罪起诉。实际上，这一罪名的依据是含糊不清的。有传言说格洛斯特公爵在威尔士策划一起反对他侄子的叛乱，还有人宣称他将在议会期间发动政变杀死国王霸占王位，释放他的妻子。一贯鲜有主张的亨利六世——也许他并不赞同格洛斯特公爵平日的生活作风和政治主张——轻易地批准了萨福克侯爵等人的计划。一张逮捕格洛斯特公爵的大网悄然展开。1447年1月20日，议会的开会地点突然被改在了贝里圣埃德蒙兹修道院。这是位于萨福克侯爵势力范围核心区的一座小镇，与格洛斯特公爵享有较高威望的伦敦和剑桥地区相距甚远。萨福克侯爵等人希望以此避免行动时可能引发的骚乱。同时，大批武装人员也被派往这个地区防范公爵的扈从。十天后，王座法院的法官、财政署和高等民事法院（Common Pleas）还被命令在2月12日到4月24日将审讯延期，出席议会。这个没有先例的举动也许就是为了让这些重要官员为接下来的弹劾进程提供支持。

根据记载，2月18日，格洛斯特公爵汉弗莱带着一支40多人的随从队伍出现在贝里镇附近。离小镇还有0.5英里时，2位王室内廷骑士约翰·斯托顿（John Stourton）和托马斯·斯坦利（Thomas Stanley）截住了王叔。他们带来了侄子的消息——英王不打算会见他。此时约为上午11点，心情沉重的格洛斯特公爵在刺骨的寒风中穿过小镇来到住所，但他的厄运还未结束。当天晚些时候，英格兰陆军统帅白金汉公爵汉弗莱·斯塔福德（Humphrey Stafford，1st Duke of Buckingham）、萨默塞特伯爵埃德蒙·博福特以及索尔兹伯里伯爵理查德·内维尔等一批大贵族突然出现在他的房间里——他们都是萨福克及博福特派系的重要成员。这些人宣布了逮捕令。格洛斯特公爵被限制在房间中，受到数名守卫的监视。他要求面见国王，但遭到拒绝。随后三天，他的 42 名扈从——大部分是武装的威尔士人——以及私生子阿瑟也被逮捕。政变圆满结束。但有一个事件却是萨福克侯爵威廉·德·拉波尔及其党羽未曾料到的：屈辱和愤怨很快便击倒了格洛斯特公爵。他似乎出现了中风症状。昏迷了三天后，格洛斯特公爵于 2 月 23 日撒手人寰。这多少令他的政敌们有些尴尬。为了打消关于王叔惨遭谋杀的猜疑。他们不得不将格洛斯特公爵的遗体置于修道院中，并在次日邀请两院的成员参观，以打消人们的疑虑。25 日，格洛斯特公爵的遗体被运往圣奥尔本斯（Saint Albans），葬入这片由他生前选定的安息之地。讽刺的是，就在 2 月 22 日，位于图尔的英国使者承诺亨利六世将在 11 月 1 日来到法国与查理七世举行最高会晤，休战期也再次被延长到次年 1 月 1 日——格洛斯特公爵的倒台似乎对和谈的进展大有裨益。

数月后，亨利六世又对王叔萌发了恻隐之心。于是，萨福克侯爵威廉·德·拉波尔不得不揣着赦免信，在最后时刻赶到绞刑架前，释放了被控参与格洛斯特公爵汉弗莱阴谋的格洛斯特私生子阿瑟，并在后来归还了他和其他部分人员的财产，让他们重新开始仕途生涯。但国王的仁慈举动并不能掩盖廷臣的贪婪。格洛斯特公爵的妻子被剥夺了继承权，公爵的财产、领地、头衔、官职都被王室没收，随即便落入国王身旁之人的手里。这些迫不及待的人甚至等不及公爵去世就开始拟定瓜分协议。而萨福克侯爵早在 1443 年就已获得继承彭布罗克伯爵爵位的权利。在格洛斯特公爵去世的当天，其庄园地产被分别赐予亨利六世在伊顿和剑桥的基金会以及一些王室内廷人员。2 月 12 日和 18 日，格洛斯特公爵的另一些财产也被分给罗伯特·鲁斯以及两名王室官员。

但兰开斯特王室并未从格洛斯特公爵汉弗莱的倒台中获益。虽然这位公爵一向任性而行，可他一直是侄子的忠实支持者，并且难能可贵地在部分伦敦市民阶层中拥有影响力。具有讽刺意味的是，格洛斯特公爵却因生涯最后阶段的不测而被不断拔高，他的“好公爵”名号也借由生前赞助过的文人之笔而不断传唱下去。从贝里圣埃德蒙兹传开的谣言并未消失，它们将在今后不断折磨萨福克侯爵威廉·德·拉波尔及其同谋者，并成为数十年内各类政敌均可拿来攻击他们的借口。王室的声望也遭受了沉重打击，王后玛格丽特接收了格洛斯特公爵的一些财产及收益，这使她也陷入谋害王叔的嫌疑中。

在格洛斯特公爵汉弗莱的老对手中，亨利·博福特倒可能未参与这次政变，在已故萨默塞特公爵约翰·博福特那次声名狼藉的远征后，他就离开了权力中枢，在自己的主教行宫中安心养老。亨利·博福特也许很乐意看见侄子垮台，不过这种惬意时光也所剩无几。4 月 11 日，72 岁高龄的亨利·博福特在温切斯特的伍尔沃塞城堡（Wolvesey Castle）中去世。他在位近五十年，并插手羊毛出口、银矿开采等各种事业，积累了巨大财富。虽然亨利·博福特野心勃勃、桀骜不驯，在无所顾忌的同时又铺张扬厉，但亨利五世去世后，他毕竟同贝德福德公爵约翰一起分担了国家的重负。几十年内，他保证了源源不断的资源流向英国在法兰西的事业——在 1421 年和 1437 年中，他贷给王室不少于 2.5 万英镑的巨款，1443 年他又贷出了相近数额的巨款。他生前还特意为债务缠身的国王留下了约 2000 英镑，让其填补私人花销。超脱世俗的亨利六世却拒绝了这笔赠予，声称亨利·博福特生前已经给予自己足够多的善举，于是这笔巨款被用到伊顿公学及剑桥的基金会中，慰藉亨利·博福特。

随着这批资深者的凋零，兰开斯特家族的力量正在急剧衰弱。激烈的内讧、短视而软弱的政策使他们越来越无力应付眼前的危机。格洛斯特公爵汉弗莱的毁灭以及红衣主教亨利·博福特的去世让萨福克侯爵威廉·德·拉波尔排除了两个最大的政治敌手，但他的权力并未因此稳固。割让曼恩的消息令他蒙受了巨大的压力。5 月 15 日，亨利六世不得不亲自出席御前会议，支持萨福克侯爵驳斥那些认为他背叛了主人利益的指控，并在 7 月 2 日将他提升为公爵。国王的背书多少给萨福克公爵增加了一些权威，使他得以继续推行自己的外交政策。也许这位宠臣“意识到英格兰不能保住她在法国的领地”，因此“他试图通过交还一部分征服领土来保持对诺曼底和吉耶讷的占领”。但在实际过程中，英国政府一直在向法国人妥协。7 月，迪努瓦伯爵让率领法国使团来到伦敦，法国人同意将和约继续扩展到次年 4 月。作为回报，亨利六世在 7 月 27 日正式答应在献出曼恩的特许证书上盖玺——日期被定在 11 月 1 日。当然，亨利六世也表达了希望自己在曼恩的臣民能获得合理补偿的愿望，不过这项内容并未得到明确定义。英王还指派马修·高夫和福尔克·艾顿作为专员将此地区的所有英国领地收入国王手中，如果必要的话可以使用武力，然后转交给查理七世的那些代表勒内和安茹的查理的专员。虽然埃德蒙·博福特一直没有前往辖区，但他和当地官员也受到了在工作上支持高夫和艾顿的命令。至此，割让曼恩的进程终于进入实质阶段——英国将走上一条主动放弃侵占所得的道路，这段旅途注定充满艰辛、痛楚和不甘。

意大利的冒险

实际上，法国人在这段时期的外交过程中更多的是虚张声势之举。1446 年底至 1447 年的英军并不会受到敌人的全部压力。法国宫廷正将目光投在截然相反的方向上——休战开始后，一群群的意大利使者频繁在法国宫廷中现身。像他们的先辈一样，稍有喘息，对地中海沿岸富庶地区垂涎不已的法国人便打算将过于旺盛的能量投入到对意大利的扩张上。

当然，这回法国人不能像前次东征时那样打出“自古以来”的旗号了。新的借口来自于数位在法国君臣身后推波助澜的鸢尾贵胄。他们中最为积极的就是奥尔良公爵查理。奥尔良公爵的母亲瓦伦蒂娜·维斯孔蒂是米兰公爵菲利波·马里亚（Filippo Maria Visconti，Duke of Milan）的姐姐。按照婚约，米兰西南面的阿斯蒂（Asti）被划为她的嫁妆。作为母亲遗产的继承者，奥尔良公爵一直希望获得阿斯蒂及其周边地区。英法休战后，他甚至派代表前往纽伦堡，就阿斯蒂向腓特烈三世履行私人效忠——阿斯蒂法理上属于神圣罗马帝国——以便让他帮自己迫使米兰公爵交出此城。不过腓特烈三世和法国宫廷间关于北部边境的争执令使者无功而返。尽管如此，奥尔良公爵也没有善罢甘休。阿斯蒂只是他整个计划的第一步——按照上一辈的约定，如果米兰公爵没有男性后嗣继承，瓦伦蒂娜将继承米兰公爵领——奥尔良公爵看中的是米兰公爵之位。

另一位急于投入于意大利事务的大贵族是安茹公爵勒内。他一直念念不忘自己那个被阿拉贡国王阿方索五世（Alfonso V of Aragon）及其私生子斐迪南（Ferdinand I of Naples）夺走的那不勒斯王国。1445 年 7 月 8 日，勒内的使者来到圣伯多禄，跪在尤金四世面前提出抗议。这种举动只获得了尤金四世的口头安慰。勒内急于让法国势力在意大利获得一个稳固的立足之地，以便之后重启他的事业。于是，在这些堂兄的怂恿下，法国君臣的目光逐渐转向了位于意大利西部海岸的热那亚。

▲ 米兰公爵菲利波·马里亚·维斯孔蒂

热那亚虽然在1435年底摆脱了米兰公爵菲利波·马里亚·维斯孔蒂的枷锁并获得了独立，但这个共和国一直处于动荡不安中。1443年12月，热那亚共和国总督托马索·迪·坎波弗雷戈索（Tomaso di Campofregoso）——勒内在那不勒斯战役中的盟友——被让-安托万·德·菲耶斯科（Jean-Antoine de Fiesco）推翻，拉法埃莱·阿多尔诺（Raffaele Adorno）接替了总督之位。不过阿多尔诺的地位同样很不稳固，他不得不对周边环绕的强敌们虚与尾蛇。1444年初，他派使者觐见查理七世做出友善姿态，同时他也对在意大利蒸蒸日上的阿拉贡家族表示出臣服姿态。1444年8月26日，道芬路易对瑞士人的胜利为法国赢得了一些优势。萨伏依公爵路易急忙同道芬签订攻守同盟，并放弃了对瓦朗斯和迪瓦两片争议地区的领土要求，在年底还通过了一项贸易和引渡条约。意大利各方也开始同道芬及法王接触，米兰公爵应邀派出顾问前往南锡，希望能将法国人的力量为己所用。

对查理七世来说，干涉意大利事务不失为一个划算的选择。这样做既可以让新近建立，正无所事事的王国常备军到境外发泄过剩的精力，又能使王公们将兴趣转到国外，以免他们在宫廷内外筹划事端。再者，占领富裕的热那亚和阿斯蒂也对法国大有裨益。当然，法国君臣并没有将占领这些地盘的希望寄托在一派势力身上，他们同各方都展开了一系列的秘密交涉：1445年4月，一个新米兰使团来到南锡，拉开了正式谈判的序幕，但米兰公爵菲利波·马里亚·维斯孔蒂并不情愿交出阿斯蒂和热那亚。[①] 大约在一个月后，萨伏依公爵路易和道芬路易的谈判也陆续展开。

① 使者在给米兰公爵的回信中提到了当时法国的一些状态：士兵仍然遍布王国各地，但所有人都被解散了武装。勒内似乎非常关心针对安茹家族的舰队——据说阿拉贡国王和热那亚人正在武装自己，并打算蹂躏普罗旺斯。因此，勒内派军队进驻普罗旺斯。

最先与法国人达成初步协议的是热那亚共和国。他们对法王以往信件中那些要求再度统治城市的暗示——查理七世声称城市遭受动荡和混乱是因为它逃离了法国王室，他已收到了一些法国支持者的忏悔——装聋作哑，只是在11月答应归还不久前捕获的法国船只、移交袭击者，流放一些相关人员。显然，法国人不可能满意于此，他们将转而寻求其他渠道。

▲ 阿拉贡国王阿方索五世

1446年2月，道芬路易与萨伏依代表在日内瓦签署的一个秘密协定似乎展示了另一个方案：道芬带领军队穿过萨伏依公爵路易的领地前往意大利作战。萨伏依公爵将为法军提供部分食物，并将支持占领卢卡（Lucca）和热那亚——它将成为属于法王和其继承人的财产。随后，他们还将征服米兰，并瓜分那些征服领地。道芬将占领帕尔马（Parma）、皮亚琴察（Piacenza）、托尔托纳（Tortona）等地；亚历山德里亚（Alessandria）将被划给蒙费拉侯爵（Marquis of Montferrat）等意大利支持者；诺瓦拉（Novara）、科莫（Como）、洛迪（Lodi）、帕维亚（Pavia）等大片地区将属于萨伏依公爵。道芬将提供给萨伏依公爵6000名骑兵和弓弩手，每个骑兵每月20弗罗林，弓箭手10弗罗林。不过，这个协定需法王批准——似乎并没有明显证据证明查理七世批准了它。

米兰公爵菲利波·马里亚·维斯孔蒂已察觉到北方那些不怀好意的目光。1445年11月9日，他在寄给阿拉贡的米兰使者信件中表达了对法国入侵威胁的担忧，但米兰同威尼斯人战争中遭受的一系列挫折迫使公爵不得不与虎谋皮。1446

年 12 月 18 日，查理七世授权御前会议大臣皮埃尔·德·布雷泽等代表与米兰使者，同时也是同米兰公爵内府大总管的托马斯·蒂巴尔多·德·博洛涅（Thomas Tibaldo de Bologne）签约的权力。这意味着法国与米兰的谈判进入最后阶段。27 日，双方基本达成一致，这个条约的主要内容包括：法国同米兰公爵建立同盟，法王答应帮助公爵反对意大利的任何势力——除了教皇、萨伏依公爵、蒙费拉侯爵、佛罗伦萨共和国以及仍挂着西西里国王头衔的勒内；法军将尽快前往意大利，至少在 3 月前集结 2000 名骑兵和 2000 名步兵，一旦热那亚被置于国王手中——无论是通过米兰或者其他方——步兵军团将增至 5000 人，额外的部队将为公爵恢复布雷西亚（Brescia）和贝加莫（Bergamo）等被威尼斯占领的地区服务；法王答应，当他与英国缔结永久和平或长期休战协议后，将再派出 3000 名骑兵增援，法军部队将为公爵服务六个月；之后，无论上述城市收复与否，法王将收回其中的大部分；公爵宣布他同法王结盟，答应转交给法王代表泰奥多尔·德·瓦尔佩加（Théodore de Valpergue）[①] 阿斯蒂城的主权；公爵也答应将在下个复活节前将热那亚的主权及相关领土交给法王。12 月 29 日，法王批准了这个条约。

但米兰公爵菲利波·马里亚·维斯孔蒂心有不甘，他觉得复活节的期限太仓促，法军为他服务的期限也太短，公爵开始找各种理由拖延。这使法国人大为不满，于是，他们独自开始了夺取热那亚的行动：法王使者早就在秘密联系一伙以贾诺·迪·坎波弗雷戈索（Giano I di Campofregoso）、伯努瓦·多里亚（Benoît Doria）等热那亚市民贵族——在拉法埃莱·阿多尔诺上台后，这伙人就流落到了普罗旺斯的尼斯（Nice）。在法国人看来，这个方案可能成本最低也最为迅速。10 月 25 日，普罗旺斯执事拉扎尔·德·卡斯特罗（Lazare de Castro）同贾诺一伙缔结协定，贾诺答应让法王成为热那亚的主人。同时，法国人还收买了热那亚海军将军让 - 安托万·德·菲耶斯科。为配合这些市民贵族的行动，法国人在马赛准备了 5 艘全副武装的大船。闻讯大喜的查理七世指派伯努瓦·多里亚为舰队指挥官，并派出由圣瓦

① 瓦尔佩加是出身于皮埃蒙特的贵族，在 15 世纪 20 年代前后作为米兰雇佣军来到法国。1435 年，他被波旁公爵查理推荐为里昂邑督，并成为城市守将。他曾作为查理七世的代表出使米兰，并与双方都维持着良好关系。

利耶领主夏尔·德·普瓦捷（Charles de Poitiers，Lord of Saint-Vallier）、雅克·科尔、博凯尔邑督塔内吉·迪·沙泰尔、普瓦捷私生子纪尧姆（Guillaume，Bastard of Poitiers）、夏尔·德·卡斯蒂永等人组成的使团前往马赛，帮助贾诺执行计划。加入这次行动的还有拉瓦尼亚（Lavagna）的一些意大利贵族——他们将带领臣属帮助国王，以便要回被米兰公爵及其他人霸占的领地。

此刻的热那亚仍处于政治漩涡中不可自拔。有教皇支持的法国党敦促热那亚人向查理七世投降。1447 年 1 月 4 日总督被推翻，市议会将摄政权授给由 12 名市民组成的最高会议。很快由阿拉贡国王阿方索五世支持的阿多尔尼（Adorni）党成功地推举出了巴尔纳巴·阿多尔诺（Barnaba Adorno）——他是阿方索五世的狂热支持者，并从这位国王那里领有一群加泰罗尼亚卫兵。

与此同时，查理七世的使者从马赛转到尼斯。雅克·科尔努力完成了远征的最后准备工作。1 月下旬，贾诺·迪·坎波弗雷戈索的远征开始了，但并没有持续很长时间。贾诺以法王的名义占领了数处海岸，并在 30 日领着 300 名士兵在法王代表普瓦捷私生子纪尧姆——他是道芬路易的顾问和侍从——的陪同下，前往热那亚城。这些人未遇抵抗便进入海港。成功登陆后，贾诺便展开了手中的蓝底金旗帜他，他的身后跟着一大群全副武装的同伴。贾诺走入城市，径直来到总督府前，几乎毫不费力地将其占领。被众人抛弃的巴尔纳巴·阿多尔诺未作抵抗便仓皇出逃。法国人顺利完成第一步计划。随后，贾诺立即被自己的支持者拥为总督。新总督掌权后的第一件事就是将普瓦捷私生子纪尧姆以及其他陪同他的法国人赶出城市——法国人又一次为他人火中取栗。

贾诺·迪·坎波弗雷戈索翻脸如此之快令还在尼斯的法王使者瞠目结舌。他们不久后便各奔东西：兰斯大主教雅克·朱韦纳尔·德·于尔桑和夏尔·德·卡斯蒂永等人留住尼斯，塔内吉·迪·沙泰尔、圣瓦利耶领主夏尔·德·普瓦捷前往马赛，圣瓦利耶领主的仆人立即启程向国王汇报，雅克·科尔则赶往蒙彼利埃出席等级会议。2 月 17 日，他写信告知皮埃尔·德·布雷泽等人要催促国王亲临里昂，并迅速派军前往热那亚，“那里的贵族和大部分平民都在等待援助；他们将着手反抗叛徒；我向你保证他们期望国王的统治。为此，请赶紧派骑兵过来”。

被热那亚总督贾诺·迪·坎波弗雷戈索扫地出门的普瓦捷私生子纪尧姆似乎相

信局势仍有回转余地。他声称让 - 安托万 · 德 · 菲耶斯科占领了城市的 1 座城门并发誓仍向法王效忠。菲耶斯科宣称自己在城内外均有朋友，在他的帮助下仍可以掌握形势，那些意大利贵族也重申了他们的誓言。普瓦捷私生子在一份寄给道芬路易的更详细的报告中声称贾诺在打发走他时，曾宣称仍会遵守诺言，并让他带国王使者来热那亚，一旦这些人来到，他们就将缔结友好和约——普瓦捷私生子似乎坚持道芬因该亲自加入这场闹剧。他建议道芬："如果米兰公爵交出阿斯蒂，您就应当带 3000 人马过来，萨伏依（公爵）大人将陪伴您并在他的领地中接待您。"道芬的出现对时局是一种补救。甚至在贾诺和米兰公爵菲利波 · 马里亚 · 维斯孔蒂食言的情况下，他们也将达到目的。

但普瓦捷私生子纪尧姆的主子选择了隔岸观火——道芬路易似乎并不在意父亲事业的成败，按照皮埃尔 · 德 · 布雷泽的观点，他似乎颇为欣喜。尽管如此，法国使者在 3 月初还是做了最后一次尝试。他们从尼斯附近的滨海自由城（Villefranche-sur-Mer）登船前往热那亚，希望贾诺 · 迪 · 坎波弗雷戈索完成承诺，向法王提交城市和领主权。贾诺并未理睬这些要求，并说自己是用剑完成的征服，而且也将用剑保护它们并对抗一切敌人。法国使者并没有足够的力量展开武装斗争，两手空空地回到普罗旺斯。虽然贾诺仍在同查理七世的御前会议大臣们通信——热那亚总督在回复雅克 · 科尔时感谢后者提供的关于英法谈判的信息，并保证他的策略将有利法国，他还希望以符合王国利益一致的方式行事——甚至在由塞浦路斯使者转交给查理七世的信件中希望法王帮助塞浦路斯国王，并提出届时可以将自己的舰队和港口交由国王处置，但他又尝试攻击了城市西面靠海岸的法国支持者据点，法国王室在意大利的政策实际已遭重挫。

通过庞大的情报系统，热那亚事件发展的过程均在米兰公爵菲利波 · 马里亚 · 维斯孔蒂掌握之中，这更坚定了他摆脱法国人主导的决心。1446 年 12 月 31 日，公爵将特使试探道芬路易的结果告知给充任代理官及总指挥官的女婿弗朗切斯科 · 斯福尔扎（Francesco I Sforza）：这位法国王子准备给予公爵有力援助，但公爵一旦接受援助就必须放弃阿斯蒂。1447 年 2 月 2 日，斯福尔扎在回信中认为道芬的友谊对公爵不是件坏事——如果不保持阿斯蒂的协定，道芬将一直处于不满的状态中，但同时斯福尔扎提醒米兰公爵要保持自己的领主权不受损害。公爵表示赞同，并答应会留意女婿的忠告。当然，他不可能从一开始便抑制住冲动的法国人。2月中旬，查理七世派遣武装执达员让·德·利扎克（Jean de Lizac，Huissiers d'Armes）带军士前往里昂。在进入意大利时，桑斯邑督勒尼奥·迪·德雷斯奈接过了指挥权。另一支法军部队也被调到普罗旺斯，置于道芬和勒内的统领下，只等命令一下便翻越阿尔卑斯山。

1447年4月16日，米兰公爵菲利波·马里亚·维斯孔蒂最终正式批准了与道芬路易的协议。5月4日，作为法王和道芬代表的勒尼奥·迪·德雷斯奈出现在阿斯蒂的教堂中。他发现米兰代表要花两个月才能交割阿斯蒂的城堡、据点、城门，而城中官员的工资却要拖到法王的新总督上任来支付。这让法国代表很不适应，而他们愤怒的抗议只换来了米兰公爵措辞恳切的回信——他将向法王和道芬解释迟缓的原因。显然，公爵只是在拖延时间。他同时指示在法国的使者争取新的让步。不过这次他被还以颜色——米兰使者的外交努力很不成功。

僵持了几个月后，一个新转机出现了。8月初，米兰公爵菲利波·马里亚·维斯孔蒂的身体状况急剧恶化，于13日不治身亡，留下一份指定法国王室的敌人，阿拉贡国王阿方索五世为其继承者的遗嘱——维斯孔蒂家族已没有了男嗣继承人。这个结果显然得不到普遍认可。年轻的萨伏依公爵路易——他的姐姐是米兰公爵的妻子——以及娶了公爵私生女比安卡·玛丽亚（Bianca Maria Visconti）的弗朗切斯科·斯福尔扎均声称自己有权继承公爵的位置。连神圣罗马帝国的贵族们也表示米兰应该归并到帝国中。

但米兰人厌倦了僭主的专制统治，很快便建立了共和国。9月15日，掌握执政大权的市民最高会议决定同威尼斯缔结休战协议并开始和平谈判。同时它还号召弗朗切斯科·斯福尔扎反抗受蒙费拉侯爵支持，已经推进到诺瓦拉的萨伏依军队。

而法国人已决定诉诸武力。查理七世听到米兰公爵死讯后的第一个动作是写信给萨伏依公爵路易，要求归还奥尔良公爵查理的继承权，且不能给他的堂兄制造任何障碍。这次勃艮第公爵腓力也站到了法王一边，并答应借给奥尔良公爵1万埃居，用来帮助他征服公爵领。法王还命令勒尼奥·迪·德雷斯奈以武力夺下阿斯蒂。实际上德雷斯奈在米兰公爵死去的当晚便占领了阿斯蒂。他已有500名骑兵以及一些弓箭手，在得到支援后，德雷斯奈继续进击，带着约3000人入侵亚历山德里亚地区并占领了一些据点。在境外为所欲为的法国士兵不断播撒着恐怖，意大利和阿尔萨斯皆大为震动。

亚历山德里亚人向弗朗切斯科·斯福尔扎求援，但后者只是好言宽慰了一番。这位著名的雇佣兵首领正穿过阿达河（Adda）进入洛迪，忙着将帕维亚、托尔托纳等地收入囊中，并包围了皮亚琴察（Piacenza）。勒尼奥·迪·德雷斯奈声称自己无意破坏斯福尔扎和法国王室的联盟，于是斯福尔扎也与法国人相安无事。

▲ 弗朗切斯科·斯福尔扎

在法王和勃艮第公爵腓力支持下，奥尔良公爵查理前往伦巴第，视察新近获得的领地。半路上，他得知了一个可怕的消息：勒尼奥·迪·德雷斯奈包围了博斯科（Bosco）——这个城堡决定着亚历山德里亚城的安危——就在即将投降之际，米兰人巴尔托洛梅奥·科莱奥尼（Bartolomeo Colleoni）以及阿斯托雷·曼弗雷迪（Astorre Manfredi）应邀带领1500人帮助被围者；10月17日，他们同乔瓦尼·特罗蒂（Giovanni Trotti）带领的亚历山德里亚友军一起对法军发动两面夹击。起初法国人成功击溃了特罗蒂部，但他们的一另翼却被科莱奥尼和曼弗雷迪击败，德雷斯奈亦被俘虏。这次战败对奥尔良公爵的事业是致命性打击。虽然他继续前进，在11月10日收到了阿斯蒂居民的效忠宣誓。但单凭这座小城，法国人难以在意大利扭转乾坤。查理七世已经厌倦了半岛上的风云变幻，他表示在教廷的调停和解生效前，不想再听到任何关于米兰公爵爵位继承的消息。

▲ 比安卡 · 玛丽亚 · 维斯孔蒂

意大利的连连失利在法国国内掀起了一场混合着不满和抱怨的风暴。有舆论指出这些事业不仅花费巨大，还阻碍了对英国人控制的诺曼底的征服——“在那里国王有着远比其他地区更好的理由”。尽管这场多少有些时运不济的远征因国力不济以及计划不周而失败，它实际表达了一个走出危机、处于上升阶段的法国迅速恢复的野心，重新向东部和南部边界伸出了被英法战争迟滞了半个多世纪的触角——在接下来的一个世纪，贴近乃至掌握欧洲经济中心的欲望将驱使一代又一代的法国人用类似的、冠冕堂皇的借口重复这项鲁莽的行动，直至把这个王朝的能量彻底耗干为止。

当时，所有的责任都归咎于那些所谓的“控制着国王”的廷臣身上。作为计划的主要执行者之一，皮埃尔 · 德 · 布雷泽的威望遭受重挫，先前被排挤的曼恩伯爵安茹的查理也重返宫廷。祸不单行的是，在经营意大利事业期间，一场政治阴谋还将他卷入其中。1447 年 10 月，时任国王书记员兼道芬内廷审查官的纪尧姆 · 马里耶特（Guillaume Mariette）在布尔日因伪造文件及妄用印玺被捕，初步审讯后，他被押往里昂。马里耶特自知罪责深重，因此他使出浑身解数试图逃脱惩罚。1448 年 2 月 6 日，马里耶特成功越狱，躲入里昂的主教教堂寻求庇护，但雅克 · 科尔等专员强行进入教堂审问。惊恐的马里耶特再次出奔，窜入多

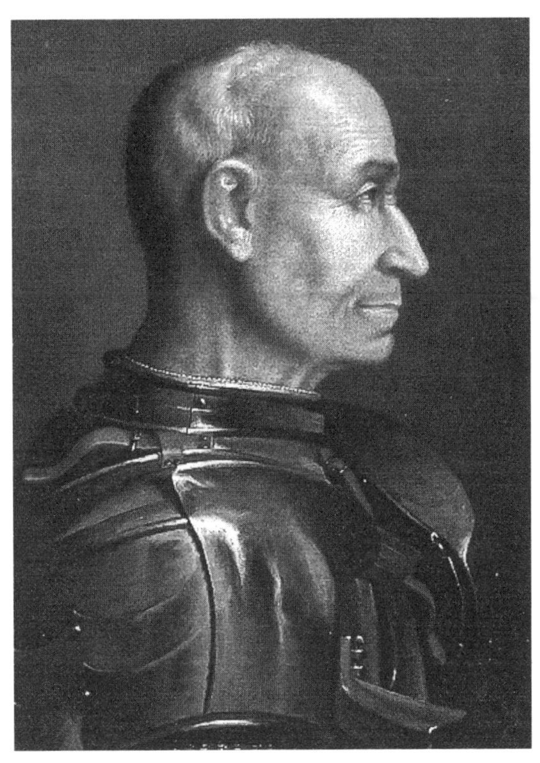

▲ 巴尔托洛梅奥·科莱奥尼

菲内，落入了原主人道芬路易的掌握中。厄运终于降临到马里耶特头上，道芬的官员很快便将其逮捕，投入拉科特－圣安德烈大牢。3月1日，急于获取情报的路易派4名专员审讯。一番严刑拷打后，他们从奄奄一息的犯人身上得到了大量秘密：马里耶特随身携带大批文件，其中有一批准备寄给勃艮第公爵腓力，另有一些似乎打算寄给布雷泽。他后来供认自己在布雷泽煽动下伪造公文，探查王公权贵乃至国王的想法，并试图通过影响他们之间——尤其是国王同道芬[①]——的关系来谋取利益。道芬兴奋地写信给父王，要求王室司法介入。12日，里昂执事的代理官，王室代理检察员出现在里昂，王室书记员来到拉科特－圣安德烈。4月6日，出现在圣艾蒂安（Saint-Étienne）的马里耶特最后一次为自己辩护：他对那些罪名的真实性提出抗议。

① 布雷泽曾指使马里耶特在觐见时向查理七世透露道芬已经拉拢了中书大臣纪尧姆·朱韦纳尔·德·于尔桑、让·波顿·德·桑特拉伊等一大堆廷臣。他还向国王报告道芬和勃艮第公爵之间的联系。据说，腓力催促道芬在重返宫廷时要终结国王“糟糕的统治，而执事（指布雷泽）则完全是它的源头”——清洗他的宫廷，让他像老萨伏依公爵阿马德乌斯八世一样退出政界，当个隐士。马里耶特一度担心国王会将这些消息透露给其他人或者道芬，那么他俩将大祸临头。但布雷泽嗤之以鼻。他认为国王早就对道芬起了疑心，马里耶特的道芬内廷官员身份只会使他更确信自己的判断。国王谨慎的习惯将使他不会对任何人提及此事。事实证明布雷泽的预判是正确的，而宫廷中并没有多少大臣愿意全力支持冷酷无情、野心勃勃又唐突冒失的道芬，他们更希望他待在南方。在各方的暗暗规劝下，查理七世没有将道芬召回宫廷。

他的命运并没有被改变。纪尧姆·马里耶特随后被押往巴黎，关进巴士底堡。高等法院很快便宣判他有罪，并在图尔执行死刑。这个事件令皮埃尔·德·布雷泽名声扫地。其实，查理七世也认为布雷泽并不值得信赖。根据马里耶特的供述，尽管此前法王对觐见的马里耶特反应冷淡，在会见结束前他还叮嘱马里耶特要写下察觉的情况。不过法王很快又改变主意，要求马里耶特不要直接与自己联系，而是发给内廷人员。马里耶特询问他应该寄给谁，国王回答道："给执事（普瓦图执事，指布雷泽），大胆点。"但马里耶特表示了不同意见，"没有必要让执事知道有关于此的任何事情……他是这个世界上最表里不一的人，而且他口无遮拦。""圣约翰在上！"法王嘟囔道，他十分赞同马里耶特的看法，并马上将收信人改为唐卡维尔伯爵纪尧姆·德·阿库尔。

另一方面，皮埃尔·德·布雷泽也意识到自己不能久享恩宠——在希农时他就同纪尧姆·马里耶特谈到"他（布雷泽）陪伴国王（的时间）不会持续太长"。马里耶特脚踏几条船的行径导致了他的败亡，曾承诺为他谋得高级职位的布雷泽在合伙欺君的密谋败露后，并没有竭力抗辩，只是请求国王公正审判自己。圣断很快下达：布雷泽同国王的亲密关系就此终结。他被放逐出宫廷，案件也交予司法部门审理。

就像先前路易·德·比埃伊[①]的仆人所声称的那样，查理七世会不动声色地暗中算计，直到让权臣迎接垮塌的命运。在其统治的中后期，查理七世经常用这种突然剥夺臣属恩宠的手段。当然，这种手段也有其用武之地：除去空洞的效忠荣誉以及勉强维系的国家认同外，那些出身低下的人们为王室服务的主要追求是津贴、职位和赏赐。尽管国王的出价往往高于其他王公及对手，但让那些爬上权势顶峰的人感到自己成功的短暂，让那种不确定性缭绕在这些人心头有助于提高他们为王室效劳的效率和忠诚度。另一方面，查理七世觉得并不是任何人都能替代这位干练的执事。此时，他决定暂不深究皮埃尔·德·布雷泽。法王很快便签署了一份赦免信，声明纪尧姆·马里耶特的证词并不属实，布雷泽无意离间国王父子间的关系，这些

① 路易·德·比埃伊已于 1447 年 2 月在一场同英国人的决斗中身亡，当他负伤时，法王不肯中断比武。

事件也没有导致国王和道芬、其他王公及内廷人员间的猜疑。因此，尽管司法程序并未中止，法王还是打算让布雷泽继续为英法谈判服务。[①]

剑拔弩张

从1447年下旬到1448年初，无论是英王亨利六世还是其廷臣似乎都未意识到他们面临的巨大危机——暂时将兴趣从南方转回国内的法国人将会把压力倾泻在谈判对手身上。英国政府既没有整军备战，也没有主动排除可能危及和谈进程的隐患。曼恩的交接工作——现在它的顺利与否将直接影响到双方关系——几乎陷于停滞。1447年9月23日，马修·高夫和福尔克·艾顿来到萨默塞特伯爵埃德蒙·博福特在大陆的副官、勒芒守将兼曼恩邑督奥斯本·马德福德（Osbern Mundeford）面前，向他出示了亨利六世下令交出曼恩的信件。马德福德礼貌地接待了2位专员，然后坚定地拒绝了这个要求。他声称英王曾将曼恩的终身领主权赐予萨默塞特伯爵，他则为伯爵代管这些地区的城市和据点。因此，按照惯例，没有伯爵的允许，他无法照办。为了避免今后可能引发的直接责任，马德福德要求2位专员至少从萨默塞特伯爵那里弄到一份解任命令，他才能交出职位。而此时萨默塞特伯爵还在海峡对岸——也许他打算尽可能延长享有曼恩的时间，在获得足够补偿之前，他迟迟不肯就任诺曼底总代理官之职。

实际上，英国人不愿吐出那些通过侵略得来的财产。数十年的征服已经造就了一代新的地主和官员。尽管这些人数目不多，但在政府中拥有不凡的影响力。他们认为自己对土地财产的占有是有法可依的。这些既得利益者牵涉广泛——甚至连马修·高夫在曼恩也拥有可观的财产。此外，大批士兵也会因交出曼恩而失去岗位，在纪律涣散的同时更加桀骜不驯。但亨利六世决心已定。在本土，英格

① 布雷泽的名字曾被法王从御前会议名单上移出。不久后，巴黎高等法院也开始审理他的案件。不过在阿涅丝·索雷尔等人的斡旋下，法王最终还是不了了之。

兰与苏格兰关系正在急剧恶化。1447 年 3 月，英格兰御前会议特意提醒英王的表弟苏格兰国王詹姆斯二世尊重停战协议。但在双方边境贵族日趋激烈的冲突下，这个警告显得软弱无力。同时英国政府也未能为詹姆斯二世寻找到一位英国配偶——当为国王寻求未婚妻的苏格兰官员渡海来到法国宫廷时，却发现法国公主的指标已经用光了。不过查理七世立即将这个任务托付给了勃艮第公爵腓力。7 月，一伙勃艮第使者来到苏格兰开始商讨联姻事宜。一年后，双方正式敲定詹姆斯二世与腓力的从外孙女格德斯的玛丽（Mary of Guelders）订婚。这进一步疏远了英国与苏格兰的联系。

内外交困的亨利六世不愿再在大陆上横生枝节。他亲自安排的延长休战期谈判似乎进展顺利。10 月 15 日，在布尔日的会谈中，法国人同意将休战协定期限继续延长到 1449 年 1 月 1 日，并将亨利六世同查理七世会晤的时间推迟至于 1448 年 11 月 1 日。但这些宽限有一个前提——在移交曼恩后才能被宣布生效。

10 月 23 日，英王写信给马修·高夫和福尔克·艾顿，感谢他们付出的辛劳，随后便敦促他们加快谈判进度以便按他的意愿割让曼恩。对不断在暗中阻挠的萨默塞特伯爵埃德蒙·博福特，亨利六世已经大为恼怒。28 日，英王写信提醒他不应忘记自己曾在 7 月当场见证了对迪努瓦伯爵让立下承诺的情景。英王还勒令他以及奥斯本·马德福德等官员必须立即交出地盘，不许有任何借口！

即便如此，10 月 31 日在勒芒举行的会谈上仍看不到任何达成一致的希望。第五任索尔兹伯里伯爵理查德·内维尔（Richard Neville，5th Earl of Salisbury）、约翰·法斯托尔夫的代表及其他利益相关者同法国的纪尧姆·库西诺和让·阿瓦尔等代表一起进行了讨论。实际上，参加谈判的英方代表只获得了英王关于讨论“合适的补偿”事务方面的授权——在国内碰壁后，当局也许希望对手分担这个难题——而 2 位负有转交领土权力的英方专员马修·高夫和福尔克·艾顿均缺席。因此，会议双方很快陷入分歧：英国人郑重提出在移交领土前必须解决赔偿事宜，法国代表却不以为然。他们声称自己只是来接收两年前承诺的抵押——曼恩领地，并不是为了一次买卖来议价的，赔偿问题是后一步议题，可以在接收后的任意时间内解决。对于英国人提出的关于与勒内和安茹的查理的终身联盟、安茹和曼恩的二十年和平协议等问题，法国人连任何经查理七世允可的结盟或和平协议特许状都没有出示——他们声称由于担心道路安全，将这些东西留在了后方。于是，愤怒的英国人认为谈判无法进行下去。他们在争论中又重新玩起了假装自己不懂法语的把戏。就像之前的无数次谈判一样，双方的互不信任导致最终谈判失败。法国人两手空空地离开了勒芒。

直到此时，英国御前会议才意识到对曼恩地区领主们照顾不周的严重性。11月13日，在一次重要会中，他们决定将赏给萨默塞特伯爵埃德蒙·博福特一份从诺曼底收入中抽取的1万图尔锂年金。但这只是杯水车薪——曼恩境内的众多小领地持有者和官员仍被忽略。他们充满了抵触情绪，甚至连奥斯本·马德福德也不愿献出锡耶勒纪尧姆、弗雷奈勒维孔特以及博蒙勒维孔特——这是一片与诺曼底交界的三角区域，他想沿着萨尔特河重新划界，将它们纳入诺曼底公爵领。不过，在12月底重开的谈判中，马修·高夫成功地使法方代表迪努瓦伯爵让等人答应补偿事宜，并成功地将交割期限再次推迟到1448年1月15日。

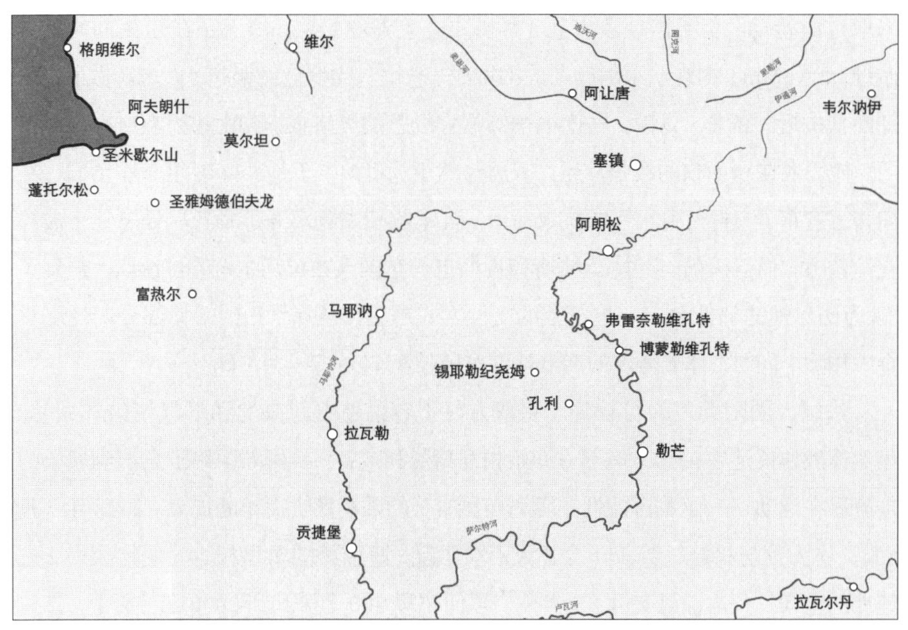

▲ 曼恩及下诺曼底边境

事实证明这又是一次谎言，当约定的日子到来后，曼恩仍在英国人手中。在“勒芒人民的要求下”，查理七世再次允许这个期限推至2月2日。但法国君臣已失去耐心，一支大军开始集结。查理七世还直接向亨利六世发出抗议，点名马修·高夫、福尔克·艾顿和奥斯本·马德福德采取各种手段敷衍塞责。20日，英王在法国的中书大臣托马斯·胡已意识到大事不妙，他主动写信给皮埃尔·德·布雷泽，请求双方不要大动兵戈以免造成无法修补的裂痕。布雷泽应邀前往鲁昂与胡会谈，双方达成协议：曼恩必须在10日交付，届时那些仍占有城镇领地的人将被视作不受休战协议保护的忤逆者。

这个妥协的结果是英国人再次食言。13日，迪努瓦伯爵让、皮埃尔·德·布雷泽等人再次出现在勒芒城下，这次他们身后跟着一支6000人的大军。即使到了这一刻，马修·高夫和福尔克·艾顿还想等待从本土传来的英王最终指示。14日，法国人同意再推迟四五天，而英国人却开始修补防御工事，他们的一些小部队也纷纷向勒芒靠拢。同时，托马斯·胡再度致信布雷泽，告知他亚当·莫林斯和罗伯特·鲁斯等英王使者已经在15日到达阿夫勒尔，并央求他们在使者见到法王前千万不要采取过激行动。但英国使者直到3月初才追上查理七世。法王正在东南面的拉瓦尔丹（Lavardin）围观法军对勒芒的围城战——让·比罗已经架起了火炮。做了些象征性抵抗后，高夫、艾顿、马德福德等据守勒芒的英将意识到比起丢弃财产扫地出门，他们现在所面临的战争及死亡威胁显然更为可怕。于是，1448年3月16日，在向法方发布了一封充满怨气的抗议信后，英军收拾财物离开了勒芒。曼恩终于被移交给法方。而五天前，英使莫林斯和鲁斯也与法国人在拉瓦尔丹签订协议，得到了2.4万图尔锂的补偿金——这笔钱的支付方式是直接从属于法国的那部分诺曼底贡金中扣除。同时，休战协议的期限被再次延长至1450年4月1日。

法国人围困勒芒的行动终于将双方好不容易建立起来的和平气氛破坏殆尽。虽然休战协议还在持续，但双方开始相互猜疑和戒备。英国君臣终于意识到战争的暗流还在涌动——这种可能性正随着英国官员的敷衍塞责而不断加大。1448年3月6日，作为预防措施，英王下令扩大了埃德蒙·博福特的军事权力。他将获得2万锂弗的全薪——之前只支付了一半——以便招募200名骑兵和2000名弓箭手。这位于3月底被提升为萨默塞特公爵的诺曼底总代理官也终于启程前往大陆。5月8日，

▲ 法军包围勒芒

他正式在鲁昂设立自己的办公官邸，并很快在那里收到了等级会议作为发放半年守卫薪水之用的9万图尔锂拨款。

也许这个蕴含着丰厚收益的职位令萨默塞特公爵埃德蒙·博福特目不转睛，但他应慎重考虑一下，单凭自己的能力是否能完成它所担负的任务，也许让自己的政敌继续坐在这个光鲜的位置上才是明智之选：诺曼底已无力维持大规模驻军。停战协议开始时，这里尚有约3500名驻守士兵，此时只剩下2100人。许多地方都存在严重的补给不足和擅离职守现象。守卫中还有不少人通过劫掠来补偿和平时期缺乏战利品和赎金的损失。1448年2月，库唐斯子爵就下令逮捕一个威尔士人，他被描述为“窃贼、抢劫者、以剽掠乡间为生，并用穷人们的钱养着一大群狗”。

萨默塞特公爵埃德蒙·博福特决心加以整顿。他处理腐化的王室官员、废除当地税款征收员的职位——他们有提取一定比例的征收款项的权力、派出巡察官员审查账目和收据，对罪犯处以罚金或监禁——但这些措施收效甚微。除此之外，更令人担忧的是这片领地的前景：法国人轻松地获得了他们过去十余年未能光复的曼恩。阿朗松和下诺曼底失去了一大片南面屏障。一旦战火燃起，无须顾忌己方侧翼的法军可以长驱直入，占领科唐坦半岛。此外，上诺曼底的防线也早已千疮百孔。法国人已在埃夫桑地区、科区北面建立了牢固的据点，他们可以组织大军从这些地方发起数面夹击。届时，诺曼底那可怜的数千名英军将无计可施。

查理七世也未停下整顿军队的脚步。这次他的目标是步兵。15世纪早期的法国步兵部队主要由外籍弓箭手、弩兵等雇佣连队以及法国的公社民兵——这是城市奉君主命令组建的有一定服役期限的征召部队——组成。后一种组织来源于中世纪城镇内部长期维持的，负责警戒和保安的武装力量，往往以行会、公社为基础，组成不同的军团。查理七世一直与这些城镇联系紧密，他以城市及行会的保护者身份出现，给它们颁发特权许可，同时后者则以军事服务的形式保持着纽带。随着失地被收复，特别是在大批城镇受圣女贞德的感召倒向国王的事业后，这些武装力量在战场上也立下不少功劳。15 世纪三四十年代早期，查理七世不断鼓励和批准这些地方军团，赐予他们各种荣誉特权。[①]

最终，在这些促进工作的基础上，同时也是为了对这些民兵力量进行统一编组和领导，查理七世于 1446 年 12 月 16 日下令建立法兰西弓箭手——他们将成为法国步兵的骨干。之后的一系列法令规定了它的基本框架：这些王国民兵将以教区为基本单位，确定编制；经由选举产生的负责战争相关事务的地方代表——一般由地方税务长充任——将连同在邑督和城堡领主的权限之下的特别专员，从每个城镇或乡村中按照每五十个炉灶或家庭出一人的比例，挑选出最善于操作弓箭或弩机的人员；一旦被选为法兰西弓箭手后，此人便被免于缴纳塔兰税，同时也被免除守卫和守夜的义务以及其他城堡领主、守将或城市要求的军事服务；他必须宣誓效忠，不得参加任何未经王室征召令认可的战争，否则将失去那些豁免权；税务长将负责检查弓箭手的日常待命状态，并督促当地纳税人为弓箭手配齐 1 件短上衣军服、紧身长裤、夹克或锁子胸甲、弓或者弩、箭袋、剑和匕首以及圆顶盔或铁质帽子；在和平时期，法兰西弓箭手将留在家中自谋生计，不过须在规定的日子中全副武装，同当地公社连队的伙伴以及那些愿意在相同的操练中训练自己的年轻人一起练习射击；此外，他也要在领地的首府，经受守将每三个月一次的检查——将领还会将结果及疏漏责备事宜通知税务长；临战时，弓箭手会在两个月前接到通知，届时他将为王室服务并收到 4 法郎的月薪；每个辖区或财政税区都有一份有法兰西弓箭手的姓名、绰号及住址的登记名册，以便专员掌握情况。

从表面上看，查理七世创立法兰西弓箭手是为了在全国范围内组建一支训练有

---

① 1431 年，查理七世命令香槟的沙隆地区维持十五个朗斯和 6 名弓箭手的守卫编制。成为巴黎的主人后，他于 1437 年 9 月 23 日认可了查理六世赐予的首都弓弩手特权。10 月 17 日他赐予沙隆弓弩手红白绿三色和绣上勿忘我花制服的特权，并享有与他的苏格兰卫队和内廷卫队一样的着装颜色。1446 年底，他批准了扩大图尔奈弓弩手的规模，也赐予他们穿王室号衣、绣上王室铭言的特权。

素、在有需要时就可以快速征集的军队。虽然他们此时还不能算作真正意义上的职业常备军，但实际上这项改革还蕴含着其他深层影响。在未来，这个国家的每个角落都将在王室的部队中拥有自己的代表，成为一支国家军队。较之练选精兵，这一系列法令的更大意义在于它几乎避开了位于中间的领主阶层，让王室政府与平民建立了直接联系。现在平民将服从领主以外的权威，领主必须遵守王室的法令，而他们的地位将随之下降。

通过设立永久税、改组政府机构、建立常备军，查理七世已经搭好了一个中央集权体制的大体框架。尽管由于封建君主制的局限性使它在税收及收益分配上仍大幅偏向于贵族利益，而且还将日益受到官僚主义的困扰，但在延绵了一个世纪的战火中逐步练就的新式王权政府可以较为有效地集中王国力量应对危机。毕竟身处强敌林地的大陆，法国只能首先通过强有力的机构保证自己的生存。而随着王室政府的复苏，它再度展现了强大的吸引力。越来越多的贵族再度加入王室军队中。至于英国人，几代人的经历已经证明了一点——他们始终无法搜集到足够的资源维持大陆领地的防御。随着法国政府开始展现超越前代的动员力，并通过编练新军不断提升战斗力后，他们在大陆的几块立脚点已经岌岌可危。

眼见王国中驱逐外敌的民族情绪日益高涨，法国君臣已不打算让英国人久享太平。1448 年 9 月，他在信中向兰斯市民透露自己有意收复诺曼底。

实际上，从 1447 年下旬起，英法双方边境地区的关系日趋紧张。离开岗位的英国兵匪到处流窜，在后期更是与从勒芒撤出的大部分英军——他们没有被诺曼底当局收编，而是流落乡间——迅速合流，使这些地区的局势雪上加霜。1447 年 9 月，一位曾在阿朗松和诺曼底游荡的英方将领罗杰·德·卡莫伊斯爵士（Sir Roger de Camoys）——他不久前刚结束了长达 九年的战俘生涯——同一伙散兵来到靠近布列塔尼边界的圣雅姆德伯夫龙，开始修复拆毁的城堡。这伙人对周边地区剽掠了几个月后，在诺曼底的英王法国中书大臣托马斯·胡被迫出资 100 图尔锂雇佣曾驻于弗雷奈勒维孔特的失业士兵前去镇压。同样，英国人还在此时修复了边境据点莫尔坦的工事。这些行动不仅违反了休战协议中关于不得在边境修复据点的条款，还引起了布列塔尼公爵弗朗索瓦的抱怨。查理七世趁机将公爵的不满转为向对方发难的借口。1448 年 8 月 22 日，他致信英王，暗示新任诺曼底总代理官到达后事态恶

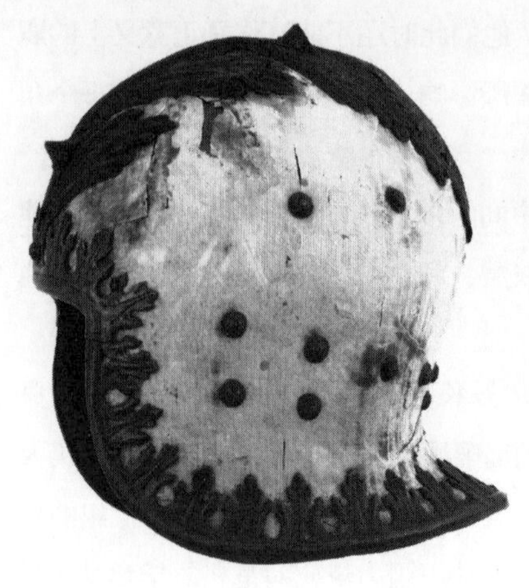

▲ 15世纪中后期的意大利圆顶盔

化的迹象，谴责了奥斯本·马德福德以及其他从曼恩撤离者占据、修复圣雅姆德伯夫龙——它与布列塔尼边境、圣米歇尔山、格朗维尔以及其他争议地区接壤——的行径。法王对萨默塞特公爵埃德蒙·博福特尤其不满。萨默塞特公爵并不热心制止上述的冒犯行为，只是将它们推给亚当·莫林斯和罗伯特·鲁斯。此外，萨默塞特公爵还威胁要将来到鲁昂的法国使者拉乌尔·德·戈古尔和纪尧姆·库西诺等人逮捕。最令查理七世不能容忍的是，萨默塞特公爵在写信时傲慢地将自己的头衔称为“最崇高和权威的王公，我的主君国王在法国的舅舅”。在法王看来，这是一种大不敬。实际上，萨默塞特公爵的措辞只是比其前任约克公爵理查——查理七世对他似乎倒颇为满意——少用了几个华丽阿谀的形容辞藻而已。

英国人仍在漫不经心地处理法国的外交攻势，他们声称圣雅姆德伯夫龙、莫尔坦等据点的事件只是英国与其封臣布列塔尼公爵间的边境纠纷，法国人无权介入。这项辩解显然和法国人的主权理念背道而驰。10月初，作为正式回应，亨利六世写信给萨默塞特公爵埃德蒙·博福特，声称鉴于无法在远方处理这些问题，因此要公爵做出相应的修正。不过，就在当月晚些时候，他又秘密指示萨默塞特公爵应在不与法国破裂的情况下尽可能地拖延谈判。这个策略也许并不明智，双方交涉的主要内容正从国王会晤的正轨上渐渐偏向于各种琐碎矛盾的争吵中。英国人以法军同时也占领了科区及曼恩等多处地点，大肆劫杀英国臣民作为回击。法国人则辩称这些地方均位于争议地区。

更为严重的是，边界地区的纠纷不断时，双方的罗马当局所属辖区相关人员重新占有其领地收益的协议也引发了无尽的麻烦。圣米歇尔山不久就因其收取在诺曼底所属收益的权利而与英国当局产生冲突。查理七世也曾阻止一些诺曼底的教会人员从其领地中收取相应收益。查理七世也曾阻止一些诺曼底的罗马当局所属辖区相关人员从其领地中收取相应收益。作为报复，萨默塞特公爵埃德蒙·博福特在 1448 年 9 月下令科唐坦邑督扣留所有来自于“我们国舅（即法王）的党派”相关人员的收益。数月后，查理七世再度下令没收所有在法方控制区内属于库唐斯和阿夫朗什以及萨维尼、拉吕泽尔恩（La Luzerne）、蒙特摩尔（Montmorel）等地相关人员的土地、财产、租金以及收益。这些愈演愈烈的冲突逐渐将和平的最后一点希望啃食殆尽。在 11 月的会谈中，双方代表在长久和平方面没有取得任何进展，只达成了一个将在 1449 年 5 月 15 日前再次会晤讨论的协议。

萨默塞特公爵埃德蒙·博福特现在终于意识到了英法间有爆发战争的可能性。感到自己难以抵挡的公爵打算向本土寻求援助，但海峡对岸的英国政府早已处于自顾不暇的状态。1448 年春夏季，英国和苏格兰边境地区的摩擦不断升级。5 月，第二任诺森伯兰伯爵亨利·珀西（Henry Percy，2nd Earl of Northumberland）烧掠了邓巴。6 月，索尔兹伯里伯爵理查德·内维尔摧毁了邓弗里斯。作为回敬，苏格兰的第八任道格拉斯伯爵威廉（William Douglas, 8th Earl of Douglas）与奥尔蒙德伯爵休·道格拉斯（Hugh Douglas，Earl of Ormonde）等人一起反击。苏格兰部队很快便焚毁了阿尼克。7 月，道格拉斯伯爵袭击了沃克沃思（Warkworth）并全身而退。这些纷扰使亨利六世不得不在秋季做出巡视北方的姿态。10 月上旬，英王一直推进到达勒姆。在那里，他受到了居民的热情接待。同时，奉命还击的诺森伯兰伯爵带着约 6000 人深入敌境。23 日，他们在格雷特纳（Gretna）附近，靠近洛赫梅本石（Lochmaben Stone）处遭遇了奥尔蒙德伯爵率领的约 4000 名苏格兰士兵。英军选择的阵地在萨克河（Sark）与科托尔河（Kirtle）间的一处退潮河道上，诺森伯兰伯爵亲自统领主力中阵。领受了一阵箭雨后，不耐烦的苏格兰人迅速发起冲锋。泥泞的浅滩并未阻止这些疯狂的士兵，他们举着长枪猛刺敌人的身体。无数战斧、战戟也纷纷砸进英军的行列。负责指挥英军一翼的马格努斯·瑞德曼（Magnus Reidman）很快就战死沙场。随之而来的涨潮最终帮苏格兰人成就了这次功业：诺森伯兰伯爵的军队被完全击溃，至少 2000 人被杀或淹死，他的儿子在帮助父亲上马时被俘虏。苏格兰方面只损失了不到 600 人。此次战役确立了苏格兰今后数十年中的主动地位。

正是在这种凄惨的境况下，萨默塞特公爵埃德蒙·博福特的使者雷金纳德·鲍勒斯（Reginald Boulers，abbot of Gloucester）于 1449 年 2 月 12 日出现在威斯敏斯特的议会上。代表们指出海峡对岸敌人的装备日益完善，力量也在与日俱增。他们奉法王的命令不断加强前线的堡垒和守卫。大批武装人员四处游荡，公然抢劫、谋杀、囚禁英王的臣民，就像全面战争已经展开一样——当然，这些代表并没有详细报告己方兵匪犯下的与法方不相伯仲的罪行。他们还提醒与会者：休战协议很快就会到期，查理七世已命令所有贵族武装起来，一旦战争爆发，诺曼底将很难抵挡占压倒性优势的敌人。大部分地区都缺乏装备和火器、防御设施也处于年久失修的状态。上一次的诺曼底等级议会已经宣布由于公爵领地中的贫瘠状态，已不可能再征收税款。总代理官不得不削减士兵人数。如果英格兰对这片公爵领不予帮助，那么它肯定将被遗弃给敌人。鲍勒斯请求议会考虑征服战争在“财物及鲜血方面”所花费的“近乎无尽的代价”，权衡最终失败将带来的耻辱和损失。

但这些恳切的陈情并未打动听众。议会已经听过许多与此相似的警告。稳坐于大海之后的议员们不相信前线的和平会突然中止。随着时间的流逝，先前曾在议会中占据很大比例，声称自己参加过阿金库尔战役、跟随先王和前摄政东征西讨的老兵们正在消失。战势的逆转也使越来越多的人丧失了大陆的领地和收益。大批郡骑士甚至是贵族都放弃在海外服役，而是返回故乡经营起自己的事业。而休战条约生效后，这一趋势也并未得到扭转，诺曼底仅有的一点从贡金返还的收益被当地以防卫的借口截留，曼恩的割让也急剧削减了在海峡对岸利益相关者的势力。[①]到1449年，议会的态度已经发生了根本的转变。它对增援诺曼底的要求回以沉默，一心维持和平时的低税率。会议只通过了一半的议会补助金——起初还打算把收集时间定为两年——以及一些关税。平民议院更关心的是恳求国王不再发放新的羊毛私运许可证。当然，他们不得不先讨好国王身边的贵人：新晋萨福克公爵威廉·德·拉波尔得到了可以规避专营商贸公司（Staple Company）强制贸易地点的特许，满足于自己出口2000袋诺福克羊毛的收益。王后玛格丽特的胃口则更大，她有不受限制的羊毛出口权，而且可以随意挑选产区。至于亨利六世，他一直在忙着购进大片土地宅屋，然

① 约翰·法斯托尔夫在英格兰花费了2.3万多英镑来购置和增加财产，这些资金来自于他在法国的战争所得。但到1445年，他在英格兰的1061英镑收益已经远超在法国的401英镑收入。而且自1439年回到英格兰后，他再未返回法国。

后赠给心爱的伊顿和剑桥国王学院。他周围的近臣争夺着剩下的丰厚赏赐。与此同时，大批国王内廷人员却被拖欠薪水。因此，当英国权贵忙着中饱私囊，其他各阶层对海外事业冷眼相待之际，英格兰 - 法兰西王朝的命运已经悄悄注定了——它将在法军的进攻号角声中土崩瓦解，而这场崩塌也将撼动整个兰开斯特王朝的根基。

第十四章　大反攻

1449—1453年

光复诺曼底

1449 年初，英王在诺曼底的总代理官埃德蒙·博福特已经深刻体会到法国人逐渐增长的敌意。2 月 28 日，他写信给查理七世抱怨卢维耶的罗贝尔·德·弗洛葛尔部的违约行为：这里的守卫自去年 8 月起就开始制造一系列暴力事件。他们袭击塞纳河上的渔船，霸占了价值 800 图尔锂的酒水，并袭击了靠近蓬德拉尔克的格沃维勒（Quévreville）。在那里，法军将一些人称为虚伪的卖国贼和英国走狗，痛揍了他们一顿，还毁坏了他们的财物。圣米歇尔山和格朗维尔也是如此。这里的法国士兵常在夜晚出发，深入英国领地掠取人质。2 月 25 日，迪耶普的 160—180 名法国守军骑着马，全副武装地闯入南面托尔西城内。这里有一批英国官员正在开会。法国人在冲突中杀死 2 人，然后将大部分人扣为人质。其中包括科区邑督的副官及检察官、阿尔克子爵的副官，到这办理私人事务的原巴黎总督西蒙·莫维耶也被俘虏，这名英国人的忠仆最后死于狱中。尽管事后查理七世回信将派专员调查，并表达了维持休战的意愿，但英法双方的关系已经降至冰点。

实际上，英国人也不是和平卫士。除去圣雅姆德伯夫龙、莫尔坦等争议地点外，他们同样放任己方兵匪肆虐边境。芒特、韦尔讷伊的守卫甚至深入到巴黎—奥尔良大道上伏击商旅；古尔奈以及热尔伯鲁瓦等地的士兵也到敌境抢夺财物，谋杀向法王宣誓效忠的领主士绅。因休战协定返回家园的农民、商人及工匠也难逃他们的魔掌。英国士兵将这些人称为“虚伪的阿马尼亚克叛徒”，经常折磨甚至是屠戮他们。这些施暴者施虐时往往戴着面具乔装打扮，试图掩盖罪行，因此获得了“假面人”的绰号。

此外，就算强敌环绕也阻止不了英国当政者策划实施种种可能引发战争危机的行动。这次他们的目光还是停留在西面——布列塔尼公爵弗朗索瓦一世抛弃父亲的中立调停政策，摒弃作为英王封臣誓言的行为一直令英国人难以释怀。1448 年底，双方的关系跌至谷底。英国人认为他们已被自己一手扶上布列塔尼公爵宝座的蒙福尔家族背叛。他们没有坚持通过沟通解决引起布列塔尼公爵反感的边界纷争——这种纷争在圣雅姆德伯夫龙据点被占据前就已存在——以及袭击商船、海岸等问题，而是决定采取武力手段迫使公爵屈服于他们的意愿并释放其弟吉勒。按萨福克公爵威廉·德·拉波尔和萨默塞特公爵埃德蒙·博福特的计划，1449 年 3 月 24 日，西班牙佣兵头子弗朗索瓦·德·叙维恩突然占领了靠近布列塔尼边界的富热尔。这座有着羊毛加工业的集市城镇让叙维恩掠得了价值不菲的战利品，他索性定居在富热尔城堡，开始拘捕周边人质，征收贡金。[①]

在英法交恶之际，萨福克公爵威廉·德·拉波尔和萨默塞特公爵埃德蒙·博福特突然做出如此鲁莽举动着实令人费解——尤其是诺曼底还未做防御准备的情况下。也许萨福克公爵在最后阶段有过犹豫，但贪婪的佣兵头子让行动覆水难收；也许萨默塞特公爵等人希望争取布列塔尼公爵弗朗索瓦，但他误判了己方能对公爵施加的影响力，低估了自己同法军的军力差距。接下来的事实表明，占领富热尔给英国捅了一个大娄子。怒不可遏的布列塔尼公爵并未向英国妥协，反而遣使前往诺曼底和英格兰，质问谁授权这次行动，并要求赔偿。萨默塞特公爵和萨福克公爵现在却矢口否认自己参与了行动。而弗朗索瓦·德·叙维恩面对布列塔尼使者时也暗示自己没有归还的权力。皮球被踢回萨默塞特公爵一方，也许他并未像法国编年史作家所声称的那样在使者面前表现出对占领富热尔的支持态度，但他却认为此事与法方无关，因此根本没有表示出任何补救的倾向。

然而，富热尔事件不是一场独立于英法休战协议范围外的单纯军事冲突。布列塔尼公爵弗朗索瓦已就此事向查理七世提出上诉。作为封主，法王不能容忍英国人

① 当布列塔尼公爵逮捕亲英派的弟弟吉勒后，英国人就开始酝酿这个用夺取领地换取吉勒自由的计划。富热尔同时也是阿朗松公爵让二世向先任布列塔尼公爵约翰五世借贷的抵押物，此举也有拉拢阿朗松公爵的意图，而阿朗松公爵的一位代理人也涉嫌其中。1447 年下旬，萨福克公爵和萨默塞特公爵打算让叙维恩担任这个计划的执行者，他们还拿嘉德骑士团的勋位劝诱叙维恩。1448 年，英国人数次向查理七世提出抗议，要求释放吉勒。遭到拒绝后，这项行动进入实施阶段。叙维恩开始招募人员、囤积器械。尽管萨默塞特公爵在 1449 年 2 月 26 日派使者告知叙维恩，没有亨利六世的明确命令就不能发动进攻。但雇佣军头子却说自己的行动已到了最后阶段，无法停止。1449 年 3 月 23 日，叙维恩带着 600 人强行开拔。他们先朝阿夫朗什方向前进，以此欺骗可能在监视自己的法国间谍。夜幕降临后，他们朝目标急速前进，于次日 2 点到达城下。部分人员用攻城梯攀登城墙，其余人则袭取城堡。萨默塞特公爵闻讯后，还是向他祝贺，并暗地送给他弓箭、火炮、火药，并命令他厉兵秣马，等待增援和进一步的指令。

对布列塔尼的最高主权的任何质疑行为。他立即抓住这个机会，将纠纷与他作为国王的个人荣誉联系起来大做文章。法国使者奔赴鲁昂向萨默塞特公爵埃德蒙·博福特索问解决办法，但得到的却是不要给予布列塔尼帮助的提醒。5月13日，查理七世再次致信萨默塞特公爵，警告他富热尔事件不能被忽视，要求对此妥善处理。27日，他又遣使前往卢维耶寻求和平解决方案。

当然，查理七世从未指望能在公文战中帮封臣夺回失地，持续数月的交涉只是为动员军事力量争取时间。暴力事件一直在持续：5月，活跃在英吉利海峡的英国德文郡侍从罗伯特·温宁顿（Robert Wynnington），带领自己的私掠船劫持了一队约有100艘船只，满载布列塔尼海盐的船队，并将货物带回怀特岛。实际上，被劫掠的船队还挂着汉萨同盟、荷兰及佛兰德等英国友邦的旗帜——这引起了部分汉萨城市和勃艮第公爵腓力的反感。形势正在急剧恶化，受法王的暗示，前线的法国将领也频频挑衅敌人。4月21日，埃夫勒守将罗贝尔·德·弗洛葛尔和雅克·德·克莱蒙（Jacques de Clermont）等人带领一队士兵突进至芒特城下，声称要夺取此地。虽然这次英国人严词拒绝了法国人的要求，但他们不可能一直如此幸运。

5月15日，蓬德拉尔克郊区的客栈老板的生意格外兴隆——2名木匠及一些旅人陆续来到店里。当晚，这些人却把他和伙计关进房里。原来，他们是卢维耶、埃夫勒等地的法军守卫。之前往返卢维耶和蓬德拉尔克的商人纪尧姆·赫尔（Guillaume Hoel）发觉蓬德拉尔克防务空虚，他将情报透露给法军将领罗贝尔·德·弗洛葛尔与让·德·布雷泽等人，法军将领们决定袭取城市。客栈老板欣然同了意法军的要求，还声称自己不久前刚被守卫揍了一顿。于是，布雷泽在半夜带领步兵陆续进驻客栈。法军总共集结了近500人，于16日破晓前悄悄埋伏在蓬德拉尔克城门周围及树林中。2名扮作木匠的士兵则同赫尔一起驾着1辆载着酒水的马车来到城镇的吊桥前。赫尔向守卫打招呼，说自己急着赶往鲁昂，并暗示他们会给予酬谢。在贪念驱使下，守卫放下了吊桥，赫尔则从钱包里掏出钱币丢给守卫，并故意将其中一枚丢落在地上。当守卫弯腰捡钱币时，商人突然抽出一把短剑杀死了他。与此同时，2名扮作木匠的士兵已冲到第二座桥前杀死了前来援助的英国士兵。紧接着，弗洛葛尔与布雷泽从埋伏地点杀出，带着部下冲进城内。他们故意高喊出布列塔尼人的口号“圣伊夫（Saint-Yves）！布列塔尼！”——

以此表示这只是为富热尔事件复仇，以免造成法国方面破坏战争的口实。法军夺下城市的同时还抓了约 100 名英国俘虏，其中包括临时到此过夜的福肯贝格男爵威廉·内维尔。他在是否向一名卑微的弓箭手投降时十分犹豫，结果身负重伤。

蓬德拉尔克是塞纳河畔的重要渡口，扼守着通向鲁昂的要道。法军占领此地是

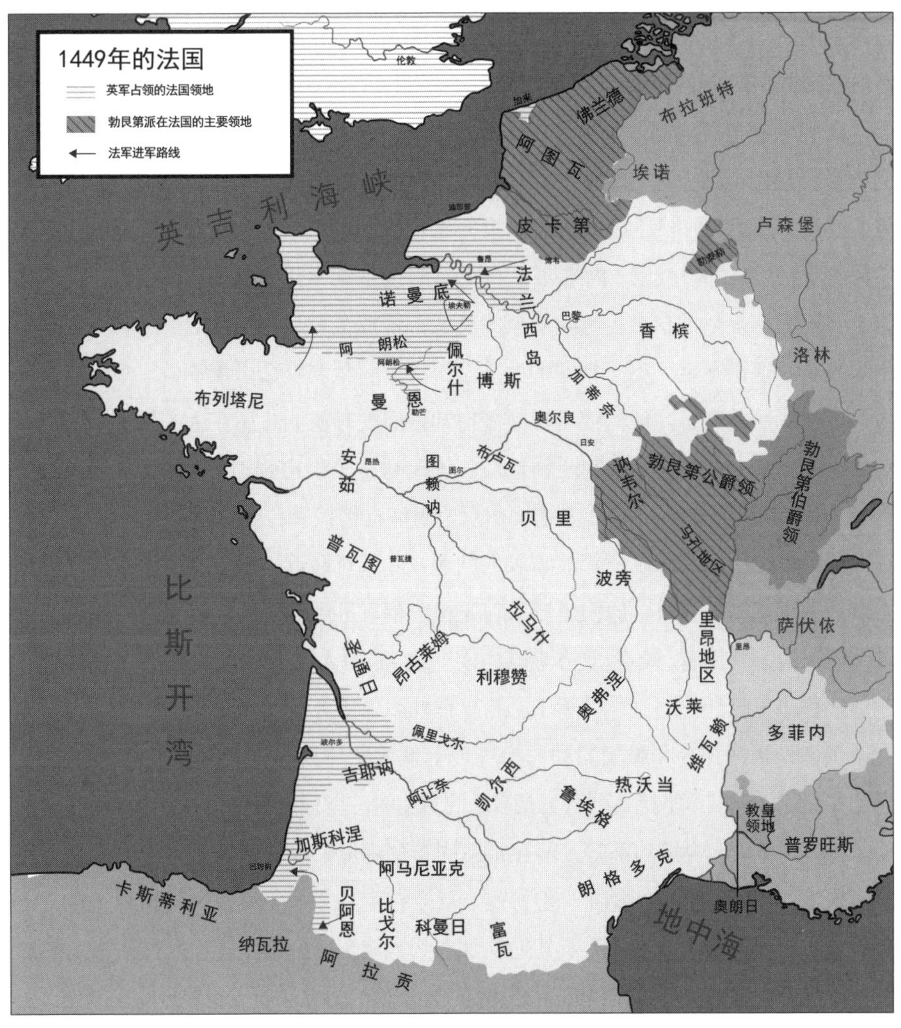

▲ 1449年的法国

对诺曼底英国势力的重大打击。据说萨默塞特公爵埃德蒙·博福特闻讯时如遭雷击，立即发誓要收复此地，并派出约翰·塔尔博特——他已于1448年秋季来到诺曼底——率领一大队士兵前往西北面的蓬托德梅尔。但英国人的行军只是一次武装游行，他们不敢冒着彻底终结和平协议的风险开战。数天后，不为所动的罗贝尔·德·弗洛葛尔和让·德·布雷泽又故技重演，占领了埃夫桑地区的孔什。在东面，博韦地区的法军也趁热尔伯鲁瓦守将外出时突袭占领此地，城中的30名英军都被杀死。而布列塔尼公爵弗朗索瓦甚至鼓动了吉耶讷的贵族占领科尼亚克（Cognac）和圣迈格兰（Saint-Maigrin）。

现在轮到英国人懊恼了——较量伊始，他们就未占到任何便宜。不过，查理七世此时仍摆出了愿意通过谈判化解争执的姿态。六七月间，法国使者开出了价码：英方要在7月底之前归还富热尔及对损失进行相应赔偿，然后查理七世将在十二天内释放福肯贝格男爵威廉·内维尔，归还蓬德拉尔克、孔什和热尔伯鲁瓦。英方显然没有把握这最后的机会。海峡对岸的英国宫廷甚至对是否挽回同法国君主逐渐恶化的关系都举棋不定。英王指定的大陆全权代表萨默塞特公爵埃德蒙·博福特将最终决定权踢回给英王。他的使者在交涉中却依旧没有放下高高在上的架子。这些人的算盘是：在法方释放俘虏归还领地后，萨默塞特公爵再强迫弗朗索瓦·德·叙维恩将富热尔转交给自己——或者退而由双方王室直接接管各自占领的领土——之后，双方再正式讨论富热尔以及释放吉勒的问题。除了对最近一连串违反休战协定的暴力事件提出强烈抗议外，他们还要求首先释放福肯贝格男爵——他现在已被英国人认作英王的谈判使者。最终，双方难以达成一致。法国人以一则抗议结束了这场谈判。他们声称法王已经仁至义尽，将不必为事件的后果负责。

英方一系列狂妄和愚蠢的动作为查理七世终结休战的行动提供了完美的理由。当英方还在口口声声坚持布列塔尼是自己的封臣时，查理七世已于6月1日派迪努瓦伯爵让、艾蒂安·舍瓦利耶等人前往雷恩同布列塔尼公爵弗朗索瓦建立一个反对英国的联盟。17日，他们缔结了一份协定，双方约定如果战争爆发，将相互支援。不久后，法王还派出300名骑兵及其随从加入布列塔尼的队伍。这片最摇摆不定的封臣领地也开始备战。在此期间，法王特使圣波勒伯爵路易等人也来到勃艮第宫廷，告知腓力英法双方一系列纠纷的详情。15世纪40年代中后期，腓力治下的低地地区已经因争夺大陆成衣市场而产生了贸易摩擦。这使腓力对英国的态度趋向中立化，而英国船只的袭击事件更是将他推向对立面。腓力一面建议法王耐心等待7月的谈判结果，一面提醒他要加固堡垒并调遣士兵接近前线——这意味着法王获得了勃艮第的默许。拜英国人所赐，当百年战争的最后阶段来临之际，整个法国终于站在了统一阵线上。

萨默塞特公爵埃德蒙·博福特还在手忙脚乱地筹集军饷，做应战准备。诺曼底地区的多处守军仍因拖欠薪资而躁动不安。蓬德拉尔克的失陷使拒不缴税的诺曼底等级会议被迫屈服，通过了一笔补助金，并于6月2日由诺曼底司库奥斯本·马德福德签署了收集的命令。同样的消息也促使对岸的萨福克公爵威廉·德·拉波尔同意派出一支有100名骑兵和1200名弓箭手的援军帮助萨默塞特公爵和约翰·塔尔博特防御。按计划，这支紧急集合的英军要在6月11日到达朴次茅斯，但组建这支军队的关键问题是资金匮乏。在当年早些时候，一份递交给议会的评估显示，国王已经担负了37.2万英镑的债务。亨利六世的慷慨令他每年3万英镑的收入难填巨壑。他的内廷一年就要花上2.4万英镑。因此，不愿为国王身边臣仆买单的议会干脆限制了国家税收。4月，他们只通过了两年收取一半的议会补助金。直到7月16日，下议院才勉强通过追加另一半数额，但能分配到诺曼底防务方面的资源仍是微乎其微。

实际上，无论英国人的战备完善与否，他们的处境都令人绝望。法国的三股大军已在边境集结：布列塔尼公爵弗朗索瓦和叔父陆军统帅阿蒂尔将从西面的布列塔尼指向下诺曼底；同布列塔尼公爵签订完条约后，赶回国王身边的迪努瓦伯爵让于7月中旬被任命为国王在海岸至索姆、瓦兹河地区的总代理官，他将从南面顺着塞纳河及支流河谷出击，席卷诺曼底中部，阿朗松

▲ 布列塔尼公爵弗朗索瓦与他的军队

公爵让也将在其西面的侧翼配合；从东面皮卡第进攻上诺曼底的则是厄镇伯爵查理和圣波勒伯爵路易——后者的行为也得到了自己封君的支持。自私掠船事件后，勃艮第公爵腓力已经逮捕了境内的英国商人，没收他们的财产并向诺曼底和布列塔尼海岸派遣战舰巡逻。虽然拒绝了参与进军诺曼底计划，但他同意法王在自己领土内招募志愿者。

首先按捺不住的是布列塔尼人。6月，他们就从西线出击，教训曾在边境耀武扬威的敌军。富热尔很快便被团团围住。29日，他们占领了圣雅姆德伯夫龙，不久莫尔坦也被拿下。东面佩尔什、曼恩、阿朗松边界地区的人们也翘首以待，法军很快便收复了邦斯穆兰、奥尔恩河畔奥努（Aunou-sur-Orne）、谢卢埃（Chailloué）、贝尔纳堡、诺让勒贝纳尔（Nogent-le-Bernard）、博蒙勒维孔特以及拉吉尔什（La Guierche）等一大批据点。

中路法军也开始出击。当宫廷在卢瓦尔河谷的罗什城堡（位于现今阿翁莱罗什地区）决定开战后，迪努瓦伯爵让便奔赴前线指挥作战——罗贝尔·德·弗洛葛尔已向他汇报了意欲收复韦尔讷伊的计划。不过，皮埃尔·德·布雷泽和雅克·德·克莱蒙已先迪努瓦伯爵一步赶到埃夫勒。他们同弗洛葛尔一起实施了这次作战——有个韦尔讷伊的磨坊主曾在守夜时因打瞌睡被英国人痛殴，他咽不下这口气，便北行24英里到埃夫勒向法军投诚，并约好献出城镇。7月20日，也就是周日，再次轮到磨坊主守夜。当晚他劝同僚早早离岗去做弥撒，然后马上给潜伏在近处的法军指明自己的磨坊和城墙的相连处，并帮助法军将攻城梯放在上面。法军在无人知晓的情况下成功进入市镇发起突袭。在睡梦中惊醒的120名英军无法抵挡，一些守卫败逃到城堡里，试图继续抵抗。次日，磨坊主又将城堡外围壕沟中的大部分积水排干，法军得以发起强攻，夺下城堡。剩下的英国人和约30名市民退入最后一个据点灰塔（Grey Tower），并向北方发出求援信号。这里被深沟环绕，防御坚固，但缺乏足够的补给，法军开始长期围困。同日，迪努瓦伯爵也带着约2500人赶到此地，留下800人继续监视塔楼，然后便率主力北进阻击敌军。

收到韦尔讷伊被攻击的消息后，约翰·塔尔博特和奥斯本·马德福德便从鲁昂带领一支英军前来救援。7月31日，他们推进到布勒特伊，发现自己无法解围。徘徊两天后，英军向北撤退，但很快便在博蒙勒罗歇附近碰上了迪努瓦伯爵让的追击部队。自知难以抗衡的塔尔博特迅速用四轮马车围成一个圆圈，让士兵进入其中，拒绝应战。当晚，他们借着夜色掩护退入阿库尔城堡。法军在城外列阵等待了一整天，英军仍闭门不出。见此情景，迪努瓦伯爵索性带领部下返回埃夫勒，准备下一步行动。无法解围的塔尔博特也只得退回鲁昂。至此，灰塔向围攻者屈服的命运已不可避免，他们最终于8月23日投降。

▲ 攻克蓬托德梅尔

萨默塞特公爵埃德蒙·博福特也不必再为法军的攻击行为拟写抗议书了——31日，他的代表被召至查理七世位于罗什城堡的行宫中。他们不得不聆听法国人列举的自萨默塞特公爵来到诺曼底后，英国行政机构犯下的一长串罪行。作为结语，法国官员声称国王觉得已没有必要再遵守维护和平的义务。在场的布列塔尼使者亦公开表示支持法王。此后，除了8月时勃艮第公爵腓力派过使者，建议亨利六世向法王求和以及参加一场讨伐奥斯曼人的东征外，英国宫廷再未接到任何来自法王及其封臣的议和使团。长达五年的休战协定已成废纸，法国正式向英国宣战。

8月6日，查理七世渡过卢瓦尔河，带着200朗斯的精锐卫队向前线进发。波旁、阿马尼亚克、阿尔布雷、拉马什家族的长子——他们同时也是送交给王室的人质——也随侍左右。与此同时，东面的厄镇和勃艮第部队也在向塞纳河谷靠拢，他们原本打算突袭鲁昂，但约翰·塔尔博特的迅速回防令他们打消了这个念头。厄镇伯爵查理和圣波勒伯爵路易随即来到昂代勒河（Andelle）左岸的蓬圣皮埃尔（Pont-Saint-Pierre）。随后，2位伯爵带着约300名骑兵和1500名弓箭手在蓬德拉尔克渡过塞纳河，打算与中部迪努瓦伯爵让的主力会合。

迪努瓦伯爵让在8日发动了新一轮向西北的突进。12日，法军与勃艮第军在距离鲁昂32英里的蓬托德梅尔会师。这座连接上下诺曼底要道的重要渡口的防御设施只有木栅栏，壕沟水深只没到马鞍处。但前一天晚上，皮埃尔·德·布雷泽率领的法军先锋部队却因敌人的顽抗而受阻——几天前，英将福尔克·艾顿和奥斯本·马德福德率援军进驻。现在，迪努瓦伯爵等人下令全力进攻。占尽人数优势的法军从东西两面发动夹攻令英军首尾难顾。他们迅速突入街道，一番激烈搏斗后，压倒了约400—500名英军。英军守卫被迫撤退到小镇尽头的石房子中。迪努瓦伯爵的部下发动猛烈攻击，面对可能战败被屠的命运，艾顿最终选择了投降。他在据点的楼梯上向迪努瓦伯爵交出佩剑。两天后，东南面的蓬图瓦兹守将也包围了当居（Dangu），迫使它在8月27日投降。

联军主力转向西南，朝利雪方向推进。他们兵不血刃就占领了蓬莱韦克——这里的英国守军已闻风而逃。实际上，利雪也毫无斗志。在利雪辖区任职，同时也是编年史作家的托马·巴赞（Thomas Basin）[①]在法国人逼近时就召开了城镇议会，会议决定向法王臣服。多年的阅历和法律经验使他成功与英军交涉，迫使他们退出城镇。16日，利雪正式投降，保全了当地的土地、财产、货物。作为交换，利雪以及七个从属的周边堡垒均向查理七世效忠、包括贝尔奈以及当地子爵领的首府奥尔贝克等重镇。至此，法军的出击已获得极大成功，英国人在上下诺曼底间的联系几乎被切断。

▲ 托马·巴赞

迪努瓦伯爵让随即进驻利雪。在继续降服周边的同时他还召开了一次军事会议，讨

① 在亨利五世入侵时，年幼的托马·巴赞随家人出逃度过了一段流浪时光。1419年返回科德贝克，二十年后又因福尔克·艾顿等人的专横压榨而被赶出。他父母定居在鲁昂，自己则在巴黎、意大利等地历练。1441年他返回诺曼底，到卡昂的新大学任职，并在1447年入主利雪辖区。虽然托马·巴赞一直与占领区的英国政府合作，但他现在已顺应大势。

▲ 法王进入韦尔讷伊

论接下来是进军下诺曼底——他已接见了卡昂等地的代表——还是继续沿塞纳河谷向上游出击。在托马·巴赞的坚持下，迪努瓦伯爵、拉乌尔·德·戈古尔以及菲利普·德·屈朗元帅等将领选择了后一种方案，即先打击英军主力所在的上诺曼底，直捣敌巢鲁昂。它将提交给正赶往诺曼底的法王批准。

27日，查理七世到达韦尔讷伊。在入城式上，居民高喊“万岁！”迎接国王，利雪和阿夫朗什主教也前来向他效忠。此前一天，迪努瓦伯爵让与厄镇伯爵查理及圣波勒伯爵路易的500名部下出现在芒特，再度号召城市投降。这次市民群情涌动，一些人占领了一座设防的城门，迫使打算抵抗的260名英军留下武器甲胄，只携带私人财产离开城市。

现在，诺曼底民众已经完全倒向了摧枯拉朽的解放者。大批城镇仿效芒特，这进一步加快了英国统治的崩溃速度。28日，迪努瓦伯爵让等人包围了韦尔农。这里的英国总督原本有体面离开的机会——27日，罗贝尔·德·弗洛葛尔曾要求他们投降，但法国人只收到了一大堆无用的旧钥匙。于是，一队法兰西弓箭手发起强攻，占领了塞纳河上的河心岛，并装好了一门火炮。迫于市民的压力，在交战中丢失了桥梁还面中一箭的总督不得不答应在 30 日投降。临行前，他们还索要了盖有城镇大印的声明，以便向上司证明撤出此地并非本意。

在此期间，查理七世基本同意了将领们进军鲁昂的计划，他继续向北经过埃夫

▲ 上诺曼底及阿朗松边境

勒，于28日到达卢维耶，并将这里设为总部。随后，法王召开了一场联席会议，收复诺曼底的关键行动就此展开。按照国王的意愿，法军首先将进一步巩固、扩大占领区。将领已分头出击。厄镇伯爵查理、圣波勒伯爵路易带领部下重返塞纳河以东，于9月2日收复古尔奈，之后他们深入布赖地区，通过一场袭击迫使讷沙泰勒城堡投降。迪努瓦伯爵让则带着雅克·德·克莱蒙等人率领3000—4000人再度向西北出击，集中清扫诺曼底中南部及塞纳河谷地区。不过阿库尔的160名英军在理查德·福洛根赫尔（Richard Frogenhalle）的带领下决定心奋力抵抗，用加农炮轰击对手，这令法军非常愤怒，他们也用大炮还击，并在城门挂起一幅福洛根赫尔双腿被绑、倒挂起来的图画。这在当时是公开羞辱有违骑士风度者的传统做法——福洛根赫尔曾在移交曼恩时参加抵抗活动，据说他背弃了不再对抗法军的誓言。双方的炮火和袭击造成了不少伤亡。战斗持续两周后，法军的火炮破坏了城墙。14日，阿库尔英军终于投降。9月18日，尚布莱【Chambrais，如今的布罗格利（Broglie）】也被收复。9月下旬，埃姆（Exmes）和北面濒海的图克均回到法军手中。阿让唐市民则在墙上竖起了一面法国旗帜指引法军进城。英军守卫退入城堡，但法军的火炮在墙上轰出了一个可以让马车穿过的大洞。10月4日，阿让唐亦被光复。与此同时，阿朗松公爵让也在向自己的公爵领进军。他带领部队连克塞镇、埃赛(Essay)及阿朗松城，与中部法军的拓地连成一片。至此，上下诺曼底已完全被分割包围。

在法军长驱直入攻城略地之际，萨默塞特公爵埃德蒙·博福特和部下一直待在鲁昂城中，对自己捅出的娄子一筹莫展。他将兵力都分拨给了各处重要据点——结果导致因地域广阔而数量稀释的部队迅速被占绝对优势的敌人淹没。当然，在力量对比悬殊的背景下，即便将这些人聚在一起，也难以组成足够将各路敌人分别击破的内线机动部队，连约翰·塔尔博特也只能困守鲁昂城。他们唯一的希望是其他地区的援兵。但英国政府一直不相信会爆发战争，直到7月末才如梦初醒，此时根本来不及做好军事准备，只能靠抵押珠宝等手段才临时筹集5000英镑转付萨默塞特公爵，之前萨福克公爵威廉·德·拉波尔答应的1300人部队也难觅踪迹。7月31日，只有55名骑兵和408名弓箭手集合到温奇尔西的威廉·佩伊爵士旗下。西面的下诺曼底也无法增援友军，他们面临的压力并不比萨默塞特公爵等人轻松。9月初，布列塔尼公爵弗朗索瓦留下二弟皮埃尔监视富热尔等英军据点后，同叔父陆军统帅

▲ 法军占领阿朗松

阿蒂尔带着约 6000 人的大军从西面跨过前线，攻入下诺曼底。他们绕开正前方的英国重要堡垒，转向北面的科唐坦半岛。布列塔尼大军的到来点燃了当地人的热情。在一个月内，库唐斯、圣洛、瓦洛涅、卡朗唐、加夫赖（Gavray）等半岛中南部城镇迅速向布列塔尼投降。人们还组成志愿军协助他们作战。只有卡朗唐北面的杜夫河渡桥（Pont-Douve）试图固守，但很快也被夺下。尽管 10 月中旬，占领了大半个半岛的布列塔尼公爵带着主力转向自己的领地，打算占领久攻不下的富热尔，但法兰西 - 布列塔尼人的战线已经推进到了维尔—巴约一带，几乎将半岛北端剩余的英军据点和卡昂等地隔离。

法军势如破竹的一个重要原因是他们尽可能地在用赎金换取城市。一些英方阵营的人并不介意这种利益交换：8 月末，隆尼守将弗朗索瓦 · 德 · 叙维恩的女婿兼副官里夏尔 · 奥塞波勒（Richard Aux-Épaules）在接受了皮埃尔 · 德 · 布雷泽的 450 图尔锂赎金后便放法军进城，并获得了城市的法军守将职位。另一些人则因长期在

▲ 法军包围拉罗什吉永

当地生活有了相关利益，所以希望保住所得：拉罗什吉永守将与法国富妇结婚，他以 4500 图尔锂的价码在 9 月上旬献出城市。同样在 10 月底，曾是贝德福德公爵约翰内府成员的日索尔守将理查德·默贝里（Richard Merbury）在其法国妻子的父母调停下，将日索尔献给查理七世。他两个在蓬托德梅尔被俘的儿子约翰和哈蒙被法军释放。但日索尔守将的职位很快便被法王转授给年近八旬的拉乌尔·德·戈古尔，作为他终生向法王效劳的回报。默贝里则被允许拥有其妻子的领土并出任圣日耳曼守将，他的英国副将也收到了布雷泽的 687 图尔锂酬金作为协助献出日索尔的酬劳。

10 月初，英国人在上诺曼底的统治已土崩瓦解。东北面的迪耶普法军也沿海岸而下，袭取费康，很快他们又收获了一份意外之喜——次日，一艘载有 97 名英国士兵的船只驶入海港直接成为俘虏。除了被菲利普·德·屈朗元帅、皮埃尔·德·布雷泽、德尼·德·沙伊等人率军包围的盖亚尔城堡等几处零星据点外，英国人在上诺曼底的势力已经被压缩到鲁昂周边至塞纳河出海口以及科区西南部的一片狭窄区域。查理七世终于发布了夺取鲁昂的命令。6日，他同勒内等人离开卢维耶，来到蓬德拉尔克。从阿让唐返回的迪努瓦伯爵让会合了曼恩伯爵安茹的查理、厄镇伯爵查理、圣波勒伯爵路易以及拉乌尔·德·戈古尔等人的部队包围鲁昂。9日，法王亲自出现在城墙下。当然，这只是一次示威而已。法军的任务并不轻松。萨默塞特公爵埃德蒙·博福特和约翰·塔尔博特不肯将这座首府拱手相让，他们将前来诱降的法国使者拒之门外，并频频与法军的前线部队展开交战。

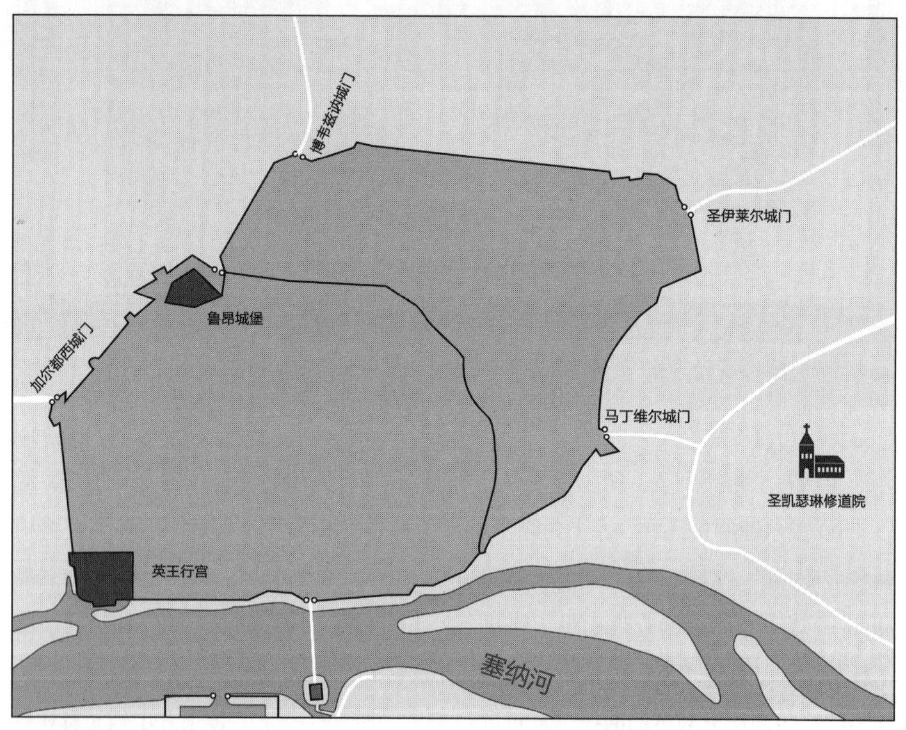

▲ 鲁昂城

英国人有充分的理由固守鲁昂。鲁昂有一套完善的防御体系。三十一年前，亨利五世用封锁的方法花费半年的时间才将它逼至绝境。在占领期间，英国人还加强了城市防御，另建了一个国王行宫。他们相信自己能击退围城者的攻击。

法国人并没有效仿亨利五世那种认真构筑封锁线的打算。前任英王的策略需要较高的组织规划能力和大量的人力、物力投入，而且还有耗时太长导致被敌人援军夹攻的风险。法国君臣希望在不费高昂代价的前提下速战速决——开战以来的顺风顺水使他们认为自己很快就能突入城中。不过，战役开启后，命运垂青的似乎是英国人。三天后，一场几乎摧毁了营寨的暴风雨将法军赶回蓬德拉尔克。连他们第二次派出的使者也吃了闭门羹。尽管如此，现阶段的成果已足够令法国人欣喜了。10 月 13 日，巴黎举行了一场游行庆典，感恩法军的诸多胜利。

鲁昂市民也不愿再服从于英国人的统治。他们对 1419 年那场漫长而惨烈的围城战仍记忆犹新，而且在法军出现的六周前，运进城中的补给就几乎中断了。市民们决心迎接法军入城。他们派出代表联系了与他们一直秘密接触的法国君臣，通报了打算占领 2 座控制着一长段城墙的塔楼，让王师由此处进入鲁昂的计划。10 月 16 日，迪努瓦伯爵让等将领再次来到鲁昂城前。他们分出 2 路部队，前去攻击西北的加尔都西（Carthusians）及博韦兹讷（Beauvoisinne）城门。午后，市民们派人将消息带出城外，加尔都西城门附近的法军便将弓箭手派到约定的城墙下，骑兵也下马将数架梯子靠在城墙上。接着，十几名当场册封的骑士开始带着士兵登墙。不久后，30 余名前锋就翻上城头进入塔楼中。一切都在按计划预定的方向发展，除了闻讯赶来的约翰·塔尔博特——他带领 300 名英军将旗帜插在城墙上后便奋力扑向法军。长弓手也将猛烈的箭雨倾泻在敌人身上。法军抵挡不住攻势，很快便陷于崩溃。情急之下，大批士兵直接从城墙上跳向壕沟，那些来不及逃走的人则丧生于刀剑下。而城下的同伴只能眼睁睁地看着英军重新夺回城墙和塔楼。交战中，有五六十名法军和鲁昂市民非死即俘，这还不包括坠墙受伤的人。严厉的塔尔博特还屠杀了一些被捕的人。前方受挫的消息传出后，刚刚前行至达尔内塔勒（Darnétal）的法王宫廷又急忙退回蓬德拉尔克。

具有讽刺意味的是，英国人的这番强势却引起了相反的效果。鲁昂城中的居民并未服从他们。对将被战火炙烤的担忧和对英军屠杀同伴的愤恨使他们在 17 日继续聚集在市政厅，决定再遣使觐见法王。查理七世十分明白市民的心愿，16 日当晚他已应要求签署了一封不在 18 日前发起攻击的承诺信，并为市民代表发放了安全通行证。国王宽和的举动更加坚定了市民的决心。他们找到萨默塞特公爵埃德蒙·博福特，明确告诉他应该同法王缔结协议，否则城市会毁于战火和饥饿。发觉身边只有五六十名英国卫兵后，面对数百名代表，公爵的口气终于有所松动，表示自己愿意接受市民的意愿。于是，市民们派出由拉乌尔·鲁塞尔（Raoul Roussel, Archbishop of Rouen）领导的使团同一些英方代表一起到法军营地中与国王谈判。迪努瓦伯爵让接待了这些人，他承诺法王将发布一项大赦，承认市民的特权，恢复那些被英军剥夺的权利，并允许英国人安全离开，然后将鲁昂交还给法王。18日，大主教在市政大厅内公开宣布了议和消息。市民对这些条件颇为满意，但萨默塞特公爵和约翰·塔尔博特并不甘心打包走人。他们拒绝了这份协议，并决定在城中戒严。全副武装的士兵开始被布置在总督府——即以前的英王行宫、主桥的桥头堡及城市的堡垒中。

萨默塞特公爵埃德蒙·博福特又一次打错了算盘。鲁昂市民已经受够了这群耀武扬威的征服者。他们派出使者赶赴法军营地，请求出兵相助，并承诺将会打开城

▲ 法王来到鲁昂城下

门。19日凌晨前后，城市爆发了起义。在钟声中，市民们穿起甲胄，在街头搭起街垒，袭击分散的英国人。暴动中，市民们杀死了一些落单的英军，成功占领了城门。萨默塞特公爵被迫带着剩下的1200多名英军退入堡垒、总督府和桥头堡中防御。与此同时，迪努瓦伯爵让带着一批骑兵赶往城市。他们行动十分匆忙，来不及穿胫甲的罗贝尔·德·弗洛葛尔在途中不幸被马匹踢伤，又被送回蓬德拉尔克。他的同伴们直趋城下，迪努瓦伯爵亲自来到东南面的马丁维尔城门前，市民向他献出了城门钥匙，100多名法军骑兵鱼贯而入。法军还带着火器包围了圣凯瑟琳山上的小堡，迫使其中的120名英军投降。在晚上，更多的部队源源不断地从城门进入城市。法王也来到圣凯瑟琳修道院。迪努瓦伯爵带领军队驻扎在宫殿前面，弗洛葛尔的副官莫尼领主被安排在总督府和堡垒间，皮埃尔·德·布雷泽则面对着堡垒。至此，这场看似漫不经心的围城战终于拿下了关键性的一局。

萨默塞特公爵埃德蒙·博福特的噩梦还没有结束。20日，他被迫放弃桥头堡，随后，总督府和堡垒也遭到攻击。23日，已成瓮中之鳖的萨默塞特公爵不得不前往法王驻地请求法国人让他们按之前的条件安全离开。但他发现法王已经提高了价码——查理七世要求他们必须献出科区的据点、缴纳高额赎金并交出城市，之后萨默塞特公爵和他的妻儿以及其余选择离开的人才会获得法方的安全通行证。萨默塞特公爵大为惊诧，不愿接受这些条件，他告别了法王返回据点。在路上，他还发现鲁昂各街道的人们都穿起了为迎接王室而准备的衣服，积极帮助王师——法军已在据点周围挖出了深深的战壕并架起了火炮。

困守在堡垒内的英军严重缺乏弹药和补给。29日，萨默塞特公爵埃德蒙·博福特不得不接受苛刻的投降条件。他将交付包括科德贝克、唐卡维尔、利勒博讷、阿夫勒尔、蒙蒂维利耶以及阿尔克在内的整个科区及塞纳河出海口据点，并必须在一年内缴纳5万萨吕的赎金。而约翰·塔尔博特、托马斯·鲁斯、理查德·福洛根赫尔以及瑟堡守将托马斯·高尔之子理查德（Richard Gower）等8人也被扣作人质。11月4日，萨默塞特公爵带着英国人放弃了他们的火炮、囚犯以及人质，离开鲁昂来到阿夫勒尔。他不敢回到本土，丢失首府的消息将会使舆论大哗，这位英王的法国总代理官很快便取道海路前往卡昂，希望能维持住他那份摇摇欲坠的事业。

▲ 鲁昂人向国王交出钥匙

法军夺取鲁昂只用了三周的时间。当然，鲁昂人民做出了决定性的贡献。从某种意义上说，这也是他们对自己当年推翻本地王室政府行为的一次纠正。王室的旗帜重新插上鲁昂的城墙、城堡和宫殿。三十二年前，还是少年王子的查理七世在强敌逼近的警报中仓促撤离此地，而1449年11月10日下午1点，他率领盛装的军队重新驾临鲁昂。在入城仪式上，披着红白绿三色罩袍的法军弓箭手卫队、穿着耀眼板甲和华丽衣饰的600名骑兵依次列队行进。查理七世戴着一顶衬着朱红色绒缎和金丝线的獭皮帽，骑在一匹披着绣有金鸢尾花的蓝天鹅绒战马上，穿过英王亨利五世当年进入鲁昂的博韦兹讷城门。穿有王室颜色衣饰的鲁昂人用嘹亮的号角以及热烈的欢呼声迎接自己的君主[①]。失地已经收复，敌人也土崩瓦解：11月5日，弗朗索瓦·德·叙维恩终于将富热尔交还给布列塔尼公爵弗朗索瓦。尽管他宣称自己在重

① 随后，皮埃尔·德·布雷泽被任命为鲁昂总督。查理七世还赏赐给他豪宅领地，希望他安心留在诺曼底。

炮下坚持了5日，而且收到了1万埃居的贿赂，但由于英军的失利，他失去了韦尔讷伊、隆尼守将的职位以及其他在诺曼底和讷韦尔地区的地盘。显然，继续为英国效命已毫无前途，叙维恩声称他被英国人遗弃。实际上，英方曾承诺会派由罗伯特·德·维尔率领的部队增援他，不过9月时，维尔这支400多人的援军已被卡昂邑督和市民截下用来保卫城市。叙维恩最终退出嘉德骑士团，转投至勃艮第公爵腓力门下。而阿朗松公爵让得到让·波顿·德·桑特拉伊等部的增援后，一举包围了位于佩尔什边界的贝莱姆，并成功地逼退敌人的援军。马修·高夫及其副官克里斯托弗·汉森（Christopher Hanson）被迫在11月20日献出此城。11月23日，100多名缺乏补给的英军终于结束了近六周的抵抗，走出盖亚尔城堡向法国人投降。

与此同时，查理七世带着法军主力继续前往科区，接收之前承诺的据点。虽然，英法双方专门指派人员安排交还事宜，但阿夫勒尔及对岸的翁弗勒尔守军均不肯向法军投降。当然，他们的举动除了使作为人质的约翰·塔尔博特被继续扣留外，对大局几乎毫无影响。12月8日，迪努瓦伯爵让带着约1万人——其中有3000名法兰西弓箭手——及16门重炮、24艘用于封锁的战舰包围阿夫勒尔。查理七世也亲临一线视察。这里有1600名英国守卫和400多名被法军从其他地区驱逐到此的英军士兵。他们意图凭借英国政府运来的补给坚持抵抗，但以往的奇迹没有再现。法军不畏严寒，在恶劣的天气和肆虐的海浪中顽强地构筑出一系列的封锁战壕、地道、哨所木堡和炮兵阵地。让·比罗兄弟也指导炮兵破坏了翁弗勒尔的城墙。圣诞节时，查理七世收到一份大礼——英军守将托马斯·奥瑞根（Thomas Aurigan）终于约定在1450年1月1日投降。不久后，另一份捷报也传到宫廷：就在圣诞节前后，一支从下诺曼底维尔出发，约240人的英军劫掠部队在莫尔坦附近被库唐斯的法军守将若阿基姆·鲁奥（Joachim Rouault）以及加夫赖等地的法兰西-布列塔尼部队击溃。

从海峡对岸传来的报告令英国政府手足无措。他们遇到的是全方位危机：8月，连富瓦伯爵加斯东四世也从贝阿恩（Béarn）南下，包围了莫莱翁（Mauléon）。这里曾是格洛斯特公爵的封地，后被转交给纳瓦拉国王的随扈掌旗官路易·德·博蒙（Louis de Beaumont）。阿拉贡王子胡安（Juan II of Aragon）凭借亡妻纳瓦拉摄政女王布兰卡（Blanca I of Navarre）的身份领有纳瓦拉国王的头衔，他的幼女莱昂诺尔

▲ 富瓦伯爵加斯东四世

（Leonor I de Navarra）嫁给了富瓦伯爵。英国君臣希望通过这种手段将莫莱翁置于纳瓦拉国王的保护下，但加斯东并未理会岳父的调停，莫莱翁最终成为富瓦伯爵的战利品。接着，他又包围了阿杜尔河左岸的吉什城堡（Château de Guiche）并击退了援军。于是 20 多公里外的巴约讷亦岌岌可危。

英国政府已顾不上南方公爵领内的战事，他们只能先集中精力挽救诺曼底。11 月 21—22 日，他们将 1000 张长弓、2000 捆箭矢、2880 根弓弦、1800 磅火药及其他装备连同 2 名炮手和 1 名木匠一起运往卡昂及瑟堡。政府最难处理的还是组建援军的问题。尽管玛格丽特王后和萨福克公爵威廉·德·拉波尔在 10 月就已拟定组建一支大规模援军的方案，但由于缺乏资金，征召的士兵一直滞留在英格兰南部海岸，同那些从欧洲大陆返回的守卫和法国支持者挤作一团。事实证明这些人将成为当地的祸害。指挥官人员也是大麻烦——在因鲁昂失陷而于 11 月 6 日紧急召集的议会中，下议院发言人，参加过阿金库尔战役的老兵约翰·波帕姆爵士（Sir John Popham）就以年事已高和身体虚弱为由拒绝服役。终于在 12 月 4 日，托马斯·克瑞尔爵士作为指挥官签下带领 425 名骑兵和 2080 名长弓手前往法国的合同——这已是现在能找到的最优人选，不过他那群无所事事的部下正在南部海岸四处抢掠，制造一系列暴力事件。

英国政府使出浑身解数筹集让这些人开拔的费用：萨福克公爵威廉·德·拉波尔自掏 2773 英镑；司库被迫典当王室珠宝借贷；国王不得不向西南部各郡主要领主借船，前往下诺曼底；甚至连亨利·博福特的遗嘱执行人也从他的遗产中借出了 8333 英镑 6 先令 8 便士。

就在政府焦头烂额时，议会开始向那些罪魁祸首兴师问罪。9 月，马默杜克·拉姆利（Marmaduke Lumley，Bishop of Carlisle）放弃了任职三年的司库之位，取而代之的是塞及希利领主詹姆斯·法因斯（James Fiennes，Lord Say and Sele），结果他立刻成为众矢之的。议会还揪出了一个据称是要为献出曼恩、破坏《图尔休战协议》负责的人——萨福克公爵的支持者亚当·莫林斯。12 月 9 日，他被迫辞去掌玺大臣之位，声明将退出国家政事。然而厄运并未饶过他。为了缓解因战事再起而在南部海岸引起的恐慌和危机，英王命令莫林斯南下协调海防，抚慰那些骚乱部队。1450 年 1 月 9 日，当他来到朴次茅斯，试图支付欠薪给那些等待登船的士兵时，却遇上了一群从大陆返回的溃兵。莫林斯突然被指责为“出卖诺曼底的叛徒”，这句谣言引爆了兵匪们的怒气。奇切斯特主教被当场围殴致死。

但动荡仍未结束。有流言声称亚当·莫林斯死前曾指控萨福克公爵威廉·德·拉波尔才是这些问题的始作俑者，将人们的矛头引向了国王的宠臣。[1]针对萨福克公爵的指控越来越多，他不得不于23日在议会发表声泪俱下的辩护。他回溯了数十年来拉波尔家族为王室提供的服务：他的父亲在阿夫勒尔城下染病身亡，长兄死于阿金库尔战役，两名弟弟死于法国人的监禁，另一名弟弟也战死沙场。在自己长达三十四年的戎马生涯中，有十七年“没有返乡或看见过这片土地”，难道他会为“一个法国人的承诺”背叛所有这些付出么？但平民议院仍认为他有罪。1月28日，萨福克公爵被扭送至伦敦塔。随后，坎特伯雷的约翰·斯塔福德也辞去了就任十八年的中书大法官职位。亨利·博福特曾经的忠实助手，与萨福克公爵关系不算十分融洽的约翰·肯普接替他的职位。2月7日，发言人宣布了萨福克公爵的叛国罪行：他曾催促迪努瓦伯爵让安排法军入侵英格兰，以便推翻亨利六世，让儿子约翰成为英王——约翰已和兰开斯特家族的玛格丽特·博福特结婚；独自怂恿英王释放奥尔良公爵查理；私自承诺割让曼恩；放任布列塔尼公爵弗朗索瓦成为法王的盟友。这些指控不是无中生有就是夸大其词。但控诉者对格洛斯特公爵汉弗莱的死却只字不提，也没有对富热尔事件的抱怨。显然，议会中的贵族绅士只想让他成为眼下残局的替罪羊，并以此为借口让在政府中占据主导地位的公爵垮台。不过英王并不愿牺牲他的宠臣。3月13日，萨福克公爵在国王和贵族议员面前再次驳斥了对自己的指控。但反对者不会放过这次机会，当贵族议院犹豫不决时，伦敦的舆论却在发酵。17日，亨利六世当着18名高级教会人士以及27名世俗权贵之面——他们中至少有一半人曾受过萨福克公爵的照顾或是与他联系密切——将萨福克公爵置于自己的处置之下，英王宣布要在5月1日起将他流放，为时五年。这个决定并不能让萨福克公爵转危为安。公爵被解职的消息令伦敦市民异常激动。他们涌向公爵位于圣贾尔斯（St.Giles）的府邸，袭击了他的马夫和仆人。萨福克公爵预先出城才保下性命。而混乱的时局也令王国民怨沸腾，

---

① 关于莫林斯指责萨福克公爵的流言可能被克伦威尔男爵拉尔夫传播利用。1449年11月28日，当克伦威尔男爵前去参加御前会议时，萨福克派的林肯郡侍从威廉·特厄伯埃斯（William Tailboys）带着一伙武装随从袭击了他。之后，克伦威尔男爵指责萨福克公爵及特厄伯埃斯意图行刺。萨福克公爵否认了指控，但特厄伯埃斯被关进伦敦塔并被处以罚金。此时，已婚五年的亨利六世仍无子嗣，这使贵族们开始担忧英国王位可能会转至兰开斯特－博福特家族的继承人玛格丽特·博福特身上，从而被萨福克公爵父子控制。

各种武装骚乱和集会开始在坎特伯雷、米德尔塞克斯（Middlesex）、肯特、萨里（Surrtey）、萨塞克斯（Sussex）、牛津等地蔓延。

当英国人忙着推翻权臣、散播传单、发泄不满时，法军仍在继续清除英军位于塞纳河口的残余据点。1450 年 1 月 1 日，英军按照约定离开阿夫勒尔，花了两天的时间才登船返家，而托马斯·克瑞尔的士兵却还在等待上船。与此同时，迪努瓦伯爵让率领法军渡过塞纳河，于 17 日包围了翁弗勒尔。查理七世在 5 日离开蒙蒂维利耶的总部，进驻瑞米耶日修道院。2 月 9 日，特意来看他的阿涅丝·索雷尔却不幸在此地去世。后世的研究证明她是死于毒害，凶手已无从得知。尽管阿涅丝·索雷尔背负着破坏王室的罪名，但不少人也因此失去了一个可靠的庇护者。失去情人的查理七世索性搬到靠近前线的珀匹勒（Abbaye de Préaulx）。18 日，翁弗勒尔终于投降。扫平上诺曼底后，法王在 3 月中旬来到阿朗松，命令部下包围英军盘踞的弗雷奈勒维孔特。22 日，这座英国人在曼恩边境的最后据点终于投降。这时，法王收到一个警报：英国援军已在科唐坦半岛登陆。

3 月 15 日，托马斯·克瑞尔终于来到瑟堡。这支部队的到来令诺曼底的英军士气为之一振。瑟堡是科唐坦半岛北端的要塞，它与布里克贝克、圣索沃尔 - 勒维孔特一起成为英军在科唐坦半岛上仅存的据点。克瑞尔并没有按命令直接南下增援巴约——他们本可以快速与萨默塞特公爵埃德蒙·博福特合兵一处，扩展卡昂周边的地盘，但他有自己的打算：法国人控制着科唐坦半岛上的许多重要堡垒，严重阻碍了他与南方友军的联系，并威胁着瑟堡及周边地区；克瑞尔带着 2500 人，还携带着一大批炮兵辎重，因此有能力攻取那些碍手碍脚的敌方据点，瓦洛涅成了他的第一个目标。萨默塞特公爵似乎也同意他的计划，并从剩余的诺曼底守军中抽调出一支分队配合行动。它由罗伯特·德·维尔的 600 名卡昂守军、马修·高夫的 800 名巴约守军以及亨利·诺布里的 400 名维尔守军组成。声望最高的高夫奉命带领这支由惯战老兵和克瑞尔部缺乏的骑兵组成的小队前去与克瑞尔会合。高夫立即动身，一路上避免与敌军接触，迅速北进。他们的大胆行动十分成功。约在 3 月底，高夫便同克瑞尔会师。

此时驻守在瓦洛涅城内的法军指挥官是阿贝尔·鲁奥（Abel Rouault）——他是库唐斯法军守将若阿基姆的弟弟。托马斯·克瑞尔登陆时，鲁奥便明白自己无法与英军抗衡，他急忙派人向布列塔尼公爵弗朗索瓦、海军将军普里让·德·奎蒂维、菲利普·德·屈朗元帅及陆军统帅阿蒂尔等法军指挥官求援。但克瑞尔的行动非常迅速，数天内便包围了此地。鲁奥拒绝投降，克瑞尔便从瑟堡拖出射石炮等攻城利器，可法军并未被吓倒，于是，克瑞尔不得不挖掘堑壕和地道，开始认真组织围城战。力单势孤的鲁奥坚持了三周后投降。4 月 10 日，克瑞尔终于占领此地，鲁奥则带着部下、财物、马匹离开此地，投奔别处的法军。

拿下瓦洛涅耗费了英军不少时间，多路法军正在向半岛集结。两天后，托马斯·克瑞尔合并了从半岛各据点调集的英国守军，赶着载有弹药补给的马车朝卡昂行军。这段路程有 60 多英里长。英军避开了由法王的女婿——24 岁的克莱蒙伯爵让驻守的要道卡朗唐，他们选择穿越半岛东面大潮滩（Grand-Vey）地区的海滨沼泽和河口。

在英军登陆瑟堡的次日，库唐斯守将纪尧姆·德·库瓮（Guillaume de Couvran）就遣使前往阿朗松向查理七世报告，他亦将消息传达给这一地区的法军高级将领克莱蒙伯爵让。随后，查理七世将集合大军援助瓦洛涅的命令传给这位没有多少军事经验，甚至连骑士授甲礼都未履行的青年贵族手中——他已成为负责总指挥的国王代理官。

▲ 克莱蒙伯爵让曾参与过1444年的梅斯围城战以及1449年征服上诺曼底的系列战役

此时，法军主力分散在各地，克莱蒙伯爵让身边只有500—600朗斯。南面的布列塔尼公爵弗朗索瓦受其政务会议的影响止举棋不定。在向卡朗唐方向集中的过程中，他们还得避免与卡昂、维尔等下诺曼底英国守军接触，这进一步延长了同友军会合的时间。因此，克莱蒙伯爵决定保存实力，放弃救援瓦洛涅，继续在卡朗唐观察敌人动向。同时，他派出信使前往南面，联系率军从布列塔尼赶来，已避开阿夫朗什守军的陆军统帅阿蒂尔，请他火速前来保卫圣洛。陆军统帅在库唐斯接到信件后立即率部赶往前线，但这支军队的人数可能还不及克莱蒙伯爵部。

那些待在科唐坦高塔上的看守们全程目睹了敌人的行军。他们不断地将其动向报告给克莱蒙伯爵让。意识到托马斯·克瑞尔无意袭击卡朗唐或圣洛后，克莱蒙伯爵召开了军事会议。他意欲阻击克瑞尔——当务之急是阻止这些英军与卡昂地区的萨默塞特公爵埃德蒙·博福特合兵一处。但形势的变化使法军来不及在卡朗唐集结，把敌人留在半岛地区。一些法军将领指出，英军穿过遍布着湿地和沙丘的大潮滩区时将十分脆弱，而他们队伍中有大批最近才征募的新兵。刚赶到前线的普里让·德·奎蒂维和另一些人则认为双方实力悬殊，建议等敌人走到更东面的贝桑（Bessin）地区时再从后方发动进攻——这里的地面较为坚实，有利骑兵驰骋。克莱蒙伯爵采取了第二种方案，开始组织军队行动。

14日，托马斯·克瑞尔部小心翼翼地避开潮水，趁着新月沿着退潮后的浅滩在圣克莱芒（Saint-Clément）附近跨过被流向大海的杜夫河以及维尔河切成数片的河湾区。沿途有些地方水深及腰，这使他们花费了五六个小时的时间。考虑到英军携带的大量牲畜辎重，这仍是个了不起的壮举。尽管克莱蒙伯爵让未下令出击，当地的农民和附近村镇的弓箭手还是希望给敌人找些麻烦。这些人是如此地热情，以至于开始指责按兵不动的长官背叛了他们。无奈下，克莱蒙伯爵只好派出若阿基姆·鲁奥、皮埃尔·德·布雷泽等人带着一支骑兵连队协助指挥这些步兵。亢奋的法国人一直追出了约1里格远。恼怒的英军后卫决定终结这些人的尾随行为。他们安排一支精锐骑兵调转马头发起冲击。这场战斗的结果是毫无悬念的。英军轻而易举地轰走了笨拙的阻拦者。据说马修·高夫还得意地向法国人大喊：“疯狗们！我们就在你们面前跨了过去！”

成功闯过险境的托马斯·克瑞尔带着队伍继续东行，来到一个叫福尔米尼

（Formigny）的村庄旁，并在附近宿营。这里离目的地巴约不到 20 公里，而且两地间并无敌军阻挠。马修·高夫随后被派往巴约，也许他想召集城中友军前来与克瑞尔会合，集中力量伏击即将到来的法国追兵。

英军显然已有准备，但克莱蒙伯爵让仍不愿放弃在他们会合前的最后一次机会——托马斯·克瑞尔与萨默塞特公爵埃德蒙·博福特的合流将严重恶化卡昂乃至整个下诺曼底地区的局势，法军可能要花一两年的时间才能清除这些敌人——他已派人联系陆军统帅阿蒂尔，敦促在圣洛的阿蒂尔尽快赶往东南面的特雷维耶尔（Trévières），攻击英军侧翼。

陆军统帅阿蒂尔大约在次日拂晓收到这个消息。按照习惯，他立即就带着身边的 6 名随从，一马当先地冲上通向特雷维耶尔的道路。飙进数英里后，这位 57 岁的老将选择在一个空旷地带停下来，等待落在身后的军队追上自己。随后，他开始安排队伍的阵列，并派出拉特雷穆瓦耶私生子（Bastard of La Trémoille）带领 15—20 朗斯作为斥候奔赴战场。紧跟在他们后面的是安德烈·德·洛埃阿克元帅、雅克·德·卢森堡（Jacques de Luxembourg）以及已故布萨克元帅之子让二世·德·布罗斯（Jean II de Brosse）[①] 的前卫部队。接着是吉勒·德·圣西蒙、让和菲利普·德·马莱特鲁瓦（Philippe de Malestroi）兄弟的乘马弓箭手，陆军统帅带着剩下的将士行进在队伍的最后方——整支法军队伍总共有 200—240 朗斯外加 800 名弓箭手。这些人将以临战阵型走完约 30 公里的路程。

与此同时，福尔米尼的英军着手建立防御阵地。他们已在横跨干道的山坡上建立起一个小阻击阵地。现在，他们又在稍后一点的地方构筑了主阵地。它从福尔米尼的西南面呈弧线状向东展开，其北端接近村庄。这个工事包括众多位于阵前的大坑和壕沟以及插进地面的尖木桩。村庄里的围墙、树篱，果园里的栅栏也都得到加强。英军打算用它们来阻挡骑兵包抄。此外，他们还在后方——即福尔米尼的东面——另行构筑了一个稍小些的防御工事。在阵地南面，蜿蜒的欧尔河（Aure）自东向西延伸。他们可能还派了一支远离主阵地的小队防守更东面，横跨欧尔河上游河流的

① 后来他因迎娶让·德·布列塔尼的侄女妮科尔·德·沙蒂永（Nicole de Châtillon）而继承布列塔尼的庞蒂耶夫尔伯爵爵位。

▲ 晚年的陆军统帅阿蒂尔

石桥，另有一小组英军在极南端的欧尔河下游曲弯附近建立了一个监视特雷维耶尔方向的观察哨。不过，令英军颇感遗憾的是，他们等不到东面的友军增援——克莱蒙伯爵让领导的法军行动较为迅速。托马斯·克瑞尔的斥候探知他们不久就将出现在战场西面，因此他被迫派人叫回马修·高夫。

按照一些资料描述，托马斯·克瑞尔摆出一个与阿金库尔战役类似的阵型。步兵分成两个方阵。约 700 人为一组的三组长弓手分别布置在步兵的两翼及中间，他们略微突出。由于下马骑兵人数不足，剩余的长弓手也排在方阵中。一些钩刀手和矛兵与他们一起拼凑出三列步兵战线。克瑞尔本人领导着人数稍多的右翼部队，部署在接近村庄的北面。他们身后有各种林园的树木及建筑的掩护。马修·高夫的部下位于左翼——这些诺曼底老兵离那条从福尔米尼前流过，在西面汇入欧尔河的小溪瓦勒（Val）及其桥梁更近一些，因此其位置较为靠前。他们也将最先和法军接触。除左翼派来守卫瓦勒桥梁的些许骑兵外，大部分英军士兵，包括乘马弓箭手都奉命下马。他们在此地等待克莱蒙伯爵让的部队。午后不久，对当地情况比较熟悉的高夫也赶回前线并接过了对自己部下的领导权。

而渡过维尔河，在伊西尼（Isigny）聚拢队伍的克莱蒙伯爵让几乎也在这时来到战场。处于其最前方，由奥代·德·艾迪（Odet d'Aidie）领导的 20 个朗斯的苏格兰斥候部队已发现敌人。随着英军斥候及前哨的后撤，普里让·德·奎蒂维等人率领的法军前卫部队也逼近至小溪处。但法军不急于全力进攻，他们想等待陆军统帅阿蒂尔部赶到战场夹击敌人。因此，法军只要让敌人继续安心待在阵地上便可完成任务。于是，他们停在敌人长弓的射程之外，开始对峙。而克莱蒙伯爵的指挥官们却逐渐产生了不同意见，较年长的指挥官认为应该继续耐心等待，而年轻人希望在英军继续巩固他们的阵地前发动一次袭击。约三个小时后，为了不让英军对他们的真实意图产生怀疑，克莱蒙伯爵决定进行试探性出击。他抽出由罗贝尔·德·弗洛葛尔以及莫尼领主领导的 50—60 个朗斯的骑兵以及 200 名埃夫勒地区的徒步弓箭手部队，命令他们掩护由热那亚人路易斯·吉力布（Louis Giribault）指挥的操纵着 2 门轻型加农炮前去轰击敌人的一些炮手。

处于防守状中的英军为法国火炮提供了极佳的靶子。这 2 门轻炮显然给他们造成了极大的麻烦和不少伤亡。马修·高夫手下的 500—600 名长弓手按捺不住怒火主动发起了一次攻击。面对移动中的敌人，法军的火炮显得笨重而且其射速也过于缓慢。英军很快便接近并击垮了火炮的守卫和炮手，成功地俘获这2门火炮。溃败的法国弓箭手狼狈地逃向己方的骑兵阵营，他们身后紧跟着挥舞利刃，追索性命的敌人，脚下还有约200米的漫漫逃生路。情急之下，后方的皮埃尔·德·布雷泽带着一些骑兵发动了一次冲锋试图支援战友。但他未能赶跑敌人——英国长弓手也得到了托马斯·克瑞尔派出的后继部队支援，他们人数可能还超过了交战的法军。

接连的挫折使法军士气萎靡不振，克莱蒙伯爵让加大了打探陆军统帅阿蒂尔队伍踪迹的力度。大批法军密使匆忙奔走在附近各条道路上。克莱蒙伯爵还派出一些本地农民前往友军最可能出现的南方高地一带寻找。他的确有点沉不住气了：这场战斗法军已投入近一半的兵力，但敌人仍占尽上风。他们在苦苦支撑，只要一有动摇或撤退的迹象——这正是敌人企盼的——后果将不堪设想。按照普里让·德·奎蒂维在四天后的一份正式报告中的观点来看，如果此时英军发动一次全力反击，克莱蒙伯爵的法军就会陷入全面溃败的危险境地。

然而托马斯·克瑞尔和马修·高夫还按兵不动——或许他们期待对手全力以赴，撞上自己苦心经营的坚固阵地；或许在提防法军可能从其他方向出现的攻击。但一举击溃眼前敌人的机会转瞬即逝。

实际上，陆军统帅阿蒂尔在午后已赶到南面的特雷维耶尔。不过他们在离战场还有一段距离的村庄停顿了一会，之后才渡过欧尔河，爬上一段斜坡到达高地。也就是在此期间，陆军统帅从一名农民口中得知克莱蒙伯爵让战况不妙的情报。他一面让部下列出战斗队型，一面登上一架风车观察战况。

突然出现在高地上的骑兵部队使英军南端的观察哨误认为萨默塞特公爵埃德蒙·博福特派出的援军已经到达——虽然其地点是在令人诧异的南面而不是东面——英军士兵发出了一阵欢呼，但随后他们便认出了旗帜上的金鸢尾花。一种对即将被侧翼包抄的恐惧感开始在英国人的内心中升起。闻讯的托马斯·克瑞尔试图将其左翼旋转90度，以此来收缩防守福尔米尼村庄。这项任务使马修·高夫的部下承担了较大压力：他们要在不断接战中移动很长一段距离。尽管如此，这些老兵仍在抓紧行动，只要法国人稍微喘息片刻，这个策略就可以成功了。

▲ 福尔米尼战役

对英国人来说不幸的是，法军不可能放过这个机会。克莱蒙伯爵让可能比敌人稍早些得知陆军统帅的到来。他再次派部队出击。法国人开始紧紧咬住英军：皮埃尔·德·布雷泽又召集起自己的骑兵和一些步兵，对眼前正艰难拖动着火炮的敌人发起新一轮徒步冲锋。法军抡起利剑和斧头奋力向对手招呼，试图赶在他们将大炮移到桥对岸前将其夺回。

在此期间，陆军统帅阿蒂尔独自率领前锋部队迅速先行北上。根据法方记载，他将身边的部下分为两组：右翼的吉勒·德·圣西蒙、让和菲利普·德·马莱特鲁瓦兄弟的乘马弓箭手逆小溪而上，冒着英国人的箭雨从其侧翼发起攻击，增援皮埃尔·德·布雷泽等人；他自己则带着剩下的骑兵沿同条路线行进，从左边的浅滩处渡过小溪去与友军指挥官会合。而克莱蒙伯爵让已从靠近西面隆格维尔的高地上走下来，赶去会见陆军统帅。尽管作为波旁公爵直接继承人的克莱蒙伯爵比陆军统帅出身高贵，他还是听从了后者的意见。两人决定趁英军变阵，队形混乱之际出击。

有了生力军的支援，皮埃尔·德·布雷泽和部下在短兵相接中终于扳回一局：他们消灭了约200名英军，夺回了大炮并成功地迫使这部分敌人逃向自己的阵地。按照记载，从英军左侧出击的吉勒·德·圣西蒙等人很快便同克莱蒙伯爵让的先头部队展开争夺小溪桥梁的激战。法军逐渐占据优势，杀死了120名敌人。马修·高夫及罗伯特·德·维尔的骑兵被击退。法军完全占领了小溪西岸，全军士气也为之一振——事后法国人认为这是战役的拐点。

陆军统帅阿蒂尔连同诸将到前方查探敌情。他向克莱蒙伯爵队伍中的普里让·德·奎蒂维询问："海军将军大人，我们应该怎样击败他们？从两头还是中间？"奎蒂维仍有些谨慎，他认为英国人仍将守卫他们苦心构筑的工事。不过，通过观察，陆军统帅已有了一些把握，他发誓要将英军赶出阵地。

斗志昂扬的皮埃尔·德·布雷泽再次向最高指挥官请求出击。他声称要攻取敌人后方，也就是福尔米尼东面的一座工事。它由一间靠近巴约方向，得到加强的木质房舍构成，现在因英军收缩，已成为其新战线左面的一个侧翼筑垒支点。尽管开始有些踌躇，但陆军统帅阿蒂尔很快就答应了布雷泽的请求——英军队伍已经出现了一些混乱迹象。陆军统帅对战事进展非常满意。在要求克莱蒙伯爵让发动一次总攻后，他接着便南下与自己小溪东岸的主力会合。此时已接近黄昏，法国骑兵再度翻身上马，布雷泽又一次冲在队伍的最前方，与之配合的还有普里让·德·奎蒂维。趁着敌人手忙脚乱之际，他们擦过阵线，一直冲到木屋工事前。布雷泽的骑兵从正面进攻，布列塔尼人从后方包抄。两面夹击下，这里的英国守军迅速被歼灭。

法军攻击木屋工事的大胆行动取得了比设想中更为积极的效果：英军通向巴约的退路已被切断。恐慌在他们的行列中蔓延。法军那些集中而连续的攻击一点点地绞碎了英军左翼的力量和斗志。托马斯·克瑞尔的临敌变阵计划最终被证明犯了兵家大忌。此刻，这部分英军终于陷入崩溃。眼见事不可为，马修·高夫也抛弃了对部下的指挥。困兽犹斗的克瑞尔还奋力将部下召集到身边，试图扼守福尔米尼。但皮埃尔·德·布雷泽随后便调转马头，从东面向他们冲来。克莱蒙伯爵让的主力也从西面发起总攻，陆军统帅阿蒂尔在南面的本部人马亦穿过大道从中间长驱直入。数面夹攻之下，法军骑兵很快便压倒了毫无秩序的对手，冲入村庄。胜局就此锁定。那些房屋、栅栏和果园现在反而成为英军逃跑的障碍。接下来的三个小时，战争已演变成一场一边倒的

▲ 克莱蒙伯爵让冲击英军

屠杀，甚至连附近的农民也加入到攻击队伍中来，而且这些人对当地环境了如指掌。约有500名长弓手逃入一个靠近溪流的果园内避难，他们随即被包围。英国人丢掉弓箭，跪下双膝向敌人乞求怜悯。但这些举动都是徒劳的，他们不久后便被屠戮殆尽。据法国人事后统计，共有3774名士兵被埋葬在十四个坑中。克瑞尔、亨利·诺布里以及约1200人被俘——他带来的本土援军几乎全军覆没——只有高夫及罗伯特·德·维尔带着残部穿过东面欧尔河上游的石桥逃入巴约等地。

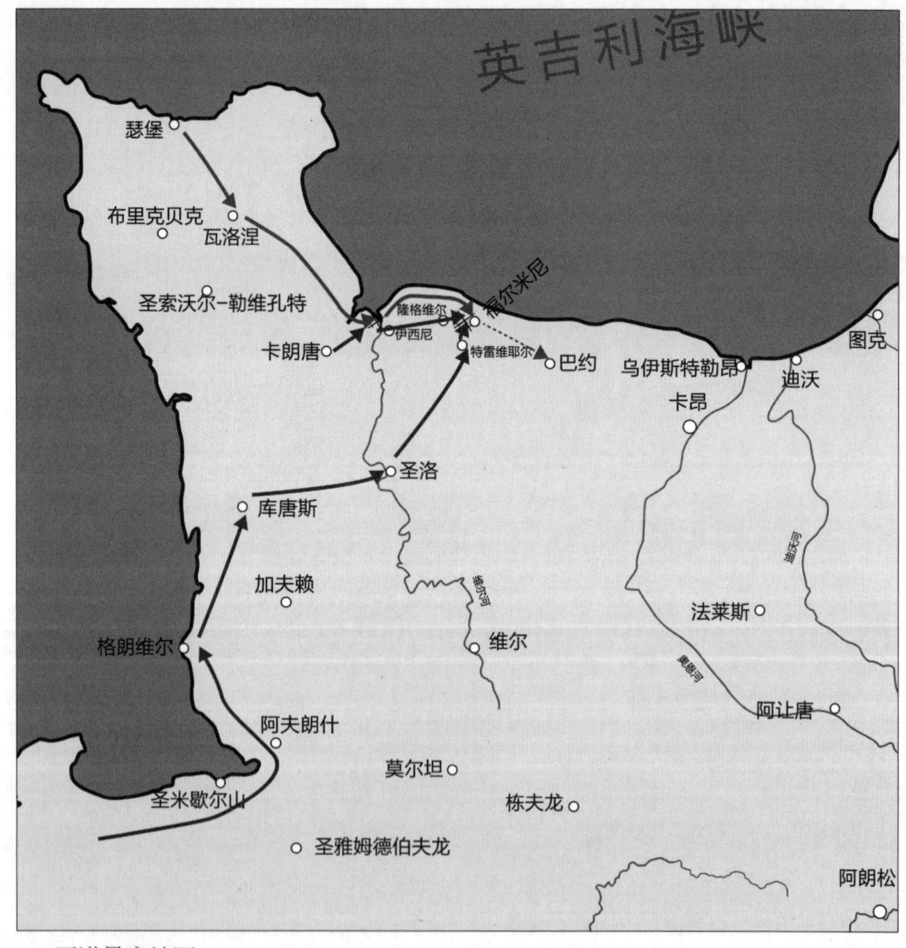

▲ 下诺曼底地区

克莱蒙伯爵部就在战场上过夜，陆军统帅阿蒂尔回到特雷维耶尔宿营。次日，法军带着俘虏返回圣洛，并在这里休整了三四天。他们在战斗中的损失一直存在着较大争论，有些编年史作者认为有500—600人。陆军统帅和克莱蒙伯爵让支付了埋葬英军阵亡者的费用。

▲ 布列塔尼公爵皮埃尔二世

福尔米尼战役敲响了下诺曼底英国势力的丧钟。克莱蒙伯爵让和陆军统帅阿蒂尔向查理七世请示接下来是进攻巴约还是维尔。法王选择了后者。于是维尔立即被包围。随着本土援军带来的最后一线希望烟消云散，大部分英军据点已无法阻挡法国人风卷残云之势，它们抓紧时间投降以争取尚且宽裕的条件：维尔守卫的抵抗只持续了六天，他们用城市换取在福尔米尼战役中被俘的本地守将亨利·诺布里后，便卷起铺盖带着财物前往卡昂。随后，陆军统帅和克莱蒙伯爵分头出击。克莱蒙伯爵东行加入迪努瓦伯爵让包围巴约的部队。陆军统帅前往西部，同侄子会合——布列塔尼公爵弗朗索瓦已经进入下诺曼底，包围了阿夫朗什。让围攻者颇感意外的是，激励英军坚持抵抗的竟是一个女人——守将约翰·兰皮特（John Lampet）的妻子。她穿起男子的服装挨家挨户敦促人们走上城头击退法军的攻击。然而奇迹没有眷顾英国人，三周后的5月12日，阿夫朗什终于投降，这时，她又穿回了女装。不过，时人认为她用奇术立了一桩大功——布列塔尼公爵弗朗索瓦很快就突发重病，在占领与圣米歇尔山隔海相望的峒伯兰后，他便匆匆返回领地，并于两个月后去世。由于弗朗索瓦膝下无子，二弟皮埃尔继承了布列塔尼公爵之位。

战争仍在继续。占领阿夫朗什后，陆军统帅阿蒂尔留下副官雅克·德·卢森堡带领部分军队向科唐坦半岛剩余的敌军领土进军，自己则前去加入克莱蒙伯爵、迪努瓦伯爵、阿朗松公爵等包围巴约的队伍。他几乎错过了这场聚会：5月16日，巴约守将马修·高夫就已在对手发动总攻前屈服——让·比罗的火炮在十六天内就将城镇围墙轰成瓦砾，他已无险可守。英国人被允许带上妻儿前往瑟堡，但他们必须

▲ 英国人退出巴约

徒步出城并手执一根木棍，不带任何东西——所有人的财物都被留下。尽管法国人慷慨地提供了马车给他们运输，英国人仍处境凄惨，“一些人用臂膀抱着最小的孩子，将稍大点的驼在他们空空的背脊上，一手还牵着年长的孩童”。最终在6月5日，数路法军合兵一处，包围了英军主力镇守的下诺曼底首府卡昂。

这是决定下诺曼底何去何从的命运之战，但萨默塞特公爵埃德蒙·博福特已无法从本土得到任何援助。在1450年春夏之交，海峡对岸的同胞们最为成功之举可能只是清除萨福克公爵威廉·德·拉波尔——4月30日，他乘船前往加来，在途中却被一艘隶属于王室的战舰“尼古拉斯”号①拦截。一番简短的审讯后，“尼古拉斯”号的船员将萨福克公爵斩首。虽然这个事件令亨利六世痛心不已，但政府并未追踪策划者。

① “尼古拉斯”号属于年轻的第三任埃克塞特公爵亨利·霍兰（Henry Holland，3rd Duke of Exeter）管辖，他已同约克公爵理查的长女订婚。

萨福克公爵威廉·德·拉波尔死后，他的同僚仍充斥在政府的各重要机构中。王室的颓势也并未扭转。议会在筹款方面仍丨分吝啬，他们不仅不同意司库关丁征收一次议会补助金的建议，还要求国王收回即位以来对臣属的各种赏赐。即使在亨利六世答应这个要求，而且托马斯·克瑞尔全军覆没的消息传到本土的状况下，平民议院也只通过一次累进所得税用于“王国的保卫工作”。与此同时，国内的形势进一步恶化。对政府官员的攻击层出不穷，而骚乱在肯特更是演变成了一次大暴动。它沉重地打击了兰开斯特王朝的统治。

有关暴动领导者身世的记载一直比较模糊。此人通常被称为杰克·凯德（Jack Cade）。他出身于下层阶级，曾在大陆服役。与之前的多次暴动不同，除了底层农民外，凯德的同伴中还有大批富农和少量侍从——实际上，这是一场乡村中上层和底层农民联合起来反对大贵族们胡作非为的大起义。揭竿不到十天，他们就得到了广泛响应。6月的第二周，他们驻扎在布莱克希思。凯德自封为“肯特将军”。其影响也迅速从肯特中部波及萨里和萨塞克斯。他还化名为约翰·莫蒂默。这个姓氏可以让人们认为他与约克公爵理查有联系。[①]

眼看祸生肘腋，政府慌忙开始组织镇压。6月13日，斯凯尔斯男爵托马斯奉命招募从诺曼底返回的士兵，并碰到了马修·高夫。随后，当局开始和起义者谈判。后者提交了一大串的诉苦和请愿：对法战争措置失当；王室财产被随意转让；政府人员的腐败和专横行径；权贵们干涉郡骑士代表的自由选举以及广泛存在的对法律的蔑视行为。他们要求归还王室领地、罢免并惩治萨福克党羽、召回约克公爵理查并让其同党加入政府、废除《劳工法案》（Statute of Labourers）、停止诸如无执照许可的王室采买权等各式各样的勒索。

起义者的请愿大部分切中时弊。如果说萨福克公爵威廉·德·拉波尔败亡的过程已暗示英国社会各阶层间现了裂痕，那这次起义已近完全揭示了兰开斯特王朝面临的尖锐矛盾：数十年的战争使往日生气勃勃的兰开斯特家族人丁凋零，他们中几

---

① 约克公爵的母亲安妮是莫蒂默家族的第四代马奇伯爵罗杰之女。而安妮的祖母菲莉帕是先王爱德华三世次子的独生女。也就是说在法理上，1399年后莫蒂默家族的马奇伯爵系实际享有比兰开斯特家族更高一位的继承权。

乎找不出堪战之人——大批有为者死于异乡，剩下的已名声扫地，为千夫所指。随着大批资源消耗在战争中，王室的权力和声望也一落千丈。宫廷一直被少数权贵左右。他们一面中饱私囊，放任王室财产被侵蚀；一面对大贵族们用私人势力渗入政府的地方官僚体系，破坏王室令状法律系统，大肆将地方代表、乡绅乃至庄园农民纳入自己庇护范围之下的行为纵容姑息。政府的腐败无能和软弱无力导致权贵们的实力急剧膨胀，连一度作为王室盟友的平民议院也沦为为他们摇旗呐喊、排斥异己的工具。这些既得利益集团肆意扩张、谋取私利、相互倾轧乃至挑战公共权威的行为严重破坏了社会秩序，进而导致混乱和苦难。雪上加霜的是，对法战争的失利使兰开斯特王冠上最后一颗明珠也黯然失色。王室权威的毁损导致对境况的普遍不满和抱怨迅速演变为对现行政策和体制的激烈反抗。而这种反抗又进一步被那些意图问鼎最高权力的权贵所利用。

兰开斯特王室的悲剧在于它几乎未作出任何正确的补救。王后玛格丽特和御前会议对那些请愿充耳不闻。他们下令驱散起义者并决意攻击布莱克希思的营地。18日，国王顶盔掼甲，同他的领主们列阵穿过伦敦，起义者退向塞文欧克斯（Sevenoakes）周围的森林地带。随后，作为王军前锋的汉弗莱·斯塔福德爵士（Sir Humphrey Stafford）和堂兄弟威廉（William Stafford）勇猛地冲进了布罗姆利（Bromley）附近的一个埋伏圈中，同他们的 24 名部下一起殒命。

这场挫折彻底打消了王室诉诸武力的勇气。为了减轻对抗情绪，国王下令将塞及希利领主詹姆斯·法因斯及其女婿肯特郡长威廉·克娄默（William Crowmer）关进伦敦塔，并从伦敦退向凯尼尔沃思。“市长和市民曾请求他给予支持，但他对自己和他们均没有信心”，失去控制的王军士兵甚至在城内抢劫。29 日，起义军重返布莱克希思。就在当日，威尔特郡（Wiltshire）也爆发骚乱。人们处死了曾为王后主持过婚礼的索尔兹伯里主教威廉·艾斯库（William Ayscough，Bishop of Salisbury）。而伦敦的市政议会也无意继续阻拦起义者。7 月 3 日，杰克·凯德穿着骑士盔甲穿过伦敦街道。按惯例，他拔出宝剑敲击伦敦石，并高喊：“现在莫蒂默是这座城市的主人！”起义军基本保持了军纪。只有市议员菲利普·马尔帕斯（Philip Malpas）的房屋被洗劫。他们还释放了不少被关押的犯人。4 日，一部分埃塞克斯人逼迫困守伦敦塔的斯凯尔斯男爵托马斯交出民愤极大的法因斯和克娄默，2 人均被处死，陪葬的还有约翰·贝利（John Bailey）——据说他可能对杰克·凯德的身世过于熟悉。

但是要长期供养这支数千人的队伍需要大笔资金。城内的商人富户并不愿出这笔钱。于是，抢劫勒索的事件开始频发。这让伦敦市民决定同肯特人决裂。7月5日晚，当杰克·凯德像往常一样回到萨瑟克宿营时，斯凯尔斯男爵托马斯和马修·高夫从塔中冲出，清扫了街上的肯特人，并突袭被起义者占据的伦敦桥。在伦敦人的协助下，他们同起义者围绕着这个进入城市的关卡展开了一场漫长而惨烈的争夺战。“许多人被杀死，穿着盔甲被丢进泰晤士河里”。虽然高夫和市议员约翰·萨顿（John Sutton）均在战斗中阵亡，而且吊桥也被点燃，但损失了200人的起义者仍无法通过这道封锁线。

次日，温切斯特辖区的负责人代表政府前来与被阻于城下的起义者商议停战。第二天，政府又颁发了对“约翰·莫蒂默”和1500—2000名来自萨里、萨塞克斯、埃塞克斯及肯特等地人员的赦免令。当8日谈判终止时，起义队伍发生了动摇。人们纷纷返回家乡。至此，杰克·凯德等少数人明白大势已去，他们撤往刘易斯。政府随即借口凯德仍带着武装人员发起反扑。7月12日，新任肯特郡长在东萨塞克斯的希思菲尔德（Heathfield）附近俘获了凯德，凯德很快就因伤势过重而去世。

就在英国政府一心忙着化解凯德起义引发的危机之际，下诺曼底的战事已进入了最后阶段。雅克·德·卢森堡在6月连克圣索沃尔-勒维孔特、布里克贝克以及瓦洛涅。近2万法军从容不迫地围住卡昂。迪努瓦伯爵让封锁了奥恩河右岸的沃瑟莱（Vaucelles）郊区，陆军统帅阿蒂尔和克莱蒙伯爵让将指挥所设在巴约方向的圣史蒂芬，把守西面。厄镇伯爵查理在东北面据守，安茹公爵勒内则担任名义上的总指挥。6月14—15日法军搭起一座木桥，并将英军从圣艾蒂安郊区逐出。查理七世随后从桥上渡过奥恩河，进驻城西北的阿丹讷（Abbey of Ardaine）。而迪努瓦伯爵也清扫完了沃瑟莱郊区。法军开始从北面和西面轰击城墙，并挖掘战壕和地道。最终，卡昂的一座侧塔及一段城墙因此垮塌，地道已从圣艾蒂附近延伸至城墙内。

6月24日，时隔八个月后，萨默塞特公爵埃德蒙·博福特签下了他的第二份投降协定。包括其家庭在内的4000名英国人再次被允许带着动产，甚至是手持类武器离开。但这次他们必须放弃火炮，坐船直接返回英国，而且赎金价格涨到了30万埃居。如此令人绝望的境遇使萨默塞特公爵想出了勾结部分人劫持查理七世的疯狂念头，但这个计划除了让参与的法方合谋者在数年后被送上断头台外，一无所获。[①]

7月1日，迪努瓦伯爵让接管了卡昂城。陆军统帅阿蒂尔则陪同萨默塞特公爵埃德蒙·博福特等人前往奥恩河出海口的乌伊斯特勒昂（Ouistreham）。两次献出重镇的萨默塞特公爵不敢返乡直面同胞的怒气，因此他转道加来先避避风头。

7月6日，查理七世举行了卡昂入城式。收复卡昂让英军在下诺曼底的势力分崩离析，他们只剩下三个据点：瑟堡、法莱斯、栋夫龙。它们也摆脱不了臣服的命运：就在同一日，法军包围法莱斯。这里的英军用城市交换他们仍被扣作人质的守将约翰·塔尔博特，并于7月21日撤出。栋夫龙在7月13日开始被法军攻击，领受了让·比罗的炮火后，于24日签订了在下月2日投降的协议。

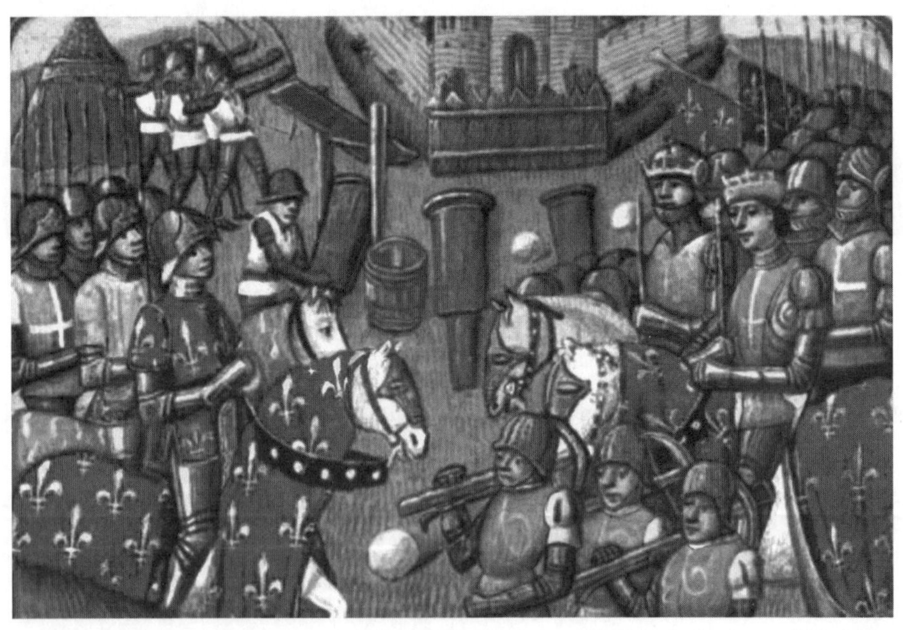

▲ 围攻卡昂

---

① 萨默塞特公爵曾拼命尝试另一种自认为能带来体面结局的道路：他向查理七世的苏格兰卫队副长官罗宾·坎贝尔（Robin Campbell）开出4000埃居和50英镑的价码，试图绑架迪努瓦伯爵让或其他亲信，并带1500名英国人离开卡昂。其中1/3的人将乘马来到查理七世的住处抓住他，把他带到瑟堡，迫使其大败而逃。剩下的人将把法军的火药箱点燃，用钉子钉死大炮。计划最终未能执行。数年后，发觉计划的法国人处死了坎贝尔和其他一些苏格兰卫兵。苏格兰卫队队长罗伯特·坎宁安（Robert Cunningham）因苏格兰国王的求情只是被解职流放。

沦为最后据点的瑟堡还有 1000 名英国守军，托马斯·高尔（Thomas Gower）领导着这些人在这座背靠大海的要塞中顽强抵抗。他们还得到本土通过海运送达的一些军需和技术人员的支援。在另一方面，陆军统帅阿蒂尔亲自指导了法军对它的包围。让·比罗开始放置他的火炮。自 15 世纪 30 年代后，火药配给技术的改进以及运载方面的改良极大地提高了炮兵的效率和威力。法军将 3 门射石炮以及 1 门加农炮放在沙滩上，以便从各个方向上轰击要塞。它们的阵地设计得十分巧妙——涨潮时可以用涂油的兽皮遮蔽炮口堵塞炮孔，退潮后又可以迅速投入到轰炸之中。尽管如此，围攻者还是付出了沉重的代价。长时间的开火至少让 10 门炮炸膛。海军将军普里让·德·奎蒂维和图格杜阿勒·德·伽莫伊扎尔也被英军炮火击中身亡。军中亦开始流行起疫病。法国人的战斗十分艰辛，他们只能依靠围困迫使对手屈服。

然而这座孤军奋战的城市仍盼不到能击破围困的援军。虽然约翰·法斯托尔夫打算再招募 3000 名新军，英王的侍卫也在西部和北部港口抓捕船只——“派往大洋（彼岸），为了拯救我们的城镇和城堡。”但这些行动显然等不到能付诸实施的那一天。1450 年 8 月 12 日，瑟堡投降。托马斯·高尔可能用这座要塞换取了他在鲁昂被扣为人质的儿子理查德·高尔。查理七世随后颁布法令，将投降日期定为国家感恩节日。至此，亨利五世耗尽毕生心血征服而来的土地终于损失殆尽。

加斯科涅与东南边境的纷扰

海峡对岸的兰开斯特王室仍未从动荡漩涡中脱身。凯德起义虽然归于失败，但政府的虚弱本质已暴露无遗。各阶层都在反抗当权者。7 月下旬，萨塞克斯的 2 名农民约翰和威廉·莫福德兄弟（John and William Merfold）公开在市集上宣称国王是一个傻瓜，应该被废黜。8 月，一个名叫威廉的铁匠又在法弗舍姆（Faversham）重新拾起了“肯特将军”的头衔。正当政府在南方奋力弹压起义的支持者时，他们收到了一个更可怕的消息：约克公爵理查放弃了爱尔兰代理官职位，未经宣召便返回英格兰。

虽然没有证据表明约克公爵理查与杰克·凯德的义军有任何联系，但这次起义同时也是他的党羽对公众舆论及王室的一次试探。的确，约克公爵的声望正随着王国危机的加重而不断增长：源自爱德华三世两个支系的血统及名下岁入高达 7000 英镑的领地令人觉得他有足够的资格和实力对国王施加影响；在爱尔兰的数年任期令他既避免了丢失诺曼底的耻辱又不用分担对施政者腐败无能的指责。不过，促使约克公爵采取主动的最主要原因还是他意欲同虚弱的兰开斯特王室分享权力的野心。这种野心也得到了不少贵族的支持：通过与塞西莉·内维尔的联姻，约克公爵获得了内维尔家族通过血缘编织的一张贵族关系大网。它囊括了约克公爵的妻兄索尔兹伯里伯爵理查德·内维尔与其子、后来的“造王者”第十六任沃里克伯爵理查德（Richard Neville, 16th Earl of Warwick），塞西莉的侄子、第三任诺福克公爵约翰·莫布雷（John Mowbray，3rd Duke of Norfolk）等被排除在核心圈之外的高级贵族。阿伯加文尼（Abergavenny）等地的领主们也愿意效劳，他们希望通过追随公爵获得丰厚赏赐。因此，约克公爵前往威尔士的行动拉开了贵族集团相互争斗的序幕。

兰开斯特王室并不打算对约克公爵理查唯命是从，他们宣布公爵已经反叛，并命令威尔士北部的官员在博马里斯（Beaumaris）阻止他，还安排人员在切斯特到格洛斯特之间的多处地点拦截。但这些人的都未完成任务。他们充其量只阻止了一些打算与约克公爵会合的同党。公爵最终成功来到伦敦，向国王抱怨他路途中遇到的抵抗。事态发展至此，王室的态度又急速软化下来。亨利六世就最近的纷扰事件向其道歉。约克公爵紧接着又开始指责司法行政的不公，并要求立即逮捕那些被指控犯有叛国罪行的人——其意图明显指向自己的政敌。不过他的愿望只被满足了一半：亨利六世在和解性的答复中答应建立一个更大规模的，包括约克公爵在内的御前会议，而且不久后贵族议院也将召开会议。

约克公爵理查的攻势被抑制的一个重要原因是他的老对手——对英王、王后有重要影响的萨默塞特公爵埃德蒙·博福特也奉命从加来返回英格兰。9 月 11 日，作为如今兰开斯特家族中仅存的股肱之臣，他被任命为英格兰陆军统帅，以抗衡约克公爵。但萨默塞特公爵并没有约克公爵那份在英格兰首屈一指的地产——博福特家族的大部分地产都由其兄长的女儿玛格丽特·博福特继承，萨默塞特公爵分得的收入只有 300 镑。此外，在许多人眼中，萨默塞特公爵的博福特偏房家族出身显然不如约克公爵高贵。事实上，萨默塞特公爵只能仰仗王室以获得高级职位和高额津贴赏赐。而这种维持宫廷优势地位的做法必定会阻挠约克公爵的野心。约克公爵开始将目标转向中下层——现在他们认为萨默塞特公爵应担负丢失诺曼底的责任，并将根除时弊的希望完全寄托在约克公爵身上。他和外甥诺福克公爵约翰·莫布雷在东英吉利一起干涉议员选举，确保有足够的支持者当选，以展开新一轮舆论攻势。当11月上旬议会召开后，他的内侍威廉·欧德霍尔不仅被任命为平民议院的发言人，还受到了英王的亲切接见。

18日，约克公爵理查与诺福克公爵约翰·莫布雷带着大批装备精良的随从现身。实际上所有大贵族都带着可观的武装，仿佛是为了参加一场会战而不是一次会议。约克公爵和萨默塞特公爵埃德蒙·博福特之间的矛盾也进一步激化。萨默塞特公爵得到了宫廷和御前会议的支持，不过12月1日民众在黑衣修士桥的一次骚动还是令他躲入了河中的驳船中。次日，这些人还袭击了托马斯·胡以及锦衣库看守官托马斯·塔登汉姆（Thomas Tuddenham，Keeper of the Great Wardrobe）等人的住所。当事情有些过火后，约克公爵才在3日发布声明，象征性地处死了1名骚乱者。紧张的局势甚至迫使这些贵族在3日带着随从排成3个方阵在伦敦街道上恐吓。随后索尔兹伯里伯爵理查德·内维尔的幼子托马斯和约翰也被封为骑士——国王不得不向约克派示好。18日，议会决定休会。

约克公爵理查利用中下层成功地压制了对手。圣诞节后，萨默塞特公爵埃德蒙·博福特领取了加来守将的职务，暂时淡出视野。约克公爵的第一项任务却是镇压那些曾拥戴他进入宫廷的起义者。在1450—1451年的冬季中，他和国王以及其他官员前往肯特和萨塞克斯，搜捕杰克·凯德的余党。恐怖和暴力再度降临这片地区。政府逮捕了大批嫌疑者，并将其中的29人处决。肯特人将这次行动称为“人头收割节”。

与此同时，在1451年1月20日重开的议会上，几乎已成约克公爵理查喉舌的下议院还在坚持要惩罚导那些致海外领土沦丧，国内秩序紊乱的罪魁祸首。他们指出国王已负债37.2万英镑，他的个人收益只有5000英镑，甚至不足以承担其内廷2.4万英镑的开销。议员们列出了包括萨默塞特公爵埃德蒙·博福特、萨福克公爵遗孀、格洛斯特修道院长等在内的30名行为不端者，要求将这些人驱逐出宫廷，永不召回，并剥夺其官职和地产。国王没有接受这个提议，他采取了宽慰性的态度：允诺将相关人员流放一年，并宣布将从3月25日起执行去年通过的收回法令——博福特等贵族将不得不归还王室先前的封授和赏赐。

这便是约克公爵理查能获得的全部成果。之前他炫耀武力的种种行为已经引起了贵族阶层的怀疑——他们此时只希望能在秩序稳定的状态下继续利益均沾，而不是由某个人操纵国王，更不用谈推翻兰开斯特王室了。托马斯·杨（Thomas Younge）在5月的提议恰巧触及了这个敏感点——他要求将约克公爵作为王位的继承人。于是，此届议会被立即解散，这位冒失的提议者也被送进伦敦塔。至此，这场政治动荡终于趋向平缓。如果亨利六世此后能像海峡对岸的舅舅那样革除旧弊、励精图治，那兰开斯特王室将有希望重新恢复权威。但不幸的是，查理七世并没有给外甥喘息的机会。

光复诺曼底后，查理七世返回卢瓦尔河流域。在海峡对岸的间谍给他带来了英国政局混乱的消息。1450年9月初，法王在图尔与王公廷臣召开一系列会议，决定对吉耶讷用兵——法国北部连续数十年的征战已令英国政府疲弱不堪，当北方的威胁一扫而净之际，一个百年罕见的机会已展现在他们眼前。经过数十年的战乱，法国的民族情绪已经高涨，人们已不愿再容忍英王在王国内据有任何领地。法国君臣打算乘势一劳永逸地解决加斯科涅这个困扰王国数个世纪的麻烦。诺曼底的防御工作则被托付给陆军统帅阿蒂尔——他被任命为诺曼底地区总督，必要时可以得到布列塔尼人的支持。同时，皮埃尔·德·布雷泽也被任命为鲁昂守护（Garde de Rouen），负责塞纳河右岸至海岸的领土。

实际上，富瓦伯爵加斯东在去年点燃的战火一直没有停息。1450年2月，阿杜尔河左岸的吉什城堡也被他占领，从而引发了其他15座周边城镇的反正。法军很快也从北面向吉耶讷腹地挺进。春季，欧布泰尔向让·比罗投降。而秋季时，法王的总代理官、庞蒂耶夫尔伯爵让同菲利普·德·屈朗元帅，让·波顿·德·桑特拉伊等人带领500个朗斯和部分法兰西弓箭手包围了多尔多涅河畔的贝尔热拉克。让·比罗的火炮再一次粉碎了守军的抵抗念头，贝尔热拉克于11月10日投降。接着法军顺河谷而下,连克西面的大圣富瓦（Sainte-Foy-la-Grande）、让萨克（Gensac）等重镇。随着拉罗什沙莱（La Roche-Chalais）被收复，除几个零星据点外，英军势力基本被挤压出了多尔多涅河以北地区。与此同时，夏尔·德·阿尔布雷的第三子奥尔瓦领主阿诺·阿曼纽（Arnaud Amanieu d'Albret d'Orval）等人也率军从西南面北上，逼近加龙河下游河谷，并于31日兵不血刃地收复了控扼波尔多平原的巴扎斯。大胆的奥尔瓦领主继续突飙猛进，来到波尔多城北面的布朗克福与拉雅勒（La Jalle）之间。

波尔多人决定教训这些来犯者。根据记载，11月1日，他们在波尔多市长加迪菲·肖特霍斯（Gadifer Shorthose）的带领下，集合了近8000人到西北面的勒艾朗（Le Haillan）。这支几乎由民兵组成的队伍纪律涣散、装备简陋。奥尔瓦领主阿诺·阿曼纽·德·阿尔布雷趁他们的骑兵同步兵主力脱节之际发动猛攻，一举击溃对手。据称有1000多人被杀。肖特霍斯落荒而逃。这天被波尔多人称为“倒霉的一天”。受此战鼓舞，兴奋的将领们怂恿法王进军，他们声称只要派300个朗斯的援军进入波尔多平原，即可拿下这片地区。在蒙巴宗（Montbazon）的查理七世倒没有这么急切。虽然他收到建议后决定亲征，但并未打算贸然突入敌境。

查理七世一心做着组建一支大军的准备工作，因此放弃了将领们所谓的攻城良机。这个决定是明智的。波尔多乡间的民众并不支持奥尔瓦领主阿诺·阿曼纽·德·阿尔布雷，不久后他就被赶回巴扎斯。显然，法军还要花费更多的时间和精力来对付加斯科涅人。1450年12月，法王下令在朗格杜瓦地区征收12万法郎的税款。1451年1月5日，他将其中的8万法郎划为战争专款。同时一支舰队也在筹建之中，它们担负起从水道封锁波尔多的重任。

与此同时，还有另一项事务牵制着法王的精力。就是他那位总是不甘寂寞的王位继承人。道芬路易像一个主君一样管理着多菲内，他对待本地各方人士的蛮横态度迫使宫廷不得不加以劝诫。按照当地多等级会议行省的习惯，多菲内等级会议一年提供的补助金——也是路易在此地的主要收入——只有3万锂弗左右。尽管他的官员忙着征收商人们的过境税，还不时劝导本地人“自愿”缴纳各种捐税，这些资源仍难以满足他的野心。因此，盼望王室补助的路易不介意做出各种引起查理七世关注的动作。在不时与父王通信，并送给父王诸如金钱豹之类的小礼物之余，路易还在父王身边收编耳目，刺探情报。更有甚者，除了一直抱怨自己应该有片能维持相应地位和生活的领地外，他还毫无顾虑地同其他外国王公交涉——即便这会引起父王的猜忌亦在所不惜。

▲ 葡萄牙的莱昂诺尔公主，她嫁给了德意志国王腓特烈三世

从1448年起，道芬路易就和萨伏依公爵路易打得火热。他打算迎娶公爵的女儿夏洛特。1449年夏季，当查理七世奔向北方战场时，道芬却在积极地同萨伏依公爵策划结盟。他表示可以共同反对萨伏依公爵在米兰公爵爵位问题上的竞争对手弗朗切斯科·斯福尔扎。[①] 在北方驱逐外敌战役节节胜利时，道芬声称自己对于那些荣誉也倍感自豪。私下里，他还暗中致信给刚刚臣服于法王的利雪主教及其他贵族，打算争取他们为自己效劳，并希望通过怂恿当地等级会议让他获得新省份的管理权。显然国王身边的廷臣都希望道芬继续待在多菲内。利雪主教更是将道芬密谋的详情全部透露给了国王。

▲ 萨伏依的夏洛特，她后来成为法国王后

也许查理七世无意深究儿子广结羽翼的小动作，不过他实在难以接受道芬路易同萨伏依公爵路易年仅9岁的女儿联姻——尤其还有一个攻守同盟将他们捆绑在一起。在法国已经同萨伏依公爵保持友好关系的情况下，这实属多余。当然，

① 为了应对米兰公爵菲利波·马里亚·维斯孔蒂去世后的危机局面，米兰共和国请斯福尔扎担任军事统帅。而阿拉贡国王阿方索五世已于1447年向安茹公爵勒内曾经的盟友佛罗伦萨共和国宣战。佛罗伦萨随即联系勒内，希望他能重夺那不勒斯的王位。这正合勒内的心意。法国人计划占领热那亚后，勒内就停留在普罗旺斯等待时机。他集结了数千兵马，打算等到法王的帮助后再度前往意大利，他同时还告知佛罗伦萨使者，米兰公爵应由自己的堂兄奥尔良公爵查理继承。但佛罗伦萨并不打算介入公爵位置的争夺战，而且1448年初查理七世通知他，自己因割让曼恩的问题与英国人发生摩擦，暂时不能施以援手。勒内只得派出数艘船只帮佛罗伦萨解除皮翁比诺（Piombino）的围困。此外，1448年9月15日，斯福尔扎对威尼斯的大胜使勒内对这位曾经的伙伴颇为青睐。他积极拉拢斯福尔扎。不过，米兰共和国却感觉到了这个佣兵头子的野心，部分人暗中向德意志国王腓特烈三世、阿拉贡国王阿方索五世、勃艮第公爵腓力甚至是查理七世和道芬求援。查理七世和勃艮第公爵腓力答应了奥尔良公爵关于帮助他夺取米兰公爵位置的请求。年底，法军和勃艮第军团开始陆续开拔，但英军占领富热尔的消息使法军返回国内，奥尔良公爵的愿望再次落空。同样声称有继承权的萨伏依公爵继续派兵进攻，但是他的军队在1449年遭到惨败。1450年2月26日，筋疲力尽的米兰人向斯福尔扎打开城门，承认他为米兰公爵。与此同时，佛罗伦萨与阿拉贡国王缔结和约。斯福尔扎立即致信道芬和法王，保证他对法国王室的忠诚。而萨伏依公爵则转而同勒内的敌人阿拉贡国王商议联盟，意图卷土重来。

法王和整个王国都希望他结婚生子，但配偶的选择范围原本可以更广泛一些：比如富有的拉马什和拉瓦勒家族，或是葡萄牙的莱昂诺尔公主（Eleanor of Portugal）年龄正好合适，而且同这个国家的联合有利于应对当前敌人。此外，法王还开始同匈牙利王室商议联姻。面对希望自己同萨伏依公爵女儿联姻获得认可的道芬，查理七世派出马耶赛主教蒂博·德·吕塞（Thibaud de Lucé，Bishop of Maillezais）转达了他的不同看法。此后，迪努瓦伯爵让还专门派出纹章院长携带信件奔赴萨伏依宫廷，告知他和道芬间的交涉令法王十分惊讶和失望。

▲ 法国公主约朗德

然而，纹章院长并未追上道芬路易的脚步。1451年2月14日，道芬的顾问已在日内瓦签订婚约。3月8日，纹章院长来到尚贝里（Chambéry）。他很快便发现道芬正穿着衬着白鼬皮的绯红天鹅绒礼袍。他的小妻子则身着紧身裙，披着一件绯红天鹅绒大衣。更有甚者，不久后，萨伏依公爵路易还庆祝了其继承人阿马德乌斯（Amadeus，Prince of Piedmont）同道芬的妹妹法国公主约朗德（Yolande de France）的婚礼。虽然自从1436年双方签订婚约后，约朗德一直在萨伏依宫廷长大，但这场未得到法王允许的婚礼更令后者异常恼怒。尽管萨伏依公爵在回信中劝亲家应对此感到欣慰，不过查理七世已经将这两场婚礼视为对自己的冒犯。只是对英战争的准备工作已基本完成，他才暂时按下这股怒火。

1451 年春季，收复吉耶讷的战役步入正轨。3 月 31 日，夏尔·德·阿尔布雷领主和新任阿马尼亚克伯爵让五世（Jean V，Count of Armagnac）被授权向英国占领区进军。迪努瓦伯爵让被任命为总代理官，他统领兄长昂古莱姆伯爵让、让·比罗等将领，率 400 个朗斯，3000 名法兰西弓箭手从北面进攻。很快雅克·德·夏巴纳等人也加入了他的队伍。4 月 28 日，6000 多名法军包围了蒙吉永（Montguyon），并在 5 月 11 日迫使其城堡守军投降。随后他们折向西面来到位于吉伦特河出海口处

▲ 法军攻击布莱

▲ 法军攻击布尔格

的布莱。这座坚固的堡垒受到了水陆双重围困，城墙也开始遭受炮击。在5艘来自波尔多的救援船只被击退后，法军发动了袭击，布莱被迫于23日向他们投降。

封锁吉伦特河后，迪努瓦伯爵让逆流而上，于5月29日占领布尔格。接着法军又包围了控扼通向波尔多要道的河口堡垒弗龙萨克（Fronsac）。眼见法军势不可当，周围的利布尔讷（Libourne）、卡斯蒂永、圣埃米利永（Saint-Émilion）等市镇均陆续归降。6月5日，弗龙萨克同迪努瓦伯爵签订协议，将投降日期定在15日。

这座堡垒注定等不到援军。不仅是弗龙萨克，就连波尔多也陷入绝望的境地。查理七世已经在6月1日发布了总动员令，并进驻吕西尼昂。吉耶讷的大贵族家族已完全倒向法王的事业。他们组织的数路攻势将这里的英军势力撕扯得支离破碎：夏尔·德·阿尔布雷从南面进攻，富瓦伯爵加斯东则包围了达克斯。此外，接近6月中旬时，阿马尼亚克伯爵让已带领第三路法军陆续占领了迪拉斯（Duras）和索沃泰尔（Sauveterre）。接着，他顺加龙河河谷前进，又拿下圣马凯尔并包围了里翁。而迪努瓦伯爵让指挥的北面法军主力早已水陆并进，来到波尔多城下。他派雅克·德·夏巴纳进驻加龙河右岸的两海之间（Entre-Deux-Mers）地区，并写信给法王，请他将总部设在利布尔讷，指导最后的战斗。

眼见大势已去，躲避在波尔多城内的加斯科涅领主做出了同法国人谈判的决定。他们还抱着拖延时间等待英格兰援军的算盘。但这个愿望不可能实现。1450 年的动乱极大地挫伤了英国政府的效能。到年底时，通过的累进所得税几乎毫无进展。尽管当局为应对时局还提高了税率，从专员、郡长到纳税者都“漫不经心”，财政上的困窘使政府举步维艰。一项组建 3000 人援军的计划一直从 10 月拖至 1451 年秋季，最终流产。而波尔多被围也并没有增强英国上下同仇敌忾的决心。地方上的纷扰仍在持续。平静数年后，1451 年 6 月，德文伯爵托马斯·德·考特尼与威廉·邦维尔爵士在西部再度大打出手。许多领主加入了这场战斗，亨利六世不得不写信请在北面的约克公爵理查介入调停。但约克公爵并未以国王授权的方式来处理纠纷。他收下了邦维尔爵士献出的城堡，巩固了自己在西部的势力，这又引发了亨利六世的不满。乱作一团的英国人根本抽不出精力应付海峡对岸的战事。

6 月上旬，出身于富瓦家族的比克大领主加斯东带着波尔多代表前去找侄子富瓦伯爵加斯东，希望能碰碰运气。但他们很快被富瓦伯爵移交给迪努瓦伯爵让。法王的总代理官态度也十分冷淡，他只答应举行以投降为目的的谈判。代表们失落地回到城里。显然，他们很难得到宽厚的条件。6 月 12 日，波尔多人同来到城内的让·比罗等法王代表缔结协议，约定在 23 日出降——弗龙萨克的期限也被延至此日。

新主人在臣服问题上十分苛刻：吉耶讷人必须在六个月内向国王效忠，否则就要离开此地。不过，留下者可以保留习俗，享受一些税务豁免和商贸特权。法王还打算在这里建立高等法院和铸币厂，他认为已经给当地人比法国其他地区臣民更多的优惠。不过，波尔多人并不领情，他们不愿结束自治生涯。23 日，一名使者于晚祷时爬上一座塔楼，按照仪式，最后一次乞求“那些英格兰人对波尔多的援助！”但无人回应。不甘心的市民甚至还央求迪努瓦伯爵让，将投降期限延至 30 日。然而奇迹仍未发生。

29 日，迪努瓦伯爵让、讷韦尔伯爵查理、阿马尼亚克伯爵让等将领带着法军经由吉伦特河来到圣凯瑟琳过夜。次日一早，波尔多人被迫交出城门钥匙。在塔耶堡的查理七世随即写信给全国的优良城市告知波尔多投降的消息，并要求举行公共游行庆祝和感恩这个时刻。

现在，西南部拒不服从的加斯科涅城镇只剩下巴约讷，它的抵抗已毫无意义。在波尔多停留了两周后，迪努瓦伯爵率军南下，于8月7日包围此地。巴约讷的抵抗并不算持久。21日,它就向迪努瓦伯爵打开了大门,而且还要缴纳4万埃居的赎金。至此，法军第一次占领了加斯科涅公爵领全境。前海军将军普里让·德·奎蒂维的二弟奥利维耶被任命为吉耶讷执事，

接下来，查理七世似乎打算拔除加来这个钉在法国北端的据点。一名在11月派往法国宫廷的佛罗伦萨使者在信中提到法王开始准备火炮及其他军需，它们将在下个季节输送至加来前线。与之相应的是2000艘舰只和数万军队的海路合围计划——英格兰的乱局预示着这里很快就将被放弃。不过，勃艮第使者却并不欣赏这个雄心勃勃的计划，他们希望法王准许其主人腓力主导围城战。然而法王也不愿将指挥权拱手相让。

在海峡对岸，丢失加斯科涅的消息使英格兰掀起了新的波澜。反对兰开斯特的派系因王室军事失利而影响得到加强。约克公爵理查乘机再次进逼宫廷——在半年多的时间内，亨利六世一直在徒劳无功地敦促他与萨默塞特公爵埃德蒙·博福特和解。约克公爵无意同反对势力妥协。1452年2月，他给什鲁斯伯里的民众发去一份宣言，煽动他们反对萨默塞特公爵。约克公爵认为萨默塞特公爵丢失诺曼底的过失“鼓励了国王的敌人征服吉耶讷;而且现在他们正在威胁加来”。他还声称萨默塞特公爵在与敌人勾结意图献出加来，因此恳求人们加入他的阵营。实际上，约克公爵的队伍是一支近4000人的大军。德文伯爵托马斯·德·考特尼和爱德华·布罗克爵士（Sir Edward Broke）等贵族也位列其中。

尽管约克公爵理查一再声明自己对国王的忠诚，但其军队向南部进发的行动无疑是一种宣战行为，政府也将按此处理。2月26日，宫廷离开伦敦前往英格兰中部地区，英王号召领主们同自己会合直面叛军。与此同时，约克公爵却避开了国王，直趋伦敦——这里有大批约克派系支持者。他们无法进城，于是这些人在金斯顿（Kingston）渡过泰晤士河进入肯特，期望能再次在当地人中激起喧哗。闻讯的国王急忙折回，于3月1日赶到韦灵（Welling）同达特福德（Dartford）的叛军对峙。

由于肯特人不想再生事端，约克公爵只得有所退让，但他仍坚持要将萨默塞特

公爵埃德蒙·博福特羁押问罪。最终，国王代表答应了约克公爵的要求，并让他解散军队返回国王的营帐。当约克公爵见到国王后，他发现萨默塞特公爵就站在亨利六世身旁，而自己几乎沦为阶下囚——先前的承诺只不过是诱他上钩的幌子。兰开斯特君臣带着这位俘虏返回伦敦。尽管萨默塞特公爵因忌惮舆论而不敢报复约克公爵，但约克公爵也必须低头屈尊以换取自由。3月中旬，约克公爵被迫当众发誓要效忠国王，不再武装反叛，或者破坏和平。4月7日，国王颁布了对各派系受指责者的总体大赦令。兰开斯特王室的势力在缓慢恢复。亨利六世提升同母异父的都铎弟弟埃德蒙和贾斯珀为里士满和彭布罗克伯爵，并前往西部、南部、中部等地巡察，准备在约克公爵势力的核心区推行司法改革——这也许是他即位以来第一个明智的决定。

对英国人来说幸运的是，他们不必担忧在法国大陆的最后据点的安危。1452年春季，传说中的法国大军并未开赴加来——他们那个庞大计划最终还是半途而废。当然，这并不是勃艮第公爵腓力坚持的结果。促使法王改弦易辙的是一批来自佛罗伦萨的使者——北意大利的形势因弗朗切斯科·斯福尔扎占领米兰而再起波澜。一个反对新米兰公爵的新联盟开始形成：竞争失败的萨伏依公爵路易开始向米兰的老对手威尼斯以及勒内的敌人阿拉贡靠拢。1451年4月16日，阿方索五世与萨伏依公爵以及蒙费拉侯爵乔瓦尼四世签订协议，萨伏依公爵和蒙费拉侯爵声明参加阿拉贡王国和威尼斯共和国间的军事同盟。6月20日，威尼斯驱逐那些曾向新米兰公爵祝贺的佛罗伦萨人。正在策划佛罗伦萨及热那亚事业的阿方索五世也在那不勒斯王国采取了相同手段。11月20日，阿拉贡国王和萨伏依公爵缔结了一个特别协议，规定两人在意大利或普罗旺斯的征服将按适当比例划分。

面对磨刀霍霍的敌人，米兰和佛罗伦萨急忙相互联合。7月20日，双方签订了新联盟。同时，他们还向北面寻求更强力的援助。11月5日，佛罗伦萨使者安焦洛·阿奇亚奥里（Angiolo Acciajuoli）来到圣迈克桑觐见查理七世。阿奇亚奥里首先恭维了法国收复南方领地的赫赫武功。随后，他回溯了共和国和弗朗切斯科·斯福尔扎在那不勒斯王国争夺战中对勒内的帮助，并恳请法王出面对他们施以援手，尤其是要抑制萨伏依公爵路易——他正对斯福尔扎虎视眈眈。

查理七世谦和地答复了客人。他肯定了佛罗伦萨和弗朗切斯科·斯福尔扎对勒内的意大利事业的支持，同时也声称自己明白阿方索五世的伎俩。法王还对威尼斯

▲ 晚年的查理七世

泛起的敌意表示震惊，不过在他看来，他们只是追求自身利益罢了。法王对安焦洛·阿奇亚奥里十分热情，承诺将会和廷臣仔细研究，随后又派新海军将军让·德·比埃伊告知使者，自己明白他居住的地方有多糟糕，并请他移往10里格外的豪宅，随后宫廷也会前往那里。于是，阿奇亚奥里搬到新的豪华居所。兴奋的使者写信给他的共和国同胞们，告知有内线透露法王对佛罗伦萨和斯福尔扎的条款十分满意，并预测他能顺利完成使命。

但在随后两个月内，谈判陷于停顿。到年底时，一个消息传入法国君臣耳中：佛罗伦萨和弗朗切斯科·斯福尔扎已同热那亚共和国结盟。除了针对传统敌人外，这个协议也在暗暗防范法国对热那亚的野心。法王终于决定加入佛罗伦萨和斯福尔扎一伙。1452年2月21日，他决定与佛罗伦萨和斯福尔扎联盟。按照条约，他们的攻守同盟将持续到1453年6月底。

之后的事实证明，这个条约对米兰和佛罗伦萨十分及时。5月16日，威尼斯向米兰公国宣战。弗朗切斯科·斯福尔扎立即开赴战场。6月12日，阿拉贡国王阿方索五世废除了同佛罗伦萨的和约，而法国也开始履行对盟友的义务。法王已经做了联合伯尔尼及瑞士邦联的工作。[①] 他的使者也前往蒙费拉侯爵和威尼斯宫廷，宣布反对斯福尔扎就意味着直接反对法王，并声称将准备1万人支援盟友。应该说，法国人的恐吓至少有一部分属实：雅克·德·夏巴纳已经带着1000个朗斯前往里昂，准备进入多菲内和萨伏依。当然，这支军队也是为了满足法王的一个单方愿望——查理七世终于找到了报复冒犯他的萨伏依公爵路易和压制道芬路易的机会。6月15日，法王告知萨伏依公爵同佛罗伦萨和米兰间的同盟。但萨伏依公爵仍然漫不经心，

① 1444年，瑞士人同道芬路易缔结停战协定后，提出过向他提供4000名雇佣军的建议，但被道芬拒绝。1446年，当查理七世的目光转向意大利时，他再次开启了同瑞士人的结盟工作，其方案是瑞士邦联出4000人为法王服务三个月，法王也以同样的方式支援联盟。不过最终这个条约并未签署。之后，查理七世在调解萨伏依与邦联成员的弗里堡（Friborg）纠纷以及瑞士邦联同自己的前女婿、远奥地利公爵西吉斯蒙德之间的争吵时找到了法国王室与瑞士邦联州代表建立密切关系的机会。这些联络在1452年结出硕果。11月初，双方达成协定：瑞士邦联的使者、商人、臣民可以不受阻碍地穿过法国国土；法王承诺禁止让瑞士的敌人进入国境；瑞士邦联则承诺忠实于法王及其继承人，禁止任何人在他们领土内帮助法王的任何敌人；法王的臣民也可以方便地进出联盟领地。1453年2月，当伯尔尼代表作为瑞士使者到达宫廷时，查理七世举办了一个盛大的欢迎宴会。法国宫廷豪华的场面震撼了这些山地人，他们非常满意，当场便留下认可文书。伯尔尼的市镇议会甚至还建议邦联为法王提供1000名瑞士步兵，但这个提议被邦联否决。他们认为邦联没有派士兵为外国服务的习惯。查理七世并不是急需瑞士军团，但保持同瑞士邦联的亲密关系对震慑和制约道芬以及萨伏依公爵还是极为有利的。

他一直在同热那亚交涉，试图获得其领主权，并打算与道芬一起准备远征。他还同阿马尼亚克伯爵让通信，声称道芬将转给他在鲁埃格被没收的四片领地——它们被法王交给道芬——以此换取其帮助。最后，还有一个消息也令法王大为恼火——一些萨伏依骑兵进入了米兰公爵领地。查理七世决定诉诸武力。他同一些被驱逐的萨伏依贵族——他们在4月因同萨伏依公爵夫人带来的塞浦路斯庇护者们发生矛盾而被判处流放——联合，并以仲裁者的身份号召于8月中旬召开萨伏依等级会议，寻求解决之道。接着，他又派使者对萨伏依公爵发出警告：法王给予他最后一次弥补过失的机会。法军已在索恩与罗讷河间集结。

同样不让查理七世省心的还有道芬路易。这位王子习惯踩双簧：他一方面挑唆萨伏依公爵路易同法国的意大利盟友对抗；另一方面又和弗朗切斯科·斯福尔扎书信往来——新米兰公爵的狡猾程度倒与道芬不分伯仲，他从不介意在任何时候与任何对手讨价还价。同时道芬还频繁向父王表示希望以自己的服务换取更多薪酬赏赐。最后这个愿望明显落空了，查理七世剥夺了他的津贴，还将四片从先任阿马尼亚克伯爵手上没收的领地归还给现任阿马尼亚克伯爵让五——其价码是2.2万金埃居。得知王军逼近的消息后，道芬非常震惊，他急忙遣使向父王控诉，探询父王是否像传闻中那样要占领多菲内，把他交付审判，并剥夺他的继承权。查理七世表现出了宽大的态度，他声称自己并不是针对道芬而来，但他希望道芬能够对自己以往的错误行为加以补救，以平息他及廷臣贵族的不满。至此，道芬松了一口气。他随后又开始了同父王扯皮的把戏。使者来往于两人之间。道芬显然不能让查理七世满意——他既没打算亲自觐见国王，也不愿按要求驱逐身边的一些仆人，更有甚者，他还暗示如果逼之太甚，自己将逃离王国。

不过，命运注定还会让道芬路易在多菲内的位置上舒服地稳坐一段时间。不久后，一条令人震惊的消息传到法国宫廷，它严重地干扰了法王的原定计划——吉耶讷战火复燃，大批英军已在吉伦特河口登陆！

卡斯蒂永战役

英国人收复吉耶讷的计划由来已久。法军占领波尔多一个月后，英国政府就开始整军备战。1452 年春季，压制住约克集团后，兰开斯特王室已开始计划在军事领域锐意进取，他们打算用海外作战的胜利继续巩固自己的威望和支持率。命运似乎也给出了一个合适的机会—3 月，比克大领主加斯东·德·富瓦-格拉伊的长子让·德·富瓦-孔代勒（Jean de Foix-Candale）以及皮埃尔·德·蒙杜费昂（Pierre de Montferrant）等波尔多贵族代表已现身英国宫廷，请求英军重返吉耶讷。

除去同英国政府暗通款曲的领主外，许多波尔多人也未习惯法国政府的统治。他们一直对自治生活的中断耿耿于怀，而更难以忍受的还有随之而来的法国特色—永久税。年底，吉耶讷执事奥利维耶·德·奎蒂维打算征收用于维持驻军费用的捐税，波尔多人决心捍卫自己的免税特权—它曾被盖以王室印玺确认。他们在 1452 年 7 月派遣一支使团向法王抗议。代表们声称在英国统治时期他们就被免除塔兰税，而且也不接受驻军，他们知道如何守卫自己的城镇和乡土，在英国统治时期，他们就能抵挡四面包围的法军，现在也能抵挡被海洋隔开的英国人。查理七世并不打算接受这套理论。同御前会议讨论后，他宣布吉耶讷必须有所付出，他不可能单独赦免波尔多人。必须有军队来保卫这片领土。因此居民纳税用于支付其薪水是十分必要的。法王的答复多少有点出尔反尔。代表们失望地回到波尔多后，不满和怨恨便扩散开来。贵族趁机煽动民众赶走法军迎回英国人。

亨利六世君臣认为波尔多人的请愿是一个不容错过的机会：法国君臣的目光正集中在东面，勃艮第公爵腓力也正忙于压制反抗他的低地臣民。福尔米尼的惨败并未打击英国人认为己方军队较之敌人具有极大优势的自信。现在，他们已下定夺回吉耶讷的决心。军事经验丰富的约翰·塔尔博特被选为军队主帅，领导之前由于担心加来受攻击而组建的舰队。1452 年 7 月，这位年近七旬的老将按计划带领 3000 名士兵在三个月内确保海防安全。但数月后，他的任务已十分明确——9 月 2 日，塔尔博特被正式任命为吉耶讷代理官。[①] 夺回法国西南部传统领地的战役正式开启。

顺利的风向使英军迅速抵达目的地。10 月 17 日，约翰·塔尔博特等人在梅多克半岛的苏拉克附近登陆，受到了当地民众的热烈欢迎。英军和驻守法军发生了一些交战,并占领了一些城堡。在深入领地的同时,一些领主也竞相向塔尔博特伸出援手。不久他们就进抵波尔多城下。波尔多由执事奥利维耶·德·奎蒂维负责防御。奥利维耶决心抵抗英军，但被由路易·德·布吕塔伊（Louis de Brutails）领导的波尔多市民在床头抓获。连同奥利维耶一起被捕的还有驻扎在当地房屋中的 70 名士兵。波尔多的法国治安官逃往弗龙萨克。波尔多大主教佩伊·贝兰则再度平静地接受了向征服者低头的命运。10 月 23 日，塔尔博特进城并赢得了“塔尔博特大帅”的称号。在 11 月和 12 月，英军在加龙河和多尔多涅河流域的进军速度几乎可以和一年前的对手相媲美。利布尔讷、卡斯蒂永、朗贡等市镇纷纷向他们打开大门。这片地区只剩下 600 个朗斯驻守的弗龙萨克以及布尔格、布莱——它得到了由法王派来的博尼法斯·德·瓦尔佩加（Boniface de Valpergue）的增援——等几个堡垒还在抵抗。不过，要想守住占领的土地，英国人需要更多的资源。于是，波尔多人失望地发现英军不久后也像法国人一样对自己提出经济要求。他们占据了 33 艘船只，并向本地人征收高额赋税和出口酒类的关税，一些后继部队甚至洗劫了多处教堂。

英国人的高歌猛进令法国人十分尴尬。大部分法军将领一直认为对手的主攻方向是诺曼底海岸。陆军统帅阿蒂尔、迪努瓦伯爵让、拉乌尔·德·戈古尔、皮埃尔·德·布雷泽以及罗贝尔·德·弗洛葛尔等人还在诺曼底。英军入侵南方的消息传到后，他们的第一反应是加强卡昂、卡朗唐、迪耶普等地的防御，并将火炮从巴黎运至鲁昂，然后调拨给其他据点。得知大批波尔多人喜迎上岸英师的消息后，查理七世宣称要严惩当地居民，可他也只能先派少许部队去支援还在抵抗的法军据点、烧毁相关地域中可能被敌人利用的郊区建筑、监视英军动向。他还需留出精力应付东面的纷争：弗朗切斯科·斯福尔扎已遣使前来感谢法王之前的帮助，但他很快提

---

① 1450 年夏季，查理七世释放塔尔博特的条件是他必须前往罗马寻求教皇的谅解以补偿在法国犯下的罪行，并承诺不再拿起武器对抗法国。塔尔博特于 1450 年 12 月结束朝圣返回英格兰，参加了萨默塞特公爵埃德蒙·博福特弹压肯特起义者的行动。随后，塔尔博特加入了自己家族同伯克利男爵的私战，并在 1452 年占领了伯克利城堡。虽然塔尔博特一直效忠英王，但他并未主动介入萨默塞特公爵和约克公爵间的冲突。

出了新要求，希望查理七世按条约派军直接进入意大利支援战事。

在这纷繁杂乱的局面下，法王从他亲家那收获了一点安慰：面临强兵压境的萨伏依公爵路易终于明白推诿塞责已不起作用，在调停者红衣主教纪尧姆·德·埃斯图特维尔的敦促下，他亲赴克莱佩（Cleppé）同法王和解。10月27日，双方达成新协议。萨伏依公爵几乎一败涂地：他将同法王结盟，不得反对法王的盟友，并在法王提出要求的两个月后派出军队为其效劳，另外他还得恢复被驱逐的萨伏依贵族的财产，收回驱逐法令。作为交换，法王答应将保卫他和他的继承者。

就在当天，查理七世还收到了道芬路易于两天前寄出的一封信。道芬在信中声称自己已经得知了大批英军进入波尔多——这个消息曾被法国君臣封锁，以免干扰同萨伏依公爵的谈判。鉴于先前“在您征服诺曼底和波尔多时，我未能为您效劳……这次我将我的朋友和忠实的顾问，侍从巴里大人（Sire de Barry）派来，向您转达我的效劳请愿，而且我将把生命投入其中”。

道芬路易的这封信再度引发了父王的怒火。查理七世声称儿子召集兵马的行为并不是为了保卫吉耶讷公爵领。为了阻止道芬继续煽动造势，查理七世在11月8日撰写通报，解释了他和道芬间的所有事件。不过父子终究没有兵戎相见。一方面，萨伏依公爵路易签订《克莱佩条约》的消息令道芬十分恼怒，他认为岳父已背叛了自己，这位总是愤世嫉俗的王子只得先对法王使者表现出些许歉意以及愿意辩解的意愿，同时继续等待向岳父报仇的机会；另一方面，急切希望转身应对英国人的查理七世在得知儿子展示出愿意屈服的姿态后，也适时收手。他在1453年1月8日给予道芬安全保障的承诺后，便从这些事件中抽身，将目光投向西南方向。

诺曼底的防务之前已被委托给迪努瓦伯爵让。1453年初，查理七世颁布了总动员令，开始为将在南面开展的大规模军事行动抽调邻近前线地区的部队。王室传令官纷纷赶往图赖讷、布列塔尼、贝尔热拉克、奥弗涅和里昂等中南部地区，征召骑兵和法兰西弓箭手队伍。同时，筹措资源行动也在有条不紊地进行。同样是在1月8日，国王向朗格多克地区三级会议下达了10万法郎的任务。当然，短时间内不可能筹集到如此巨款，其差额将以借贷形式填补。在3月3日的信件中，他还要求朗格杜瓦地区在塔兰税外，另行缴纳4400锂弗，用以购买400件板甲衣（brigandine）。查理七世将反击的日期定在1453年春夏之交，他计划数路并进一举夺回英占区。

当1453年的春季到来时，英军仍在采取主动。3月，约翰·塔尔博特再次包围了弗龙萨克，并在4月迫使这座堡垒投降。连战告捷的消息使海峡对岸的英国人极度兴奋。那些对于己方军事实力的疑虑似乎一扫而空，他们又恢复了虎口夺食的信

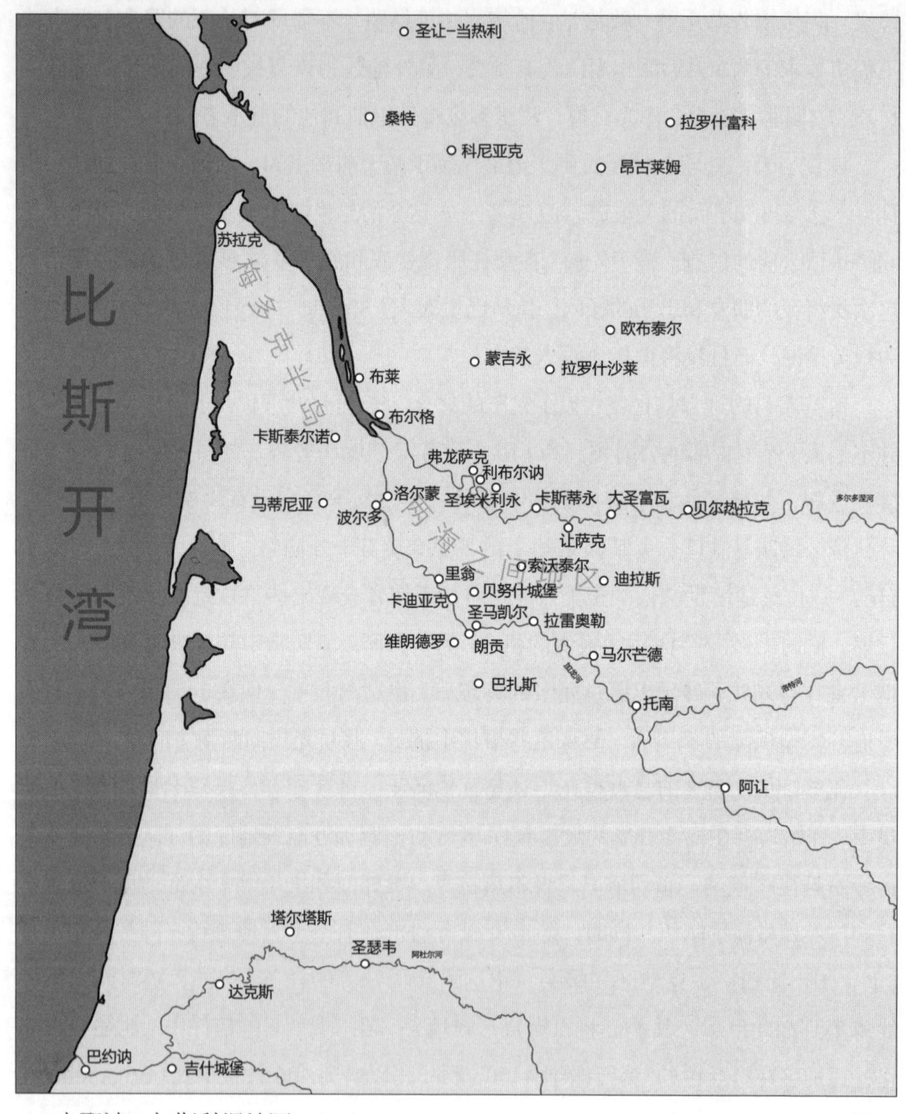

▲ 吉耶讷—加斯科涅地区

心。3月6日，英王在雷丁召开新一届议会。发言人已换成托马斯·索普（Thomas Thorpe）——他是一名王室支持者。议题也变为撤销1450年将萨默塞特公爵埃德蒙·博福特等人从宫廷中驱逐的法令以及收回对参加达特福德对峙的“叛徒们”的王室封授。平民议院还通过了一项1/15和1/10税以及授予国王终身收取吨税和磅税的权利。此外，下议院还计划组建一支由2万名弓箭手组成的军队，他们将驻扎在海岸及自治市镇里，为期六个月。鉴于这些士兵并不参与海外服役，它很可能是与威慑反对派系相关。由此可见，兰开斯特王室的权威似乎有所恢复。为了继续巩固权力，英国政府不惜强制借贷、征船以维持远征战果。他们同时集结了另一支约有210名骑兵和2100名长弓手的增援部队。3月7日，什鲁斯伯里伯爵约翰·塔尔博特的儿子利勒子爵约翰（John Talbot，1st Viscount Lisle）被任命为部队的“总督及指挥官”，并成功地在月底渡海与父亲会合。

实际上，英国政府获得的军事成果只是昙花一现。在加斯科涅，军力匮乏已使英军的攻势到达了极限。而另一方面，复活节过后，查理七世已离开图尔，开始向西南进发。鉴于加斯科涅远离统治中心，他吸取第一次征讨时的教训，决定亲征此地。当然，这次安茹公爵勒内不会随驾同行了，他的目的地是普罗旺斯——作为对意大利盟友的安慰，按4月中旬缔结的条约，他将带领至少2400名骑兵翻越阿尔卑斯山进入意大利，帮助米兰和佛罗伦萨反对它们的敌人。

就在约翰·塔尔博特包围弗龙萨克期间，法王进驻吕西尼昂，并好言安慰了因无法完成弗龙萨克守卫任务而撤退至此的若阿基姆·鲁奥。5月，查理七世一直停留在吕西尼昂做最后的部署。他再次与富瓦伯爵加斯东联系，打算在其配合下发起三路大军，向波尔多进攻。在吕西尼昂地区集结并由查理七世领导的第四支法军将作为后方总预备队。这个计划与1449年诺曼底大反攻的方案非常相似，但它也意味着各路法军都可能在人数上不敌塔尔博特的部队。四五月在朗格多克集结的吉耶讷总代理官克莱蒙伯爵让同夏尔·德·阿尔布雷、让·波顿·德·桑特拉伊等将领被部署在南方前线，它们是第一军团；富瓦伯爵领导的第二军团在贝阿恩集结，准备和克莱蒙伯爵协同前进；第三军团于四五月间在昂古莱姆地区集结，由菲利普·德·屈朗元帅、安德烈·德·洛埃阿克元帅、海军将军让·德·比埃伊、庞蒂耶夫尔伯爵让、雅克·德·夏巴纳、普瓦图执事即路易·德·博蒙等人联合指挥，他们被预定沿多尔多涅河流域展开行动。查理七世还努力确保供应法军攻城器械以及火炮等补给。可能与英军主力遭遇的第三军团是他关心的重点。

6月，法军的反攻正式开始。2日，查理七世来到圣让-当热利。各路大军都顺利地收复了不少城堡市镇。国王派出的先头部队在若阿基姆·鲁奥的带领下于17日对沙莱发动攻击，并在一周后将其占领。许多守卫因先前迅速向英军投降而被处决。一支在昂格拉德领主（Lord of Anglade）领导下试图援助此地的英格兰-加斯科涅联军不得不放弃任务，原路返回波尔多。随后，若阿基姆转向东面，前去与约有500—600个朗斯的第三军团会合——他们放慢了进军速度，希望配合其他各路友军挺近核心区，使敌人首尾难顾。

南面的第一和第二军团则进展神速，他们在一开始就紧密联系。两支军队很快便北上接近波尔多周边地区，之后他们转向梅多克。在那里他们接到一封约翰·塔尔博特于6月21日发出的信件，希望克莱蒙伯爵让和富瓦伯爵加斯东不要蹂躏乡间、危害“贫民”——这些人不会反抗军队。法国人认为这是一个诡计而已。克莱蒙伯爵则回以在三天内会一会塔尔博特的要求，这实际上是一个要求会战的挑战举动。提出一些条件后，塔尔博特答应了这个请求。克莱蒙伯爵并不介意同这位敌方名将交手，他的战友富瓦伯爵距离自己只有15分钟的路程。两支法军决定在马蒂尼亚（Martignas）会合。这里将是塔尔博特和他近6000名部下出城后的驻地。但塔尔博特得知对手的动向后十分踌躇。因此，当法军在25日一早到达预定战场后，发现无人前来谈判或者大战。他们被居民告知塔尔博特喂饱战马后已扬长而去。法军急忙追击，但只追上并击溃了500多名长弓手。塔尔博特已急速退入波尔多城中。两支法军因会合后耗费巨大，不得不重新分开。他们期盼着英军能再度从城中出来发起袭击行动。

约翰·塔尔博特的确难以安心固守，调动他出城的威胁来自东面：让·德·比埃伊、路易·德·博蒙以及皮埃尔·德·博沃（Pierre de Beauvau）等人统率的第三军团已在7月8日占领多尔多涅河南岸的让萨克。7月中旬，他们从东面接近了下游北岸的卡斯蒂永。这支军团结构复杂，士兵来自多个地区，同时拥有多名指挥官。让·比罗负责攻城部队，并指导构筑野战工事。在7月13日或14日，法军开始了卡斯蒂永围城战。包括骑兵，弓箭手以及其他作战人员在内，他们总数大约有6000—10000人。

卡斯蒂永壁垒森严，在城外高地上有座大型的圣洛朗（Priory of Saint-Laurent）。当时它可能三面都被森林环绕。

15 世纪的卡斯蒂永北面的森林十分茂密——可能没有完全覆盖东北面的奥哈布勒山区（Hills of Horable）。多尔多涅河的水流很急，有数条小河在此交汇，但当时它们的水位较低，因此在城前留下了一片可以利用的浅滩。不过由 700 名法军工匠构筑的大营却位于城市东面，距离卡斯蒂永约有 2000 米。很明显，让·比罗等人已意识到英军将前来解围，他们主动将大营后移，避开被援军和守卫同时夹击的危险。此外，他们派出了 700—1000 名弓箭手向西前进，占据了坚固的圣洛朗修道院。作为他们的前哨，比罗大约有 300 门各式火器，其中包括一些用来轰击城墙的射石炮。很难想象这些在开火时难以移动和调整目标的火炮会用于防守营地。此外，他还有约 700 名炮手及大量手持火枪，不过这些火器当时可能要两人操作：一人瞄准，一人开火。法军的大部分手持火枪都比较沉重，它们枪管较长但口径较小，易于瞄准，能在工事中使用。他们还有一些小口径的多管风琴炮。这些武器都能对目标人员造成大量杀伤。

此外，还有 1000 名布列塔尼骑兵和弓箭手奉命前往东北面，防守卡皮图尔朗村庄（Capitourlan），阻击可能来自北面的攻击。他们由蒙托邦领主等将领指挥，驻扎在奥哈布勒山上，与其他两部法军互为犄角，同时也成为这次战役中法军的预备队。7 月 13—16 日，让·德·比埃伊手下的工匠连夜赶工，挖掘出了环绕堡垒三面的壕沟——第四面可能直接凭靠在卡斯蒂城前汇入多尔多涅河的利杜瓦尔小河（Lidoire）。他们还建起木栅壁垒和土墙，顶端设有木质工事。尽管如此，工匠们构筑的野战工事不足以容纳全部战马和人员。

约翰·塔尔博特原本打算等到敌人靠近己方后再予以有力打击，但卡斯蒂永向塔尔博特发出的援助请求引发了本地民众的注意。倘若按兵不动，舆论将会对他和英国统治造成很大压力。鉴于重兵压境，英军必须赶在两支军团做出有力支援前摧毁一支军团。塔尔博特迅速定下了奇袭方案。7 月 16 日凌晨 7 时左右，在英格兰哈勒姆郡（Hallamshire）和什罗普郡（Shropshire）亲兵的簇拥下，他带领骑兵和乘马弓箭手离开波尔多，向卡斯蒂永进发。塔尔博特亲自领导的先头部队大约有 800—1000 人，此外还有 4000—6000 名英国步兵以及大约 2000 名由本地贵族领导的加斯科涅步兵。法军可能有 6000 人驻扎在营地中，加上圣洛朗和山上的部队至多有 8000 人之众。

约翰·塔尔博特军队中的步兵在夏季行军中几乎也跟上了前锋的进程，大约在日落时英军到达利布尔讷。但塔尔博特只允许部队小憩一会。他们在午夜又重新踏上征途。英军甚至绕过了己方驻守的圣埃米利永以免泄露消息。他们进入了森林地带，沿着曲折的山路前进。塔尔博特带领的先锋部队有500名骑兵和800名乘马长弓手，他们在推进中逐渐拉开了与主力队伍的距离。7月17日黎明，这股在森林中行进的英军终于接近了圣洛朗。驻守圣洛朗的法军毫无觉察。英军立刻从森林中冲出，对他们发起突袭。法军的岗哨可能把注意力集中在了西南面。因此，猝不及防的他们立即陷于慌乱之中。指挥官若阿基姆·鲁奥此时在1500米之外的大营中。因此，这场战斗毫无悬念。法军弓箭手的抵抗迅速崩溃，沿着山的南侧仓皇而逃，希望能渡过利杜瓦尔河躲入东面的大营。英格兰-加斯科涅士兵则手持利刃紧跟在他们后面。

在危急关头，闻讯的若阿基姆·鲁奥、雅克·德·夏巴纳等法军将领慌忙从大营中集合了200名骑兵，他们打开寨门，挺直长矛向那些追杀者冲去。双方发生了激烈交战，鲁奥被击落马下，夏巴纳也一度身陷重围。不过在这些骑兵的顽强阻击下，接近大营的英军放弃了追击，返回圣洛朗。法军弓箭手逃过一劫，但他们在这次战斗中损失了100—120人。除了在山上的布列塔尼士兵外，法军召回了所有在大营外的部队。

与此同时，约翰·塔尔博特等人在圣洛朗内发现了法国人遗弃的大批食物和酒水。现在他们可以坐下来安心享用这些战利品。同时，落后的步兵队伍也陆续抵达。他们也被安排与先锋战友们一起休息。在此期间，塔尔博特已与卡斯蒂永守军取得联系。他的掌旗官托马斯·艾维林汉爵士（Sir Thomas Evringham）也从前方返回，向塔尔博特汇报了法军大营的相关情报。塔尔博特决定暂时停止攻击，继续让疲倦的部队休息一会。他甚至开始准备自己的弥撒。这时，卡斯蒂永使者突然冲进来。他向塔尔博特报告说卡斯蒂永守军看见法军的大营上卷起了一股尘土，并且有大批人马向东逃窜。他们肯定那是法军在准备撤退。塔尔博特闻讯大喜：敌人已露怯意，机不可失！他当即下令英军准备全力出击，并向自己的牧师发誓：他将在击败法军后再来听弥撒。据传，艾维林汉爵士曾提出过这可能是个错误的消息，但塔尔博特置之不理。

卡斯蒂永守军并没有撒谎，法国人确实在手忙脚地收拾营地，但他们不是为了逃跑。由于大部分队伍都撤进营垒中，这里已经变得拥挤不堪。为了腾出之后作战所需的空间并方便地调动布置火器，部分侍从和马夫奉命带着大部分马匹撤出营地。这些人马在匆忙中扬起的尘土确实遮天蔽日。

约翰·塔尔博特全心投入到接下来的进攻中。由于在诺曼底充当人质期间他向查理七世立下过不再披坚执锐与法国作战的誓言，他没有穿戴任何盔甲。取而代之的是一件红色的天鹅绒铠甲罩衣以及一顶紫色的天鹅绒帽子。他甚至没有乘骑战马，只在一匹白色的小马上指挥战斗。按习惯，他的部下大部分都下马作战。塔尔博特督促他们迅速前进，并答应胜利之后允许他们洗劫法军营地。英军的小部骑马队伍沿南面的多尔多涅河向东迅速前进，并从木桥上跨过城前的瑞尤维尔（Rieuvert）及利杜瓦尔两条小河，将主力步兵在甩在后面。英军的队形在行进中基本保持了秩序，据记载，他们排成三个方阵。肯德尔领主（Lord of Kendall）则在后方带着另一部分骑兵保护着行进中的步兵。与英军一同行进的是一支在多尔多涅河中逆流而上的小船队。它们载着英军的一些补给——可能还有部分军队。在抵达法军大营正南方的位置后，英军前锋转向北面。此时他们才发现敌人正在等待他们。

显然法军在英军行进时就一直关注着他们的动向，并据此调整火器位置。现在南面将是英军的主攻方向，而经过此地的利杜瓦尔河蜿蜒曲折，这使依势而建的法军营垒在这一面有了类似棱堡的突出部，守军在交战中可以使用交叉火力。

约翰·塔尔博特见此情景颇为惊讶。据托马斯·巴赞的编年史记载，托马斯·艾维林汉爵士意识到了进攻的风险，建议塔尔博特等步兵到齐后再发动总攻。他们可以在附近建立自己的筑垒营地。艾维林汉甚至认为可以联合当地居民迫使法军在饥馑中投降。塔尔博特再度拒绝了部下的建议——一些人指责他对自己的威望和军队的战斗力过度自信。但也许他注意到法国人正忙于移动他们的火炮——他们没有料到英军会绕到他们的南侧——如果推迟进攻，他们就会将更多的火炮调往此处，这就将极大抵消英军的突袭优势，甚至使这些努力前功尽弃。而他身后还有数千名步兵正在赶来，他们将会对发起的攻势予以有力支援。基于这些判断，塔尔博特要求先锋部队立即发动进攻。并命令艾维林汉“将旗帜插到敌人城壕的尽头”。

在夏日照射的平原上，千名衣甲鲜明的精锐骑兵和乘马弓箭手全部下马。他们在掌旗官托马斯·艾维林汉的带领下依次排成战阵，高呼着“圣乔治！塔尔博特！塔尔博特！”的口号义无反顾地向法国大营冲去。一场决定加斯科涅命运的战斗正式打响。当英军抵近营寨时，法军的火力变得异常猛烈，英军开始承受惨重的伤亡。据法国人事后回忆，一发炮弹竟杀死了6名敌人。但这阻挡不了坚韧的英军。他们不顾炮火，开始攀爬护墙，意图在这次攻击中突入敌营，彻底粉碎敌人的抵抗。法军火枪手和炮手在路易斯·吉力布的带领下顽强还击，双方都在奋力相搏，试图压倒对手。在激战中，艾维林汉甚至攀上了法国人的护墙顶部，但他随即被击中阵亡。与此同时，更多的英军已爬上城墙，跳入法国火枪手和炮手的行列中。惨烈的贴身混战随之展开。法军的钩刀手、长矛手也赶来支援同伴。另一些人则抄起短柄斧向敌人砍去，甚至连弩手和弓箭手也在对英军抵近射击。战斗进入白热化状态。

▲ 卡斯蒂永之战

在西南面，战斗开始约一小时后，英格兰-加斯科涅步兵终于陆续赶到战场。首先到达的是肯德尔领主及其部下。约翰·塔尔博特命令他率众投入战斗，但肯德尔领主比较犹豫。他声明此时跟随自己的只是一小部分先行者。焦急的塔尔博特督促他立即包抄法军右翼，其他部队一经到达也应马上投向战场。

英军步兵的投入使约翰·塔尔博特的先锋部队士气复振，他们再次展开猛烈的攻势。英军总数也超过了对手。而经历先前的战斗后，法军士兵已渐生疲惫。眼看两面夹击的英军就要压倒法军，涌入到后者的营寨中时，一队骑兵却突然出现在塔尔博特的右侧——他们是先前被安排在奥哈布勒山上的布列塔尼部队。也许是先前交战中的炮声和硝烟引起了这些人的注意。在蒙托邦领主等人的带领下，他们及时赶到了战场。布列塔尼队伍中的骑兵和一些乘马弓箭手从大营东面径直扑向了塔尔博特部。这些骑兵几乎沿整个南面展开，全面席卷了英军右翼。在法军骑兵大范围的打击下，这部分毫无防备的士兵在顷刻间便崩溃了。剩下的布列塔尼步兵也在同时从北面进入大营，支援南面战线上的友军。这支生力军的到场彻底扭转了局势，受到激励的法军步兵趁着英军阵脚大乱之际从营地冲出，发动了一次猛烈反击。他们中的骑兵也重新骑上营地中剩下的马匹向敌人杀去。

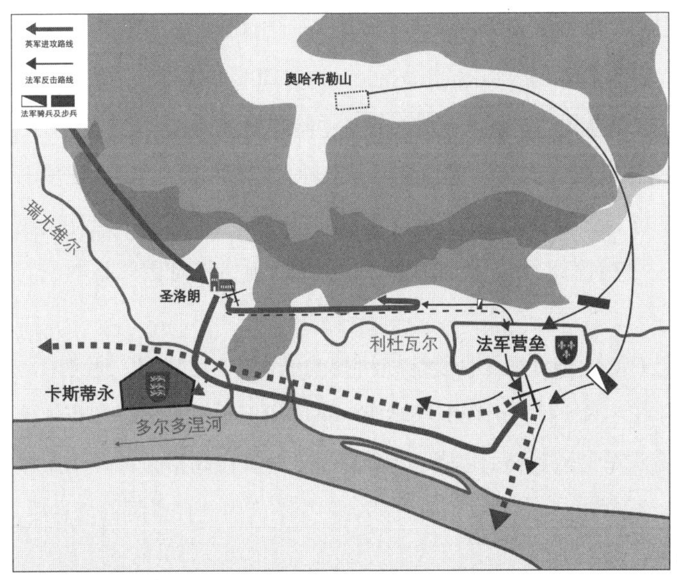

◀ 卡斯蒂永战役过程

约翰·塔尔博特试图集合正处于崩溃中的军队。根据托马斯·巴赞的描述，他的胳膊已经被火器击伤。这位老将仍试图努力带领部下抵抗左冲右突的法军骑兵。但他的战马随即被流弹打倒，将他压在下面动弹不得。法军的全面反击十分成功，根据事后记载，布列塔尼人缴获了英军的王旗、圣乔治旗、塔尔博特等其他将领的旗帜。感到大势已去的英军陷于恐慌之中，他们丧失了斗志，转身向南面和西面逃窜。结局已经注定，那些在塔尔博特周围掩护战友的英军战士即将面对自己的最后时刻。一本家族传奇写道，塔尔博特劝身旁的儿子利勒子爵约翰离开，并对他说："离开我吧，敌人已经赢得了今日。现在逃走并不丢脸，这只是你的第一场战斗。"利勒子爵拒绝了父亲的请求。无论这个传说是否真实，在不久后，塔尔博特便目睹了儿子被敌人杀死，随即他也和一些部下战死沙场。

英军中的抵抗者并未给同伴们挣得多少机会。约有 3000 名英格兰 - 加斯科涅士兵被杀。有 800—1000 人躲进卡斯蒂永，其他人继续向西逃到圣埃米利永以及利布尔讷。逃向南面多尔多涅河的部分英军幸运地爬上了同伴的船只，不少士兵却淹死在河中。当然，也有少数人幸运地游过了河，将可怕的消息带往乡间以及波尔多。

庞蒂耶夫尔伯爵让带着部分兴致勃勃的法军骑兵尾随溃兵一直追到了圣埃米利永。但大部分人在这场恶战中耗尽了精力，让·德·比埃伊、雅克·德·夏巴纳以及皮埃尔·德·博沃等法军将领均在战斗中挂彩。因此，他们满足于重新将卡斯蒂永围住。半天后，驻于拉罗什富科（La Rochefoucauld）的查理七世便得知了消息，他立即下令召开大会庆祝这个胜利，并要求在城堡教堂中吟唱赞美诗。

卡斯蒂永的惨败给加斯科涅的英国势力敲响了丧钟。7 月 18 日，当让·比罗的火炮就位后，法军开始对卡斯蒂永炮击。英国守军很快就不顾当地贵族的阻挠决意投降。但法军的 2 位主要指挥让·德·比埃伊和雅克·德·夏巴纳却因荣誉归属问题而争吵起来。

查理七世觉得自己有必要亲自领导收复加斯科捏的进程。7 月 17 日，他带着后备军来到昂古莱姆，并在 8 月 8 日与正在围攻利布尔讷的第三军团会合，利布尔讷不久就向他投降。随后法军沿河而下，包围了弗龙萨克。一支由昂格拉德领主率领的英格兰—加斯科涅援军试图前来解围，但听到弗龙萨克数天内便已投降的消息后，他们只得原路退回。

查理七世继续挥师西进，进入两海之间地区，在8月13日抵达蒙特弗尔朗。当地领主已向他臣服。法王将蒙特弗尔朗设为总部——这里离波尔多城只有12公里。他麾下的部分法军还进驻位于波尔多北面，与城市只有一河之隔的洛尔蒙（Lormont）。就在当日，围攻卡迪亚克（Cadillac）的法军也分兵前往加龙河上游的圣马凯尔、朗贡以及维朗德罗（Villandraut）。这些据点也相继仿效邻居向法王投降。

在这一阶段中，克莱蒙伯爵让和富瓦伯爵加斯东带领两支军团在下梅多克地区攻拔据点，意图切断运往波尔多的补给。7月14日，他们占领了卡斯泰尔诺。在卡斯蒂永战役开始前数天，甚至尝试过突袭波尔多北面的布朗克福。但这座拥有一座主塔和六个侧塔的城堡由迪拉斯领主加亚尔·德·迪尔福（Gailhard de Durfort, Seigneur de Duras）守卫。他在卡斯蒂永惨败后便闭门不出。之后，克莱蒙伯爵开始着手围困波尔多。富瓦伯爵则于7月18日带领约6000名法军南下包围了位于加龙河上流的卡迪亚克——他不久前还得到了让·比罗等人带领的800个朗斯及炮兵部队支援。于是，除了布朗克福以及坚固的卡迪亚克等零星几个据点被法军包围外，这片地区的绝大部分领地均被法军占领。尽管如此，接过约翰·塔尔博特遗留任务的英方吉耶讷执事罗杰·德·卡莫伊斯爵士仍试图顽抗，他召集了许多在外地的守卫，将他们集中到波尔多城中，加强各处防御。

到这一刻，实际上只剩下渴望本省独立的信念还在支持着波尔多人继续战斗。这座城市有三重围墙，周长6000米。它包含20座塔楼并被600米宽的加龙河保卫。现在城内的英国和加斯科涅守军有近8000人，并拥有一支舰队。法军起初打算有条不紊地封锁城市，但在10月他们的营地内流行起瘟疫，曾参加过卡斯蒂永战役的雅克·德·夏巴纳和皮埃尔·德·博沃等人先后染病身亡。这使他们开始加快围攻步伐。

9月，一支在拉罗谢尔集结的法军舰队前往加龙河。它由来自荷兰、泽兰、佛兰德、布列塔尼、普瓦图乃至西班牙的船只组成。这支舰队在月底从加龙河口逆流而上，来到洛尔蒙，彻底封锁了波尔多的水道。与此同时，查理七世也来到卡迪亚克鼓舞士气。让·德·比埃伊被任命为吉伦特河地区海陆总代理官。法军很快便在一次突袭中夺取了市镇。9月底，躲进城堡里的英军士兵在谈判后出卖了长官——他们收下了6000埃居的贿赂后，手执白色木棍出降。出身于加斯科涅的守将加亚尔代则丢掉了脑袋。在布朗克福顽抗的迪拉斯领主加亚尔闻讯后，急忙将城堡献给

▲ 法军舰队

克莱蒙伯爵让，然后穿过沼泽退入波尔多。这些据点的投降使法军得以集中力量投入到对波尔多的围城战中。法军还在加龙河西岸的洛尔蒙竖起一座堡垒，作为炮兵阵地。这使波尔多的形势更加绝望。城市的粮食供应日益紧张，瘟疫也蔓延到城市内。尽管罗杰·德·卡莫伊斯爵士摆出一副与城市共存亡的架势——为了防止其他人逃跑，他卸下了所有船只的桅杆，并将它们充作保卫波尔多港口的浮动堡垒——但英国本土已不可能派出援军。这次远征已完全失败，它引发的灾难将反噬那些策划者。兰开斯特王室再次遭到重创——1453 年 8 月，卡斯蒂永战役惨败的消息传到英格兰后，亨利六世突发精神疾病。援助波尔多的行动随即无果而终。与此同时，波尔多城内的英国守军和加斯科涅守卫也渐生嫌隙。他们的抵抗已经到了山穷水尽的地步。市议会被迫同意进行谈判，10 月 5 日，卡莫伊斯爵士的代表团渡过加龙河，来到洛尔蒙与法国代表商讨投降事宜。四天后，他们达成了协议。10 月 19 日，法国旗帜终于飘扬在波尔多城市上空。英军守卫退出驻地，乘船返回英国。查理七世赏给他们每人一个埃居。他还下令修复损坏的城防，建立 2 座新的要塞巩固防御。虽然波尔多曾为入侵的英国人带路，但此刻查理七世决定宽大为怀，他对那些曾被宣布为叛徒的加斯科涅和波尔多领导阶层实行了一次大赦。除了将一些人员流放外，大部分人都既往不咎。

波尔多的投降标志着加斯科涅人的独立斗争已经失败。继续抵抗已毫无意义。由本地贵族据守的里翁以及贝努什城堡（Château de Benauge）也不得不向法军投降。于是，历时五个月的加斯科涅再征服战役顺利结束。至此，查理七世终于完成了其先祖腓力六世在百年前立下的任务。但获得了“胜利者”称号的法王并不愿在这片地区久留，他甚至未举行入城仪式便匆忙返回了普瓦图。

▲ 法王离开吉耶讷

尾声

▲ 路易十一世画像

尽管大局已定，英格兰和法兰西之间的喧嚣还在持续。长期的战争、瘟疫及饥荒使15世纪50年代的法国人口较之1328年锐减了近1/2。与此同时，在两国内涌起的爱国主义与民族主义令双方的敌意难以在短期内平息。英吉利海峡及两岸仍不时发生着零星的战斗。查理七世君臣担忧敌人会再次发动海上入侵。受分摊不均、收支繁乱、税款转包、高额封赏等影响，法国新君主政府难仍以摆脱财政窘迫的阴影。1449—1450年，总出纳官让·巴里耶（Jean Barillet）乃至大名鼎鼎的雅克·科尔均成为法王统治后期自私行为的牺牲品。像以往一样，这种将财经重臣以贪污渎职、阴谋背叛等罪名打入大牢，没收财产的手段只是政府缓解危机的权宜之计。查理七世晚年生活日渐奢侈并受疾病困扰，他的政府始终未下决心攻取英国在大陆的最后堡垒——加来。按照编年史记述，法王越来越沉溺于情妇环绕的私人生活，政务则交由身边的数位亲信大臣处理。除了将部分精力投入到意大利事业外，他还要压制阿朗松公爵、阿马尼亚克伯爵，与勃艮第公爵等大贵族角力。同时，他还得与长子道芬路易持续日趋绝望的争吵——父子两人再未见面。即使在查理七世病危时，路易也拒绝回到父王身边，而法王的廷臣们则分为两派争执不休。之后，查理七世拒绝进食。路易很快便成为新一代法王，史称路易十一世。

在海峡对岸，百年战争战败所带来的一系列后果给亨利六世的统治造成了致命打击。掠夺来的有限财富成为少数贵族及暴发户的良田美宅，普通民众承受的只有重赋、兵役、贸易萧条及动荡祸乱。亨利六世几乎丧失了理政能力。尽管王后安茹的玛格丽特不久便诞下了新一代王子爱德华，但威权扫地的兰开斯特王室政府已受到大贵族们的挑战，很快便陷于瓦解。约克公爵理查的家族人丁兴旺，他们通过婚姻网络联结了一大批势力问鼎王座。玫瑰战争由此爆发。在这场贵族阶层自相残杀的内战中，双方均付出了惨重的代价。萨默塞特公爵埃德蒙·博福特、约克公爵理查、爱德华王子与其父亨利六世皆在战争中凋零。兰开斯特王室最终归于覆灭。理查公爵的长子——新一代约克公爵爱德华坐稳了英王之位，史称爱德华四世。

实际上，丢失诺曼底和加斯科涅使英国政府免于继续将庞大的资源消耗在维系那些大陆封地的战争中——它们对英格兰国家利益价值有限，而且前途渺茫。不过，当时的英国统治阶层仍难以抑制战败带来的羞辱感及复仇的欲望之火。那顶由爱德华三世绘出，又经亨利五世等璀璨将星增色的英格兰 - 法兰西双王王冠仍不时吸引着他们的目光。约克王朝的爱德华四世曾率领军队再度入侵法国，但路易十一很快用金币打消了他的野心。收到了法王的巨额贿金承诺后，爱德华四世在 1475 年签下了《皮基尼条约》（Treaty of Picquigny）。它在事实上意味着百年战争的结束。

约克家族并未久据王座。很快，亨利六世的侄子，同时继承了兰开斯特家族旁系女性血脉的亨利·都铎——他的母亲就是第一代萨默塞特公爵约翰·博福特的女儿玛格丽特——在法国幼主查理八世及代他摄政的姐姐法国公主安妮·德·博热（Anne de Beaujeu）的支持下渡过英吉利海峡，击败了爱德华四世的幼弟兼继承人理查三世，开创了都铎王朝，史称亨利七世。不过他仍未放弃恢复加斯科涅等法国封地的念头。其子亨利八世更是试图重启征服法兰西王国的战争。然而失去大陆领地后，那些雄心勃勃的征服计划均成了无本之木。英军甚至难以占领法国的一片公爵领地。他们只能在几座城市间窜来窜去。与此同时，哈布斯堡家族统治的神圣罗马帝国及西班牙王国正在崛起。英国人渐渐意识到他们可以在欧洲政治舞台上扮演全新的角色。

当法国的吉斯公爵弗朗索瓦于1558年袭取英国人在法国的最后据点加来后，英格兰终于改弦易辙。在亨利八世的女儿伊丽莎白一世等明智之士主导下，英国政府彻底结束了通过前往大陆占取领地、掠夺财富的军事冒险活动。王室将通过议会机构与新贵族及乡绅维持平衡共治，逐渐探索走上一条全新的海洋帝国之路。当然，在都铎王室及其继承者们将目光移出英吉利海峡及欧洲西端一隅时，他们仍习惯性地保留着法兰西国王的虚衔。

瓦卢瓦王室创立的中央集权政府经受了意大利战争的考验。经过短暂挫折后，法兰西王国仍鼎立于欧洲一隅。在与大陆上的强敌争霸的同时，瓦卢瓦王朝及其继承者仍在继续着集权和抑制封建大贵族的事业。法国王室希望剥离这些独立个体手中紧拽着的地区军事、司法、行政管理权，将其转化为中央政府官僚机构中顺畅运转的一个基本单位，使他们彻底依附于王权，安静地享受它给予的巨大收益。不过这个过程所付出的代价是十分高昂的：一方面，封建王室本质上也是一个把持王国最高公共权力的私人家族，它在不断膨胀中走向专制，与国家的公共利益分道扬镳；另一方面，王室和贵族与生俱来的纽带决定了两者荣辱与共的关系，王权的私人性质决定了它需要通过占据高位的贵族们的支持来巩固自己的地位和影响，因此在驯服他们的过程中不断给予政治上的妥协和经济上的特权及赏赐，这进一步加剧了各阶层间的不平等与社会发展的负担。三个世纪后，当大批贵族沦为汲取与贡献有强烈反差的食利者时，它们就成了社会运转所必须抛弃的累赘。然而危机到来之际,法国王室仍迟迟不愿同这些贵族做切割。因此它终于在1792年被法国人民推翻。在大革命及拿破仑战争的浪潮中，法国国王头衔的光芒正逐渐黯淡。1802年，英国王室终于将金鸢尾花图案从自己的纹章上移出。至此，百年战争中的所有争执才归于消弭。

附录一　主要货币

英格兰货币使用银本位。计量单位是英镑（£），相当于1.5银马克。每英镑分为20先令（s），每先令分为12便士（d）。流通的银币种类很多。而14世纪中期后也出现了基于诺布尔（noble）的金币，价值6先令8便士。

法国的计价货币是锂弗。其中包括：图尔锂弗，简称图尔锂（livre tournois，l.t.），即图尔镑；巴黎锂弗，简称巴黎锂（livre parisis，l.p.），即巴黎镑；以及在阿基坦公国使用的波尔多锂弗（livrebordelais，l.b.），即波尔多镑。和英镑系统一样，每锂弗分为20苏（sous），每苏分为12德尼耶（deniers）。

每英镑价值5图尔锂，5波尔多锂弗或4巴黎锂。士兵的军饷通常以银币或贱金属币支付，其质量与价值相差甚大。英国士兵常用货币为价值4便士的格罗特（groat）。

大额支付通常使用金币，常用的法国金币有四种：埃居（écu），即"盾弗罗林"（florin à l'écu）或"王座弗罗林"（àlachaise），因钱币正面国王坐在王座（chaise）手持纹章盾（écu）的形象而得名，原本其价值为英镑系统的4先令，但其价值波动很大；穆顿（mouton），即"羔羊弗罗林"（最早铸造于1355年），因钱币正面的耶稣羔羊形象而得名，约为英镑系统的4先令10便士；里亚尔（royal）是一种短暂出现的货币，最早在1358年铸造，最初价值英镑系统的3先令10便士，但此后价值大减；法郎（franc）最早于1360年铸造，是第一种长期保持价值稳定的货币，价值约为英镑系统的4先令。

佛罗伦萨的金弗罗林在两国均流通较广。这种著名的货币最早在1252年开始铸造，是14世纪的欧洲最接近国际标准的货币，但其信誉由于赝品与伪币而日渐下滑。真品价值英镑系统中的2先令10便士。

英格兰-法兰西王朝还发行过一种名为萨吕的货币。金萨吕分为25苏，价值1.2埃居。

附录二　英法王室的联姻（14—15 世纪）

瓦卢瓦支系

瓦卢瓦伯爵查理

腓力六世 1328—1350 年

埃诺伯爵夫人让娜

路易十世 1314—1316 年

腓力五世 1316—1322 年

让二世 1350—1364 年

埃诺的菲莉帕

让一世 1316 年

爱德华三世 1327—1377 年

兰开斯特支系

查理五世 1364—1380 年

兰开斯特公爵冈特的约翰

查理六世 1380—1422 年

亨利四世 1399—1413 年

查理七世 1422—1461 年

伊莎贝拉

凯瑟琳

亨利五世 1413—1422 年

路易十一 1461—1483 年

亨利六世 1422—1461 年
1470—1471 年

由于篇幅所限，其他王室分支不记入此表

腓力三世 1270—1285 年

卡佩主系

腓力四世 1285—1314 年

玛格丽特

爱德华一世 1272—1307 年

金雀花主系

查理四世 1322—1328 年

伊莎贝拉

爱德华二世 1307—1327 年

肯特伯爵伍德斯托克的埃德蒙

肯特的琼

黑太子爱德华

理查二世 1377—1399 年

The marriage of the English and French royal families

参考文献

[1] 阿·莱·莫尔顿 . 人民的英国史 . 谢琏造，瞿菊农，李稼年，黎世清译 . 北京：生活· 读书· 新知三联书店，1976.

[2] 肯尼思· O. 摩根 . 牛津英国通史 . 王觉非译 . 北京：商务印书馆，1993.

[3] 詹姆斯· W. 汤普逊 . 中世纪晚期欧洲经济社会史 . 徐家玲译 . 北京：商务印书馆，1992.

[4] J. F. C. 富勒 . 西洋世界军事史 . 钮先钟译 . 桂林：广西师范大学出版社，2004.

[5] 布莱恩· 蒂尔尼，西德尼· 佩因特 . 西欧中世纪史 . 袁传伟译 . 北京：北京大学出版社，2011.

[6] 丹· 琼斯 . 金雀花王朝：缔造英格兰的武士国王与王后们 . 陆大鹏译 . 北京：社会科学文献出版社，2015.

[7] 迈克尔· V. C. 亚历山大 . 英国早期历史中的三次危机：诺曼征服、约翰治下及玫瑰战争时期的人物与政治 . 林达丰译 . 北京：北京大学出版社，2008.

[8] 皮埃尔· 米盖尔 . 法国史 . 蔡鸿滨等译 . 北京：商务印书馆，1985.

[9] 乔治 · 杜比 . 法国史 . 吕一民等译 . 北京：商务印书馆，2010.

[10] Thomas Frederick Tout，*The History of England from the Accession of Henry III.to the Death of Edward III*，Nabu Press，2010.

[11] Jean Froissart，*Chronicles*，Penguin Classics，Reprint edition，1978.

[12] Enguerrand De Monstrelet，*The Chornicles of Enguerrand De Monstrelet*，University of California Libraries，1810.

[13] Thomas Goodwin，*The History Of The Reign Of Henry The Fifth，King Of England*，Etc.（1704），Kessinger Publishing，2010.

[14] Alfred H.Burne，*The Agincourt War : A Military History of the Hundred Years War from 1369 to 1453*，Frontline Books;Revised ed.edition，2014.

[15] Matthew Strickland，*The Great Warbow : From Hastings to the Mary Rose*，Sutton Publishing，2005.

[16] James Henry Ramsay，*Lancaster and York;a century of English history（A.D. 1399–1485）*，Ulan Press，2012.

[17] Kelly DeVries，*Joan of Arc : A Military Leader*，Sutton Publishing Ltd，1999.

[18] Malcolm Graham Allan Vale，*Charles VII*，University of California Press，1974.

[19] Mabel Elizabeth Christie，*Henry VI*，Ulan Press，2012

[20] Gordon Corrigan，*A Great and Glorious Adventure : A History of the Hundred Years War and the Birth of Renaissance England*，Pegasus Books，2014.

[21] David Green，*The Hundred Years War : A People's History*，Yale University Press;Reprint edition，2015.

[22] Anne Curry，*The Hundred Years' War 1337–1453*，Osprey Publishing;1st Edition edition，2002.

[23] David Nicolle，*The Fall of English France 1449–53*，Osprey Publishing;First Edition edition，2012.

[24] Richard Ager Newhall，*The English Conquest of Normandy 1416–1424: A Study in Fifteenth Century Warfare*，Yale University Press，1924.

[25] Desmond Seward，*The Hundred Years War : The English in France 1337–1453*，Penguin Books;First

Thus edition, 1999.

[26] Richard Vaughan, *Philip the Good : The apogee of Burgundy*, Boydell Press;New edition, 2014.

[27] Juliet Barker, Conquest : *The English Kingdom of France, 1417–1450*, Harvard University Press;Reprint edition, 2013.

[28] Jonathan Sumption, *The Hundred Years War, Volume 1: Trial by Battle*, Faber & Faber;First Trade Paperback edition, 1999.

[29] Jonathan Sumption, *The Hundred Years War, Volume 2: Trial by Fire*, University of Pennsylvania Press;First Trade Paperback edition, 2001.

[30] Jonathan Sumption, *The Hundred Years War, Volume 3: Divided Houses*, University of Pennsylvania Press, 2011.

[31] Jonathan Sumption, *The Hundred Years War, Volume 4: Cursed Kings*, University of Pennsylvania Press, 2015.

[32] Guillaume Gruel, *Chronique d'Arthur de Richemont, connétable de France, duc de Bretagne (1393–1458)*, Ulan Press, 2012.

[33] Jean Chartier, *Chronique de Charles VII, Roi de France*, University of Michigan Library, 2009.

[34] Auguste Vallet de Viriville, *Histoire de Charles VII : Roi de France et de Son Époque 1403–1461*, University of Michigan Library, 1863.

[35] Hippolyte Dansin, *Histoire Du Gouvernement De La France Pendant Le Règne De Charles VII*, Ulan Press, 2012.

[36] Régine Pernoud, *Jeanne d'Arc*, Fayard, 1986.

《国防军》三部曲

- 现代德国军事史研究泰斗——罗伯特 ·M. 奇蒂诺（ROBERT M. CITINO）奠定地位之作。
- 《国防军》第二部（THE WEHRMACHT RETREATS: FIGHTING A LOST WAR, 1943）荣获纽约军事事务研讨会（NEW YORK MILITARY AFFAIRS SYMPOSIUM）2012 年度“亚瑟 · 古德泽特”奖（ARTHUR GOODZEIT AWARD）、美国军事历史学会（AMERICAN SOCIETY FOR MILITARY HISTORY）2013 年度“杰出图书”奖（DISTINGUISHED BOOK AWARD）。
- 还原战场真相，解读德军“运动战”的得与失、成与败。